Entwurf

eines

bürgerlichen Gesetzbuches

für das

Deutsche Reich.

Erste Lesung.

Ausgearbeitet durch die von dem Bundesrathe berufene Kommission.

Amtliche Ausgabe.

Berlin.

J. Guttentag, Verlagsbuchhandlung.

1888.

Vorwort.

Auf Grund des die Nr. 13 in Artikel 4 der Reichsverfassung abändernden Gesetzes vom 20. Dezember 1873 (R. G. Bl. S. 379) betraute der Bundesrath mittels Beschlusses vom 22. Juni 1874 eine aus elf hervorragenden praktischen und theoretischen Juristen zusammengesetzte Kommission mit der Aufgabe, unter Ausschluß des Handelsrechts und des diesem zugehörigen Rechtsgebiets den Entwurf eines bürgerlichen Gesetzbuchs für das Reich auszuarbeiten. Zu Mitgliedern der Kommission wurden berufen:

1. der damalige Präsident des Reichs-Oberhandelsgerichts Wirkliche Geheime Rath Dr. Pape, welcher zum Vorsitzenden bestellt wurde,
2. der Kaiserliche Appellationsgerichtsrath, jetzige Reichsgerichtsrath Derscheid,
3. der Großherzoglich badische Ministerialrath Dr. Gebhard,
4 der Königlich preußische Geheime Ober-Justizrath Johow,
5. der Königlich württembergische Obertribunals-Vizepräsident Dr. von Kübel,
6 der Königlich preußische Geheime Ober-Justizrath und vortragende Rath im Justizministerium Dr. Kurlbaum II.,
7. der Königlich preußische Appellationsgerichtsrath Geheime Justizrath Dr. Planck,

8. der Königlich bayerische ordentliche Professor der Rechte Dr. von Roth,
9. der Königlich bayerische Ministerialrath, jetzige Oberlandesgerichtspräsident Dr. von Schmitt,
10. der Königlich sächsische Oberlandesgerichtspräsident, Wirkliche Geheime Rath Dr. von Weber,
11. der Königlich sächsische Geheime Rath und ordentliche Professor der Rechte Dr. von Windscheid.

Die Kommission, welche am 17. September 1874 zusammentrat, zog nach den vom Bundesrath im Allgemeinen bezeichneten Gesichtspunkten sich die Grenzen für den Umfang des Gesetzbuchs[1]) und beschloß, um für ihre Berathungen eine Grundlage zu gewinnen, nach Theilen des Gesetzbuchs die Aufstellung von Vorentwürfen mit Motiven durch je einen Redaktor. Sie übertrug die Ausarbeitung eines Entwurfs:

a) des Allgemeinen Theils dem Großherzoglich badischen Ministerialrath Dr. Gebhard,
b) des Obligationenrechts dem Königlich württembergischen Obertribunals-Vizepräsidenten Dr. von Kübel,
c) des Sachenrechts dem Königlich preußischen Geheimen Ober-Justizrath Johow,
d) des Familienrechts dem Königlich preußischen Geheimen Justizrath Dr. Planck,
e) des Erbrechts dem Königlich bayerischen Ministerialrath Dr. von Schmitt.

Als Hülfsarbeiter, welche besonders die Redaktoren bei deren Arbeiten zu unterstützen und später die Verrichtungen der Schriftführer bei Aufnahme der Berathungsprotokolle zu versehen hatten, waren der Kommission beigegeben:

---

[1]) Vergl. die Anmerkungen zu dem Entwurfe.

1. der Königlich preußische Oberlandesgerichtsrath Neubauer seit dem Zusammentritte der Kommission bis jetzt,
2. der Königlich preußische Oberlandesgerichtsrath Achilles seit Oktober 1874 bis jetzt,
3. der Königlich sächsische Landgerichts-Direktor Boerner seit Oktober 1874 bis jetzt,
4. der Königlich preußische Oberlandesgerichtsrath Struckmann seit Juli 1877 bis jetzt,
5. der Herzoglich braunschweigische Oberlandesgerichtsrath von Liebe seit Juli 1877 bis jetzt,
6. der Königlich württembergische Landgerichtsrath Ege seit Dezember 1879 bis jetzt,
7. der Königlich preußische Obergerichtsrath, jetzige Ober-Konsistorialrath Braun seit Oktober 1874 bis Juli 1877,
8. der Großherzoglich hessische Geheime Justizrath Vogel seit November 1874 bis zu seinem im Dezember 1883 erfolgten Tode,
9. der Großherzoglich mecklenburgische Kanzleirath Dr. Martini seit Februar 1875 bis zum Oktober 1877.

Nachdem die Vorentwürfe zum größten Theile vollendet waren, begannen auf Grund derselben im Oktober 1881 die auf Feststellung des Entwurfs selbst gerichteten Berathungen der Gesammtkommission. Soweit der das Obligationenrecht betreffende Vorentwurf, dessen Redaktor in eine tödtliche Krankheit verfallen war, nicht hat beendigt werden können, diente im Wesentlichen der sogenannte Dresdener Entwurf eines Allgemeinen deutschen Gesetzes über Schuldverhältnisse den Berathungen zur Grundlage. Als kaum die Berathung des Obligationenrechts abgeschlossen worden, am 5. Januar 1884, verstarb der Redaktor Dr. von Kübel. An seiner Stelle ist zufolge Beschlusses des Bundesraths vom 13. März 1884 seit dem 26. März 1884 der Königlich württembergische ordentliche Professor der Rechte Dr. von Mandry als Mitglied der Kommission eingetreten.

Schon vorher, im Oktober 1883, war der Professor Dr. von Windscheid, dem persönliche und dienstliche Verhältnisse die längere Abwesenheit von Leipzig nicht gestatteten, ausgeschieden, ohne daß für ihn ein Ersatz stattfand.

Nach Erledigung des letzten Theilentwurfs, desjenigen über das Erbrecht, ist vom 30. September bis gegen Ende Dezember 1887 der ganze Entwurf des bürgerlichen Gesetzbuchs von der Kommission nochmals zum endgültigen Abschlusse der ersten Lesung einer allgemeinen Revision unterzogen worden.

Mit der Berathung eines Einführungsgesetzes zu dem Entwurf ist die Kommission noch beschäftigt.

Die Größe der überwundenen Schwierigkeiten, welche das für die Vorentwürfe heranzuziehende Material bot, und die Sorgfalt, mit der die Kommission thätig gewesen ist, springt schon aus der Thatsache in die Augen, daß die Vorarbeiten einschließlich der die Einführung des Gesetzbuchs betreffenden Arbeiten neunzehn Druckbände in Folio umfassen und die Berathungsprotokolle, welche nicht blos die Anträge und Beschlüsse, sondern auch die Gründe derselben darlegen, metallographirt 12 309 Folioseiten zählen.

Im Hinblick auf den Umfang dieses, die volle Rechenschaft über die Arbeit der Kommission enthaltenden Materials sind gedrängtere, die Uebersicht und Aufklärung erleichternde Motive zu dem Entwurf aufgestellt worden. Ihre Aufstellung ist auf Grund der von den Redaktoren ausgearbeiteten Motive zu den Vorentwürfen sowie auf Grund der von der Kommission genehmigten Berathungsprotokolle erfolgt; einer Prüfung und Genehmigung der Gesammtkommission haben sie nicht unterlegen.

Der Bundesrath hat in seiner Sitzung vom 31. Januar 1888 beschlossen, den so in erster Lesung festgestellten Entwurf des Gesetzbuchs nebst der bezeichneten Begründung zu veröffentlichen, und den Reichskanzler mit der Ausführung dieses Beschlusses beauftragt. Demgemäß wird das Werk hiermit zur allgemeinen Kenntniß gebracht. Es kann nur willkommen sein, wenn nicht blos die Vertreter der Rechtswissenschaft und die zur Rechtspflege Berufenen, sondern auch die Vertreter wirthschaftlicher Interessen von demselben Kenntniß nehmen und mit ihren Urtheilen und Vorschlägen zur Verwerthung für die weitere Beschlußfassung über den Entwurf hervortreten. Solche Kundgebungen können bei dem Reichskanzler (Reichs-Justizamt) eingereicht werden.

Uebersicht.

Erstes Buch.

Allgemeiner Theil.

Zweites Buch.

Recht der Schuldverhältnisse.

Drittes Buch.

Sachenrecht.

Fünftes Buch.

Erbrecht.

Erstes Buch.

Allgemeiner Theil.

Erster Abschnitt.

Rechtsnormen.

§. 1.

Auf Verhältnisse, für welche das Gesetz keine Vorschrift enthält, finden die für rechtsähnliche Verhältnisse gegebenen Vorschriften entsprechende Anwendung. In Ermangelung solcher Vorschriften sind die aus dem Geiste der Rechtsordnung sich ergebenden Grundsätze maßgebend.

§. 2.

Gewohnheitsrechtliche Rechtsnormen gelten nur insoweit, als das Gesetz auf Gewohnheitsrecht verweist.

Zweiter Abschnitt.

Personen.

Erster Titel.

Beginn und Ende der Rechtsfähigkeit.

§. 3.

Die Rechtsfähigkeit des Menschen beginnt mit der Geburt und endigt mit dem Tode.

§. 4.

Daß eine Person noch lebe oder todt sei oder zu einer bestimmten Zeit gelebt oder nicht mehr gelebt habe, hat derjenige zu beweisen, welcher aus der betreffenden Thatsache ein Recht herleitet.

Ist ungewiß, ob eine Person, über deren Leben oder Tod keine Gewißheit besteht, einen Anfall von Todeswegen erlebt habe, so wird vermuthet, daß dieselbe bis zum Ablaufe des siebzigsten Lebensjahres gelebt, später aber nicht mehr gelebt habe.

Dieselbe Vermuthung gilt, wenn ungewiß ist, ob ein Ehegatte den anderen Ehegatten überlebt habe, in Ansehung der Vortheile, welche dem überlebenden Ehegatten nach dem Gesetze oder auf Grund eines Ehevertrages für den Todesfall des anderen Ehegatten gebühren.

Zweiter Titel.

Todeserklärung.

§. 5.

Ein Deutscher, welcher verschollen ist, kann durch Urtheil für todt erklärt werden.

§. 6.

Ein Abwesender gilt als verschollen, wenn seit zehn Jahren keine Nachricht von seinem Leben vorhanden ist. Sind seit der Geburt des Abwesenden siebzig Jahre verstrichen, so genügt ein fünfjähriger Zeitraum.

Der zehnjährige oder fünfjährige Zeitraum beginnt mit Ablauf des Tages, an welchem der Abwesende der letzten Nachricht zufolge noch gelebt hat. Fällt dieser Tag in die Zeit vor dem zurückgelegten einundzwanzigsten Lebensjahre, so beginnt der zehnjährige Zeitraum mit dem ersten Tage nach Zurücklegung dieses Lebensjahres.

§. 7.

Wer bei der bewaffneten Macht des Deutschen Reiches, mit welcher er in den Krieg gezogen war, während des Krieges vermißt wird, gilt als verschollen, wenn seit dem Friedensschlusse drei Jahre verstrichen sind und keine Nachricht vorhanden ist, daß er nach dem Friedensschlusse gelebt hat.

Die Vorschrift des ersten Absatzes findet sowohl auf die zur bewaffneten Macht gehörenden Personen als auf diejenigen Anwendung, welche sich in einem Amtsverhältnisse oder Dienstverhältnisse oder zu Zwecken freiwilliger Hülfeleistung bei der bewaffneten Macht befunden haben.

§. 8.

Wer bei einer Seefahrt auf einem Fahrzeuge sich befunden hat, welches untergegangen ist, gilt als verschollen, wenn seit dem Untergange ein Jahr verstrichen und keine Nachricht vorhanden ist, daß er nach dem Untergange gelebt hat.

Der Untergang des Fahrzeuges wird vermuthet, wenn dasselbe entweder am Orte seiner Bestimmung nicht eingetroffen oder bei Ermangelung eines festen Reisezieles nicht zurückgekehrt ist und wenn in beiden Fällen zugleich

bei Fahrten innerhalb der Ostsee ein Jahr,

bei Fahrten innerhalb anderer Europäischer Meere, einschließlich der nicht zu Europa gehörenden Theile des Mittelländischen, Schwarzen und Azowschen Meeres, zwei Jahre,

bei Fahrten, welche über außereuropäische Meere führen, drei Jahre

verstrichen sind. Der Zeitraum beginnt mit Ablauf des Tages, an welchem das Fahrzeug die Reise angetreten hat. Ist nach diesem Tage Nachricht von dem Fahrzeuge eingegangen, so beginnt der Zeitraum erst mit Ablauf des Tages, bis zu welchem die letzte Nachricht reicht. In einem solchen Falle ist der Zeitraum maßgebend, welcher abgelaufen sein müßte, wenn das Fahrzeug von dem Orte abgegangen wäre, an welchem es der letzten Nachricht zufolge sich befunden hat.

§. 9.

Für die Todeserklärung ist das Gericht zuständig, in dessen Bezirke der Verschollene den letzten Wohnsitz im Inlande hatte. In Ermangelung eines solchen Gerichtes wird das zuständige Gericht von der obersten Justizverwaltungsbehörde des Heimathstaates bestimmt.

§. 10.

Im Falle des §. 6 erfolgt die Todeserklärung im Aufgebotsverfahren.

Das Verfahren bestimmt sich nach den §§. 824 bis 836 der Civilprozeßordnung und nach den in den §§. 11 bis 19, 23, 24 enthaltenen Vorschriften.

§. 11.

Antragsberechtigt ist der Abwesenheitspfleger sowie der Vormund des Verschollenen, ingleichen der Ehegatte desselben, sowie ein Jeder, welcher an der Todeserklärung ein rechtliches Interesse hat. Das Interesse ist vor Einleitung des Verfahrens glaubhaft zu machen. Abwesenheitspfleger und Vormund bedürfen zu dem Antrage der Ermächtigung des Vormundschaftsgerichtes.

§. 12.

Die übrigen zur Begründung des Antrages erforderlichen Thatsachen sind gleichfalls vor Einleitung des Verfahrens glaubhaft zu machen.

§. 13.

Das Gericht hat die Todeserklärung nur dann auszusprechen, wenn es von der Richtigkeit der im §. 12 bezeichneten Thatsachen überzeugt ist. Es hat in jeder Lage des Verfahrens unter Benutzung der von dem Antragsteller angegebenen Beweismittel von Amtswegen die zur Feststellung jener Thatsachen erforderlichen Ermittelungen zu bewirken und die geeignet erscheinenden Beweise aufzunehmen.

§. 14.

In das Aufgebot ist außer der Bezeichnung des Antragstellers und der Bestimmung des Aufgebotstermines (§. 824 der Civilprozeßordnung) aufzunehmen:

1. die Aufforderung an den Abwesenden, den Widerspruch gegen die Todeserklärung spätestens im Aufgebotstermine anzumelden, widrigenfalls er die Todeserklärung zu gewärtigen habe;
2. die Aufforderung an alle diejenigen, welche Auskunft über Leben oder Tod des Abwesenden zu ertheilen vermögen, spätestens im Aufgebotstermine dem Gerichte Anzeige zu erstatten.

§. 15.

Zwischen dem Tage, an welchem die erste Einrückung des Aufgebotes in den Deutschen Reichsanzeiger erfolgt ist, und dem Aufgebotstermine muß ein Zeitraum von mindestens sechs Monaten liegen.

§. 16.

Jeder Antragsberechtigte kann neben dem Antragsteller oder statt desselben in das Verfahren eintreten.

§. 17.

Wird derjenige, welcher sich als der angeblich Verschollene meldet, als solcher von dem Antragsteller nicht anerkannt, so ist das Verfahren auszusetzen (§. 830 der Civilprozeßordnung).

§. 18.

Die dem Antragsteller erwachsenen Kosten, welche zur zweckentsprechenden Durchführung des Verfahrens nothwendig waren, sind im Falle der Todeserklärung aus dem Nachlasse des Verschollenen als Masseschulden zu ersetzen.

§. 19.

Die Erledigung der Aufgebotsanträge kann durch die Landesjustizverwaltung für den Bezirk mehrerer Amtsgerichte desselben Landgerichtsbezirkes einem dieser Amtsgerichte übertragen werden. Auf Verlangen des Antragstellers erfolgt die Erledigung durch das nach dem §. 9 zuständige Gericht.

Wird das Aufgebot durch ein anderes als das nach dem §. 9 zuständige Gericht erlassen, so ist die öffentliche Bekanntmachung auch durch Anheftung an die Gerichtstafel des letzteren Gerichtes zu bewirken.

§. 20.

In den Fällen der §§. 7, 8 unterbleibt das Aufgebot. Die Todeserklärung wird nach mündlicher Verhandlung in öffentlicher Sitzung ausgesprochen. Jeder zur Verhandlung oder Urtheilserlassung bestimmte Termin ist durch Anheftung an die Gerichtstafel bekannt zu machen.

Im Uebrigen finden die Vorschriften der §§. 11 bis 13, 16 bis 19, sowie die im §. 824 Abs. 1 und in den §§. 826, 828, 829, 831, 834 bis 836 der Civilprozeßordnung enthaltenen Vorschriften entsprechende Anwendung.

§. 21.

Die Todeserklärung begründet die Vermuthung, daß der Verschollene den Zeitpunkt ihrer Erlassung nicht überlebt habe.

In Ansehung der Beerbung des Verschollenen gilt die Vermuthung, daß er in diesem Zeitpunkte gestorben sei.

§. 22.

Wird das Ausschlußurtheil in Folge der Anfechtungsklage aufgehoben, so verliert die Todeserklärung ihre Kraft.

§. 23.

Zur Erhebung der Anfechtungsklage ist sowohl der Ehegatte des Verschollenen als ein Jeder berechtigt, welcher an der Aufhebung der Todeserklärung ein rechtliches Interesse hat.

§. 24.

Die Anfechtungsklage ist gegen denjenigen, welcher die Todeserklärung beantragt hatte, falls aber dieser verstorben oder sein Aufenthalt unbekannt oder im Auslande ist, gegen den Staatsanwalt zu richten.

Auf das Verfahren finden die Vorschriften der §§. 608, 610, 611 der Civilprozeßordnung entsprechende Anwendung.

Dritter Titel.

Altersstufen. Entmündigung.

§. 25.

Das Kindesalter dauert bis zum zurückgelegten siebenten, die Minderjährigkeit bis zum zurückgelegten einundzwanzigsten Lebensjahre.

§. 26.

Ein Minderjähriger erlangt durch Volljährigkeitserklärung die rechtliche Stellung eines Volljährigen.

§. 27.

Die Volljährigkeitserklärung ist nur dann zulässig, wenn der Minderjährige das achtzehnte Lebensjahr zurückgelegt und seine Einwilligung ertheilt hat. Bei einem Minderjährigen, welcher unter elterlicher Gewalt steht, ist außerdem die Zustimmung des Inhabers der elterlichen Gewalt erforderlich. Die Zustimmung eines Elterntheiles ist nicht erforderlich, wenn dessen Gewalt auf die elterliche Nutznießung beschränkt ist.

Die Volljährigkeitserklärung erfolgt durch Beschluß des Vormundschaftsgerichtes. Die Volljährigkeitserklärung soll nur dann erfolgen, wenn dieselbe das Beste des Minderjährigen befördert.

Antragsberechtigt ist der Minderjährige und derjenige gesetzliche Vertreter desselben, welcher die Sorge für die Person hat. Vor der Entscheidung sollen Verwandte oder Verschwägerte des Minderjährigen nach Maßgabe des §. 1678 sowie die Vormünder und Pfleger des Minderjährigen gehört werden.

§. 28.

Eine Person, welche des Vernunftgebrauches beraubt ist, kann wegen Geisteskrankheit entmündigt werden.

Hört der im ersten Absatze bezeichnete Zustand auf, so ist die Entmündigung wiederaufzuheben.

§. 29.

Eine Person, welche durch verschwenderische Lebensweise oder verschwenderische Geschäftsführung die Besorgniß rechtfertigt, daß sie sich oder ihre Familie dem Nothstande preisgiebt, kann wegen Verschwendung entmündigt werden.

Ist die im ersten Absatze bezeichnete Besorgniß in Folge eingetretener Besserung nicht mehr gerechtfertigt, so ist die Entmündigung wiederaufzuheben.

Vierter Titel.

Verwandtschaft. Schwägerschaft.

§. 30.

Personen, deren eine von der anderen abstammt, sind in gerader Linie verwandt. Personen, welche nicht in gerader Linie verwandt sind, aber von derselben dritten Person abstammen, sind in der Seitenlinie verwandt.

Die Seitenverwandten sind vollbürtig, wenn sie von demselben Elternpaare abstammen, halbbürtig, wenn sie nur einen gemeinsamen Stammvater oder eine gemeinsame Stammmutter haben.

Durch uneheliche Abstammung wird, soweit nicht das Gesetz ein Anderes bestimmt, ein Verwandtschaftsverhältniß nur zwischen dem unehelichen Kinde sowie dessen Abkömmlingen einerseits und der Mutter des Kindes sowie deren Verwandten andererseits begründet.

§. 31

Der Grad der Verwandtschaft wird nach der Zahl der das Verwandtschaftsverhältniß begründenden Zeugungen bestimmt.

§. 32.

Ein Ehegatte ist mit den Verwandten des anderen Ehegatten verschwägert.

Die Linie und der Grad der Schwägerschaft bestimmen sich nach der Linie und dem Grade der sie begründenden Verwandtschaft.

§. 33.

Die an das Schwägerschaftsverhältniß geknüpften rechtlichen Wirkungen bestehen auch nach Auflösung der Ehe fort, durch welche das Verhältniß begründet ist.

Fünfter Titel.

Wohnsitz.

§. 34.

Wer an einem Orte den Aufenthalt in der Absicht nimmt, dort ständig zu bleiben, begründet an diesem Orte den Wohnsitz.

Eine Person kann zur gleichen Zeit an mehreren Orten den Wohnsitz haben.

Der Wohnsitz einer Person wird aufgehoben, wenn dieselbe den Wohnort in der Absicht verläßt, dort nicht mehr ständig zu bleiben.

§. 35

Der Aufenthalt in einer Strafanstalt bewirkt für sich allein noch nicht die Aufhebung des Wohnsitzes, welchen der Strafgefangene vor Beginn des Strafvollzuges hatte, selbst wenn der Strafgefangene an dem bisherigen Wohnorte eine Wohnung oder eine häusliche Einrichtung nicht mehr hat.

Die Vorschrift des ersten Absatzes findet entsprechende Anwendung auf Untersuchungsgefangene und auf Personen, welche in einer Erziehungsanstalt, Besserungsanstalt oder Arbeitsanstalt zwangsweise untergebracht sind.

§. 36.

Eine Person, welche geschäftsunfähig oder in der Geschäftsfähigkeit beschränkt ist, kann nicht ohne den Willen des gesetzlichen Vertreters den Wohnsitz ändern oder einen Wohnsitz begründen.

§. 37.

Eine Militärperson hat ihren Wohnsitz am Garnisonorte. Als Wohnsitz einer Militärperson, welche zu einem Truppentheile gehört, der im Inlande keinen Garnisonort hat, gilt der letzte inländische Garnisonort des Truppentheiles.

Die Vorschriften des ersten Absatzes finden keine Anwendung auf Militärpersonen, welche nur zur Erfüllung der Wehrpflicht dienen, oder welche selbständig einen Wohnsitz nicht begründen können.

§. 38.

Ein Deutscher, welcher das Recht der Exterritorialität genießt, sowie ein im Auslande angestellter Beamter des Reiches oder eines Bundesstaates behält den Wohnsitz, welchen er in dem Heimathstaate hatte. In Ermangelung eines solchen Wohnsitzes gilt die Hauptstadt des Heimathstaates als der Wohnsitz.

Auf Wahlkonsuln finden die Vorschriften des ersten Absatzes keine Anwendung.

§. 39.

Die Ehefrau theilt den Wohnsitz des Ehemannes.

Die Vorschrift des ersten Absatzes findet keine Anwendung, wenn der Ehemann einen Wohnsitz im Auslande an einem Orte begründet, an welchen ihm die Ehefrau zu folgen nicht verpflichtet ist.

Die Ehefrau kann einen selbständigen Wohnsitz begründen und haben, wenn und solange der Ehemann keinen Wohnsitz oder keinen von ihr getheilten Wohnsitz hat.

§. 40.

Ein eheliches Kind theilt den Wohnsitz des Vaters, eine an Kindesstatt angenommene Person den Wohnsitz des Annehmenden. Ein uneheliches Kind theilt den Wohnsitz der Mutter. Alle diese Kinder behalten den bezeichneten Wohnsitz, bis sie denselben in rechtsgültiger Weise aufgeben.

Die Vorschriften des ersten Satzes des ersten Absatzes finden auf legitimirte Kinder und an Kindesstatt angenommene Personen keine Anwendung, wenn die Legitimation oder Annahme an Kindesstatt erst nach erreichter Volljährigkeit derselben erfolgt ist.

Dritter Abschnitt.

Juristische Personen.

§. 41.

Personenvereine und Stiftungen können die Fähigkeit haben, als solche selbständig Vermögensrechte und Vermögenspflichten zu haben (juristische Persönlichkeit).

§. 42.

Die juristische Persönlichkeit eines Personenvereines und der Verlust dieser Persönlichkeit bestimmen sich in Ermangelung besonderer reichsgesetzlicher Vorschriften nach den Landesgesetzen des Ortes, an welchem der Personenverein seinen Sitz hat.

§. 43.

Die Verfassung eines mit juristischer Persönlichkeit versehenen Personenvereines (Körperschaft) wird, soweit sie nicht auf Reichsgesetz oder Landesgesetz beruht, durch den Gründungsvertrag und in Ansehung späterer Abänderungen durch den Willen der Mitglieder der Körperschaft bestimmt.

§. 44.

Für jede Körperschaft muß ein Vorstand bestellt werden. Der Vorstand ist der gesetzliche Vertreter der Körperschaft sowohl gegenüber Dritten als gegenüber den Mitgliedern der Körperschaft. Der Vorstand kann aus einer Person oder aus mehreren Personen bestehen.

Auf die Rechte und Pflichten des Vorstandes gegenüber der Körperschaft finden die Vorschriften der §§. 585, 588 bis 596 entsprechende Anwendung.

Die Bestellung des Vorstandes erfolgt durch Beschluß der Mitglieder.

Die Vertretungsmacht des Vorstandes kann durch die Verfassung mit Wirkung gegen Dritte beschränkt werden.

Besteht der Vorstand aus mehreren Personen, so ist zur Gültigkeit seiner Willenserklärung die Zustimmung aller Mitglieder erforderlich.

Für die Mittheilung der Willenserklärung eines Dritten, zu deren Entgegennahme die Körperschaft verpflichtet ist, genügt die Mittheilung an ein Mitglied des Vorstandes. Ist zu der Zeit, in welcher die Mittheilung einer solchen Willenserklärung erfolgen soll, eine zur Entgegennahme derselben berufene Person nicht vorhanden, so hat bei Gefahr im Verzuge auf Antrag des Dritten, welcher die Mittheilung bewirken will, das Amtsgericht, in dessen Bezirke die Körperschaft ihren Sitz hat, zur Entgegennahme der Willenserklärung einen besonderen Vertreter zu bestellen.

Die Vorschriften des zweiten, dritten und fünften Absatzes finden nur insoweit Anwendung, als nicht die Verfassung ein Anderes bestimmt.

§. 45.

Bei einem nicht ausschließlich in der Erfüllung einer Verbindlichkeit bestehenden Rechtsgeschäfte zwischen der Körperschaft und einem Mitgliede des Vorstandes sowie bei einem Rechtsstreite zwischen denselben ist das betheiligte Mitglied von der gesetzlichen Vertretung der Körperschaft ausgeschlossen. Wird ein besonderer Vertreter für die Körperschaft erforderlich, so erfolgt die Bestellung nach Maßgabe des §. 44 Abs. 3, 7.

§. 46.

Die Körperschaft haftet für den Ersatz des Schadens, welchen ihr Vorstand oder ein Mitglied desselben durch eine in Ausübung seiner Vertretungsmacht begangene widerrechtliche, zum Schadensersatze verpflichtende Handlung einem Dritten zugefügt hat.

§. 47.

Im Falle der Ueberschuldung der Körperschaft ist der Vorstand verpflichtet, unverzüglich die Eröffnung des Konkurses zu beantragen. Mitglieder des Vorstandes, welche diese Verpflichtung verletzen, haften den Gläubigern der Körperschaft für den Ersatz des daraus entstandenen Schadens als Gesammtschuldner.

§. 48.

In den inneren Angelegenheiten der Körperschaft ist der Wille der Mitglieder maßgebend. Nach dem Willen der Mitglieder hat der Vorstand sich auch bei der Geschäftsführung zu richten.

Der Wille der Mitglieder wird durch Beschluß in einer Versammlung derselben festgestellt. Bei der Beschlußfassung entscheidet die Mehrheit der in der Versammlung erschienenen Mitglieder. Zur Gültigkeit eines Beschlusses ist erforderlich, daß der Gegenstand desselben bei Einberufung der Mitglieder zur Versammlung bezeichnet ist.

Ein auf der Zustimmung aller Mitglieder beruhender Beschluß ist auch dann gültig, wenn er nicht in einer Versammlung der Mitglieder gefaßt worden ist.

Bei der Beschlußfassung über ein zwischen der Körperschaft und einem Mitgliede einzugehendes Rechtsgeschäft oder über die Einleitung oder die Erledigung eines Rechtsstreites zwischen der Körperschaft und einem Mitgliede ist das betheiligte Mitglied nicht stimmberechtigt.

Zur Gültigkeit eines Beschlusses, durch welchen die Verfassung abgeändert wird, bedarf es der Zustimmung aller Mitglieder, insbesondere auch derjenigen, welche in der zur Beschlußfassung einberufenen Versammlung nicht erschienen sind.

Die Vorschriften des ersten bis fünften Absatzes finden nur insoweit Anwendung, als nicht die Verfassung ein Anderes bestimmt.

§. 49.

Das Vermögen einer erloschenen Körperschaft fällt an denjenigen, welcher in der Verfassung und, sofern weder diese noch ein Reichsgesetz eine Anordnung enthält, in den Landesgesetzen des Ortes, an welchem die Körperschaft ihren Sitz hatte, als der Anfallberechtigte bestimmt ist.

Das Vermögen ist zunächst zur Befriedigung der Gläubiger der Körperschaft zu verwenden. Die Vorschriften über die in Ermangelung anderer Erben dem Fiskus anfallenden Erbschaften finden entsprechende Anwendung und dies auch dann, wenn der Anfallberechtigte nicht der Fiskus ist. Sofern jedoch das Vermögen unter die Mitglieder der Körperschaft zu vertheilen ist, muß die Liquidation nach Maßgabe der §§. 50 bis 56 erfolgen.

§. 50.

Die Liquidation geschieht durch den Vorstand.

Zu Liquidatoren können auch andere Personen bestellt werden.

Die Bestellung der letzteren erfolgt nach Maßgabe der für die Bestellung des Vorstandes geltenden Vorschriften.

Sind Liquidatoren nicht oder nicht in der erforderlichen Zahl vorhanden, so hat das Amtsgericht, in dessen Bezirke die Körperschaft ihren Sitz hatte, auf Antrag eines Betheiligten, soweit nöthig, für die Zeit bis zur Beseitigung des Mangels an Stelle der fehlenden Person eine andere als Liquidator zu bestellen.

Die Liquidatoren haben, soweit nicht aus dem Zwecke der Liquidation ein Anderes sich ergiebt, die Rechte und Pflichten des Vorstandes. Auch finden die Vorschriften des §. 44 Abs. 6 Satz 1, des §. 45 Satz 2 und des §. 46 entsprechende Anwendung.

§. 51.

Die Liquidatoren haben die laufenden Geschäfte der erloschenen Körperschaft zu beendigen, die Gläubiger zu befriedigen, die Forderungen der Körperschaft einzuziehen, das übrige Vermögen in Geld umzusetzen und den verbleibenden Ueberschuß unter die Mitglieder zu vertheilen. Zur Beendigung schwebender Geschäfte können die Liquidatoren auch neue Geschäfte eingehen.

Bis zur Beendigung der Liquidation ist die Körperschaft noch insoweit als fortbestehend anzusehen, als es der Zweck der Liquidation zuläßt und erfordert.

§. 52.

Das Erlöschen der Körperschaft ist durch die Liquidatoren öffentlich bekannt zu machen. In der Bekanntmachung sind die Gläubiger zur Anmeldung ihrer Ansprüche aufzufordern. Die Bekanntmachung erfolgt durch Einrückung in das Blatt, welches zur Veröffentlichung amtlicher Bekanntmachungen des Amtsgerichtes, in dessen Bezirke die Körperschaft ihren Sitz hatte, bestimmt ist. Sie gilt als bewirkt mit Ablauf des zweiten Tages nach der Einrückung oder der ersten Einrückung.

Bekannte Gläubiger sind durch besondere Mittheilung zur Anmeldung aufzufordern.

§. 53.

Die Vertheilung des Vermögens unter die Mitglieder darf erst nach Ablauf eines Jahres seit der im §. 52 vorgeschriebenen Bekanntmachung vollzogen werden.

§. 54.

Hat ein bekannter Gläubiger sich nicht gemeldet und ist die Berechtigung zur öffentlichen Hinterlegung vorhanden, so muß die letztere erfolgen.

Kann die Befriedigung eines Gläubigers zur Zeit nicht erfolgen, so darf die Vertheilung des Vermögens unter die Mitglieder erst vollzogen werden, nachdem dem Gläubiger Sicherheit geleistet worden ist; es gilt dies insbesondere in Ansehung noch schwebender oder streitiger Verbindlichkeiten der Körperschaft.

§. 55.

Ergiebt sich, daß das Vermögen überschuldet ist, so sind die Liquidatoren verpflichtet, unverzüglich die Eröffnung des Konkurses zu beantragen.

§. 56.

Liquidatoren, welche die nach den §§. 52 bis 55 ihnen obliegenden Verpflichtungen verletzen oder aus Vorsatz oder Fahrlässigkeit Vermögen unter die Mitglieder vor Befriedigung der Gläubiger vertheilen, haften den Gläubigern für den Ersatz des daraus entstandenen Schadens als Gesammtschuldner.

§. 57.

In Ansehung des Konkurses über das Vermögen einer Körperschaft finden die Vorschriften der §§. 193, 194 der Konkursordnung entsprechende Anwendung.

§. 58.

Zur Errichtung einer mit juristischer Persönlichkeit versehenen Stiftung durch Rechtsgeschäft unter Lebenden ist erforderlich, daß der Stifter den auf Errichtung der Stiftung gerichteten Willen in gerichtlicher oder notarieller Form erklärt. Der Stifter ist an das die Errichtung bezweckende Rechtsgeschäft gebunden, auch wenn nur seine einseitige, nicht angenommene Willenserklärung vorliegt. Er ist verpflichtet, der Stiftung das in dem Rechtsgeschäfte zugesicherte Vermögen zu übertragen; Vermögensrechte, zu deren Uebertragung der Abtretungsvertrag genügend ist, gehen mit Errichtung der Stiftung auf die letztere über, wenn der hierauf gerichtete Wille aus dem die Errichtung der Stiftung bezweckenden Rechtsgeschäfte sich ergiebt. Auf die Gewährleistungspflicht des Stifters finden die Vorschriften über die Gewährleistungspflicht des Schenkers entsprechende Anwendung.

§. 59.

Eine Stiftung kann auch durch eine Verfügung von Todeswegen, in welcher der Erblasser den auf Errichtung der Stiftung gerichteten Willen erklärt, errichtet werden.

§. 60.

Die Verfassung einer Stiftung wird, soweit sie nicht auf Reichsgesetz oder Landesgesetz beruht, durch den Willen des Stifters bestimmt.

§. 61.

Die Vorschriften des §. 44 Abs. 1, 2, 4 bis 7, des §. 45 Satz 1, der §§. 46, 47, des §. 49 Abs. 1, Abs. 2 Satz 1, 2 und des §. 57 finden auf Stiftungen entsprechende Anwendung.

§. 62.

Die landesgesetzlichen Vorschriften, nach welchen die Errichtung einer Stiftung von noch anderen Erfordernissen als dem im §. 58 Satz 1 und im §. 59 bezeichneten Erfordernisse abhängt, sowie diejenigen, welche sich auf die Errichtung einer Stiftung mittels Staatsaktes und auf das Erlöschen der Stiftungen beziehen, bleiben unberührt.

Ist zur Errichtung einer Stiftung durch Rechtsgeschäft unter Lebenden staatliche Genehmigung erforderlich, so ist der Stifter an das die Errichtung der Stiftung bezweckende Rechtsgeschäft erst von dem Zeitpunkte an gebunden, in welchem er die staatliche Genehmigung nachsucht; mit Versagung der Genehmigung hört die Gebundenheit auf.

Ist zur Errichtung einer Stiftung durch Verfügung von Todeswegen staatliche Genehmigung erforderlich, so wird die Verfügung von Todeswegen durch Versagung der Genehmigung unwirksam; wird die Genehmigung ertheilt, so gilt sie in Ansehung des Anfalles als schon vor dem Erbfalle ertheilt.

§. 63.

Die landesgesetzlichen Vorschriften, nach welchen dem Fiskus juristische Persönlichkeit zusteht, bleiben unberührt.[1])

[1]) Beschlossen ist, in das Einführungsgesetz insbesondere die Bestimmung aufzunehmen:

Die landesgesetzlichen Vorschriften über die Verwaltung und Beaufsichtigung der Körperschaften und Stiftungen, über die Beschränkung der Erwerbsfähigkeit derselben sowie über die Zulässigkeit des Konkurses über das Vermögen der im §. 15 Nr. 4 des Einführungsgesetzes zur Civilprozeßordnung vom 30. Januar 1877 bezeichneten juristischen Personen bleiben unberührt.

Vierter Abschnitt.
Rechtsgeschäfte.

Erster Titel.
Geschäftsfähigkeit.

§. 64.

Eine Person, welche im Kindesalter steht, ist geschäftsunfähig.

Dasselbe gilt von einer Person, welche des Vernunftgebrauches, wenn auch nur vorübergehend, beraubt ist, für die Dauer dieses Zustandes, ingleichen von einer Person, welche wegen Geisteskrankheit entmündigt ist, solange die Entmündigung besteht.

Willenserklärungen geschäftsunfähiger Personen sind nichtig.

§. 65.

Ein Minderjähriger, welcher das siebente Lebensjahr zurückgelegt hat, ist in der Geschäftsfähigkeit beschränkt.

Er ist fähig zur Vornahme von Rechtsgeschäften, durch welche er lediglich Rechte erwirbt oder lediglich von Verbindlichkeiten befreit wird.

Zur Vornahme von Rechtsgeschäften anderer Art bedarf er der Einwilligung des gesetzlichen Vertreters. Fehlt dieses Erforderniß, so ist das einseitige Rechtsgeschäft nichtig, der Vertrag zwar gültig, die Wirksamkeit desselben aber von der Genehmigung des gesetzlichen Vertreters abhängig; die Genehmigung sowie deren Verweigerung kann nur gegenüber dem anderen Vertragschließenden erklärt werden.

Solange die Genehmigung nicht verweigert ist, kann der andere Vertragschließende auch mit Zustimmung des Minderjährigen von dem Vertrage nicht zurücktreten.

Als Verweigerung der Genehmigung gilt es, wenn dem anderen Vertragschließenden ungeachtet einer von ihm an den gesetzlichen Vertreter erlassenen Aufforderung innerhalb einer vom Empfange derselben zu berechnenden Frist von zwei Wochen eine bestimmte und ausdrückliche Erklärung nicht zukommt.

Hat der Minderjährige die unbeschränkte Geschäftsfähigkeit erlangt, so tritt seine Genehmigung an die Stelle der Genehmigung des gesetzlichen Vertreters.

§. 66.

Ein Rechtsgeschäft, dessen Wirksamkeit davon abhängt, daß es gegenüber einem Betheiligten vorgenommen wird, ist unwirksam, wenn die Vornahme gegenüber einer geschäftsunfähigen Person erfolgt.

Wird ein solches Rechtsgeschäft gegenüber einem in der Geschäftsfähigkeit beschränkten Minderjährigen vorgenommen, so ist dasselbe, wenn der Minderjährige durch das Rechtsgeschäft lediglich Rechte erwirbt oder lediglich von Verbindlichkeiten befreit wird, wirksam, anderenfalls unwirksam. Vertragsanträge, welche einem in der Geschäftsfähigkeit beschränkten Minderjährigen gemacht werden, sind bindend.

§. 67.

Ein Minderjähriger, welchem der gesetzliche Vertreter unter Genehmigung des Vormundschaftsgerichtes die Ermächtigung ertheilt hat, ein Erwerbsgeschäft selbständig zu betreiben, ist unbeschränkt geschäftsfähig in Ansehung solcher Rechtsgeschäfte, welche der gestattete Geschäftsbetrieb mit sich bringt. Es finden jedoch, ungeachtet der ertheilten Ermächtigung, die Vorschriften der §§. 1511, 1513, 1674 bis 1676 mit der Maßgabe entsprechende Anwendung, daß neben der Genehmigung des Vormundschaftsgerichtes auch die Einwilligung oder Genehmigung des gesetzlichen Vertreters erforderlich ist, und daß die nach den §§. 1513, 1675 zulässige allgemeine Ermächtigung auch dem Minderjährigen allein ertheilt werden kann.

Der gesetzliche Vertreter kann die Ermächtigung zum selbständigen Geschäftsbetriebe nur mit Genehmigung des Vormundschaftsgerichtes zurücknehmen.

§. 68.

Ein Minderjähriger, welchem der gesetzliche Vertreter gestattet hat, in Dienst oder Arbeit zu treten, bedarf der Einwilligung des gesetzlichen Vertreters nicht zur Eingehung von Dienstverhältnissen oder Arbeitsverhältnissen der gestatteten Art sowie zu Rechtsgeschäften, welche die Erfüllung der von dem anderen Theile übernommenen Verpflichtungen oder die Aufhebung des Dienstverhältnisses oder Arbeitsverhältnisses betreffen.

Der gesetzliche Vertreter kann die Ermächtigung zurücknehmen oder einschränken.

Die für einen einzelnen Fall ertheilte Ermächtigung gilt im Zweifel als allgemeine Ermächtigung zur Eingehung eines Verhältnisses derselben Art.

§. 69.

Der von einem Minderjährigen geschlossene Vertrag gilt als von Anfang an wirksam, wenn der Minderjährige die darin übernommenen Verpflichtungen aus Vermögensgegenständen erfüllt, welche ihm von dem gesetzlichen Vertreter zu solchem Zwecke oder zu freier Verfügung rechtsgültig überlassen waren.

§. 70.

Ein Volljähriger, welcher wegen Verschwendung entmündigt ist, steht in Ansehung der Geschäftsfähigkeit während der Dauer der Entmündigung einem Minderjährigen gleich, welcher das siebente Lebensjahr zurückgelegt hat

§. 71.[1])

Ein Volljähriger, welcher nach Maßgabe des §. 1727 des vormundschaftlichen Schutzes für bedürftig erklärt ist, oder über welchen nach Maßgabe des §. 1737 eine vorläufige Vormundschaft angeordnet ist, steht bis zur Beendigung der Vormundschaft in Ansehung der Geschäftsfähigkeit einem Minderjährigen gleich, welcher das siebente Lebensjahr zurückgelegt hat.

Wird im Falle des §. 1737 der Antrag auf Entmündigung rechtskräftig zurückgewiesen oder die Entmündigung in Folge der Anfechtungsklage rechtskräftig aufgehoben, so finden die Vorschriften des §. 613 Abs. 2 der Civilprozeßordnung entsprechende Anwendung

---

Zweiter Titel.

Willenserklärung.

§. 72.

Die Willenserklärung kann ausdrücklich oder stillschweigend erfolgen.

---

[1]) In das Einführungsgesetz wird eine Bestimmung aufgenommen werden, welche den §. 435 Abs. 2 der Civilprozeßordnung dahin ergänzt, daß Volljährige, welche nach dem §. 1727 des vormundschaftlichen Schutzes für bedürftig erklärt sind, den Minderjährigen gleichstehen, welche das sechszehnte Lebensjahr zurückgelegt haben, und daß auf Volljährige, über welche nach dem §. 1737 eine vorläufige Vormundschaft angeordnet ist, diejenigen Vorschriften Anwendung finden, welche gelten würden, wenn die Entmündigung bereits erfolgt wäre.

§. 73.

Bei der Auslegung einer Willenserklärung ist der wirkliche Wille zu erforschen und nicht an dem buchstäblichen Sinne des Ausdruckes zu haften.

§. 74.

Ist die Wirksamkeit einer Willenserklärung davon abhängig, daß sie gegenüber einem Betheiligten abgegeben wird (Empfänger der Willenserklärung), und erfolgt die Willenserklärung in Abwesenheit desselben, so wird zur Wirksamkeit erfordert, daß die ausdrückliche Willenserklärung ihm zukommt, die stillschweigende Willenserklärung zu seiner Kenntniß gelangt.

Die Willenserklärung gilt als nicht erfolgt, wenn eine den Widerruf enthaltende Willenserklärung nach den Vorschriften des ersten Absatzes vorher oder gleichzeitig zur Wirksamkeit gelangt.

Auf die Wirksamkeit der Willenserklärung ist es ohne Einfluß, wenn der Urheber stirbt oder geschäftsunfähig wird, nachdem er die ausdrückliche Erklärung behufs der Absendung abgegeben oder bevor der Betheiligte von der stillschweigenden Erklärung Kenntniß erlangt hat.

Ist die Wirksamkeit einer Willenserklärung davon abhängig, daß sie gegenüber einer Behörde abgegeben wird, so finden die Vorschriften des zweiten und dritten Absatzes entsprechende Anwendung.

§. 75.

Ist Jemand zur Entgegennahme einer Willenserklärung verpflichtet, so kann die Mittheilung der Willenserklärung durch Vermittelung eines Gerichtsvollziehers geschehen. Die Mittheilung erfolgt nach den für die Zustellung in bürgerlichen Rechtsstreitigkeiten geltenden Vorschriften.

§. 76.

Befindet sich derjenige, welcher eine Willenserklärung mittheilen will, in einer nicht auf Fahrlässigkeit beruhenden Unkenntniß über die Person desjenigen, welcher zur Entgegennahme der Willenserklärung verpflichtet ist, oder ist der Aufenthalt dieser Person unbekannt, so kann die Mittheilung nach den für die öffentliche Zustellung einer Ladung in bürgerlichen Rechtsstreitigkeiten geltenden Vorschriften erfolgen. Zuständig ist im ersteren Falle das Amtsgericht, in dessen Bezirke der Erklärende seinen Wohnsitz oder in Ermangelung eines solchen seinen Aufenthalt im Inlande hat, im zweiten Falle das Amtsgericht, in dessen Bezirke die Person, welcher zuzustellen ist, den letzten Wohnsitz oder in Ermangelung eines solchen den letzten Aufenthalt im Inlande hatte.

Dritter Titel.

Vertragschließung.

§. 77.

Zur Schließung eines Vertrages wird erfordert, daß die Vertragschließenden ihren übereinstimmenden Willen sich gegenseitig erklären.

§. 78.

Solange die Vertragschließenden über die nach dem Gesetze zum Wesen des zu schließenden Vertrages gehörenden Theile sich nicht geeinigt haben, ist der Vertrag nicht geschlossen.

Das Gleiche gilt im Zweifel auch dann, wenn die nach der Erklärung auch nur eines der Vertragschließenden außerdem zu vereinbarenden Bestimmungen noch nicht vereinbart sind, ohne Unterschied, ob eine Aufzeichnung der bereits vereinbarten Bestimmungen stattgefunden hat oder nicht.

§. 79.

Ein gegenseitiger Vertrag, welcher mit der Bestimmung geschlossen wird, daß der eine Vertragschließende an denselben nur dann gebunden sei, wenn er wolle, ist für den anderen Vertragschließenden bindend.

Erklärt der Erstere, daß er nicht wolle, so hört der Andere auf, gebunden zu sein.

§. 80.

Hat Jemand einem Anderen einen Antrag zur Schließung eines Vertrages gemacht, so ist er an den Antrag gebunden, wenn dieser die zum Wesen des beantragten Vertrages gehörenden Theile enthält, ohne die Vereinbarung weiterer Bestinmungen vorzubehalten.

§. 81.

Der Antragende ist nicht gebunden, wenn die Gebundenheit ausdrücklich oder stillschweigend von ihm ausgeschlossen ist.

§. 82.

Ist für die Annahme des Antrages eine Frist von dem Antragenden bestimmt, so bleibt dieser bis zum Ablaufe der Frist gebunden. Kommt die Annahmeerklärung dem Antragenden vor Ablauf der Frist nicht zu, so erlischt der Antrag.

§. 83.

Wird der Vertragsantrag ohne Bestimmung einer Annahmefrist einem Anwesenden gemacht und von diesem nicht sofort angenommen, so erlischt der Antrag.

§. 84.

Wird der Vertragsantrag ohne Bestimmung einer Annahmefrist einem Abwesenden gemacht, so ist der Antragende bis zu dem Zeitpunkte gebunden, in welchem er bei Unterstellung der rechtzeitigen Ankunft des Antrages und der nach der Verkehrssitte als rechtzeitig zu betrachtenden Absendung der Antwort den Eingang der letzteren erwarten darf. Kommt die Erklärung der Annahme nicht bis zu diesem Zeitpunkte dem Antragenden zu, so erlischt der Antrag.

§. 85.

Ist die nach Ablauf der Annahmefrist dem Antragenden zugekommene Annahmeerklärung eines Abwesenden von diesem dergestalt abgesandt worden, daß sie bei regelmäßiger Beförderung vor Ablauf der Annahmefrist dem Antragenden zugekommen sein würde, so hat dieser den Anderen nach Eingang der Erklärung unverzüglich von der Verspätung zu benachrichtigen, wenn dies nicht schon in der Zwischenzeit geschehen ist. Im Falle der Versäumung der rechtzeitigen Absendung der Anzeige gilt die Annahmeerklärung als nicht verspätet.

§. 86.

Die stillschweigende Annahme des einem Abwesenden gemachten Vertragsantrages ist zulässig, wenn der Antragende sie gestattet hat. In einem solchen Falle ist zur Wirksamkeit der Annahme nicht erforderlich, daß die Annahme zur Kenntniß des Antragenden gelangt.

Die stillschweigende Annahme ist insbesondere als von dem Antragenden gestattet anzusehen, wenn er in dem Antrage sofortige Leistung verlangt, oder wenn aus dem Antrage erhellt, daß der Antragende keine Antwort, sondern nur Annahme erwartet.

Wie lange der Antragende gebunden ist, bestimmt sich nach seinem in dem Antrage ausdrücklich erklärten oder aus den Umständen des Falles zu entnehmenden Willen.

Hat der Antragende sofortige Leistung verlangt, so ist er im Zweifel so lange gebunden, als zur Bewirkung der Leistung erforderlich ist. Wird die Leistung verzögert, so erlischt der Antrag. Ob eine Verzögerung vorliegt, ist nach den Umständen und der Verkehrssitte zu beurtheilen. Wird durch Zufall die Ankunft des Antrages verspätet oder die sofortige Leistung verhindert, so ist im Zweifel der Antrag als erloschen anzusehen.

§. 87.

Mit dem Zeitpunkte der Annahme des Vertragsantrages ist der Vertrag geschlossen.

§. 88.

Die verspätete Annahme des Vertragsantrages gilt als ein neuer Antrag.

Der Vertragsantrag erlischt durch die Ablehnung.

Eine Annahme unter Erweiterungen oder Einschränkungen gilt als Ablehnung verbunden mit einem neuen Antrage.

§. 89.

Auf die Wirksamkeit des Vertragsantrages ist es, sofern nicht ein anderer Wille des Antragenden aus dem Antrage oder den Umständen des Falles hervorgeht, ohne Einfluß, wenn der Antragende oder derjenige, welchem der Antrag gemacht worden ist, nach Absendung des Antrages stirbt oder geschäftsunfähig wird.

§. 90.

Bei einer Versteigerung an den Meistbietenden oder Wenigstfordernden ist im Zweifel der Vertrag erst dann geschlossen, wenn auf ein Gebot der Zuschlag erfolgt ist, und der Bietende an sein Gebot so lange gebunden, als er nicht überboten worden ist. Mit dem Uebergebote oder, wenn kein solches gemacht und der Zuschlag nicht vorher erfolgt ist, mit dem Ablaufe des Versteigerungstermines ist das Gebot im Zweifel erloschen.

Vierter Titel.

Form der Rechtsgeschäfte.

§. 91.

Für ein Rechtsgeschäft ist eine besondere Form nur dann erforderlich, wenn eine solche durch Gesetz oder Rechtsgeschäft bestimmt ist.

Ist durch Gesetz eine besondere Form vorgeschrieben, so ist das Rechtsgeschäft im Falle des Mangels der Form nichtig, sofern nicht ein Anderes vorgeschrieben ist. Dasselbe gilt im Zweifel im Falle des Mangels der durch Rechtsgeschäft bestimmten Form.

§. 92.

Ist durch Gesetz die schriftliche Form vorgeschrieben, so muß die Urkunde von dem Urheber der Willenserklärung eigenhändig unterschrieben oder mittels gerichtlich oder notariell beglaubigten Handzeichens unterzeichnet sein.

Bei telegraphischer Uebermittelung der Willenserklärung genügt es, wenn die Aufgabeschrift nach Maßgabe des ersten Absatzes unterschrieben oder unterzeichnet ist.

Die gerichtliche oder notarielle Form ersetzt die schriftliche Form.

§. 93.

Ist durch Rechtsgeschäft die schriftliche Form bestimmt, so finden die Vorschrift des §. 92 Abs. 3 und im Zweifel auch die Vorschriften des §. 92 Abs. 1, 2 Anwendung.

§. 94.

Bei einem Vertrage ist zur Vollendung der durch Gesetz vorgeschriebenen schriftlichen Form die Unterschrift sämmtlicher Vertragschließenden auf derselben Urkunde erforderlich. Ist die Vertragsurkunde in mehreren gleichlautenden Exemplaren aufgenommen, so genügt es, wenn jeder der Vertragschließenden ein von den übrigen Vertragschließenden unterschriebenes Exemplar empfangen hat; die Vorschrift des §. 92 Abs. 2 findet entsprechende Anwendung.

Die Vorschriften des ersten Absatzes gelten im Zweifel auch dann, wenn nach der Vereinbarung der Vertragschließenden die schriftliche Form erforderlich ist.

Fünfter Titel.

Willensmängel.

§. 95.

Ist der Urheber einer Willenserklärung, bei welcher der wirkliche Wille mit dem erklärten Willen nicht übereinstimmt, des Mangels der Uebereinstimmung sich bewußt, so ist die Willenserklärung gültig, sofern der Urheber den Mangel verhehlt hat. Die Willenserklärung ist jedoch nichtig, wenn der Empfänger derselben den Mangel gekannt hat.

§. 96.

Ein zum Scheine vorgenommenes Rechtsgeschäft ist nichtig.

Wird bei Vornahme des Scheingeschäftes von den Parteien die Errichtung eines anderen Rechtsgeschäftes beabsichtigt, so bestimmt sich die Gültigkeit dieses anderen Rechtsgeschäftes nach den für dasselbe geltenden Vorschriften.

§. 97.

Hat bei einer Willenserklärung der Urheber, welcher des Mangels der Uebereinstimmung des wirklichen Willens mit dem erklärten Willen sich bewußt war, zu täuschen nicht beabsichtigt, so ist die Willenserklärung nichtig.

Die Willenserklärung ist jedoch gültig, wenn dem Urheber grobe Fahrlässigkeit zur Last fällt.

Fällt dem Urheber eine Fahrlässigkeit zur Last, welche keine grobe ist, so haftet derselbe dem Empfänger für Schadensersatz, jedoch in keinem Falle über den Betrag hinaus, welchen er bei Voraussetzung der Gültigkeit der Willenserklärung wegen Nichterfüllung der daraus entstandenen Verpflichtung zu ersetzen gehabt hätte.

Die Vorschriften des zweiten und dritten Absatzes finden keine Anwendung, wenn der Empfänger der Willenserklärung den Mangel der Uebereinstimmung des wirklichen Willens mit dem erklärten Willen kannte oder kennen mußte.

§. 98.

Beruht der Mangel der Uebereinstimmung des wirklichen Willens mit dem erklärten Willen auf einem Irrthume des Urhebers, so ist die Willenserklärung nichtig, wenn anzunehmen ist, daß der Urheber bei Kenntniß der Sachlage die Willenserklärung nicht abgegeben haben würde; im entgegengesetzten Falle ist die Willenserklärung gültig. Im Zweifel ist anzunehmen, die Willenserklärung würde nicht abgegeben sein, wenn ein Rechtsgeschäft anderer Art, die Beziehung des Rechtsgeschäftes auf einen anderen Gegenstand oder die Wirksamkeit des Rechtsgeschäftes unter anderen Personen beabsichtigt wurde.

§. 99.

Die nach den Vorschriften des §. 98 für nichtig zu erachtende Willenserklärung ist gültig, wenn dem Urheber derselben grobe Fahrlässigkeit zur Last fällt.

Fällt dem Urheber eine Fahrlässigkeit zur Last, welche keine grobe ist, so haftet derselbe dem Empfänger für Schadensersatz nach Maßgabe des §. 97 Abs. 3.

Die Vorschriften des ersten und zweiten Absatzes finden keine Anwendung, wenn der Empfänger den Irrthum kannte oder kennen mußte.

§. 100.

Fehlt bei der Schließung eines Vertrages in Ansehung eines Theiles des Vertrages die Uebereinstimmung des Willens der Vertragschließenden, so ist der ganze Vertrag nichtig, sofern nicht erhellt, daß der Vertrag auch ohne eine Bestimmung über jenen Theil geschlossen sein würde.

§. 101.

Die Vorschriften der §§. 98 bis 100 finden entsprechende Anwendung, wenn der Urheber der Willenserklärung zur Uebermittelung derselben an den Empfänger sich einer Mittelsperson bedient hat, durch welche der Wille unrichtig mitgetheilt ist.

§. 102.

Ein Irrthum in den Beweggründen ist, sofern nicht das Gesetz ein Anderes bestimmt, auf die Gültigkeit eines Rechtsgeschäftes ohne Einfluß.

§. 103.

Ist Jemand zur Abgabe einer Willenserklärung widerrechtlich durch Drohung oder durch Betrug bestimmt worden, so kann er die Willenserklärung anfechten.

Ist bei einer Willenserklärung, deren Wirksamkeit davon abhängt, daß sie gegenüber einem Betheiligten abgegeben wird, der Betrug von einem Dritten verübt, so ist die Willenserklärung nur dann anfechtbar, wenn der Empfänger der Willenserklärung den Betrug kannte oder kennen mußte.

§. 104.

Die Anfechtung muß binnen Jahresfrist erfolgen. Die Frist beginnt mit dem Zeitpunkte, in welchem die Zwangslage aufgehört hat oder der Betrug entdeckt ist.

Die Frist zur Anfechtung beträgt dreißig Jahre von dem Zeitpunkte an, in welchem die Willenserklärung abgegeben worden ist, wenn nicht die Anfechtung in Gemäßheit des ersten Absatzes bereits früher ausgeschlossen ist.

Die Vorschriften des §. 166 finden entsprechende Anwendung.

Sechster Titel.

Unerlaubte Rechtsgeschäfte.

§. 105.

Ein Rechtsgeschäft, dessen Vornahme durch Gesetz verboten ist, ist nichtig, sofern nicht aus dem Gesetze ein Anderes sich ergiebt.

§. 106.

Ein Rechtsgeschäft, dessen Inhalt gegen die guten Sitten oder die öffentliche Ordnung verstößt, ist nichtig.

§. 107.[1])

Die durch Rechtsgeschäft oder durch Urtheil oder im Wege der Zwangsvollstreckung oder der Arrestvollziehung erfolgende Uebertragung oder Aufhebung eines Rechtes und Belastung einer Sache oder eines Rechtes, durch welche gegen ein nur zum Schutze des Interesses bestimmter Personen dienendes gesetzliches oder gerichtliches Veräußerungsverbot verstoßen wird, ist gegenüber diesen Personen unwirksam. Die Vorschriften zu Gunsten derjenigen, welche Rechte von einem Nichtberechtigten herleiten, finden entsprechende Anwendung.

Als gesetzliches Veräußerungsverbot gilt auch die in einem Rechtsgeschäfte sich gründende, nach gesetzlicher Vorschrift gegen Dritte wirksame Verfügungsbeschränkung.

Das nur zum Schutze des Interesses bestimmter Personen dienende Veräußerungsverbot verliert durch die Eröffnung des Konkurses über das Vermögen desjenigen, welcher dem Verbote unterliegt, gegenüber den Konkursgläubigern seine Wirkung.

Solange das Verbot besteht, darf der Gegenstand, auf welchen es sich bezieht, im Wege der Zwangsvollstreckung wegen eines persönlichen Anspruches oder auf Grund eines Rechtes, welches in Folge des Verbotes unwirksam sein würde, nicht veräußert oder überwiesen werden.

Siebenter Titel.

Ungültigkeit der Rechtsgeschäfte.

§. 108.

Ein nichtiges Rechtsgeschäft wird in Ansehung der gewollten rechtlichen Wirkungen so angesehen, als ob es nicht vorgenommen wäre.

§. 109.

Ein nichtiges Rechtsgeschäft wird nicht dadurch gültig, daß die Gründe der Nichtigkeit später wegfallen.

---

[1]) Vorbehalten bleibt, bei der Beschlußfassung über das Einführungsgesetz zu entscheiden, ob die Veräußerungsverbote gewisser Verwaltungsbehörden den gerichtlichen Veräußerungsverboten gleichzustellen seien.

§. 110.

Wird das nichtige Rechtsgeschäft von dem Urheber bestätigt, so ist die Bestätigung als eine erneuete Vornahme des Rechtsgeschäftes zu beurtheilen.

Wird ein nichtiger Vertrag bestätigt, so sind die Vertragschließenden im Zweifel unter einander so berechtigt und verpflichtet, wie wenn der Vertrag von Anfang an gültig gewesen wäre.

§. 111.

Entspricht das beabsichtigte, aber als solches nichtige Rechtsgeschäft allen Erfordernissen eines anderen Rechtsgeschäftes, so ist es als das letztere aufrecht zu erhalten, wenn dies dem aus der Vornahme des nichtigen Rechtsgeschäftes sich ergebenden Willen gemäß ist.

§. 112.

Ein anfechtbares Rechtsgeschäft wird im Falle der Anfechtung in Ansehung der gewollten rechtlichen Wirkungen so angesehen, als ob es nicht vorgenommen wäre, es sei denn, daß durch das Gesetz geringere Wirkungen der Anfechtung vorgeschrieben sind.

§. 113.

Die Anfechtung eines Rechtsgeschäftes erfolgt durch eine von dem Anfechtungsberechtigten gegenüber dem Anfechtungsgegner abzugebende Willenserklärung.

Anfechtungsgegner ist bei einem Vertrage der andere Vertragschließende, bei einem einseitigen Rechtsgeschäfte, dessen Wirksamkeit davon abhängt, daß es gegenüber einem Betheiligten vorgenommen wird, der Betheiligte, bei einem anderen einseitigen Rechtsgeschäfte ein Jeder, welcher aus dem Rechtsgeschäfte ein Recht in Anspruch nimmt, dessen Aufhebung durch die Anfechtung bezweckt wird.

Durch die Genehmigung des Anfechtungsberechtigten wird das Rechtsgeschäft unanfechtbar.

§. 114.

Trifft der Grund der Ungültigkeit nur einen Theil eines Rechtsgeschäftes, so ist das ganze Rechtsgeschäft ungültig, sofern nicht erhellt, daß dasselbe auch ohne die ungültige Bestimmung gewollt sein würde.

Achter Titel.

Vertretung und Vollmacht.

§. 115.

Ein Rechtsgeschäft kann, sofern nicht das Gesetz oder die Natur des Rechtsgeschäftes entgegensteht, auch durch einen Vertreter und gegenüber einem Vertreter vorgenommen werden.

§. 116.

Durch ein Rechtsgeschäft, welches der Vertreter innerhalb der Grenzen seiner Vertretungsmacht vornimmt, wird der Vertretene unmittelbar berechtigt und verpflichtet. Es macht keinen Unterschied, ob der Vertreter das Rechtsgeschäft ausdrücklich im Namen des Vertretenen vorgenommen hat, oder ob die Umstände ergeben, daß dasselbe nach dem Willen der Handelnden im Namen des Vertretenen vorgenommen werden sollte.

Ist der Wille, in fremdem Namen zu handeln, nicht kundgegeben, so kommt der Mangel des Willens, in eigenem Namen zu handeln, nicht in Betracht.

Auf eine Willenserklärung, welche von einem Dritten gegenüber dem Vertreter abgegeben wird, finden die Vorschriften des ersten Absatzes entsprechende Anwendung.

§. 117.

Das Erforderniß der Uebereinstimmung des wirklichen Willens mit dem erklärten Willen, ingleichen die Erheblichkeit von Drohung, Betrug, Irrthum, Wissen und Wissenmüssen bestimmt sich nach der Person des Vertreters.

§. 118.

Ist die Ermächtigung zur Vertretung von dem Vertretenen durch Rechtsgeschäft ertheilt (Vollmacht) und bezieht sich die Ermächtigung auf ein bestimmtes Rechtsgeschäft, so ist ein Nichtwissen des Vertreters unerheblich, wenn der Vertretene wußte oder, sofern dem Wissen das Wissenmüssen gleichsteht, wissen mußte.

§. 119.

Die Vollmacht ist widerruflich.

Auf die Widerruflichkeit kann nicht verzichtet werden.

Auch im Uebrigen gelten für das Erlöschen der Vollmacht die Vorschriften über das Erlöschen des Auftrages, soweit nicht aus dem Verhältnisse des Vollmachtgebers zu dem Bevollmächtigten ein Anderes sich ergiebt.

§. 120.

Hat der Vollmachtgeber die Bevollmächtigung durch besondere Mittheilung oder durch öffentliche Bekanntmachung Dritten kundgegeben, so gilt die Kundgebung im ersteren Falle gegenüber dem besonders benachrichtigten Dritten, im letzteren Falle gegenüber jedem Dritten, welcher ein Rechtsgeschäft mit dem Bevollmächtigten geschlossen oder gegenüber demselben vorgenommen oder welchem gegenüber der Bevollmächtigte ein Rechtsgeschäft vorgenommen hat, als selbständige Bevollmächtigung.

Das Erlöschen der Vollmacht durch Widerruf oder Kündigung ist gegenüber dem Dritten nur dann wirksam, wenn das Erlöschen in gleicher Weise kundgegeben ist oder wenn der Dritte dasselbe kannte oder kennen mußte.

§. 121.

Die Vorschriften des §. 120 Abs. 1 finden entsprechende Anwendung, wenn der Bevollmächtigte zum Nachweise der Bevollmächtigung von dem Vollmachtgeber eine Vollmachtsurkunde erhalten und dieselbe dem Dritten vorgelegt hat.

Der Bevollmächtigte muß die Vollmachtsurkunde nach dem Erlöschen der Vollmacht dem Vollmachtgeber zurückgeben.

Auf Antrag des Vollmachtgebers hat das Gericht, bei welchem dieser seinen allgemeinen Gerichtsstand hat, oder nach seiner Wahl das Gericht, welches für die Klage auf Zurückgabe der Vollmachtsurkunde zuständig ist, die Urkunde durch Beschluß für kraftlos zu erklären. Der Beschluß ist nach den für die öffentliche Zustellung einer Ladung in bürgerlichen Rechtsstreitigkeiten geltenden Vorschriften bekannt zu machen. Die Kraftloserklärung wird mit Ablauf eines Monates seit der letzten Einrückung des Beschlusses in die öffentlichen Blätter wirksam.

Solange die Vollmachtsurkunde weder zurückgegeben noch für kraftlos erklärt ist, ist das Erlöschen der Vollmacht durch Widerruf oder Kündigung gegenüber dem Dritten nur dann wirksam, wenn derselbe das Erlöschen kannte oder kennen mußte.

§. 122.

Wird von einem Bevollmächtigten ein einseitiges Rechtsgeschäft, dessen Wirksamkeit davon abhängt, daß es gegenüber einem Betheiligten vorgenommen wird, ohne Vorlegung einer Vollmachtsurkunde vorgenommen, so ist das Rechtsgeschäft unwirksam, wenn der Betheiligte dasselbe bei oder unverzüglich nach der Vornahme wegen Mangels der Vorlegung einer Vollmachtsurkunde zurückweist.

§. 123

Hat Jemand im Namen eines Anderen, ohne Vertretungsmacht zu haben, einen Vertrag geschlossen, so ist die Wirksamkeit des letzteren für den Vertretenen von dessen Genehmigung abhängig.

Solange die Genehmigung nicht verweigert ist, kann der andere Vertragschließende auch mit Zustimmung des Vertreters von dem Vertrage nicht zurücktreten.

Als Verweigerung der Genehmigung gilt es, wenn dem anderen Vertragschließenden ungeachtet einer von ihm an den Vertretenen erlassenen Aufforderung innerhalb einer vom Empfange derselben zu berechnenden Frist von zwei Wochen eine bestimmte und ausdrückliche Erklärung nicht zukommt. Die Genehmigung sowie deren Verweigerung kann nach Beginn der Frist nur gegenüber dem anderen Vertragschließenden erklärt werden.

Stirbt der Vertretene, ohne genehmigt zu haben, so wird hierdurch in den Rechtsverhältnissen nichts geändert.

§. 124.

Hat der Vertreter bei Schließung des Vertrages nicht kundgegeben, daß er ohne Vertretungsmacht sei, so kann der andere Vertragschließende, solange der Vertretene die Genehmigung nicht ertheilt hat, von dem Vertrage zurücktreten, es sei denn, daß er den Mangel der Vertretungsmacht gekannt hat.

§. 125.

Der Vertreter, welcher bei Schließung des Vertrages nicht kundgegeben hat, daß er ohne Vertretungsmacht sei, ist, wenn die Genehmigung des Vertrages verweigert wird, dem anderen Vertragschließenden persönlich verhaftet. Der Andere kann nach seiner Wahl Erfüllung oder Schadensersatz wegen Nichterfüllung fordern.

Die Haftung des Vertreters tritt nicht ein, wenn der Andere den Mangel der Vertretungsmacht gekannt hat.

§. 126.

Ein einseitiges Rechtsgeschäft kann von einem Anderen ohne Vertretungsmacht nicht wirksam vorgenommen werden. Ist jedoch die Wirksamkeit des einseitigen Rechtsgeschäftes davon abhängig, daß dasselbe gegenüber einem Betheiligten vorgenommen wird, so finden, wenn der Betheiligte mit der Vornahme sich einverstanden erklärt, die für Verträge geltenden Vorschriften entsprechende Anwendung.

Neunter Titel.

Einwilligung und Genehmigung.

§. 127.

Ist die Wirksamkeit eines Rechtsgeschäftes davon abhängig, daß ein Anderer im Voraus in die Vornahme desselben einwilligt oder das vorgenommene Rechtsgeschäft genehmigt, so kann die Einwilligung oder Genehmigung sowie die Verweigerung der Genehmigung, wenn das Rechtsgeschäft ein Vertrag ist, gegenüber dem einen oder anderen Vertragschließenden, wenn es ein einseitiges Rechtsgeschäft ist, zu dessen Wirksamkeit erforderlich ist, daß es gegenüber einem Betheiligten vorgenommen wird, gegenüber dem Urheber des Rechtsgeschäftes oder dem anderen Betheiligten erklärt werden.

Die Erklärung kann ausdrücklich oder stillschweigend erfolgen. Ist für das Rechtsgeschäft, auf welches die Einwilligung oder Genehmigung sich bezieht, eine Form erforderlich, so ist die Erklärung an diese Form nicht gebunden.

Auf das Erlöschen der Wirksamkeit der im Voraus ertheilten Einwilligung finden die Vorschriften über das Erlöschen der Vollmacht entsprechende Anwendung.

Die Genehmigung wirkt, sofern nicht ein Anderes bestimmt ist, auf die Zeit zurück, in welcher das genehmigte Rechtsgeschäft vorgenommen worden ist. Durch diese Rückbeziehung werden Rechte nicht berührt, welche Dritte vor der Genehmigung durch Verfügungen des Genehmigenden oder im Wege einer gegen diesen erwirkten Zwangsvollstreckung oder Arrestvollziehung an dem Gegenstande des Rechtsgeschäftes erworben haben.

Zehnter Titel.

Bedingung und Befristung.

§. 128.

Ist einem Rechtsgeschäfte eine aufschiebende Bedingung beigefügt, so tritt die von der Bedingung abhängig gemachte rechtliche Wirkung mit dem Zeitpunkte ein, in welchem die Bedingung erfüllt ist.

§. 129.

Ist einem Rechtsgeschäfte eine auflösende Bedingung beigefügt, so endigt die durch dasselbe erzeugte rechtliche Wirkung mit dem

Zeitpunkte, in welchem die Bedingung erfüllt ist, dergestalt, daß der frühere Zustand von Rechtswegen wiederhergestellt wird.

§. 130.

Ergiebt sich aus dem Inhalte des Rechtsgeschäftes, daß der Eintritt oder die Beendigung der rechtlichen Wirkung auf einen früheren Zeitpunkt zurückbezogen werden soll, so sind im Falle der Erfüllung der Bedingung die Betheiligten unter einander so berechtigt und verpflichtet, wie wenn die rechtliche Wirkung des Rechtsgeschäftes schon in dem früheren Zeitpunkte eingetreten wäre oder geendigt hätte.

§. 131.

Fällt die aufschiebende Bedingung aus, so ist der Eintritt der von der Bedingung abhängig gemachten rechtlichen Wirkung ausgeschlossen.

Fällt die auflösende Bedingung aus, so ist das Rechtsgeschäft als unbedingt errichtet anzusehen.

§. 132.

Das bedingte Recht und die bedingte Verpflichtung sind nach den für das unbedingte Recht und die unbedingte Verpflichtung geltenden Vorschriften vererblich.

§. 133.

Der bedingt Berechtigte kann Sicherheitsleistung fordern, wenn die Voraussetzungen vorhanden sind, unter welchen nach den §§. 796, 797 der Civilprozeßordnung Arrest stattfindet.

Wird über das Vermögen des unter einer aufschiebenden Bedingung Verpflichteten der Konkurs eröffnet, so hat der bedingt Berechtigte diejenigen Rechte, welche die Konkursordnung demselben für den Fall beilegt, daß der Gemeinschuldner zur Sicherheitsleistung verpflichtet ist (§§. 142, 158 der Konkursordnung).

Die Vorschriften des ersten und zweiten Absatzes finden keine Anwendung, wenn das bedingte Recht wegen der entfernten Möglichkeit der Erfüllung der Bedingung als ein gegenwärtiger Vermögensbestandtheil sich nicht betrachten läßt.

Die Zulässigkeit einer einstweiligen Verfügung bestimmt sich auch bei einem bedingten Rechte nach den Vorschriften der §§. 814 bis 822 der Civilprozeßordnung.

§. 134.

Hat der bedingt Verpflichtete während des Schwebens der Bedingung durch vorsätzliche oder fahrlässige Handlungen das von der Bedingung abhängige Recht vereitelt oder beeinträchtigt, so haftet er im Falle der Erfüllung der Bedingung für den Ersatz des dem Berechtigten daraus entstandenen Schadens. Die Fahrlässigkeit, für welche der Verpflichtete einzustehen hat, wird durch das aus dem Rechtsgeschäfte sich ergebende Rechtsverhältniß bestimmt.

§. 135.

Ist unter einer Bedingung ein Recht übertragen oder aufgehoben oder ein Recht oder eine Sache belastet und wird während des Schwebens der Bedingung über das Recht oder die Sache von dem bedingt Verpflichteten oder im Wege einer gegen diesen erwirkten Zwangsvollstreckung oder Arrestvollziehung verfügt, so wird die Verfügung, soweit sie die mit Erfüllung der Bedingung eintretende rechtliche Wirkung vereitelt oder beeinträchtigt, im Falle der Erfüllung der Bedingung unwirksam. Die Vorschriften zu Gunsten derjenigen, welche Rechte von einem Nichtberechtigten herleiten, finden entsprechende Anwendung.

§. 136.

Wenn der bedingt Verpflichtete die Erfüllung der Bedingung in einer dem Inhalte des Rechtsgeschäftes zuwiderlaufenden Weise verhindert, so gilt die Bedingung als erfüllt.

§. 137.

Ist die Bedingung zur Zeit der Vornahme des Rechtsgeschäftes bereits erfüllt, so ist das Rechtsgeschäft, wenn die Bedingung eine aufschiebende ist, als unbedingt errichtet, wenn sie eine auflösende ist, als unwirksam anzusehen. Die entgegengesetzte Folge tritt ein, wenn die Bedingung zur Zeit der Vornahme des Rechtsgeschäftes bereits ausgefallen ist.

Solange die Erfüllung oder der Ausfall der Bedingung nicht bekannt ist, finden die Vorschriften des §. 133 entsprechende Anwendung.

Ist bei einem Rechtsgeschäfte die Beifügung einer Bedingung nicht zulässig, so ist auch die Beifügung einer Bedingung der im ersten Absatze bezeichneten Art unzulässig, sofern nicht das Gesetz ein Anderes bestimmt.

§. 138.

Die Bedingung kann in einer Handlung bestehen, deren Vornahme von der Willkür des Verpflichteten abhängt. Besteht die aufschiebende Bedingung in dem bloßen Wollen des Verpflichteten, so ist die Verpflichtung unwirksam.

§. 139.

Ist einem Rechtsgeschäfte eine unverständliche oder eine widersinnige Bedingung beigefügt, so ist dasselbe nichtig.

§. 140.

Durch Beifügung einer Bedingung, welche die rechtliche Wirkung von einem Umstande abhängig macht, von welchem dieselbe auch ohne den Willen des Erklärenden abhängig ist, wird an der rechtlichen Bestimmtheit des Verhältnisses nichts geändert.

§. 141.

Ist einem Rechtsgeschäfte ein bestimmter künftiger Zeitpunkt oder ein künftiges Ereigniß, dessen Eintritt gewiß ist, als Anfangstermin beigefügt, so tritt die rechtliche Wirkung des Rechtsgeschäftes sofort ein, so daß nur deren Geltendmachung auf den Anfangstermin hinausgeschoben ist, sofern nicht aus dem Inhalte des Rechtsgeschäftes erhellt, daß die rechtliche Wirkung erst mit dem Anfangstermine eintreten soll. Im letzteren Falle finden die Vorschriften des §. 132, des §. 133 Abs. 1, 4 und der §§. 134, 135 entsprechende Anwendung.

§. 142.

Ist einem Rechtsgeschäfte ein bestimmter künftiger Zeitpunkt oder ein künftiges Ereigniß, dessen Eintritt gewiß ist, als Endtermin beigefügt, so endigt die rechtliche Wirkung des Rechtsgeschäftes mit dem Endtermine.

Die Vorschriften der §§. 129, 132, des §. 133 Abs. 1, 4 und der §§. 134, 135 finden entsprechende Anwendung.

§. 143.

Der einem Rechtsgeschäfte beigefügte Termin, von welchem ungewiß ist, ob er eintreten werde, ist als Bedingung anzusehen.

Fünfter Abschnitt.

Fahrlässigkeit. Irrthum.

§. 144.

Fahrlässigkeit liegt vor, wenn nicht die Sorgfalt eines ordentlichen Hausvaters angewendet wird.

Grobe Fahrlässigkeit liegt vor, wenn die Sorgfalt eines ordentlichen Hausvaters in besonders schwerer Weise vernachlässigt wird.

§. 145.

Hat Jemand nur diejenige Sorgfalt anzuwenden, welche er in eigenen Angelegenheiten anzuwenden pflegt, so ist er von der Haftung wegen grober Fahrlässigkeit nicht befreit.

§. 146.

Im Sinne des Gesetzes ist

unter Irrthum sowohl der Irrthum über Thatsachen als auch der Rechtsirrthum,

unter entschuldbarem Irrthum ein nicht auf Fahrlässigkeit beruhender Irrthum,

unter Kennenmüssen oder Wissenmüssen ein auf Fahrlässigkeit beruhendes Nichtkennen oder Nichtwissen

zu verstehen.

Sechster Abschnitt.

Zeitbestimmungen.

§. 147.

In Ansehung der in Gesetzen, gerichtlichen Verfügungen und Rechtsgeschäften enthaltenen Zeitbestimmungen gelten die Auslegungsregeln der §§. 148 bis 153.

§. 148.

Ist für den Anfang einer nach Tagen bestimmten Frist ein Ereigniß oder ein in den Lauf eines Tages fallender Zeitpunkt maßgebend, so wird bei Berechnung der Frist der Tag nicht mitgerechnet, auf welchen das Ereigniß oder der Zeitpunkt fällt.

Eine nach Tagen bestimmte Frist endigt mit Ablauf des letzten Tages der Frist.

§. 149.

Eine Frist, welche nach Wochen, Monaten oder einem mehrere Monate umfassenden Zeitraume — Jahr, halbes Jahr, Vierteljahr — bestimmt ist, endigt, wenn für den Anfang derselben ein Ereigniß oder ein in den Lauf eines Tages fallender Zeitpunkt maßgebend ist, mit Ablauf desjenigen Tages der letzten Woche oder des letzten Monates, welcher durch seine Benennung oder Zahl dem Tage entspricht, an welchem die Frist begonnen hat; fehlt bei einer Monatsfrist dieser Tag in dem letzten Monate, so endigt die Frist mit Ablauf des letzten Tages dieses Monates.

Bildet der Beginn eines Tages den für den Anfang der Frist maßgebenden Anfangspunkt, so endigt die Frist mit Ablauf desjenigen Tages der letzten Woche oder des letzten Monates, welcher dem Tage vorhergeht, der durch seine Benennung oder Zahl dem Anfangstage entspricht; fehlt bei einer Monatsfrist dieser Tag in dem letzten Monate, so endigt die Frist mit Ablauf des letzten Tages dieses Monates.

§. 150.

Unter einem halben Jahre wird eine Frist von sechs Monaten, unter einem Vierteljahre eine Frist von drei Monaten, unter einem halben Monate eine Frist von fünfzehn Tagen verstanden.

Ist eine Frist auf einen oder mehrere ganze Monate und einen halben Monat gestellt, so sind die fünfzehn Tage zuletzt zu zählen.

§. 151.

Ist für die Berechnung einer Jahresfrist oder Monatsfrist die Anwendung der Vorschriften des §. 149 ausgeschlossen, so wird das Jahr zu dreihundertfünfundsechszig, der Monat zu dreißig Tagen gerechnet.

§. 152.

Im Falle der Verlängerung einer Frist wird die neue Frist von dem Ablaufe der vorigen Frist an berechnet.

§. 153.

Unter Anfang des Monates wird der erste, unter Mitte des Monates der fünfzehnte, unter Ende des Monates der letzte Tag des Monates verstanden.

Siebenter Abschnitt.

Anspruchsverjährung.

§. 154.

Das Recht einer Person, von einem Anderen eine Leistung zu verlangen (Anspruch), unterliegt der Verjährung (Anspruchsverjährung), sofern nicht das Gesetz ein Anderes bestimmt. Es macht keinen Unterschied, ob der Anspruch auf einem Schuldverhältnisse oder auf einem anderen Rechtsgrunde beruht.

Der auf einem familienrechtlichen Verhältnisse beruhende Anspruch unterliegt nicht der Verjährung, soweit er auf Herstellung des dem Verhältnisse entsprechenden Zustandes für die Zukunft gerichtet ist.

§. 155.

Die Verjährungsfrist beträgt dreißig Jahre (ordentliche Verjährungsfrist), sofern nicht eine andere Frist bestimmt ist.

§. 156.

Mit Ablauf von zwei Jahren verjähren die Ansprüche:

1. der Kaufleute, der Fabrikanten, der Handwerker sowie derjenigen, welche ein Kunstgewerbe betreiben, für Lieferung von Waaren und Leistung von Arbeiten einschließlich der Auslagen;
2. derjenigen, welche Landwirthschaft betreiben, für Lieferung von landwirthschaftlichen Erzeugnissen, insbesondere von Lebensmitteln und Brennmaterialien, sofern die Erzeugnisse zur Verwendung im Haushalte geliefert worden sind;
3. der Gastwirthe und derjenigen, welche Speisen oder Getränke irgend einer Art gewerbsmäßig verabreichen, für Gewährung von Wohnung und Beköstigung sowie für sonstige den Gästen zur Befriedigung von Bedürfnissen gewährte Leistungen einschließlich der Auslagen;
4. der öffentlichen und nichtöffentlichen Anstalten, welche dem Unterrichte, der Erziehung, der Verpflegung oder der Heilung dienen, für Gewährung von Unterricht, Verpflegung, Heilung, sowie für jeden damit in Verbindung stehenden Aufwand, ingleichen derjenigen, welche Personen zur Verpflegung oder Erziehung aufgenommen haben, für Leistungen und Aufwendungen der bezeichneten Art;
5. der öffentlichen Lehrer und der Privatlehrer wegen ihrer Honorare, sofern diese nicht bei öffentlichen Lehranstalten nach bestehenden besonderen Einrichtungen gestundet sind;
6. der Lehrherren und Lehrmeister wegen des Lehrgeldes und anderer im Lehrvertrage bedungener Leistungen sowie der für die Lehrlinge bestrittenen Auslagen;
7. der Rechtsanwälte, Notare und Gerichtsvollzieher, sowie aller Personen, welche zur Besorgung gewisser Geschäfte öffentlich bestellt oder zugelassen sind, ingleichen der Zeugen und Sachverständigen wegen ihrer Gebühren und Auslagen, unbeschadet der Vorschrift des §. 16 Satz 2 der Gebührenordnung vom 30. Juni 1878 (Reichs-Gesetzbl. S. 173);
8. der Aerzte, insbesondere auch der Wundärzte, Geburtshelfer, Zahnärzte und Thierärzte, sowie der Hebammen, ingleichen derjenigen, welche Dienste der Aerzte oder Hebammen, ohne

approbirt zu sein, geleistet haben, für ihre Dienstleistungen einschließlich der Auslagen;

9. derjenigen, welche aus der Leistung von Diensten oder der Besorgung von Aufträgen ein Gewerbe machen, sofern die Ansprüche aus dem Betriebe ihres Gewerbes herrühren;

10. der Eisenbahnverwaltungen, Frachtfuhrleute, Schiffer, Lohnkutscher und Boten wegen Fahrgeld, Fuhrlohn und Botenlohn einschließlich der Auslagen;

11. derjenigen, welche bewegliche Sachen gewerbsmäßig vermiethen, wegen des Miethzinses;

12. derjenigen, welche im Privatdienste stehen, wegen des Gehaltes, Lohnes oder anderer Dienstbezüge einschließlich der Auslagen;

13. der gewerblichen Arbeiter — Gesellen, Gehülfen, Lehrlinge, Fabrikarbeiter —, der Tagelöhner und Handarbeiter wegen des Lohnes und sonstiger an Stelle oder als Theil des Lohnes zugesagter Leistungen einschließlich der Auslagen;

14. der Arbeitgeber wegen der den gewerblichen Arbeitern auf Lohn oder Auslagen gewährten Vorschüsse;

15. der Parteien wegen der ihren Rechtsanwälten geleisteten Vorschüsse.

§. 157.

Mit Ablauf von vier Jahren verjähren die Ansprüche auf Rückstände von rechtsgeschäftlich bestimmten Zinsen, von Pachtzinsen und Miethzinsen, soweit diese nicht unter die Vorschrift des §. 156 Nr. 11 fallen, ingleichen auf Rückstände von Renten, Auszugsleistungen, Besoldungen, Wartegeldern, Pensionen, Unterhaltsbeiträgen und allen sonstigen Leistungen, welche in regelmäßig wiederkehrenden Fristen zu entrichten sind.

§. 158.

Die Verjährung beginnt mit dem Zeitpunkte, in welchem die Befriedigung des Anspruches rechtlich verlangt werden kann (Fälligkeit).

Insbesondere beginnt die Verjährung eines bedingten oder betagten Anspruches erst nach dem Eintritte der Bedingung oder des Termines.

Ist die Entstehung eines Anspruches von dem bloßen Wollen des Berechtigten abhängig, so beginnt die Verjährung mit dem Zeitpunkte, in welchem der Anspruch zur Entstehung gebracht werden konnte.

Ist die Befriedigung eines Anspruches von dem Verlangen oder von der Kündigung des Berechtigten abhängig, so beginnt die Verjährung mit dem Zeitpunkte, in welchem das Verlangen oder die Kündigung erfolgen konnte. Ist von der Kündigung an noch eine Frist für die Befriedigung bestimmt, so beginnt die Verjährung mit dem Zeitpunkte, in welchem ein dieser Frist gleichkommender Zeitraum seit dem Zeitpunkte abgelaufen ist, in welchem die Kündigung erfolgen konnte.

§. 159.

Die Verjährung der in den §§. 156, 157 bezeichneten Ansprüche beginnt mit dem Schlusse des Jahres, in welchem die Befriedigung rechtlich verlangt werden kann.

§. 160.

Hängen wiederkehrende Leistungen von einem Hauptrechte nicht ab, so beginnt die Verjährung des Anspruches im Ganzen mit dem Zeitpunkte, in welchem die Verjährung des Anspruches auf eine Leistung begonnen hat.

§. 161.

Ist die Verjährung gehemmt, so kann während der Dauer der Hemmung eine Verjährung nicht beginnen, eine begonnene Verjährung nicht fortlaufen.

Wird die Verjährung unterbrochen, so ist die bis zu der Unterbrechung abgelaufene Zeit in die Verjährungsfrist nicht einzurechnen.

§. 162.

Die Verjährung wird durch jedes rechtliche Hinderniß gehemmt, welches vermöge der Beschaffenheit des Anspruches oder vermöge einer besonderen Vorschrift die Rechtsverfolgung nicht gestattet.

Die Verjährung wird dadurch nicht gehemmt, daß dem Anspruche die Einrede des nicht erfüllten Vertrages, des Zurückbehaltungsrechtes oder der Vorausklage oder die Abzugseinrede des Inventarerben entgegensteht.

Sie wird auch dadurch nicht gehemmt, daß dem Anspruche eine zur Aufrechnung geeignete Forderung gegenübersteht oder daß der Anspruch der Anfechtung unterliegt.

§. 163.

Die Verjährung des dem Eigenthümer eines Pfandes gegen den Pfandgläubiger zustehenden Anspruches auf Rückgewährung des Pfandes ist so lange gehemmt, als das Pfandrecht besteht.

§. 164.

Im Falle des Stillstandes der Rechtspflege ist während der Dauer desselben die Verjährung gehemmt.

§. 165.

Wird der Berechtigte durch höhere Gewalt an der Rechtsverfolgung verhindert, so ist die Verjährung gehemmt, wenn und soweit das Hinderniß in den letzten sechs Monaten der Verjährungsfrist oder bei einer Verjährung von sechsmonatiger oder kürzerer Dauer stattfindet.

§. 166.

Gegen eine Person, welche geschäftsunfähig oder in der Geschäftsfähigkeit beschränkt ist, sowie gegen eine juristische Person beginnt und läuft die Verjährung, auch wenn die Person keinen gesetzlichen Vertreter hat.

Die Verjährung wird jedoch in Ermangelung eines gesetzlichen Vertreters nicht vor Ablauf von sechs Monaten nach dem Zeitpunkte vollendet, in welchem der Grund der gesetzlichen Vertretung weggefallen ist oder der Mangel der Vertretung aufgehört hat. Ist die Verjährungsfrist kürzer als sechs Monate, so tritt an die Stelle der sechsmonatigen Frist die Verjährungsfrist.

Soweit die im ersten Absatze bezeichneten Personen prozeßfähig sind, finden die Vorschriften des zweiten Absatzes keine Anwendung.

§. 167.

Durch die Erbfolge wird die Verjährung der gegen den Nachlaß gerichteten oder zu dem Nachlasse gehörenden Ansprüche, mit Einschluß der nach dem Erbfalle entstandenen, nicht gehemmt.

Die Verjährung eines solchen Anspruches wird jedoch nicht vor Ablauf von sechs Monaten nach dem Zeitpunkte vollendet, in welchem über den Nachlaß der Konkurs eröffnet oder ein Vertreter, gegen welchen oder von welchem der Anspruch geltend gemacht werden kann, bestellt oder die Erbschaft von dem Erben angenommen worden ist. Ist die Verjährungsfrist kürzer als sechs Monate, so tritt an die Stelle der sechsmonatigen Frist die Verjährungsfrist.

§. 168.

Für Ansprüche zwischen dem Vormunde und dem Mündel ist die Verjährung während der Dauer des Vormundschaftsverhältnisses gehemmt. Dasselbe gilt von Ansprüchen zwischen Eltern und Kindern während der Minderjährigkeit der letzteren und von Ansprüchen zwischen Ehegatten während der Dauer der Ehe.

§. 169.

Die Verjährung wird unterbrochen, wenn der Verpflichtete gegenüber dem Berechtigten den Anspruch anerkennt, insbesondere durch Abschlagszahlung, Zinszahlung, Pfandbestellung oder Bürgschaftsbestellung.

§. 170.

Die Verjährung wird unterbrochen, wenn der Berechtigte auf Befriedigung oder Feststellung des Anspruches, auf Ertheilung der Vollstreckungsklausel oder auf Erlassung des Vollstreckungsurtheiles Klage erhebt.

Der Klagerhebung stehen gleich:

1. die Zustellung eines Zahlungsbefehles im Mahnverfahren;
2. die Anmeldung einer Konkursforderung im Konkurse,
3. die Streitverkündung in dem Prozesse, von dessen Ausgange der Anspruch abhängt;
4. die Vornahme einer Vollstreckungshandlung und, soweit die Zwangsvollstreckung den Gerichten oder anderen Behörden zugewiesen ist, die Stellung des auf die Zwangsvollstreckung gerichteten Antrages.

Die Vorschrift des §. 190 der Civilprozeßordnung bleibt unberührt.

§. 171.

Die Unterbrechung mittels Klagerhebung gilt als nicht erfolgt, wenn der Berechtigte die Klage zurücknimmt, oder wenn dieselbe wegen Mangels einer Prozeßvoraussetzung abgewiesen wird.

Wird die Klage wegen Unzuständigkeit des Gerichtes abgewiesen und von dem Berechtigten binnen sechs Monaten nach der Rechtskraft des Urtheiles bei dem zuständigen Gerichte neue Klage erhoben, so gilt die Verjährung als durch die erste Klagerhebung unterbrochen.

Ist im Falle des §. 36 Nr. 6 der Civilprozeßordnung die erste Klage innerhalb der Verjährungsfrist und jede nachfolgende Klage binnen sechs Monaten nach der Rechtskraft des vorausgegangenen Urtheiles erhoben, auch binnen drei Monaten nach der Rechtskraft des letzten Urtheiles die Bestimmung des zuständigen Gerichtes nachgesucht und bei dem bestimmten Gerichte sodann binnen drei Monaten nach der Bestimmung desselben die Klagerhebung erfolgt, so gilt die Verjährung als durch die erste Klagerhebung unterbrochen.

Wird die Klage wegen Unzulässigkeit der gewählten Prozeßart abgewiesen und von dem Berechtigten binnen sechs Monaten nach der Rechtskraft des Urtheiles in der zulässigen Prozeßart neue Klage erhoben, so gilt die Verjährung als durch die erste Klagerhebung unterbrochen.

Auf die im zweiten bis vierten Absatze bezeichneten Fristen finden die Vorschriften der §§. 164, 166 entsprechende Anwendung.

§. 172.

Die Unterbrechung mittels Zustellung eines Zahlungsbefehles im Mahnverfahren gilt als nicht erfolgt, wenn die Wirkungen der Rechtshängigkeit nach Maßgabe der §§. 637, 640, 641 der Civilprozeßordnung erlöschen.

§. 173.

Die Unterbrechung mittels Vornahme oder Beantragung einer Vollstreckungshandlung gilt als nicht erfolgt, wenn die erwirkte Vollstreckungsmaßregel auf Antrag des Berechtigten oder wegen Mangels der gesetzlichen Voraussetzungen aufgehoben wird.

Die Unterbrechung mittels Beantragung einer Vollstreckungshandlung gilt als nicht erfolgt, wenn dem Antrage seitens der Behörde nicht stattgegeben oder der Antrag vor der Vornahme einer Vollstreckungshandlung zurückgenommen wird.

§. 174.

Die durch Erhebung der Klage bewirkte Unterbrechung dauert bis zur rechtskräftigen Entscheidung oder anderweiten Erledigung des Prozesses.

Geräth der Prozeß in Folge einer Vereinbarung der Parteien oder in Folge der Unterlassung des Betreibens in Stillstand, so endigt die Unterbrechung mit dem Zeitpunkte, in welchem der Stillstand eintritt. Die mit Beendigung der Unterbrechung beginnende neue Verjährung wird durch das weitere Betreiben von Seiten der einen oder anderen Partei mit der Wirkung der Klagerhebung unterbrochen.

§. 175.

Auf die durch Streitverkündung bewirkte Unterbrechung finden die Vorschriften des §. 174 entsprechende Anwendung.

§. 176.

Die durch Anmeldung im Konkurse bewirkte Unterbrechung dauert bis zur Beendigung des Konkurses.

Die Unterbrechung gilt als nicht erfolgt, wenn die Anmeldung zurückgenommen wird.

Ist bei Beendigung des Konkurses für eine Forderung, welche in Folge eines bei der Prüfung erhobenen Widerspruches in Prozeß befangen ist, ein Betrag zurückbehalten worden, so dauert die Unterbrechung auch nach Beendigung des Konkurses fort; das Ende der Unterbrechung bestimmt sich in diesem Falle nach den Vorschriften des §. 174.

§. 177.

Rechtskräftig festgestellte Ansprüche verjähren, auch wenn sie an sich einer kürzeren Verjährung unterliegen, mit Ablauf von dreißig Jahren. Dasselbe gilt von Ansprüchen aus vollstreckbaren Vergleichen und vollstreckbaren Urkunden sowie von Ansprüchen, welche durch die im Konkurse erfolgte Feststellung vollstreckbar geworden sind.

Soweit die Feststellung sich auf regelmäßig wiederkehrende, erst künftig verfallende Leistungen erstreckt, finden die Vorschriften des ersten Absatzes keine Anwendung.

§. 178.

Als rechtskräftige Entscheidung im Sinne des §. 174 Abs. 1 und des §. 177 Abs. 1 gilt auch ein unter Vorbehalt ergangenes rechtskräftiges Urtheil.

§. 179.

Ist der Anspruch vor einem Schiedsgerichte oder besonderen Gerichte, vor einem Verwaltungsgerichte oder einer Verwaltungsbehörde geltend zu machen, so finden die Vorschriften der §§. 170 bis 175 und der §§. 177, 178 entsprechende Anwendung.

Sind in einem Schiedsvertrage die Schiedsrichter nicht ernannt, oder hängt die Anrufung eines bereits bestehenden Schiedsgerichtes von der Erfüllung besonderer Vorbedingungen ab, so wird die Verjährung schon dadurch unterbrochen, daß der Berechtigte das seinerseits zur Erledigung des Anstandes Erforderliche vornimmt.

§. 180.

Wenn die Zulässigkeit des Rechtsweges von der Vorentscheidung einer Behörde abhängig ist, so wird die Verjährung durch das Gesuch um Erlassung der Vorentscheidung unterbrochen.

Die Unterbrechung dauert bis zur Erledigung des Gesuches.

§. 181.

Gelangt eine Sache, in Ansehung deren ein auf einem Rechte an derselben beruhender Anspruch begründet ist, durch Rechtsnachfolge in den Besitz eines Dritten, so wird die während des Besitzes des Rechtsvorgängers verstrichene Verjährungszeit in die Verjährungsfrist eingerechnet.

§. 182.

Nach Vollendung der Verjährung steht dem Anspruche eine Einrede entgegen, durch welche die Geltendmachung des Anspruches dauernd ausgeschlossen wird.

Das zur Befriedigung eines verjährten Anspruches Geleistete kann auch dann nicht zurückgefordert werden, wenn in Unkenntniß der Verjährung des Anspruches geleistet ist.

§. 183.

Die Verjährung eines durch Pfandrecht gesicherten Anspruches hindert den Berechtigten nicht, seine Befriedigung aus dem Pfande zu verlangen.

Bei der Verjährung von Ansprüchen auf rückständige Zinsen oder andere wiederkehrende Leistungen finden die Vorschriften des ersten Absatzes keine Anwendung.

Ist zum Zwecke der Sicherung eines Anspruches ein Recht übertragen, so findet die Rückforderung auf Grund der Verjährung des Anspruches nicht statt.

§. 184.

Ist der Hauptanspruch verjährt, so ist auch der Anspruch auf die von demselben abhängenden Nebenleistungen verjährt, selbst wenn die für den letzteren Anspruch geltende besondere Verjährung noch nicht vollendet ist.

Bei selbständigen wiederkehrenden Leistungen ist mit der Verjährung des Anspruches im Ganzen auch der Anspruch auf die bis dahin verfallenen Leistungen verjährt.

§. 185.

Durch Rechtsgeschäft kann die Verjährung nicht ausgeschlossen und nicht erschwert werden. Sie kann insbesondere nicht durch Verlängerung der Verjährungsfrist erschwert werden.

Die Erleichterung der Verjährung, insbesondere die Abkürzung der Verjährungsfrist, kann durch Rechtsgeschäft bestimmt werden.

Achter Abschnitt.
Selbstvertheidigung und Selbsthülfe.

§. 186.

Eine unerlaubte Handlung ist nicht vorhanden, wenn die Handlung durch Nothwehr geboten war.

Nothwehr ist diejenige Vertheidigung, welche erforderlich ist, um einen gegenwärtigen, rechtswidrigen Angriff von sich oder einem Anderen abzuwenden.

§. 187.

Eine unerlaubte Handlung ist nicht vorhanden, wenn Jemand eine fremde Sache beschädigt oder zerstört, um eine von dieser Sache drohende Gefahr von sich oder einem Anderen abzuwenden, sofern die Handlung zur Abwendung der Gefahr erforderlich war und die Gefahr nicht vorsätzlich oder fahrlässig verursacht worden ist.

§. 188.

Selbsthülfe mittels Handlungen, welche an sich unerlaubt sind, ist unerlaubt, soweit nicht das Gesetz ein Anderes bestimmt.

§. 189.

Selbsthülfe mittels Wegnahme, Zerstörung oder Beschädigung von Sachen oder mittels Nöthigung des Verpflichteten zur Erfüllung seiner Verpflichtung ist erlaubt, wenn obrigkeitliche Hülfe nicht rechtzeitig zu erlangen ist und der Berechtigte ohne sofortiges Eingreifen Gefahr läuft, daß die Verwirklichung des Anspruches vereitelt oder wesentlich erschwert werde.

Der Berechtigte darf bei Ausübung der Selbsthülfe nicht weiter gehen, als zur Abwendung der Gefahr nothwendig ist.

Im Falle der Festnahme des Verpflichteten ist derselbe, sofern er nicht wieder in Freiheit gesetzt wird, unverzüglich dem Amtsgerichte, in dessen Bezirke die Festnahme erfolgt ist, vorzuführen, zugleich ist bei diesem Gerichte die Anordnung des persönlichen Sicherheitsarrestes zu beantragen.

Sind bewegliche Sachen zum Zwecke der Sicherung eines Anspruches weggenommen, so ist, sofern nicht Zwangsvollstreckung erwirkt wird, unverzüglich die Anordnung des dinglichen Arrestes zu beantragen; wird die Stellung des Antrages verzögert oder der Antrag abgelehnt, so sind die Sachen zurückzugeben.

Neunter Abschnitt.
Urtheil.

§. 190.

Die Verurtheilung zu einer Leistung ist nur zulässig, wenn die Fälligkeit bereits eingetreten ist.

Bei wiederkehrenden Leistungen, welche nicht auf Rechtsgeschäft beruhen, kann die Verurtheilung auch für die erst später fällig werdenden Leistungen erfolgen.

Wird eine von einer Gegenleistung nicht abhängige Geldforderung erst mit Ablauf einer Frist nach der Kündigung fällig, oder endigt ein Miethverhältniß erst mit Ablauf einer Frist nach der Kündigung, so ist die Verurtheilung zur künftigen Zahlung oder Räumung auf Grund der mit der Klage verbundenen oder derselben vorausgegangenen Kündigung zulässig.

§. 191.

Das rechtskräftige Urtheil ist maßgebend für das Rechtsverhältniß zwischen den Parteien. Das rechtskräftig Zuerkannte kann nicht mehr bestritten, das rechtskräftig Aberkannte nicht mehr geltend gemacht werden.

Auf diese Wirkung des rechtskräftigen Urtheiles kann verzichtet werden. Das Gericht darf dieselbe nur berücksichtigen, wenn sie geltend gemacht wird.

§. 192.

Das rechtskräftige Urtheil wirkt für und gegen die Parteien und diejenigen Personen, welche nach Eintritt der Rechtshängigkeit Rechtsnachfolger der Parteien oder Inhaber des in Streit befangenen Gegenstandes für eine der Parteien geworden sind.

Die Vorschriften zu Gunsten derjenigen, welche Rechte von einem Nichtberechtigten herleiten, finden entsprechende Anwendung.

Zehnter Abschnitt.
Beweis.

§. 193.

Wer einen Anspruch geltend macht, hat die zur Begründung desselben erforderlichen Thatsachen zu beweisen. Wer die Aufhebung eines Anspruches oder die Hemmung der Wirksamkeit desselben geltend macht, hat die Thatsachen zu beweisen, welche zur Begründung der Aufhebung oder Hemmung erforderlich sind.

§. 194.

Wer die rechtliche Wirkung eines Thatbestandes wegen besonderer, die regelmäßige Wirksamkeit ausschließender Thatsachen verneint, hat diese besonderen Thatsachen zu beweisen.

Dies gilt insbesondere für Rechtsgeschäfte, wenn geltend gemacht wird der Mangel der Geschäftsfähigkeit, der Uebereinstimmung des wirklichen Willens mit dem erklärten Willen, der Willensfreiheit wegen Drohung oder Betruges, oder wenn geltend gemacht wird, daß eine besondere Form rechtsgeschäftlich bestimmt worden sei.

§. 195.

Wer Rechte aus einem Rechtsgeschäfte geltend macht, hat, wenn eine besondere Form zur Gültigkeit desselben erforderlich ist, auch die Beobachtung dieser Form zu beweisen.

§. 196.

Wer Rechte aus einem Rechtsgeschäfte geltend macht, hat zu beweisen, daß dasselbe in der von ihm behaupteten Weise zu Stande gekommen ist, auch wenn der Gegner die Errichtung zugesteht, jedoch behauptet, daß das Rechtsgeschäft in anderer Weise, insbesondere unter Beifügung einer aufschiebenden oder auflösenden Bedingung oder unter Beifügung eines Anfangstermines oder Endtermines errichtet worden sei.

§. 197.

Die Erfüllung oder den Ausfall einer Bedingung hat derjenige zu beweisen, welcher aus der betreffenden Thatsache ein Recht herleitet

§. 198.

Wenn das Gesetz vorschreibt, daß eine Thatsache vermuthet werde, so gilt dieselbe für erwiesen; es ist jedoch der Beweis des Gegentheiles zulässig, sofern nicht ein Anderes vorgeschrieben ist.

Elfter Abschnitt.
Sicherheitsleistung.

§. 199.

Wer zur Sicherheitsleistung verpflichtet ist, hat dieselbe in einem dem Werthe des zu sichernden Rechtes entsprechenden Betrage nach seiner Wahl zu bewirken:

durch öffentliche Hinterlegung von Geld oder Werthpapieren,

durch Verpfändung beweglicher Sachen,
durch Bestellung von Hypotheken an inländischen Grundstücken,
durch Verpfändung von Hypotheken oder Grundschulden an inländischen Grundstücken mit Ausschluß der Sicherungshypotheken.

Kann von ihm in dieser Weise die Sicherheit nicht geleistet werden, so ist die Stellung tüchtiger Bürgen zulässig.

Die Vorschriften des ersten und zweiten Absatzes finden nur insoweit Anwendung, als nicht durch Gesetz oder Rechtsgeschäft ein Anderes bestimmt ist.

§. 200.

Mit der Hinterlegung erwirbt der Berechtigte ein Pfandrecht an dem hinterlegten Gelde oder an den hinterlegten Werthpapieren und, wenn das Geld oder die Werthpapiere landesgesetzlich in das Eigenthum des Fiskus oder einer Anstalt übergehen, ein Pfandrecht an der Forderung auf Rückerstattung.

§. 201.

Werthpapiere sind zur Sicherheitsleistung nur geeignet, wenn sie auf den Inhaber lauten, einen Kurswerth haben und einer Gattung angehören, in welcher Mündelgelder angelegt werden dürfen.

Mit Werthpapieren kann nur in Höhe von drei Viertheilen des Kurswerthes Sicherheit geleistet werden.

§. 202.

Mit einer beweglichen Sache kann nur in Höhe von zwei Drittheilen des Schätzungswerthes Sicherheit geleistet werden.

§. 203.

Eine Hypothek oder Grundschuld ist zur Sicherheitsleistung nur geeignet, wenn sie den Voraussetzungen entspricht, unter welchen Mündelgelder in Hypotheken oder Grundschulden angelegt werden dürfen.

§. 204.

Ein Bürge ist tüchtig, wenn er ein der Höhe der zu leistenden Sicherheit angemessenes Vermögen besitzt und seinen allgemeinen Gerichtsstand im Inlande hat.

§. 205.

Wird die bestellte Sicherheit ohne Verschulden des Berechtigten unzureichend, so hat der Verpflichtete anderweite Sicherheit zu leisten.

Zweites Buch.
Recht der Schuldverhältnisse.

Erster Abschnitt.
Schuldverhältnisse im Allgemeinen.

Erster Titel.
Gegenstand der Schuldverhältnisse.

§. 206.

Gegenstand eines Schuldverhältnisses kann ein Thun oder ein Unterlassen des Schuldners (Leistung) sein.

§. 207.

Ist ein Schuldverhältniß auf mehrere Leistungen in der Weise gerichtet, daß nur die eine oder die andere erfolgen soll, so steht das Wahlrecht dem Schuldner zu, wenn nicht durch Gesetz oder Rechtsgeschäft ein Anderes bestimmt ist.

§. 208.

Die Wahl ist vollzogen, wenn sie von dem wahlberechtigten Theile gegenüber dem anderen Theile erklärt worden ist.

Die Wahl gilt auch dann als vollzogen, wenn der wahlberechtigte Schuldner eine der Leistungen, sei es auch nur theilweise, bewirkt, oder wenn der wahlberechtigte Gläubiger eine der Leistungen, sei es auch nur theilweise, angenommen hat.

§. 209.

Die vollzogene Wahl ist unwiderruflich. Das Schuldverhältniß ist nach Vollziehung der Wahl so zu beurtheilen, wie wenn es von Anfang an nur auf die gewählte Leistung gerichtet gewesen wäre.

§. 210.

Hat der wahlberechtigte Schuldner die Wahl nicht vor Einleitung der Zwangsvollstreckung vollzogen, so kann der Gläubiger die Zwangsvollstreckung nach seiner Wahl auf eine der mehreren

Leistungen richten, der Schuldner jedoch, solange der Gläubiger die von ihm gewählte Leistung weder ganz noch zum Theil empfangen hat, durch Bewirkung einer der anderen Leistungen sich von seiner Verbindlichkeit befreien.

Ist der wahlberechtigte Gläubiger in Verzug gekommen, so kann der Schuldner von dem Gläubiger die Vollziehung der Wahl binnen einer von ihm dem Gläubiger zu bestimmenden angemessenen Frist verlangen. Wird die Wahl innerhalb dieser Frist nicht vollzogen, so geht das Wahlrecht auf den Schuldner über.

§. 211.

Ist eine der mehreren Leistungen unmöglich oder später durch einen von dem Schuldner nicht zu vertretenden Umstand unmöglich geworden, so beschränkt sich das Schuldverhältniß auf die übrigen Leistungen.

Die Folgen eines Verschuldens des Gläubigers oder des Schuldners, durch welches die Unmöglichkeit einer Leistung herbeigeführt wird, bestimmen sich nach den allgemeinen Vorschriften über das Verschulden.

§. 212.

Ist die Wahl unter den mehreren wahlweise geschuldeten Leistungen einem Dritten eingeräumt, so gilt das Schuldverhältniß im Zweifel als ein durch die Wahl des Dritten bedingtes.

Die Wahl gilt als vollzogen, wenn sie gegenüber dem Gläubiger oder dem Schuldner erklärt ist.

§. 213.

Ist die den Gegenstand der Leistung bildende Sache nur der Gattung nach bestimmt, so hat der Schuldner eine Sache von mittlerer Art und Güte auszuwählen.

§. 214.

Die Auswahl gilt erst dann als vollzogen, wenn die Leistung durch Uebergabe der ausgewählten Sache bewirkt oder, sofern schon in einem früheren Zeitpunkte die Gefahr auf den Gläubiger übergeht, wenn dieser Zeitpunkt eingetreten ist.

Die vollzogene Auswahl ist unwiderruflich.

Das Schuldverhältniß beschränkt sich nach Vollziehung der Auswahl auf die ausgewählte Sache.

§. 215.

Die Zahlung einer im Inlande zahlbaren Geldschuld ist in Reichswährung auch dann zu bewirken, wenn die Schuld in ausländischer Währung ausgedrückt ist.

Bei der erforderlichen Umrechnung der Geldschuld in die Reichswährung entscheidet der Kurswerth zur Zeit und am Orte der Zahlung.

Die Vorschrift des zweiten Absatzes findet entsprechende Anwendung, wenn die in Reichswährung ausgedrückte Geldschuld in ausländischer Währung zu bezahlen ist.

§. 216.

Ist eine Geldschuld in einer bestimmten Münzsorte zu zahlen, welche sich zur Zeit der Zahlung nicht mehr im Umlaufe befindet, so ist die Zahlung so zu leisten, wie wenn die Bestimmung nicht getroffen worden wäre.

§. 217.

Ist eine Schuld nach Gesetz oder Rechtsgeschäft zu verzinsen, die Höhe der Zinsen jedoch nicht bestimmt, so sind die Zinsen mit fünf vom Hundert auf das Jahr zu entrichten.

§. 218.

Ist Schadensersatz zu leisten, so umfaßt der zu ersetzende Schaden sowohl die erlittene Vermögenseinbuße als auch den entgangenen Gewinn.

Als entgangener Gewinn kommt nur derjenige in Betracht, welcher nach dem gewöhnlichen Laufe der Dinge oder nach den besonderen Umständen, insbesondere nach getroffenen Anstalten und Vorkehrungen, mit Wahrscheinlichkeit erwartet werden konnte.

§. 219.

Der Schuldner hat den Schadensersatz dadurch zu leisten, daß er denjenigen Zustand herstellt, welcher vorhanden sein würde, wenn der zum Schadensersatze verpflichtende Umstand nicht eingetreten wäre, und daß er, soweit diese Herstellung nicht möglich oder zur Entschädigung des Gläubigers nicht genügend ist, den Gläubiger in Geld entschädigt.

§. 220.

Ist als Schadensersatz der Werth eines Gegenstandes zu ersetzen, so ist nicht blos der gemeine Verkehrswerth, sondern auch derjenige Werth maßgebend, welchen der Gegenstand für den Gläubiger nach den besonderen Verhältnissen hatte (außerordentlicher Werth).

§. 221.

Wegen eines anderen als eines Vermögensschadens kann eine Entschädigung nur in den vom Gesetze bestimmten Fällen gefordert werden.

§. 222.

Hat bei der Entstehung des von einem Anderen verschuldeten Schadens eine Fahrlässigkeit des Beschädigten, wenn auch nur in Ansehung der Abwendung des Schadens, mitgewirkt, so hat das Gericht nach den Umständen des Falles zu ermessen, ob und in welchem Umfange der Andere zum Schadensersatze verpflichtet sei. Das Gericht hat bei der Entscheidung insbesondere zu würdigen, ob und inwiefern das Verschulden des Anderen oder die Fahrlässigkeit des Beschädigten überwogen hat.

§. 223.

Wird in Folge der Entziehung oder der Vorenthaltung einer Sache oder eines Rechtes Schadensersatz für den Verlust der Sache oder des Rechtes selbst von dem Ersatzpflichtigen geleistet, so gehen auf den letzteren mit der Ersatzleistung die Ansprüche über, welche dem Entschädigten auf Grund des Eigenthumes oder des sonstigen Rechtes gegen Dritte zustehen.

Zweiter Titel.

Inhalt der Schuldverhältnisse.

I. Verpflichtung zur Leistung.

§. 224.

Der Schuldner ist verpflichtet, die nach dem Schuldverhältnisse ihm obliegende Leistung vollständig zu bewirken. Er haftet nicht blos wegen vorsätzlicher, sondern auch wegen fahrlässiger Nichterfüllung seiner Verbindlichkeit. Die Vorschriften der §§. 708, 709 finden entsprechende Anwendung.

Der Schuldner haftet in Ansehung der Erfüllung wegen des Verschuldens seines gesetzlichen Vertreters sowie wegen des Verschuldens derjenigen Personen, deren er sich zur Bewirkung der Leistung bedient.

§. 225.

Die Haftung wegen vorsätzlicher Nichterfüllung der Verbindlichkeit kann dem Schuldner im Voraus nicht erlassen werden.

§. 226.

Der Schuldner hat die Leistung nur dann in Person zu bewirken, wenn es dabei auf seine Persönlichkeit ankommt.

§. 227.

Hat der Schuldner nicht in Person zu leisten, so kann die Leistung auch durch einen Dritten bewirkt werden, ohne daß es der Einwilligung des Schuldners bedarf.

Widerspricht der Schuldner der Annahme der Leistung, so kann der Gläubiger die letztere ablehnen. Nimmt der Gläubiger die Leistung an, so wird der Schuldner ungeachtet seines Widerspruches befreit.

§. 228.

Der Schuldner ist zu Theilleistungen nicht berechtigt.

§. 229.

Ist der Ort, an welchem die Leistung zu bewirken ist, weder durch Gesetz oder Rechtsgeschäft noch durch die Beschaffenheit der Leistung bestimmt, so hat der Schuldner an dem Orte zu leisten, welcher der Natur des Schuldverhältnisses und dem muthmaßlichen Willen der Betheiligten entspricht.

§. 230.

Läßt der Leistungsort sich auf Grund des §. 229 nicht bestimmen, so hat der Schuldner an dem Orte zu leisten, an welchem er zur Zeit der Entstehung des Schuldverhältnisses seinen Wohnsitz hatte.

Besteht die Leistung in einer Geldzahlung, so hat der Schuldner an dem Orte zu zahlen, an welchem der Gläubiger zur Zeit der Entstehung des Schuldverhältnisses seinen Wohnsitz hatte. Im Falle der Aenderung des Wohnsitzes des Gläubigers hat der Schuldner das Geld dem Gläubiger auf dessen Gefahr und Kosten nach dem gegenwärtigen Wohnsitze zu übersenden.

§. 231.

Ist für die Leistung eine Zeit nicht bestimmt, so kann die Leistung sofort gefordert und bewirkt werden.

Ist eine Zeit bestimmt, so ist im Zweifel anzunehmen, daß der Gläubiger vor dieser Zeit die Leistung nicht fordern, wohl aber der Schuldner zu jeder früheren Zeit leisten darf.

§. 232.

Wird eine unverzinsliche Schuld vor der Fälligkeit bezahlt, so ist der Schuldner zu einem Abzuge wegen der Zwischenzinsen nicht berechtigt.

II. Zurückbehaltungsrecht.

§. 233.

Hat der Schuldner, abgesehen von den Fällen des §. 364, aus demselben rechtlichen Verhältnisse, auf welchem seine Verpflichtung beruht, gegen den Gläubiger einen fälligen Anspruch, oder steht ihm, wenn seine Verpflichtung auf Herausgabe eines Gegenstandes gerichtet ist, ein solcher Anspruch wegen Verwendungen auf den Gegenstand oder wegen eines durch den letzteren ihm zugefügten Schadens zu, so ist er zur Zurückbehaltung der geschuldeten Leistung berechtigt.

§. 234.

Auf das dem Schuldner nach dem §. 233 zustehende Zurückbehaltungsrecht finden die Vorschriften der §§. 364, 365 entsprechende Anwendung. Der Gläubiger kann das Zurückbehaltungsrecht durch Sicherheitsleistung abwenden. Die Sicherheitsleistung durch Bürgen ist ausgeschlossen.

§. 235.

Der zur Herausgabe eines Gegenstandes verpflichtete Schuldner ist zur Zurückbehaltung desselben auf Grund des §. 233 nicht berechtigt, wenn er zu dem Gegenstande durch eine vorsätzlich begangene unerlaubte Handlung gelangt ist.

§. 236.

Die Vorschriften der §§. 234, 235 gelten in allen Fällen, in welchen das Gesetz dem Schuldner das Zurückbehaltungsrecht beilegt.

III. Unmöglichkeit der Leistung und Folgen der Nichtleistung.

§. 237.

Der Schuldner ist zur Leistung nicht verpflichtet, solange die Leistung in Folge eines nach Entstehung des Schuldverhältnisses eingetretenen, von ihm nicht zu vertretenden Umstandes unmöglich ist; soweit die Leistung dauernd unmöglich geworden ist, wird der Schuldner von seiner Verbindlichkeit befreit.

Dasselbe gilt, wenn der Schuldner, welcher einen in sich bestimmten Gegenstand zu leisten hat, diesen in Folge eines von ihm nicht zu vertretenden Umstandes zu leisten außer Stand gesetzt worden ist.

§. 238.

Hat der Schuldner in Folge des Umstandes, welcher ihn in Gemäßheit des §. 237 von der Verpflichtung zur Leistung befreit hat, für den Gegenstand der letzteren einen Ersatz oder einen Ersatzanspruch erlangt, so ist er verpflichtet, dem Gläubiger auf dessen Verlangen das als Ersatz Empfangene herauszugeben oder den Ersatzanspruch abzutreten.

Die Vorschrift des ersten Absatzes findet auch dann Anwendung, wenn das Schuldverhältniß von einer aufschiebenden Bedingung oder von einem die Entstehung der Forderung aufschiebenden Anfangstermine abhängig war und die Leistung vor Eintritt der Bedingung oder des Termines unmöglich geworden ist.

§. 239.

Wird von dem Schuldner die Unmöglichkeit der Leistung geltend gemacht, so hat er zu beweisen, daß die Leistung nicht in Folge eines von ihm zu vertretenden Umstandes unmöglich geworden ist.

§. 240.

Kann der Schuldner seine Verbindlichkeit nicht erfüllen, weil die ihm obliegende Leistung in Folge eines von ihm zu vertretenden Umstandes ganz oder theilweise unmöglich geworden ist, so ist der Schuldner verpflichtet, dem Gläubiger den durch die Nichterfüllung der Verbindlichkeit verursachten Schaden zu ersetzen.

Für die Bestimmung des Werthes eines Gegenstandes, dessen Leistung ganz oder theilweise unmöglich geworden, ist der Ort der Leistung sowie die Zeit entscheidend, in welcher der Schuldner zu leisten verpflichtet war. Den Werth einer späteren Zeit kann der Gläubiger nur geltend machen, wenn nach den Umständen anzunehmen ist, daß sein Schaden in der Entziehung des höheren Werthes besteht.

§. 241

Die Unmöglichkeit gilt als durch einen von dem Schuldner nicht zu vertretenden Umstand herbeigeführt, wenn sie dadurch herbeigeführt ist, daß der Schuldner sich in Ansehung des Schuldverhältnisses in einem entschuldbaren Irrthume befunden hat.

§. 242.

Ist die Leistung in Folge eines von dem Schuldner zu vertretenden Umstandes nur theilweise unmöglich geworden, so kann der Gläubiger, wenn der nicht unmöglich gewordene Theil der Leistung für ihn kein Interesse hat, unter Ablehnung oder Zurückgewährung dieses Theiles Schadensersatz wegen Nichterfüllung der ganzen Verbindlichkeit verlangen.

Die Vorschriften des §. 427 Abs. 2, 3 und der §§. 428, 431, 433 finden entsprechende Anwendung.

§. 243.

Die Vorschriften der §§. 240—242 finden entsprechende Anwendung, wenn der Schuldner, nachdem er rechtskräftig verurtheilt worden ist, binnen einer von dem Gläubiger zu bestimmenden angemessenen Frist die Leistung nicht bewirkt. Die Fristbestimmung muß ergeben, daß der Gläubiger nach Ablauf der Frist die Leistung nicht mehr wolle.

§. 244.

Hat der Schuldner dem Gläubiger einen in sich bestimmten Gegenstand herauszugeben, so finden von dem Eintritte der Rechtshängigkeit an wegen Herausgabe und Vergütung der Nutzungen, wegen Ersatzes der Verwendungen und wegen Haftung für Erhaltung und Verwahrung, soweit nicht aus dem Schuldverhältnisse oder dem Verzuge des Schuldners zu Gunsten des Gläubigers ein Anderes sich ergiebt, diejenigen Vorschriften entsprechende Anwendung, welche für das Rechtsverhältniß zwischen dem Eigenthümer und dem Besitzer von dem Eintritte der Rechtshängigkeit des Eigenthumsanspruches an gelten.

IV. Verzug des Schuldners.

§. 245.

Wenn der Schuldner auf die nach Eintritt der Fälligkeit an ihn ergangene Aufforderung des Gläubigers, die Leistung zu bewirken (Mahnung), nicht leistet, so kommt er mit der Mahnung in Verzug. Als Mahnung gilt auch die Erhebung der Klage auf Verurtheilung zur Leistung sowie die Zustellung eines Zahlungsbefehles im Mahnverfahren.

Ist für die Leistung eine Zeit nach dem Kalender oder dergestalt bestimmt, daß sie, nachdem Kündigung erfolgt ist, aus dem Kalender sich ergiebt, so kommt der Schuldner ohne Mahnung in Verzug, wenn er zu der bestimmten Zeit nicht leistet.

§. 246.

Der Schuldner kommt nicht in Verzug, solange er in Folge eines von ihm nicht zu vertretenden Umstandes nach den Vorschriften der §§. 237, 241 zu leisten nicht verpflichtet ist.

§. 247.

Der Schuldner hat dem Gläubiger den durch den Verzug verursachten Schaden zu ersetzen.

Hat die Leistung in Folge des Verzuges des Schuldners für den Gläubiger kein Interesse, so kann der Gläubiger unter Ablehnung der Leistung und Zurückgewährung eines etwa bereits angenommenen Theiles derselben Schadensersatz wegen Nichterfüllung der ganzen Verbindlichkeit verlangen. Die Vorschriften des §. 427 Abs. 2, 3 und der §§. 428, 431, 433 finden entsprechende Anwendung.

§. 248.

Bei einer Geldschuld hat der Schuldner dem Gläubiger von dem Beginne des Verzuges an Zinsen mit fünf vom Hundert auf das Jahr zu entrichten, auch wenn die aus einem anderen Rechtsgrunde zu entrichtenden Zinsen weniger betragen. Ist der Betrag der letzteren Zinsen höher, so hat der Schuldner während des Verzuges den höheren Betrag fortzuzahlen.

Uebersteigt der dem Gläubiger durch den Verzug verursachte Schaden die Vergütung, welche er durch die Verzugszinsen erhält, so hat der Schuldner den höheren Schaden zu vergüten.

Die Vorschriften des ersten und zweiten Absatzes finden auch dann Anwendung, wenn bestimmte Geldstücke zu leisten sind.

§. 249.

Von Zinsen, welche auf Gesetz beruhen, sind Verzugszinsen nicht zu entrichten; von Zinsen, welche in einem Rechtsgeschäfte sich gründen, sind erst von dem Eintritte der Rechtshängigkeit an Verzugszinsen zu entrichten. Das Recht des Gläubigers, den Ersatz des durch den Verzug erweislich erlittenen Schadens zu fordern, bleibt unberührt.

§. 250.

Der Schuldner haftet von dem Beginne des Verzuges an wegen jeder Fahrlässigkeit, auch wenn er vorher in beschränktem Umfange haftbar war.

§. 251.

Der Schuldner haftet auch wegen einer während des Verzuges durch Zufall eingetretenen gänzlichen oder theilweisen Unmöglichkeit der Leistung, sofern nicht erhellt, daß der durch diesen Zufall entstandene Schaden auch im Falle rechtzeitiger Leistung entstanden sein würde.

§. 252.

Ist der Schuldner zum Ersatze des Werthes oder des Werthunterschiedes für einen während des Verzuges untergegangenen oder verschlechterten Gegenstand verpflichtet, so hat er Zinsen von dem zu ersetzenden Betrage seit dem Zeitpunkte zu entrichten, in welchem er mit Leistung des Gegenstandes in Verzug gekommen ist. Der Gläubiger, welcher die Zinsen fordert, kann nicht außerdem für dieselbe Zeit Entschädigung wegen entzogener Nutzungen verlangen.

§. 253.

Der Verzug des Schuldners hört für die Zukunft mit dem Zeitpunkte auf, in welchem er das Versäumte nachgeholt hat.

V. Verzug des Gläubigers.

§. 254.

Der Gläubiger kommt in Verzug, wenn er die ihm von dem Schuldner angebotene Leistung nicht annimmt.

§. 255.

Zur Wirksamkeit des Anbietens ist erforderlich, daß dem Gläubiger die Leistung so, wie sie dem Schuldner nach dem Schuldverhältnisse obliegt, insbesondere auch zur gehörigen Zeit und am gehörigen Orte, nicht blos wörtlich, sondern thatsächlich angeboten wird.

Das nur wörtliche Anbieten in Verbindung mit dem Leistungsvermögen des Schuldners ist jedoch genügend:

1. wenn der Gläubiger dem Schuldner erklärt hat, daß er die Leistung nicht annehmen werde;
2. wenn der Gläubiger, damit die Leistung beginnen kann, vorher eine Handlung vorzunehmen hat;
3. wenn und soweit zur Ausführung der Leistung eine gleichzeitige Handlung des Gläubigers nöthig ist.

In den Fällen unter Nr. 2 und 3 gilt als wörtliches Anbieten auch die Aufforderung an den Gläubiger, die von demselben zu bewirkende Handlung vorzunehmen. Ist in diesen Fällen für die Handlung des Gläubigers eine Zeit nach dem Kalender oder dergestalt bestimmt, daß sie, nachdem Kündigung erfolgt ist, aus dem Kalender sich ergiebt, so ist zum Verzuge des Gläubigers, wenn dieser die Handlung zu der bestimmten Zeit nicht vornimmt, nur das Leistungsvermögen, nicht außerdem ein auch nur wörtliches Anbieten der Leistung erforderlich.

§. 256.

Der Gläubiger, welchem gegen die ihm gebührende Leistung eine Gegenleistung obliegt, kommt in Verzug der Annahme, wenn er die mit dem Verlangen der Gegenleistung angebotene Leistung anzunehmen bereit ist, jedoch die Gegenleistung nicht anbietet.

§. 257.

Der Schuldner haftet von dem Beginne des Verzuges des Gläubigers an in Ansehung eines dem Gläubiger zu gewährenden Gegenstandes nur wegen Vorsatzes und grober Fahrlässigkeit, auch wenn er vorher in weiterem Umfange haftbar war.

Ist der Gegenstand der Leistung eine nur der Gattung nach bestimmte Sache, so geht mit dem Zeitpunkte, in welchem der Gläubiger durch Nichtannahme der ausgewählten und angebotenen Sache in Verzug kommt, die Gefahr auf den Gläubiger über.

§. 258.

Der Schuldner, welcher verpflichtet ist, die Nutzungen eines Gegenstandes herauszugeben oder zu ersetzen, hat von dem Beginne des Verzuges des Gläubigers an für nicht gezogene Nutzungen keinen Ersatz zu leisten.

§. 259.

Bei einer Geldschuld hört von dem Beginne des Verzuges des Gläubigers an die Verpflichtung des Schuldners zur Zahlung von Zinsen auf.

§. 260.

Wenn der Gläubiger in Verzug kommt, so treten gegen den Schuldner die besonderen rechtlichen Nachtheile nicht ein, welche für den Fall der Nichtleistung bestimmt sind.

§. 261.

Der Schuldner hat gegen den Gläubiger, welcher in Verzug gekommen ist, Anspruch auf Ersatz der Mehraufwendungen, welche ihm durch das erfolglose Anbieten sowie durch Aufbewahrung und Erhaltung des Gegenstandes der Leistung entstanden sind.

§. 262.

Der Verzug des Gläubigers hört für die Zukunft mit dem Zeitpunkte auf, in welchem er das Versäumte nachgeholt und sich zugleich zum Ersatze der im §. 261 bezeichneten Mehraufwendungen bereit erklärt hat.

Dritter Titel.

Erlöschen der Schuldverhältnisse.

I. Erfüllung.

§. 263.

Das Schuldverhältniß erlischt, wenn die dem Schuldner obliegende Leistung bewirkt wird.

§. 264.

Das Schuldverhältniß erlischt, wenn der Gläubiger statt der dem Schuldner obliegenden Leistung eine andere Leistung an Erfüllungsstatt annimmt. Es erlischt insbesondere auch dann, wenn der Schuldner durch Vertrag mit dem Gläubiger eine neue Verbindlichkeit gegen diesen an Erfüllungsstatt übernimmt. Im Zweifel ist nicht anzunehmen, daß die neue Verbindlichkeit an Erfüllungsstatt übernommen sei.

§. 265.

Wird eine Sache, eine Forderung gegen einen Dritten oder ein anderes Recht an Erfüllungsstatt angenommen, so finden die Vorschriften über die Gewährleistung des veräußerten Rechtes, im Falle der Annahme einer Forderung die Vorschriften über die Haftung für eine abgetretene Forderung, im Falle der Annahme einer Sache außerdem die Vorschriften über die Gewährleistung wegen Mängel der veräußerten Sache Anwendung.

§. 266.

Wird an einen Anderen als den Gläubiger zum Zwecke der Erfüllung geleistet, so wirkt die Leistung als Erfüllung, wenn sie mit Einwilligung des Gläubigers erfolgt; sie wird als Erfüllung wirksam, wenn der Gläubiger die Leistung genehmigt.

§. 267.

Hat ein Schuldner, welcher dem Gläubiger aus mehreren Schuldverhältnissen zu gleichartigen Leistungen verpflichtet ist, zum Zwecke der Schuldtilgung eine zur Tilgung sämmtlicher Schulden nicht ausreichende Leistung bewirkt, so ist diejenige Schuld getilgt, welche tilgen zu wollen der Schuldner bei der Leistung erklärt hat.

In Ermangelung einer solchen Bestimmung des Schuldners wird durch die Leistung zunächst die fällige Schuld, sodann unter mehreren fälligen Schulden die dem Schuldner lästigere und unter mehreren gleich lästigen die ältere Schuld und bei gleichem Alter jede der mehreren Schulden verhältnißmäßig getilgt.

§. 268.

Hat der Schuldner außer der Hauptforderung Kosten und Zinsen zu entrichten, so wird eine zur Tilgung der ganzen Schuld nicht ausreichende Leistung zunächst auf die Kosten, dann auf die Zinsen und zuletzt auf die Hauptforderung abgerechnet. Ist von dem die Leistung bewirkenden Schuldner bei derselben eine andere Abrechnung bestimmt, so ist diese Bestimmung für die Abrechnung maßgebend.

§. 269.

Der Gläubiger hat gegen den Empfang der Leistung demjenigen, welcher dieselbe bewirkt, auf dessen Verlangen ein schriftliches Empfangsbekenntniß (Quittung) zu ertheilen.

Hat der Schuldner ein rechtliches Interesse, daß die Quittung in einer anderen Form als in einfacher Schriftform ertheilt wird, so hat der Gläubiger die Quittung in der dem Interesse des Schuldners entsprechenden Form zu ertheilen.

§. 270.

Die Kosten der Quittung hat der Schuldner zu tragen, sofern nicht aus dem zwischen dem Gläubiger und dem Schuldner bestehenden Rechtsverhältnisse ein Anderes sich ergiebt.

§. 271.

Ist dem Gläubiger ein Schuldschein über die Forderung ausgestellt worden, so kann der Schuldner bei der Tilgung neben der Quittung die Zurückgabe des Schuldscheines und, wenn der Gläubiger dazu außer Stande ist, eine schriftliche und öffentlich beglaubigte Erklärung desselben verlangen, daß die Schuld erloschen sei. Die Kosten dieser Urkunde hat der Gläubiger zu tragen.

II. Hinterlegung.

§. 272.

Ist bei einem Schuldverhältnisse, welches die Leistung von Geld oder Werthpapieren zum Gegenstande hat,

1. der Gläubiger im Verzuge der Annahme oder
2. der Schuldner aus einem anderen in der Person des Gläubigers liegenden Grunde oder deshalb, weil er sich entschuldbarer Weise über die Person des Gläubigers in

Ungewißheit befindet, seine Verbindlichkeit zu erfüllen oder mit Sicherheit zu erfüllen nicht im Stande,

so kann der Schuldner den Leistungsgegenstand an eine öffentliche Hinterlegungsstelle abliefern (öffentliche Hinterlegung).

Durch die Hinterlegung wird der Schuldner von seiner Verbindlichkeit in gleicher Art befreit, wie durch die Leistung an den Gläubiger.

§. 273.

Der Schuldner hat bei der Hinterlegungsstelle des Leistungsortes zu hinterlegen, widrigenfalls er dem Gläubiger zum Schadensersatze verpflichtet ist; er hat bei gleicher Verantwortlichkeit von der Hinterlegung, soweit thunlich, den Gläubiger unverzüglich zu benachrichtigen.

Eine vorgängige gerichtliche Anordnung der Hinterlegung ist nicht erforderlich.

§. 274.

Der Schuldner hat das Recht, den hinterlegten Gegenstand zurückzunehmen, sofern er nicht der Hinterlegungsstelle bei der Hinterlegung erklärt hat, daß er sich dieses Rechtes begebe.

Das Recht der Zurücknahme erlischt:

1. wenn der Schuldner der Hinterlegungsstelle nachträglich anzeigt, daß er sich des Rechtes begebe;
2. wenn der Gläubiger der Hinterlegungsstelle die Annahme erklärt;
3. wenn der Hinterlegungsstelle ein rechtskräftiges Urtheil vorgelegt wird, welches ergiebt, daß in einem zwischen dem Gläubiger und dem Schuldner geführten Rechtsstreite die Hinterlegung für rechtmäßig erklärt worden ist.

§. 275.

Im Falle der Zurücknahme lebt die durch die Hinterlegung aufgehobene Schuldverpflichtung nebst allen Nebenverbindlichkeiten, insbesondere auch den Verpflichtungen aus Bürgschaften, mit Rückwirkung wieder auf. Auch die Pfandrechte treten mit Rückwirkung wieder in Kraft, soweit die übrigen Voraussetzungen fortgedauert haben, welche zu ihrer Gültigkeit erforderlich sind.

§. 276.

Wenn und solange das Recht der Zurücknahme besteht, kann ungeachtet der durch die Hinterlegung bewirkten Aufhebung der Schuldverpflichtung ein Recht nicht geltend gemacht werden, welches von der Befriedigung des Gläubigers abhängig ist.

§. 277.

Wird über das Vermögen des Schuldners der Konkurs eröffnet, so kann der Gegenstand der Hinterlegung nicht zur Konkursmasse gezogen werden, auch wenn zur Zeit der Eröffnung des Konkurses dem Schuldner das Recht der Zurücknahme zustand. Dieses Recht kann während des Konkurses weder vom Schuldner noch vom Konkursverwalter ausgeübt werden.

§. 278.

Ist bei einem Schuldverhältnisse, welches eine zur öffentlichen Hinterlegung nicht geeignete bewegliche Sache zum Gegenstande hat, der Gläubiger im Verzuge der Annahme, oder ist bei dem Vorhandensein der im §. 272 Nr. 2 bezeichneten Voraussetzungen der Verderb der Sache zu besorgen oder deren Aufbewahrung mit unverhältnißmäßigen Kosten verbunden, so kann der Schuldner die Sache durch einen für den Leistungsort bestellten Gerichtsvollzieher oder zu Versteigerungen befugten sonstigen Beamten oder öffentlich angestellten Auktionator (§. 36 der Gewerbeordnung) öffentlich versteigern lassen und den Erlös öffentlich hinterlegen. Der Verkauf ist erst nach vorgängiger Androhung zulässig, sofern diese thunlich ist. Die Androhung kann unterbleiben, wenn die Sache dem Verderben ausgesetzt und Gefahr im Verzuge ist.

Von der Vollziehung des Verkaufes hat der Schuldner den Gläubiger, soweit thunlich, unverzüglich zu benachrichtigen; im Falle der Unterlassung ist er zum Schadensersatze verpflichtet.

§. 279.

Die Kosten der öffentlichen Hinterlegung fallen, sofern nicht der Schuldner das Recht der Zurücknahme ausübt, dem Gläubiger zur Last. Das Gleiche gilt von den Kosten des Verkaufes im Falle des §. 278.

§. 280.

Die Bestimmung der Stellen, bei welchen die öffentliche Hinterlegung erfolgt, und die Abgrenzung der örtlichen Zuständigkeit derselben bleibt den Landesgesetzen vorbehalten.

Die Landesgesetze können bestimmen, daß die öffentlichen Hinterlegungsstellen auch noch andere Sachen als Geld und Werthpapiere anzunehmen haben, und daß auf die Schuldverhältnisse, bei welchen der Leistungsgegenstand in solchen anderen Sachen besteht, die Vorschriften des §. 272 Anwendung finden.

Sie können über die öffentliche Hinterlegung nähere Bestimmungen treffen und insbesondere nicht allein den Nachweis der

Empfangsberechtigung regeln, sondern auch vorschreiben, daß der Fiskus oder eine als Hinterlegungsstelle bestimmte Anstalt Eigenthümer der hinterlegten Gelder und Banknoten gegen die Verpflichtung wird, einen dem hinterlegten Betrage gleichkommenden Betrag zu zahlen, daß der Verkauf der hinterlegten Sachen von Amtswegen angeordnet werden kann, daß die Ansprüche auf Zurückzahlung oder Zurückgabe nach Ablauf einer gewissen Zeit und unter sonstigen Voraussetzungen zu Gunsten des Fiskus oder der Hinterlegungsanstalt erlöschen und daß die Wirkungen der Hinterlegung schon mit dem Zeitpunkte der Absendung an die Hinterlegungsstelle eintreten.

III. Aufrechnung.

§. 281.

Wenn zwei Personen einander Leistungen schulden, welche dem Gegenstande nach gleichartig sind, so kann jeder Theil, sobald er die ihm gebührende Leistung fordern und die ihm obliegende Leistung bewirken kann, seine Forderung gegen die Forderung des anderen Theiles aufrechnen.

Eine Forderung, welcher eine Einrede entgegensteht, kann nicht zur Aufrechnung gebracht werden.

§. 282.

Die Aufrechnung erfolgt durch eine von dem einen Gläubiger gegenüber dem anderen Gläubiger abzugebende Willenserklärung.

Die unter Beifügung einer Bedingung oder Zeitbestimmung abgegebene Aufrechnungserklärung ist unwirksam.

§. 283.

Die Aufrechnung bewirkt, daß die beiderseitigen Forderungen in dem sich deckenden Betrage mit dem Zeitpunkte als erloschen gelten, in welchem sie als zur Aufrechnung geeignet sich gegenübergetreten sind.

§. 284.

Hat der eine oder der andere Gläubiger mehrere zur Aufrechnung geeignete Forderungen, so steht dem aufrechnenden Gläubiger die Wahl unter den Forderungen zu, welche durch die Aufrechnung erlöschen sollen. Ist die Aufrechnung ohne die Wahl erklärt, so finden die Vorschriften des §. 267 Abs. 2 entsprechende Anwendung.

§. 285.

Die Aufrechnung wird dadurch nicht ausgeschlossen, daß für die beiderseitigen Forderungen verschiedene Leistungsorte bestehen.

Der aufrechnende Gläubiger hat jedoch dem anderen Gläubiger den Schaden zu ersetzen, welcher diesem dadurch entsteht, daß derselbe in Folge der Aufrechnung an dem bestimmten Orte nicht leisten kann oder nicht die Leistung empfängt.

§. 286.

Ist eine Forderung mit Beschlag belegt, so kann der Schuldner derselben zum Nachtheile desjenigen, für welchen die Beschlagnahme erfolgt ist, nicht mit einer Gegenforderung aufrechnen, welche er erst nach der Beschlagnahme erworben hat.

§. 287.

Die Aufrechnung findet nicht statt gegen Forderungen aus vorsätzlich begangenen unerlaubten Handlungen.

§. 288.

Die Aufrechnung findet gegen die im §. 749 der Civilprozeßordnung bezeichneten Forderungen insoweit nicht statt, als diese Forderungen der Pfändung nicht unterworfen sind.

§. 289.

Gegen Forderungen des Reiches oder eines Bundesstaates sowie gegen Forderungen einer Gemeinde findet die Aufrechnung nur statt, wenn die Leistung an dieselbe Kasse zu erfolgen hat, gegen welche die Forderung des Aufrechnenden geltend zu machen ist.

IV. Erlaß.

§. 290.

Wird von dem Gläubiger dem Schuldner in einem mit diesem geschlossenen Vertrage die Schuld ganz oder theilweise erlassen, so erlischt das Schuldverhältniß, soweit der Erlaß reicht.

Zur Wirksamkeit des Vertrages ist die Angabe des Rechtsgrundes nicht erforderlich. Die Wirksamkeit des Vertrages wird dadurch nicht ausgeschlossen, daß die Vertragschließenden verschiedene Rechtsgründe vorausgesetzt haben oder daß der von ihnen vorausgesetzte Rechtsgrund nicht vorhanden oder ungültig war. Die Vorschriften über Rückforderung einer Leistung wegen ungerechtfertigter Bereicherung bleiben unberührt.

Die Vorschriften des ersten und zweiten Absatzes gelten auch für den Fall des vertragsmäßigen Anerkenntnisses, daß ein Schuldverhältniß ganz oder zum Theil nicht bestehe.

Die Vorschriften der §§. 737 bis 741 finden entsprechende Anwendung, wenn der Erlaß oder das Anerkenntniß, daß ein Schuldverhältniß nicht bestehe, in der ausdrücklich oder stillschweigend erklärten Voraussetzung erfolgt ist, daß die erlassene oder als nicht bestehend anerkannte Schuld nicht bestehe.

Ein von dem Schuldner nicht angenommener Verzicht des Gläubigers auf die Forderung ist unverbindlich.

V. Vereinigung.

§. 291.

Das Schuldverhältniß erlischt, wenn Forderung und Verbindlichkeit in derselben Person sich vereinigen.

VI. Tod des Gläubigers oder des Schuldners.

§. 292.

Das Schuldverhältniß erlischt nicht durch den Tod des Gläubigers oder des Schuldners, es sei denn, daß aus dem Gesetze oder aus dem Rechtsgeschäfte oder aus der Natur der Leistung ein Anderes sich ergiebt.

Vierter Titel.

Sondernachfolge in Forderung und Schuld.

I. Uebertragung der Forderung.

§. 293.

Die Forderung aus einem Schuldverhältnisse kann auf einen neuen Gläubiger übertragen werden, ohne daß es der Einwilligung des Schuldners bedarf (Uebertragung). Mit der Uebertragung hört der bisherige Gläubiger auf, Gläubiger zu sein, und tritt der neue Gläubiger an dessen Stelle.

§. 294.

Die Uebertragung kann auf einem Vertrage zwischen dem bisherigen und dem neuen Gläubiger (Abtretung) oder auf gerichtlicher Anordnung oder unmittelbar auf Gesetz beruhen.

Die Abtretung erfolgt mit Schließung des Vertrages, welcher die Willenserklärung der Vertragschließenden enthält, daß durch den Vertrag die Forderung auf den neuen Gläubiger übergehen soll. Auf den Vertrag finden die Vorschriften des §. 290 Abs. 2 entsprechende Anwendung.

Die Uebertragung durch Ueberweisung im Wege der Zwangsvollstreckung erfolgt mit Zustellung des Ueberweisungsbeschlusses an den Drittschuldner.

§. 295.

Eine Forderung, welche von einer nicht übertragbaren Eigenschaft des Gläubigers abhängt, oder bei welcher die Leistung an einen anderen als den ursprünglichen Gläubiger nicht möglich ist, oder deren Inhalt durch die Leistung an einen anderen Gläubiger verändert werden würde, ist nicht übertragbar.

Durch Rechtsgeschäft kann die Uebertragbarkeit einer Forderung mit Wirkung gegen Dritte nicht ausgeschlossen werden.

§. 296.

Wenn und soweit eine Forderung in Gemäßheit des §. 749 der Civilprozeßordnung der Pfändung nicht unterworfen ist, kann sie auch nicht übertragen werden.

Eine Forderung, welche nicht übertragen werden kann, ist der Pfändung nicht unterworfen, sofern nicht das Gesetz ein Anderes bestimmt.

§. 297.

Mit Uebertragung der Forderung gehen die mit dieser zur Zeit der Uebertragung verbundenen Vorzugsrechte auf den neuen Gläubiger über, selbst wenn über das Vermögen des Schuldners der Konkurs noch nicht eröffnet ist. Ein Gleiches gilt von den mit der Forderung verbundenen, zur Verstärkung derselben dienenden Nebenrechten.

§. 298.

Wer sich durch Vertrag zur Abtretung einer Forderung verpflichtet, haftet dem neuen Gläubiger nur für den rechtlichen Bestand der Forderung. Auf diese Haftung finden die Vorschriften der §§. 370, 371, 373 bis 377, 379, 380 mit der Maßgabe entsprechende Anwendung, daß als Dritter im Sinne der §§. 374 bis 377 auch der Schuldner anzusehen ist.

§. 299.

Hat der bisherige Gläubiger kraft eines Versprechens oder aus einem anderen besonderen Rechtsgrunde für die Zahlungsfähigkeit des Schuldners zu haften, so bezieht sich diese Haftung im Zweifel nur auf die Zahlungsfähigkeit zur Zeit der Uebertragung.

§. 300.

Ist die Uebertragung auf Grund einer gesetzlichen Verpflichtung oder unmittelbar kraft des Gesetzes erfolgt, so haftet der bisherige Gläubiger weder für den rechtlichen Bestand der Forderung noch für die Zahlungsfähigkeit des Schuldners, sofern nicht aus dem zwischen dem bisherigen Gläubiger und dem neuen Gläubiger bestehenden Rechtsverhältnisse ein Anderes sich ergiebt.

§. 301.

Durch die Uebertragung wird der bisherige Gläubiger verpflichtet, dem neuen Gläubiger die zur rechtlichen Verfolgung der Forderung nöthigen Aufschlüsse zu geben, die Beweismittel für die Forderung anzuzeigen, die zum Beweise dienenden Urkunden, soweit sie in seinen Händen sich befinden, insbesondere die Schuldurkunde, auszuliefern, auch im Falle der Abtretung oder der unmittelbaren Uebertragung durch Gesetz eine öffentlich beglaubigte Urkunde über die Abtretung oder die Anerkennung der durch Gesetz erfolgten Uebertragung zu ertheilen, nachdem ihm die zu dieser Ertheilung erforderlichen Kosten von dem neuen Gläubiger vorgeschossen sind.

§. 302.

Der Schuldner kann dem neuen Gläubiger Einreden nicht entgegensetzen, welche eine ausschließliche Beziehung auf die Person des bisherigen Gläubigers haben.

§. 303.

Der Schuldner kann eine Gegenforderung, welche ihm gegen den bisherigen Gläubiger zusteht, gegenüber dem neuen Gläubiger zur Aufrechnung bringen, wenn sie ihm bereits zu der Zeit zustand, in welcher er von der Uebertragung Kenntniß erhalten hat.

§. 304.

Der neue Gläubiger muß eine nach der Uebertragung von dem Schuldner zur Erfüllung der Verbindlichkeit an den bisherigen Gläubiger bewirkte Leistung und jedes nach der Uebertragung zwischen dem bisherigen Gläubiger und dem Schuldner über die Forderung geschlossene oder in Ansehung derselben von dem Einen gegenüber dem Anderen vorgenommene Rechtsgeschäft gegen sich gelten lassen, es sei denn, daß der Schuldner von der Uebertragung zu derjenigen Zeit Kenntniß hatte, in welcher die Leistung bewirkt oder das Rechtsgeschäft geschlossen oder vorgenommen worden ist.

Das Gleiche gilt von einem rechtskräftigen Urtheile, welches in einem nach der Uebertragung über die Forderung zwischen dem bisherigen Gläubiger und dem Schuldner anhängig gewordenen Prozesse ergangen ist, es sei denn, daß der Schuldner von der Uebertragung zu derjenigen Zeit Kenntniß hatte, in welcher dieselbe hätte geltend gemacht werden können.

§. 305.

Wird eine bereits übertragene Forderung von dem bisherigen Gläubiger an einen Dritten abgetreten, so finden zu Gunsten des Schuldners, welcher nur von der späteren Abtretung und nicht auch von der früheren Uebertragung unterrichtet war, die Vorschriften des §. 304 entsprechende Anwendung. Einer späteren Abtretung steht gleich die Uebertragung der Forderung durch eine gerichtliche Anordnung, deren Wirksamkeit durch die bereits früher erfolgte Uebertragung ausgeschlossen wird, ingleichen die Ertheilung einer Urkunde über Anerkennung einer Uebertragung, welche kraft des Gesetzes erfolgt sein soll, aber wegen der bereits erfolgten Uebertragung nicht wirksam geschehen konnte.

§. 306.

Hat der Gläubiger dem Schuldner angezeigt, daß die Forderung übertragen sei, so gilt die angezeigte Uebertragung, auch wenn sie nicht erfolgt oder ungültig ist, im Verhältnisse zwischen dem Gläubiger und dem Schuldner so lange als erfolgt und wirksam, bis der Gläubiger den Widerruf der Anzeige gegenüber dem Schuldner erklärt hat.

Der Anzeige der Uebertragung steht gleich die Vorlegung einer von dem Gläubiger ertheilten, die Abtretung der Forderung oder die Anerkennung der Uebertragung derselben an den Dritten enthaltenden Urkunde. Diese Vorschrift findet jedoch keine Anwendung, wenn der Schuldner zu der nach dem §. 304 entscheidenden Zeit von der Nichtigkeit der beurkundeten Uebertragung Kenntniß hatte.

§. 307.

Die Unwirksamkeit einer durch gerichtliche Anordnung ausgesprochenen Uebertragung kann gegen den Schuldner nur geltend gemacht werden, wenn die Anordnung aufgehoben ist und der Schuldner zu der nach dem §. 304 entscheidenden Zeit von der Aufhebung Kenntniß hatte.

§. 308.

Ist dem Schuldner weder die Uebertragung der Forderung von dem bisherigen Gläubiger angezeigt, noch von dem neuen Gläubiger eine öffentlich beglaubigte Urkunde vorgelegt, welche die

Uebertragung oder deren Anerkennung von Seiten des bisherigen Gläubigers enthält, so ist die durch den neuen Gläubiger erfolgte Kündigung oder Mahnung unwirksam, wenn der Schuldner dieselbe bei oder unverzüglich nach der Vornahme wegen Mangels jener Anzeige oder wegen Mangels der Vorlegung jener Urkunde zurückweist. Der Schuldner wird ferner, wenn der neue Gläubiger vor Ergänzung des Mangels gegen ihn Klage erhoben hat, diesem für die Kosten nicht haftbar, welche durch das Bestreiten der Uebertragung verursacht werden; auch kann der Schuldner in einem solchen Falle von dem neuen Gläubiger den Ersatz der Kosten fordern, welche dadurch entstehen, daß er in dem Rechtsstreite dem bisherigen Gläubiger den Streit verkündet.

§. 309.

Die Abtretung einer dem Abtretenden nicht zustehenden Forderung ist wirksam, wenn sie mit Einwilligung desjenigen erfolgt, welchem die Forderung zusteht.

§. 310.

Die Abtretung einer Forderung, welche dem Abtretenden nicht zustand, wird wirksam, wenn sie von demjenigen, welchem die Forderung zusteht, genehmigt wird, oder wenn der Abtretende die Forderung erwirbt, oder wenn der Abtretende von demjenigen, welchem die Forderung zusteht, beerbt wird und das Erlöschen des Inventarrechtes eintritt. Ist in den beiden letzten Fällen die Forderung an verschiedene Personen abgetreten, so wird nur die frühere Abtretung wirksam.

§. 311.

Haben Militärpersonen, Beamte, Geistliche und Lehrer an öffentlichen Unterrichtsanstalten den übertragbaren Theil ihres Diensteinkommens oder ihrer Pension abgetreten, so muß die auszahlende Kasse von dem bisherigen Gläubiger durch eine ihr auszuhändigende öffentlich beglaubigte Urkunde von der Abtretung benachrichtigt werden.

§. 312.

Die Vorschriften über die Uebertragung der Forderungen und über die Zulässigkeit der Pfändung von Forderungen finden auf die Uebertragung und Pfändung anderer Rechte in Ermangelung besonderer Vorschriften entsprechende Anwendung. Ein nichtübertragbares Recht ist insoweit, als die Ausübung einem Anderen überlassen werden kann, der Pfändung unterworfen, sofern nicht das Gesetz ein Anderes bestimmt.

§. 313.

Hat Jemand sein ganzes gegenwärtiges Vermögen oder eine ihm angefallene oder ihm übertragene Erbschaft einem Anderen zu übertragen, so werden alle zu dem Vermögen oder zu der Erbschaft gehörenden Rechte, zu deren Uebertragung der Abtretungsvertrag genügend ist, auch wenn sie nicht bekannt sind, auf den Anderen durch die Vereinbarung übertragen, welche den Willen der Vertragschließenden ergiebt, daß mit der Vereinbarung die Abtretung dieser Rechte oder die Uebertragung des Vermögens oder der Erbschaft bewirkt sein soll.

Die Vorschrift des ersten Absatzes findet entsprechende Anwendung, wenn nur ein Bruchtheil des Vermögens oder der Erbschaft zu übertragen ist.

II. Schuldübernahme.

§. 314.

Die Verbindlichkeit aus einem Schuldverhältnisse kann durch Vertrag zwischen dem Gläubiger und einem Dritten von diesem in der Weise übernommen werden, daß der bisherige Schuldner aufhört, Schuldner zu sein, und der Dritte an dessen Stelle tritt (Schuldübernahme).

§. 315.

Die Schuldübernahme kann auch durch einen Vertrag erfolgen, welcher zwischen dem bisherigen Schuldner und dem Schuldübernehmer geschlossen wird. Ein solcher Vertrag wird für und gegen den Gläubiger erst mit dessen Genehmigung wirksam. Bis zur Ertheilung der Genehmigung können die Vertragschließenden den Vertrag aufheben oder ändern. Der Schuldübernehmer ist dem bisherigen Schuldner zur Verschaffung der Genehmigung verpflichtet.

Das Recht des Gläubigers zur Ertheilung der Genehmigung ist davon abhängig, daß ihm der eine oder andere Vertragschließende von dem Vertrage Mittheilung gemacht hat. Wird die Genehmigung verweigert, so ist der Gläubiger zur nachträglichen Ertheilung derselben nur berechtigt, wenn er zu derselben aufgefordert wird. Als Verweigerung der Genehmigung gilt es, wenn dem Mittheilenden innerhalb einer von ihm festgesetzten Frist eine bestimmte und ausdrückliche Erklärung nicht zukommt; die Genehmigung sowie deren Verweigerung kann nach Beginn der Frist nur gegenüber dem Mittheilenden erklärt werden.

§. 316.

Der Schuldübernehmer kann dem Gläubiger Einreden nicht entgegensetzen, welche eine ausschließliche Beziehung auf die Person des bisherigen Schuldners haben. Er kann Forderungen, welche dem bisherigen Schuldner zustehen, nicht zur Aufrechnung bringen. Er kann Einwendungen aus dem Rechtsgrunde der zwischen ihm und dem bisherigen Schuldner vereinbarten Schuldübernahme nicht herleiten.

§. 317.

Die zur Zeit der Schuldübernahme mit der Forderung verbundenen, zur Verstärkung derselben dienenden Nebenrechte bleiben bestehen. Nicht bestehen bleiben jedoch die Rechte aus einer von einem Dritten für die Forderung geleisteten Bürgschaft oder bewirkten Verpfändung, es sei denn, daß ohne Rücksicht auf die Person des bisherigen Schuldners die Bürgschaft geleistet und das Pfandrecht bestellt worden ist, oder daß der Gegenstand des Pfandrechtes zur Zeit der Schuldübernahme dem Schuldner rechtlich zugehört.

Die zur Zeit der Schuldübernahme mit der Forderung verbundenen bloßen Vorzugsrechte fallen weg.

§. 318.

Verpflichtet ein Dritter sich dem Schuldner, die Leistung an den Gläubiger zu bewirken (Erfüllungsübernahme), so haftet er nur dafür, daß der Gläubiger den Schuldner nicht in Anspruch nimmt; er ist nicht verpflichtet, die sofortige Befreiung des Schuldners zu bewirken. Im Zweifel ist anzunehmen, daß nicht die Schuldübernahme, sondern die Erfüllungsübernahme beabsichtigt sei.

Ist bei einem Kaufvertrage vereinbart, daß der Käufer eine Verbindlichkeit, für welche der Verkäufer persönlich haftet, in Anrechnung auf den Kaufpreis zu übernehmen habe, so ist, sofern nicht ein anderer Wille der Vertragschließenden erhellt, eine den Vorschriften des §. 315 unterliegende Schuldübernahme als vereinbart anzusehen. Der Käufer ist jedoch zur Verschaffung der Genehmigung des Gläubigers nicht verpflichtet; er haftet dem Verkäufer nur dafür, daß dieser von dem Gläubiger nicht in Anspruch genommen wird.

§. 319.

Uebernimmt Jemand durch Vertrag das ganze gegenwärtige Vermögen eines Anderen, so haftet er den Gläubigern des letzteren von der Schließung des Vertrages an für die zu dieser Zeit vorhandenen Schulden, jedoch nicht über den Werth des Aktivvermögens hinaus und unbeschadet der Fortdauer der Haftung des bisherigen Schuldners. Wird das Aktivvermögen, bevor es dem Uebernehmer ausgefolgt ist, ohne dessen Verschulden vermindert, so haftet der Uebernehmer nicht über den Werth des übrig gebliebenen Vermögens hinaus.

Eine Vereinbarung, durch welche die im ersten Absatze vorgeschriebene Haftung ausgeschlossen oder beschränkt wird, ist nichtig.

Im Falle der Uebernahme nur eines Bruchtheiles des Vermögens finden die Vorschriften des ersten und zweiten Absatzes entsprechende Anwendung.

Fünfter Titel.

Schuldverhältnisse mit einer Mehrheit von Gläubigern oder Schuldnern.

§. 320.

Stehen bei einem Schuldverhältnisse mehrere Gläubiger einem Schuldner oder ein Gläubiger mehreren Schuldnern oder mehrere Gläubiger mehreren Schuldnern gegenüber und ist die Leistung theilbar, so ist jeder Gläubiger nur einen gleichen Theil der Leistung zu fordern berechtigt und jeder Schuldner nur einen gleichen Theil derselben zu bewirken verpflichtet, wenn nicht durch Gesetz oder Rechtsgeschäft ein Anderes bestimmt ist.

§. 321.

Ist bei dem Vorhandensein mehrerer Gläubiger jeder derselben die ganze Leistung zu fordern berechtigt oder bei dem Vorhandensein mehrerer Schuldner jeder Schuldner die ganze Leistung zu bewirken verpflichtet, während die Leistung nur einmal zu geschehen hat (Gesammtschuldverhältniß), so gelten für ein solches Schuldverhältniß die Vorschriften der §§. 322 bis 338.

Ein Gesammtschuldverhältniß ist als durch Rechtsgeschäft begründet insbesondere dann anzunehmen, wenn in dem letzteren die Ausdrücke »Alle für Einen und Einer für Alle« oder »zu ungetheilter Hand« oder »sammt und sonders« oder »solidarisch« oder »korreal« gebraucht sind.

§. 322.

Der eine Gesammtgläubiger oder der eine Gesammtschuldner kann schlechthin, der andere unter einer Bedingung oder Zeitbestimmung oder jeder unter einer anderen Bedingung oder Zeitbestimmung berechtigt oder verpflichtet sein.

Die Berechtigung des einen Gesammtgläubigers und die Verpflichtung des einen Gesammtschuldners wird dadurch nicht ausgeschlossen, daß die Berechtigung der übrigen Gesammtgläubiger oder die Verpflichtung der übrigen Gesammtschuldner nicht zur Entstehung gelangt ist.

§. 323.

Sind mehrere Gesammtgläubiger vorhanden, so kann der Schuldner, auch wenn ein Gläubiger die Leistung gefordert hat, noch an einen anderen Gläubiger leisten. Dies gilt selbst dann, wenn die Forderung von Seiten eines Gläubigers bereits gerichtlich verfolgt ist. Auch schließt das von dem Schuldner einem Gläubiger gegebene Erfüllungsversprechen die übrigen Gläubiger nicht aus.

§. 324.

Sind mehrere Gesammtschuldner vorhanden, so ist der Gläubiger berechtigt, nach seiner Wahl von allen Schuldnern oder von einigen oder von einem derselben die ganze Leistung oder einen Theil zu fordern, auch seine Wahl bis zur Befriedigung zu ändern.

§. 325

Fällt nur einem oder einigen Gesammtgläubigern oder nur einem oder einigen Gesammtschuldnern ein Verschulden zur Last, so wird wegen dieses Verschuldens nicht von den übrigen Gesammtgläubigern und den übrigen Gesammtschuldnern gehaftet.

§. 326.

Die von Seiten eines Gesammtgläubigers erfolgte Kündigung oder Mahnung wirkt nicht für die übrigen Gesammtgläubiger; das Anbieten der Leistung von Seiten des Schuldners an einen Gesammtgläubiger sowie der Verzug eines Gesammtgläubigers wirken nicht gegen die übrigen Gesammtgläubiger.

Die von Seiten des Gläubigers gegenüber einem Gesammtschuldner erfolgte Kündigung oder Mahnung sowie der Verzug eines Gesammtschuldners wirken nicht gegen die übrigen Gesammtschuldner; das Anbieten der Leistung von Seiten eines Gesammtschuldners wirkt nicht für die übrigen Gesammtschuldner.

§. 327.

Das zwischen einem Gesammtgläubiger und dem Schuldner oder zwischen dem Gläubiger und einem Gesammtschuldner ergangene rechtskräftige Urtheil wirkt nicht für und nicht gegen die übrigen Gesammtgläubiger und Gesammtschuldner.

§. 328.

Durch Uebertragung der Forderung von Seiten eines Gesammtgläubigers werden die Rechte der übrigen Gesammtgläubiger nicht berührt.

§. 329.

Die an einen Gesammtgläubiger geschehene Erfüllung wirkt auch gegen die übrigen Gesammtgläubiger. Die von einem Gesammtschuldner geschehene Erfüllung wirkt auch für die übrigen Gesammtschuldner.

Dasselbe gilt von der Erfüllung durch öffentliche Hinterlegung und von der Leistung an Erfüllungsstatt.

§. 330

Die dem Schuldner gegen einen Gesammtgläubiger zustehende Gegenforderung kann nicht den übrigen Gesammtgläubigern, die einem Gesammtschuldner gegen den Gläubiger zustehende Gegenforderung kann nicht von den übrigen Gesammtschuldnern aufgerechnet werden.

§. 331.

Die zwischen dem Schuldner und einem Gesammtgläubiger erfolgte Aufrechnung wirkt auch gegen die übrigen Gesammtgläubiger, die zwischen einem Gesammtschuldner und dem Gläubiger erfolgte Aufrechnung auch für die übrigen Gesammtschuldner.

§. 332.

Der von einem Gesammtgläubiger dem Schuldner und der von dem Gläubiger einem Gesammtschuldner bewilligte Erlaß wirkt auch gegen die übrigen Gesammtgläubiger und für die übrigen Gesammtschuldner, wenn die Aufhebung des ganzen Schuldverhältnisses gewollt war.

§. 333.

Die Vereinigung von Forderung und Verbindlichkeit in der Person eines Gesammtgläubigers oder eines Gesammtschuldners wirkt nicht gegen die übrigen Gesammtgläubiger oder für die übrigen Gesammtschuldner.

§. 334.

Die nur in der Person eines Gesammtgläubigers oder nur in der Person eines Gesammtschuldners eingetretene Unmöglichkeit der Leistung wirkt nicht gegen die übrigen Gesammtgläubiger und nicht für die übrigen Gesammtschuldner.

Die durch einen Gesammtschuldner verschuldete völlige oder theilweise Unmöglichkeit der Leistung wirkt für die übrigen Gesammtschuldner als zufällige Unmöglichkeit.

§. 335.

Die von einem Gesammtgläubiger bewirkte oder gegen einen Gesammtschuldner eingetretene Unterbrechung der Verjährung sowie die in Ansehung eines Gesammtgläubigers oder eines Gesammtschuldners eingetretene Hemmung der Verjährung wirkt nicht für die übrigen Gesammtgläubiger und nicht gegen die übrigen Gesammtschuldner.

§. 336.

Die gegen einen Gesammtgläubiger und die für einen Gesammtschuldner eingetretene Verjährung wirkt nicht gegen die übrigen Gesammtgläubiger und nicht für die übrigen Gesammtschuldner.

§. 337.

Soweit nicht aus Gesetz oder Rechtsgeschäft ein Anderes sich ergiebt, gelten im Verhältniß zu einander die Gesammtgläubiger als zu gleichen Antheilen berechtigt, die Gesammtschuldner als zu gleichen Antheilen verpflichtet.

Ein Gesammtschuldner, welcher mehr als seinen Antheil geleistet hat, kann insoweit, als er Ersatz von den übrigen Gesammtschuldnern zu verlangen berechtigt ist, auch die Rechte des Gläubigers geltend machen. Zum Nachtheile des Gläubigers kann die Uebertragung nicht geltend gemacht werden.

Kann von einem Gesammtschuldner der ihm obliegende Beitrag nicht erlangt werden, so ist der Ausfall von den übrigen zur Ausgleichung verpflichteten Gesammtschuldnern nach Maßgabe dieser Verpflichtung zu tragen.

§. 338.

Haften Mehrere als Gesammtschuldner für Schadensersatz aus einer widerrechtlichen Handlung, so steht demjenigen, welcher vorsätzlich gehandelt hat, ein Ersatzanspruch gegen die übrigen Gesammtschuldner nicht zu.

§. 339.

Haben bei einem Schuldverhältnisse mehrere Gläubiger eine untheilbare Leistung zu fordern, so darf der Schuldner nur an alle Gläubiger gemeinschaftlich leisten; jeder Gläubiger ist die Leistung an alle zu fordern berechtigt. Ist das Schuldverhältniß von der Art, daß durch die Leistung an einen Gläubiger auch die übrigen befriedigt werden, so ist jeder Gläubiger zur Forderung der ganzen Leistung berechtigt.

Eine Thatsache, welche sich nur in der Person eines der Gläubiger ereignet, insbesondere dessen Thun oder Unterlassen, wirkt nicht für und nicht gegen die übrigen Gläubiger.

§. 340.

Sind bei einem Schuldverhältnisse mehrere Schuldner zu einer untheilbaren Leistung verpflichtet, so hat jeder derselben das Ganze zu leisten. Auf das Schuldverhältniß finden die Vorschriften über das Gesammtschuldverhältniß Anwendung.

§. 341.

Tritt an die Stelle der untheilbaren Leistung eine theilbare Leistung, insbesondere Werthersatz oder Schadensersatz, so ist jeder Gläubiger nur seinen Theil zu fordern berechtigt, jeder Schuldner nur seinen Theil zu leisten verpflichtet.

Zweiter Abschnitt.
Schuldverhältnisse aus Rechtsgeschäften unter Lebenden.

Erster Titel.
Allgemeine Vorschriften.

I. Einseitiges Versprechen.

§. 342.

Das einseitige, nicht angenommene Versprechen ist unverbindlich, sofern nicht das Gesetz ein Anderes bestimmt.

§. 343.

Wird ein einseitiges Versprechen von dem Gesetze als verbindlich anerkannt, so finden auf das daraus entstehende Schuldverhältniß die für Schuldverhältnisse aus Verträgen geltenden Grundsätze entsprechende Anwendung, soweit nicht das Gesetz ein Anderes bestimmt.

II. Gegenstand der Verträge.

§. 344.

Ist ein Vertrag auf eine Leistung gerichtet, welche unmöglich oder durch Gesetz verboten ist oder welche gegen die guten Sitten verstößt, so ist derselbe nichtig.

§. 345.

Hat bei der Schließung eines Vertrages, in welchem eine unmögliche Leistung versprochen worden ist, der eine Vertragschließende die Unmöglichkeit gekannt, oder beruhte seine Unkenntniß der Unmöglichkeit auf Fahrlässigkeit, so haftet er dem anderen Vertragschließenden für Schadensersatz, jedoch in keinem Falle über den Betrag hinaus, welchen er bei Voraussetzung der Gültigkeit des Vertrages wegen Nichterfüllung zu ersetzen gehabt hätte. Die Haftung tritt nicht ein, wenn der andere Vertragschließende die Unmöglichkeit kannte oder kennen mußte.

Die Vorschriften des ersten Absatzes finden entsprechende Anwendung, wenn die versprochene Leistung nur theilweise oder wenn eine von mehreren wahlweise versprochenen Leistungen unmöglich ist, der Vertrag aber im Uebrigen nach Maßgabe des §. 114 oder des §. 211 Abs. 1 gültig ist.

§. 346.

Ist die Unmöglichkeit einer Leistung von der Art, daß sie gehoben werden kann, so kann für den Fall, daß die Leistung später möglich wird, ein Vertrag über dieselbe gültig geschlossen werden.

Wird ein Vertrag über eine solche Leistung unter einer anderen aufschiebenden Bedingung geschlossen, so ist der Vertrag gültig, seine Wirksamkeit aber davon abhängig, daß bis zur Zeit der Erfüllung der Bedingung die Unmöglichkeit weggefallen ist.

§. 347.

Auf einen Vertrag, dessen Schließung durch Gesetz verboten oder welcher auf eine durch Gesetz verbotene Leistung gerichtet ist, finden die Vorschriften der §§. 345, 346 entsprechende Anwendung.

§. 348.

Ein Vertrag ist deshalb nicht ungültig, weil die Leistung auf Sachen oder Rechte eines Dritten sich bezieht.

Ein Vertrag über die Handlung eines Dritten verpflichtet im Zweifel den Versprechenden, für den Erfolg seines Versprechens einzustehen.

§. 349.

Der über die Erbschaft eines Dritten oder über den Bruchtheil einer solchen Erbschaft vor dem Tode des Erblassers geschlossene Vertrag ist nichtig. Dies gilt auch von der Erbschaft eines unbestimmten Dritten.

Die Vorschriften des ersten Absatzes finden auf Verträge über ein Vermächtniß oder über einen Pflichttheilsanspruch entsprechende Anwendung.

§. 350.

Der Vertrag, durch welchen Jemand sein ganzes künftiges Vermögen oder einen Bruchtheil desselben einem Anderen zu übertragen oder den Nießbrauch daran zu bestellen sich verpflichtet, ist nichtig.

Der Vertrag, durch welchen Jemand sein ganzes gegenwärtiges Vermögen oder einen Bruchtheil desselben einem Anderen zu übertragen oder den Nießbrauch daran zu bestellen sich verpflichtet, bedarf der gerichtlichen oder notariellen Form.

§. 351.

Der Vertrag, durch welchen Jemand sich zur Uebertragung des Eigenthumes an einem Grundstücke verpflichtet, bedarf der gerichtlichen oder notariellen Form.

Der ohne Beobachtung der gerichtlichen oder notariellen Form geschlossene Vertrag erlangt durch die Auflassung und die Eintragung des Erwerbers in das Grundbuch nach seinem ganzen Inhalte Gültigkeit.

§. 352.

Ist die Leistung, welche den Gegenstand eines Vertrages bilden soll, weder bestimmt bezeichnet, noch nach den im Vertrage enthaltenen Bestimmungen zu ermitteln, so ist der Vertrag nichtig.

§. 353.

Soll die Leistung von einem der Vertragschließenden bestimmt werden, so ist im Zweifel anzunehmen, daß derselbe die Bestimmung nach billigem Ermessen zu treffen habe.

Die Bestimmung ist getroffen, wenn sie gegenüber dem anderen Vertragschließenden erklärt ist; die getroffene Bestimmung ist unwiderruflich.

Wird die Bestimmung verzögert, so erfolgt sie durch Urtheil.

Ingleichen erfolgt die Entscheidung durch Urtheil, wenn die von dem einen Vertragschließenden getroffene Bestimmung von dem anderen als billig nicht anerkannt wird.

§. 354.

Ist für eine Leistung eine Gegenleistung ausdrücklich oder stillschweigend ohne nähere Festsetzung der Größe bedungen, so ist im Zweifel anzunehmen, daß die Bestimmung der Größe der

Gegenleistung dem billigen Ermessen desjenigen überlassen sei, welchem die letztere gebührt.

§. 355.

Ist die Bestimmung der Leistung einem Dritten überlassen, so ist der Vertrag unwirksam, wenn der Dritte die Bestimmung nicht treffen kann oder will, oder wenn er dieselbe verzögert. Dasselbe gilt, wenn die Bestimmung durch mehrere Dritte erfolgen soll und diese zu einer Uebereinstimmung nicht gelangen. Ist jedoch eine Summe von mehreren Dritten zu bestimmen, so ist bei Bestimmung verschiedener Summen die Durchschnittssumme maßgebend.

§. 356.

Die einem Dritten überlassene Bestimmung der Leistung ist getroffen, wenn sie gegenüber einem der Vertragschließenden erklärt ist; die getroffene Bestimmung ist unwiderruflich.

§. 357.

Soll die Bestimmung der Leistung durch einen Dritten erfolgen, so ist im Zweifel anzunehmen, daß derselbe die Bestimmung nach billigem Ermessen zu treffen habe. Wird die Bestimmung des Dritten von einem Theile als billig nicht anerkannt, so erfolgt die Entscheidung durch Urtheil. Der die Bestimmung nicht anerkennende Theil hat die Unbilligkeit zu beweisen.

§. 358.

Zinsen können zu jeder Höhe durch Vertrag bedungen werden, soweit nicht reichsgesetzliche Vorschriften über den Wucher entgegenstehen. Dies gilt auch für die Vereinbarung von Zinsen aus rückständigen Zinsen.

Die im Voraus getroffene Abrede, daß fällig werdende Zinsen im Falle der Nichtbezahlung wieder Zinsen tragen sollen, ist nichtig.

III. Inhalt der Schuldverhältnisse aus Verträgen.

§. 359.

Der Vertrag verpflichtet den Vertragschließenden zu demjenigen, was sich aus den Bestimmungen und der Natur des Vertrages nach Gesetz und Verkehrssitte sowie mit Rücksicht auf Treue und Glauben als Inhalt seiner Verbindlichkeit ergiebt.

§. 360.

Erfüllt der eine Vertragschließende seine Verbindlichkeit nicht, so ist der andere deshalb nicht berechtigt, einseitig von dem Vertrage abzugehen, wenn nicht durch Gesetz oder Vereinbarung ein Anderes bestimmt ist.

§. 361.

Ergiebt sich aus dem Vertrage, daß die Vertragsleistung von dem einen Vertragschließenden genau zu einer festbestimmten Zeit oder binnen einer festbestimmten Frist bewirkt werden soll, so ist, wenn die Leistung nicht zu der bestimmten Zeit oder binnen der bestimmten Frist erfolgt, der andere Vertragschließende berechtigt, von dem Vertrage zurückzutreten oder seine Rechte aus dem Vertrage geltend zu machen.

Auf das Rücktrittsrecht finden die Vorschriften der §§. 426 bis 431, 433 entsprechende Anwendung.

§. 362.

Der gegenseitige Vertrag ist von den Vertragschließenden wechselseitig zu gleicher Zeit (Zug um Zug) zu erfüllen, sofern nicht aus dem Gesetze oder dem Vertrage ein Anderes sich ergiebt.

§. 363.

Sind bei einem gegenseitigen Vertrage auf der einen oder anderen Seite mehrere Personen als Vertragschließende betheiligt, oder ist der eine oder der andere Theil von Mehreren beerbt worden, so kann ein Einzelner der mehreren Vertragschließenden oder Erben, sofern nicht der andere Vertragschließende vorzuleisten verpflichtet ist, seinen Antheil an der dem letzteren obliegenden Leistung nur gegen Bewirkung der demselben aus dem Vertrage gebührenden vollständigen Leistung verlangen.

§. 364.

Wer aus einem gegenseitigen Vertrage auf die ihm obliegende Leistung in Anspruch genommen wird, bevor er die Gegenleistung empfangen hat, kann, sofern er nicht zur Vorleistung verpflichtet ist, die geforderte Leistung so lange verweigern, bis die ihm gebührende Leistung bewirkt wird.

§. 365.[1])

Jeder Theil kann bei einem gegenseitigen, Zug um Zug zu erfüllenden Vertrage Klage erheben auf Verurtheilung des anderen

---

[1]) Das Einführungsgesetz wird eine Bestimmung enthalten, durch welche die Civilprozeßordnung dahin ergänzt wird, daß vollstreckbare Ausfertigung des nach Maßgabe des §. 365 Abs. 1 erlassenen Urtheiles ertheilt wird ohne den Nachweis, daß der Beklagte die ihm gebührende

Theiles zur Erfüllung Zug um Zug. Hat der eine Theil vorzuleisten, so kann er, wenn der andere Theil in Verzug der Annahme kommt, Klage auf Verurtheilung des anderen Theiles zu der diesem obliegenden Leistung nach Empfang der demselben gebührenden Leistung erheben.

Ist eine solche Verurtheilung erfolgt, so kann der Kläger die ihm gebührende Leistung ohne vorherige oder gleichzeitige Bewirkung der ihm obliegenden Leistung im Wege der Zwangsvollstreckung fordern, wenn und solange der Beklagte sich im Verzuge der Annahme befindet.

§. 366.

Wer aus einem gegenseitigen Vertrage die ihm gebührende Leistung einklagt, hat erst dann, wenn der Beklagte sich darauf beruft, daß der Kläger die ihm obliegende Leistung noch nicht bewirkt habe, zu behaupten und im Bestreitungsfalle zu beweisen, daß er die ihm obliegende Leistung bewirkt habe.

§. 367.

Hat ein Vertragschließender die ihm als Erfüllung angebotene Leistung als Erfüllung angenommen, so kann er auf Grund der Mangelhaftigkeit der Leistung nicht wegen Nichterfüllung des Vertrages die Gegenleistung verweigern, sondern nur noch die ihm sonst zustehenden Ansprüche geltend machen. Auch ist er in Ansehung der behaupteten Mangelhaftigkeit beweispflichtig.

§. 368.

Wird der Schuldner aus einem gegenseitigen Vertrage von der Verpflichtung zur Leistung in Folge eingetretener Unmöglichkeit der Leistung befreit, so hat im Falle der gänzlichen Unmöglichkeit der Schuldner kein Recht auf die Gegenleistung, im Falle der nur theilweisen Unmöglichkeit der Gläubiger das Recht, die Gegenleistung verhältnißmäßig nach Maßgabe des §. 392 zu mindern. Soweit der Schuldner die hiernach ihm nicht gebührende Gegenleistung bereits empfangen hat, kann der Gläubiger das Geleistete nach den Vorschriften über den Ersatz einer ungerechtfertigten Bereicherung zurückfordern.

Leistung empfangen hat oder im Verzuge der Annahme sich befindet, und daß ein Gleiches in allen Fällen gilt, in welchen der §. 365 für entsprechend anwendbar erklärt ist, daß dagegen im Falle der Verurtheilung zur Abgabe einer Willenserklärung der §. 664 der Civilprozeßordnung maßgebend ist.

Ist die Leistung in Folge eines von dem Gläubiger zu vertretenden Umstandes oder, nachdem der Gläubiger in Verzug gekommen ist, unmöglich geworden, so behält der Schuldner das Recht auf die Gegenleistung. Der Gläubiger ist jedoch berechtigt, den Geldwerth der Aufwendungen, welche der Schuldner in Folge der Nichtleistung erspart hat, und, wenn die Nichtleistung den Schuldner zur anderweiten Verwendung seines Arbeitsvermögens in den Stand gesetzt hat, auch den Geldwerth des Erwerbes, welchen der Schuldner durch die anderweite Verwerthung seines Arbeitsvermögens gemacht oder zu machen böswillig unterlassen hat, in Abzug zu bringen.

Der Schuldner behält das Recht auf die Gegenleistung auch dann, wenn der Gläubiger nach Maßgabe des §. 238 von dem Schuldner die Herausgabe oder Abtretung des für den Gegenstand der Leistung erhaltenen Ersatzes oder Ersatzanspruches verlangt. Der Gläubiger ist jedoch, soweit er weniger als den Werth der ihm versprochenen Leistung erhält, berechtigt, die Gegenleistung verhältnißmäßig nach Maßgabe des §. 392 zu mindern.

§. 369.

Ist die Leistung aus einem gegenseitigen Vertrage in Folge eines von dem Schuldner zu vertretenden Umstandes unmöglich geworden, so hat der Gläubiger die Wahl, Schadensersatz wegen Nichterfüllung zu fordern oder von dem Vertrage zurückzutreten. Ist die Leistung nur theilweise unmöglich geworden, so steht dem Gläubiger das Rücktrittsrecht nur dann zu, wenn der nicht unmöglich gewordene Theil der Leistung für ihn kein Interesse hat.

Das Gleiche gilt in dem im §. 243 bezeichneten Falle sowie dann, wenn die Leistung in Folge des Verzuges des Schuldners für den Gläubiger kein Interesse hat.

Auf das Rücktrittsrecht finden die Vorschriften der §§. 426 bis 431, 433 entsprechende Anwendung.

IV. Gewährleistung des veräußerten Rechtes.

§. 370.

Wer sich durch Vertrag zur Veräußerung einer Sache verpflichtet (Veräußerer), hat dem anderen Vertragschließenden (Erwerber) das Eigenthum an der Sache zu verschaffen.

Betrifft der Vertrag die Veräußerung eines Rechtes, so hat der Veräußerer dieses Recht zu verschaffen.

§. 371.

Der Veräußerer einer Sache haftet dafür, daß nicht Rechte an der Sache und daß auch nicht sonstige auf die Sache sich beziehende Rechte bestehen, welche ein Dritter gegen den Erwerber geltend machen kann.

Die Vorschrift des ersten Absatzes findet entsprechende Anwendung, wenn der Vertrag die Veräußerung eines Rechtes betrifft.

§. 372.

Der Veräußerer eines Grundstückes haftet nicht für die Freiheit desselben von öffentlichen Abgaben und von anderen öffentlichen, zur Eintragung in das Grundbuch nicht geeigneten Lasten.

§. 373.

Die in den §§. 370, 371 bestimmte Haftung des Veräußerers tritt nicht ein, wenn der Erwerber bei Schließung des Vertrages den Mangel in dem Rechte des Veräußerers gekannt hat.

Diese Vorschrift findet auf den Fall der Kenntniß von Pfandrechten und Grundschulden keine Anwendung.

§. 374

Solange der Veräußerer wegen eines Mangels in seinem Rechte die nach den §§. 370, 371 ihm obliegenden Verpflichtungen nicht erfüllt hat, ist der Erwerber die ihm obliegende Gegenleistung zu verweigern befugt. Es macht keinen Unterschied, ob den übrigen Erfordernissen, von welchen der Erwerb des dem Erwerber zu verschaffenden Rechtes abhängt, bereits genügt ist oder nicht. Ist jedoch den erwähnten Erfordernissen genügt, so kann, soweit das Gesetz nicht ein Anderes bestimmt, der Erwerber gegen den Veräußerer einen Anspruch wegen Nichterfüllung der demselben nach den §§. 370, 371 obliegenden Verpflichtungen erst dann erheben, wenn das Recht des Dritten mit Erfolg geltend gemacht ist.

§. 375.

Das Recht des Dritten ist als mit Erfolg geltend gemacht anzusehen:

1. wenn der Dritte dasselbe gegen den Erwerber im Wege des Prozesses verfolgt hat und zu seinen Gunsten eine rechtskräftige Entscheidung ergangen ist;
2. wenn der Erwerber das Recht gegenüber dem Dritten als begründet anerkannt, oder wenn er mit dem Dritten einen Schiedsvertrag geschlossen hat und der Schiedsspruch zu Gunsten des Dritten ergangen ist.

Ist jedoch bei dem die Veräußerung einer Sache betreffenden Vertrage die Verwirklichung des Rechtes des Dritten von der Herausgabe der Sache abhängig, so ist das Recht des Dritten erst dann als mit Erfolg geltend gemacht anzusehen, wenn die Sache dem Dritten herausgegeben ist.

§. 376.

Das Recht des Dritten ist auch dann als mit Erfolg geltend gemacht anzusehen, wenn der Dritte Erbe des Erwerbers oder wenn der letztere Erbe des Dritten geworden ist, oder wenn der Erwerber das Recht des Dritten anderweit erworben oder den Dritten abgefunden hat.

§. 377.

Ist das Recht des Dritten mit Erfolg geltend gemacht, so steht dem Erwerber ein Anspruch auf Schadensersatz wegen Nichterfüllung gegen den Veräußerer zu.

Für die Feststellung des Schadens ist der Zeitpunkt maßgebend, in welchem das Recht des Dritten mit Erfolg geltend gemacht ist. Die Vorschrift des §. 242 findet entsprechende Anwendung. Bei einem gegenseitigen Vertrage ist der Erwerber nach Maßgabe des §. 369 berechtigt, vom Vertrage zurückzutreten.

§. 378.

Betrifft der Vertrag die Veräußerung eines Grundstückes oder eines Rechtes an einem solchen, so ist der Veräußerer verpflichtet, die in das Grundbuch eingetragenen, dem vertragsmäßigen Rechte des Erwerbers entgegenstehenden Rechte auf seine Kosten zur Löschung zu bringen. Dies gilt auch dann, wenn das eingetragene Recht nicht geltend gemacht, oder wenn es nicht zur Entstehung gelangt ist oder nicht mehr besteht.

Die Vorschriften des ersten Absatzes finden in Ansehung der in das Schiffsregister eingetragenen Rechte entsprechende Anwendung.

§. 379

Wird wegen eines Mangels in dem Rechte des Veräußerers gegen diesen von dem Erwerber ein Anspruch erhoben oder von dem Erwerber die ihm obliegende Leistung verweigert oder das Rücktrittsrecht geltend gemacht, so ist der Erwerber beweispflichtig.

§. 380.

Die in den §§. 370 bis 379 bestimmten Verpflichtungen des Veräußerers können durch Vertrag erweitert, beschränkt oder erlassen werden.

Der Erlaß oder die Beschränkung ist unwirksam, wenn der Veräußerer das Recht des Dritten gekannt und dem Erwerber verschwiegen hat.

V. Gewährleistung wegen Mängel der veräußerten Sache.

§. 381.

Wer sich durch Vertrag zur Veräußerung einer Sache verpflichtet, haftet dem Erwerber dafür, daß die Sache in dem Zeitpunkte, in welchem die Gefahr auf den Erwerber übergeht, die zugesicherten Eigenschaften hat.

Der Veräußerer haftet auch dafür, daß die Sache in demselben Zeitpunkte nicht solche Mängel hat, welche den Werth oder die Tauglichkeit derselben zu dem gewöhnlichen oder nach dem Vertrage vorausgesetzten Gebrauche aufheben oder mindern. Eine unerhebliche Minderung des Werthes oder der Tauglichkeit kommt nicht in Betracht.

§. 382.

Der Veräußerer haftet nicht wegen eines Mangels, welchen der Erwerber zur Zeit der Schließung des Vertrages gekannt hat.

Wegen eines Mangels, welcher dem Erwerber in Folge grober Fahrlässigkeit unbekannt geblieben ist, haftet der Veräußerer nur dann, wenn er das Nichtvorhandensein des Mangels zugesichert, oder wenn er denselben gekannt und dem Erwerber verschwiegen hat.

§. 383.

Ist die Haftung des Veräußerers nach den §§. 381, 382 begründet, so kann der Erwerber nach seiner Wahl verlangen, entweder daß der Vertrag rückgängig gemacht (Wandelung), oder daß die Gegenleistung herabgesetzt werde (Minderung).

§. 384.

Auf die Wahl zwischen dem Rechte der Wandelung und dem Rechte der Minderung finden die Vorschriften des §. 208 und des §. 209 Satz 1 entsprechende Anwendung.

§. 385.

Ist zur Zeit der Schließung des Vertrages eine zugesicherte Eigenschaft nicht vorhanden gewesen oder ein damals vorhandener Mangel der im §. 381 Abs. 2 bezeichneten Art von dem Veräußerer dem Erwerber wissentlich verschwiegen, so hat der letztere neben dem Rechte der Wandelung oder Minderung gegen den Veräußerer Anspruch auf Schadensersatz wegen Nichterfüllung.

§. 386.

Hat der Erwerber die mit einem Mangel behaftete Sache angenommen, obschon er von dem Mangel Kenntniß hatte, so stehen ihm die in den §§. 383, 385 bezeichneten Rechte nur dann zu, wenn er bei der Annahme sich wegen des Mangels seine Rechte vorbehalten hat.

§. 387.

Auf das Recht der Wandelung finden die Vorschriften der §§. 427 bis 430, 433 mit folgenden Abweichungen entsprechende Anwendung:

1. Der Veräußerer hat, wenn der Vertrag in Folge der Wandelung rückgängig gemacht wird, dem Erwerber auch die Vertragskosten zu ersetzen.
2. Die Vorschrift des §. 430 Nr. 3 findet keine Anwendung, wenn der Mangel sich erst bei der Umgestaltung gezeigt hat.

§. 388.

Hat der Veräußerer eines Grundstückes eine bestimmte Größe desselben dem Erwerber zugesichert, so gilt diese Zusicherung als die Zusicherung einer Eigenschaft des Grundstückes. Es steht jedoch wegen eines Mangels der zugesicherten Größe das Recht der Wandelung dem Erwerber nur dann zu, wenn wegen Erheblichkeit des Mangels anzunehmen ist, daß die Erfüllung des Vertrages für den Erwerber kein Interesse habe.

§. 389.

Ist ein Vertrag auf die Veräußerung von mehreren Sachen gerichtet, und sind von diesen Sachen nur eine oder einige mangelhaft, so ist die Wandelung nur in Ansehung der mangelhaften Sachen statthaft, selbst wenn eine Gesammtleistung für alle Sachen festgesetzt ist.

Ist jedoch der Vertrag über die mehreren Sachen als zusammengehörende geschlossen und die Trennung der mangelhaften Sachen von den mangelfreien ohne Benachtheiligung des Erwerbers nicht möglich, so kann dieser nach seiner Wahl die Wandelung wegen der einzelnen mangelhaften oder wegen der sämmtlichen Sachen verlangen; ist die Trennung ohne Benachtheiligung des Veräußerers nicht möglich, so ist die Wandelung nur in Ansehung sämmtlicher Sachen statthaft.

§. 390.

Wird wegen eines Mangels der Hauptsache das Recht der Wandelung geltend gemacht, so wird davon auch die Nebensache betroffen. Ist die Nebensache mangelhaft, so ist die Wandelung nur in Ansehung der Nebensache statthaft.

§. 391.

Wird im Falle der Veräußerung mehrerer Sachen für eine Gesammtleistung des Erwerbers das Recht der Wandelung nur in Ansehung einzelner Sachen geltend gemacht, so ist die Gesammtleistung in dem Verhältnisse herabzusetzen, in welchem zur Zeit der Schließung des Vertrages bei Voraussetzung der Mangelfreiheit sämmtlicher Sachen der Gesammtwerth derselben zu dem Werthe derjenigen Sachen gestanden hat, welche von der Wandelung nicht betroffen werden.

§. 392.

Wird das Recht der Minderung geltend gemacht, so ist die dem Erwerber obliegende Gegenleistung in dem Verhältnisse herabzusetzen, in welchem der Werth der Sache mit dem Mangel zu dem Werthe derselben ohne den Mangel zur Zeit der Schließung des Vertrages gestanden hat.

Wird im Falle der Veräußerung mehrerer Sachen für eine Gesammtleistung des Erwerbers das Recht der Minderung nur in Ansehung einer oder einiger Sachen geltend gemacht, so erfolgt die Herabsetzung der Gegenleistung unter Berücksichtigung des Gesammtwerthes aller den Gegenstand der Veräußerung bildenden Sachen.

§. 393.

Ist das Recht der Minderung geltend gemacht, so wird dadurch nicht ausgeschlossen, daß wegen eines erst später entdeckten Mangels die Wandelung oder von Neuem die Minderung verlangt werde.

§. 394.

Sind mehrere Veräußerer oder mehrere Erwerber vorhanden, oder ist der Veräußerer oder Erwerber von Mehreren beerbt, so kann die Minderung von jedem Einzelnen und gegen jeden Einzelnen verlangt werden. Hat ein Einzelner das Recht der Minderung geltend gemacht, so ist die Wandelung ausgeschlossen.

§. 395.

Wird auf Betreiben eines Gläubigers eine Sache im Wege der Zwangsvollstreckung veräußert, so steht dem Erwerber ein Recht auf Gewährleistung wegen Mängel nicht zu.

§. 396.

Die Haftung des Veräußerers wegen Mängel kann durch Vertrag erweitert, beschränkt oder erlassen werden.

Der Erlaß oder die Beschränkung ist unwirksam, wenn der Veräußerer den Mangel gekannt und dem Erwerber verschwiegen hat.

§. 397.

Die Ansprüche auf Wandelung und Minderung unterliegen in Ansehung beweglicher Sachen einer Verjährung von sechs Monaten, in Ansehung unbeweglicher Sachen einer Verjährung von einem Jahre dergestalt, daß nach Vollendung der Verjährung die Rechte von dem Erwerber auch nicht mehr einredeweise geltend gemacht werden können.

Mit Ablauf einer gleichen Frist verjährt der Anspruch auf Schadensersatz, sofern nicht der Anspruch darin sich gründet, daß der Mangel wissentlich verschwiegen worden ist.

Die Frist kann durch Vertrag bis zur ordentlichen Verjährungsfrist verlängert werden.

Die Verjährung beginnt mit dem Zeitpunkte, in welchem die Sache dem Erwerber übergeben ist.

§. 398.

Betrifft die Veräußerung eine nur der Gattung nach bestimmte Sache, so steht dem Erwerber außer den Rechten der Wandelung und der Minderung auch das Recht zu, die Lieferung einer mangelfreien Sache an Stelle der mangelhaften zu fordern.

Auf dieses Recht finden die für das Recht der Wandelung geltenden Vorschriften der §§. 384, 386, 387, 389 bis 391, 393, 394, 396, 397 entsprechende Anwendung.

Der Veräußerer ist in einem solchen Falle in Gemäßheit des §. 385 zum Schadensersatze verpflichtet, wenn in dem Zeitpunkte, in welchem die Gefahr auf den Erwerber überging, die zugesicherte Eigenschaft gefehlt hat oder der sonstige Mangel wissentlich verschwiegen worden ist.

§. 399.

Die Vorschriften der §§. 381 bis 387, 389 bis 398 gelten für Verträge, welche die Veräußerung von Pferden, Eseln, Mauleseln und Maulthieren, von Rindvieh, von Schafen und von Schweinen zum Gegenstande haben, nur insoweit, als nicht in den §§. 400 bis 411 ein Anderes bestimmt ist.

§. 400.

Der Veräußerer haftet in den Fällen des §. 399 nur wegen bestimmter Mängel (Hauptmängel) und wegen solcher auch nur dann, wenn dieselben bis zum Ablaufe bestimmter Fristen (Gewährfristen) zum Vorschein kommen.

Die Bestimmung der Hauptmängel und der Gewährfristen erfolgt für jede einzelne Thiergattung durch eine mit Zustimmung des Bundesrathes zu erlassende Kaiserliche Verordnung. Diese Verordnung kann auf demselben Wege ergänzt und abgeändert werden.

§. 401.

Die Gewährfrist beginnt mit Ablauf des Tages, an welchem in Ansehung des Thieres die Gefahr auf den Erwerber übergeht.

§. 402.

Offenbart sich ein Hauptmangel bis zum Ablaufe der gesetzlichen Gewährfrist, so wird vermuthet, daß das Thier schon zu der Zeit, in welcher die Gefahr auf den Erwerber überging, mit dem Mangel behaftet gewesen sei. Diese Vermuthung tritt jedoch nur dann ein, wenn der Erwerber spätestens innerhalb vierundzwanzig Stunden nach Ablauf der Gewährfrist entweder dem Veräußerer den Mangel angezeigt oder wegen des letzteren Klage gegen den Veräußerer erhoben oder zur Sicherung des Beweises die Beweisaufnahme durch Vernehmung von Sachverständigen in Antrag gebracht hat (§§. 447 ff. der Civilprozeßordnung). Einem solchen Antrage ist stattzugeben, auch wenn das Erforderniß des §. 449 Nr. 4 der Civilprozeßordnung nicht vorliegt. Mit demselben kann der Antrag auf Einnahme des Augenscheines und auf Vernehmung von Zeugen verbunden werden.

§. 403.

Hat der Erwerber dem Veräußerer den Mangel angezeigt, so ist der Veräußerer gleichfalls befugt, nach Maßgabe des §. 402 Beweisaufnahme zur Sicherung des Beweises zu beantragen.

§. 404.

Der Erwerber kann nur die Wandelung, nicht auch die Minderung verlangen.

Die Wandelung kann von dem Erwerber auch in den Fällen des §. 430 verlangt werden. Der Erwerber hat in diesen Fällen dem Veräußerer für das empfangene Thier dessen Werth zu vergüten. Der Werth bestimmt sich nach dem Zeitpunkte, in welchem der Erwerber die nach den Vorschriften des §. 430 die Wandelung ausschließende Handlung vorgenommen hat.

§. 405.

Wird der Vertrag in Folge der Wandelung rückgängig gemacht, so hat der Veräußerer dem Erwerber insbesondere auch die Kosten einer thierärztlichen Untersuchung und Behandlung sowie der Fütterung und Pflege des veräußerten Thieres unter Abzug der von diesem etwa gezogenen Nutzungen zu vergüten.

§. 406.

Entsteht über das Recht der Wandelung ein Rechtsstreit, so kann jede Partei, sobald die Besichtigung des Thieres nicht mehr erforderlich ist, die öffentliche Versteigerung des letzteren und die öffentliche Hinterlegung des Erlöses verlangen.

§. 407

Der Anspruch auf Wandelung verjährt mit der im §. 397 bezeichneten Wirkung mit Ablauf von zwei Wochen.

Mit Ablauf einer gleichen Frist verjährt der Anspruch auf Schadensersatz, sofern nicht der Anspruch darin sich gründet, daß der Mangel wissentlich verschwiegen ist.

Die Verjährung beginnt mit Ablauf der Gewährfrist

§. 408.

Betrifft die Veräußerung ein nur der Gattung nach bestimmtes Thier, so steht dem Erwerber außer dem Rechte der Wandelung auch das Recht zu, die Lieferung eines mangelfreien Thieres an Stelle des mangelhaften zu fordern.

Auf dieses Recht finden die Vorschriften der §§. 405 bis 407 entsprechende Anwendung.

§. 409.

Ein allgemeines Versprechen des Veräußerers, wegen aller Mängel haften zu wollen, ist nur auf die Hauptmängel zu beziehen.

§. 410.

Im Falle der Vereinbarung einer Abkürzung oder Verlängerung der Gewährfrist finden die Vorschriften der §§. 401 bis 408 mit der Maßgabe Anwendung, daß die vereinbarte Gewährfrist an die Stelle der gesetzlichen tritt.

§. 411.

Hat der Veräußerer die Haftung wegen eines nicht zu den Hauptmängeln gehörenden Mangels besonders übernommen, so finden die Vorschriften der §§. 404 bis 406, 408, und wenn zugleich eine Gewährfrist vereinbart ist, außerdem die Vorschriften der §§. 401 bis 403, 407 entsprechende Anwendung. Ist eine Gewährfrist nicht vereinbart, so verjähren die Ansprüche auf Wandelung und Schadensersatz mit Ablauf von sechs Wochen; die Verjährung beginnt mit dem Zeitpunkte, in welchem das Thier dem Erwerber übergeben ist.

VI. Versprechen der Leistung an einen Dritten.

§. 412.

Wird in einem Vertrage von einem der Vertragschließenden eine Leistung an einen Dritten versprochen, so wird der Dritte hierdurch unmittelbar berechtigt, von dem Versprechenden die Leistung zu fordern, sofern aus dem Inhalte des Vertrages sich ergiebt, daß diese Berechtigung des Dritten gewollt ist.

Der Vertragschließende, welcher das Versprechen empfangen hat, ist zu fordern berechtigt, daß die Leistung an den Dritten bewirkt werde, wenn nicht ein Anderes bedungen ist.

§. 413.

Das Forderungsrecht des Dritten entsteht mit dem Zeitpunkte, in welchem es nach dem aus dem Inhalte des Vertrages sich ergebenden Willen der Vertragschließenden zur Entstehung gelangen soll.

§. 414.

Solange das Forderungsrecht des Dritten auch nicht als bedingtes oder betagtes entstanden ist, kann das Versprechen der Leistung an den Dritten von den Vertragschließenden geändert oder wieder aufgehoben werden. Nach der Entstehung des Forderungsrechtes ist eine solche Aenderung oder Aufhebung nur zulässig, wenn der Inhalt des Vertrages ergiebt, daß die Vertragschließenden die Befugniß dazu sich haben vorbehalten wollen.

§. 415.

Erklärt der Dritte dem Versprechenden, daß er das Forderungsrecht zurückweise, so ist es so anzusehen, wie wenn das Forderungsrecht nicht entstanden wäre

§. 416.

Einwendungen aus dem Vertrage stehen dem Versprechenden auch gegenüber dem Dritten zu, wenn nicht ein Anderes aus dem Inhalte des Vertrages erhellt.

VII. Daraufgabe.

§. 417.

Wird bei einem Vertrage etwas als Daraufgabe — Arrha, Haftgeld, Angeld, Handgeld, Daraufgeld — gegeben, so gilt dies als Zeichen der erfolgten Vertragschließung.

Als Reugeld gilt die Daraufgabe nur dann, wenn dies vereinbart ist.

§. 418.

Wird der Vertrag erfüllt, so ist in Ermangelung einer anderen Vereinbarung die Daraufgabe auf die Leistung des Gebers anzurechnen oder, wenn dies nicht geschehen kann, von dem Empfänger zurückzugeben. Die Rückerstattung hat auch dann zu erfolgen, wenn der Vertrag nichtig ist oder wieder aufgehoben wird.

§. 419

Hat der Geber die Wiederaufhebung des Vertrages verschuldet oder die Erfüllung des Vertrages durch sein Verschulden unmöglich gemacht, so behält der Empfänger die Daraufgabe. Der Werth derselben ist jedoch auf die dem Empfänger zustehende Schadensersatzforderung anzurechnen.

VIII. Konventionalstrafe.

§. 420.

Hat der Schuldner für den Fall, daß er eine ihm obliegende Leistung nicht bewirken werde, dem Gläubiger eine andere Leistung als Strafe versprochen (Konventionalstrafe), so hat der Gläubiger eintretenden Falles die Wahl, ob er die Hauptleistung oder die Strafleistung, und, wenn wegen unterbliebener Bewirkung der Hauptleistung statt dieser Schadensersatz verlangt werden kann, ob er Schadensersatz oder die Strafleistung verlangen will. Wählt der Gläubiger Schadensersatz, so kann er stets die Strafleistung als Mindestbetrag des Schadens verlangen.

§. 421.

Ist die Konventionalstrafe für den Fall, daß die Hauptleistung nicht in der bestimmten Weise, insbesondere nicht zu der bestimmten Zeit, erfolgen werde, und hierfür allein, bedungen, so kann eintretenden Falles sowohl die Hauptleistung als auch die Strafleistung oder statt dieser Schadensersatz nach Maßgabe des §. 420 verlangt werden. Hat in einem solchen Falle der Gläubiger die Hauptleistung angenommen, so kann er die Strafleistung nur dann fordern, wenn die Annahme unter Vorbehalt der Strafleistung erfolgt ist. Die letztere Vorschrift findet keine Anwendung, wenn der Gläubiger bei Annahme der Hauptleistung von seinem Rechte auf die Strafleistung oder von dem Eintritte der Voraussetzungen desselben nicht unterrichtet war.

§. 422.

Die Konventionalstrafe ist verwirkt, wenn der Schuldner in Verzug kommt. Besteht die Verbindlichkeit in einem Unterlassen, so ist die Strafe mit der Zuwiderhandlung verwirkt.

§. 423.

Ist die Verbindlichkeit, deren Nichterfüllung das Recht auf die Strafe begründen würde, erloschen, ohne daß die Strafe vorher verwirkt war, oder ist die Nichterfüllung der Verbindlichkeit von dem Gläubiger verschuldet, so kann die Strafe nicht verlangt werden.

§. 424.

Erklärt das Gesetz eine Verbindlichkeit für unwirksam oder für anfechtbar, so ist das Versprechen einer Strafleistung für den Fall der Nichterfüllung einer solchen Verbindlichkeit gleichfalls unwirksam oder anfechtbar, selbst wenn die Vertragschließenden die Unwirksamkeit oder Anfechtbarkeit gekannt haben.

§. 425.

Wird die Strafe gefordert, weil die in einem Thun bestehende Hauptleistung nicht oder nicht in der bestimmten Weise, insbesondere nicht zu der bestimmten Zeit, bewirkt ist, so liegt dem Schuldner der Beweis ob, daß die Leistung dem Vertrage gemäß bewirkt ist.

IX. Rücktritt vom Vertrage.

§. 426.

Hat ein Vertragschließender sich den Rücktritt vom Vertrage vorbehalten, so ist der Rücktritt vollzogen, wenn der Berechtigte gegenüber dem anderen Theile den Rücktritt erklärt hat.

Die Erklärung ist unwiderruflich.

§. 427.

Der Rücktritt bewirkt, daß die Vertragschließenden unter einander so berechtigt und verpflichtet sind, wie wenn der Vertrag nicht geschlossen worden wäre, insbesondere, daß kein Theil eine nach dem Vertrage ihm gebührende Leistung in Anspruch nehmen kann, und daß jeder Theil verpflichtet ist, dem anderen Theile die empfangenen Leistungen zurückzugewähren.

Eine empfangene Geldsumme ist mit Zinsen von der Zeit des Empfanges an, andere Gegenstände sind mit Zuwachs und allen Nutzungen zurückzugewähren, auch ist wegen der nicht gezogenen Nutzungen und wegen Verschlechterungen Ersatz zu leisten, soweit bei Anwendung der Sorgfalt eines ordentlichen Hausvaters die Nutzungen gezogen und die Verschlechterungen abgewendet worden sein würden.

Wegen Verwendungen hat der zur Zurückgabe Verpflichtete die Rechte, welche dem Besitzer gegen den Eigenthümer zustehen.

Kann der Empfänger einen Gegenstand nicht zurückgewähren, so ist er zur Ersatzleistung nur dann nicht verpflichtet, wenn ihm weder Vorsatz noch Fahrlässigkeit zur Last fällt

§. 428

Die den Vertragschließenden nach dem §. 427 obliegenden Verpflichtungen sind Zug um Zug zu erfüllen.

Die Vorschriften der §§. 364, 365 finden entsprechende Anwendung.

§. 429.

Das Rücktrittsrecht findet auch dann statt, wenn ein Gegenstand, welchen der Rücktrittsberechtigte empfangen hat, durch Zufall untergegangen ist.

§. 430.

Das Rücktrittsrecht findet nicht statt:

1. wenn der Rücktrittsberechtigte einen empfangenen Gegenstand deshalb nicht zurückgeben kann, weil er den Untergang desselben vorsätzlich oder fahrlässig herbeigeführt, oder weil er über ihn verfügt hat;
2. wenn der Rücktrittsberechtigte einen empfangenen Gegenstand mit einem von ihm nicht zu beseitigenden Rechte eines Dritten belastet hat;
3 wenn der Rücktrittsberechtigte eine empfangene Sache durch Verarbeitung oder Umbildung in eine Sache anderer Art umgestaltet hat.

§. 431.

Das Rücktrittsrecht erlischt, wenn der Berechtigte den Vertrag auch nur theilweise erfüllt oder dessen Erfüllung auch nur theilweise verlangt oder annimmt.

Die Vorschrift des ersten Absatzes findet keine Anwendung, wenn der Rücktrittsberechtigte von seinem Rechte oder dem Eintritte der Voraussetzungen desselben nicht unterrichtet war.

§. 432.

Das Rücktrittsrecht erlischt, wenn es nicht innerhalb der vereinbarten Frist und in Ermangelung einer vereinbarten Frist nicht innerhalb einer Frist von vier Wochen ausgeübt wird. Die Frist beginnt, wenn das Rücktrittsrecht von einer Bedingung nicht abhängig ist, mit der Schließung des Vertrages, wenn es von einer Bedingung abhängig ist, mit dem Zeitpunkte, in welchem nach Erfüllung der Bedingung der Berechtigte von dem anderen Theile zur Erklärung aufgefordert ist.

§. 433.

Sind als Vertragschließende auf der einen oder anderen Seite mehrere Personen betheiligt, oder ist der eine oder andere Theil von Mehreren beerbt, so kann das Rücktrittsrecht nur von Allen und gegen Alle geltend gemacht werden. Ist für einen von den mehreren Rücktrittsberechtigten das Rücktrittsrecht erloschen, so ist es auch für die übrigen ausgeschlossen.

§. 434.

Der Vertragschließende, welcher auf Grund des Vorbehaltes des Rücktrittsrechtes vom Vertrage zurücktritt, hat diesen Vorbehalt zu beweisen.

Wird das Rücktrittsrecht wegen Nichterfüllung der in einem Thun bestehenden Verpflichtung des anderen Theiles geltend gemacht, so hat dieser die vertragsmäßige Bewirkung der Leistung zu beweisen.

§. 435.

Ist das Rücktrittsrecht gegen Reugeld vorbehalten, so ist die Erklärung des Rücktrittes gegenüber dem anderen Theile nur dann wirksam, wenn das Reugeld bei der Erklärung entrichtet wird oder schon vorher entrichtet war. Der Berechtigte ist jedoch, auch wenn er den Rücktritt ohne Leistung des Reugeldes erklärt, seinerseits an diese Erklärung gebunden.

§. 436.

Ist einem Vertrage der Vorbehalt beigefügt, daß der Schuldner, wenn er seine Verbindlichkeit nicht erfülle, seiner Rechte aus dem Vertrage verlustig sein solle (Vorbehalt der Rechtsverwirkung), so ist der Gläubiger eintretenden Falles zum Rücktritte vom Vertrage berechtigt.

Zweiter Titel.

Schenkung.

§. 437.

Als Schenkung gilt die an einen Anderen erfolgende Zuwendung, durch welche das Vermögen des Zuwendenden vermindert und der Andere bereichert wird, sofern sie in der Absicht dieser Bereicherung geschieht und der Andere die Zuwendung als Geschenk annimmt.

§. 438.

Hat Jemand einen Anderen ohne dessen Willen durch eine sein Vermögen vermindernde Zuwendung in der Absicht, zu schenken, bereichert, so ist der Zuwendende so lange gebunden, bis der Andere die Schenkung ablehnt. Die Annahme der Schenkung wird vermuthet, wenn der Andere, nachdem er von der Bereicherung und der Schenkungsabsicht Kenntniß erlangt hat, nicht unverzüglich die Ablehnung erklärt. Im Falle der Ablehnung ist der Zuwendende die Herausgabe der Bereicherung nach Maßgabe der §§. 742 bis 744 zu fordern berechtigt.

§. 439.

Eine Bereicherung liegt nicht vor, wenn für ein Recht Sicherheit geleistet wird, selbst wenn ein Anderer als der Verpflichtete die Sicherheit leistet.

Eine Vermögensverminderung liegt nicht vor, wenn auf ein angefallenes, jedoch noch nicht erworbenes Vermögensrecht verzichtet oder ein Vermögenserwerb unterlassen oder die für ein Recht bestehende pfandrechtliche oder andere Sicherheit aufgegeben wird.

Als Verzicht auf ein angefallenes, jedoch noch nicht erworbenes Recht gilt die Ausschlagung einer Erbschaft oder eines Vermächtnisses.

§. 440.

Der Vertrag, durch welchen Jemand sich verpflichtet, einem Anderen etwas schenkungsweise zu leisten, ist nur dann gültig, wenn das Versprechen in gerichtlicher oder notarieller Form erklärt ist.

Dies gilt auch im Falle der Ertheilung eines die Angabe des Verpflichtungsgrundes nicht enthaltenden Schuldversprechens oder Schuldanerkenntnisses.

§. 441.

Die durch Veräußerung vollzogene Schenkung ist auch ohne Beobachtung einer besonderen Form gültig.

§. 442.

Der Schenker haftet wegen Nichterfüllung seiner Verpflichtungen dem Beschenkten nur dann, wenn ihm Vorsatz oder grobe Fahrlässigkeit zur Last fällt.

§. 443.

Der Schenker haftet dem Beschenkten wegen eines Mangels in seinem Rechte nach Maßgabe der §§. 298, 370 bis 380 nur dann, wenn er einen nur der Gattung nach bestimmten Gegenstand zu schenken versprochen hat. Hat er bei einer anderen Schenkung das Recht des Dritten gekannt und dem Erwerber verschwiegen, so ist er dem letzteren zum Ersatze des dadurch verursachten Schadens verpflichtet.

§. 444.

Der Schenker haftet dem Beschenkten nicht wegen eines Mangels der verschenkten Sache. Hat er jedoch den Mangel gekannt und dem Erwerber verschwiegen, so ist er dem letzteren zum Ersatze des dadurch verursachten Schadens verpflichtet.

Die Vorschriften des ersten Absatzes finden auch in dem Falle Anwendung, wenn von dem Schenker eine nur der Gattung nach bestimmte Sache zu schenken versprochen ist. Mangelt in einem solchen Falle der Sache eine zugesicherte Eigenschaft, so ist der Erwerber berechtigt, an Stelle der mangelhaften Sache eine mangelfreie zu fordern. Dieser Anspruch unterliegt der Verjährung nach Maßgabe des §. 397.

§. 445.

Der im Verzuge befindliche Schenker hat Verzugszinsen nicht zu entrichten, unbeschadet seiner Verpflichtung zum Schadensersatze.

§. 446.

Das Schenkungsversprechen ist im Zweifel an dem Orte zu erfüllen, an welchem der Schenker zur Erfüllungszeit seinen Wohnsitz hat.

§. 447.

Hat der Schenker dem Beschenkten eine Unterstützung versprochen, welche in wiederkehrenden Fristen zu gewähren ist, so ist sein Erbe, sofern nicht aus dem Vertrage ein Anderes sich ergiebt, zur Fortgewährung der Unterstützung nicht verpflichtet.

§. 448.

Ist die Schenkung unter einer Auflage erfolgt, so kann der Schenker, nachdem er vorgeleistet hat, die Erfüllung der Auflage fordern; gereicht diese zu Gunsten eines Dritten, so finden die Vorschriften der §§. 412 bis 416 Anwendung.

Wird dem Beschenkten, welcher die Auflage erfüllt hat, der Gegenstand der Schenkung entwehrt, so kann er von dem Schenker, auch wenn dieser das Recht des Entwehrenden nicht gekannt hat, Ersatz der durch die Erfüllung der Auflage verursachten Aufwendungen insoweit fordern, als dieselben die aus der Schenkung entstandene Bereicherung übersteigen.

§. 449.

Eine Schenkung kann wegen Undankes durch eine gegenüber dem Beschenkten abzugebende Erklärung widerrufen werden, wenn der Beschenkte dem Leben des Schenkers nachgestellt, oder demselben die Freiheit zu entziehen gesucht, oder sich einer vorsätzlichen körperlichen Mißhandlung oder schweren Beleidigung desselben schuldig gemacht, oder wenn er ihm einen bedeutenden Vermögensverlust vorsätzlich zugefügt hat.

§. 450.

Dem Erben des Schenkers steht das Recht, die Schenkung wegen Undankes zu widerrufen, nur dann zu, wenn der Beschenkte den Schenker vorsätzlich getödtet hat.

§. 451

Das Recht des Widerrufes erlischt:

1. mit dem Tode des Beschenkten,
2. mit Ablauf eines Jahres von dem Zeitpunkte an, in welchem der Schenker oder im Falle des §. 450 dessen Erbe den Undank erfahren hat,
3. durch Verzeihung des Schenkers.

Auf das Widerrufsrecht kann erst verzichtet werden, nachdem der Undank dem Schenker oder dessen Erben bekannt geworden ist.

§. 452.

Im Falle des Widerrufes steht dem Schenker oder dessen Erben das Recht zu, das Geleistete nach Maßgabe des §. 745 zurückzufordern.

Dritter Titel.

Darlehen.

§. 453.

Wer Geld oder andere vertretbare Sachen als Darlehen empfangen hat, ist verpflichtet, dem Darleiher das Empfangene in Sachen von gleicher Art, Güte und Menge zurückzuerstatten.

Ist der Empfänger durch die Darleihung nicht Eigenthümer des Empfangenen geworden, so ist der Darlehensanspruch gegen ihn nicht begründet.

§. 454.

Hat Jemand einem Anderen aus einem zwischen ihnen bestehenden Schuldverhältnisse eine Geldsumme zu zahlen oder andere vertretbare Sachen zu leisten, so kann zwischen denselben vereinbart werden, daß der Verpflichtete die Geldsumme oder die sonstigen vertretbaren Sachen als Darlehen schulden solle.

§. 455.

Der Darlehensempfänger ist zur Zahlung von Zinsen nur dann verpflichtet, wenn solche bedungen sind. Die Verpflichtung zur Zahlung von Verzugszinsen bleibt unberührt.

§. 456.

Ist für die Zahlung bedungener Zinsen eine Zeit nicht bestimmt, so sind dieselben je nach Ablauf eines Jahres, und wenn für die Rückerstattung des Kapitales eine kürzere Frist bestimmt ist, bei Rückerstattung des Kapitales zu entrichten.

§. 457.

Ist für die Rückerstattung des Darlehens eine Zeit nicht bestimmt, so ist dasselbe erst nach erfolgter Kündigung zurückzuerstatten. Die Kündigung steht sowohl dem Gläubiger als dem Schuldner zu. Die Kündigungsfrist beträgt sechs Wochen.

§. 458.

Der Vertrag, durch welchen die Hingabe eines Darlehens versprochen wird, ist im Zweifel als unter dem Vorbehalte geschlossen anzusehen, daß der Versprechende befugt sei, von dem Vertrage zurückzutreten, wenn die Vermögensverhältnisse des anderen Theiles vor der Darleihung eine wesentliche, den Rückerstattungsanspruch gefährdende Verschlechterung erfahren.

Vierter Titel.

Kauf und Tausch.

I. Kauf.

§. 459.

Durch den Kaufvertrag wird der Verkäufer verpflichtet, dem Käufer, wenn eine Sache Gegenstand des Kaufes ist, die verkaufte Sache zu übergeben und das Eigenthum an derselben zu verschaffen, wenn ein Recht Gegenstand des Kaufes ist, dieses Recht zu verschaffen und bei dem Verkaufe eines auf eine Sache sich beziehenden Rechtes, zu dessen Ausübung die Inhabung der Sache erforderlich ist, die letztere zu übergeben.

Der Käufer wird durch den Kaufvertrag verpflichtet, dem Verkäufer den vereinbarten Kaufpreis zu zahlen und die verkaufte Sache abzunehmen.

§. 460.

Der Kaufpreis muß in Geld bestehen. Neben dem in Geld festgesetzten Kaufpreise können Leistungen anderer Art bedungen, auch kann vereinbart werden, daß solche Leistungen zu einem bestimmten Geldanschlage an die Stelle des Geldpreises treten sollen.

§. 461.

Wird der Marktpreis als Kaufpreis bestimmt, so ist im Zweifel als vereinbart anzusehen der Marktpreis des Ortes, an welchem, sowie der Zeit, in welcher der Verkäufer nach dem Vertrage zu erfüllen hat.

§. 462.

Der Verkäufer ist verpflichtet, dem Käufer über die den Kaufgegenstand betreffenden rechtlichen Verhältnisse, insbesondere bei dem Verkaufe eines Grundstückes über die Grenzen, Gerechtsame und Lasten desselben die nöthigen Aufschlüsse zu ertheilen, auch die zum Beweise des Rechtes an dem Kaufgegenstande dienenden Urkunden, soweit diese in seinen Händen sich befinden, auszuliefern.

§. 463.

Der Verkäufer trägt die Gefahr des zufälligen Unterganges und der zufälligen Verschlechterung sowie die Lasten der verkauften Sache bis zur Uebergabe der letzteren an den Käufer. Bis zur Uebergabe gebühren dem Verkäufer die Nutzungen der Sache.

Ist bei dem Verkaufe eines Grundstückes die Eintragung des Eigenthumsüberganges in das Grundbuch vor der Uebergabe erfolgt, so treten die im ersten Absatze bezeichneten Wirkungen schon mit dem Zeitpunkte der Eintragung ein.

Die Vorschriften des ersten und zweiten Absatzes finden im Falle des Verkaufes eines auf eine Sache sich beziehenden Rechtes, zu dessen Ausübung die Inhabung derselben erforderlich ist, entsprechende Anwendung.

§. 464.

Der Verkäufer kann von dem Käufer den Ersatz der nothwendigen Verwendungen verlangen, welche er auf die verkaufte Sache nach Schließung des Vertrages und vor der Uebergabe gemacht hat, sofern zur Zeit der Verwendung die Gefahr auf den Käufer bereits übergegangen war. Im Uebrigen bestimmen sich die Ansprüche des Verkäufers auf Ersatz der Verwendungen, welche er auf die Sache vor der Uebergabe und vor oder nach dem Uebergange der Gefahr gemacht hat, nach den Grundsätzen über Geschäftsführung ohne Auftrag.

§. 465.

Wenn der Verkäufer die verkaufte Sache auf Verlangen des Käufers an einen anderen Ort als denjenigen versendet, an welchem dieselbe nach dem Vertrage zu übergeben ist, so trägt der Käufer die Gefahr von dem Zeitpunkte an, in welchem der Verkäufer die Sache dem Spediteur, dem Frachtführer oder der sonst zur Ausführung des Transportes bestimmten Person ausgeliefert hat.

Hat der Käufer eine besondere Anweisung über die Art der Versendung ertheilt und ist der Verkäufer ohne dringende Veranlassung von der Anweisung abgewichen, so ist der Verkäufer für den hieraus entstehenden Schaden dem Käufer verantwortlich.

§. 466.

Die Kosten der Uebergabe der Sache, insbesondere die des Messens und Wägens, und bei dem Verkaufe eines Rechtes die Kosten der Begründung oder Uebertragung desselben fallen dem Verkäufer, die Kosten der Abnahme der Sache und des Transportes derselben nach einem anderen Orte als dem der Erfüllung, fallen dem Käufer zur Last.

Ist ein Grundstück oder ein Recht an einem solchen verkauft, so hat der Käufer im ersteren Falle die Kosten der Auflassung und der Eintragung des Eigenthumsüberganges, im letzteren Falle die Kosten der zur Begründung oder Uebertragung des Rechtes nöthigen Eintragung in das Grundbuch, einschließlich der zu dieser Eintragung erforderlichen Erklärungen, zu tragen.

§. 467.

Der Käufer ist verpflichtet, den Kaufpreis von dem Zeitpunkte an zu verzinsen, von welchem ihm die Nutzungen des Kaufgegenstandes gebühren. Diese Verpflichtung tritt nicht ein, wenn der Kaufpreis gestundet ist.

§. 468.

Die mit der Vornahme oder Leitung eines Verkaufes im Wege der Zwangsvollstreckung beauftragte Person sowie die von dieser bei Erledigung des Auftrages zugezogenen Gehülfen mit Einschluß des Protokollführers dürfen den zum Verkaufe bestimmten Gegenstand weder persönlich noch durch einen Anderen kaufen

Die Wirksamkeit eines dieser Vorschrift zuwider erfolgten Kaufes sowie der auf Grund desselben vorgenommenen Uebertragung des Kaufgegenstandes ist von der Genehmigung der bei dem Verkaufe als Schuldner, Eigenthümer oder Gläubiger Betheiligten abhängig.

Die Vorschriften des §. 123 finden entsprechende Anwendung. Im Falle der Nichtgenehmigung hat, wenn ein neuer Verkauf erfolgt, der frühere Käufer die Kosten des neuen Verkaufes zu tragen und für den Mindererlös aufzukommen.

§. 469.

Die Vorschriften des §. 468 finden entsprechende Anwendung, wenn ohne die Voraussetzung der Zwangsvollstreckung der Auftrag zum Verkaufe auf Grund einer gesetzlichen Vorschrift ertheilt wird, durch welche Jemand ermächtigt ist, einen Gegenstand für Rechnung eines Anderen zum Verkaufe zu bringen, insbesondere in den Fällen eines Pfandrechtes oder Zurückbehaltungsrechtes.

§. 470

Bei einem Kaufe nach Probe oder Muster sind die Eigenschaften der Probe oder des Musters als zugesichert anzusehen.

§. 471.

Ist ein Kauf auf Besicht oder auf Probe geschlossen, so steht es im Belieben des Käufers, den Kaufgegenstand zu genehmigen oder zu mißbilligen.

Ein solcher Kauf ist im Zweifel als mit der Bestimmung geschlossen anzusehen, daß der Käufer an den Vertrag nur dann gebunden sei, wenn er wolle.

§. 472.

Der Verkäufer ist bei einem Kaufe auf Besicht oder auf Probe verpflichtet, dem Käufer die Handlungen zu gestatten, welche zur Untersuchung des Kaufgegenstandes erforderlich sind.

§. 473.

Als Mißbilligung des Käufers gilt es, wenn derselbe nicht innerhalb der vereinbarten Frist, und in Ermangelung einer vereinbarten Frist, wenn er nicht unverzüglich auf die nach Ablauf einer den Umständen angemessenen Frist von dem Verkäufer an ihn gerichtete Aufforderung sich erklärt.

Das Unterlassen der Erklärung gilt jedoch als Genehmigung, wenn eine verkaufte Sache dem Käufer zum Zwecke der Besichtigung oder Probe übergeben worden war.

§. 474.

Hat der Verkäufer sich die Annahme des besseren Gebotes eines Dritten für den Kaufgegenstand vorbehalten, so ist dadurch der Rücktritt von dem Vertrage für den Fall als vorbehalten anzusehen, daß das bessere Kaufgebot eines Dritten erfolge und dieses Gebot von dem Verkäufer angenommen werde.

§. 475.

Das Rücktrittsrecht erlischt, wenn der Verkäufer nicht innerhalb der vereinbarten Frist und in Ermangelung einer vereinbarten Frist bei Grundstücken nicht innerhalb einer Frist von drei Monaten, bei anderen Gegenständen nicht innerhalb einer Frist von vier Wochen seit der Schließung des Vertrages den Rücktritt erklärt.

II. Wiederkauf.

§. 476.

Ist bei einem Kaufvertrage dem Verkäufer das Recht des Wiederkaufes vorbehalten, so ist als Wiederkaufspreis der Preis, zu welchem verkauft worden ist, als vereinbart anzusehen.

§. 477.

Mit der von dem Verkäufer gegenüber dem Käufer abgegebenen Erklärung, daß er das Wiederkaufsrecht ausübe, gelangt der Wiederkauf zum Abschlusse.

§. 478.

Durch die Schließung des Wiederkaufes wird der Wiederverkäufer verpflichtet, dem Wiederkäufer den Kaufgegenstand in dem Zustande, in welchem derselbe zur Zeit des Vorbehaltes des Wiederkaufsrechtes sich befunden hat, nebst dem seit der Schließung des früheren Kaufes hinzugetretenen Zuwachse und den zur Zeit der Schließung des Wiederkaufes vorhandenen Zubehörungen, jedoch ohne die in der Zwischenzeit gezogenen Nutzungen, herauszugeben. Kann der Wiederverkäufer den Gegenstand wegen eines von ihm zu vertretenden Umstandes nicht zurückgeben oder nicht in dem bezeichneten Zustande zurückgeben, so ist er zum Schadensersatze wegen Nichterfüllung verpflichtet. Ist das Unvermögen, den Kaufgegenstand in jenem Zustande zurückzugeben, durch einen von dem Wiederverkäufer nicht zu vertretenden, vor Schließung des Wiederkaufes eingetretenen Umstand herbeigeführt, so kann er gleichwohl die Zahlung des vollen Wiederkaufspreises fordern.

§. 479.

Durch die Schließung des Wiederkaufes wird der Wiederkäufer verpflichtet, dem Wiederverkäufer den Wiederkaufpreis ohne Vergütung von Zinsen für die Zwischenzeit zu zahlen.

Hat der Wiederkäufer einen nicht der Gattung nach bedungenen Gegenstand als Nebenleistung erhalten und kann er denselben nicht zurückgeben oder nicht in dem Zustande zurückgeben, in welchem er denselben empfangen hat, so ist die Ausübung des Wiederkaufsrechtes ausgeschlossen.

Wegen Verwendungen auf den Kaufgegenstand und wegen Anschaffung von Zubehörungen finden die Vorschriften des §. 936 Abs. 1, 3 und der §§. 937, 938 entsprechende Anwendung. Der Wiederkäufer ist jedoch wegen nothwendiger Verwendungen zu einer Ersatzleistung nicht verpflichtet.

§. 480.

Ist vereinbart worden, daß der Wiederkaufpreis in dem Schätzungswerthe des Kaufgegenstandes zu der Zeit, in welcher das Wiederkaufsrecht ausgeübt werde, bestehen solle, so ist bei Ausübung des Wiederkaufsrechtes der Wiederverkäufer nur zur Herausgabe des Gegenstandes in dem Zustande, in welchem er sich zur Zeit der Ausübung des Rechtes befindet, der Wiederkäufer nur zur Zahlung des Schätzungswerthes verpflichtet. Der Wiederverkäufer ist wegen Unterganges oder Verschlechterung des Gegenstandes nicht verantwortlich, der Wiederkäufer zum Ersatze von Verwendungen nicht verbunden.

III. Vorkauf.

§. 481.

Ist Jemand verpflichtet, in dem Falle, daß er einen gewissen Gegenstand verkaufen wird, einem Anderen als Käufer den Vorzug zu geben, so kann der Andere das hieraus für ihn sich ergebende Recht (Vorkaufsrecht) ausüben, sobald der Verpflichtete mit einem Dritten einen Kaufvertrag über den Gegenstand geschlossen hat.

Das Vorkaufsrecht kann ausgeübt werden, auch wenn der Verpflichtete in dem Vertrage mit dem Dritten den Rücktritt für den Fall der Ausübung des Vorkaufsrechtes sich vorbehalten oder den Vertrag unter der Bedingung der Nichtausübung dieses Rechtes geschlossen hat.

§. 482.

Mit der gegenüber dem Verpflichteten abgegebenen Erklärung des Berechtigten, daß er das Vorkaufsrecht ausübe, gelangt der

Kaufvertrag zwischen Beiden unter den in dem Kaufvertrage zwischen dem Verpflichteten und dem Dritten enthaltenen Bestimmungen zum Abschlusse. Von dem Berechtigten sind insbesondere alle Verbindlichkeiten zu erfüllen, welche der Dritte in dem mit ihm geschlossenen Vertrage übernommen hat.

§. 483.

Der Verpflichtete hat von dem mit dem Dritten geschlossenen Kaufvertrage und dessen Inhalte dem Berechtigten unverzüglich Anzeige zu erstatten.

§. 484.

Hat der Dritte in dem mit ihm geschlossenen Kaufvertrage zu einer in Geld schätzbaren Nebenleistung sich verpflichtet, zu deren Bewirkung der Berechtigte außer Stande ist, so hat dieser im Falle der Ausübung des Vorkaufsrechtes für eine solche Leistung den Geldwerth zu zahlen, welchen dieselbe zur Erfüllungszeit hat. Ist die Nebenleistung, welche der Berechtigte zu bewirken nicht vermag, in Gelde nicht schätzbar, so ist die Ausübung des Vorkaufsrechtes ausgeschlossen.

Hat der Dritte den Gegenstand des Vorkaufsrechtes mit einem oder mehreren anderen Gegenständen zu einem Gesammtpreise gekauft, so hat der Berechtigte bei Ausübung des Rechtes einen verhältnißmäßigen Theil des Gesammtpreises zu entrichten.

§. 485.

Das Vorkaufsrecht kann nicht ausgeübt werden, wenn der Gegenstand desselben im Wege der Zwangsvollstreckung verkauft wird.

§. 486.

Das Vorkaufsrecht kann auf einen Anderen nicht übertragen werden.

§. 487.

Das Vorkaufsrecht erlischt:

1. mit dem Tode des Berechtigten,
2. wenn der Berechtigte auf die Anzeige des Verpflichteten von dem mit dem Dritten geschlossenen Kaufvertrage nicht innerhalb der für die Ausübung des Rechtes bestimmten Frist und in Ermangelung einer besonders bestimmten Frist bei Grundstücken nicht innerhalb einer Frist von zwei Monaten, bei anderen Gegenständen nicht innerhalb einer Frist von einer Woche gegenüber dem Verpflichteten erklärt, daß er das Vorkaufsrecht ausübe.

IV. Erbschaftskauf.

§. 488.

Ist eine dem Verkäufer angefallene Erbschaft Gegenstand des Kaufes, so werden die Vertragschließenden unter einander so berechtigt und verpflichtet, wie wenn nicht der Verkäufer, sondern der Käufer Erbe geworden wäre.

Der Erbtheil, welcher dem Verkäufer nach Schließung des Kaufes durch Nacherbfolge oder in Folge des Wegfalles eines anderen Erben anfällt, sowie das Vorausvermächtniß, mit welchem der Verkäufer bedacht ist, sind als mitverkauft nicht anzusehen.

Dem Käufer gebühren die aus dem Wegfalle eines Vermächtnisses oder einer Auflage sich ergebenden Vortheile.

§. 489.

Der Verkäufer ist verpflichtet, die einzelnen zur Erbschaft gehörenden Sachen und Rechte dem Käufer zu übertragen.

§. 490.

Der Verkäufer ist verpflichtet, dem Käufer die Ansprüche gegen einen Testamentsvollstrecker oder Nachlaßpfleger und die aus der Gemeinschaft der Miterben oder aus der Ausgleichungspflicht eines Miterben entstandenen Ansprüche sowie die auf Herausgabe der Erbschaft gegen Dritte ihm zustehenden Ansprüche abzutreten.

§. 491.

Der Verkäufer ist verpflichtet, Alles, was er vor Schließung des Kaufes aus der Erbschaft erlangt hat, mit Einschluß der Früchte, dem Käufer auszuliefern; er hat dem Käufer insbesondere dasjenige, was er aus der Veräußerung erbschaftlicher Gegenstände, mit Einschluß der Einziehung erbschaftlicher Forderungen, empfangen hat, zu verabfolgen und für die von ihm verbrauchten oder unentgeltlich veräußerten Gegenstände den nach der Zeit des Verbrauches oder der Veräußerung sich bestimmenden Werth derselben zu ersetzen; hat er einen Gegenstand belastet, so hat er in gleicher Weise wie im Falle der Veräußerung entsprechenden Ersatz zu leisten.

Für andere bis zur Schließung des Kaufes eingetretene Verringerungen oder Verschlechterungen von erbschaftlichen Gegenständen ist der Verkäufer zu einer Ersatzleistung nicht verpflichtet.

§. 492.

Die Verpflichtung des Verkäufers zur Gewährleistung erstreckt sich darauf, daß ihm das bei der Schließung des Kaufes angegebene Recht auf die Erbschaft zusteht, daß dieses Recht durch das Recht eines Nacherben nicht beschränkt, auch durch Pflichttheilsansprüche, Vermächtnisse und Auflagen nicht beschwert ist, und daß das Inventarrecht nicht erloschen oder gegenüber einem Nachlaßgläubiger ausgeschlossen ist.

§. 493.

Wegen Mängel und wegen Entwehrung erbschaftlicher Gegenstände ist der Verkäufer, sofern nicht die Entwehrung aus einem zur Gewährleistung nach §. 492 verpflichtenden Grunde erfolgt, dem Käufer Gewähr zu leisten nicht verpflichtet.

§. 494.

Der Käufer trägt von der Schließung des Kaufes an die Gefahr des zufälligen Unterganges und der zufälligen Verschlechterung der erbschaftlichen Gegenstände. Von diesem Zeitpunkte an gebühren ihm die Nutzungen derselben.

§. 495.

Der Käufer hat gegenüber dem Verkäufer die Lasten der Erbschaft und der dazu gehörenden Gegenstände zu tragen, insbesondere die Nachlaßverbindlichkeiten und die von der Erbschaft zu entrichtenden Abgaben. Pflichttheilsansprüche, Vermächtnisse und Auflagen fallen jedoch dem Käufer nur insoweit zur Last, als sie ihm bei der Schließung des Kaufes bekannt waren. Die sofortige Befreiung des Verkäufers zu bewirken, ist der Käufer nicht verpflichtet; er haftet nur dafür, daß der Verkäufer nicht in Anspruch genommen wird. Soweit der Verkäufer eine dem Käufer zur Last fallende Verpflichtung erfüllt hat, ist ihm der Käufer zur Ersatzleistung verpflichtet.

§. 496.

Der Käufer hat dem Verkäufer für die vor Schließung des Kaufes auf die Erbschaft oder auf erbschaftliche Gegenstände gemachten nothwendigen und nützlichen Verwendungen Ersatz zu leisten.

§. 497.

Wegen der im §. 495 bezeichneten Ansprüche sind die Nachlaßgläubiger und sonstigen dritten Berechtigten von der Schließung des Kaufes an befugt, unbeschadet der Fortdauer der Haftung des Verkäufers, ihre Rechte gegen den Käufer unmittelbar und selbst dann geltend zu machen, wenn dieselben dem Käufer bei der Schließung des Kaufes nicht bekannt waren. Eine zwischen

Verkäufer und Käufer getroffene Vereinbarung, durch welche diese Haftung des Käufers gegenüber den Dritten ausgeschlossen oder beschränkt wird, ist nichtig.

§. 498.

Der Käufer kann das Inventarrecht insoweit geltend machen, als dasselbe dem Verkäufer zur Zeit der Schließung des Kaufes noch zustand. Auf den Verlust dieses Rechtes des Käufers finden die Vorschriften über den Verlust des Inventarrechtes entsprechende Anwendung.

Die Errichtung des Inventares durch den Verkäufer oder den Käufer kommt Beiden zu statten.

Der Nachlaßkonkurs kann nach Schließung des Kaufes an Stelle des Verkäufers nur von dem Käufer, von einem Nachlaßgläubiger nur gegen den Käufer beantragt werden. Zur Konkursmasse gehört der Nachlaß und der Anspruch des Käufers gegen den Verkäufer auf Uebertragung des Nachlasses.

Das Aufgebot der Nachlaßgläubiger kann sowohl von dem Verkäufer als von dem Käufer beantragt werden. Antrag und Ausschließung wirken in gleicher Art, wie wenn der Antrag von Beiden gestellt wäre.

§. 499.

Im Verhältnisse zwischen Käufer und Verkäufer gilt eine in Folge des Erbfalles durch Vereinigung erloschene Schuldverbindlichkeit als nicht erloschen, ein in Folge des Erbfalles durch Vereinigung aufgehobenes Recht an einer Sache oder an einem Rechte als nicht aufgehoben. Erforderlichenfalls ist ein solches Recht wiederherzustellen.

§. 500.

Die Vorschriften der §§. 488 bis 499 finden entsprechende Anwendung, wenn die Veräußerung einer Erbschaft der Gegenstand eines anderen Vertrages als eines Kaufvertrages ist oder wenn die veräußerte Erbschaft weiter veräußert wird.

Im Falle eines Schenkungsvertrages bestimmt sich jedoch die Verpflichtung des Veräußerers zur Gewährleistung nach den §§. 443, 444; auch hat der Schenker für die vor Schließung des Vertrages verbrauchten oder unentgeltlich veräußerten Gegenstände nicht Ersatz zu leisten.

§. 501.

Ist der Bruchtheil einer Erbschaft Gegenstand eines Kaufes oder eines anderen Veräußerungsvertrages, so finden die Vorschriften der §§. 488 bis 500 entsprechende Anwendung.

V. Tausch.

§. 502.

Auf den Tauschvertrag finden die Vorschriften über den Kaufvertrag entsprechende Anwendung. Jeder der Vertragschließenden ist in Ansehung der von ihm versprochenen Leistung gleich einem Verkäufer und in Ansehung der ihm zugesicherten Leistung gleich einem Käufer zu beurtheilen.

Fünfter Titel.
Miethe und Pacht.

I. Miethe.

§. 503.

Durch den Miethvertrag wird der Vermiether verpflichtet, dem Miether den Gebrauch der vermietheten Sache während der Miethzeit zu gewähren, und der Miether verpflichtet, dem Vermiether die vereinbarte Gegenleistung (Miethzins) zu entrichten.

§. 504.

Der Vermiether ist verpflichtet, dem Miether die Sache in einem zu dem vertragsmäßigen Gebrauche geeigneten Zustande zu überlassen und in diesem Zustande dieselbe während der ganzen Miethzeit zu erhalten.

§. 505.

Leidet die Sache zur Zeit der Ueberlassung an den Miether an dem Mangel einer zugesicherten Eigenschaft oder an einem Mangel, welcher ihre Tauglichkeit zu dem vertragsmäßigen Gebrauche aufhebt oder mindert, oder tritt später ein Mangel der einen oder anderen Art ein, so ist der Miether, vorbehaltlich des nach dem §. 529 ihm zustehenden Rücktrittsrechtes, für die Zeit, während welcher die Tauglichkeit aufgehoben oder gemindert war, im Falle der Aufhebung von der Entrichtung des Miethzinses befreit, im Falle der Minderung nur einen verhältnißmäßigen Theil des Miethzinses zu entrichten verpflichtet.

Hat der Vermiether eines Grundstückes eine bestimmte Größe desselben zugesichert, so gilt diese Zusicherung als Zusicherung einer Eigenschaft.

§. 506.

Der Miether hat gegen den Vermiether außer den im §. 505 bestimmten Rechten Anspruch auf Schadensersatz wegen Nichterfüllung, wenn einer der im §. 505 bezeichneten Mängel zur Zeit der Schließung des Vertrages vorhanden gewesen oder später durch einen von dem Vermiether zu vertretenden Umstand eingetreten, oder wenn die Beseitigung eines später eingetretenen Mangels von dem Vermiether verzögert ist.

§. 507.

Auf die dem Miether nach den §§. 505, 506 zustehenden Rechte finden die Vorschriften der §§. 382, 386, 392, 396 entsprechende Anwendung.

§. 508.

Wird dem Miether durch das Recht eines Dritten der vertragsmäßige Gebrauch ganz oder zum Theil entzogen, so finden die Vorschriften der §§. 505 bis 507 entsprechende Anwendung; der Anspruch auf Schadensersatz wegen Nichterfüllung wird jedoch dadurch nicht ausgeschlossen, daß dem Miether in Folge grober Fahrlässigkeit das Recht des Dritten bei der Schließung des Vertrages unbekannt geblieben war.

§. 509.

Ist im Falle der Vermiethung eines Grundstückes nach Ueberlassung desselben an den Miether das Eigenthum an dem Grundstücke von dem Vermiether auf einen Dritten übertragen worden, so ist der Dritte verpflichtet, den vertragsmäßigen Gebrauch des Grundstückes durch den Miether sowie die Vornahme derjenigen Handlungen, welche gegenüber dem Miether dem Vermiether obliegen, insbesondere die von dem Vermiether zu bewirkenden Ausbesserungen, noch so lange zu gestatten, bis nach der von dem Dritten an den Miether gerichteten Aufforderung zur Räumung des Grundstückes die im §. 522 bestimmte gesetzliche Kündigungsfrist oder, wenn die vertragsmäßige Kündigungsfrist kürzer ist, diese kürzere Frist verstrichen ist.

Erfolgt die Aufforderung zur Räumung des Grundstückes, so ist der Miether berechtigt, von dem Vertrage sofort für die Zukunft zurückzutreten.

§. 510.

Die Vorschriften des §. 509 finden entsprechende Anwendung, wenn ein Dritter an dem Grundstücke zwar nicht das Eigenthum, aber ein anderes Recht, welches den vertragsmäßigen Gebrauch des Grundstückes durch den Miether aufhebt oder beschränkt, nach Ueberlassung des Grundstückes an den Miether durch ein Rechtsgeschäft des Vermiethers erworben hat.

Ist zur Ausübung des von dem Dritten erworbenen Rechtes nicht erforderlich, daß der Miether das Grundstück räume, so tritt an die Stelle der Aufforderung zur Räumung die Aufforderung zu dulden, daß der Dritte das erworbene Recht ausübe; in diesem Falle findet die Vorschrift des §. 509 Abs. 2 keine Anwendung.

§. 511.

In den Fällen der §§. 509, 510 ist die Aufforderung, das Grundstück zu räumen oder die Ausübung des Rechtes zu dulden, wirkungslos, wenn der Dritte vor oder bei der Aufforderung eine seine Berechtigung ergebende öffentliche Urkunde nicht vorlegt und der Miether wegen dieses Mangels die Aufforderung unverzüglich zurückweist.

§. 512.

Hat ein Dritter, welcher durch ein Rechtsgeschäft des Vermiethers ein den vertragsmäßigen Gebrauch des Miethers aufhebendes oder beschränkendes Recht an der Sache erwirbt, durch Vertrag sich dem Vermiether verpflichtet, für die spätere Miethzeit die gegenüber dem Miether dem Vermiether obliegenden Verpflichtungen ganz oder zum Theil zu erfüllen, insbesondere das erworbene Recht gegen den Miether nicht auszuüben, so finden die Vorschriften der §§. 412 bis 416 mit der Maßgabe Anwendung, daß die unmittelbare Berechtigung des Miethers gegenüber dem Dritten und die Entstehung dieser Berechtigung mit dem Zeitpunkte, in welchem der Dritte das Recht erworben hat, als gewollt anzusehen ist. Hat der Dritte die Sache selbst oder das Recht, dieselbe zu gebrauchen, erworben, so sind von diesem Zeitpunkte an die dem Vermiether aus dem Miethvertrage gegen den Miether für die noch übrige Miethzeit zustehenden Forderungen als dem Dritten abgetreten anzusehen.

§. 513.

Bei der Miethe einer beweglichen Sache sind die Auslagen, welche der Gebrauch der Sache verursacht, bei der Miethe eines Thieres auch die Fütterungskosten von dem Miether zu tragen.

§. 514.

Der Vermiether ist verpflichtet, dem Miether die auf die Sache gemachten nothwendigen Verwendungen zu ersetzen.

Im Uebrigen bestimmen sich die Ansprüche des Miethers auf Ersatz von Verwendungen nach den Grundsätzen über die Geschäftsführung ohne Auftrag. Der Miether hat außerdem, unbeschadet der Vorschrift des §. 520, das Recht, die durch eine Verwendung entstandene Einrichtung wegzunehmen.

Ist der Vermiether mit der ihm obliegenden Vornahme einer Ausbesserung oder Einrichtung im Verzuge, so kann der Miether diese bewirken und den Ersatz der dazu erforderlich gewesenen Kosten von dem Vermiether verlangen.

§. 515.

Der Vermiether ist verpflichtet, die auf der vermietheten Sache ruhenden Lasten und Abgaben zu tragen.

§. 516.

Sofern nicht ein Anderes vereinbart ist, steht dem Miether das Recht zu, einem Anderen den vertragsmäßigen Gebrauch der gemietheten Sache zu überlassen, insbesondere auch durch weiteres Vermiethen (Untermiethe).

Ueberläßt der Miether den Gebrauch an einen Anderen, so haftet er dem Vermiether in Ansehung der Erfüllung seiner Verpflichtungen wegen des Verschuldens des Anderen.

§. 517.

Der Miethzins ist am Ende der Miethzeit, wenn er jedoch nach bestimmten Zeitabschnitten bemessen worden ist, nach Ablauf der einzelnen Zeitabschnitte zu entrichten. Bei der Miethe eines Grundstückes muß der Miethzins, sofern er nicht nach kürzeren Zeitabschnitten bemessen worden ist, je nach Ablauf eines Kalendervierteljahres am ersten Tage der Monate Januar, April, Juli, Oktober entrichtet werden.

§. 518.

Der Miether, welcher das ihm zustehende Gebrauchsrecht nicht ausgeübt hat, ist zur Entrichtung des Miethzinses auch dann verpflichtet, wenn er aus einem in seiner Person liegenden Grunde das Recht auszuüben außer Stande war. Der Miether ist jedoch berechtigt, auf den Miethzins den Geldwerth der dem Vermiether ersparten Aufwendungen und des von demselben aus einer anderweiten Verwerthung des Gebrauches erlangten Vortheiles in Abzug zu bringen. Für die Zeit, während welcher der Vermiether durch Ueberlassung des Gebrauches an einen Anderen sich außer Stand gesetzt hatte, dem Miether den Gebrauch zu gewähren, hat der Miether den Miethzins nicht zu entrichten.

§. 519.

Wird eine dem Vermiether obliegende Ausbesserung der Sache nöthig, oder maßt sich ein Dritter ein Recht an der Sache an, so ist der Miether verpflichtet, dem Vermiether hiervon unverzüglich Anzeige zu erstatten. Er haftet dem Vermiether für den Ersatz des durch die Unterlassung der Anzeige entstandenen Schadens.

§. 520.

Der Miether ist verpflichtet, die gemiethete Sache nach Ablauf der Miethzeit in demselben Zustande zurückzugeben, in welchem er die Sache empfangen hat; er haftet jedoch nicht wegen Veränderungen und Verschlechterungen, welche durch den vertragsmäßigen Gebrauch, durch Alter oder durch einen anderen von ihm nicht zu vertretenden Umstand entstanden sind.

§. 521.

Der Vermiether eines Grundstückes hat wegen seiner Forderungen aus dem Miethvertrage ein gesetzliches Pfandrecht an den eingebrachten Sachen des Miethers. Das Pfandrecht besteht nicht in Ansehung derjenigen Sachen, welche der Pfändung nicht unterworfen sind. Es erlischt mit der Entfernung der Sachen von dem Grundstücke, auf welches das Miethverhältniß sich bezieht, es sei denn, daß die Entfernung heimlich oder gegen den Widerspruch des Vermiethers erfolgt ist.

Der Vermiether kann der Entfernung derjenigen Sachen nicht widersprechen, zu deren Entfernung der Miether im regelmäßigen Betriebe seines Geschäftes oder dadurch veranlaßt wird, daß die gewöhnlichen Lebensverhältnisse die Entfernung mit sich bringen. Er ist berechtigt, auch ohne Anrufung des Gerichtes die Entfernung aller anderen seinem Pfandrechte unterliegenden Sachen zu hindern und, wenn der Miether das Grundstück räumt, dieselben in seine Inhabung zu nehmen.

Der Vermiether ist berechtigt, von dem Miether die Zurückschaffung der heimlich oder gegen seinen Widerspruch entfernten Sachen, deren Entfernung er zu widersprechen befugt war, und nach bereits erfolgter Räumung des Grundstückes die Ueberlassung der Inhabung derselben zu fordern.

Die Ausübung des gesetzlichen Pfandrechtes des Vermiethers kann durch Sicherheitsleistung für die Forderung und in Ansehung jeder einzelnen diesem Rechte unterliegenden Sache durch Sicherheitsleistung bis zur Höhe des Werthes der Sache abgewendet werden. Die Sicherheitsleistung durch Bürgen ist ausgeschlossen.

Wird eine dem Pfandrechte des Vermiethers unterliegende Sache für einen anderen Gläubiger gepfändet, so kann diesem gegenüber das Pfandrecht wegen desjenigen Miethzinses nicht geltend gemacht werden, welcher auf eine frühere Zeit als das letzte Jahr vor der Pfändung entfällt.

§. 522.

Das Miethverhältniß endigt mit dem Ablaufe der Zeit, auf welche es eingegangen ist.

Ist die Miethzeit nicht bestimmt, so kann sowohl der Miether als der Vermiether das Miethverhältniß durch Kündigung beendigen.

Die Kündigung ist bei unbeweglichen Sachen nur zum Ablaufe der am 1. Januar, 1. April, 1. Juli, 1. Oktober beginnenden Kalendervierteljahre zulässig; sie muß vor Beginn des Vierteljahres erfolgen, mit dessen Ablaufe das Miethverhältniß endigen soll.

Ist bei einer unbeweglichen Sache der Miethzins nach Monaten bemessen, so ist die Kündigung nur zum Ablaufe eines Kalendermonates zulässig; sie muß spätestens am fünfzehnten des Monates erfolgen, mit dessen Ablaufe das Miethverhältniß endigen soll.

Ist bei einer unbeweglichen Sache der Miethzins nach Wochen bemessen, so ist die Kündigung nur zum Ablaufe einer Kalenderwoche zulässig; sie muß spätestens am Montag der Woche erfolgen, mit deren Ablaufe das Miethverhältniß endigen soll.

Bei beweglichen Sachen muß die Kündigung spätestens am dritten Tage vor dem Tage erfolgen, an welchem das Miethverhältniß endigen soll.

Ist bei einer unbeweglichen oder beweglichen Sache der Miethzins nach Tagen bemessen, so ist die Kündigung an jedem Tage zum folgenden Tage zulässig.

§. 523.

Ist ein Miethvertrag auf eine Zeit geschlossen, welche sich auf länger als dreißig Jahre erstreckt, so kann das Miethverhältniß nach Ablauf von dreißig Jahren sowohl von dem Vermiether als von dem Miether nach Maßgabe des §. 522 Abs. 3, 6 durch Kündigung beendigt werden. Diese Vorschrift findet keine Anwendung, wenn der Vertrag auf die Lebenszeit des Vermiethers oder des Miethers geschlossen ist.

§. 524.

Wird nach Ablauf der Miethzeit der Gebrauch der Sache von dem Miether fortgesetzt, so ist das Miethverhältniß als ohne Bestimmung einer Miethzeit verlängert anzusehen, es sei denn, daß der Vermiether oder Miether binnen einer zweiwöchigen Frist dem anderen Theile seinen entgegenstehenden Willen erklärt. Die Frist beginnt gegen den Miether mit der Fortsetzung des Gebrauches, gegen den Vermiether mit dem Zeitpunkte, in welchem er von dieser Fortsetzung Kenntniß erhält.

§. 525.

Wird der Gebrauch der Sache von dem Miether nach Ablauf der Miethzeit ohne Verlängerung des Miethverhältnisses fortgesetzt, so kann der Vermiether für die Zeit der Fortsetzung des Gebrauches eine Entschädigung fordern, welche dem vertragsmäßigen Miethzinse gleichkommt, unbeschadet des Anspruches auf Ersatz eines weiteren Schadens.

§. 526.

Stirbt der Miether, so ist sowohl sein Erbe als der Vermiether berechtigt, das Miethverhältniß, auch wenn dasselbe auf längere Zeit eingegangen oder eine längere Kündigungsfrist vereinbart ist, durch Kündigung nach Maßgabe des §. 522 Abs. 3, 6 zu beendigen.

§. 527.

Das Recht, durch Kündigung nach Maßgabe des §. 522 Abs. 3 das Miethverhältniß ungeachtet der Vereinbarung einer längeren Miethzeit oder Kündigungsfrist zu beendigen, steht einem Beamten oder einer Militärperson auch im Falle der Versetzung nach einem anderen Orte in Ansehung einer Wohnung zu, welche sie an dem bisherigen Wohnorte oder Garnisonorte zum Gebrauche für sich oder ihre Familie gemiethet hatten.

§. 528.

Der Vermiether kann ohne Einhaltung einer Kündigungsfrist von dem Vertrage für die Zukunft zurücktreten:

1. wenn der Miether oder derjenige, welchem dieser den Gebrauch überlassen hat, ungeachtet einer Abmahnung des Vermiethers entweder von der Sache einen vertragswidrigen Gebrauch macht, insbesondere durch unbefugte Ueberlassung des Gebrauches an einen Dritten, oder die Sache durch Vernachlässigung der dem Miether obliegenden Sorgfalt erheblich gefährdet;
2. wenn der Miether mit der Entrichtung des Miethzinses oder eines Theiles desselben für zwei auf einander folgende Termine sich im Verzuge befindet und den Vermiether wegen des Rückstandes nicht vollständig befriedigt, bevor dieser den Rücktritt erklärt hat.

§. 529.

Der Miether kann ohne Einhaltung einer Kündigungsfrist von dem Vertrage für die Zukunft zurücktreten, wenn ihm der vertragsmäßige Gebrauch ohne einen von ihm zu vertretenden Umstand ganz oder zum Theil nicht oder nicht rechtzeitig verschafft oder später wieder entzogen wird, oder wenn der Mangel einer zugesicherten Eigenschaft sich ergiebt. Das Rücktrittsrecht ist ausgeschlossen, wenn die Abhülfe ohne Verzögerung bewirkt wird. Erfolgt jedoch die Abhülfe nicht sofort und rechtfertigt ein besonderes Interesse des Miethers den sofortigen Rücktritt, so ist der letztere zulässig.

Die Vorenthaltung oder Entziehung eines an sich nicht erheblichen Theiles des Gebrauches oder während einer an sich nicht erheblichen Zeit begründet das Rücktrittsrecht nur dann, wenn ein besonderes Interesse des Miethers den Rücktritt rechtfertigt.

§. 530.

Auf das nach dem §. 509 Abs. 2 und nach den §§. 510, 528, 529 begründete Rücktrittsrecht finden die Vorschriften der §§. 426, 431, 433 und in Ansehung der Wirksamkeit des Vertrages für die Zeit nach dem Rücktritte sowie hinsichtlich der für diese Zeit erfolgten Vorausleistungen die Vorschriften des §. 427 Anwendung; auf das Rücktrittsrecht des Miethers sowie auf das Recht desselben, den Miethzins zu mindern, finden außerdem die Vorschriften der §§. 382, 386, 389 bis 391, 393, 394 entsprechende Anwendung. Durch den Rücktritt wird das Recht des Miethers, den Miethzins für die Vergangenheit zu mindern, nicht berührt.

II. Pacht.

§. 531.

Durch den Pachtvertrag wird der Verpächter verpflichtet, dem Pächter den Gebrauch und den Fruchtgenuß des verpachteten Gegenstandes während der Pachtzeit zu gewähren, und der Pächter verpflichtet, dem Verpächter die vereinbarte Gegenleistung (Pachtzins) zu entrichten.

§. 532.

Die für den Miethvertrag geltenden Vorschriften finden auf den Pachtvertrag entsprechende Anwendung, soweit nicht in den §§. 533 bis 548 ein Anderes bestimmt ist.

§. 533.

Ist vereinbart, daß der Pachtzins in einem Bruchtheile der Früchte des Pachtgegenstandes bestehen soll (Theilpacht), so ist der Pächter nicht berechtigt, ohne Einwilligung des Verpächters einem Anderen den Fruchtgenuß zu überlassen, insbesondere auch nicht durch weiteres Verpachten (Unterpacht).

§. 534.

Der Pächter wird durch einen Zufall, welcher die Früchte oder deren Entstehung trifft, nicht von der Verbindlichkeit befreit, den vollen Pachtzins zu entrichten.

§. 535.

Wird ein Grundstück mit einem zur Benutzung desselben dienenden Inventare verpachtet, so liegt dem Pächter die Unterhaltung und die Ausbesserung der einzelnen Inventarstücke ob; in Ansehung der fruchttragenden Stücke hat er den Fruchtgenuß, insbesondere gebühren ihm die Jungen der Thiere; die ohne einen von dem Pächter zu vertretenden Umstand abgegangenen Stücke ist der Verpächter zu ersetzen verpflichtet.

§. 536.

Der Pächter eines Grundstückes hat wegen seiner auf das Inventar sich beziehenden Forderungen an dem in seiner Inhabung befindlichen mitverpachteten Inventare ein gesetzliches Pfandrecht. Auf dieses Pfandrecht findet die Vorschrift des §. 521 Abs. 4 Anwendung.

§. 537.

Ist bei der Pacht eines Grundstückes oder eines Rechtes die Pachtzeit nicht bestimmt, so finden die Vorschriften des §. 522 Abs. 3 bis 7 keine Anwendung. An die Stelle derselben treten folgende Vorschriften:

Die Kündigung ist nur zum Ende eines Pachtjahres zulässig. Das erste Pachtjahr beginnt mit dem Anfange der Pacht; es ist nach Maßgabe des §. 149 zu berechnen. Die Kündigungsfrist beträgt sechs Monate.

Nach den Vorschriften des zweiten Absatzes bestimmt sich auch für die Anwendung der §§. 509, 510, 523 der Beginn und das Maß der im §. 509 bezeichneten gesetzlichen Kündigungsfrist.

§. 538.

Die Vorschriften der §§. 526, 527 finden auf die Pacht keine Anwendung.

§. 539.

Auf die Pacht eines landwirthschaftlichen Grundstückes findet die Vorschrift des zweiten Satzes des §. 517 keine Anwendung.

§. 540.

Der Pächter eines landwirthschaftlichen Grundstückes hat die gewöhnlichen Ausbesserungen, insbesondere der Wohngebäude und Wirthschaftsgebäude, der Wege und Stege, der Gräben und Einfriedigungen, auf seine Kosten zu bewirken.

§. 541.

Der Pächter eines landwirthschaftlichen Grundstückes darf Aenderungen in der bisherigen Bewirthschaftung des Grundstückes, sofern dieselben auf die Art der Bewirthschaftung über die Pachtzeit hinaus von Einfluß sind, nicht ohne Einwilligung des Verpächters vornehmen.

§. 542.

Die Vorschrift des §. 525 findet bei der Pacht eines landwirthschaftlichen Grundstückes mit der Maßgabe entsprechende Anwendung, daß der Verpächter eine dem vertragsmäßigen Pachtzinse gleichkommende Entschädigung nur insofern fordern kann, als der Pächter während der ganzen Dauer eines oder mehrerer Pachtjahre den Fruchtgenuß behalten hat.

§. 543.

Der Verpächter eines landwirthschaftlichen Grundstückes hat wegen seiner Forderungen aus dem Pachtvertrage ein gesetzliches Pfandrecht sowohl an den eingebrachten Sachen des Pächters als auch an den Früchten des Grundstückes. Auf dieses Pfandrecht finden die Vorschriften des §. 521 Abs. 1 bis 4 entsprechende Anwendung.

§. 544.

Ist bei der Pacht, welche ein landwirthschaftliches Grundstück mit einem zur Benutzung desselben dienenden Inventare zum Gegenstande hat, vereinbart, daß der Pächter das Inventar nach einer Taxe zu übernehmen und nach einer Taxe zurückzugewähren habe, so gelten folgende Vorschriften:

Der Pächter trägt während der Pachtzeit die Gefahr des Unterganges und der Verschlechterung des Inventares.

Der Pächter kann über einzelne Stücke des Inventares innerhalb der Grenzen einer wirthschaftlichen Benutzung des Grundstückes verfügen.

Der Pächter hat das Inventar in dem Zustande, in welchem es ihm übergeben ist, wirthschaftsmäßig zu erhalten.

Die von dem Pächter neu angeschafften Stücke werden durch die Einverleibung in das Inventar Eigenthum des Verpächters.

Der Pächter hat nach Beendigung der Pacht das alsdann vorhandene Inventar dem Verpächter auszufolgen.

Der Verpächter ist befugt, die Uebernahme derjenigen Inventarstücke abzulehnen, welche nach den Regeln einer ordnungsmäßigen Bewirthschaftung bei Berücksichtigung der Verhältnisse des Grundstückes sich als überflüssig oder als zu werthvoll ergeben; mit der Ablehnung geht das Eigenthum an dem abgelehnten Stücke auf den Pächter über; das abgelehnte Stück ist bei der Aufnahme der Rückgewährtaxe in diese nicht einzustellen.

Uebersteigt der Gesammtbetrag der Uebernahmetaxe den der Rückgewährtaxe oder umgekehrt der Gesammtbetrag der letzteren Taxe den der ersteren, so hat im ersten Falle der Pächter dem Verpächter, im letzten Falle dieser dem Pächter den Mehrbetrag zu zahlen.

§. 545.

Der Pächter eines landwirthschaftlichen Grundstückes ist verpflichtet, dasselbe nach Ablauf der Pachtzeit in demjenigen wirthschaftlichen Zustande zurückzugewähren, welcher sich bei der Voraussetzung ergiebt, daß das Grundstück während der ganzen Pachtzeit bis zur Rückgewähr nach landwirthschaftlichen Regeln ordnungsmäßig bewirthschaftet worden ist. Es gilt dies insbesondere von der Bestellung.

§. 546.

Sind dem Pächter eines landwirthschaftlichen Grundstückes bei Antritt der Pacht verbrauchbare, für die Führung der Wirthschaft bestimmte Sachen, insbesondere Stroh, Dünger, Futtergetreide und Samen, überlassen worden, so hat er bei Beendigung der Pacht Vorräthe von gleicher Art, Güte und Menge zurückzugewähren.

§. 547.

Der Pächter eines Landgutes oder mehrerer zum Betriebe der Landwirthschaft verbundener Grundstücke hat bei Beendigung der Pacht von den auf dem Grundstücke vorhandenen landwirthschaftlichen Erzeugnissen so viel zurückzulassen, als zur Fortführung der Wirthschaft bis zu der Zeit erforderlich ist, in welcher gleiche oder ähnliche Erzeugnisse voraussichtlich gewonnen werden, ingleichen den vorhandenen nöthigen Dünger. Er ist hierzu verpflichtet, auch wenn er bei Antritt der Pacht solche Gegenstände nicht oder nicht in gleicher Menge oder Güte empfangen hat. Soweit jedoch dasjenige, was er zurückzulassen hat, mehr beträgt oder von besserer Beschaffenheit ist, als dasjenige, was ihm bei Antritt der Pacht überlassen worden war, ist der Verpächter ihm zum Werthersatze verpflichtet.

§. 548.

Ist bei der Pacht eines landwirthschaftlichen Grundstückes vereinbart, daß der wirthschaftliche Zustand desselben und die dem Pächter zu überlassenden Vorräthe nach einer Taxe zu übernehmen und nach einer Taxe zurückzugewähren seien, so finden in Ansehung der Verpflichtung zur Rückgewähr und zur Zahlung des aus der Vergleichung der beiden Taxen sich ergebenden Ueberschusses die Vorschriften des §. 544 mit der Maßgabe entsprechende Anwendung, daß bei der Aufnahme der Rückgewährtaxe nur diejenigen Vorräthe in die Taxe einzustellen sind, welche der Pächter zurückzulassen verpflichtet ist.

Sechster Titel.

Gebrauchsleihe.

§. 549.

Wer eine Sache von einem Anderen zum unentgeltlichen Gebrauche empfangen hat (Entleiher), ist verpflichtet, die Sache nur vertragsmäßig zu gebrauchen und dem Anderen (Verleiher) dieselbe Sache zu der vertragsmäßigen Zeit zurückzugeben. Der Verleiher ist verpflichtet, bis dahin dem Entleiher den vertragsmäßigen Gebrauch der Sache zu belassen.

§. 550.

Der Verleiher sowie derjenige, welcher die Verleihung einer Sache zugesagt hat, haftet wegen Nichterfüllung seiner Verpflichtungen dem Entleiher nur dann, wenn ihm Vorsatz oder grobe Fahrlässigkeit zur Last fällt.

§. 551.

Der Verleiher sowie derjenige, welcher die Verleihung einer Sache zugesagt hat, haftet dem Entleiher weder wegen eines zur Zeit der Schließung des Vertrages schon vorhandenen Mangels in seinem Rechte noch wegen eines Mangels der Sache, insbesondere nicht wegen Mangels einer zugesicherten Eigenschaft.

Hat er jedoch den Mangel in seinem Rechte oder den Mangel der Sache bei der Schließung des Vertrages gekannt und dem Entleiher verschwiegen, so ist er dem letzteren zum Ersatze des dadurch verursachten Schadens verpflichtet.

§. 552.

Dem Entleiher steht nicht das Recht zu, einem Anderen den Gebrauch der Sache zu überlassen.

§. 553.

Der Entleiher hat die Auslagen, welche der Gebrauch der Sache verursacht, bei der Leihe eines Thieres auch die Fütterungskosten, zu tragen.

Der Verleiher ist verpflichtet, dem Entleiher die auf die Sache gemachten nothwendigen Verwendungen zu ersetzen. Im Uebrigen bestimmen sich die Ansprüche des Entleihers auf Ersatz von Verwendungen nach den Grundsätzen über die Geschäftsführung ohne Auftrag. Der Entleiher hat außerdem, unbeschadet der Vorschrift des §. 554, das Recht, die durch eine Verwendung entstandene Einrichtung wegzunehmen.

§. 554.

Der Entleiher ist verpflichtet, die Sache in demselben Zustande zurückzugeben, in welchem er die Sache empfangen hat; er haftet jedoch nicht wegen Veränderungen und Verschlechterungen, welche durch den vertragsmäßigen Gebrauch, durch Alter oder durch einen anderen von ihm nicht zu vertretenden Umstand entstanden sind.

§. 555.

Ist die Sache zu einem bestimmten Zwecke verliehen worden, so hat der Entleiher dieselbe zurückzugeben, wenn der bezweckte Gebrauch gemacht ist. Der Verleiher kann dieselbe aber auch schon vorher zurückfordern, wenn eine Zeit verstrichen ist, während welcher der bezweckte Gebrauch von dem Entleiher hätte gemacht werden können.

§. 556.

Ist weder die Zeitdauer noch der Zweck des Gebrauches bestimmt, so ist der Verleiher berechtigt, die Sache zu jeder Zeit zurückzufordern.

§. 557.

Der Verleiher kann von dem Vertrage für die Zukunft zurücktreten:

1. wenn der Entleiher von der Sache einen vertragswidrigen Gebrauch macht, insbesondere durch Ueberlassung des Gebrauches an einen Dritten, oder wenn er die Sache

durch Vernachlässigung der ihm obliegenden Sorgfalt erheblich gefährdet;
2. wenn der Verleiher in Folge eines unvorhergesehenen Umstandes selbst der Sache bedarf;
3. wenn der Entleiher stirbt.

§. 558.

Die Vorschriften über Gebrauchsleihe finden auch dann Anwendung, wenn der unentgeltliche Gebrauch einer Sache unter dem Vorbehalte des willkürlichen Widerrufes einem Anderen überlassen worden ist.

Siebenter Titel.
Dienstvertrag und Werkvertrag.

I. Dienstvertrag.

§. 559.

Durch den Dienstvertrag wird derjenige, welcher die Dienste zusagt (Dienstverpflichteter), verpflichtet, dem anderen Vertragschließenden (Dienstberechtigter) die vereinbarten Dienste zu leisten, der Dienstberechtigte verpflichtet, dem Dienstverpflichteten die vereinbarte Vergütung zu entrichten. Gegenstand des Vertrages können Dienste jeder Art sein.

Eine Vergütung ist als stillschweigend vereinbart anzusehen, wenn die Dienstleistung nach den Umständen nur gegen eine Vergütung zu erwarten war.

§. 560.

Die Vergütung für die Dienste ist von dem Dienstberechtigten erst nach Beendigung der Dienstleistung, wenn sie jedoch nach bestimmten Zeitabschnitten bemessen worden ist, nach Ablauf der einzelnen Zeitabschnitte zu entrichten.

§. 561

Kommt der Dienstberechtigte in Verzug der Annahme der Dienste, so hat der Dienstverpflichtete für die Dauer des Verzuges Anspruch auf die vertragsmäßige Vergütung, ohne zur Nachleistung der Dienste verpflichtet zu sein. Die Vorschriften des §. 368 Abs. 2 Satz 2 finden entsprechende Anwendung.

§. 562.

Bei einem dauernden, die Erwerbsthätigkeit des Dienstverpflichteten vollständig oder hauptsächlich in Anspruch nehmenden

Dienstverhältnisse wird derselbe des Anspruches auf die vertragsmäßige Vergütung dadurch nicht verlustig, daß er durch einen in seiner Person liegenden Grund ohne sein Verschulden während einer nicht erheblichen Zeit an der Dienstleistung verhindert wird.

§. 563.

Ist die Dienstzeit nicht bestimmt, so kann sowohl der Dienstberechtigte als der Dienstverpflichtete das Dienstverhältniß durch Kündigung beendigen. Die Kündigungsfrist beträgt zwei Wochen.

§. 564.

Ist der Dienstvertrag auf eine Zeit, welche sich auf länger als zehn Jahre erstreckt, oder auf die Lebenszeit einer Person geschlossen, so kann das Dienstverhältniß nach Ablauf von zehn Jahren von dem Dienstverpflichteten durch Kündigung beendigt werden. Die Kündigungsfrist beträgt in diesem Falle sechs Monate.

Die Vorschriften des ersten Absatzes finden keine Anwendung, wenn der Dienstverpflichtete die Dienste durch einen Anderen leisten lassen darf.

§. 565.

Wird nach Ablauf der Dienstzeit die Dienstleistung mit Wissen und ohne Widerspruch des Dienstberechtigten fortgesetzt, so ist das Dienstverhältniß als ohne Bestimmung einer Dienstzeit verlängert anzusehen.

§. 566.

Jeder Vertragschließende kann noch vor Ablauf der vereinbarten Dienstzeit ohne Einhaltung einer Kündigungsfrist von dem Vertrage für die Zukunft zurücktreten, wenn ein wichtiger, nach den Umständen des Falles den Rücktritt rechtfertigender Grund vorliegt. Liegt der Grund in einem vertragswidrigen Verhalten des anderen Theiles, so ist dieser dem Zurücktretenden zum Schadensersatze verpflichtet.

Auf das Rücktrittsrecht finden die Vorschrift des §. 426 und in Ansehung der Wirksamkeit des Vertrages für die Zeit nach dem Rücktritte sowie hinsichtlich der für diese Zeit erfolgten Vorausleistungen die Vorschriften des §. 427 Anwendung.

II. Werkvertrag.

§. 567.

Durch den Werkvertrag wird der Uebernehmer zur Herstellung des übernommenen Werkes, der Besteller zur Entrichtung der dafür vereinbarten Vergütung verpflichtet.

Eine Vergütung ist als stillschweigend vereinbart anzusehen, wenn die Herstellung des Werkes nach den Umständen nur gegen eine Vergütung zu erwarten war.

§. 568.

Hat der Uebernehmer sich verpflichtet, aus einem von ihm selbst zu beschaffenden Stoffe das Werk herzustellen und dem Besteller zu liefern, so finden auf den Vertrag, sofern nicht ein Anderes vereinbart ist, die für den Kaufvertrag geltenden Vorschriften Anwendung.

Hat der Uebernehmer sich nur zur Beschaffung von Zuthaten oder Nebensachen verpflichtet, so finden die Vorschriften über den Werkvertrag Anwendung. Dies gilt auch dann, wenn aus dem von dem Uebernehmer zu beschaffenden Stoffe ein Bauwerk auf dem von dem Besteller zu beschaffenden Grund und Boden herzustellen ist.

§. 569.

Der Uebernehmer ist verpflichtet, das Werk so herzustellen, daß dasselbe die zugesicherten Eigenschaften hat, und daß es mit solchen Mängeln nicht behaftet ist, welche den Werth oder die Tauglichkeit zu dem gewöhnlichen oder nach dem Vertrage vorausgesetzten Gebrauche aufheben oder mindern. Ist das Werk nicht von dieser Beschaffenheit, so kann der Besteller von dem Uebernehmer die Beseitigung des Mangels binnen einer von ihm dem Uebernehmer zu bestimmenden angemessenen Frist verlangen. Der Uebernehmer ist zur Beseitigung des Mangels nicht verpflichtet, wenn dieselbe einen unverhältnißmäßigen Aufwand verursachen würde.

Ist die Beseitigung des Mangels unmöglich oder von dem Uebernehmer wegen unverhältnißmäßigen Aufwandes verweigert oder innerhalb der von dem Besteller bestimmten angemessenen Frist nicht bewirkt, so kann der Besteller nach seiner Wahl von dem Vertrage zurücktreten oder die Minderung der Gegenleistung verlangen. Auf das Rücktrittsrecht und das Minderungsrecht finden die Vorschriften der §§. 389 bis 394, 426 bis 431, 433 entsprechende Anwendung. Das Rücktrittsrecht ist ausgeschlossen, wenn durch den Mangel der Werth oder die Tauglichkeit des Werkes nur in unerheblichem Maße verringert wird.

Gründet der Mangel sich in einem von dem Uebernehmer zu vertretenden Umstande, so hat der Besteller außerdem Anspruch auf Schadensersatz wegen Nichterfüllung.

Die Vorschriften des ersten bis dritten Absatzes finden entsprechende Anwendung, wenn das Werk ganz oder zum Theil nicht rechtzeitig hergestellt wird, jedoch unbeschadet der Vorschriften des §. 247 Abs. 2 und der §§. 361, 369.

§. 570.

Die Haftung des Uebernehmers wegen eines Mangels des Werkes kann durch Vertrag erweitert, beschränkt oder erlassen werden.

Der Erlaß oder die Beschränkung ist unwirksam, wenn der Uebernehmer den Mangel gekannt und dem Besteller verschwiegen hat.

§. 571.

Der Anspruch des Bestellers auf Beseitigung eines vorhandenen Mangels sowie der wegen des letzteren dem Besteller zustehende Anspruch auf Minderung der Gegenleistung unterliegt in Ansehung beweglicher Sachen einer Verjährung von sechs Monaten, in Ansehung unbeweglicher Sachen einer Verjährung von einem Jahre und in Ansehung eines Bauwerkes einer Verjährung von fünf Jahren dergestalt, daß nach Vollendung der Verjährung die Rechte von dem Besteller auch nicht mehr einredeweise geltend gemacht werden können.

Mit Ablauf einer gleichen Frist verjährt der Anspruch auf Schadensersatz, sofern nicht der Anspruch darin sich gründet, daß der Uebernehmer den Mangel gekannt und verschwiegen hat.

Die Frist kann durch Vertrag bis zur ordentlichen Verjährungsfrist verlängert werden.

Die Verjährung beginnt mit dem Zeitpunkte, in welchem das Werk von dem Besteller abgenommen ist.

Der Rücktritt des Bestellers von dem Vertrage wegen eines Mangels des Werkes ist nur so lange zulässig, als der Anspruch auf Beseitigung des Mangels oder auf Minderung der Gegenleistung nicht verjährt ist.

§. 572.

Der Besteller ist verpflichtet, das vertragsmäßig hergestellte Werk abzunehmen. Wegen eines den Werth oder die Tauglichkeit nur in unerheblichem Maße verringernden Mangels kann er die Abnahme nicht verweigern. Hat er das mit einem Mangel behaftete Werk abgenommen, obschon er von dem Mangel Kenntniß hatte, so stehen ihm die im §. 569 Abs. 1 bis 3 bezeichneten Rechte nur dann zu, wenn er bei der Abnahme sich wegen des Mangels seine Rechte vorbehalten hat.

§. 573.

Der Besteller hat die ihm obliegende Gegenleistung nach Herstellung des Werkes bei der Abnahme desselben zu bewirken.

Ist das Werk in Theilen abzunehmen und die Gegenleistung für die einzelnen Theile bestimmt, so muß die Gegenleistung für jeden Theil nach dessen Herstellung bei der Abnahme bewirkt werden.

Hat der Besteller als Gegenleistung eine Geldsumme zu zahlen, so ist er die letztere von dem Zeitpunkte der Abnahme des Werkes an zu verzinsen verpflichtet, es sei denn, daß die Gegenleistung gestundet ist.

§. 574.

Der Uebernehmer hat wegen seiner Forderungen für Arbeit und Auslagen ein gesetzliches Pfandrecht an den von ihm gefertigten oder ausgebesserten, noch in seiner Inhabung befindlichen beweglichen Sachen des Bestellers.

§. 575.

Kommt der Besteller bei dem Beginne oder während der Herstellung des Werkes in Verzug der Annahme, so hat der Uebernehmer Anspruch auf eine angemessene Vergütung. Die Vergütung bestimmt sich einerseits nach der Dauer des Verzuges und dem Maße der vereinbarten Gegenleistung, andererseits nach demjenigen, was der Uebernehmer in Folge des Verzuges an Aufwendungen erspart und durch anderweite Verwerthung seines Arbeitsvermögens erworben hat.

§. 576.

Der Uebernehmer trägt bis zur Abnahme des Werkes die Gefahr, insbesondere die Gefahr des zufälligen Unterganges und der zufälligen Verschlechterung des Werkes; der Besteller trägt die Gefahr des zufälligen Unterganges und der zufälligen Verschlechterung des von ihm zur Herstellung des Werkes beschafften Stoffes. Kommt der Besteller in Verzug der Annahme, so geht auf ihn die Gefahr des zufälligen Unterganges und der zufälligen Verschlechterung des Werkes über.

§. 577.

Ist das Werk vor der Abnahme in Folge eines Mangels des von dem Besteller gelieferten Stoffes oder in Folge der von dem Besteller für die Ausführung ertheilten Anweisungen ohne Mitwirkung eines von dem Besteller oder von dem Uebernehmer zu vertretenden Umstandes untergegangen oder unausführbar geworden, so hat der Uebernehmer Anspruch auf einen solchen Theil der Gegenleistung, welcher den von ihm bereits geleisteten Arbeiten entspricht; außerdem hat er Anspruch auf Ersatz der Auslagen, soweit diese noch neben der Gegenleistung zu vergüten sind.

§. 578.

Der Besteller kann bis zur Vollendung des Werkes zu jeder Zeit von dem Vertrage zurücktreten, unbeschadet des Anspruches des Uebernehmers auf die Gegenleistung nach Maßgabe des §. 368 Abs. 2.

§. 579.

Auf den Vertrag, welcher nicht die Herstellung oder Veränderung einer Sache, sondern einen anderweiten durch Arbeitsleistung oder Dienstleistung zu bewirkenden Erfolg zum Gegenstande hat, finden die Vorschriften der §§. 567 bis 578 mit folgenden Maßgaben entsprechende Anwendung:

1. bei Anwendung der Vorschriften des §. 571, des §. 573 Abs. 1, 2 und der §§. 576, 577 tritt an die Stelle der Abnahme, sofern diese nach den Umständen ausgeschlossen ist, die Vollendung der dem Uebernehmer obliegenden Leistungen;
2. bei Anwendung der Vorschriften des §. 571 Abs. 1, 2 ist die Verjährungsfrist in allen Fällen die sechsmonatige.

III. Mäklervertrag.

§. 580.

Hat Jemand einem Anderen für die Nachweisung einer zur Schließung eines bestimmten Vertrages geeigneten Person oder eines bestimmten Vertragsgegenstandes oder für die Vermittelung eines bestimmten Vertrages eine Vergütung (Mäklergebühr) versprochen, so kann der Andere (Mäkler) die Gebühr nur dann verlangen, wenn derjenige, welcher dieselbe versprochen hat, mit der nachgewiesenen Person oder über den nachgewiesenen Gegenstand oder in Folge der Vermittelung des Mäklers den Vertrag schließt.

Ist der Vertrag mit dem Dritten unter einer aufschiebenden Bedingung geschlossen, so hat der Mäkler auf die Mäklergebühr erst dann Anspruch, wenn die Bedingung erfüllt ist.

Achter Titel.

Auslobung.

§. 581.

Verspricht Jemand mittels öffentlicher Bekanntmachung demjenigen eine Belohnung, welcher die Herstellung eines in der Bekanntmachung bezeichneten Werkes oder eine sonstige darin bezeichnete Handlung vollbracht haben wird (Auslobung), so ist er zur Erfüllung des Versprechens demjenigen verpflichtet, welcher die Handlung nach Maßgabe der Bekanntmachung vollbracht hat.

Es ist nicht erforderlich, daß die Handlung mit Kenntniß der Auslobung und in Rücksicht auf dieselbe vollbracht worden ist, sofern nicht in der Auslobung ein Anderes bestimmt ist.

§. 582.

Die Auslobung kann so lange widerrufen werden, als die Handlung nicht vollbracht ist. Der Widerruf ist nur dann wirksam, wenn er in derselben Weise wie die Auslobung öffentlich bekannt gemacht worden ist. Auf die Widerruflichkeit kann in der Auslobung verzichtet werden. Ein solcher Verzicht ist im Zweifel anzunehmen, wenn in der Auslobung für das Vollbringen der Handlung eine Zeit bestimmt ist.

§. 583.

Wird die Handlung von Mehreren vollbracht, so hat auf die Belohnung derjenige Anspruch, welcher die Handlung zuerst vollbracht hat.

Im Falle des gleichzeitigen Vollbringens sind die Mehreren in Ansehung der Belohnung zu gleichen Theilen oder Antheilen berechtigt. Ist eine solche Berechtigung durch die Beschaffenheit der Belohnung ausgeschlossen oder ergiebt die Auslobung, daß nur Einer die Belohnung erhalten soll, so entscheidet unter den Mehreren das Loos.

§. 584

Betrifft die Auslobung eine Preisbewerbung, so ist sie nur dann gültig, wenn in der Bekanntmachung die Zeit für die Bewerbungen bestimmt ist. Auf eine solche Auslobung findet die Vorschrift des §. 583 Abs. 1 keine Anwendung.

Die Entscheidung, ob die Handlung eines Bewerbers der Auslobung entspreche, und welche der Handlungen mehrerer Bewerber den Vorzug verdiene, erfolgt durch die in der Auslobung bezeichnete Person und in Ermangelung einer solchen Bezeichnung durch den Auslobenden. Die Entscheidung ist unanfechtbar.

Sind die Handlungen mehrerer Bewerber von gleicher Preiswürdigkeit, so finden die Vorschriften des §. 583 Abs. 2 entsprechende Anwendung.

Wird in Folge der Auslobung ein Werk von einem Bewerber geliefert, so erlangt der Auslobende auf das Eigenthum an dem

Werke keinen Anspruch, sofern nicht aus der Auslobung ein Anderes sich ergiebt.

Neunter Titel.

Auftrag.

§. 585.

Durch die Annahme des Auftrages wird der Beauftragte verpflichtet, das ihm von dem Auftraggeber aufgetragene Geschäft für diesen zu besorgen.

§. 586.

Der Auftraggeber kann sich verpflichten, für die Ausführung des Auftrages dem Beauftragten eine Vergütung zu gewähren. Eine Vergütung ist als stillschweigend vereinbart anzusehen, wenn die Ausführung des Auftrages nach den Umständen nur gegen eine Vergütung zu erwarten war.

§. 587.

Nimmt Jemand, welcher zur Besorgung gewisser Geschäfte entweder öffentlich bestellt ist oder sich öffentlich erboten hat, einen auf solche Geschäfte sich beziehenden Auftrag nicht an, so ist er verpflichtet, dem Auftraggeber die Ablehnung unverzüglich anzuzeigen.

§. 588.

Im Zweifel ist anzunehmen, daß der Beauftragte verpflichtet ist, den Auftrag in Person auszuführen.

§. 589.

Hat der Beauftragte befugter Weise die Besorgung des Geschäftes einem Anderen übertragen, so haftet er nur wegen einer bei dieser Uebertragung ihm zur Last fallenden Fahrlässigkeit. Hat er befugter Weise bei der Ausführung des Auftrages eines Gehülfen sich bedient, so findet die Vorschrift des §. 224 Abs. 2 Anwendung.

§. 590.

Der Beauftragte darf bei der Ausführung des Auftrages von einer Anweisung des Auftraggebers abweichen, wenn Umstände vorliegen, welche die Annahme begründen, die Abweichung würde von dem Auftraggeber bei Kenntniß der Sachlage gebilligt werden. Der Beauftragte hat jedoch vor der Abweichung, soweit thunlich, dem Auftraggeber Anzeige zu erstatten und dessen Entschließung einzuholen.

§. 591.

Der Beauftragte ist verpflichtet, dem Auftraggeber über die Ausführung des Auftrages Rechenschaft abzulegen. Bei einer Vermögensverwaltung hat er dem Auftraggeber eine die geordnete Zusammenstellung der Einnahmen und Ausgaben enthaltende und mit Belegen versehene Rechnung zu legen.

§. 592.

Der Beauftragte ist verpflichtet, dem Auftraggeber dasjenige, was er zum Zwecke der Ausführung des Auftrages erhalten, sowie dasjenige, was er aus der Ausführung desselben erlangt hat, mit Einschluß der gezogenen Nutzungen herauszugeben.

§. 593.

Hat der Beauftragte Gelder, welche dem Auftraggeber herauszugeben oder für diesen zu verwenden sind, in eigenen Nutzen verwendet, so ist er verpflichtet, dieselben von der Zeit der Verwendung an zu verzinsen.

§. 594.

Sind zur Ausführung des Auftrages Aufwendungen nöthig, so hat der Auftraggeber dem Beauftragten auf dessen Verlangen den zur Bestreitung derselben erforderlichen Vorschuß zu leisten.

§. 595.

Hat der Beauftragte Aufwendungen gemacht, so ist der Auftraggeber verpflichtet, dieselben zu ersetzen, soweit sie zur Ausführung des Auftrages erforderlich geworden sind. Als erforderlich geworden gelten die Aufwendungen, welche der Beauftragte bei Anwendung der Sorgfalt eines ordentlichen Hausvaters zum Zwecke der Ausführung des Auftrages für erforderlich anzusehen hatte.

Eine Geldaufwendung hat der Auftraggeber von der Zeit der Aufwendung an zu verzinsen.

Unter der im ersten Absatze bezeichneten Voraussetzung ist der Auftraggeber auch verpflichtet, den Beauftragten von den zum Zwecke der Ausführung des Auftrages eingegangenen Verbindlichkeiten zu befreien; er kann jedoch an Stelle dieser Befreiung dem Beauftragten wegen der Ersatzansprüche, welche sich für denselben aus der Erfüllung einer solchen Verbindlichkeit ergeben würden, Sicherheit leisten. Besteht die Verbindlichkeit in einer fälligen Geldschuld, so ist der Beauftragte berechtigt, von dem Auftraggeber die Zahlung der zur Erfüllung der Verbindlichkeit erforderlichen Geldsumme zu verlangen.

§. 596.

Der Auftraggeber ist verpflichtet, dem Beauftragten nach Ausführung des Auftrages die vereinbarte Vergütung zu entrichten.

Wird nach Beginn der Ausführung die weitere Ausführung des Auftrages unmöglich, oder erlischt der Auftrag nach Beginn der Ausführung, insbesondere durch Widerruf des Auftraggebers, so hat der Beauftragte auf einen seinen bisherigen Leistungen entsprechenden Theil der Vergütung Anspruch, sofern nicht aus der Vereinbarung über die Vergütung ein Anderes erhellt.

§. 597.

Der Auftraggeber kann den Auftrag zu jeder Zeit durch eine gegenüber dem Beauftragten abzugebende Erklärung widerrufen.

Auf die Widerruflichkeit kann nicht verzichtet werden.

§. 598.

Der Beauftragte kann den Auftrag zu jeder Zeit durch eine gegenüber dem Auftraggeber abzugebende Erklärung kündigen.

Die Kündigung darf nur in der Art geschehen, daß der Auftraggeber für das aufgetragene Geschäft anderweite Fürsorge zu treffen im Stande bleibt.

Ist zur Unzeit gekündigt, so haftet der Beauftragte für den Ersatz des hieraus entstandenen Schadens. Die Haftung tritt nicht ein, wenn ein wichtiger, nach den Umständen des Falles die Kündigung rechtfertigender Grund vorlag. Ein solcher Grund berechtigt den Beauftragten zur Kündigung auch dann, wenn er auf die Kündigung verzichtet hatte.

§. 599.

Der Auftrag erlischt nicht mit dem Tode des Auftraggebers, sofern nicht aus dem Vertrage ein anderer Wille der Vertragschließenden erhellt.

Ist der Auftrag durch den Tod des Auftraggebers erloschen, so hat der Beauftragte, wenn und soweit Gefahr im Verzuge ist, das aufgetragene Geschäft so lange zu besorgen, bis der Erbe des Auftraggebers anderweite Fürsorge hat treffen können; für diese Geschäftsbesorgung ist der Auftrag als fortbestehend anzusehen.

§. 600.

Die Vorschriften des §. 599 finden entsprechende Anwendung auf den Fall, wenn der Auftraggeber geschäftsunfähig oder in der Geschäftsfähigkeit beschränkt wird.

§. 601.

Der Auftrag erlischt mit dem Tode des Beauftragten, sofern nicht aus dem Vertrage ein anderer Wille der Vertragschließenden erhellt.

Ist der Auftrag durch den Tod des Beauftragten erloschen, so hat dessen Erbe dem Auftraggeber den Tod unverzüglich anzuzeigen und, wenn und soweit Gefahr im Verzuge ist, auch das aufgetragene Geschäft so lange zu besorgen, bis der Auftraggeber anderweite Fürsorge hat treffen können; für diese Geschäftsbesorgung ist der Auftrag als fortbestehend anzusehen.

§. 602.

Der Auftrag erlischt, wenn über das Vermögen des Auftraggebers der Konkurs eröffnet wird, es sei denn, daß der Auftrag auf dieses Vermögen keinen Bezug hat. Ist der Auftrag erloschen, so findet die Vorschrift des §. 599 Abs. 2 entsprechende Anwendung.

§. 603.

Erlischt der Auftrag aus einem anderen Grunde als durch einen nicht bedingten Widerruf, so ist er in Ansehung der dem Beauftragten zukommenden Rechte so lange als fortbestehend anzusehen, bis der Beauftragte von der das Erlöschen bewirkenden Thatsache Kenntniß erlangt hat oder hätte erlangen müssen.

§. 604.

Wer einem Anderen einen Rath oder eine Empfehlung ertheilt hat, haftet für den Ersatz des dem Anderen aus der Befolgung des Rathes oder der Empfehlung entstandenen Schadens nur dann, wenn er arglistig gehandelt hat, sofern nicht aus einem Vertragsverhältnisse oder aus einer Amtspflicht eine weiter gehende Haftung sich ergiebt.

Zehnter Titel.

Anweisung.

§. 605.

Wenn Jemand einem Anderen eine Urkunde behändigt, in welcher er einen Dritten auffordert, an den Anderen eine Leistung zu bewirken (Anweisung), so ist der Andere (Anweisungsempfänger) ermächtigt, die Leistung bei dem Dritten (Angewiesener) in eigenem Namen zu erheben, und der Angewiesene ermächtigt, die Leistung an den Anweisungsempfänger für Rechnung des Auffordernden

(Anweisender) zu bewirken, ohne daß es einer weiteren Benachrichtigung des Angewiesenen von Seiten des Anweisenden bedarf.

§. 606.

Wird die Anweisung von dem Angewiesenen gegenüber dem Anweisenden angenommen, so wird der erstere dem letzteren wie ein Beauftragter dem Auftraggeber zur Befolgung der Anweisung verpflichtet.

§. 607.

Hat der Angewiesene gegenüber dem Anweisungsempfänger die Anweisung schriftlich mittels eines Vermerkes auf der Anweisung angenommen, oder ist die dem Anweisungsempfänger von dem Anweisenden behändigte Anweisung schon mit der schriftlichen Annahmeerklärung des Angewiesenen versehen gewesen, so ist dieser aus der Annahmeerklärung dem Anweisungsempfänger zur Bewirkung der Leistung verpflichtet; er kann sich gegen den Anweisungsempfänger nur solcher Einwendungen bedienen, welche die Gültigkeit der Annahmeerklärung betreffen, oder welche sich entweder in dem Inhalte der Anweisung und der Annahmeerklärung oder in dem zwischen ihm und dem Anweisungsempfänger bestehenden persönlichen Rechtsverhältnisse gründen.

§. 608.

Hat der Angewiesene die Leistung an den Anweisungsempfänger nach Maßgabe der Anweisung bewirkt, so ist er wie ein Beauftragter des Anweisenden von diesem Ersatz des Geleisteten zu fordern berechtigt, sofern nicht aus den zwischen ihm und dem Anweisenden getroffenen Vereinbarungen ein Anderes sich ergiebt. Bei einer Anweisung auf Schuld wird der Angewiesene durch die Leistung in Höhe der letzteren von der Schuld befreit.

§. 609.

Hat der Anweisende die Anweisung dem Anweisungsempfänger zu dem Zwecke ertheilt, um seinerseits an denselben eine Leistung zu bewirken, so gilt die Leistung, auch wenn der Angewiesene die Anweisung gegenüber dem Anweisungsempfänger angenommen hat, erst mit dem Empfange der Leistung als bewirkt.

§. 610.

Der Anweisungsempfänger ist im Zweifel wie ein Beauftragter des Anweisenden verpflichtet, den Angewiesenen zu der Leistung aufzufordern.

§. 611.

Verweigert der Angewiesene ganz oder zum Theil die Leistung oder die Annahme der Anweisung, oder kann oder will der Anweisungsempfänger die Anweisung nicht geltend machen, so ist der Anweisungsempfänger verpflichtet, hiervon dem Anweisenden unverzüglich Anzeige zu erstatten. Er haftet dem Anweisenden für den Ersatz des durch die Unterlassung der Anzeige entstandenen Schadens.

§. 612.

Solange der Angewiesene die Leistung an den Anweisungsempfänger nicht bewirkt oder diesem gegenüber die Anweisung nicht nach Maßgabe des §. 607 angenommen hat, ist der Anweisende die Anweisung zu widerrufen befugt, auch wenn der Widerruf gegenüber dem Anweisungsempfänger nicht gerechtfertigt ist, jedoch unbeschadet der in einem solchen Falle dem Anweisungsempfänger zustehenden Ansprüche auf Schadensersatz.

§. 613.

Die Anweisung erlischt nicht durch den Tod oder den Eintritt der Geschäftsunfähigkeit des Anweisenden, des Angewiesenen oder des Anweisungsempfängers.

Elfter Titel.

Hinterlegungsvertrag.

§. 614.

Durch den Hinterlegungsvertrag wird der Verwahrer verpflichtet, die ihm von dem Hinterleger übergebene bewegliche Sache aufzubewahren und dieselbe Sache dem Hinterleger zurückzugeben.

§. 615.

Der Hinterleger kann sich verpflichten, für die Aufbewahrung dem Verwahrer eine Vergütung zu gewähren. Eine Vergütung ist als stillschweigend vereinbart anzusehen, wenn die Aufbewahrung nach den Umständen nur gegen eine Vergütung zu erwarten war.

§. 616.

Im Zweifel ist anzunehmen, daß der Verwahrer nicht ermächtigt ist, die hinterlegte Sache bei einem Anderen zu hinterlegen. Hat er befugter Weise die Sache bei einem Anderen hinterlegt, so haftet er nur wegen einer bei dieser Hinterlegung ihm zur Last fallenden Fahrlässigkeit. Hat er befugter Weise bei der Aufbewahrung eines Gehülfen sich bedient, so findet die Vorschrift des §. 224 Abs. 2 Anwendung.

§. 617.

Der Verwahrer darf von der vereinbarten Art der Aufbewahrung abweichen, wenn Umstände vorliegen, welche die Annahme begründen, die Abweichung würde von dem Hinterleger bei Kenntniß der Sachlage gebilligt werden. Der Verwahrer hat jedoch vor der Abweichung, soweit thunlich, dem Hinterleger Anzeige zu erstatten und dessen Entschließung einzuholen.

§. 618.

Ist bei der Hinterlegung vertretbarer Sachen vereinbart, daß nicht dieselben Sachen, sondern Sachen von gleicher Art, Güte und Menge zurückzugewähren seien, so ist der Vertrag als ein Darlehensvertrag anzusehen. Hat der Hinterleger dem Verwahrer gestattet, die hinterlegten vertretbaren Sachen zu verbrauchen, wenn der Verwahrer wolle, so geht der Vertrag in einen Darlehensvertrag mit dem Zeitpunkte über, in welchem der Verwahrer von der Gestattung Gebrauch macht.

In beiden Fällen ist im Zweifel für den Darlehensvertrag als vereinbart anzunehmen, daß in Ansehung der Zeit und des Ortes der Zurückgewährung die für den Hinterlegungsvertrag geltenden Vorschriften anwendbar sein sollen.

§. 619.

Der Verwahrer hat die hinterlegte Sache nebst den etwa davon gezogenen Nutzungen herauszugeben. Hat er hinterlegte Gelder eigenmächtig in eigenen Nutzen verwendet, so ist er verpflichtet, dieselben von der Zeit der Verwendung an zu verzinsen.

§. 620.

Die Rückgabe der hinterlegten Sache muß an dem Orte erfolgen, an welchem sie aufzubewahren war. Der Verwahrer ist nicht verpflichtet, die Sache dem Hinterleger zu überbringen.

§. 621.

Hat der Verwahrer Aufwendungen gemacht, so ist der Hinterleger verpflichtet, dieselben zu ersetzen, soweit sie zum Zwecke der Aufbewahrung erforderlich geworden sind. Als erforderlich geworden gelten die Aufwendungen, welche der Verwahrer bei Anwendung der Sorgfalt eines ordentlichen Hausvaters zum Zwecke der Aufbewahrung für erforderlich anzusehen hatte.

Die Vorschriften des §. 595 Abs. 2, 3 finden entsprechende Anwendung.

§. 622.

Der Hinterleger hat den durch die Beschaffenheit der hinterlegten Sache dem Verwahrer verursachten Schaden zu ersetzen, wenn er die schadendrohende Beschaffenheit der Sache gekannt hat oder kennen mußte und dem Verwahrer diese Beschaffenheit nicht angezeigt hat.

§. 623.

Der Hinterleger ist verpflichtet, dem Verwahrer bei Beendigung der Verwahrung die vereinbarte Vergütung zu entrichten.

Endigt die Verwahrung vor Ablauf der vertragsmäßig bestimmten Zeit, so hat der Verwahrer auf einen seinen bisherigen Leistungen entsprechenden Theil der Vergütung Anspruch, sofern nicht ein Anderes aus der Vereinbarung über die Vergütung erhellt.

§. 624.

Der Hinterleger kann die hinterlegte Sache zu jeder Zeit zurückfordern, selbst wenn für die Aufbewahrung eine Zeit bestimmt war.

§. 625.

Der Verwahrer kann zu jeder Zeit die Zurücknahme der hinterlegten Sache fordern, im Falle der Vereinbarung einer Verwahrungszeit jedoch vor Ablauf der letzteren nur dann, wenn ein wichtiger, nach den Umständen des Falles das Verlangen rechtfertigender Grund vorliegt.

Zwölfter Titel.

Einbringung von Sachen bei Gastwirthen.

§. 626.

Ein Gastwirth, welcher gewerbsmäßig Fremde zur Beherbergung aufnimmt, haftet wegen des Verlustes und der Beschädigung der Sachen, welche von dem im Betriebe dieses Gewerbes aufgenommenen Gaste eingebracht sind, es sei denn, daß der Schaden von dem Gaste verursacht oder durch die Beschaffenheit der eingebrachten Sachen oder durch höhere Gewalt entstanden ist.

Hat bei der Entstehung des Schadens eine Fahrlässigkeit des Gastes mitgewirkt, so finden die Vorschriften des §. 222 entsprechende Anwendung.

Handlungen eines Begleiters des Gastes oder einer Person, welche der Gast bei sich aufgenommen hat, sind den Handlungen des Gastes gleichzustellen.

Als eingebracht gelten alle Sachen, welche der aufgenommene Gast dem Gastwirthe oder dessen Leuten übergeben oder an einen von denselben angewiesenen Ort oder in Ermangelung einer besonderen Anweisung an den hierzu bestimmten Ort gebracht hat.

Ein Anschlag, durch welchen der Gastwirth die Haftung ablehnt, ist ohne rechtliche Wirkung.

§. 627.

Für solche Gelder, Werthpapiere und Kostbarkeiten, welche nicht zu den laufenden Bedürfnissen des Gastes dienen, haftet der Gastwirth nur dann, wenn dieselben ihm zur Aufbewahrung übergeben sind, oder wenn er es abgelehnt hat, ihre Aufbewahrung zu übernehmen, oder wenn der Schaden von ihm oder seinen Leuten verschuldet ist. Die Haftung bestimmt sich in den ausgenommenen Fällen nach den Vorschriften des §. 626.

§. 628.

Der Gastwirth hat wegen seiner Forderungen für Wohnung und Bewirthung des Gastes ein gesetzliches Pfandrecht an den eingebrachten Sachen desselben. Auf dieses Pfandrecht finden die Vorschriften des §. 521 entsprechende Anwendung.

Dreizehnter Titel.

Gesellschaft.

§. 629.

Durch den Gesellschaftsvertrag werden die Gesellschafter sich gegenseitig verpflichtet, zur Erreichung des vereinbarten gemeinsamen Zweckes die vereinbarten Leistungen beizutragen.

Ist der Zweck unmöglich, so ist der Vertrag nichtig.

§. 630.

Jeder Gesellschafter hat einen Beitrag zu leisten. Der Beitrag kann auch in einer persönlichen Leistung bestehen.

Die Beiträge können nach Art und Größe ungleich sein. Im Zweifel sind gleiche Beiträge zu leisten.

Zu einer Erhöhung des vertragsmäßigen Beitrages oder zu einer Ergänzung der durch Verlust verminderten Einlage ist kein Gesellschafter verpflichtet.

§. 631.

Die beizutragenden Gegenstände können dazu bestimmt sein, entweder dem Rechte oder dem Gebrauche oder der Nutzung nach gemeinschaftlich zu werden.

Wenn Geld oder andere vertretbare Sachen, oder wenn unvertretbare Sachen nach einer nicht blos zum Zwecke der Gewinntheilung erfolgten Schätzung beizutragen sind, so ist anzunehmen, daß dieselben dem Rechte nach gemeinschaftlich werden sollen.

Was erforderlich ist, damit ein Gegenstand gemeinschaftlich werde, bestimmt sich nach den für die Uebertragung des Gegenstandes geltenden Vorschriften.

Im Zweifel ist anzunehmen, daß den Gesellschaftern an den gemeinschaftlich gewordenen Gegenständen gleiche Antheile zustehen.

§. 632.

Inwiefern ein Gesellschafter nicht allein durch Leistung der versprochenen Beiträge, sondern auch durch sein sonstiges Verhalten den Zweck der Gesellschaft zu fördern hat, bestimmt sich nach dem §. 359.

§. 633.

Ein Gesellschafter ist bei Erfüllung einer Verpflichtung, welche ihm als Gesellschafter obliegt, nur zur Anwendung derjenigen Sorgfalt verpflichtet, welche er in eigenen Angelegenheiten anzuwenden pflegt.

§. 634.

Die Führung der Geschäfte der Gesellschaft steht den Gesellschaftern dergestalt gemeinschaftlich zu, daß für jedes Geschäft die Zustimmung aller Gesellschafter erforderlich ist.

§. 635.

Ist in dem Gesellschaftsvertrage bestimmt, daß bei der Geschäftsführung in Ansehung aller oder gewisser Angelegenheiten der Gesellschaft die Mehrheit der Stimmen entscheiden soll, so ist die Mehrheit im Zweifel nach der Zahl der Gesellschafter zu berechnen.

§. 636.

Ist in dem Gesellschaftsvertrage die Führung der Geschäfte einem oder mehreren Gesellschaftern übertragen, so schließen diese die übrigen Gesellschafter von der Geschäftsführung aus; auf mehrere zu der letzteren berufene Gesellschafter finden die Vorschriften der §§. 634, 635 entsprechende Anwendung.

§. 637.

Wenn nach dem Gesellschaftsvertrage jeder Gesellschafter oder jeder von mehreren zur Geschäftsführung besonders berufenen Gesellschaftern für sich allein zur Geschäftsführung berechtigt ist und einer der berechtigten Gesellschafter gegen die Vornahme einer Handlung Widerspruch erhebt, so muß die Vornahme unterbleiben.

§. 638.

Die in dem Gesellschaftsvertrage einem Gesellschafter eingeräumte Befugniß zur Geschäftsführung kann ihm durch einstimmigen Beschluß oder, sofern nach dem Gesellschaftsvertrage die Mehrheit der Stimmen entscheiden soll, durch Mehrheitsbeschluß der übrigen Gesellschafter entzogen werden, wenn ein wichtiger, nach den Umständen des Falles die Entziehung rechtfertigender Grund vorliegt. Ein solcher Grund ist als vorliegend insbesondere anzunehmen, wenn der Gesellschafter sich einer groben Pflichtverletzung schuldig gemacht hat, oder wenn er zur ordnungsmäßigen Geschäftsführung unfähig geworden ist.

Ein Gesellschafter, welcher im Gesellschaftsvertrage die Geschäftsführung übernommen hat, ist nicht berechtigt, sich derselben zu entziehen.

§. 639.

Auf die Rechte und Pflichten der im Gesellschaftsvertrage zur Geschäftsführung berufenen Gesellschafter gegenüber den übrigen Gesellschaftern finden, vorbehaltlich der Vorschrift des §. 633, die Vorschriften der §§. 585, 588 bis 596 entsprechende Anwendung.

§. 640.

Soweit einem Gesellschafter nach dem Gesellschaftsvertrage die Befugniß zur Führung der Geschäfte der Gesellschaft zusteht, ist er im Zweifel auch als bevollmächtigt zur Vertretung der übrigen Gesellschafter anzusehen.

Die im Gesellschaftsvertrage einem Gesellschafter ertheilte Vollmacht zur Vertretung der übrigen Gesellschafter kann nur dann, wenn die Entziehung der Befugniß zur Geschäftsführung gerechtfertigt sein würde, und, sofern sie in Verbindung mit einer solchen Befugniß ertheilt war, nur zusammen mit der letzteren widerrufen werden. Die Vorschriften des §. 638 finden entsprechende Anwendung.

§. 641.

Dasjenige, was ein zur Vertretung bevollmächtigter Gesellschafter aus der Führung der Geschäfte der Gesellschaft erwirbt, wird den Gesellschaftern nach Maßgabe des §. 631 gemeinschaftlich. Dasjenige, was er aus der Geschäftsführung in eigenem Namen erwirbt, hat er den übrigen Gesellschaftern dergestalt zu übertragen, daß es allen Gesellschaftern gemeinschaftlich wird.

§. 642.

Ist von den Gesellschaftern, sei es in Person, sei es durch Vertreter, mit einem Dritten ein Rechtsgeschäft geschlossen, so werden sie gegenüber dem Dritten im Zweifel zu gleichen Antheilen berechtigt und verpflichtet.

§. 643.

Jeder Gesellschafter hat, auch wenn er von der Geschäftsführung ausgeschlossen ist, das Recht, sich persönlich von den Angelegenheiten der Gesellschaft zu unterrichten, von den Geschäftsbüchern und Papieren Einsicht zu nehmen und sich auf Grund derselben eine Uebersicht über den Stand des gemeinschaftlichen Vermögens anzufertigen.

Eine dieses Recht ausschließende oder beschränkende Vereinbarung verliert ihre Wirkung, wenn eine Unredlichkeit in der Geschäftsführung nachgewiesen wird.

§. 644.

Die aus dem Gesellschaftsvertrage einem Gesellschafter gegen die übrigen Gesellschafter zustehenden Forderungen sind nicht übertragbar. Diese Vorschrift findet keine Anwendung auf die einem Gesellschafter aus der Führung der Geschäfte der Gesellschaft zustehenden Forderungen, sofern deren Berichtigung noch vor der Auseinandersetzung verlangt werden kann, sowie auf Forderungen, welche einen Gewinnantheil oder dasjenige zum Gegenstande haben, was einem Gesellschafter bei der Auseinandersetzung zukommt.

§. 645.

Ein Gesellschafter ist gegenüber den übrigen Gesellschaftern verpflichtet, sich bis zur Auseinandersetzung der Verfügung über den ihm zustehenden Antheil an den in Folge des Gesellschaftsvertrages gemeinschaftlich gewordenen Gegenständen zu enthalten.

Ein Gesellschafter ist nicht berechtigt, vor der Auseinandersetzung die Theilung solcher Gegenstände zu fordern.

§. 646.

Ein Gesellschafter kann einen Rechnungsabschluß und die Vertheilung des Gewinnes und Verlustes erst nach Auflösung der Gesellschaft verlangen.

Ist das Gesellschaftsverhältniß von längerer Dauer, so ist im Zweifel jährliche Abschließung der Rechnung und jährliche Gewinnvertheilung als vereinbart anzusehen.

§. 647.

Sind die Antheile der Gesellschafter an Gewinn und Verlust nicht vertragsmäßig bestimmt, so hat jeder Gesellschafter ohne Rücksicht auf die Art und Größe seines Beitrages gleichen Antheil an Gewinn und Verlust.

Ist nur der Antheil an Gewinn oder an Verlust bestimmt, so gilt die Bestimmung im Zweifel für beides.

§. 648.

Die Gesellschaft wird durch die von einem Gesellschafter gegenüber den übrigen Gesellschaftern erfolgte Kündigung aufgelöst.

Eine Gesellschaft, deren Zeitdauer bestimmt ist, kann vor Ablauf der vertragsmäßigen Zeit nur dann gekündigt werden, wenn ein wichtiger, nach den Umständen des Falles die Kündigung rechtfertigender Grund vorliegt. Ein solcher Grund ist als vorliegend insbesondere anzunehmen, wenn ein anderer Gesellschafter eine nach dem Gesellschaftsvertrage ihm obliegende wesentliche Verpflichtung aus Vorsatz oder grober Fahrlässigkeit verletzt hat, oder wenn die Erfüllung einer solchen Verpflichtung unmöglich geworden ist.

Die Kündigung darf nicht zur Unzeit geschehen; ist zur Unzeit gekündigt, so haftet der Kündigende für den Ersatz des hieraus den übrigen Gesellschaftern entstandenen Schadens. Diese Haftung tritt nicht ein, wenn ein wichtiger, nach den Umständen des Falles die sofortige Auflösung rechtfertigender Grund vorlag.

§. 649.

Die Vereinbarung, daß bei einer Gesellschaft, deren Zeitdauer nicht bestimmt ist, das Kündigungsrecht einem Gesellschafter nicht zustehen soll, ist nichtig.

§. 650.

Eine auf die Lebenszeit eines Gesellschafters eingegangene Gesellschaft ist als eine solche anzusehen, deren Zeitdauer nicht bestimmt ist. Dasselbe gilt von einer Gesellschaft, welche nach Ablauf der für ihre Dauer bestimmten Zeit stillschweigend fortgesetzt wird, von der Zeit der Fortsetzung an.

§. 651.

Die Gesellschaft wird mit dem Zeitpunkte aufgelöst, in welchem der vereinbarte Zweck erreicht oder dessen Erreichung unmöglich geworden ist.

§. 652.

Die Gesellschaft wird, sofern nicht aus dem Gesellschaftsvertrage ein anderer Wille der Vertragschließenden erhellt, mit dem Zeitpunkte aufgelöst, in welchem ein Gesellschafter stirbt.

Ist die Gesellschaft durch den Tod eines Gesellschafters aufgelöst, so hat dessen Erbe den übrigen Gesellschaftern den Tod unverzüglich anzuzeigen und, wenn und soweit Gefahr im Verzuge ist, auch die Geschäfte, welche dem Erblasser als Gesellschafter oblagen, so lange zu besorgen, bis die übrigen Gesellschafter in Gemeinschaft mit dem Erben anderweite Fürsorge haben treffen können. Die letztere Verpflichtung haben auch die bisherigen Gesellschafter in Ansehung der Geschäfte, welche ihnen als Gesellschaftern oblagen.

Für die im zweiten Absatze bezeichneten Geschäftsbesorgungen ist der Gesellschaftsvertrag als fortbestehend anzusehen.

§. 653.

Die Gesellschaft wird mit dem Zeitpunkte aufgelöst, in welchem über das Vermögen eines Gesellschafters der Konkurs eröffnet wird.

Die Vorschriften des §. 652 Abs. 2 Satz 2, Abs. 3 finden entsprechende Anwendung.

§. 654.

Wird die Gesellschaft aus einem anderen Grunde als durch Kündigung aufgelöst, so ist sie in Ansehung der den Gesellschaftern in Beziehung auf die Befugniß zur Geschäftsführung zustehenden Rechte so lange als fortbestehend anzusehen, bis die Gesellschafter von der Thatsache, durch welche die Auflösung bewirkt worden ist, Kenntniß erlangt haben oder hätten erlangen müssen.

§. 655.

Für die Beendigung der schwebenden Geschäfte und für die zu dieser Beendigung erforderliche Eingehung neuer Geschäfte sowie für die Erhaltung und Verwaltung der gemeinschaftlich gewordenen Gegenstände bleiben die Gesellschafter auch nach Auflösung der Gesellschaft gegen einander bis zur Auseinandersetzung nach Maßgabe des Gesellschaftsvertrages insoweit berechtigt und verpflichtet, als es der Zweck der Auseinandersetzung erfordert. Die einem Gesellschafter im Gesellschaftsvertrage ertheilte Befugniß zur Geschäftsführung erlischt jedoch, sofern nicht aus dem Gesellschaftsvertrage ein anderer Wille der Vertragschließenden erhellt, mit dem Zeitpunkte der Auflösung; von diesem Zeitpunkte an ist für jedes Geschäft die Zustimmung aller Gesellschafter erforderlich.

§. 656.

Bei der nach Auflösung der Gesellschaft unter den Gesellschaftern vorzunehmenden Auseinandersetzung sind Gegenstände, welche nur zum Gebrauche oder zur Benutzung eingebracht worden sind, den Gesellschaftern, welche dieselben eingebracht haben, in Natur zurückzugeben. Ist ein solcher Gegenstand durch Zufall untergegangen oder verschlechtert, so hat der Gesellschafter, welcher denselben eingebracht hat, den Schaden zu tragen.

Aus den zur Zeit der Auseinandersetzung vorhandenen gemeinschaftlichen Gegenständen sind zunächst die gemeinschaftlichen Schulden mit Einschluß derjenigen, welche gegenüber den Gläubigern unter die Gesellschafter getheilt sind, sowie mit Einschluß derjenigen, für welche einem Gesellschafter als Gläubiger die übrigen Gesellschafter als Schuldner haften, zu berichtigen. Reichen die gemeinschaftlichen Gegenstände zur Berichtigung der gemeinschaftlichen Schulden nicht hin, so haben alle Gesellschafter für den Fehlbetrag nach Maßgabe der Bestimmungen aufzukommen, welche für die Tragung des Verlustes gelten. Kann von einem Gesellschafter der ihm obliegende Beitrag nicht erlangt werden, so ist der Ausfall von den übrigen Gesellschaftern nach Maßgabe jener Bestimmungen zu tragen.

Aus den nach Berichtigung der gemeinschaftlichen Schulden übrig bleibenden gemeinschaftlichen Gegenständen ist jedem Gesellschafter seine Einlage oder, sofern diese nicht in Geld bestanden hat, deren Werth zu erstatten. Ist der Werth eines eingebrachten Gegenstandes nicht durch Vertrag bestimmt, so ist der Werth zur Zeit der Einbringung maßgebend. Für Einlagen, welche in persönlichen Leistungen oder in Gewährung des Gebrauches oder der Benutzung eines Gegenstandes bestanden haben, ist ein Ersatz nicht zu leisten. Wenn die gemeinschaftlichen Gegenstände zur Erstattung der Einlagen nicht ausreichen, so erfolgt eine nur verhältnißmäßige Erstattung; der Ausfall, der sich hieraus für den einzelnen Gesellschafter ergiebt, ist von diesem zu tragen. Bleibt nach Erstattung der Einlagen ein Ueberschuß, so gebührt dieser allen Gesellschaftern nach Maßgabe der Bestimmungen, welche für die Vertheilung des Gewinnes gelten.

Behufs Berichtigung der gemeinschaftlichen Schulden und Erstattung der Einlagen sind die gemeinschaftlichen Gegenstände in Geld umzusetzen.

Die Vorschriften des ersten bis vierten Absatzes finden nur insoweit Anwendung, als nicht ein Anderes unter den Gesellschaftern als vereinbart anzusehen ist.

§. 657.

Haben die Gesellschafter vor der Auflösung der Gesellschaft vereinbart, daß, wenn ein Gesellschafter kündige oder sterbe oder über sein Vermögen der Konkurs eröffnet werde, die Gesellschaft unter den übrigen Gesellschaftern fortbestehen solle, so scheidet in Folge eines solchen Ereignisses der Gesellschafter, in dessen Person dasselbe sich zuträgt, aus der Gesellschaft mit dem Zeitpunkte aus, in welchem in Ermangelung der Uebereinkunft die Gesellschaft aufgelöst sein würde; die übrigen Gesellschafter bleiben gegen einander nach Maßgabe des Gesellschaftsvertrages berechtigt und verpflichtet.

§. 658.

Scheidet ein Gesellschafter in Gemäßheit des §. 657 aus der Gesellschaft aus, so erfolgt die Auseinandersetzung zwischen ihm und den übrigen Gesellschaftern auf Grund der Vermögenslage zur Zeit des Ausscheidens.

Der Ausscheidende nimmt noch an dem Gewinne oder Verluste Antheil, welcher zwar erst nach seinem Ausscheiden eingetreten, jedoch aus einem schon vorher begonnenen und erst nachher vollendeten Geschäfte hervorgegangen ist.

Der Ausscheidende muß sich gefallen lassen, daß die laufenden Geschäfte in der Weise beendigt werden, wie es den übrigen Gesellschaftern am vortheilhaftesten erscheint. Er ist berechtigt, am Schlusse eines jeden Geschäftsjahres Rechnungslegung über die inzwischen erledigten Geschäfte sowie Auszahlung der ihm hiernach gebührenden Beträge und Nachweis über den Stand der noch schwebenden Geschäfte zu fordern.

Der ausscheidende Gesellschafter ist verpflichtet, seinen Antheil an den gemeinschaftlichen Gegenständen den übrigen Gesellschaftern zu übertragen.

Die übrigen Gesellschafter sind dagegen verpflichtet, dem Ausscheidenden die Gegenstände, welche er nur zum Gebrauche oder zur Nutzung eingebracht hat, nach Vorschrift des §. 656 zurückzugeben, ihn von den aus dem Gesellschaftsverhältnisse hervorgegangenen Verpflichtungen gegen Dritte zu befreien und ihm eine Geldsumme zu zahlen, welche demjenigen entspricht, was er an Geld oder Geldeswerth im Falle einer nach den Vorschriften des §. 656 erfolgenden Auseinandersetzung erhalten haben würde. Die erforderlichen Werthermittelungen sind im Wege der Schätzung zu bewirken.

Ergiebt sich, daß der Werth der gemeinschaftlichen Gegenstände weniger beträgt, als zur Berichtigung der gemeinschaftlichen Schulden erforderlich ist, so ist der Ausscheidende den übrigen

Gesellschaftern für den Fehlbetrag nach dem Verhältnisse, in welchem er den Verlust zu tragen hat, aufzukommen verpflichtet.

§. 659.

Wird der Gesellschaftsvertrag zum Zwecke der Betreibung eines Erwerbsgeschäftes geschlossen, so kann von den Gesellschaftern die Anwendbarkeit der für die offene Handelsgesellschaft geltenden Vorschriften vereinbart werden. Im Falle einer solchen Vereinbarung werden alle auf die offene Handelsgesellschaft sich beziehenden Vorschriften anwendbar, insbesondere diejenigen, welche die Errichtung der Gesellschaft, den Geschäftsbetrieb unter gemeinschaftlicher Firma, die Eintragung der Gesellschaft in das Handelsregister, das Rechtsverhältniß der Gesellschafter unter einander und zu dritten Personen, die Auflösung der Gesellschaft und das Austreten einzelner Gesellschafter, die Liquidation, die Anspruchsverjährung und die Geltung der in Ansehung der Kaufleute gegebenen Vorschriften betreffen.

Vierzehnter Titel.

Leibrente.[1])

§. 660.

Wird durch Vertrag eine Leibrente versprochen (Leibrentenvertrag), so ist die Rente, sofern nicht ein Anderes vereinbart worden ist, auf die Lebensdauer des Leibrentengläubigers zu entrichten.

§. 661.

Die Leibrente ist im Voraus zu entrichten.

Die Frist, für welche die Vorausleistung erfolgen muß, beträgt, wenn Geld zu zahlen ist, drei Monate; sind andere Leistungen zu bewirken, so bestimmt sich die Frist nach der Beschaffenheit des zu leistenden Gegenstandes und nach dem Zwecke der Leistung.

Der Anspruch auf das im Voraus zu Leistende gilt mit Beginn derjenigen Frist als erworben, für welche im Voraus zu leisten ist.

---

[1]) Das Einführungsgesetz wird die Bestimmung enthalten:

Den Landesgesetzen bleibt vorbehalten, für den mit der Ueberlassung eines Gutes in Verbindung stehenden Leibgedingsvertrag, Leibzuchtsvertrag, Altentheilsvertrag oder Auszugsvertrag Vorschriften zu erlassen, welche in Ermangelung einer entgegenstehenden Vereinbarung für die Rechte und Pflichten der Vertragschließenden maßgebend sind.

§. 662.

Im Zweifel ist anzunehmen, daß die Bestimmung des Betrages der Leibrente sich auf eine Jahresperiode bezieht.

§. 663.

Die Vorschriften der §§. 660 bis 662 finden entsprechende Anwendung, wenn die Verpflichtung zur Entrichtung einer Leibrente auf Verfügung von Todeswegen, Urtheil oder Gesetz beruht.

Fünfzehnter Titel.

Spiel und Wette.

§. 664.

Durch Spiel oder Wette wird ein Schuldverhältniß zwischen den Vertragschließenden nicht begründet. Das auf Grund des Spieles oder der Wette Geleistete kann jedoch nicht deshalb zurückgefordert werden, weil ein Schuldverhältniß nicht bestanden hat. Ist über eine Spielschuld oder eine Wettschuld ein Schuldversprechen oder ein Schuldanerkenntniß ertheilt, so kann der Schuldner die Erfüllung der aus dem Versprechen oder dem Anerkenntnisse sich ergebenden Verpflichtung verweigern oder Befreiung von der letzteren verlangen.

§. 665.

Auf den Lotterievertrag oder Ausspielvertrag finden die Vorschriften des §. 664 Anwendung. Ein solcher Vertrag ist jedoch rechtsverbindlich, wenn die Lotterie oder Ausspielung staatlich genehmigt war.

Sechszehnter Titel.

Vergleich.

§. 666.

Als Vergleich gilt der gegenseitige Vertrag, durch welchen ein unter den Vertragschließenden streitiges oder ungewisses Rechtsverhältniß außer Streit oder Ungewißheit gesetzt wird.

§. 667.

Die Gültigkeit eines Vergleiches wird dadurch nicht beeinträchtigt, daß ein Vertragschließender in Ansehung eines Umstandes geirrt hat, welcher Gegenstand des Streites oder der Ungewißheit war.

Ist jedoch bei der Schließung des Vertrages von den Vertragschließenden ausdrücklich oder stillschweigend das Nichtvorhandensein eines Umstandes vorausgesetzt, welcher den Streit oder die Ungewißheit ausgeschlossen haben würde, so kann der Vertragschließende, welcher von einem solchen Umstande erst nach Schließung des Vergleiches Kenntniß erlangt hat, verlangen, daß der Vergleich rückgängig gemacht werde. Auf diesen Anspruch finden die Vorschriften des §. 744 entsprechende Anwendung.

Siebzehnter Titel.

Bürgschaft.

§. 668.

Durch den Bürgschaftsvertrag wird der Bürge gegenüber dem Gläubiger eines Dritten verpflichtet, die Verbindlichkeit des letzteren zu erfüllen, wenn die anderweite Erfüllung derselben unterbleibt.

Der Beweis, daß die Hauptverbindlichkeit erfüllt sei, liegt dem Bürgen ob.

§. 669.

Die Bürgschaft kann auch für eine künftige, bedingte oder unbestimmte Verbindlichkeit übernommen werden.

§. 670.

Hat der Bürge sich zu einer größeren oder zu einer beschwerlicheren Leistung verpflichtet, als zu welcher der Hauptschuldner verpflichtet ist, oder hat er eine Leistung, zu welcher der Hauptschuldner nur bedingt verpflichtet ist, unbedingt versprochen, so haftet er als Bürge nicht weiter, als der Hauptschuldner verpflichtet ist.

§. 671.

Der Bürge kann die Erfüllung der Hauptverbindlichkeit auf Grund von Einreden verweigern, welche dem Hauptschuldner gegen die verbürgte Forderung zustehen.

Auf die in dem Inventarrechte sich gründende Beschränkung der dem Erben des Hauptschuldners obliegenden Haftung kann der Bürge sich nicht berufen.

§. 672.

Der Bürge haftet für die Erfüllung der Hauptverbindlichkeit in deren jeweiligem Bestande und Umfange.

Die Haftung des Bürgen erstreckt sich insbesondere auf solche Erweiterungen und Aenderungen, welche die Hauptverbindlichkeit durch Verschulden oder Verzug des Hauptschuldners erfährt. Die Haftung erstreckt sich jedoch nicht auf solche Erweiterungen und Aenderungen der Hauptverbindlichkeit, welche in einem nach Schließung des Bürgschaftsvertrages von dem Hauptschuldner eingegangenen Rechtsgeschäfte, insbesondere in einem nach jenem Zeitpunkte von demselben ertheilten Verzichte auf Einreden, sich gründen.

Der Bürge haftet für die Kosten, welche aus der Rechtsverfolgung gegen den Hauptschuldner entstanden und von diesem zu tragen sind.

§. 673.

Haben Mehrere für die Verbindlichkeit des Hauptschuldners sich verbürgt (Mitbürgen), so haften sie als Gesammtschuldner. Es macht keinen Unterschied, ob die Verbürgung zu derselben Zeit oder zu verschiedener Zeit, gemeinsam oder nicht gemeinsam geschehen ist.

§. 674.

Der Bürge ist berechtigt, die Erfüllung seiner Verbindlichkeit so lange zu verweigern, bis der Hauptschuldner von dem Gläubiger ausgeklagt worden ist (Einrede der Vorausklage).

Die Ausklagung ist als erfolgt anzusehen, wenn wegen des Anspruches eine Zwangsvollstreckung gegen den Hauptschuldner ohne Erfolg stattgefunden hat. Bei einer Geldforderung muß die Zwangsvollstreckung in die beweglichen Sachen des Hauptschuldners am Wohnsitze oder in Ermangelung eines solchen am Aufenthaltsorte desselben ohne Erfolg versucht worden sein. Hat der Gläubiger an einer beweglichen Sache des Hauptschuldners ein Pfandrecht, so muß er aus dieser Sache zuvor seine Befriedigung gesucht haben

§. 675.

Die Einrede der Vorausklage ist ausgeschlossen:

1. wenn der Bürge auf die Einrede verzichtet, insbesondere wenn er als Selbstschuldner oder Selbstzahler sich verbürgt hat;
2. wenn die Ausklagung des Hauptschuldners durch eine nach Schließung des Bürgschaftsvertrages eingetretene Aenderung des Wohnsitzes oder Aufenthaltes des Hauptschuldners erheblich erschwert worden ist;
3. wenn über das Vermögen des Hauptschuldners der Konkurs eröffnet worden ist;

4. wenn anzunehmen ist, daß die Zwangsvollstreckung in das Vermögen des Hauptschuldners zur Befriedigung des Gläubigers nicht führen werde.

§. 676.

Soweit der Bürge den Gläubiger befriedigt hat, wird auf ihn dessen Forderung gegen den Hauptschuldner kraft des Gesetzes übertragen; die mit der Forderung verbundenen, in der Haftung von Mitbürgen bestehenden Nebenrechte gehen jedoch nur nach Maßgabe des §. 337 Abs. 2, 3 auf den Bürgen über. Zum Nachtheile des Gläubigers kann die Uebertragung nicht geltend gemacht werden.

Dem Hauptschuldner bleiben die Einwendungen aus dem zwischen ihm und dem Bürgen bestehenden besonderen Rechtsverhältnisse, dem Bürgen die Ansprüche aus einem solchen besonderen Rechtsverhältnisse vorbehalten.

§. 677.

Der Bürge, welcher im Auftrage des Hauptschuldners sich verbürgt oder als Geschäftsführer des Hauptschuldners in Ansehung der Bürgschaft gegen diesen die Rechte eines Beauftragten nach Maßgabe der §§. 753, 755, 758 erlangt hat, kann von demselben Befreiung von der Bürgschaft oder Sicherheitsleistung wegen der Ersatzansprüche, welche sich aus der Erfüllung der Bürgschaftsverpflichtung ergeben würden, verlangen:

1. wenn die Vermögensverhältnisse des Hauptschuldners sich wesentlich verschlechtert haben;
2. wenn die Rechtsverfolgung gegen den Hauptschuldner durch eine nach Schließung des Bürgschaftsvertrages eingetretene Aenderung des Wohnsitzes oder des Aufenthaltes desselben erheblich erschwert worden ist;
3. wenn der Hauptschuldner mit Erfüllung der Hauptverbindlichkeit in Verzug gekommen ist;
4. wenn der Bürge zur Erfüllung der Hauptverbindlichkeit gegenüber dem Gläubiger verurtheilt worden ist.

§. 678.

Wird der Hauptschuldner von dem Bürgen oder dieser von jenem beerbt, so besteht die Bürgschaft insoweit fort, als ihr Fortbestehen für den Gläubiger ein Interesse hat.

§. 679.

Hat der Gläubiger ein mit der Hauptforderung verbundenes, zu deren Sicherheit dienendes Nebenrecht, insbesondere ein Pfandrecht, aufgegeben, so wird der Bürge von seiner Verbindlichkeit insoweit befreit, als er, wenn das Nebenrecht im Falle der Befriedigung des Gläubigers in Gemäßheit des §. 676 auf ihn übergegangen sein würde, daraus Ersatz hätte erlangen können.

Die Vorschrift des ersten Absatzes findet Anwendung, auch wenn das Nebenrecht erst nach Schließung des Bürgschaftsvertrages erworben worden ist.

§. 680.

Hat Jemand den ihm von einem Anderen ertheilten Auftrag, in eigenem Namen und für eigene Rechnung einem Dritten Kredit zu geben, angenommen, so ist das aus dem Vertrage entstehende Rechtsverhältniß, soweit nicht ein anderer Wille der Vertragschließenden erhellt, nicht nach den Vorschriften über den Auftrag, sondern nach den Vorschriften über die Bürgschaft zu beurtheilen.

Achtzehnter Titel.

Verpfändungsvertrag.

§. 681.

Wer sich gegenüber seinem Gläubiger oder dem Gläubiger eines Dritten verpflichtet hat, zur Sicherung der Forderung desselben ein Pfandrecht zu bestellen, haftet für die Verschaffung des Pfandrechtes nach Maßgabe der Grundsätze, welche für den Fall gelten, wenn die Veräußerung des Rechtes an einer Sache oder, sofern das Pfandrecht auf eine Forderung sich bezieht, wenn die Abtretung einer solchen versprochen ist.

§. 682.

Ist derjenige, welcher sich zur Bestellung des Pfandrechtes verpflichtet hat, wegen Nichterfüllung seiner Verpflichtungen zum Schadensersatze verpflichtet, so kann der Gläubiger unbeschadet seines Rechtes auf Ersatz eines weiter gehenden Schadens die Bestellung einer anderweiten Sicherheit nach Maßgabe der §§. 199 bis 204 verlangen.

Neunzehnter Titel.

Schuldversprechen.

§. 683.

Ist in einem von dem Gläubiger angenommenen Versprechen einer Leistung oder in einem von dem Gläubiger angenommenen

Anerkenntnisse, zu einer Leistung verpflichtet zu sein, ein besonderer Verpflichtungsgrund nicht angegeben oder nur im Allgemeinen bezeichnet, so ist das Versprechen oder Anerkenntniß nur dann gültig, wenn es von dem Schuldner in schriftlicher Form ertheilt ist.

§. 684.

Der Schuldner, welcher ein den Verpflichtungsgrund nicht angebendes oder nur im Allgemeinen bezeichnendes Schuldversprechen oder Schuldanerkenntniß ertheilt hat, kann die Erfüllung der aus dem Versprechen oder Anerkenntnisse sich ergebenden Verpflichtung verweigern oder Befreiung von der letzteren verlangen, wenn die Voraussetzungen vorhanden sind, welche für die Rückforderung einer Leistung wegen ungerechtfertigter Bereicherung gelten.

Die Vorschriften der §§. 737 bis 741 finden entsprechende Anwendung, wenn die Urkunde in der ausdrücklich oder stillschweigend erklärten Voraussetzung ertheilt ist, daß eine Verbindlichkeit zu der versprochenen Leistung oder die anerkannte Verbindlichkeit bestehe.

Die Verweigerung der Erfüllung und der Anspruch auf Befreiung wird dadurch nicht ausgeschlossen, daß von dem Schuldner durch Ertheilung des Versprechens oder Anerkenntnisses gegen die guten Sitten oder die öffentliche Ordnung verstoßen worden ist.

Zwanzigster Titel.

Schuldverschreibung auf Inhaber.

§. 685.

Durch eine Schuldverschreibung, in welcher der Aussteller dem Inhaber derselben eine Leistung verspricht (Schuldverschreibung auf Inhaber), wird der Aussteller dem jeweiligen Inhaber der Schuldverschreibung verpflichtet, an diesen nach Maßgabe des in der Urkunde enthaltenen Versprechens die Leistung zu bewirken.

An Stelle der eigenhändigen Unterschrift genügt eine im Wege der mechanischen Vervielfältigung hergestellte Vollziehung.

Die Gültigkeit der Vollziehung kann durch einen auf der Urkunde anzubringenden Vermerk von der Beifügung eines bestimmten Zeichens oder Vermerkes abhängig gemacht werden.

§. 686.

Der Aussteller einer Schuldverschreibung auf Inhaber wird durch dieselbe auch dann verpflichtet, wenn die Schuldverschreibung dem Aussteller gestohlen oder von diesem verloren oder in anderer Weise ohne dessen Willen in den Verkehr gelangt ist. Die Verpflichtung wird dadurch nicht ausgeschlossen, daß die Schuldverschreibung erst, nachdem der Aussteller gestorben oder geschäftsunfähig geworden ist, in den Verkehr gelangt.

§. 687.

Der Aussteller der Schuldverschreibung darf dem Inhaber derselben die Leistung nicht deshalb verweigern, weil dieser die Schuldverschreibung in unredlicher Weise erworben hat, unbeschadet der Vorschrift des §. 689.

§. 688.

Der Aussteller einer Schuldverschreibung auf Inhaber ist nur gegen Aushändigung der Schuldverschreibung zur Bewirkung der darin versprochenen Leistung verpflichtet. Er ist berechtigt, nicht allein auf der ausgehändigten Schuldverschreibung zu vermerken, daß die Leistung erfolgt und die Schuldverschreibung kraftlos geworden sei, sondern auch die letztere zu vernichten.

§. 689.

Der Aussteller einer Schuldverschreibung auf Inhaber kann sich gegen den Inhaber nur solcher Einwendungen bedienen, welche die Gültigkeit der Ausstellung betreffen, oder welche entweder in dem Inhalte der Schuldverschreibung oder in dem zwischen dem Aussteller und dem Inhaber bestehenden persönlichen Rechtsverhältnisse sich gründen.

§. 690.

Sind zu einer Schuldverschreibung auf Inhaber besondere Zinsscheine auf Inhaber ausgestellt, so bleiben diese Scheine in Kraft, auch wenn die Hauptforderung von dem Aussteller nicht mehr oder nicht mehr zu dem in den Zinsscheinen bezeichneten Betrage zu verzinsen ist.

Werden solche Zinsscheine nicht zurückgegeben, so ist der Aussteller befugt, den Zinsenbetrag, welchen er nur in Gemäßheit des ersten Absatzes zu zahlen verpflichtet ist, bei Einlösung der Hauptschuldverschreibung an der Hauptforderung zu kürzen.

§. 691.

Wird eine Schuldverschreibung auf Inhaber nicht binnen dreißig Jahren seit dem Zeitpunkte, in welchem die Befriedigung des Anspruches rechtlich verlangt werden kann, dem Aussteller zur

Bewirkung der Leistung vorgelegt, so ist der Anspruch aus der Verschreibung erloschen.

Bei Zinsscheinen, Rentenkupons und Gewinnantheilscheinen beträgt die Erlöschungsfrist vier Jahre. Die Frist beginnt mit dem Schlusse des Jahres, in welchem die Befriedigung des Anspruches rechtlich verlangt werden kann.

In der Schuldverschreibung kann das im ersten und zweiten Absatze bestimmte Erlöschen der Ansprüche ausgeschlossen sowie die Dauer, der Beginn und der Lauf der Erlöschungsfristen in einer von den Vorschriften des Gesetzes abweichenden Weise bestimmt werden.

§. 692.

Abhanden gekommene oder vernichtete Schuldverschreibungen auf Inhaber unterliegen der Kraftloserklärung im Wege des Aufgebotsverfahrens. Ausgenommen sind Zinsscheine, Rentenkupons und Gewinnantheilscheine sowie alle auf Sicht zahlbaren unverzinslichen Schuldverschreibungen.

§. 693.[1])

Das Aufgebotsgericht hat bei Einleitung des Aufgebotsverfahrens auf Antrag des Antragstellers den Aussteller der Schuldverschreibung sowie die in der letzteren und die von dem Antragsteller bezeichneten Zahlstellen von der Einleitung des Verfahrens zu benachrichtigen. Mit der Benachrichtigung ist das Verbot zu verbinden, aus der Schuldverschreibung noch eine Leistung zu bewirken, insbesondere neue Zinsscheine, Rentenkupons oder Gewinnantheilscheine, sowie eine zum Empfange solcher Scheine ermächtigende besondere Urkunde (Erneuerungsschein) auszugeben.

Eine diesem Verbote zuwider geschehene Leistung ist gegenüber dem Antragsteller unwirksam. Die Zahlung der fällig werdenden, vor dem Verbote ausgegebenen Zinsscheine, Rentenkupons und Gewinnantheilscheine wird durch das Verbot nicht betroffen.

Ist die sofortige Einleitung des Aufgebotsverfahrens nur deshalb unzulässig, weil nach den für die Kraftloserklärung der Schuldverschreibung maßgebenden besonderen Vorschriften der Aufgebotstermin erst nach Ablauf einer besonderen Frist statthaft ist, so hat das für das Aufgebotsverfahren zuständige Gericht, sofern die übrigen Erfordernisse zur Einleitung des Verfahrens vorhanden

---

[1]) Bei der Revision des Handelsgesetzbuches, beziehungsweise bei der Berathung des Einführungsgesetzes, wird zu prüfen sein, ob die §§. 693 bis 699 auf andere Arten von Inhaberpapieren (Aktien) auszudehnen seien.

sind, noch vor der Einleitung auf Antrag das in dem ersten Absatze bezeichnete Verbot zu erlassen. Das Verbot ist nach Maßgabe des §. 825 der Civilprozeßordnung öffentlich bekannt zu machen.

§. 694.

Durch das im §. 693 bezeichnete Verbot wird zu Gunsten des Antragstellers Beginn und Lauf der Erlöschungsfrist und der Verjährungsfrist gehemmt. Die Hemmung beginnt mit dem Zeitpunkte, in welchem der Antrag auf Erlassung des Verbotes gestellt worden ist. Sie endigt mit der Erledigung des Aufgebotsverfahrens. Ist das Verbot vor Einleitung des Verfahrens erlassen, so endigt die Hemmung auch dann, wenn die Einleitung nicht binnen sechs Monaten von dem Zeitpunkte an beantragt wird, in welchem das der Einleitung entgegenstehende Hinderniß beseitigt war.

§. 695.

Derjenige, welcher das Ausschlußurtheil erwirkt hat, ist berechtigt, die in der Schuldverschreibung versprochene Leistung von dem Aussteller zu fordern. Auch ist der Letztere verpflichtet, ihm auf Verlangen an Stelle der für kraftlos erklärten Schuldverschreibung eine neue Schuldverschreibung zu ertheilen. Der Antragsteller hat die Kosten der letzteren zu tragen und vorzuschießen.

§. 696.

Wird das Ausschlußurtheil in Folge der Anfechtungsklage aufgehoben, so bleiben Leistungen, welche der Aussteller auf Grund des Ausschlußurtheiles bewirkt hat, auch gegenüber Dritten und insbesondere gegenüber dem Anfechtungskläger wirksam, es sei denn, daß der Aussteller zur Zeit der Leistung von der Aufhebung des Ausschlußurtheiles bereits Kenntniß erlangt hatte.

§. 697.

Ist ein Zinsschein, Rentenkupon oder Gewinnantheilschein abhanden gekommen oder vernichtet worden, so kann der bisherige Inhaber nach Eintritt des Zeitpunktes, in welchem der Anspruch aus einem solchen Scheine in Folge des Ablaufes der Erlöschungsfrist erloschen oder in welchem er verjährt ist, von dem Aussteller die in dem Scheine versprochene Leistung verlangen, wenn er vor dem gedachten Zeitpunkte den Verlust dem Aussteller angezeigt hat und beweist, daß ihm der Schein in Verlust gerathen ist. Der Anspruch findet nicht statt, wenn der Aussteller den Schein vor jenem Zeitpunkte eingelöst hat. Er verjährt mit Ablauf von vier Jahren.

In dem Zinsscheine, Rentenkupon oder Gewinnantheilscheine kann der im ersten Absatze bezeichnete Anspruch ausgeschlossen werden.[1])

§. 698.

Ist zu einer Schuldverschreibung auf Inhaber ein auf den Inhaber lautender, zum Empfange von Zinsscheinen, Rentenkupons oder Gewinnantheilscheinen ermächtigender Erneuerungsschein ausgestellt und wird von dem Inhaber der Schuldverschreibung dem Aussteller der Verlust eines solchen Erneuerungsscheines angezeigt, so ist der Aussteller verpflichtet, die neuen Zinsscheine, Rentenkupons oder Gewinnantheilscheine nicht dem Inhaber des Erneuerungsscheines, sondern dem Inhaber der Schuldverschreibung zu ertheilen.

§. 699.

Wird eine Schuldverschreibung auf Inhaber dergestalt beschädigt oder verunstaltet, daß sie zum Umlaufe nicht mehr geeignet ist, jedoch ihr wesentlicher Inhalt und ihre Unterscheidungsmerkmale noch mit Sicherheit erkennbar sind, so hat der Aussteller dem Inhaber auf dessen Verlangen gegen Auslieferung der beschädigten oder verunstalteten Schuldverschreibung an deren Stelle eine neue Schuldverschreibung zu ertheilen. Der Inhaber hat die Kosten der letzteren zu tragen und vorzuschießen.

§. 700.

Die Umschreibung einer auf den Inhaber lautenden Schuldverschreibung auf den Namen eines bestimmten Berechtigten kann nur durch den Aussteller erfolgen. Der Aussteller ist zu einer solchen Umschreibung nicht verpflichtet.

§. 701.

Schuldverschreibungen, in welchen dem Inhaber die Zahlung einer bestimmten Geldsumme von dem Aussteller versprochen wird, dürfen, sofern sie nicht von dem Reiche oder einem Bundesstaate ausgestellt werden, nur mit Staatsgenehmigung ausgestellt und in Verkehr gebracht werden.

Eine ohne Staatsgenehmigung in Verkehr gelangte Schuldverschreibung dieser Art ist nichtig. Der Aussteller ist den Inhabern für den durch die Ausgabe verursachten Schaden verhaftet.

---

[1]) In das Einführungsgesetz wird die Bestimmung aufgenommen werden:

> In Ansehung der von einem Bundesstaate zu Schuldverschreibungen auf Inhaber ausgestellten Zinsscheine oder Rentenkupons kann die Anwendung des §. 697 Abs. 1 auch durch Landesgesetz ausgeschlossen werden.

Die Staatsgenehmigung wird durch die Zentralbehörden der Bundesstaaten ertheilt. Sie soll nebst den näheren Bestimmungen, unter welchen sie ertheilt worden ist, durch den Deutschen Reichsanzeiger öffentlich bekannt gemacht werden.

Die Gesetze eines Bundesstaates, welche über die Form der Vollziehung der von dem Bundesstaate ausgestellten Schuldverschreibungen der im ersten Absatze bezeichneten Art bestimmen, bleiben unberührt.

§. 702.

Erhellt im Falle der Ausgabe von Billeten, Karten, Marken und ähnlichen Urkunden der Wille des Ausstellers, dem jeweiligen Inhaber zu einer Leistung verpflichtet zu sein, so finden die Vorschriften des §. 685 Abs. 1 und der §§. 687 bis 689 entsprechende Anwendung.

§. 703.

Ist eine Urkunde, in welcher der Gläubiger genannt oder auf eine bestimmte Person als Gläubiger hingewiesen ist, mit der Bestimmung ausgegeben, daß die darin versprochene Leistung an jeden Inhaber bewirkt werden könne, so ist der Inhaber nicht berechtigt, die Leistung zu fordern, dagegen der Schuldner berechtigt, sich durch Leistung an den Inhaber zu befreien.

Dritter Abschnitt.

Schuldverhältnisse aus unerlaubten Handlungen.

Erster Titel.

Allgemeine Vorschriften.

§. 704.

Hat Jemand durch eine aus Vorsatz oder Fahrlässigkeit begangene widerrechtliche Handlung — Thun oder Unterlassen — einem Anderen einen Schaden zugefügt, dessen Entstehung er vorausgesehen hat oder voraussehen mußte, so ist er dem Anderen zum Ersatze des durch die Handlung verursachten Schadens verpflichtet, ohne Unterschied, ob der Umfang des Schadens vorauszusehen war oder nicht.

Hat Jemand aus Vorsatz oder Fahrlässigkeit durch eine widerrechtliche Handlung das Recht eines Anderen verletzt, so ist er den durch die Rechtsverletzung dem Anderen verursachten Schaden diesem zu ersetzen verpflichtet, auch wenn die Entstehung eines Schadens nicht vorauszusehen war. Als Verletzung eines Rechtes im Sinne der vorstehenden Vorschrift ist auch die Verletzung des Lebens, des Körpers, der Gesundheit, der Freiheit und der Ehre anzusehen.

§. 705.

Als widerrechtlich gilt auch die kraft der allgemeinen Freiheit an sich erlaubte Handlung, wenn sie einem Anderen zum Schaden gereicht und ihre Vornahme gegen die guten Sitten verstößt.

§. 706.

Hat der Beschädigte in die beschädigende Handlung eingewilligt, so steht ihm ein Anspruch auf Schadensersatz nicht zu.

§. 707.

Ist die beschädigende Handlung von demjenigen, welcher sie begangen hat, aus entschuldbarem Irrthume für erlaubt gehalten worden, so ist derselbe zum Schadensersatze nicht verpflichtet.

§. 708.

Hat eine Person, während sie des Vernunftgebrauches beraubt war, einem Anderen einen Schaden zugefügt, so ist sie hierfür nicht verantwortlich. Sie ist jedoch für den Schaden verantwortlich, wenn der Vernunftgebrauch durch selbstverschuldete Betrunkenheit ausgeschlossen war.

§. 709.

Hat eine Person, während sie im Kindesalter stand, einem Anderen einen Schaden zugefügt, so ist sie hierfür nicht verantwortlich. Hat eine Person nach zurückgelegtem Kindesalter, aber vor zurückgelegtem achtzehnten Lebensjahre eine unerlaubte Handlung begangen, so ist sie für den daraus entstandenen Schaden nicht verantwortlich, wenn sie bei Begehung der Handlung die zur Erkenntniß der Verantwortlichkeit erforderliche Einsicht nicht besaß.

§. 710.

Derjenige, welcher kraft des Gesetzes über einen Anderen die Aufsicht zu führen verpflichtet ist, haftet für den Ersatz des von dem Anderen einem Dritten widerrechtlich zugefügten Schadens, wenn er seine Aufsichtspflicht verletzt hat und bei Erfüllung derselben der Schaden nicht entstanden sein würde.

Die gleiche Verantwortlichkeit trifft denjenigen, welcher die Führung der Aufsicht für den durch das Gesetz Verpflichteten übernommen hat.

§. 711.

Wer einen Anderen zur Verrichtung einer oder mehrerer Handlungen bestellt, ist denselben zu beaufsichtigen verpflichtet, wenn und soweit es die Sorgfalt eines ordentlichen Hausvaters erfordert.

Wird diese Pflicht verletzt, so haftet der Aufsichtspflichtige nach Maßgabe des §. 710 Abs. 1 für den Ersatz des Schadens, welchen die bestellte Person durch eine in Ausführung ihrer Verrichtungen begangene unerlaubte Handlung einem Dritten zugefügt hat.

§. 712.

Wer einen Anderen zur Verrichtung einer oder mehrerer Handlungen bestellt, ist eine hierzu geeignete Person auszuwählen verpflichtet. Wird diese Pflicht verletzt, so findet die Vorschrift des §. 711 Abs. 2 entsprechende Anwendung.

§. 713.

Ist neben demjenigen, welcher nach den Vorschriften der §§. 710 bis 712 für den von einem Anderen zugefügten Schaden verantwortlich ist, auch dieser Andere für den Schaden verantwortlich, so haften Beide als Gesammtschuldner; im Verhältnisse Beider zu einander gilt jedoch, unbeschadet der Vorschrift des §. 338, der Andere, welcher den Schaden zugefügt hat, als allein verpflichtet.

§. 714.

Haben Mehrere durch gemeinsames Handeln, sei es als Anstifter, Thäter oder Gehülfen, einen Schaden verschuldet, so haften sie als Gesammtschuldner. Das Gleiche gilt, wenn im Falle eines von Mehreren verschuldeten Schadens von den Mehreren nicht gemeinsam gehandelt, der Antheil des Einzelnen an dem Schaden aber nicht zu ermitteln ist.

§. 715.

Soweit im Falle der Entziehung oder Verschlechterung eines Gegenstandes die Zurückerstattung oder Wiederherstellung dem Schuldner nicht möglich ist, hat derselbe den Werth zu ersetzen, welchen der Gegenstand zur Zeit der Entziehung oder Verschlechterung gehabt hat. Den Werth einer späteren Zeit kann der Gläubiger nur geltend machen, wenn nach den Umständen anzunehmen ist, daß sein Schaden in der Entziehung des höheren Werthes besteht.

§. 716.

Im Falle der Entziehung eines Gegenstandes liegt der im §. 715 bestimmte Ersatz des Werthes oder des Werthunterschiedes dem Schuldner auch dann ob, wenn der Gegenstand nicht durch die unerlaubte Handlung, sondern später durch Zufall untergegangen oder verschlechtert worden ist, sofern nicht erhellt, daß der durch diesen Zufall entstandene Schaden, auch wenn die Entziehung des Gegenstandes nicht stattgefunden hätte, entstanden sein würde.

§. 717.

Sind Geldstücke entzogen, so hat der Schuldner den Betrag derselben von der Entziehung an zu verzinsen, unbeschadet der Verpflichtung zum Ersatze eines den Betrag der Zinsen übersteigenden Schadens.

Hat der Schuldner für einen entzogenen oder verschlechterten Gegenstand Ersatz zu leisten, so ist er die Ersatzsumme von dem nach der Vorschrift des §. 715 für die Werthbestimmung maßgebenden Zeitpunkte an zu verzinsen verpflichtet. Der Gläubiger, welcher die Zinsen fordert, kann nicht außerdem für dieselbe Zeit Entschädigung wegen entzogener Nutzungen fordern.

§. 718.

Der Schuldner hat wegen der Verwendungen, welche er auf den widerrechtlich entzogenen Gegenstand gemacht hat, gegenüber dem Gläubiger die Rechte, welche dem Besitzer gegen den Eigenthümer zustehen.

§. 719.

Der Anspruch auf Ersatz des durch eine unerlaubte Handlung entstandenen Schadens verjährt mit Ablauf von drei Jahren. Die Verjährung beginnt mit dem Zeitpunkte, in welchem der Gläubiger von dem erlittenen Schaden und der Person des Schuldners Kenntniß erlangt hat.

Die Verjährungsfrist beträgt dreißig Jahre von dem Zeitpunkte an, in welchem die unerlaubte Handlung begangen worden ist, wenn nicht der Anspruch in Gemäßheit des ersten Absatzes bereits früher verjährt ist.

§. 720.

Soweit derjenige, welcher eine unerlaubte Handlung begangen hat, durch dieselbe aus dem Vermögen des Beschädigten sich bereichert hat, ist er auch nach Verjährung des Anspruches auf Schadensersatz zur Herausgabe der Bereicherung nach Maßgabe der

Vorschriften verpflichtet, welche für den Fall der ungerechtfertigten Bereicherung wegen verwerflichen Empfanges gelten.

§. 721

Die Vorschriften der Reichsgesetze über die Buße bleiben unberührt

---

Zweiter Titel.

Einzelne unerlaubte Handlungen.

§. 722.

Wer aus Vorsatz oder Fahrlässigkeit einen Anderen durch eine widerrechtliche Handlung tödtet, hat die Kosten der versuchten Heilung und demjenigen, welchem die Verpflichtung, die Kosten der Beerdigung zu tragen, oblag, diese Kosten zu ersetzen.

Ist durch den Tod ein an die Person des Getödteten geknüpftes Vermögensrecht erloschen oder der Erwerb eines Vermögensrechtes verhindert, welches der Getödtete erworben haben würde, wenn seine muthmaßliche Lebensdauer nicht verkürzt worden wäre, so ist er in seinem Vermögen insoweit als beschädigt anzusehen, als sein Nachlaß durch den vorzeitigen Tod eine Verminderung erfahren hat. Der Schuldige ist zum Ersatze dieses Schadens nach Maßgabe des §. 704 Abs. 2 verpflichtet.

Die Ansprüche, welche der Getödtete im Falle des nicht sofort erfolgten Todes in Gemäßheit des §. 726 und des §. 728 Abs. 1 erworben hat, bleiben unberührt.

§. 723.

Stand im Falle des §. 722 Abs. 1 zur Zeit der Beibringung der tödtlichen Verletzung ein Dritter zu dem Getödteten in einem Rechtsverhältnisse, durch welches gegen den Getödteten ein gesetzlicher Anspruch auf Unterhalt bereits entstanden war oder zur Entstehung gelangen konnte, so hat der Schuldige dem Dritten insoweit Schadensersatz zu leisten, als in Folge der Tödtung das Recht auf den Unterhalt erloschen ist. Diese Vorschrift findet auch zu Gunsten desjenigen Anwendung, welcher zu der darin bezeichneten Zeit noch nicht geboren, aber bereits empfangen war.

Der Ersatzanspruch wird dadurch nicht ausgeschlossen, daß ein Anderer an Stelle des Getödteten den Unterhalt zu gewähren hat, oder daß bei Begehung der unerlaubten Handlung deren Folgen für das Recht auf den Unterhalt nicht vorauszusehen waren.

§. 724.

Der in Gemäßheit des §. 723 zu leistende Schadensersatz ist in der Art zu bewirken, daß der Verpflichtete dem Berechtigten für die Zeit, während welcher der Unterhalt zu gewähren gewesen wäre, eine Geldrente zu entrichten hat.

Die Rente ist nicht für eine längere Zeit zu entrichten, als der Getödtete muthmaßlich noch gelebt haben würde.

Der Anspruch auf die Rente ist nicht übertragbar und eine Aufrechnung gegen ihn nicht statthaft.

In Ansehung der vorläufigen Vollstreckbarkeit des Urtheiles, welches die Verpflichtung zur Entrichtung der Rente ausspricht, findet die Vorschrift des §. 648 Nr. 6 der Civilprozeßordnung entsprechende Anwendung.

Das Gericht hat nach freiem Ermessen zu bestimmen, ob, in welcher Art und in welcher Höhe der Verpflichtete Sicherheit zu leisten habe.

Tritt nach dem im §. 686 Abs. 2 der Civilprozeßordnung bezeichneten Zeitpunkte eine wesentliche Aenderung der Verhältnisse ein, welche für die Verurtheilung zur Entrichtung der Rente oder für die Bestimmung der Höhe derselben oder der Dauer ihrer Entrichtung maßgebend waren, so ist jeder Theil berechtigt, eine der Veränderung entsprechende Abänderung des früheren Urtheiles zu fordern. Die Abänderung ist nur für die Zeit seit der Erhebung der auf die Abänderung gerichteten Klage zulässig. Ist in dem die Verpflichtung zur Entrichtung der Rente aussprechenden Urtheile nicht auf Sicherheitsleistung erkannt, so ist der Berechtigte die letztere zu fordern befugt, wenn die Vermögensverhältnisse des Verpflichteten sich erheblich verschlechtert haben; unter der letzteren Voraussetzung kann auch eine Erhöhung der erkannten Sicherheit gefordert werden.

Im Uebrigen finden auf die Rente die Vorschriften der §§. 660 bis 662 entsprechende Anwendung.

Unter besonderen Umständen kann das Gericht an Stelle der Zubilligung der Rente eine Abfindung in Kapital bestimmen.

§. 725.

Durch die Vorschriften der §§. 722 bis 724 wird das Recht eines Dritten nicht berührt, nach Maßgabe des §. 704 Abs. 1 wegen eines sonstigen durch die Tödtung entstandenen Schadens von dem Schuldigen Ersatz zu fordern.

§. 726.

Wer aus Vorsatz oder Fahrlässigkeit einen Anderen durch eine widerrechtliche Handlung an Körper oder Gesundheit verletzt, ist verpflichtet, dem Verletzten die Kosten der Heilung nicht allein zu ersetzen, sondern auch vorzuschießen. Er ist ferner verpflichtet, dem Verletzten, wenn in Folge der Verletzung auf Zeit oder auf die Dauer die Erwerbsfähigkeit desselben aufgehoben oder vermindert ist oder dessen Bedürfnisse vermehrt sind, hierfür Schadensersatz zu leisten. Dieser Schadensersatz ist in der Art zu bewirken, daß der Verpflichtete dem Berechtigten für die Zeit, während welcher die Erwerbsfähigkeit aufgehoben oder vermindert ist oder die Bedürfnisse vermehrt sind, eine Geldrente zu entrichten hat. Der Ersatzanspruch wird dadurch nicht ausgeschlossen oder gemindert, daß ein Anderer dem Verletzten den Unterhalt zu gewähren hat. Die Vorschriften des §. 724 Abs. 5 bis 8 finden entsprechende Anwendung.

Im Uebrigen bestimmen sich die Verpflichtungen des Schuldigen zum Schadensersatze nach den Vorschriften des §. 704.

§. 727.

Wer aus Vorsatz oder Fahrlässigkeit einem Anderen durch eine widerrechtliche Handlung die persönliche Freiheit entzieht, ist verpflichtet, einem Dritten, welcher zu dem Anderen während der Entziehung der Freiheit in einem Rechtsverhältnisse steht, durch welches gegen denselben ein gesetzlicher Anspruch auf Unterhalt entstanden ist, insoweit Schadensersatz zu leisten, als in Folge der Freiheitsentziehung der Anspruch auf den Unterhalt im Inlande mit Erfolg nicht geltend gemacht werden kann. Auf diesen Entschädigungsanspruch finden die Vorschriften des §. 723 Abs. 2 und des §. 724 entsprechende Anwendung.

Im Uebrigen bestimmen sich die Verpflichtungen des Schuldigen zum Schadensersatze nach den Vorschriften des §. 704.

§. 728.

In den Fällen der §§. 726, 727 kann von dem Gerichte dem Verletzten oder demjenigen, welchem die Freiheit entzogen ist, auch wegen eines anderen als eines Vermögensschadens nach freiem Ermessen eine billige Geldentschädigung zugesprochen werden. Der Anspruch auf diese Entschädigung geht weder auf den Erben des Berechtigten über, noch ist er übertragbar, es sei denn, daß er vertragsmäßig anerkannt oder rechtshängig geworden ist.

Die Vorschriften des ersten Absatzes finden entsprechende Anwendung zu Gunsten der Frau, gegen welche durch Vollziehung des Beischlafes eine der in den §§. 176, 177, 179, 182 des Strafgesetzbuches bezeichneten strafbaren Handlungen begangen ist.

§. 729.

Ist aus einem Gebäude nach einer öffentlichen Straße oder nach Orten hinaus, wo Menschen zu verkehren pflegen, eine Sache ausgegossen oder ausgeworfen und dadurch ein Anderer beschädigt, so hat dieser gegen den Inhaber des Gebäudes oder, wenn Mehrere das Gebäude nach Abtheilungen inne haben, gegen den Inhaber des Theiles, von welchem aus der Schaden bewirkt worden ist, Anspruch auf Ersatz des Schadens, sofern der Inhaber die Person nicht nachweist, von welcher die beschädigende Handlung verübt worden ist.

Der Inhaber ist zum Schadensersatze auch dann nicht verpflichtet, wenn er beweist, daß der Schaden durch eine Handlung bewirkt worden ist, für welche er nach den für die Haftung aus unerlaubten Handlungen geltenden allgemeinen Vorschriften nicht verantwortlich ist.

§. 730.

Hat der Inhaber eines Gebäudes oder eines Theiles desselben auf Grund des §. 729 Schadensersatz geleistet, so kann er von demjenigen, welcher für die beschädigende Handlung nach den für die Haftung aus unerlaubten Handlungen geltenden allgemeinen Vorschriften verantwortlich ist, Ersatz verlangen.

§. 731.

Haben in den Fällen des §. 729 Mehrere das Gebäude oder den Theil desselben, aus welchem der Schaden bewirkt worden ist, ungetheilt inne, so haften sie als Gesammtschuldner.

§. 732.

Der auf Grund des §. 729 dem Beschädigten zustehende Anspruch verjährt mit Ablauf eines Monates. Die Verjährung beginnt mit dem Zeitpunkte der Beschädigung.

§. 733.

Die Vorschriften der §§. 729 bis 732 finden entsprechende Anwendung, wenn eine Sache ohne gehörige Befestigung an einem Gebäude ausgestellt oder ausgehängt und durch ihr Herabfallen ein Anderer beschädigt worden ist.

§. 734.

Wer ein Thier hält, ist verpflichtet, unter Anwendung der Sorgfalt eines ordentlichen Hausvaters diejenigen Vorsichtsmaßregeln zu treffen, welche erforderlich sind, um das Thier an der

Zufügung von Beschädigungen zu hindern. Wird diese Pflicht verletzt, so ist der Halter des Thieres zum Ersatze des daraus einem Dritten entstandenen Schadens nach Maßgabe der §§. 704, 722 bis 726 und des §. 728 Abs. 1 verpflichtet.

Die gleiche Verantwortlichkeit trifft denjenigen, welcher die Führung der Aufsicht für den Halter des Thieres übernommen hat.

§. 735.

Der Besitzer eines Grundstückes ist verpflichtet, unter Anwendung der Sorgfalt eines ordentlichen Hausvaters dafür zu sorgen, daß ein auf dem Grundstücke befindliches Gebäude oder sonstiges Werk nicht in Folge fehlerhafter Errichtung oder in Folge mangelhafter Unterhaltung einstürzt. Wird diese Pflicht verletzt, so ist der Besitzer nach Maßgabe der §§. 704, 722 bis 726 und des §. 728 Abs. 1 zum Ersatze des Schadens verpflichtet, welcher einem Dritten aus dem dadurch verursachten Einsturze entstanden ist.

Wird auf fremdem Grund und Boden von einem Dritten in Ausübung eines Rechtes ein Gebäude oder sonstiges Werk gehalten, so trifft denselben die im ersten Absatze bezeichnete Verantwortlichkeit an Stelle des Besitzers des Grundstückes.

Die gleiche Verantwortlichkeit trifft denjenigen, welcher für den nach den Vorschriften des ersten und zweiten Absatzes Verpflichteten die Unterhaltung des Werkes übernommen hat.

§. 736.[1])

Ein Beamter, welcher die gegenüber Dritten ihm gesetzlich obliegende Amtspflicht aus Vorsatz oder Fahrlässigkeit verletzt, ist für den hieraus einem Dritten entstandenen Schaden nach Maßgabe der §§. 704, 722 bis 726 und des §. 728 Abs. 1 verantwortlich.

Ist ein Beamter, welcher verpflichtet ist, einen Anderen zu der Geschäftsführung für einen Dritten zu bestellen oder die einem Anderen für einen Dritten obliegende Geschäftsführung zu beaufsichtigen oder bei einer solchen Geschäftsführung durch Ertheilung oder Verweigerung der Genehmigung zu Rechtsgeschäften mitzuwirken, wegen Verletzung dieser Pflichten neben dem Anderen für den von dem letzteren zugefügten Schaden verantwortlich, so finden die Vorschriften des §. 713 entsprechende Anwendung.

---

[1]) Das Einführungsgesetz wird bestimmen, inwiefern die Landesgesetze in Kraft bleiben, nach welchen ein Beamter wegen des aus einer Pflichtverletzung entstandenen Schadens erst dann in Anspruch genommen werden kann, wenn der Beschädigte auf andere Weise Ersatz des Schadens nicht zu erlangen vermag.

Ein Beamter, welcher bei der ihm obliegenden Leitung oder Entscheidung einer Rechtssache seine Amtspflicht verletzt, ist für den hieraus entstandenen Schaden nur dann verantwortlich, wenn die Pflichtverletzung mit einer im Wege des gerichtlichen Strafverfahrens zu verhängenden öffentlichen Strafe bedroht ist.

Vierter Abschnitt.
Einzelne Schuldverhältnisse aus anderen Gründen.

Erster Titel.
Bereicherung.

I. Leistung einer Nichtschuld.

§. 737.

Wer zum Zwecke der Erfüllung einer Verbindlichkeit eine Leistung bewirkt hat, kann, wenn die Verbindlichkeit nicht bestanden hat, von dem Empfänger das Geleistete zurückfordern.

Es macht keinen Unterschied, ob die Verbindlichkeit überhaupt nicht bestanden hat oder wieder erloschen war oder ob dem Anspruche auf die Leistung eine Einrede entgegenstand, durch welche die Geltendmachung des Anspruches dauernd ausgeschlossen wurde.

Die Rückforderung findet auch dann statt, wenn die Leistung nur in der Einräumung des Besitzes oder der Inhabung bestanden hat.

Hatte der Leistende zur Zeit der Leistung Kenntniß davon, daß die Verbindlichkeit nicht bestand, so ist die Rückforderung ausgeschlossen.

§. 738.

Ist eine Leistung zum Zwecke der Erfüllung einer betagten Verbindlichkeit vor deren Fälligkeit bewirkt, so findet eine Rückforderung nicht statt; auch können Zwischenzinsen nicht verlangt werden.

§. 739.

Ist die Herausgabe durch die Beschaffenheit des Geleisteten ausgeschlossen oder der Empfänger bei Eintritt der Rechtshängigkeit des Rückforderungsanspruches das Geleistete herauszugeben außer Stande, so hat der Empfänger den Werth des letzteren zu vergüten.

Die Verbindlichkeit zur Herausgabe oder zur Werthvergütung fällt fort, soweit der Empfänger bei Eintritt der Rechtshängigkeit des Anspruches durch das Geleistete nicht mehr bereichert ist.

§. 740.

Die Verbindlichkeit zur Herausgabe oder Werthvergütung erstreckt sich auch auf dasjenige, was der Empfänger aus dem Geleisteten erworben hat.

Hat der Empfänger eine zum Eigenthume empfangene Sache herauszugeben oder einen an ihn veräußerten, zur Zeit der Veräußerung bestehenden Nießbrauch zurückzugewähren, so bestimmen sich seine Verpflichtungen zur Herausgabe und Vergütung der Nutzungen nach den Vorschriften über die Verpflichtungen des Besitzers gegenüber dem Eigenthümer.

Der Empfänger ist zur Herausgabe des Gegenstandes nur gegen Vergütung aller auf denselben vor Eintritt der Rechtshängigkeit gemachten Verwendungen verpflichtet; er hat jedoch ein Recht auf Vergütung von Verwendungen nur insoweit, als er nicht durch Nutzungen, welche ihm verbleiben, bereichert ist.

§. 741.

Ist dem Empfänger bei dem Empfange der Leistung bekannt gewesen, daß die Verbindlichkeit, zu deren Erfüllung geleistet wurde, nicht bestand und daß der Leistende hiervon nicht unterrichtet war, so ist er dem Leistenden zum Schadensersatze nach Maßgabe der Vorschriften über den Schadensersatz aus unerlaubten Handlungen verpflichtet.

Hat der Empfänger die im ersten Absatze erwähnte Kenntniß erst nach dem Empfange der Leistung, aber vor Eintritt der Rechtshängigkeit erlangt, so findet der §. 739 mit der Maßgabe Anwendung, daß an die Stelle des Zeitpunktes des Eintrittes der Rechtshängigkeit der Zeitpunkt tritt, in welchem die Kenntniß erlangt ist. Auch finden in einem solchen Falle von diesem Zeitpunkte an wegen Herausgabe und Vergütung der Nutzungen, wegen Ersatzes der Verwendungen und wegen Haftung für Erhaltung und Verwahrung die Vorschriften Anwendung, welche nach §. 244 für den Fall des Eintrittes der Rechtshängigkeit gelten.

II. Nichteintritt des bei einer Leistung vorausgesetzten künftigen Ereignisses oder rechtlichen Erfolges.

§. 742.

Wer unter der ausdrücklich oder stillschweigend erklärten Voraussetzung des Eintrittes oder Nichteintrittes eines künftigen Ereignisses oder eines rechtlichen Erfolges eine Leistung bewirkt hat, kann, wenn die Voraussetzung sich nicht erfüllt, von dem Empfänger das Geleistete zurückfordern.

§. 743.

Die Rückforderung ist ausgeschlossen:

1. wenn die Voraussetzung, unter welcher geleistet worden, von der Art ist, daß von dem Geber durch die Leistung gegen die guten Sitten oder die öffentliche Ordnung verstoßen worden ist;
2. wenn der Geber die Erfüllung der Voraussetzung in einer dem Inhalte des Rechtsgeschäftes zuwiderlaufenden Weise verhindert hat;
3. wenn von Anfang an die Erfüllung der Voraussetzung unmöglich und die Unmöglichkeit dem Geber bekannt gewesen ist.

§. 744.

Auf die Verpflichtungen des Empfängers zur Herausgabe des Geleisteten finden die Vorschriften des §. 737 Abs. 3 und der §§. 739, 740 und außerdem, wenn dem Empfänger bei dem Empfange der Leistung bekannt gewesen ist, daß die Voraussetzung nicht in Erfüllung gehen kann und daß der Geber hiervon nicht unterrichtet war, die Vorschrift des §. 741 Abs. 1 oder, wenn der Empfänger erst nach dem Empfange diese Kenntniß erlangt hat oder davon unterrichtet wird, daß die Voraussetzung sich nicht erfüllt hat, die Vorschrift des §. 741 Abs. 2 entsprechende Anwendung.

III. Wegfall des Rechtsgrundes einer Leistung.

§. 745.

Wer eine Leistung aus einem Rechtsgrunde bewirkt hat, welcher später weggefallen ist, kann von dem Empfänger das Geleistete zurückfordern.

Auf die Verpflichtung des Empfängers zur Herausgabe des Geleisteten finden die Vorschriften des §. 737 Abs. 3 und der §§. 739, 740, sowie von der Zeit an, in welcher derselbe erfährt, daß der Rechtsgrund weggefallen ist, die Vorschriften des §. 741 Abs. 2 entsprechende Anwendung. Die Verpflichtung zum Schadensersatze aus unerlaubter Handlung bleibt unberührt.

§. 746.

Ist eine Leistung auf Grund eines vorläufig vollstreckbaren Urtheiles bewirkt und wird das Urtheil aufgehoben, so ist der Rückforderungsanspruch schon mit dem Zeitpunkte der Leistung als rechtshängig geworden anzusehen.

Das Gleiche gilt, wenn das Urtheil, auf Grund dessen die Leistung bewirkt worden ist, im Urkunden- oder Wechselprozesse unter Vorbehalt der Rechte oder in der Berufungsinstanz unter Vorbehalt der Geltendmachung von Vertheidigungsmitteln oder nach Trennung der Verhandlung über die Klage und über eine zur Aufrechnung gebrachte Gegenforderung unter Vorbehalt der Entscheidung über die letztere ergangen ist und auf Grund des Vorbehaltes aufgehoben wird.[1])

IV. Verwerflicher Empfang.

§. 747.

Ist von dem Empfänger einer Leistung durch deren Annahme nach dem Inhalte des Rechtsgeschäftes gegen die guten Sitten oder die öffentliche Ordnung verstoßen worden, so kann der Geber das Geleistete zurückfordern.

Der Empfänger ist von der Zeit des Empfanges an zur Herausgabe des Geleisteten nach Maßgabe der Vorschriften verpflichtet, welche gegen den Empfänger einer Nichtschuld gelten, wenn dieser nach der Leistung erfahren hat, daß die Verbindlichkeit, zu deren Erfüllung geleistet worden ist, nicht bestanden hat.

Die Rückforderung ist ausgeschlossen, wenn durch die Leistung auch von dem Geber gegen die guten Sitten oder die öffentliche Ordnung verstoßen worden ist.[2])

V. Sonstiges grundloses Haben.

§. 748.

Derjenige, aus dessen Vermögen nicht kraft seines Willens oder nicht kraft seines rechtsgültigen Willens ein Anderer bereichert worden ist, kann, wenn hierzu ein rechtlicher Grund gefehlt hat, von dem Anderen die Herausgabe der Bereicherung fordern.

Als rechtlicher Grund ist es im Zweifel anzusehen, wenn ein Rechtsverlust auf einer diesen bestimmenden Vorschrift beruht.

Auf die Verpflichtungen desjenigen, welcher die Bereicherung

---

[1]) Das Einführungsgesetz wird Vorschriften enthalten, durch welche die Civilprozeßordnung dahin ergänzt wird, daß, wenn die getrennte Verhandlung einer zur Aufrechnung gebrachten Gegenforderung angeordnet ist, das Urtheil unter Vorbehalt der Entscheidung über die Aufrechnung zu erlassen und, wenn die Aufrechnung als begründet erkannt wird, aufzuheben ist.

[2]) Das Reichsgesetz vom 24. Mai 1880, betreffend den Wucher (Reichs-Gesetzbl. S. 109), wird im Einführungsgesetze aufrechterhalten werden.

herauszugeben hat, finden die Vorschriften des §. 737 Abs. 3 und der §§. 739, 740, sowie des §. 741 Abs. 2 entsprechende Anwendung. Die Verpflichtung zum Schadensersatze aus unerlaubter Handlung bleibt unberührt.

Zweiter Titel.

Geschäftsführung ohne Auftrag.

§. 749.

Wer für einen Anderen ohne dessen Auftrag und ohne Amtspflicht ein Geschäft besorgt, haftet dem Geschäftsherrn für den Ersatz des durch Vorsatz oder Fahrlässigkeit verursachten Schadens.

Der Geschäftsführer haftet insbesondere auch für den Ersatz des Schadens, welchen er dadurch verursacht hat, daß er gegen den bei Anwendung der Sorgfalt eines ordentlichen Hausvaters erkennbaren Willen des Geschäftsherrn gehandelt hat, es sei denn, daß eine der im §. 755 bezeichneten Voraussetzungen vorliegt.

§. 750.

Hat der Geschäftsführer zu dem Zwecke gehandelt, um von der Person oder dem Vermögen des Geschäftsherrn eine dringende Gefahr abzuwenden, so haftet er nur wegen Vorsatzes und grober Fahrlässigkeit.

§. 751.

Der Geschäftsführer ist verpflichtet, dem Geschäftsherrn über die Geschäftsbesorgung Rechenschaft abzulegen und demselben dasjenige herauszugeben, was er aus der Besorgung erlangt hat. Auf diese Verpflichtungen finden die Vorschriften über die einem Beauftragten obliegenden Verpflichtungen entsprechende Anwendung.

§. 752.

Ist der Geschäftsführer geschäftsunfähig oder in der Geschäftsfähigkeit beschränkt, so ist er nur zur Herausgabe der aus der Geschäftsbesorgung erlangten Bereicherung nach Maßgabe des §. 748 Abs. 3 verpflichtet, unbeschadet der Haftung aus unerlaubter Handlung.

§. 753.

Wenn und soweit der Geschäftsführer dergestalt gehandelt hat, daß anzunehmen ist, es würde sein Verhalten von dem Geschäftsherrn bei Kenntniß der wirklichen Sachlage gebilligt worden sein, so hat der Geschäftsführer wie ein Beauftragter des Geschäftsherrn gegen diesen einen Anspruch auf Ersatz seiner Aufwendungen und auf Befreiung von eingegangenen Verbindlichkeiten, auch wenn der durch die Geschäftsführung beabsichtigte Erfolg nicht eingetreten ist.

Es wird vermuthet, daß der Geschäftsherr gebilligt haben würde, was ein ordentlicher Hausvater hätte für angemessen erachten müssen.

§. 754.

Der im §. 753 bezeichnete Anspruch steht dem Geschäftsführer nicht zu, wenn dieser ohne den Willen gehandelt hat, den Anspruch zu erlangen.

Haben Eltern oder Voreltern ihren Abkömmlingen oder die letzteren den ersteren Unterhalt gewährt, so ist im Verhältnisse derselben zu einander im Zweifel anzunehmen, daß jener Wille gefehlt habe.

§. 755.

Ist von dem Geschäftsführer die im öffentlichen Interesse gebotene Erfüllung einer dem Geschäftsherrn obliegenden Verbindlichkeit bewirkt, welche ohne die Geschäftsbesorgung nicht ordnungsmäßig erfüllt worden wäre, so steht dem Geschäftsführer der im §. 753 bezeichnete Anspruch auch dann zu, wenn er gegen ein Verbot des Geschäftsherrn gehandelt hat. Dasselbe gilt, wenn von dem Geschäftsführer die Erfüllung einer dem Geschäftsherrn obliegenden gesetzlichen Unterhaltspflicht bewirkt ist, welche ohne die Geschäftsbesorgung nicht ordnungsmäßig erfüllt worden wäre.

§. 756.

Auf den dem Geschäftsführer nach dem §. 753 zustehenden Anspruch ist die Geschäftsunfähigkeit oder die Beschränkung der Geschäftsfähigkeit des Geschäftsherrn ohne Einfluß.

§. 757.

Hat der Geschäftsführer in der Person des Geschäftsherrn geirrt, so wird der wirkliche Geschäftsherr nach Maßgabe der §§. 749 bis 756 berechtigt und verpflichtet.

§. 758.

Entspricht die Geschäftsbesorgung nicht den Voraussetzungen des §. 753, so hat der Geschäftsführer gegen den Geschäftsherrn nur einen Anspruch auf Herausgabe der Bereicherung nach Maßgabe der §§. 742 bis 744. Soweit jedoch eine solche Geschäftsführung von dem Geschäftsherrn genehmigt wird, erlangt der Geschäftsführer nicht allein den im §. 753 bezeichneten Anspruch, sondern auch Befreiung von den Ansprüchen des Geschäftsherrn auf Schadensersatz wegen mangelhafter Geschäftsbesorgung.

§. 759.

Die Anwendung der Vorschriften der §§. 749 bis 758 wird dadurch nicht ausgeschlossen, daß der Geschäftsführer zu der Geschäftsbesorgung durch ein eigenes Interesse oder durch das Interesse eines Dritten bestimmt worden ist.

§. 760.

Wenn Jemand ein fremdes Geschäft im Auftrage eines Dritten besorgt, so wird ihm der Geschäftsherr und er dem letzteren aus der Geschäftsbesorgung nicht verpflichtet, es sei denn, daß er zugleich in der Absicht gehandelt hat, als Geschäftsführer des Geschäftsherrn das Geschäft zu besorgen.

§. 761.

Die Vorschriften der §§. 749 bis 758 finden keine Anwendung:

1. wenn Jemand ein fremdes Geschäft in der Meinung besorgt hat, daß dasselbe sein eigenes sei;
2. wenn Jemand ein fremdes Geschäft in rechtswidriger Absicht als eigenes behandelt hat.

Im ersten Falle sind Geschäftsführer und Geschäftsherr zur Herausgabe der dem Einen oder Anderen aus der Geschäftsbesorgung zugegangenen Bereicherung nach Maßgabe des §. 748 Abs. 3 verpflichtet, unbeschadet der Haftung des Geschäftsführers aus unerlaubter Handlung.

Im zweiten Falle haftet der Geschäftsführer nach den für die Haftung aus unerlaubten Handlungen geltenden Vorschriften.

Dritter Titel.

Gemeinschaft.

§. 762.

Steht ein Recht ungetheilt mehreren Personen gemeinschaftlich zu, so ist Gemeinschaft nach Bruchtheilen anzunehmen, sofern nicht aus dem Gesetze ein Anderes sich ergiebt.

Besteht Gemeinschaft nach Bruchtheilen, so finden die Vorschriften der §§. 763 bis 773 Anwendung.

§. 763.

Jeder Theilhaber kann über seinen Antheil an dem gemeinschaftlichen Gegenstande verfügen. Ueber den gemeinschaftlichen Gegenstand im Ganzen kann nur von allen Theilhabern gemeinschaftlich verfügt werden. Das letztere gilt auch von einer thatsächlichen Veränderung des Gegenstandes.

§. 764.

Im Zweifel ist anzunehmen, daß den Theilhabern an dem gemeinschaftlichen Gegenstande gleiche Antheile zustehen.

§. 765.

Die Verwaltung des gemeinschaftlichen Gegenstandes steht allen Theilhabern nur gemeinschaftlich zu.

Jeder Theilhaber ist zum Gebrauche des gemeinschaftlichen Gegenstandes insoweit befugt, als dadurch der Mitgebrauch der übrigen Theilhaber nicht beeinträchtigt wird; von den Früchten des Gegenstandes gebührt ihm ein seinem Antheile an dem letzteren entsprechender Bruchtheil.

Es kann jedoch eine der Sorgfalt eines ordentlichen Hausvaters entsprechende und das Recht eines Theilhabers auf den ihm gebührenden Antheil an den Nutzungen nicht verletzende Verwaltung und Benutzung durch Stimmenmehrheit beschlossen werden. Bei der Entscheidung, ob Stimmenmehrheit vorhanden sei, werden die Stimmen nach der Größe der Antheile gezählt.

§. 766.

Jeder Theilhaber ist gegenüber den übrigen Theilhabern verpflichtet, nach Verhältniß seines Antheiles die auf dem gemeinschaftlichen Gegenstande ruhenden Lasten, die zur Erhaltung desselben nöthigen Kosten sowie die Kosten der Verwaltung und Benutzung des Gegenstandes zu tragen. Er hat, wenn der ihm hiernach zur Last fallende Theil der Lasten und Kosten von einem anderen Theilhaber berichtigt worden ist, dem letzteren Ersatz zu leisten. Er ist verpflichtet, zu einer behufs Erhaltung des Gegenstandes erforderlichen Maßregel im Voraus seine Einwilligung zu ertheilen.

§. 767.

Jeder Theilhaber kann zu jeder Zeit die Aufhebung der Gemeinschaft verlangen, soweit nicht durch Gesetz oder Rechtsgeschäft ein Anderes bestimmt ist.

Eine Vereinbarung, durch welche das Recht, die Aufhebung der Gemeinschaft zu verlangen, für alle Zeit oder für einen längeren Zeitraum als dreißig Jahre ausgeschlossen ist, tritt nach Ablauf von dreißig Jahren außer Kraft. Eine solche Vereinbarung sowie jede Vereinbarung, durch welche jenes Recht auf Zeit ausgeschlossen ist, tritt mit dem Tode eines Theilhabers außer Kraft, sofern nicht ein Anderes vereinbart ist.

Wird über das Vermögen eines Theilhabers der Konkurs eröffnet, so ist eine Vereinbarung, welche die Aufhebung der Gemeinschaft auf immer oder auf Zeit ausschließt, für den Konkursverwalter nicht bindend.

§. 768.

Der Anspruch auf Aufhebung der Gemeinschaft unterliegt nicht der Verjährung.

§. 769.

Die Aufhebung der Gemeinschaft erfolgt, sofern der gemeinschaftliche Gegenstand sich ohne Verminderung seines Werthes in so viele gleichartige Theile zerlegen läßt, daß jeder Theilhaber einen seinem Antheile nach Größe und Werth entsprechenden Theil erhalten kann, durch Theilung in Natur. Die vorstehende Vorschrift findet entsprechende Anwendung, wenn mehrere gleichartige und gleichwerthige Gegenstände gemeinschaftlich sind.

Ist eine solche Theilung in Natur nicht möglich, so erfolgt die Aufhebung der Gemeinschaft durch den Verkauf des gemeinschaftlichen Gegenstandes und durch Theilung des Erlöses. Der Verkauf eines Grundstückes geschieht nach den Vorschriften über die Zwangsversteigerung von Grundstücken, der Verkauf eines anderen Gegenstandes nach den Vorschriften der Civilprozeßordnung über den Verkauf der im Wege der Zwangsvollstreckung gepfändeten Gegenstände.

Der Verkauf einer ungetheilten Forderung ist nur dann zulässig, wenn dieselbe noch nicht geltend gemacht werden kann. Ist das Gegentheil der Fall, so kann jeder Theilhaber die gemeinschaftliche Einziehung der Forderung verlangen. Nach der Einziehung erfolgt die Aufhebung der Gemeinschaft in Ansehung des Gegenstandes der Leistung nach den Vorschriften des ersten und zweiten Absatzes.

Ist die Veräußerung eines nach den Vorschriften des ersten Absatzes in Natur nicht theilbaren Gegenstandes an Dritte unstatthaft, so ist derselbe unter den Theilhabern zu versteigern.

§. 770.

Hat ein Theilhaber gegen einen anderen Theilhaber eine Forderung, welche in der unter ihnen bestehenden Gemeinschaft sich gründet, so kann er verlangen, daß die Forderung bei Aufhebung der Gemeinschaft aus dem Antheile des Schuldners an dem gemeinschaftlichen Gegenstande berichtigt werde.

§. 771.

Ist bei der Aufhebung der Gemeinschaft ein gemeinschaftlicher Gegenstand oder ein Theil desselben einem oder mehreren Theilhabern zugetheilt, so hat jeder der übrigen Theilhaber für seinen früheren Antheil nach Maßgabe der §§. 298, 370 bis 397 Gewähr zu leisten.

§. 772.

Solange ein Theilhaber die Aufhebung der Gemeinschaft zu fordern nicht berechtigt ist, oder solange er die Aufhebung wegen Unzulässigkeit der Theilung in Natur und wegen Unmöglichkeit des Verkaufes nicht herbeizuführen vermag, kann er in Ermangelung einer die Verwaltung und Benutzung des gemeinschaftlichen Gegenstandes in verbindlicher Weise regelnden Bestimmung verlangen, daß die übrigen Theilhaber in eine dem Interesse aller Theilhaber nach billigem Ermessen entsprechende Art der Verwaltung einwilligen. Dasselbe gilt, wenn ein versuchter Verkauf erfolglos geblieben ist; in einem solchen Falle ist jeder Theilhaber die Wiederholung des Versuches zu verlangen berechtigt; er hat jedoch die Kosten eines erfolglosen wiederholten Versuches zu tragen.

§. 773.

Beruht die Gemeinschaft auf einem unter den Theilhabern bestehenden Gesellschaftsverhältnisse, so finden die Vorschriften der §§. 762 bis 772 nur insoweit Anwendung, als nicht aus den §§. 629 bis 659 ein Anderes sich ergiebt.

Vierter Titel.

Vorlegung und Offenbarung.

§. 774.

Wer wegen eines gegen den Besitzer oder Inhaber einer Sache in Ansehung der letzteren ihm zustehenden Anspruches oder, um sich Gewißheit zu verschaffen, ob ihm ein solcher Anspruch zustehe, an der Besichtigung der Sache ein Interesse hat, kann von dem Besitzer oder Inhaber verlangen, daß ihm die Sache vorgezeigt oder vorgelegt und deren Besichtigung gestattet werde.

§. 775.

Wer ein Interesse daran hat, von einer in dem Besitze oder der Inhabung eines Anderen befindlichen Urkunde Einsicht zu nehmen, kann von dem Anderen die Vorlegung und Gestattung der Einsicht der Urkunde verlangen, sofern die Voraussetzungen vorhanden sind, unter welchen in einem Rechtsstreite ein Dritter nach den Bestimmungen der Civilprozeßordnung zu der durch Beweisbeschluß für erheblich erklärten Vorlegung einer Urkunde verpflichtet ist.

§. 776.

Die Gefahr und die Kosten der Vorzeigung und Vorlegung hat in den Fällen der §§. 774, 775 derjenige zu tragen, welcher die Vorzeigung oder Vorlegung verlangt.

§. 777.

Wer einen Inbegriff von Vermögensgegenständen ganz oder zu einem Bruchtheile herauszugeben oder über den Bestand eines solchen Inbegriffes Auskunft zu ertheilen verpflichtet ist, hat dem Berechtigten auf dessen Verlangen ein Verzeichniß des Bestandes vorzulegen und den Offenbarungseid dahin zu leisten:

daß er den Bestand vollständig angegeben und wissentlich nichts verschwiegen habe.

Das Gericht kann eine der Lage der Sache entsprechende Aenderung der vorstehenden Eidesnorm beschließen. Auf die Abnahme des Eides finden die Vorschriften der §§. 440 bis 446, 780, des §. 781 Abs. 1 und des §. 783 der Civilprozeßordnung mit der Maßgabe entsprechende Anwendung, daß die Ladung zu dem für die Abnahme zu bestimmenden Termine auch von dem Verpflichteten erfolgen kann.

Drittes Buch.

Sachenrecht.[1])

Erster Abschnitt.

Allgemeine Vorschriften.

§. 778.

Sachen im Sinne des Gesetzes sind nur körperliche Gegenstände.

§. 779.

Vertretbare Sachen im Sinne des Gesetzes sind diejenigen beweglichen Sachen, welche im Verkehre nach Zahl, Maß oder Gewicht bestimmt zu werden pflegen.

§. 780.

Verbrauchbare Sachen im Sinne des Gesetzes sind diejenigen beweglichen Sachen, welche durch Verbrauch oder Veräußerung genutzt zu werden pflegen.

Als verbrauchbare Sachen gelten auch diejenigen beweglichen Sachen, welche zu einem Sachinbegriffe gehören, dessen bestimmungsmäßige Nutzung in der Veräußerung der einzelnen Sachen besteht.

---

[1]) I. Ausgeschlossen von der Regelung durch das Sachenrecht des Gesetzbuches sind:

a) das Wasserrecht mit Einschluß des Mühlenrechtes, des Flötzrechtes und Flößereirechtes;

b) das Forstrecht, das Jagdrecht, das Fischereirecht, das Deichrecht und Sielrecht;

c) das Bergrecht mit Einschluß der selbständigen Berechtigung zum Abbau gewisser Bodenbestandtheile, welche von der Verfügung des Grundeigenthümers nicht ausgeschlossen sind;

d) das Recht der Gemeinheitstheilung, der Zusammenlegung der Grundstücke, der Regulirung gutsherrlicher und bäuerlicher Verhältnisse, der Ablösung von Dienstbarkeiten, Reallasten, Zwangsrechten und Bannrechten;

e) das Recht der Stammgüter und der Familienfideikommisse, das Lehnrecht, die Emphyteuse, das Erbzinsrecht und das Erbpachtrecht;

f) das Enteignungsrecht.

§. 781.

Unbewegliche Sachen sind die Grundstücke.

Auf Berechtigungen, welche ein Blatt im Grundbuche erhalten können, finden die auf Grundstücke sich beziehenden Vorschriften entsprechende Anwendung.

§. 782.

An solchen Bestandtheilen einer Sache, welche von einander nicht getrennt werden können, ohne daß der eine oder andere Bestandtheil zerstört oder in seinem Wesen verändert wird (wesentliche Bestandtheile), findet ein von dem Rechte an der Sache im Ganzen abgesondertes Recht nicht statt.

§. 783.

Als wesentliche Bestandtheile eines Grundstückes gelten die mit dem Grund und Boden fest verbundenen Sachen, insbesondere die Gebäude.

Als wesentliche Bestandtheile eines Gebäudes gelten die demselben zu dessen Herstellung eingefügten Sachen, sofern nicht die Einfügung nur zu einem vorübergehenden Zwecke erfolgt ist.

Das Einführungsgesetz wird die Stellung des Gesetzbuches zu diesen Rechtsmaterien und die Zuständigkeit der Landesgesetzgebungen für dieselben regeln.

II. In Ansehung der nach dem Gesetze, betreffend die Beschränkungen des Grundeigenthumes in der Umgebung von Festungen, vom 21. Dezember 1871 (Reichs-Gesetzbl. S. 459) und nach dem Gesetze über die Kriegsleistungen vom 13. Juni 1873 (Reichs-Gesetzbl. S. 129) für die Beschränkung des Eigenthumes an einem Grundstücke sowie für die Benutzung, Beschädigung oder Entziehung einer Sache zu gewährenden Entschädigungen wird das Einführungsgesetz vorsehen, ob und inwieweit demjenigen, welchem ein anderes Recht an der Sache als das Eigenthum zusteht, der Anspruch des Eigenthümers auf die zu gewährende Entschädigung haftet.

III. Die Rechte an Grundstücken sind auf der Grundlage des in dem größten Theile des Reiches geltenden Grundbuchsystemes geregelt. Diese Art der Regelung bringt es mit sich, daß mit der Einführung des bürgerlichen Gesetzbuches zugleich im Wege der Reichsgesetzgebung eine Grundbuchordnung zu erlassen ist, in welcher das Grundbuchwesen und das Verfahren der mit der Führung der Grundbücher beauftragten Behörden (Grundbuchämter) insoweit einheitlich geordnet wird, als die einheitliche Geltung der materiellen Vorschriften des bürgerlichen Gesetzbuches erfordert. Bei der Berathung des vorliegenden Entwurfes sind für die einem besonderen Reichsgesetze vorbehaltene Grundbuchordnung verschiedene Vorschriften beschlossen, auf welche zum Theil in besonderen Anmerkungen hingewiesen ist.

§. 784.

Zu den wesentlichen Bestandtheilen eines Grundstückes gehören auch dessen Erzeugnisse, solange sie mit dem Boden zusammenhängen.

Samen wird mit dem Aussäen, eine Pflanze wird, wenn sie Wurzel gefaßt hat, wesentlicher Bestandtheil des Grundstückes.

§. 785.

Als Bestandtheile eines Grundstückes gelten nicht solche Sachen, insbesondere Gebäude, deren Verbindung mit dem Grundstücke von einem Anderen als dem Eigenthümer des Grundstückes nur zu einem vorübergehenden Zwecke befugter Weise bewirkt ist, oder welche in Ausübung eines Rechtes an dem Grundstücke von dem Berechtigten in seinem Interesse mit dem Grundstücke verbunden sind.

§. 786.

Ein Erdkörper, welcher durch Naturgewalt von einem Grundstücke losgerissen und mit einem anderen Grundstücke vereinigt ist, wird ein wesentlicher Bestandtheil des letzteren, wenn entweder seine Unterscheidung von diesem Grundstücke nicht mehr möglich ist, oder wenn die Vereinigung ein Jahr bestanden hat, ohne daß der Eigenthümer oder ein sonstiger Berechtigter sein Recht an dem Erdkörper durch Erhebung der Klage geltend gemacht hat.

§. 787.[1])

Jedes Grundstück, welches in dem Flurbuche eine besondere Nummer führt, ist als ein einheitliches Grundstück anzusehen.

Ein Gleiches gilt von mehreren Grundstücken, welche im Flurbuche verschiedene Nummern führen, sofern sie in dem Grundbuche als ein einheitliches Grundstück gebucht sind.

[1]) I. Die Vorschriften der Grundbuchordnung werden ergeben, daß das Grundbuch die allgemeine Aufnahme der Grundstücksgrenzen in öffentlichen Urkunden — Karten, Flurbüchern — zur Voraussetzung habe. Sie werden ferner ergeben, daß der Eigenthümer des Grundstückes einen Bestandtheil desselben nicht besonders belasten könne.

II. Das Einführungsgesetz wird Vorschriften enthalten, durch welche die Landesgesetzgebungen ermächtigt werden, für den Fall der Abveräußerung eines Theiles von einem Grundstücke die Abschreibung des Theiles frei von den Belastungen des Grundstückes unter der Voraussetzung, daß eine solche Abschreibung nach dem Zeugnisse der zuständigen Behörde den Berechtigten unschädlich ist, zuzulassen, die für die Ertheilung des Unschädlichkeitszeugnisses zuständige Behörde zu bestimmen und die Voraussetzungen, unter welchen das Zeugniß ertheilt werden darf, zu regeln.

III. Das Einführungsgesetz wird ferner bestimmen, daß die Landesgesetze unberührt bleiben, welche die Zertheilung gewisser Grundstücke im öffentlichen Interesse untersagen oder beschränken.

§. 788.

Rechte, welche mit dem Eigenthume an einem Grundstücke verbunden sind, gelten als Bestandtheile des letzteren.

§. 789.

Zubehör einer Sache sind diejenigen beweglichen Sachen, welche, ohne Bestandtheile der Hauptsache zu sein, derselben bleibend zu dienen bestimmt und in ein dieser Bestimmung entsprechendes äußeres Verhältniß zur Hauptsache gebracht sind, es sei denn, daß nach der Verkehrssitte eine solche Sache nicht als Zubehör angesehen wird.

Ein Zubehörstück verliert diese Eigenschaft dadurch nicht, daß es nur zu einem vorübergehenden Zwecke von der Hauptsache getrennt wird.

§. 790.

Das eine Sache betreffende Rechtsgeschäft unter Lebenden erstreckt sich im Zweifel auch auf diejenigen Sachen, welche zur Zeit des Abschlusses des Rechtsgeschäftes Zubehör jener Sache sind.

§. 791.

Unter den Voraussetzungen des §. 789 gehören namentlich:

1. zu dem Zubehöre eines zu einem gewerblichen Zwecke auf die Dauer eingerichteten Gebäudes, insbesondere einer Mühle, eines Brauhauses, einer Schmiede, einer Fabrik, auch die dem gewerblichen Zwecke dienenden Maschinen und sonstigen Geräthschaften;
2. zu dem Zubehöre eines Landgutes das zum Wirthschaftsbetriebe bestimmte Geräth und Vieh sowie die landwirthschaftlichen Erzeugnisse, soweit sie zur Fortführung der Wirthschaft bis zu der Zeit erforderlich sind, in welcher gleiche oder ähnliche Erzeugnisse voraussichtlich gewonnen werden, ingleichen der erforderliche Dünger.

§. 792.

Im Sinne des Gesetzes sind:

1. Früchte einer Sache die Erzeugnisse der letzteren und diejenige sonstige Ausbeute aus derselben, deren Gewinnung zur bestimmungsmäßigen Nutzung der Sache gehört;
2. Früchte eines Rechtes, auch wenn dasselbe zeitlich beschränkt ist, die Erträge, welche das Recht bei bestimmungsmäßiger Nutzung gewährt, insbesondere, sofern

das Gewinnen von Bodenbestandtheilen Gegenstand des Rechtes ist, die gewonnenen Bodenbestandtheile;

3. Früchte einer Sache oder eines Rechtes auch die Erträge, welche die Sache oder das Recht vermöge eines Rechtsverhältnisses gewährt

§. 793.

Nutzungen einer Sache oder eines Rechtes im Sinne des Gesetzes sind die Früchte derselben sowie die Vortheile, welche der Gebrauch der Sache oder des Rechtes gewährt.

§. 794.

Ist Jemand berechtigt, die Früchte einer Sache oder eines Rechtes bis zu einer bestimmten Zeit oder von einer bestimmten Zeit an zu beziehen, so gebühren ihm, wenn nicht durch Gesetz oder Rechtsgeschäft ein Anderes bestimmt ist:

1. von den im §. 792 Nr. 1 bezeichneten Früchten diejenigen, welche während der Zeit seiner Berechtigung von der Hauptsache getrennt werden;
2 von den im §. 792 Nr. 3 bezeichneten Früchten, sofern dieselben in der Vergütung für den einem Dritten überlassenen Gebrauch oder Fruchtgenuß oder in Zinsen oder Gewinnantheilen bestehen, ein der Zeitdauer seiner Berechtigung entsprechender Bruchtheil;
3. von anderen Früchten diejenigen, welche während der Zeit seiner Berechtigung fällig geworden sind.

Als berechtigt zur Beziehung der Früchte gilt auch der Besitzer oder der Inhaber einer Sache, soweit er gegenüber dem Eigenthümer zur Herausgabe der von ihm gezogenen Nutzungen nicht verpflichtet ist.

§. 795.

Wer verpflichtet ist, die Lasten und Abgaben einer Sache oder eines Rechtes bis zu einer bestimmten Zeit oder von einer bestimmten Zeit an zu tragen, hat, wenn nicht durch Gesetz oder Rechtsgeschäft ein Anderes bestimmt ist, diejenigen Lasten und Abgaben zu tragen, welche während der Zeit seiner Verpflichtung fällig geworden sind.

§. 796.

Die Befugniß desjenigen, welchem das Eigenthum oder ein anderes Recht an einer Sache zusteht, über sein Recht zu verfügen, kann nicht durch Rechtsgeschäft mit Wirkung gegen Dritte ausgeschlossen oder beschränkt werden, soweit nicht das Gesetz ein Anderes bestimmt.

Zweiter Abschnitt.
Besitz und Inhabung.

§. 797.

Der Besitz einer Sache wird erworben durch die Erlangung der thatsächlichen Gewalt über die Sache (Inhabung) in Verbindung mit dem Willen des Inhabers, die Sache als die seinige zu haben (Besitzwille).

§. 798

Besitz einer Sache ist nur insoweit möglich, als Eigenthum an der Sache möglich ist.

An wesentlichen Bestandtheilen einer Sache findet ein von dem Besitze der letzteren abgesonderter Besitz nicht statt.

§. 799.

Eine Sache kann von Mehreren in Gemeinschaft besessen werden.

§. 800.

Eine geschäftsunfähige Person kann nicht durch eigene Handlungen Besitz erwerben.

Eine in der Geschäftsfähigkeit beschränkte Person kann auch durch eigene Handlungen Besitz erwerben.

§. 801

Auf den Besitzerwerb durch Vertreter finden die Vorschriften über den Erwerb aus einem von dem Vertreter vorgenommenen Rechtsgeschäfte entsprechende Anwendung.

§. 802.

Der Besitz einer Sache kann ohne den Willen des bisherigen Besitzers von einem Anderen nur durch solche Handlungen erworben werden, durch welche dem bisherigen Besitzer der Besitz entzogen wird.

§. 803.

Mittels Uebergabe wird der Besitz einer Sache erworben, wenn der Besitz von dem bisherigen Besitzer dem Erwerber eingeräumt und von diesem ergriffen wird.

Die Willenserklärung des bisherigen Besitzers, daß er den Besitz einräume, und die Willenserklärung des Erwerbers, daß er den Besitz ergreife, genügen für den Erwerb des Besitzes, wenn der Erwerber sich thatsächlich in der Lage befindet, die Gewalt über die Sache beliebig auszuüben.

§. 804.

Die in der Inhabung eines Anderen befindliche Sache kann von dem Besitzer einem Dritten dadurch übergeben werden, daß der bisherige Besitzer den Inhaber anweist, die thatsächliche Gewalt fortan für den Dritten auszuüben, und dieser gegenüber dem bisherigen Besitzer oder dem Inhaber den Besitzwillen erklärt. Der Besitz wird von dem Dritten nicht erworben, wenn der Inhaber unverzüglich nach dem Empfange der Anweisung gegenüber dem bisherigen Besitzer oder dem Dritten der Anweisung widerspricht.

§. 805.

Die Uebergabe einer in der Inhabung des Besitzers befindlichen Sache an einen Anderen kann, wenn der Besitzer auf Grund eines zwischen ihm und dem Anderen bestehenden besonderen Rechtsverhältnisses befugt oder verpflichtet ist, die Sache als Inhaber zu behalten, dadurch bewirkt werden, daß der bisherige Besitzer im Einverständnisse mit dem Anderen diesem den Willen erklärt, die thatsächliche Gewalt fortan für denselben auszuüben.

Ist der bisherige Besitzer berechtigt, den Anderen in Ansehung des Besitzerwerbes zu vertreten, so genügt zum Besitzerwerbe des Anderen jede Handlung des bisherigen Besitzers, durch welche der letztere den Willen kundgiebt, die thatsächliche Gewalt fortan für den Anderen auszuüben.

§. 806.

Der Besitz dauert fort bis zum Eintritte einer Thatsache, welche nach den Vorschriften der §§. 807 bis 813 die Beendigung des Besitzes bewirkt.

§. 807.

Der Besitz wird beendigt, wenn er in Gemäßheit des §. 798 unmöglich wird.

§. 808.

Der Besitz wird dadurch beendigt, daß der Besitzer den Willen erklärt, die Sache nicht mehr als die seinige zu haben (Aufgeben des Besitzes).

§. 809.

Auf das Aufgeben des Besitzes durch eine geschäftsunfähige oder in der Geschäftsfähigkeit beschränkte Person finden die Vorschriften über das Aufgeben von Rechten durch ein von einer solchen Person vorgenommenes Rechtsgeschäft, auf das Aufgeben des Besitzes durch einen Vertreter die Vorschriften über das Aufgeben von Rechten durch ein von dem Vertreter vorgenommenes Rechtsgeschäft entsprechende Anwendung.

§. 810.

Der Besitz wird beendigt, wenn dem Besitzer die thatsächliche Gewalt über die Sache entzogen wird.

Durch eine ihrer Natur nach nur vorübergehende Behinderung, die thatsächliche Gewalt auszuüben, wird der Besitz nicht beendigt.

§. 811.

Der Besitz wird dadurch nicht beendigt, daß ein Anderer die thatsächliche Gewalt über die Sache mit dem Willen erlangt, die Gewalt für den Besitzer auszuüben.

§. 812.

Der Besitz eines Grundstückes wird dadurch, daß ein Anderer die thatsächliche Gewalt über dasselbe ausübt, nicht beendigt, wenn der bisherige Besitzer oder, sofern dieser das Grundstück nicht selbst innehatte, der bisherige Inhaber sofort nach erlangter Kenntniß von den Besitzhandlungen des Anderen die thatsächliche Gewalt sich wieder verschafft.

§. 813.

Wird die thatsächliche Gewalt für den Besitzer durch einen Anderen ausgeübt, so wird der Besitz dadurch nicht beendigt, daß der Inhaber stirbt oder geschäftsunfähig wird.

Solange der Inhaber die thatsächliche Gewalt behält, wird durch eine Handlung desselben der Besitz nur dann beendigt, wenn der Inhaber gegenüber dem Besitzer den Willen erklärt, die thatsächliche Gewalt nicht mehr für den Besitzer, sondern für sich oder für einen Dritten auszuüben.

§. 814.

Niemand darf, soweit nicht das Gesetz für besondere Fälle ein Anderes bestimmt, ohne den Willen des Inhabers einer Sache demselben die Inhabung entziehen oder ihn darin stören (verbotene Eigenmacht).

§. 815.

Der Inhaber einer Sache ist berechtigt, verbotener Eigenmacht sich mit Gewalt zu erwehren.

Ist eine bewegliche Sache dem Inhaber durch verbotene Eigenmacht weggenommen, so ist derselbe berechtigt, dem auf der That betroffenen oder bei sofortiger Nacheile erreichten Thäter die Sache mit Gewalt wieder abzunehmen. Im Falle der Wiederabnahme ist der Besitz als nicht unterbrochen anzusehen.

Ist die thatsächliche Gewalt über ein Grundstück dem Inhaber durch verbotene Eigenmacht entzogen, so ist derselbe berechtigt, sofort nach erlangter Kenntniß von der Entziehung sich die Inhabung wieder zu verschaffen, mit Gewalt gegen die Person jedoch nur dann, wenn die Wiederverschaffung sofort nach der Entziehung erfolgt, oder wenn die Voraussetzungen vorliegen, unter welchen nach den Vorschriften des §. 189 Selbsthülfe erlaubt ist.

Die in dem ersten bis dritten Absatze bezeichneten Rechte stehen dem Inhaber auch gegenüber demjenigen zu, für welchen er die Sache innehat.

§. 816.

Die Vorschriften der §§. 814, 815 finden entsprechende Anwendung zu Gunsten desjenigen, welcher nur einen Theil einer Sache, insbesondere in baulichen Anlagen abgesonderte Wohnungsräume oder Wirthschaftsräume, innehat.

§. 817.

Haben Mehrere eine Sache oder einen Theil einer Sache gemeinschaftlich inne, so sind Handlungen eines Theilhabers, welche über die im §. 765 bezeichnete Gebrauchsbefugniß hinausgehen oder einen anderen Theilhaber in dieser Gebrauchsbefugniß hindern, als verbotene Eigenmacht anzusehen.

§. 818.

Die durch verbotene Eigenmacht erlangte Inhabung ist fehlerhaft. Fehlerhaft ist auch die Inhabung des Erben desjenigen, dessen Inhabung fehlerhaft war. Die Inhabung eines sonstigen Nachfolgers des letzteren ist nur dann fehlerhaft, wenn der Nachfolger bei Erlangung der Inhabung die Fehlerhaftigkeit der Inhabung seines Vorgängers gekannt hat.

§. 819.

Derjenige, welchem die Inhabung durch verbotene Eigenmacht entzogen ist, hat gegen den Inhaber, welcher ihm gegenüber fehlerhaft innehat, den Anspruch auf Wiedereinräumung der Inhabung.

Der Anspruch ist ausgeschlossen, wenn der frühere Inhaber gegenüber dem gegenwärtigen Inhaber fehlerhaft innehatte.

§. 820.

Ist der Inhaber durch verbotene Eigenmacht in der Inhabung gestört, so hat er gegen den Störer den Anspruch auf Wiederaufhebung der Störung; sind weitere Störungen nach den Umständen zu besorgen, so kann er die Verurtheilung des Störers zur Unterlassung weiterer Störungen verlangen.

Die Vorschriften des ersten Absatzes finden keine Anwendung, wenn der Gestörte gegenüber dem Störer fehlerhaft innehat.

§. 821.

Ist der Inhaber nicht zugleich der Besitzer, so stehen die nach den §§. 819, 820 für den Inhaber begründeten Rechte auch dem Besitzer zu. Will der frühere Inhaber in dem Falle der Entziehung der Inhabung diese nicht wieder übernehmen, so kann der Besitzer fordern, daß die Inhabung ihm selbst eingeräumt werde.

Hat der Inhaber die Inhabung für einen Anderen, welcher für den Besitzer die thatsächliche Gewalt über die Sache ausübt, so hat auch dieser Andere die nach dem ersten Absatze dem Besitzer zustehenden Rechte.

§. 822.

Wird auf Grund der §§. 819 bis 821 Klage erhoben (Besitzklage), so kann der Beklagte in dem Besitzprozesse das Recht auf die Inhabung oder das Recht zur Vornahme der als Störung gerügten Handlung nur insoweit geltend machen, als es erforderlich ist zur Begründung des Einwandes, daß verbotene Eigenmacht nicht verübt worden sei.

§. 823

Durch die Erhebung der Besitzklage wird die Erhebung der Klage aus dem Rechte, durch die Erhebung der Klage aus dem Rechte die Erhebung der Besitzklage nicht gehindert.

Wird in dem über das Recht anhängig gewordenen Prozesse früher rechtskräftig entschieden, als im Besitzprozesse, so ist, wenn und soweit die im Besitzprozesse als verbotene Eigenmacht gerügte Handlung dem durch die Entscheidung in dem ersteren Prozesse festgestellten Rechte entspricht, die Besitzklage in der Hauptsache, vorbehaltlich der über den Kostenpunkt zu treffenden Entscheidung, als erledigt anzusehen.

§. 824.

Im Besitzprozesse können als verbotene Eigenmacht Handlungen nicht mehr geltend gemacht werden, seit deren Vornahme zur Zeit der Geltendmachung eine längere Frist als ein Jahr verstrichen ist. Die vorstehende Vorschrift findet insoweit keine Anwendung, als die Geltendmachung zur Begründung des Einwandes erforderlich ist, daß von Seiten des Einwendenden verbotene Eigenmacht nicht verübt worden sei.

§. 825.

Hat Jemand den Besitz einer Sache verloren oder wird diese während seines Besitzes beschädigt, so wird vermuthet, daß sein Vermögen im ersten Falle um den Werth der Sache, im zweiten Falle um die Verringerung des Werthes derselben vermindert worden sei.

Dritter Abschnitt.

Allgemeine Vorschriften über Rechte an Grundstücken.[1])

§. 826.

Es wird vermuthet, daß derjenige, für welchen ein Recht

---

[1]) Mit der Einführung des bürgerlichen Gesetzbuches wird die Erlassung eines besonderen Gesetzes erforderlich, durch welches in Ergänzung der Civilprozeßordnung und der Konkursordnung und zum Zwecke der vollständigen Regelung der Zwangsvollstreckung in das unbewegliche Vermögen die Zwangsversteigerung und die Zwangsverwaltung der Grundstücke und der den letzteren gleichstehenden Rechte (§. 781 Abs. 2) in umfassender Weise geordnet wird.

Das besondere Gesetz wird zu bestimmen haben:

1. daß im Falle der Zwangsversteigerung das Grundstück nur für ein solches Gebot zugeschlagen werden könne, durch welches sämmtliche Hypotheken und Grundschulden, die im Range dem Anspruche des das Verfahren betreibenden Gläubigers vorgehen, gedeckt erscheinen, und nach welchem die sonstigen dem Anspruche des betreibenden Gläubigers vorgehenden Rechte bestehen bleiben;
2. daß die Hypothekengläubiger und die Grundschuldgläubiger eines im Wege der Zwangsvollstreckung veräußerten Grundstückes aus dessen Erlöse nur wegen eines zweijährigen Zinsenrückstandes an der Stelle des Kapitales Befriedigung verlangen können, während sie wegen älterer Zinsenrückstände den übrigen Berechtigten im Range nachstehen, vorbehaltlich der Entscheidung, ob eine gleiche Vorschrift auch für die gesetzlichen Zinsen sich empfehle.

Dem besonderen Gesetze sind ferner die Bestimmungen darüber vorbehalten:

a) inwiefern durch die Zwangsversteigerung eines Grundstückes die an diesem bestehenden Rechte erlöschen und für solche erlöschende Rechte der Erlös an Stelle des veräußerten Grundstückes trete;
b) inwiefern aus dem Erlöse eines im Wege der Zwangsvollstreckung veräußerten Grundstückes nicht allein die Rückstände der auf dem Grundstücke ruhenden, im öffentlichen Rechte sich gründenden Abgaben, sondern auch rückständiges Gesindelohn und rückständige ähnliche Bezüge zu berichtigen seien, und in welcher Ordnung die Berichtigung zu erfolgen habe.

an einem Grundstücke oder ein Recht an einem solchen Rechte in das Grundbuch eingetragen ist, das Recht erworben habe, und daß ein Recht, dessen Erlöschen in das Grundbuch eingetragen ist (Löschung), aufgehoben sei.

§. 827.

Ist ein Recht als mehreren Personen gemeinschaftlich und ungetheilt zustehend in das Grundbuch eingetragen, so ist für dieselben Gemeinschaft nach Bruchtheilen, sowie Gleichheit der Bruchtheile als eingetragen anzusehen, sofern nicht aus dem Inhalte der Eintragung ein Anderes sich ergiebt.[1])

§. 828.[2])

Zur Uebertragung des Eigenthumes, sowie zur Begründung, Uebertragung oder Belastung eines anderen Rechtes an einem Grundstücke durch Rechtsgeschäft ist ein zwischen dem eingetragenen

---

[1]) Der Grundbuchordnung ist die Bestimmung vorbehalten, daß, wenn ein Recht als mehreren Personen gemeinschaftlich zustehend eingetragen wird und Gemeinschaft nach Bruchtheilen nicht besteht, aus dem Inhalte der Eintragung das die Abweichung von der Regel ergebende Rechtsverhältniß hervorgehen muß.

[2]) Der Grundbuchordnung sind vorbehalten:

a) die Vorschriften über das Verfahren der Grundbuchämter in Ansehung der bei ihnen abzugebenden Erklärungen, über die Protokollirung der letzteren und über die Form der Protokolle;

b) die Vorschriften über den Nachweis einer Eintragungsbewilligung, wobei davon auszugehen ist, daß die Bewilligung entweder vor dem Grundbuchamte zu Protokoll oder in einer öffentlich (d. h. von einem Gerichte oder einer anderen landesgesetzlich hierzu befugten Behörde oder einem Notar) beglaubigten Urkunde erklärt sein müsse;

c) die Vorschrift, daß die Vollmacht zur Bewilligung einer Eintragung nicht demjenigen ertheilt werden könne, welcher durch die Eintragung ein Recht erwerben soll, vorbehaltlich der Ausdehnung der Vorschrift auf verwandte Fälle;

d) die Vorschrift, daß die Eintragungsbewilligung über den Inhalt der zu bewirkenden Eintragung keinen Zweifel lassen dürfe und die bestimmte Bezeichnung des Grundstückes zu enthalten habe, auf dessen Grundbuchblatte die Eintragung erfolgen soll;

e) die Vorschrift, daß das Grundbuchamt, sofern nicht das Gesetz ein Anderes bestimmt, eine Eintragung nur dann zu bewirken habe, wenn derjenige, gegen dessen eingetragenes Recht die vorzunehmende Eintragung sich richtet, die Eintragung bewilligt hat;

f) die Vorschrift, daß der Antrag auf eine Eintragung, sofern nicht das Gesetz ein Anderes bestimmt, zurückzuweisen sei, wenn

Berechtigten und dem Erwerber zu schließender Vertrag und Eintragung in das Grundbuch erforderlich, soweit nicht das Gesetz ein Anderes bestimmt.

Der Vertrag erfordert die Erklärung des Berechtigten, daß er die Eintragung der Rechtsänderung in das Grundbuch bewillige, und die Annahme der Bewilligung von Seiten des anderen Theiles.

Der Vertrag wird für die Vertragschließenden mit dem Zeitpunkte bindend, in welchem er entweder vor dem Grundbuchamte geschlossen oder von den Vertragschließenden dem Grundbuchamte zur Eintragung eingereicht wird, oder in welchem die bewilligte Eintragung auf den Antrag auch nur eines der Vertragschließenden erfolgt.

Auf die Wirksamkeit des Vertrages ist es ohne Einfluß, wenn einer der Vertragschließenden stirbt oder geschäftsunfähig wird, bevor der Vertrag bindend geworden ist.

§. 829.

Zur Wirksamkeit des im §. 828 bezeichneten Vertrages ist die Angabe des Rechtsgrundes nicht erforderlich. Die Wirksamkeit des Vertrages wird dadurch nicht ausgeschlossen, daß die Vertragschließenden verschiedene Rechtsgründe vorausgesetzt haben, oder daß der von ihnen vorausgesetzte Rechtsgrund nicht vorhanden oder ungültig war.

Die Vorschriften der §§. 737 bis 748 über Rückforderung einer Leistung wegen ungerechtfertigter Bereicherung bleiben unberührt

§. 830.

Die Eintragungsbewilligung, welche von einer zur wirksamen Ertheilung der Bewilligung nicht berechtigten Person ertheilt wird, ist wirksam, wenn sie mit Einwilligung des Berechtigten ertheilt ist; sie wird wirksam, wenn sie von dem Berechtigten genehmigt wird, oder wenn der Nichtberechtigte das für die Wirksamkeit der

---

derjenige, welcher dieselbe bewilligt hat, nicht als Berechtigter in das Grundbuch eingetragen ist;

g) die Vorschrift, daß der Antrag auf eine Eintragung zurückzuweisen sei, wenn er unter einer Bedingung oder mit einem Vorbehalte gestellt worden ist;

h) die Vorschrift, daß das Grundbuchamt, sofern nicht das Gesetz ein Anderes bestimmt, die Eintragung zu bewirken habe, auch wenn nur die Bewilligung desjenigen vorliegt, gegen dessen Recht die Eintragung sich richtet, und daß die Bezeichnung des Rechtsgrundes der Bewilligung nicht erforderlich sei.

Bewilligung erforderliche Recht erwirbt, oder wenn der Nichtberechtigte von dem Berechtigten beerbt wird und das Erlöschen des Inventarrechtes eintritt.

§. 831.[1])

Auf die Wirksamkeit einer Eintragungsbewilligung ist es ohne Einfluß, wenn, nachdem der Antrag auf Eintragung bei dem Grundbuchamte eingegangen ist, derjenige, welcher die Eintragung bewilligt hat, in der Verfügung über das für ihn eingetragene Recht beschränkt wird.

§. 832.

Eine Eintragung, welche auf Grund eines zum Scheine vorgenommenen Rechtsgeschäftes erfolgt, ist wirksam, unbeschadet des Rechtes der Parteien, im Verhältnisse zu einander die Nichtigkeit des Scheingeschäftes geltend zu machen.

§. 833.[2])

Die Eintragungsbewilligung, sowie deren Annahme werden durch ein Urtheil nach Maßgabe des §. 779 Abs. 1 der Civilprozeßordnung ersetzt.

Ist das Urtheil, durch welches zur Bewilligung der Eintragung verurtheilt ist, nur vorläufig vollstreckbar, so kann die Rechtsänderung nur als abhängig von der Bedingung der Rechtskraft des Urtheiles eingetragen werden. Kann die Rechtsänderung von einer Bedingung nicht abhängig gemacht werden, so findet die Eintragung eines Veräußerungsverbotes statt.

Die im zweiten Absatze bezeichneten Eintragungen erfolgen im Wege der Zwangsvollstreckung.

§. 834.

Die Vorschriften der §§. 829 bis 833 finden entsprechende Anwendung auf die einseitige, vor oder gegenüber dem Grundbuchamte abzugebende Erklärung, durch welche das Eigenthum aufgegeben oder auf ein anderes Recht an einem Grundstücke oder

---

[1]) Ueber die Aenderung des §. 12 der Konkursordnung wird bei der Berathung des Einführungsgesetzes entschieden werden.

[2]) In der Grundbuchordnung wird vorgesehen werden:
a) daß die Grundbuchämter dem Ersuchen einer Behörde um eine Eintragung zu genügen haben, sofern dasselbe der landesgesetzlichen Zuständigkeit der ersuchenden Behörde entspricht;
b) daß die Eintragung einer Hypothek auf das Ersuchen einer zuständigen Behörde nur als Sicherungshypothek zulässig sei und auf eine solche Hypothek der §. 1131 Anwendung finde.

auf ein Recht an einem solchen Rechte verzichtet wird. Eine solche Erklärung ist unwiderruflich.

§. 835.

Vereinigen sich das Eigenthum und ein anderes Recht an einem Grundstücke in derselben Person, so wird durch die Vereinigung das andere Recht nicht aufgehoben.

§. 836.

Zur Löschung eines eingetragenen, auf die Lebenszeit des Berechtigten beschränkten Rechtes ist, wenn der Berechtigte verstorben ist, die Löschungsbewilligung des Rechtsnachfolgers nicht erforderlich.

Ist nach dem Inhalte der Eintragung ein Anspruch auf rückständige Leistungen nicht ausgeschlossen, so findet die Vorschrift des ersten Absatzes nur dann Anwendung, wenn seit dem Tode des Berechtigten ein Jahr verstrichen und nicht innerhalb dieser Frist wegen rückständiger Leistungen von demjenigen, welchem der Anspruch auf dieselben zustehen würde, die Eintragung eines Widerspruches gegen die Löschung bei dem Grundbuchamte beantragt ist. Die Eintragung erfolgt auf einseitigen Antrag des zum Widerspruche Berechtigten.

§. 837.

Bei dem durch Rechtsgeschäft oder im Wege der Zwangsvollstreckung oder der Arrestvollziehung sich vollziehenden Erwerbe eines Rechtes an einem Grundstücke oder an einem eingetragenen Rechte an einem Grundstücke gilt zu Gunsten des Erwerbers der Inhalt des Grundbuches, wie er zur Zeit des sich vollziehenden Erwerbes des Rechtes besteht, als richtig, ingleichen ein zu dieser Zeit aus dem Grundbuche nicht ersichtliches Veräußerungsverbot, welches nur zum Schutze des Interesses bestimmter Personen durch Gesetz, Verfügung des Gerichtes oder Rechtsgeschäft begründet ist, als nicht bestehend.[1])

Die Vorschriften des ersten Absatzes finden keine Anwendung, wenn der Erwerber zu der angegebenen Zeit die Thatsachen gekannt hat, aus welchen sich die Nichtübereinstimmung des Grundbuches mit der wirklichen Rechtslage oder das Veräußerungsverbot

[1]) I. Die Grundbuchordnung wird vorschreiben, daß die Grundbuchämter verpflichtet seien, die Einsicht der Grundbücher und der dazu gehörigen Akten jedem Betheiligten zu gestatten.

II. Ueber die Aenderung des §. 98 der Konkursordnung wird bei der Berathung des Einführungsgesetzes entschieden werden.

ergiebt. Die Kenntniß der Anfechtbarkeit eines Rechtsgeschäftes steht, wenn die Anfechtung erfolgt, der Kenntniß der mit der Anfechtung eingetretenen rechtlichen Wirkungen gleich.

§. 838.

Die Vorschriften des §. 837 finden entsprechende Anwendung, wenn ein gegenüber dem Berechtigten vorzunehmendes Rechtsgeschäft gegenüber demjenigen vorgenommen wird, welcher als Berechtigter in das Grundbuch eingetragen ist, oder wenn der letztere ein die Aenderung des eingetragenen Rechtes unmittelbar bezweckendes Rechtsgeschäft gegenüber einem Dritten vornimmt oder mit einem Dritten schließt, insbesondere wenn an ihn eine Leistung erfolgt, welche der Berechtigte auf Grund des eingetragenen Rechtes zu fordern hat.

§. 839.

Wer in Gemäßheit der §§. 837, 838 den Verlust eines Rechtes erleidet, kann von demjenigen, welcher unberechtigt verfügt hat, oder an welchen eine ihm nicht gebührende Leistung erfolgt ist, die Herausgabe der dadurch erlangten Bereicherung fordern. Die Vorschriften des §. 748 Abs. 3 finden Anwendung. Ausgeschlossen ist der Anspruch wegen solcher Nutzungen, zu deren Herausgabe in Gemäßheit des §. 930 eine Verpflichtung nicht besteht.

§. 840.[1])

Unter mehreren Rechten an einem Grundstücke, zu deren Entstehung die Eintragung in das Grundbuch erforderlich war, geht das dem Datum nach früher, wenn auch nur bedingt, eingetragene Recht dem später eingetragenen Rechte vor. Die unter demselben Datum eingetragenen Rechte haben gleichen Rang; sind jedoch mehrere Rechte in dieselbe Abtheilung des Grundbuches eingetragen, so bestimmt sich das Rangverhältniß unter ihnen nach der Reihenfolge der Eintragung.

Ist in das Grundbuch ein anderes Rangverhältniß als das aus den Vorschriften des ersten Absatzes sich ergebende eingetragen, so ist das eingetragene Rangverhältniß maßgebend.

---

[1]) In der Grundbuchordnung wird die Eintragung aus mehreren dasselbe Grundstück betreffenden Eintragungsanträgen nach dem Grundsatze geordnet werden, daß dieselbe in der durch den Zeitpunkt der Anbringung der Anträge bestimmten Reihenfolge zu bewirken sei, soweit nicht ein Anderes durch Gesetz oder Rechtsgeschäft bestimmt ist.

Die Grundbuchordnung wird ferner vorschreiben, daß ein Eintragungsantrag, welchem es an einer gesetzlichen Voraussetzung der Eintragung mangelt, zurückzuweisen und die Wiederanbringung desselben als neuer Antrag zu behandeln sei.

§. 841.

Die nach den Vorschriften des §. 840 aus dem Grundbuche sich ergebende Rangordnung kann nachträglich geändert werden. Zu der Aenderung ist ein Vertrag, welcher von dem Eigenthümer des Grundstückes und denjenigen Berechtigten, für deren Rechte der Rang geändert werden soll, sowie den zwischen denselben stehenden Berechtigten zu schließen ist, und Eintragung in das Grundbuch erforderlich. Die Vorschriften der §§. 828 bis 833, 837 bis 839 finden entsprechende Anwendung.

§. 842.

Der Eigenthümer eines Grundstückes kann bei dessen Belastung mit einem Rechte dem jeweiligen Eigenthümer die Befugniß vorbehalten, das Grundstück mit einer Hypothek zu einem bestimmten Geldbetrage oder mit einem anderen bestimmten Rechte in der Weise zu belasten, daß diese Hypothek oder dieses andere Recht jenem Rechte im Range vorgehen soll. Bei der Eintragung jenes Rechtes ist der Vorbehalt und demnächst bei der Eintragung der vorbehaltenen Hypothek oder des vorbehaltenen anderen Rechtes der Vorrang derselben in das Grundbuch miteinzutragen. Die Eintragung des Vorranges kann jedoch nur mit vertragsmäßiger Zustimmung desjenigen erfolgen, für welchen in der Zwischenzeit ein Recht ohne den Vorbehalt eingetragen worden ist.

Der Vorbehalt erlischt durch die Veräußerung des Grundstückes im Wege der Zwangsversteigerung.

§. 843.

Steht der Inhalt des Grundbuches mit der wirklichen Rechtslage im Widerspruch, so ist derjenige, für welchen ein ihm nicht zustehendes Recht eingetragen, oder zu dessen Vortheile ein noch bestehendes Recht gelöscht ist, verpflichtet, demjenigen, dessen Recht durch die Eintragung beeinträchtigt wird, auf Verlangen die der wirklichen Rechtslage entsprechende Eintragung in der nach der Grundbuchordnung erforderlichen Form zu bewilligen. Ist zu einer Löschung der Antrag des Eigenthümers erforderlich, so ist der letztere auf Verlangen des Berechtigten die Löschung zu beantragen verpflichtet.

Die Kosten der Eintragungsbewilligung und der neuen Eintragung hat der Berechtigte zu tragen, sofern nicht aus dem zwischen ihm und dem Verpflichteten bestehenden Rechtsverhältnisse ein Anderes sich ergiebt.

§. 844.

Zur Erhaltung des Rechtes auf Eintragung eines bestehenden Rechtes an dem Grundstücke oder auf Löschung eines aufgehobenen Rechtes kann ein Widerspruch in das Grundbuch eingetragen werden (Vormerkung).

Soweit durch die Vormerkung der Richtigkeit des Grundbuches widersprochen wird, finden die Vorschriften des §. 837 Abs. 1 und des §. 838 keine Anwendung.

§. 845.

Die Eintragung einer Vormerkung erfolgt auf Grund einer Anordnung des Gerichtes.

Das Gericht hat die Eintragung der Vormerkung anzuordnen, wenn die Thatsachen glaubhaft gemacht sind, durch welche der Widerspruch seine Rechtfertigung findet. Das Verfahren bestimmt sich nach den für die Erlassung einstweiliger Verfügungen geltenden Vorschriften der Civilprozeßordnung mit der Maßgabe, daß die Eintragung der Vormerkung anzuordnen ist, auch wenn die Gefährdung des dem Widerspruche zu Grunde liegenden Rechtes nicht glaubhaft gemacht ist. Das Gericht hat das Grundbuchamt um die Eintragung der Vormerkung zu ersuchen.

Eine Vormerkung kann auch auf Grund der Bewilligung desjenigen eingetragen werden, gegen dessen eingetragenes Recht sie sich richtet.

§. 846.[1])

Die Eintragung im Wege der Zwangsvollstreckung oder der Vollziehung eines Arrestes oder einer einstweiligen Verfügung erfolgt auf den unmittelbar an das Grundbuchamt zu richtenden Antrag des Berechtigten, sofern nicht das Gesetz ein Anderes bestimmt.

Das Gleiche gilt in Ansehung der Löschung, wenn die Zwangsvollstreckung oder die Vollziehung des Arrestes oder der einstweiligen Verfügung mit der Wirkung einzustellen ist, daß zugleich die bereits erfolgten Vollstreckungsmaßregeln aufzuheben sind, oder wenn der Arrest oder die einstweilige Verfügung durch eine vollstreckbare Entscheidung aufgehoben worden ist.

§. 847.

Die in eingetragenen oder vorgemerkten Rechten an einem

[1]) Das Einführungsgesetz wird die Bestimmung enthalten, daß diejenigen Landesgesetze unberührt bleiben, welche die in dem §. 846 bezeichneten Eintragungen und Löschungen nur auf das Ersuchen des Vollstreckungsgerichtes zulassen.

Grundstücke oder an einem Rechte an einem Grundstücke sich gründenden Ansprüche des Berechtigten oder des Erben desselben unterliegen nicht der Verjährung. Diese Vorschrift findet keine Anwendung bei Ansprüchen auf Schadensersatz und auf Rückstände wiederkehrender Leistungen.

Vierter Abschnitt.

Eigenthum.

Erster Titel.

Inhalt und Begrenzung des Eigenthumes.

§. 848.

Der Eigenthümer einer Sache hat das Recht, mit Ausschließung Anderer nach Willkür mit der Sache zu verfahren und über dieselbe zu verfügen, soweit nicht Beschränkungen dieses Rechtes durch Gesetz oder durch Rechte Dritter begründet sind.

§. 849.

Das Recht des Eigenthümers eines Grundstückes erstreckt sich auf den Raum über der Oberfläche und auf den Erdkörper unter derselben.

§. 850.

Der Eigenthümer eines Grundstückes hat die nicht durch unmittelbare Zuleitung erfolgende Zuführung oder Mittheilung von Gasen, Dämpfen, Rauch, Ruß, Gerüchen, Wärme, Erschütterungen und dergleichen insoweit zu dulden, als solche Einwirkungen entweder die regelmäßige Benutzung des Grundstückes nicht in erheblichem Maße beeinträchtigen oder die Grenzen der Ortsüblichkeit nicht überschreiten.

§. 851.

Der Eigenthümer eines Grundstückes hat gegen den Eigenthümer eines Nachbargrundstückes den Anspruch auf dessen Mitwirkung zur Errichtung fester Grenzzeichen und, wenn Grenzzeichen verrückt oder unkenntlich geworden sind, zur Wiederherstellung derselben.

Die Kosten der Abmarkung sind von den betheiligten Nachbarn zu gleichen Theilen zu tragen, unbeschadet der Haftung eines Nachbarn aus einem demselben zur Last fallenden Verschulden.

Das Verfahren bei der Abmarkung und die Art derselben bestimmen sich nach den Landesgesetzen und in Ermangelung landesgesetzlicher Vorschriften nach der Ortsüblichkeit.

§. 852.

Wird im Falle einer Grenzverwirrung die richtige Grenze nicht erwiesen, so ist als die richtige Grenze diejenige Linie anzusehen, welche dem Besitzstande entspricht, und wenn auch ein solcher nicht erwiesen wird, diejenige Linie, durch welche jedem der betheiligten Grundstücke ein gleich großes Stück des streitigen Flächenabschnittes zugetheilt wird.

§. 853.

Die in den Vorschriften der §§. 851, 852 sich gründenden Ansprüche unterliegen nicht der Verjährung.

§. 854.

Befindet sich auf der Grenze zweier Grundstücke eine Einrichtung, welche zum Vortheile beider Grundstücke dient — Rain, Grenzgestell im Walde, Winkel, Zwischenraum, Mauer, Graben, Hecke, Planke, Zaun und dergleichen —, so wird vermuthet, daß dieselbe in Ansehung der Benutzung zu beiden Grundstücken gehöre, sofern nicht ihre äußeren Merkmale darauf hinweisen, daß sie alleiniges Eigenthum des einen Nachbarn sei.

Jeder Nachbar ist befugt, eine solche zu beiden Grundstücken gehörende Einrichtung zu dem aus deren Lage und Beschaffenheit sich ergebenden Zwecke insoweit zu benutzen, als dadurch die Mitbenutzung des anderen Nachbarn nicht beeinträchtigt wird. Die Unterhaltungskosten sind von den Nachbarn zu gleichen Theilen zu tragen. Solange der eine Nachbar an dem Fortbestande der Einrichtung ein Interesse hat, ist ohne seine Zustimmung die Beseitigung oder die Aenderung derselben nicht zulässig. Im Uebrigen finden auf das in Ansehung der Einrichtung zwischen den Nachbarn bestehende Rechtsverhältniß die Vorschriften über die Gemeinschaft Anwendung.

§. 855.

Von einem Baume, welcher auf der Grenze steht, gebühren die Früchte den Nachbarn gemeinschaftlich zu gleichen Theilen. Nach der Trennung von dem Boden ist der Baum gemeinschaftliches Eigenthum der Nachbarn zu gleichen Theilen.

Der eine Nachbar hat gegen den anderen den Anspruch auf Beseitigung des Baumes. Die Kosten der Beseitigung sind von den Nachbarn zu gleichen Theilen zu tragen; sie fallen jedoch dem

Nachbarn, welcher die Beseitigung verlangt, allein zur Last, wenn der andere Nachbar auf sein Miteigenthum verzichtet; in diesem Falle wird von dem ersteren mit der Trennung das Alleineigenthum erworben.

§. 856.

Der Eigenthümer eines Grundstückes hat den in Folge der natürlichen Bodenverhältnisse stattfindenden Wasserabfluß von einem anderen Grundstücke zu dulden.

Die abweichenden Vorschriften der Landesgesetze bleiben unberührt.

§. 857.

Hat der Eigenthümer eines Grundstückes bei der Errichtung eines Gebäudes die Grenze überschritten, ohne daß ihm dabei Vorsatz oder Fahrlässigkeit zur Last gefallen und ohne daß von dem Nachbarn gegen die Ueberschreitung vor oder sofort nach derselben Widerspruch erhoben worden ist, so hat der Nachbar das Gebäude, solange dasselbe steht, in dem hergestellten Zustande zu dulden.

Der Eigenthümer des Gebäudes ist verpflichtet, den Nachbar durch eine jährlich im Voraus zu entrichtende Geldrente zu entschädigen.

Für die Bestimmung des Betrages der Rente ist die Zeit der Grenzüberschreitung maßgebend.

§. 858.

Das Recht auf Beziehung der im §. 857 bezeichneten Rente geht auf jeden Eigenthümer des Nachbargrundstückes, die Verpflichtung zur Entrichtung derselben auf jeden Eigenthümer des anderen Grundstückes über. Die Rente hat den Vorzug vor allen, auch älteren Rechten, mit welchen das letztere Grundstück belastet ist. Eine Eintragung der Rente in das Grundbuch findet nicht statt. Die Aufhebung derselben durch Verzicht ist ausgeschlossen. Im Uebrigen finden auf die Rente die Vorschriften über Reallasten entsprechende Anwendung.

Die Rentenlast erlischt mit der Beseitigung des Gebäudes.

§. 859.

Der Eigenthümer des Grundstückes, mit welchem das Recht auf die Rente verbunden ist, kann jederzeit an Stelle der Rente den Ersatz des Werthes, welchen der überbaute Theil seines Grundstückes zur Zeit der Grenzüberschreitung gehabt hat, gegen Uebertragung des Eigenthumes an diesem Theile von dem Eigenthümer des anderen Grundstückes verlangen. Die Rente ist für die Zeit bis zur Uebertragung des Eigenthumes fortzuzahlen.

§. 860.

Ist durch Errichtung des Gebäudes ein Dienstbarkeitsrecht oder ein Erbbaurecht an dem Nachbargrundstücke beeinträchtigt, so finden zu Gunsten des Berechtigten die Vorschriften der §§. 857, 858 entsprechende Anwendung.

§. 861.

Wenn Zweige oder Wurzeln eines auf einem Grundstücke stehenden Baumes oder Strauches in das Nachbargrundstück hinüberragen, so kann der Eigenthümer des letzteren Grundstückes verlangen, daß das Hinüberragende von dem Eigenthümer des anderen Grundstückes von diesem aus beseitigt wird. Erfolgt die Beseitigung nicht binnen drei Tagen, nachdem der Inhaber des Grundstückes, auf welchem der Baum oder Strauch sich befindet, dazu aufgefordert ist, so ist der Eigenthümer des Nachbargrundstückes auch befugt, die hinüberragenden Zweige und Wurzeln selbst abzutrennen und die abgetrennten Stücke ohne Entschädigung sich zuzueignen.

§. 862.

Die Früchte, welche von einem Baume auf ein Nachbargrundstück hinüberfallen, werden wie vom Boden getrennte Früchte des letzteren angesehen.

§. 863.

Fehlt einem Grundstücke die zu seiner bisherigen ordnungsmäßigen Benutzung nothwendige Verbindung mit einem öffentlichen Wege, ohne daß der Nothstand von dem Eigenthümer oder dessen Rechtsvorgänger vorsätzlich oder fahrlässig verursacht worden ist, so sind die Nachbarn verbunden, während der Dauer dieses Zustandes die Benutzung ihrer Grundstücke zur Herstellung der erforderlichen Verbindung zu dulden. Die Richtung des Weges und der Umfang der Wegebenutzung werden von dem Gerichte nach freiem Ermessen bestimmt. Der Eigenthümer des des Zuganges bedürfenden Grundstückes hat die zur Duldung des Zuganges verpflichteten Nachbarn durch eine jährlich im Voraus zu entrichtende Geldrente zu entschädigen. Die Vorschriften der §§. 858, 860 finden entsprechende Anwendung.

§. 864.

Anlagen, deren Benutzung eine unzulässige Einwirkung auf ein Nachbargrundstück zur Folge hat, dürfen nicht hergestellt oder gehalten werden.

§. 865.

In der Nähe eines Nachbargrundstückes ist ein solches Vertiefen des Erdbodens unzulässig, von welchem vorauszusehen ist, daß dem Boden des Nachbargrundstückes die erforderliche Stützung entzogen werden wird, es sei denn, daß für eine genügende anderweite Befestigung gesorgt wird.

§. 866.

Die Landesgesetze, welche das Eigenthum an Grundstücken zu Gunsten der Nachbarn noch anderen oder weiter gehenden Beschränkungen unterwerfen, bleiben unberührt.

§. 867.

Der Eigenthümer eines Grundstückes, auf dessen Gebiete eine fremde bewegliche Sache sich befindet, hat dem Eigenthümer oder bisherigen Inhaber der letzteren die zur Aufsuchung, Erlangung und Fortschaffung der Sache erforderlichen Handlungen zu gestatten.

Der Eigenthümer oder bisherige Inhaber der beweglichen Sache hat dem Eigenthümer des Grundstückes den aus diesen Handlungen entstandenen Schaden zu ersetzen und, wenn ein solcher zu besorgen ist, wegen Ersatzes desselben vorher Sicherheit zu leisten.

Zweiter Titel.

Erwerb des Eigenthumes an Grundstücken.

I. Uebertragung durch Rechtsgeschäft.

§. 868.

Der zur Uebertragung des Eigenthumes an einem Grundstücke nach dem §. 828 erforderliche Vertrag (Auflassung) muß vor dem Grundbuchamte geschlossen werden.

§. 869.

Ist der eingetragene Eigenthümer verstorben, so ist zur Auflassung die vorgängige Eintragung seines Erben als Eigenthümers nicht erforderlich.

§. 870.

Die Auflassung unter Beifügung einer aufschiebenden Bedingung oder eines Anfangstermines ist unwirksam.

§. 871.

Ist unter Beifügung einer auflösenden Bedingung oder eines Endtermines aufgelassen, so ist bei der Eintragung des Erwerbers als Eigenthümers zugleich von Amtswegen das Rückfallsrecht des Veräußerers in das Grundbuch einzutragen.

Vor Eintritt der Bedingung oder des Endtermines kann der Eigenthümer das Grundstück veräußern und belasten, jedoch nur unbeschadet der Rechte des Rückfallsberechtigten. Wegen eines persönlichen Anspruches oder auf Grund eines Rechtes, welches nach Eintritt der Bedingung oder des Endtermines unwirksam sein würde, darf auch vorher die Zwangsversteigerung des Grundstückes nicht erfolgen.

Das im ersten Absatze bezeichnete Rückfallsrecht kann nicht veräußert oder belastet werden.

Mit dem Eintritte der Bedingung oder des Endtermines geht das Eigenthum an dem Grundstücke auf den Rückfallsberechtigten über. In Ansehung der Eintragung desselben als gegenwärtigen Eigenthümers und der Löschung der unwirksam gewordenen Rechte Dritter finden die Vorschriften des §. 843 Anwendung.

II. Zueignung und Aufgebot.

§. 872.

Erklärt der eingetragene Eigenthümer vor dem Grundbuchamte, daß er das Eigenthum an dem Grundstücke aufgebe, so erlischt sein Eigenthum mit der Eintragung dieser Erklärung in das Grundbuch.

Das Eigenthum wird von demjenigen, welcher nach den Landesgesetzen zu der Zueignung des Grundstückes befugt ist, dadurch erworben, daß derselbe auf seinen Antrag als Eigenthümer in das Grundbuch eingetragen wird.

Ist das Eigenthum des bisherigen Eigenthümers in Gemäßheit der Vorschrift des ersten Absatzes erloschen, von dem Zueignungsberechtigten aber noch nicht erworben, so hat auf Antrag desjenigen, welcher ein Recht an dem Grundstücke gerichtlich geltend machen will, der Vorsitzende des Prozeßgerichtes und für Maßregeln der Zwangsvollstreckung das Vollstreckungsgericht einen Vertreter zu bestellen, welchem bis zur Eintragung eines neuen Eigenthümers die Wahrnehmung der aus dem Eigenthume sich ergebenden Rechte und Verpflichtungen obliegt. Die Kosten der Vertretung hat der Antragsteller zu tragen, unbeschadet des Anspruches auf Ersatz derselben.

§. 873.

Hat Jemand ein Grundstück, dessen eingetragener Eigenthümer verstorben ist, seit dreißig Jahren nach dem Tode des letzteren im Besitze, so kann er bei dem Gerichte, in dessen Bezirke das

Grundstück belegen ist, das Aufgebotsverfahren zum Zwecke der Ausschließung des bisherigen Eigenthümers beantragen.

Bei der Berechnung des dreißigjährigen Besitzes finden die Vorschriften über die Berechnung der zur Ersitzung einer beweglichen Sache erforderlichen Besitzzeit entsprechende Anwendung.

Zur Begründung des Antrages hat der Antragsteller die Sterbeurkunde über den Tod des eingetragenen Eigenthümers oder eine Ausfertigung des Urtheiles, durch welches derselbe für todt erklärt ist, beizubringen und die übrigen nach dem ersten Absatze erforderlichen Thatsachen glaubhaft zu machen.

In dem Aufgebote ist der bisherige Eigenthümer aufzufordern, seine Rechte zur Vermeidung der Ausschließung anzumelden.

Der Antragsteller erwirbt nach Erlassung des Ausschlußurtheiles das Eigenthum durch die Eintragung als Eigenthümer in das Grundbuch.

Das Ausschlußurtheil wirkt nicht gegen einen Dritten, welcher vor Erlassung desselben als Eigenthümer eingetragen oder vorgemerkt ist.

Dritter Titel.

Erwerb des Eigenthumes an beweglichen Sachen.

I. Uebertragung durch Rechtsgeschäft.

§. 874.

Zur Uebertragung des Eigenthumes an einer beweglichen Sache durch Rechtsgeschäft ist ein zwischen dem Eigenthümer und dem Erwerber unter Uebergabe der Sache zu schließender Vertrag erforderlich, welcher die Willenserklärung der Vertragschließenden enthält, daß das Eigenthum auf den Erwerber übergehen soll. Die Vorschriften des §. 829 finden entsprechende Anwendung.

Ist der veräußernde Eigenthümer nicht Besitzer, sondern nur Inhaber der Sache, so wird die Uebergabe dadurch ersetzt, daß er dem Erwerber die Inhabung einräumt und dieser den Besitz ergreift.

Die Uebergabe der Sache ist nicht erforderlich, wenn der Erwerber sich bei Schließung des Vertrages bereits im Besitze der Sache befindet.

§. 875.

Ist die nach dem §. 874 zur Uebertragung des Eigenthumes erforderliche Erklärung des Eigenthümers durch ein Urtheil ersetzt, so gilt die Uebergabe der Sache mit dem Zeitpunkte als bewirkt, in welchem die Sache von dem Gerichtsvollzieher behufs Ablieferung an den Erwerber im Wege der Zwangsvollstreckung weggenommen ist.

§. 876.

Die Veräußerung einer Sache, an welcher das Eigenthum dem Veräußerer nicht zusteht, ist wirksam, wenn sie mit Einwilligung des Eigenthümers erfolgt.

Die Veräußerung einer solchen Sache wird wirksam, wenn sie von dem Eigenthümer genehmigt wird, oder wenn der Veräußerer das Eigenthum an der Sache erwirbt, oder wenn der Veräußerer von dem Eigenthümer der Sache beerbt wird und das Erlöschen des Inventarrechtes eintritt. Ist in den beiden letzten Fällen die Sache an verschiedene Personen veräußert, so wird nur die frühere Veräußerung wirksam.

§. 877.

Wenn der Veräußerer nicht Eigenthümer der Sache war, der Erwerber aber diesen Umstand bei dem sich vollziehenden Erwerbe nicht gekannt, seine Unkenntniß auch nicht auf grober Fahrlässigkeit beruht hat, so erlangt der Erwerber durch den im §. 874 bezeichneten Vertrag das Eigenthum. Die Kenntniß und die auf grober Fahrlässigkeit beruhende Unkenntniß der Anfechtbarkeit eines Rechtsgeschäftes stehen, wenn die Anfechtung erfolgt, der Kenntniß und der auf grober Fahrlässigkeit beruhenden Unkenntniß der mit der Anfechtung eingetretenen rechtlichen Wirkungen gleich.

§. 878.

Mit der Erlangung des Eigenthumes durch den Erwerber erlöschen zugleich alle sonstigen an der Sache bisher begründeten Rechte, wenn sie dem Erwerber bei dem Erwerbe nicht bekannt gewesen sind, die Unkenntniß des Erwerbers auch nicht auf grober Fahrlässigkeit beruht hat. Die Vorschrift des §. 877 Satz 2 findet entsprechende Anwendung.

§. 879.

Die Vorschriften der §§. 877, 878 finden keine Anwendung, wenn der Erwerb sich nach der Vorschrift des §. 874 Abs. 3 ohne Uebergabe vollzogen hat oder wenn die Uebergabe nach den Vorschriften des §. 805 erfolgt ist. Sie finden ferner keine Anwendung, wenn die veräußerte Sache gestohlen oder verloren oder in anderer Weise ohne den Willen des Eigenthümers oder desjenigen, welcher sie für denselben innehatte, aus deren Inhabung gekommen ist, es sei denn, daß Geld oder ein Inhaberpapier veräußert oder die Veräußerung einer anderen Sache mittels öffentlicher Versteigerung durch einen zuständigen Gerichtsvollzieher oder zu Versteigerungen befugten sonstigen Beamten oder öffentlich angestellten Auktionator (§. 36 der Gewerbeordnung) bewirkt ist.

§. 880.

Wer in Gemäßheit der §§. 877 bis 879 den Verlust eines Rechtes erleidet, kann von demjenigen, welcher unberechtigt verfügt hat, die Herausgabe der dadurch erlangten Bereicherung fordern. Die Vorschriften des §. 748 Abs. 3 finden Anwendung.

II. Ersitzung.

§. 881.

Derjenige, welcher eine bewegliche Sache während einer Frist von zehn Jahren besessen hat, erwirbt dadurch das Eigenthum (Ersitzung).

Die Ersitzung ist ausgeschlossen, wenn dem Besitzer bei dem Erwerbe des Besitzes bekannt oder nur in Folge grober Fahrlässigkeit unbekannt geblieben war, daß er das Eigenthum nicht erwerbe. Die Vorschrift des §. 877 Satz 2 findet entsprechende Anwendung.

§. 882.

Gelangt die Sache durch Rechtsnachfolge in den Besitz eines Dritten, so wird die während des Besitzes des Rechtsvorgängers verstrichene Ersitzungszeit in die Ersitzungsfrist eingerechnet.

Bei einer in der Person des Erblassers begonnenen Ersitzung ist in die Ersitzungsfrist auch die Zeit zwischen dem Tode des Erblassers und der Ergreifung des Besitzes der Sache durch den Erben einzurechnen.

§. 883.

Ist der Besitz für den Anfang und das Ende eines Zeitraumes erwiesen, so wird der Besitz für die Zwischenzeit vermuthet.

§. 884.

Die Ersitzung kann nicht beginnen und die begonnene Ersitzung nicht fortgesetzt werden, wenn und solange die Verjährung des Eigenthumsanspruches gehemmt ist. Die Vorschriften der §§. 166, 167 finden entsprechende Anwendung.

§. 885.

Die Ersitzung wird durch den Verlust des Besitzes und im Falle des Todes des Besitzers dadurch unterbrochen, daß ein Anderer als der Erbe den Besitz der Sache ergreift.

Wird nach einer solchen Unterbrechung der Besitz von dem Ersitzenden wiedererlangt, so ist für die mit der Wiedererlangung des Besitzes beginnende neue Ersitzung die bis zu der Unterbrechung abgelaufene Zeit in die Ersitzungsfrist nicht einzurechnen.

Die Ersitzung gilt als nicht unterbrochen, wenn der Ersitzende den Besitz ohne seinen Willen verloren hat und entweder den Besitz binnen Jahresfrist wiedererlangt oder auf Herausgabe der Sache binnen Jahresfrist Klage erhebt und mittels der Klage den Besitz wiedererlangt; in beiden Fällen ist jedoch die Zeit von dem Verluste bis zu der Wiedererlangung des Besitzes in die Ersitzungsfrist nicht einzurechnen.

§. 886.

Erlangt der Besitzer oder im Falle des §. 882 Abs. 2 der Erbe vor Ablauf der Ersitzungsfrist Kenntniß davon, daß das Eigenthum an der Sache ihm nicht zusteht, so wird die Ersitzung unterbrochen, auch ist der Beginn einer neuen Ersitzung von Seiten desjenigen, welcher die Kenntniß erlangt hat, ausgeschlossen.

§. 887.

Wird gegen den Besitzer von einem Anderen der Eigenthumsanspruch gerichtlich geltend gemacht, so wird die Ersitzung unterbrochen, jedoch nur zu Gunsten desjenigen, welcher die Unterbrechung herbeigeführt hat. Die Vorschriften der §§. 170, 171, 173, 174, 178 bis 180 finden entsprechende Anwendung.

§. 888.

Wer als vermeintlicher Erbe den Besitz von Erbschaftssachen ergriffen hat, kann diese Sachen durch Ersitzung gegen den wirklichen Erben nicht für sich erwerben.

§. 889.

Mit dem Erwerbe des Eigenthumes durch Ersitzung erlöschen zugleich alle sonstigen an der Sache vor dem Erwerbe des Besitzes begründeten Rechte Dritter, es sei denn, daß sie dem Ersitzenden bei dem Erwerbe des Besitzes bekannt gewesen oder nur in Folge grober Fahrlässigkeit unbekannt geblieben sind. Die Vorschriften der §§. 884 bis 887 finden entsprechende Anwendung.

III. Verbindung, Vermischung, Verarbeitung.

§. 890.

Wird eine bewegliche Sache durch Verbindung mit einem Grundstücke ein wesentlicher Bestandtheil desselben, so geht sie in das Eigenthum desjenigen über, welcher Eigenthümer des Grundstückes ist.

§. 891.

Werden bewegliche Sachen dergestalt mit einander verbunden, daß sie wesentliche Bestandtheile der durch die Verbindung entstandenen Sache bilden, so werden die bisherigen Eigenthümer der einzelnen Sachen Miteigenthümer der durch die Verbindung entstandenen Sache nach Verhältniß des Werthes, welchen die einzelnen Sachen zur Zeit der Verbindung hatten.

Ist jedoch eine der verbundenen Sachen im Verhältnisse zu der anderen als die Hauptsache anzusehen, so erwirbt der Eigenthümer der Hauptsache das Alleineigenthum der durch die Verbindung entstandenen Sache.

§. 892.

Werden bewegliche Sachen mit einander untrennbar vermischt oder vermengt, so finden die Vorschriften des §. 891 entsprechende Anwendung.

Untrennbarkeit ist auch dann anzunehmen, wenn die Ausscheidung der vermischten oder vermengten Sachen mit unverhältnißmäßigen Kosten verbunden sein würde.

§. 893.

Wer durch Verarbeitung oder Umbildung eines Stoffes oder mehrerer Stoffe eine neue bewegliche Sache herstellt, erwirbt das Eigenthum an der letzteren.

§. 894.

Als Herstellung einer neuen Sache im Sinne des §. 893 ist es auch anzusehen, wenn durch eine auf die Oberfläche sich beschränkende Bearbeitung die als Unterlage dienende Sache nicht blos verbessert oder verziert, sondern ihr durch die Bearbeitung — Drucken, Zeichnen, Malen, Graviren und dergleichen — ein Werth verschafft wird, hinter welchen der Werth des Stoffes zurücktritt.

§. 895.

Erlischt in Gemäßheit der §§. 890 bis 894 das bisherige Eigenthum an einer Sache, so erlöschen auch alle sonstigen an derselben bisher begründeten Rechte.

Geht in Gemäßheit der §§. 890 bis 892 das Eigenthum an einer Sache auf den Eigenthümer einer anderen Sache über, so wird die erstere auch von allen sonstigen an der letzteren bestehenden Rechten ergriffen.

Tritt in Gemäßheit der §§. 891, 892 Miteigenthum ein, so bestehen die sonstigen Rechte, welche an einer der einzelnen Sachen bisher bestanden, an dem Miteigenthumsantheile fort, welcher an die Stelle dieser Sache getreten ist.

§. 896.

War derjenige, welcher in Gemäßheit der §§. 890 bis 894 das Eigenthum an einer Sache erwerben würde, schon Eigenthümer dieser Sache oder des Stoffes, aus welchem die neue Sache hergestellt ist, so finden die Vorschriften des §. 895 entsprechende Anwendung.

§. 897.

Wer in Gemäßheit der §§. 890 bis 896 einen Verlust erleidet, kann von demjenigen, welcher dadurch bereichert ist, die Herausgabe der Bereicherung fordern. Die Vorschriften des §. 748 Abs. 3 finden Anwendung.

IV. Erwerb des Eigenthumes an Erzeugnissen und ähnlichen Bestandtheilen einer Sache.

§. 898.

Bestandtheile einer Sache, insbesondere deren Erzeugnisse, gehören auch nach der Trennung dem Eigenthümer der Sache, soweit nicht mit der Trennung ein Anderer in Gemäßheit der §§. 899 bis 902 das Eigenthum an ihnen erwirbt.

§. 899.

Wer vermöge eines Rechtes an einer fremden Sache befugt ist, alle oder gewisse Erzeugnisse oder gewisse andere Bestandtheile der Sache sich zuzueignen, erwirbt das Eigenthum an den seinem Rechte unterworfenen Gegenständen mit deren Trennung von der Hauptsache.

Besitzt der Eigenthümer die Sache, ohne von einem solchen Rechte eines Anderen Kenntniß zu haben, so findet die Vorschrift des ersten Absatzes keine Anwendung, es sei denn, daß die Trennung von dem Anderen ohne verbotene Eigenmacht bewirkt worden ist.

§. 900.

Wer eine fremde Sache besitzt, erwirbt das Eigenthum an den im §. 792 Nr. 1 bezeichneten Früchten der Sache mit der Trennung von der Hauptsache. Diese Vorschrift findet keine Anwendung:

1. wenn der Besitzer zur Zeit der Trennung gewußt hat, daß er zum Besitze der Sache nicht berechtigt ist, oder daß ein Anderer vermöge eines Rechtes an der Sache zur Beziehung der Früchte berechtigt ist;
2. wenn der Besitzer den Besitz der Sache durch eine strafbare, wenn auch nur auf Fahrlässigkeit beruhende Handlung erworben hat;
3. wenn die Trennung von einem Anderen als dem Eigenthümer vermöge eines zur Beziehung der Früchte berechtigenden Rechtes an der Sache ohne verbotene Eigenmacht bewirkt worden ist.

§. 901.

Gestattet der Eigenthümer einer Sache einem Anderen, Erzeugnisse oder andere Bestandtheile derselben, welche nach ihrer Trennung dem Eigenthümer gehören, sich zuzucignen, so erwirbt der Andere das Eigenthum an diesen Gegenständen mit der Besitzergreifung.

Ist von dem Eigenthümer dem Anderen zum Zwecke einer solchen Zueignung die Inhabung der Sache überlassen, so erwirbt der Andere während der Dauer der Inhabung das Eigenthum an jenen Gegenständen mit der Trennung von der Hauptsache. Ein während der Dauer der Inhabung des Anderen von dem Eigenthümer erklärter Widerruf der Gestattung ist unwirksam für die Zeit, für welche der Eigenthümer zu der Gestattung verpflichtet ist.

§. 902.

Wenn derjenige, welcher in Gemäßheit des §. 899 oder des §. 900 oder des §. 901 Abs. 2 das Eigenthum an gewissen Gegenständen mit deren Trennung von der Hauptsache erwirbt, einem Anderen gestattet, diese Gegenstände sich zuzueignen, so finden die Vorschriften des §. 901 entsprechende Anwendung.

V. Zueignung.

§. 903.[1]

Wer eine herrenlose bewegliche Sache in Besitz nimmt, erwirbt das Eigenthum an derselben (Zueignung).

---

[1]) Das Einführungsgesetz wird bestimmen, daß diejenigen Landesgesetze unberührt bleiben, welche das Recht, Tauben zu halten, beschränken, und nach welchen Tauben, welche diesen Beschränkungen zuwider gehalten und im Freien betroffen werden, dem freien Zueignungsrechte unterliegen.

Das Eigenthum wird nicht erworben, wenn die Zueignung gesetzlich verboten ist oder das Zueignungsrecht eines Anderen verletzt.

§. 904.

Eine bewegliche Sache, deren Eigenthümer die Inhabung, ohne dieselbe einem Anderen einzuräumen, mit der Erklärung aufgiebt, das Eigenthum der Sache aufzugeben, wird herrenlos.

§. 905.

Wilde Thiere sind herrenlos, solange sie sich in der natürlichen Freiheit befinden. Wilde Thiere in Thiergärten und Fische in Teichen und anderen geschlossenen Privatgewässern sind nicht herrenlos.

Gefangene wilde Thiere werden herrenlos, wenn sie die natürliche Freiheit wiedererlangen.

Gezähmte Thiere werden herrenlos, wenn sie die Gewohnheit, an den ihnen bestimmten Ort zurückzukehren, ablegen.

§. 906.

Ein ausgezogener Bienenschwarm wird herrenlos, wenn der Eigenthümer denselben nicht unverzüglich verfolgt, oder wenn der Eigenthümer die Verfolgung aufgiebt oder den Schwarm dergestalt aus dem Gesichte verliert, daß er nicht mehr weiß, wo derselbe sich befindet.

§. 907.

Der Eigenthümer eines ausgezogenen Bienenschwarmes kann bei dem Verfolgen des Schwarmes fremde Grundstücke betreten und den Schwarm, wo derselbe sich angelegt hat, einfangen.

Ist der Schwarm in eine fremde, nicht besetzte Bienenwohnung eingezogen, so kann der verfolgende Eigenthümer zum Zwecke der Einfangung des Schwarmes die Wohnung öffnen, auch die Waben herausnehmen oder herausbrechen.

Die Vorschriften des §. 867 finden Anwendung.

§. 908.

Vereinigen sich mehrere ausgezogene Bienenschwärme verschiedener Eigenthümer bei dem Anlegen, so erwerben diejenigen Eigenthümer, welche ihre Schwärme verfolgt haben, an dem eingefangenen Gesammtschwarme das Miteigenthum nach Bruchtheilen; die Antheile bestimmen sich nach der Zahl der verfolgten Schwärme.

§. 909.

Ist ein Bienenschwarm in eine fremde, besetzte Bienenwohnung eingezogen, so erstrecken sich das Eigenthum und die sonstigen

Rechte an den Bienen, mit welchen die Wohnung besetzt war, auch auf den eingezogenen Schwarm. Das Eigenthum und die sonstigen Rechte, welche an dem letzteren bisher bestanden, erlöschen. Ein Anspruch wegen Bereicherung steht dem bisherigen Berechtigten gegen den neuen Eigenthümer nicht zu.

VI. Gefundene Sachen.

§. 910.

Wer eine verlorene oder sonst abhanden gekommene Sache findet und in seine Inhabung nimmt, hat hiervon unverzüglich den Verlierer oder den Eigenthümer zu benachrichtigen.

Wenn der Verlierer und der Eigenthümer oder ihr Aufenthalt dem Finder nicht bekannt sind, so hat dieser unverzüglich der Polizeibehörde den Fund sowie alle ihm bekannten, zur Ermittelung des Verlierers und des Eigenthümers dienlichen Umstände anzuzeigen.

Der Polizeibehörde des Fundortes liegt ob, den Fund in einer den Umständen des Falles und dem Werthe der Sache entsprechenden Weise öffentlich bekannt zu machen.

§. 911.

Der Finder hat für die Erhaltung und Verwahrung der Sache zu sorgen.

Ist der Verderb der Sache zu besorgen oder deren Aufbewahrung mit unverhältnißmäßigen Kosten verbunden, so hat der Finder die Sache nach vorgängiger Anzeige bei der Polizeibehörde durch einen zuständigen Gerichtsvollzieher oder zu Versteigerungen befugten sonstigen Beamten oder öffentlich angestellten Auktionator (§. 36 der Gewerbeordnung) öffentlich versteigern zu lassen.

§. 912.

Der Finder ist auf Anordnung der Polizeibehörde verpflichtet und auch ohne solche Anordnung berechtigt, die Sache oder im Falle des Verkaufes derselben den Erlös an die Polizeibehörde abzuliefern.

Durch die Ablieferung an die Polizeibehörde wird der Finder von seinen Verpflichtungen für die Zukunft befreit.

§. 913.

Wird die Sache im Falle des §. 911 Abs. 2 oder auf Anordnung der Polizeibehörde versteigert, so tritt der Erlös in Ansetzung der auf die versteigerte Sache sich beziehenden Rechtsverhältnisse an die Stelle der Sache.

§. 914.

Der Finder kann gegen Herausgabe der Sache an den Empfangsberechtigten verlangen:

1. den Ersatz der zum Zwecke der Erhaltung und Verwahrung der Sache, sowie zum Zwecke der Ermittelung des Verlierers und des Eigenthümers gemachten Aufwendungen, soweit er solche bei Anwendung der Sorgfalt eines ordentlichen Hausvaters für erforderlich anzusehen hatte;
2. die Zahlung eines Fundlohnes.

   Der Fundlohn beträgt von dem Werthe der Sache bis zu dreihundert Mark fünf vom Hundert, von dem Mehrwerthe eins vom Hundert. Bei der Berechnung des Fundlohnes kommen von dem Werthbetrage die von dem Empfangsberechtigten zu ersetzenden Aufwendungen in Abzug. Hat die Sache nur für den Verlierer oder den Eigenthümer einen Werth, so bestimmt das Gericht den Fundlohn nach freiem Ermessen.

   Der Anspruch auf Zahlung eines Fundlohnes ist ausgeschlossen, wenn der Finder die im §. 910 bezeichnete Anzeigepflicht verletzt hat.

§. 915.

Dem Finder steht wegen der im §. 914 bezeichneten Ansprüche nur das Recht zu, die Sache bis zu seiner Befriedigung zurückzubehalten. Hat er jedoch bei Herausgabe der Sache dem Empfänger erklärt, daß er sich die Ansprüche vorbehalte, so haftet ihm der Empfänger wegen derselben persönlich. Zur Wirksamkeit des Vorbehaltes ist die Bezeichnung des Umfanges der Ansprüche nicht erforderlich.

§. 916.

Die im §. 914 bezeichneten Ansprüche des Finders werden durch die Ablieferung der Sache an die Polizeibehörde nicht berührt. Die Polizeibehörde darf die Sache nur mit Zustimmung des Finders einem Empfangsberechtigten ausliefern.

§. 917.

In Ansehung des Ersatzes der von der Polizeibehörde zum Zwecke der Erhaltung und Verwahrung der Sache sowie zum

Zwecke der Ermittelung des Verlierers und des Eigenthümers gemachten Aufwendungen finden die Vorschriften der §§. 914, 915 entsprechende Anwendung.

§. 918.

Wird bei der Polizeibehörde ein Anspruch auf Herausgabe der Sache nicht angemeldet, so hat die Polizeibehörde hierüber nach Ablauf eines Jahres seit der Anzeige des Fundes dem Finder auf dessen Antrag ein schriftliches Zeugniß zu ertheilen.

Aus besonderen Gründen kann die Polizeibehörde die Ertheilung des Zeugnisses bis zum Ablaufe von drei Jahren seit der Anzeige des Fundes aussetzen.

Mit der Aushändigung des Zeugnisses an den Finder erwirbt derselbe das Eigenthum an der Sache; zugleich erlöschen alle sonstigen an der Sache bisher begründeten Rechte.

§. 919.

Ist bei der Polizeibehörde ein Anspruch auf Herausgabe der Sache angemeldet, so hat die Polizeibehörde nach Ablauf der im §. 918 Abs. 1, 2 bezeichneten Fristen dem Finder auf dessen Antrag das Zeugniß dahin zu ertheilen, daß andere Ansprüche als der angemeldete nicht angemeldet sind. Die im §. 918 Abs. 3 bezeichneten Wirkungen der Aushändigung des Zeugnisses an den Finder treten in diesem Falle unter Vorbehalt des angemeldeten Anspruches ein.

Wird von dem Empfangsberechtigten die Abnahme der Sache gegen Befriedigung des Finders wegen der Ansprüche desselben noch nach Aushändigung des Zeugnisses der Polizeibehörde an den Finder verweigert, so erlöschen die dem Ersteren zustehenden Rechte.

§. 920.

Die Aushändigung des Zeugnisses der Polizeibehörde hat die im §. 918 Abs. 3 und im §. 919 Abs. 1 bezeichneten Wirkungen nicht, wenn der Finder die im §. 910 bezeichnete Anzeigepflicht verletzt hat; sie läßt auch die Rechte unberührt, welche dem Finder bekannt waren.

§. 921.

Uebersteigt der Werth der Sache nicht den Betrag von drei Mark, so erwirbt der Finder das Eigenthum an derselben mit Ablauf eines Jahres von der Zeit des Fundes an, ohne daß eine Anzeige bei der Polizeibehörde und eine öffentliche Bekanntmachung erforderlich ist.

Hat der Finder innerhalb der einjährigen Frist auf Nachfrage den Fund verheimlicht, so tritt der Eigenthumserwerb nicht ein, auch hat der Finder auf Fundlohn keinen Anspruch.

§. 922.

Der Finder, welcher in Gemäßheit der §§. 918 bis 921 das Eigenthum an der Sache erworben hat, ist zur Herausgabe der dadurch erlangten Bereicherung nach Maßgabe des §. 748 Abs. 3 verpflichtet. Der Anspruch auf Herausgabe der Bereicherung steht demjenigen nicht zu, dessen Rechte nach dem §. 919 Abs. 2 erloschen sind.

Der Anspruch auf Herausgabe der Bereicherung erlischt, wenn er nicht binnen drei Jahren seit dem Erwerbe des Eigenthumes an der Sache rechtshängig geworden ist.

§. 923.

Das Recht des Finders auf den Erwerb des Eigenthumes an der gefundenen Sache geht auf die Gemeinde des Fundortes über, wenn der Finder gegenüber der Polizeibehörde den Verzicht auf den Erwerb des Eigenthumes erklärt oder binnen einer von der Polizeibehörde zu bestimmenden Frist die Ertheilung des im §. 918 Abs. 1 und im §. 919 Abs. 1 bezeichneten Zeugnisses nicht beantragt.

Die Vorschriften des §. 922 finden entsprechende Anwendung.

§. 924.

Auf eine Sache, welche in den Geschäftsräumen oder in den Transportmitteln einer öffentlichen Behörde oder einer öffentlichen Verkehrsanstalt gefunden wird, finden die Vorschriften der §§. 910 bis 923 keine Anwendung.

Eine solche Sache ist von demjenigen, welcher sie an sich nimmt, unverzüglich an die Behörde oder die Verkehrsanstalt oder an einen Beamten derselben abzuliefern.

§. 925.

Die Behörde oder die Verkehrsanstalt kann die in Gemäßheit des §. 924 abgelieferte Sache, nachdem der Fund öffentlich bekannt gemacht und die in der Bekanntmachung den Empfangsberechtigten zur Anmeldung der Rechte bestimmte Frist verstrichen ist, ohne daß eine Anmeldung erfolgt ist, öffentlich versteigern lassen. Ist der Verderb der Sache zu besorgen oder deren Aufbewahrung mit unverhältnißmäßigen Kosten verbunden, so ist die Versteigerung noch vor der öffentlichen Bekanntmachung zulässig.

Die Art der Bekanntmachung bestimmt sich, wenn die Behörde oder die Anstalt dem Reiche angehört, nach den von dem Bundesrathe, in anderen Fällen nach den von der Zentralbehörde des Bundesstaates, welchem die Behörde oder die Anstalt angehört, erlassenen Vorschriften.

§. 926.

Der Erlös aus der Versteigerung der in Gemäßheit des §. 924 abgelieferten Sache fällt, wenn die Behörde oder Anstalt dem Reiche angehört, an den Reichsfiskus, wenn sie eine Landesbehörde oder Landesverkehrsanstalt ist, an den Fiskus des Bundesstaates, wenn sie eine Gemeindebehörde oder Gemeindeanstalt ist, an die Gemeinde, wenn die Verkehrsanstalt von einer Privatperson betrieben wird, an die letztere.

Der Erlös ist dem Empfangsberechtigten nach Abzug der Kosten auszuzahlen, wenn derselbe binnen drei Jahren seit dem Ablaufe der in der Bekanntmachung bestimmten Anmeldungsfrist sich meldet.

§. 927.

Die Vorschriften der §§. 925, 926 finden auf Sachen, welche in die Inhabung einer öffentlichen Behörde gelangt sind, und in Ansehung deren der Empfangsberechtigte oder dessen Aufenthalt nicht bekannt ist, entsprechende Anwendung, soweit nicht vertragsmäßige Verbindlichkeiten entgegenstehen.

§. 928.

Wird eine eingemauerte, vergrabene oder sonst verborgene Sache entdeckt, welche so lange Zeit verborgen war, daß der Eigenthümer nicht mehr zu ermitteln ist (Schatz), so geht das Eigenthum an derselben mit der Besitzergreifung des Finders zur einen Hälfte auf den Finder, zur anderen Hälfte auf den Eigenthümer der Sache über, in welcher der Schatz verborgen war.

Vierter Titel.

Eigenthumsanspruch.

§. 929.

Der Eigenthümer hat gegen den Besitzer den Anspruch auf Herausgabe der Sache. Der Anspruch findet auch gegen den Inhaber der Sache statt.

§. 930.

Der Besitzer einer fremden Sache und derjenige, welcher für denselben die Sache innehat, sind nicht verpflichtet, dem Eigenthümer auch die Nutzungen der Sache herauszugeben oder den Schaden zu ersetzen, welchen derselbe durch Untergang oder Verschlechterung der Sache oder anderweit erlitten hat, soweit nicht aus den §§. 931 bis 935 ein Anderes sich ergiebt.

Soweit der Eigenthümer der Sache an Bestandtheilen derselben, insbesondere an Erzeugnissen, nach den Vorschriften der §§. 898 bis 902 mit der Trennung das Eigenthum erworben hat, wird sein Anspruch gegen den Besitzer oder Inhaber dieser Gegenstände durch die Vorschriften des ersten Absatzes nicht berührt.

§. 931.

Wenn der Besitzer weiß, daß er zum Besitze nicht berechtigt ist, so hat er die von ihm nach dem Zeitpunkte, in welchem er diese Kenntniß erlangt hat, gezogenen Nutzungen dem Eigenthümer herauszugeben, demselben auch den von ihm nach diesem Zeitpunkte aus Vorsatz oder Fahrlässigkeit verursachten Schaden zu ersetzen, welcher durch Untergang oder Verschlechterung der Sache oder der bezeichneten Nutzungen oder dadurch entstanden ist, daß Nutzungen, welche hätten gezogen werden können, nicht gezogen sind.

Hat der Besitzer den Besitz durch eine strafbare, wenn auch nur auf Fahrlässigkeit beruhende Handlung erworben, so finden die Vorschriften des ersten Absatzes von dem Zeitpunkte des Besitzerwerbes an Anwendung.

§. 932.

Wenn ein Anderer die Sache für den Besitzer innehat und sowohl der Inhaber als der Besitzer weiß, daß der Besitzer zum Besitze nicht berechtigt ist, so ist auch der Inhaber nach Maßgabe des §. 931 Abs. 1 verpflichtet. Das Gleiche gilt, wenn der Inhaber weiß, daß der Besitzer den Besitz durch eine strafbare, wenn auch nur auf Fahrlässigkeit beruhende Handlung erworben hat.

Wenn der Inhaber, aber nicht der Besitzer weiß, daß der Besitzer zum Besitze nicht berechtigt ist, so ist der Inhaber nach Maßgabe des §. 931 Abs. 1 zum Ersatze des von ihm verursachten Schadens verpflichtet, welcher durch Untergang oder Verschlechterung der Sache entstanden ist.

§. 933.

Die Vorschriften des §. 931 Abs. 1 finden auch gegen denjenigen Besitzer und die Vorschriften des §. 932 auch gegen denjenigen Inhaber, welcher von dem Mangel des Rechtes des Besitzers zum Besitze keine Kenntniß hat, Anwendung in Ansehung der nach dem Zeitpunkte, in welchem der Eigenthumsanspruch gegen ihn rechtshängig geworden ist, gezogenen Nutzungen und des nach diesem Zeitpunkte verursachten Schadens.

§. 934.

Von dem Zeitpunkte an, in welchem der Besitzer oder der Inhaber nach Maßgabe der §§. 245, 246 in Verzug kommt, bestimmen sich seine Verpflichtungen nach den Vorschriften der §§. 247 bis 253.

§. 935.

Hat der Besitzer oder der Inhaber durch eine strafbare oder durch eine vorsätzlich begangene unerlaubte Handlung sich den Besitz oder die Inhabung verschafft, so bestimmt sich seine Verpflichtung zum Schadensersatze nach den Vorschriften über die Haftung aus unerlaubten Handlungen.

§. 936.

Der Besitzer oder der Inhaber kann wegen der Verwendungen, welche er auf die Sache gemacht hat, von dem Eigenthümer insoweit Ersatz fordern, als der letztere in Folge der Wiedererlangung der Sache durch die Verwendung aus dem Vermögen des ersteren bereichert wird.

Auf den zu ersetzenden Betrag kommt der Reinertrag der gezogenen Nutzungen in Abzug, soweit zu deren Herausgabe in Gemäßheit des §. 930 eine Verpflichtung nicht besteht.

Besteht die Verwendung darin, daß mit der herauszugebenden Sache eine andere Sache als wesentlicher Bestandtheil verbunden ist, und erhält der Besitzer oder der Inhaber von dem Eigenthümer nicht mindestens den Werth ersetzt, welchen die andere Sache nach der Trennung haben würde, so ist er berechtigt, diese andere Sache wegzunehmen; er hat jedoch die herauszugebende Sache auf seine Kosten wieder in den vorigen Stand zu setzen.

§. 937.

Der Besitzer kann wegen der von den Vorbesitzern gemachten Verwendungen, soweit er Rechtsnachfolger derselben geworden ist, Ersatz in demselben Umfange von dem Eigenthümer fordern, in welchem diese Vorbesitzer, wenn sie die Sache herauszugeben hätten, den Ersatz würden fordern können.

§. 938.

Die dem Besitzer oder dem Inhaber nach den Vorschriften

der §§. 936, 937 zustehenden Ansprüche sind dadurch bedingt, daß der Eigenthümer die Sache wiedererlangt.

Der Besitzer oder der Inhaber hat wegen dieser Ansprüche das Zurückbehaltungsrecht.

Ist die Herausgabe ohne vorherige oder gleichzeitige Anzeige der Ansprüche erfolgt, so ist für die Beurtheilung, ob und inwieweit der Eigenthümer bereichert ist, der Zeitpunkt maßgebend, in welchem derselbe von den Ansprüchen Kenntniß erlangt hat oder die Ansprüche rechtshängig geworden sind. Zur Wirksamkeit der Anzeige ist die Bezeichnung des Umfanges der Ansprüche nicht erforderlich.

§. 939.

Hat der Besitzer einer beweglichen Sache, welche ihm von einem Nichteigenthümer übertragen ist, das Eigenthum an derselben nur auf Grund der im §. 879 Satz 2 enthaltenen Vorschriften nicht erworben, so kann er von dem Eigenthümer Ersatz desjenigen fordern, was er für den Erwerb der Sache dem Veräußerer geleistet oder noch zu leisten hat, jedoch nur bis zur Höhe des Werthes, welchen die Sache zur Zeit der Herausgabe nach Abzug der von dem Eigenthümer zu ersetzenden Verwendungen hat.

Dieser Anspruch des Besitzers ist dadurch bedingt, daß derselbe die Sache dem diese zurückverlangenden Eigenthümer herausgiebt. Der Besitzer hat wegen des Anspruches das Zurückbehaltungsrecht. Soweit er den Anspruch und dessen Umfang nicht vor oder bei der Herausgabe der Sache dem Eigenthümer angezeigt hat, erlischt der Anspruch.

In Ansehung der Ansprüche, welche dem ersatzpflichtigen Eigenthümer gegen den Veräußerer zustehen, finden die Vorschriften des §. 880 entsprechende Anwendung.

§. 940.

Hat der Inhaber einer beweglichen Sache, welche ihm von einem Nichteigenthümer verpfändet ist, das Pfandrecht an derselben nur auf Grund der im §. 879 Satz 2 und im §. 1147 enthaltenen Vorschriften nicht erworben, so finden die Vorschriften des §. 939 mit der Maßgabe entsprechende Anwendung, daß der Inhaber Ersatz desjenigen fordern kann, was er dem Schuldner gegen Empfang des Pfandes geleistet hat.

§. 941.

Der Eigenthümer kommt in Verzug der Annahme auch dann, wenn er die Sache anzunehmen bereit ist, jedoch die Befriedigung oder Sicherstellung der auf Grund der §§. 936, 937, 939, 940 erhobenen Ansprüche nicht anbietet.

§. 942.

Der Anspruch auf Herausgabe der Sache ist ausgeschlossen, wenn der Besitzer oder der Inhaber auf Grund eines Rechtes an der Sache oder auf Grund einer ihm gegen den Eigenthümer zustehenden Forderung berechtigt ist, die Sache zu behalten.

§. 943.

Der Eigenthümer hat gegen denjenigen, von welchem sein Eigenthum in anderer Art als durch Entziehung oder Vorenthaltung des Besitzes oder der Inhabung beeinträchtigt wird, soweit die Beeinträchtigung noch fortbesteht, den Anspruch auf Wiederaufhebung derselben; er kann, auch wenn die Beeinträchtigung nicht mehr fortbesteht, die Verurtheilung desjenigen, welcher dieselbe bewirkt hat, zur Unterlassung weiterer Beeinträchtigungen verlangen, sofern solche nach den Umständen zu besorgen sind.

§. 944.

Auf die im §. 943 bezeichneten Ansprüche finden die Vorschriften des §. 942 und, wenn der Beklagte behauptet, im Namen eines Dritten gehandelt zu haben, die im §. 73 der Civilprozeßordnung enthaltenen Vorschriften entsprechende Anwendung.

§. 945.

Die Vorschriften der §§. 929 bis 944 über die dem Eigenthümer zustehenden Ansprüche finden entsprechende Anwendung zu Gunsten desjenigen, welcher den Besitz einer beweglichen Sache erworben hat, sofern er bei dem Besitzerwerbe den Umstand nicht gekannt hat, durch welchen der Erwerb des Eigenthumes an der Sache verhindert worden ist, und seine Unkenntniß auch nicht auf grober Fahrlässigkeit beruht hat. Die Vorschrift des §. 877 Satz 2 findet entsprechende Anwendung.

Die aus der Vorschrift des ersten Satzes des ersten Absatzes sich ergebenden Ansprüche können jedoch nicht gegen den Eigenthümer und auch nicht gegen denjenigen geltend gemacht werden, bei welchem die Voraussetzungen jener Vorschrift gleichfalls zutreffen, es sei denn, daß der letztere seinen Erwerb von dem nämlichen Rechtsvorgänger aus einer späteren Veräußerung desselben herleitet.

Fünfter Titel.

Miteigenthum.

§. 946.

Das Eigenthum kann mehreren Personen gemeinschaftlich zustehen (Miteigenthum).

Gehört die Sache den Miteigenthümern nach Bruchtheilen, so gelten für das Miteigenthum neben den Vorschriften der §§. 763 bis 773 die Vorschriften der §§. 947 bis 951.

§. 947.

Ein Recht, durch welches die gemeinschaftliche Sache belastet wird, kann auch für einen Miteigenthümer begründet werden.

§. 948.

Die Uebertragung und die Belastung des Antheiles eines Miteigenthümers bestimmen sich nach den für die Uebertragung des Eigenthumes an der gemeinschaftlichen Sache und für deren Belastung geltenden Vorschriften.

§. 949.

Bei einem im Miteigenthume stehenden Grundstücke kann der Antheil eines Miteigenthümers zu Gunsten des jeweiligen Eigenthümers eines anderen Antheiles in der Weise belastet werden, daß das Recht, die Aufhebung der Gemeinschaft zu verlangen, ausgeschlossen wird, jedoch unbeschadet der Vorschriften des §. 767 Abs. 2, 3.[1])

§. 950.

Die Vorschriften der §§. 872, 873, 903, 904 finden auch auf den Antheil eines Miteigenthümers Anwendung.

§. 951.

Auf den Eigenthumsanspruch des Miteigenthümers finden die

---

[1]) In dem Einführungsgesetze wird den Landesgesetzen die Befugniß vorbehalten werden:

1. bei einem gemeinschaftlichen, mit einem Gebäude versehenen Grundstücke eine derartige gegenseitige Belastung der Antheile der Miteigenthümer zuzulassen, daß den einzelnen Miteigenthümern das Recht zusteht, bestimmte Theile des Gebäudes ausschließlich zu benutzen;
2. für den Fall einer solchen Belastung die Anwendung der Vorschriften des §. 767 Abs. 2, 3 auszuschließen und nähere Bestimmungen über das Gemeinschaftsverhältniß der Miteigenthümer zu erlassen.

Vorschriften der §§. 929 bis 945 mit der Maßgabe entsprechende Anwendung, daß der Miteigenthümer gegen jeden Mitbesitzer sowie gegen den Besitzer und gegen den Inhaber der Sache den Anspruch auf Einräumung des Mitbesitzes hat.

Das Recht eines jeden Miteigenthümers, die Herausgabe der gemeinschaftlichen Sache an alle Miteigenthümer in Gemäßheit des §. 339 zu fordern, bleibt unberührt.

Fünfter Abschnitt.

Vorkaufsrecht an Grundstücken.

§. 952.

Ein Grundstück kann in der Weise belastet werden, daß bei einem Verkaufe desselben einer Person das Vorkaufsrecht zusteht.

Das Vorkaufsrecht kann erweitert werden:

1. dahin, daß es nicht nur in dem ersten Falle, sondern auch in nachfolgenden Fällen des Verkaufes stattfinden,
2. dahin, daß es dem jeweiligen Eigenthümer eines Grundstückes zustehen soll.

§. 953.

Ein Bruchtheil des nicht im Miteigenthume stehenden Grundstückes und ein Bruchtheil des Antheiles eines Miteigenthümers kann nicht mit einem Vorkaufsrechte belastet werden.

§. 954.

Ist ein Grundstück mit einem Vorkaufsrechte belastet, so bestimmt sich das Rechtsverhältniß zwischen dem Berechtigten und demjenigen, welcher das Grundstück verkauft (Vorkaufspflichtiger), nach den Vorschriften der §§. 481 bis 487, das Rechtsverhältniß zwischen dem Berechtigten und dem Dritten, an welchen das Grundstück veräußert ist, nach den §§. 955 bis 959.

§. 955.

Der von dem Berechtigten in Anspruch genommene Dritte kann sich aller Einwendungen bedienen, welche dem in Anspruch genommenen Vorkaufspflichtigen zustehen würden.

§. 956.

Die Ausübung des Rechtes gegen den Dritten ist auch dann ausgeschlossen, wenn der Berechtigte auf die Anzeige des Dritten von dem mit dem Vorkaufspflichtigen geschlossenen Kaufvertrage und dessen Inhalte, sowie von der erfolgten Eigenthumsübertragugt, nicht innerhalb einer Frist von zwei Monaten dem Dritten erklärn daß er das Vorkaufsrecht ausübe.

§. 957.

Der Dritte hat, sofern er nicht der Ausübung des Rechtes nach den Vorschriften des §. 955 oder des §. 956 zu widersprechen befugt ist, dem Berechtigten das Grundstück herauszugeben und das Eigenthum an demselben zu übertragen.

Der Berechtigte hat dem Dritten zu erstatten, was dem Vorkaufspflichtigen in Erfüllung des mit diesem geschlossenen Kaufvertrages geleistet ist, und, soweit aus dem letzteren dem Käufer noch Leistungen obliegen, die Befreiung von der Verpflichtung zu denselben zu bewirken.

Der Anspruch des Dritten auf Erstattung von Verwendungen und die Haftung desselben für Erhaltung und Verwahrung des Grundstückes bestimmen sich nach den Vorschriften, welche für das Rechtsverhältniß zwischen dem Eigenthümer und dem Besitzer gelten, mit der Maßgabe, daß an Stelle des Zeitpunktes, in welchem der Eigenthumsanspruch rechtshängig geworden ist, der Zeitpunkt tritt, in welchem die Ausübung des Vorkaufsrechtes gegenüber dem Dritten erklärt ist.

Der Dritte hat das Grundstück von solchen Belastungen zu befreien, deren Eintragung von ihm bewilligt oder in Folge einer gegen ihn erwirkten Zwangsvollstreckung erfolgt ist.

Die nach den Vorschriften des ersten bis vierten Absatzes dem Berechtigten und dem Dritten obliegenden Verpflichtungen sind Zug um Zug zu erfüllen. Die Vorschriften der §§. 364, 365 finden entsprechende Anwendung.

§. 958

Durch die gegenüber dem Dritten abgegebene Erklärung des Berechtigten, daß er das Vorkaufsrecht ausübe, werden der Berechtigte und der Dritte zur Erfüllung der ihnen nach den Vorschriften des §. 957 obliegenden Verbindlichkeiten gegenseitig verpflichtet.

§. 959.

Erweiterungen des Vorkaufsrechtes über den aus den §§. 952 bis 958 sich ergebenden Umfang hinaus sind unwirksam.

§. 960.

Zur Aufhebung des Vorkaufsrechtes durch Rechtsgeschäft ist die gegenüber dem Grundbuchamte abzugebende Erklärung des Berechtigten, daß er das Vorkaufsrecht aufgebe, und die Löschung des letzteren im Grundbuche erforderlich.

Steht das Vorkaufsrecht dem jeweiligen Eigenthümer eines Grundstückes zu und ist dieses Grundstück mit dem Rechte eines Dritten belastet, so kann die Löschung nur mit Einwilligung dieses Dritten erfolgen, es sei denn, daß das Recht des Dritten durch die Aufhebung des Vorkaufsrechtes nicht berührt wird. Die Einwilligung muß gegenüber dem Grundbuchamte oder dem Vorkaufsberechtigten erklärt werden; sie ist unwiderruflich.

Sechster Abschnitt.

Erbbaurecht.

§. 961.

Ein Grundstück kann in der Weise belastet werden, daß einer Person das veräußerliche und vererbliche Recht zusteht, auf oder unter der Oberfläche des Grundstückes ein Bauwerk zu haben (Erbbaurecht).

Auf einen Bruchtheil des Grundstückes oder auf eine Abtheilung eines Gebäudes, insbesondere auf ein Stockwerk oder ein einzelnes Gelaß, kann das Erbbaurecht nicht beschränkt werden.

Die Veräußerlichkeit sowie die Vererblichkeit des Erbbaurechtes kann nicht ausgeschlossen werden.

§. 962.

Der zur Begründung des Erbbaurechtes nach dem §. 828 erforderliche Vertrag muß vor dem Grundbuchamte geschlossen werden.

Die nach dem §. 828 erforderliche Eintragung hat sowohl bei dem belasteten Grundstücke als auf einem für das Erbbaurecht bestimmten Grundbuchblatte zu erfolgen. Bei der Eintragung kann zur näheren Bezeichnung des Inhaltes des Rechtes auf die Eintragungsbewilligung Bezug genommen werden.

§. 963.

Im Falle des Unterganges des Bauwerkes ist der Erbbauberechtigte zur Erneuerung desselben befugt.

§. 964.

Auf die Ansprüche des Erbbauberechtigten im Falle der Beeinträchtigung seines Rechtes finden die für den Eigenthumsanspruch geltenden Vorschriften der §§. 929 bis 938, 941 bis 944, 951 entsprechende Anwendung.

§. 965.

Zur Aufhebung des Erbbaurechtes durch Rechtsgeschäft ist die Erklärung des Berechtigten vor dem Grundbuchamte, daß er das Erbbaurecht aufgebe, und die Löschung des letzteren im Grundbuche erforderlich.

Ist das Erbbaurecht mit dem Rechte eines Dritten belastet, so kann die Löschung nur mit Einwilligung dieses Dritten erfolgen. Die Einwilligung muß gegenüber dem Grundbuchamte oder dem Erbbauberechtigten erklärt werden; sie ist unwiderruflich.

Siebenter Abschnitt.

Dienstbarkeiten.

Erster Titel.

Grunddienstbarkeiten.[1])

§. 966.

Ein Grundstück kann zu Gunsten des jeweiligen Eigenthümers eines anderen Grundstückes (herrschendes Grundstück) in der Weise belastet werden, daß derselbe das belastete Grundstück (dienendes Grundstück) in einzelnen Beziehungen benutzen darf, oder daß auf dem dienenden Grundstücke etwas zu unterlassen ist, oder daß ein gesetzliches aus dem Eigenthume an dem dienenden Grundstücke sich ergebendes und auf das herrschende Grundstück sich beziehendes Recht aufgehoben oder beschränkt ist (Grunddienstbarkeit).

§. 967.

Als Grunddienstbarkeit kann nur eine solche Berechtigung be-

---

[1]) In dem Einführungsgesetze wird bestimmt werden:

»Unberührt bleiben die Landesgesetze, welche die Begründung gewisser Grunddienstbarkeiten für unzulässig erklären oder beschränken, oder welche die Aufhebung der Grunddienstbarkeiten im Wege der Ablösung, der Gemeinheitstheilung, der Zusammenlegung und dergl. regeln.«

Vorbehalten ist, bei der Berathung des Einführungsgesetzes darüber zu beschließen, ob die Vorschrift aufzunehmen sei, daß die Vorschriften der Landesgesetze unberührt bleiben, welche für Grunddienstbarkeiten eines gewissen Inhaltes das Maß der darin begriffenen Befugnisse und Verpflichtungen regeln.

gründet werden, welche für die Benutzung des herrschenden Grundstückes Vortheil oder Annehmlichkeit zu gewähren geeignet ist.

Ueber das hieraus sich ergebende Maß hinaus kann der Inhalt der Grunddienstbarkeit sich nicht erstrecken.

§. 968.

Eine Grunddienstbarkeit kann nach Bruchtheilen weder begründet noch aufgehoben werden.

§. 969.

Bei der Eintragung einer Grunddienstbarkeit in das Grundbuch kann zur näheren Bezeichnung des Inhaltes des Rechtes auf die Eintragungsbewilligung Bezug genommen werden.

§. 970.

Bei der Ausübung einer Grunddienstbarkeit ist das Interesse des Eigenthümers des dienenden Grundstückes thunlichst zu schonen. Hält der Berechtigte zur Ausübung der Dienstbarkeit eine Anlage auf dem dienenden Grundstücke, so hat er dieselbe, soweit es im Interesse des Eigenthümers dieses Grundstückes liegt, im ordnungsmäßigen Zustande zu erhalten.

§. 971.

Eine Grunddienstbarkeit, zu deren Ausübung das Halten einer auf dem dienenden Grundstücke befindlichen Anlage gehört, kann in der Art begründet werden, daß der Eigenthümer des dienenden Grundstückes zur Unterhaltung der Anlage insoweit verpflichtet ist, als das Interesse des Berechtigten es erfordert.

Besteht die Grunddienstbarkeit in dem Rechte, auf einer baulichen Anlage des dienenden Grundstückes eine bauliche Anlage zu halten, so ist zur Unterhaltung der ersteren Anlage der Eigenthümer des dienenden Grundstückes insoweit, als das Interesse des Berechtigten es erfordert, verpflichtet, wenn nicht ein Anderes bestimmt worden ist.

Auf die dem Eigenthümer des dienenden Grundstückes obliegende Verpflichtung zur Unterhaltung einer Anlage finden die Vorschriften über die Reallasten entsprechende Anwendung.

§. 972.

Ist bei einer Grunddienstbarkeit der Ort der Ausübung bestimmt, und erweist sich in Folge einer Veränderung der Umstände die Ausübung des Rechtes an diesem Orte als besonders beschwerlich für den Eigenthümer des dienenden Grundstückes, so ist derselbe befugt, die Verlegung der Ausübung auf einen anderen bestimmten und ebenso geeigneten Ort des dienenden Grundstückes unter Uebernahme aller mit der Verlegung verbundenen Kosten zu fordern. Diese Befugniß kann durch Rechtsgeschäft nicht ausgeschlossen werden.

§. 973.

Trifft eine Grunddienstbarkeit mit einer anderen Grunddienstbarkeit oder mit einem sonstigen Nutzungsrechte oder Gebrauchsrechte an demselben Grundstücke dergestalt zusammen, daß die Rechte neben einander überhaupt nicht oder nicht vollständig sich ausüben lassen, und haben diese Rechte gleichen Rang, so kann jeder Berechtigte verlangen, daß die übrigen Berechtigten in eine dem Interesse aller Berechtigten nach billigem Ermessen entsprechende Beschränkung der Rechtsausübung einwilligen.

§. 974.

Die Grunddienstbarkeit kann von dem herrschenden Grundstücke nicht getrennt werden; sie geht auf jeden neuen Eigenthümer mit dem Erwerbe des Eigenthumes über.

Die Ausübung der Grunddienstbarkeit kann einem Anderen nur zugleich mit der Benutzung des herrschenden Grundstückes überlassen werden.

§. 975.

Wird das dienende Grundstück in Natur getheilt, so besteht die Grunddienstbarkeit an allen einzelnen Theilen fort. Ist jedoch die Ausübung der Grunddienstbarkeit auf einen bestimmten Theil des dienenden Grundstückes beschränkt und wird durch die Theilung ein Grundstück gebildet, zu welchem kein Stück jenes Theiles gehört, so wird in Ansehung dieses Grundstückes die Grunddienstbarkeit mit der Theilung des dienenden Grundstückes aufgehoben.

§. 976.

Wird das herrschende Grundstück in Natur getheilt, so besteht die Grunddienstbarkeit für alle einzelnen Theile fort. Gereicht jedoch die Grunddienstbarkeit ausschließlich zum Vortheil eines bestimmten Theiles des herrschenden Grundstückes, und wird durch die Theilung ein Grundstück gebildet, zu welchem kein Stück jenes Theiles gehört, so wird in Ansehung dieses Grundstückes die Grunddienstbarkeit mit der Theilung des herrschenden Grundstückes aufgehoben.

§. 977.[1])

Zur Aufhebung der Grunddienstbarkeit durch Rechtsgeschäft ist die gegenüber dem Grundbuchamte abzugebende Erklärung des Berechtigten, daß er die Grunddienstbarkeit aufgebe, und die Löschung der letzteren im Grundbuche erforderlich.

Ist das herrschende Grundstück mit dem Rechte eines Dritten belastet, so finden die Vorschriften des §. 960 Abs. 2 entsprechende Anwendung.

§. 978.

Wird das Recht desjenigen, welchem eine Grunddienstbarkeit zusteht, beeinträchtigt, so finden auf die Ansprüche des Berechtigten gegen denjenigen, welcher die Beeinträchtigung bewirkt hat, die Vorschriften der §§. 943, 944 entsprechende Anwendung.

§. 979.

Wird der Inhaber eines Grundstückes an der Ausübung einer für den Eigenthümer desselben in das Grundbuch eingetragenen Grunddienstbarkeit verhindert oder in deren Ausübung gestört, so finden die Vorschriften der §§. 814, 815, 818 bis 824 entsprechende Anwendung, wenn und soweit die Grunddienstbarkeit innerhalb eines Jahres vor der Hinderung oder Störung, sei es auch nur einmal, ausgeübt worden ist.

Zweiter Titel.

Nießbrauch.

I. Nießbrauch an Sachen.

§. 980.

Eine Sache kann zu Gunsten einer bestimmten Person in der Weise belastet werden, daß diese Person berechtigt ist, alle Nutzungen der Sache zu ziehen (Nießbrauch).

Der Nießbrauch kann durch die Ausschließung einzelner Nutzungen beschränkt werden.

§. 981.

Der Nießbrauch kann an einem Bruchtheile der Sache begründet werden.

---

[1]) Die in der Anmerkung zum §. 787 unter II bezeichnete Ermächtigung der Landesgesetzgebungen wird auch auf den Fall sich erstrecken, wenn auf eine Grunddienstbarkeit verzichtet und durch die zuständige Behörde bescheinigt wird, daß die Löschung der Grunddienstbarkeit denjenigen, für welche das herrschende Grundstück belastet ist, unschädlich sei.

§. 982.

Bei der Eintragung des Nießbrauches an einem Grundstücke in das Grundbuch kann zur näheren Bezeichnung des Inhaltes des Rechtes auf die Eintragungsbewilligung Bezug genommen werden.

§. 983.

Zur Begründung des Nießbrauches an einer beweglichen Sache durch Rechtsgeschäft ist ein zwischen dem Eigenthümer und dem Erwerber unter Einräumung und Ergreifung der Inhabung der Sache zu schließender Vertrag erforderlich, welcher die Willenserklärung der Vertragschließenden enthält, daß der Nießbrauch begründet sein soll.

Die Vorschriften der §§. 803 bis 805, 829, des §. 874 Abs. 3 und der §§. 875, 876 finden entsprechende Anwendung.

§. 984.

Der Nießbraucher ist berechtigt, die Sache innezuhaben und alle zur Ziehung der Nutzungen dienenden Handlungen vorzunehmen

§. 985.

Ist der Antheil eines Miteigenthümers mit einem Nießbrauche belastet, so werden die in der Gemeinschaft sich gründenden Rechte des Miteigenthümers, welche auf die Verwaltung und Benutzung der Sache sich beziehen, von dem Nießbraucher ausgeübt. Der Anspruch auf Aufhebung der Gemeinschaft kann nur von dem Miteigenthümer und dem Nießbraucher gemeinschaftlich geltend gemacht werden. Wird die Gemeinschaft aufgehoben, so gebührt dem Nießbraucher der Nießbrauch an denjenigen Gegenständen, welche an die Stelle des mit dem Nießbrauche belasteten Eigenthumsantheiles treten.

In anderen Fällen des Nießbrauches an dem Bruchtheile einer Sache ist das Rechtsverhältniß des Nießbrauchers zu dem Eigenthümer in Ansehung der Nutzungsgemeinschaft so zu beurtheilen, wie wenn Beiden der Nießbrauch an der ganzen Sache gemeinschaftlich zustände.

§. 986.

Trifft ein Nießbrauch mit einem anderen Nießbrauche oder mit einer anderen Dienstbarkeit oder mit einem sonstigen Nutzungsrechte oder Gebrauchsrechte an derselben Sache zusammen, so finden die Vorschriften des §. 973 entsprechende Anwendung.

§. 987.

Der Nießbrauch an einem Grundstücke erstreckt sich auch auf die Vermögensrechte, welche mit dem Eigenthume an dem Grundstücke verbunden sind.

§. 988.

Werden von der belasteten Sache Bestandtheile getrennt, welche nicht zu den Früchten gehören, so besteht an ihnen der Nießbrauch fort.

Werden von der belasteten Sache solche Früchte getrennt, welche ein ordentlicher Hausvater nach den Regeln einer ordentlichen Wirthschaft nicht getrennt haben würde, oder solche Früchte, deren Ziehung, obschon die Trennung durch einen besonderen Umstand nöthig geworden, das Maß der wirthschaftlichen Nutzung der Sache an sich übersteigt, so wird der Nießbraucher Eigenthümer auch dieser Früchte; er ist jedoch verpflichtet, den Werth, welchen dieselben zur Zeit der Trennung hatten, dem Eigenthümer der belasteten Sache bei Beendigung des Nießbrauches zu zahlen und für die Erfüllung dieser Verpflichtung Sicherheit zu leisten. Von der Zahlungsverpflichtung wird der Nießbraucher insoweit befreit, als durch denselben Umstand, welcher die Verpflichtung begründet hat, die Ziehung der ihm für eine spätere Zeit gebührenden Nutzungen beeinträchtigt wird.

Die Verpflichtung des Nießbrauchers zum Schadensersatze im Falle eines Verschuldens desselben bleibt unberührt.

§. 989.

Der Nießbraucher eines Grundstückes ist neue Anlagen zur Gewinnung von Steinen, Kies, Sand, Lehm, Thon, Mergel, Torf und sonstigen dem Verfügungsrechte des Grundeigenthümers unterworfenen Bodenbestandtheilen einzurichten und auszunutzen insoweit berechtigt, als dadurch das Grundstück nicht wesentlich verändert wird. Die gewonnenen Gegenstände sind als Früchte des Grundstückes anzusehen.

Die bergrechtlichen Vorschriften bleiben unberührt.

§. 990.

Wird in der belasteten Sache ein Schatz gefunden, so gebührt der in Gemäßheit des §. 928 dem Eigenthümer zufallende Antheil an dem Schatze nicht dem Nießbraucher. Der letztere erhält auch nicht den Nießbrauch an diesem Antheile.

§. 991.

Der Nießbraucher ist gegenüber dem Eigenthümer der belasteten Sache verpflichtet, bei der Ziehung der Nutzungen wirthschaftlich zu verfahren, für die ordnungsmäßige Erhaltung der Sache und des wirthschaftlichen Bestandes derselben zu sorgen und nach Beendigung des Nießbrauches die Sache zurückzugewähren.

§. 992.

Sowohl der Eigenthümer als der Nießbraucher kann den Zustand der belasteten Sache auf seine Kosten durch Sachverständige feststellen lassen. Die Ernennung der Sachverständigen erfolgt durch das Amtsgericht, in dessen Bezirke die Sache sich befindet; auf die Ernennung, Beeidigung und Vernehmung der Sachverständigen finden die Vorschriften der §§. 367 bis 379 der Civilprozeßordnung Anwendung.

Bei dem Verfahren ist die Gegenpartei zuzuziehen, sofern die Umstände es gestatten.

§. 993.

Bei dem Nießbrauche an einem Inbegriffe von Vermögensgegenständen oder an einem Bruchtheile des Inbegriffes hat der Nießbraucher ein von ihm aufgenommenes, mit seiner Unterschrift und dem Datum versehenes Verzeichniß der einzelnen Vermögensgegenstände dem Eigenthümer mitzutheilen. Auf Verlangen des Eigenthümers ist das Verzeichniß auf dessen Kosten öffentlich zu beglaubigen.

§. 994.

Der Nießbraucher hat die bisherige wirthschaftliche Bestimmung der belasteten Sache aufrecht zu erhalten. Er ist nicht befugt, die Sache umzugestalten oder dieselbe wesentlich zu verändern.

§. 995.

Hat der Nießbraucher Veränderungen vorgenommen, zu welchen er nicht befugt war, so ist er verpflichtet, die Sache auf seine Kosten wieder in den vorigen Stand zu setzen.

§. 996.

Maßt sich ein Dritter ein Recht an der Sache an oder wird dieselbe zerstört oder beschädigt, so ist der Nießbraucher verpflichtet, dem Eigenthümer hiervon unverzüglich Anzeige zu erstatten.

§. 997.

Der Nießbraucher hat die Kosten der ordnungsmäßigen Erhaltung der belasteten Sache und des wirthschaftlichen Bestandes derselben zu tragen.

§. 998

Die Verpflichtung des Nießbrauchers zur ordnungsmäßigen Erhaltung der Sache erstreckt sich nur auf die gewöhnlichen Ausbesserungen und Wiederherstellungen.

Wird eine außergewöhnliche Ausbesserung oder Wiederherstellung nöthig, und will der Nießbraucher sie nicht selbst bewirken, so ist er verpflichtet, hiervon dem Eigenthümer rechtzeitig Anzeige zu erstatten, auch demselben die Ausführung der Ausbesserung oder Wiederherstellung zu gestatten.

§. 999

Wird bei dem Nießbrauche an einem Grundstücke eine außergewöhnliche Ausbesserung oder Wiederherstellung nöthig, so darf der Nießbraucher hierzu innerhalb der Grenzen wirthschaftlichen Verfahrens solche Bestandtheile des Grundstückes verwenden, welche nicht zu den ihm gebührenden Früchten gehören.

Dieselbe Befugniß steht dem Eigenthümer zu, wenn dieser die Ausbesserung oder Wiederherstellung bewirkt.

§. 1000.

Ist ein Grundstück mit einem zur Benutzung desselben dienenden Inventare Gegenstand des Nießbrauches, so ist der Nießbraucher berechtigt, über einzelne Stücke des Inventares innerhalb der Grenzen wirthschaftlicher Benutzung des Grundstückes zu verfügen. Er ist verpflichtet, diejenigen Stücke des Inventares, welche abgehen oder nach den Regeln einer ordentlichen Wirthschaft auszuscheiden sind, durch andere zu ersetzen. Die von ihm angeschafften Stücke werden durch die Einverleibung in das Inventar Eigenthum desjenigen, welchem das Inventar gehört.

§. 1001

Der Nießbraucher eines Gebäudes ist dasselbe zu Gunsten des Eigenthümers gegen Feuersgefahr unter Versicherung zu bringen verpflichtet. Das Gebäude gegen sonstige Unfälle und bei dem Nießbrauche an einer anderen Sache diese gegen Feuersgefahr oder sonstige Unfälle zu Gunsten des Eigenthümers unter Versicherung zu bringen, ist der Nießbraucher insoweit verpflichtet, als es von Seiten eines ordentlichen Hausvaters zu geschehen pflegt. Der Nießbraucher hat die Versicherung dergestalt zu bewirken, daß dem Eigenthümer der Anspruch aus der Versicherung zusteht.

§. 1002.

Ist die belastete Sache von dem Nießbraucher oder dem Eigenthümer dergestalt versichert worden, daß sowohl das Interesse des Eigenthümers als das Interesse des Nießbrauchers Gegenstand der Versicherung ist, und ereignet sich ein die Zahlungspflicht des Versicherers begründender Unfall, so steht dem Nießbraucher an dem Anspruche auf die Versicherungsgelder der Nießbrauch nach Maßgabe der Vorschriften über den Nießbrauch an einer auf Zinsen ausstehenden Forderung zu.

Sowohl der Eigenthümer als der Nießbraucher kann verlangen, daß die Versicherungsgelder in wirthschaftlich zweckmäßiger Weise zur Wiederherstellung der Sache oder zur Beschaffung eines Ersatzes verwendet werden. Der Eigenthümer hat die Wahl, ob er die Wiederherstellung oder Beschaffung selbst besorgen oder dem Nießbraucher die Gelder zu dieser Besorgung überlassen will.

§. 1003.

Der Nießbraucher ist gegenüber dem Eigenthümer verpflichtet, für die Zeit des Nießbrauches zu tragen:

1. die von der belasteten Sache zu entrichtenden öffentlichen Lasten und Abgaben mit Ausnahme solcher außerordentlichen Lasten und Abgaben, welche als auf den Stammwerth der Sache gelegt anzusehen sind;
2. diejenigen privatrechtlichen Lasten und Abgaben, mit welchen das Grundstück bereits bei Begründung des Nießbrauches belastet war;
3. nach Verhältniß der Zeitdauer des Nießbrauches die Zinsen der Hypothekenforderungen und der Grundschulden, soweit das Grundstück bereits bei Begründung des Nießbrauches für die Zinsenverpflichtung haftete;
4. nach Verhältniß der Zeitdauer des Nießbrauches die für die Versicherung der belasteten Sache zu entrichtenden Beiträge oder Prämien, soweit der Nießbraucher die Sache unter Versicherung zu bringen verpflichtet war oder verpflichtet gewesen wäre, wenn nicht bereits der Eigenthümer die Versicherung bewirkt hätte.

§. 1004.

Der Eigenthümer kann den ihm gegen den Nießbraucher zustehenden Anspruch auf ordnungsmäßige Erhaltung der Sache und des wirthschaftlichen Bestandes derselben sowie auf Erfüllung der übrigen dem Nießbraucher während der Dauer des Nießbrauches obliegenden Verpflichtungen schon während der Dauer des Nießbrauches geltend machen.

§. 1005.

Wird durch das Verhalten des Nießbrauchers die Besorgniß einer Verletzung der Rechte des Eigenthümers begründet, so kann der Eigenthümer von dem Nießbraucher Sicherheitsleistung verlangen.

§. 1006.

Wird in dem Falle des §. 1005 die Sicherheit nicht innerhalb einer von dem Gerichte zu bestimmenden Frist geleistet, oder werden von dem Nießbraucher die demselben obliegenden Verpflichtungen in erheblichem Maße verletzt, so kann der Eigenthümer verlangen, daß dem Nießbraucher die Ausübung des Nießbrauches entzogen und für Rechnung des Nießbrauchers einem von dem Gerichte zu bestellenden Verwalter übertragen werde. Der Verwalter steht unter Aufsicht des Gerichtes nach Maßgabe der für die Zwangsverwaltung von Grundstücken geltenden Vorschriften. Der Eigenthümer selbst kann zum Verwalter bestellt werden.

Die wegen unterbliebener Sicherheitsleistung angeordnete Verwaltung ist auf Verlangen des Nießbrauchers aufzuheben, wenn die Sicherheit nachträglich geleistet wird.

§. 1007.

Der Nießbraucher ist verpflichtet, nach Beendigung des Nießbrauches dem Eigenthümer die belastete Sache in dem Zustande zurückzugewähren, in welchem sich dieselbe bei Begründung des Nießbrauches befunden hat; er haftet jedoch nicht wegen Veränderungen und Verschlechterungen, welche durch die ordnungsmäßige Ausübung des Nießbrauches, durch Alter oder durch einen anderen von ihm nicht zu vertretenden Umstand entstanden sind.

Bei dem Nießbrauche an einem landwirthschaftlichen Grundstücke finden die Vorschriften des §. 545 und bei dem Nießbrauche an einem Landgute oder an mehreren zum Betriebe der Landwirthschaft verbundenen Grundstücken die Vorschriften des §. 547 entsprechende Anwendung.

§. 1008.

Ist bei dem Nießbrauche an einem Grundstücke dieses von dem Nießbraucher einem Anderen zur Miethe oder Pacht überlassen, so finden nach Beendigung des Nießbrauches die Vorschriften der §§. 509 bis 512, 532, 537 entsprechende Anwendung.

§. 1009.

Der Eigenthümer hat dem Nießbraucher die Kosten, welche derselbe auf die Hervorbringung der bei Beendigung des Nießbrauches noch nicht getrennten Früchte innerhalb der Grenzen wirthschaftlichen Verfahrens verwendet hat, insoweit zu ersetzen, als die Trennung in dem laufenden Wirthschaftsjahre nach den Regeln einer ordentlichen Wirthschaft zu erfolgen hat, und die Kosten den Werth der dem Eigenthümer zufallenden Früchte nicht übersteigen.

§. 1010.

Hat der Nießbraucher auf die belastete Sache Verwendungen gemacht, zu welchen er gegenüber dem Eigenthümer nicht verpflichtet war, so bestimmt sich die Verpflichtung des Eigenthümers, wegen solcher Verwendungen Ersatz zu leisten, nach den Vorschriften des §. 936 Abs. 1, 3 und der §§. 937, 938, 941.

Die Ansprüche des Nießbrauchers auf Ersatz von Verwendungen nach Maßgabe der Vorschriften über Ausführung eines Auftrages und über Geschäftsführung ohne Auftrag bleiben unberührt.

§. 1011.

Der Nießbrauch kann veräußert und belastet werden.

Durch die Veräußerung des Nießbrauches erleidet der Inhalt des Rechtes, insbesondere in Ansehung der Dauer, keine Aenderung.

Auf die Veräußerung des Nießbrauches an einer beweglichen Sache finden die Vorschriften des §. 983 entsprechende Anwendung.

§. 1012.

Bei einem mehreren Personen gemeinschaftlich zustehenden Nießbrauche bestimmt sich die Veräußerung des Antheiles eines Mitberechtigten nach den für die Veräußerung des ganzen Nießbrauches geltenden Vorschriften.

Keiner der Mitberechtigten kann zum Zwecke der Aufhebung der Gemeinschaft den Verkauf des Nießbrauches verlangen.

§. 1013.

Im Falle der Veräußerung des Nießbrauches wird der Erwerber dem Eigenthümer für die Zeit nach der Veräußerung als Nießbraucher verpflichtet; der Veräußerer haftet dem Eigenthümer für die Erfüllung der dem Erwerber als Nießbraucher obliegenden Verpflichtungen wie ein Bürge mit der Maßgabe, daß die Einrede der Vorausklage ausgeschlossen ist.

War zur Zeit der Veräußerung des Nießbrauches der Veräußerer dem Eigenthümer zur Sicherheitsleistung verpflichtet, so geht die Verpflichtung, wegen unterbliebener Sicherheitsleistung nach den Vorschriften des §. 1006 die Anordnung der gerichtlichen Verwaltung zu gestatten, auf den Erwerber über.

§ 1014.

Der Nießbrauch erlischt mit dem Tode des zuerst Berechtigten und, wenn dieser eine juristische Person ist, mit deren Erlöschen.

Ist der zuerst Berechtigte eine juristische Person, so erlischt der Nießbrauch auch nach Ablauf von hundert Jahren seit der Begründung, selbst wenn er für eine längere Zeit bestellt worden war.

§. 1015.

Auf die Aufhebung des Nießbrauches an einem Grundstücke durch Rechtsgeschäft finden die Vorschrift des §. 977 Abs. 1, und wenn der Nießbrauch mit dem Rechte eines Dritten belastet ist, die Vorschriften des §. 965 Abs. 2 entsprechende Anwendung.

§. 1016.

Der Nießbrauch an einer beweglichen Sache wird dadurch aufgehoben, daß das Eigenthum an derselben und der Nießbrauch in derselben Person sich vereinigen. Die Aufhebung tritt jedoch nicht ein, solange der Nießbrauch mit dem Rechte eines Dritten belastet ist.

Zur Aufhebung des Nießbrauches an einer beweglichen Sache durch Rechtsgeschäft genügt die einseitige, gegenüber dem Eigenthümer der Sache abzugebende Verzichterklärung des Nießbrauchers. Ist der Nießbrauch mit dem Rechte eines Dritten belastet, so bedarf es zu der Aufhebung der gegenüber dem Nießbraucher zu erklärenden Einwilligung des Dritten. Der Verzicht und die Einwilligung sind unwiderruflich.

§. 1017

Wird das Recht des Nießbrauchers beeinträchtigt, so finden auf die Ansprüche des Nießbrauchers gegen denjenigen, welcher die Beeinträchtigung bewirkt hat, die Vorschriften der §§. 929 bis 945, 951 entsprechende Anwendung.

§. 1018.

Sind verbrauchbare Sachen Gegenstand des Nießbrauches, so erwirbt mit dessen Begründung der Nießbraucher das Eigenthum an den Sachen unter der Verpflichtung, dem Besteller des Nießbrauches nach Beendigung des letzteren den Werth zu ersetzen, welchen die Sachen bei Beginn des Nießbrauches hatten.

War der Besteller des Nießbrauches nicht Eigenthümer der Sachen, so finden die Vorschriften der §§. 877 bis 880 entsprechende Anwendung.

§. 1019.

Bei dem Nießbrauche an verbrauchbaren Sachen kann sowohl der Besteller des Nießbrauches als der Nießbraucher den Werth der Sachen nach Maßgabe des §. 992 durch Sachverständige feststellen lassen.

§. 1020.

Liegen Umstände vor, welche die Erfüllung der dem Nießbraucher verbrauchbarer Sachen nach dem §. 1018 Abs. 1 obliegenden Verpflichtung zum Werthersatze als gefährdet erscheinen lassen, so kann der Besteller des Nießbrauches von dem Nießbraucher Sicherheitsleistung verlangen. Der zur Bestellung des Nießbrauches Verpflichtete kann im Falle einer solchen Gefährdung die Bestellung so lange verweigern, bis die Sicherheit geleistet ist.

II. Nießbrauch an Rechten.

§. 1021.

Der Nießbrauch kann auch an einem Rechte begründet werden.

Auf den Nießbrauch an Rechten finden die Vorschriften über den Nießbrauch an Sachen entsprechende Anwendung, soweit nicht in den §§. 1022 bis 1037 ein Anderes bestimmt ist.

§. 1022.

Soweit ein Recht nicht übertragbar ist, kann an demselben durch Rechtsgeschäft auch nicht ein Nießbrauch begründet werden.

§. 1023.

Auf die Begründung und die Veräußerung des Nießbrauches an einem Rechte und auf das Rechtsverhältniß, welches durch die Begründung oder die Veräußerung des Nießbrauches zwischen dem Nießbraucher und dem vermöge jenes Rechtes zu einer Leistung verpflichteten Dritten entsteht, finden, soweit nicht das Gesetz ein Anderes bestimmt, die Vorschriften, welche im Falle der Uebertragung jenes Rechtes gelten, entsprechende Anwendung. Die Vorschrift des §. 1087 Abs. 2 findet keine Anwendung.

§. 1024.

Zur Wirksamkeit einer Verfügung über das dem Nießbrauche unterliegende Recht von Seiten desjenigen, welchem das Recht zusteht, ist, wenn durch die Verfügung das Recht des Nießbrauchers beeinträchtigt wird, die Einwilligung des letzteren erforderlich. Die

Einwilligung muß gegenüber demjenigen, welchem das belastete Recht zusteht, erklärt werden; sie ist unwiderruflich.

§. 1025.

Auf die Aufhebung des Nießbrauches an einem Rechte finden die Vorschriften des §. 1016 entsprechende Anwendung, auch wenn das dem Nießbrauche unterliegende Recht nicht ein Recht an einer beweglichen Sache ist.

§. 1026.

Soweit Ansprüche gegen Dritte zu den Nutzungen des dem Nießbrauche unterliegenden Rechtes gehören, werden sie von dem Nießbraucher ohne Abtretung erworben.

§. 1027.

Ist das Recht auf Beziehung einer Leibrente, eines Leibgedinges, einer Leibzucht, eines Altentheiles oder eines Auszuges Gegenstand des Nießbrauches, so sind die einzelnen Leistungen, welche während der Dauer des Nießbrauches fällig werden, als Nutzungen des Rechtes anzusehen.

§. 1028.

Ist eine Forderung Gegenstand des Nießbrauches, so ist der Nießbraucher berechtigt, die Forderung einzuziehen, und verpflichtet, für die ordnungsmäßige Einziehung zu sorgen. In anderer Art über die Forderung zu verfügen, ist der Nießbraucher nicht berechtigt.

§. 1029.

Der Nießbraucher einer Forderung erwirbt mit der an ihn bewirkten Leistung an dem Gegenstande der Leistung den Nießbrauch.

Ist nach der Beschaffenheit des Gegenstandes zur Begründung des Nießbrauches dessen Eintragung in das Grundbuch erforderlich, so ist der Gläubiger verpflichtet, die Erklärungen abzugeben, welche zu der Eintragung erforderlich sind.

Besteht der Gegenstand der Leistung in verbrauchbaren Sachen, so erwirbt der Nießbraucher mit der Einziehung der Forderung das Eigenthum an den Sachen nach Maßgabe des §. 1018.

§. 1030.

Bei dem Nießbrauche an einer Forderung auf Leistung verbrauchbarer Sachen kann der Nießbraucher nach Eintritt der Fälligkeit die Abtretung der Forderung von dem Gläubiger verlangen.

Mit dieser Abtretung ist die Forderung im Verhältnisse zwischen dem Gläubiger und dem Nießbraucher als von dem letzteren eingezogen anzusehen.

§. 1031.

Ist der Nießbraucher selbst der Schuldner der dem Nießbrauche unterliegenden Forderung, so ist der Gläubiger berechtigt, die Leistung mit der Maßgabe zu fordern, daß für den Nießbraucher an dem Gegenstande der Leistung gleichzeitig der Nießbrauch begründet werde.

§. 1032.

Vereinigen sich die dem Nießbrauche unterliegende Forderung und die Verbindlichkeit in derselben Person, so wirkt die Vereinigung nicht gegen den Nießbraucher.

§. 1033.

Ist eine auf Zinsen ausstehende Forderung Gegenstand des Nießbrauches, so kann sie nur gemeinschaftlich von dem Gläubiger und dem Nießbraucher gekündigt werden.

Der Schuldner kann nur an den Gläubiger und den Nießbraucher gemeinschaftlich leisten.

Sowohl der Gläubiger als der Nießbraucher kann von dem anderen Theile, wenn die Forderung fällig ist, die Mitwirkung zur Einziehung der Forderung und, wenn die Forderung noch nicht fällig, aber kündbar und ihre Sicherheit in dem Maße gefährdet ist, daß die Einziehung der Sorgfalt eines ordentlichen Hausvaters entspricht, die Mitwirkung zur Kündigung verlangen.

Eine Kündigung des Schuldners ist nur wirksam, wenn sie sowohl dem Gläubiger als auch dem Nießbraucher erklärt ist.

Sowohl der Gläubiger als der Nießbraucher kann nach seiner Wahl von dem Schuldner verlangen, daß dieser entweder die Leistung an Beide gemeinschaftlich bewirke oder den zu leistenden Gegenstand für Beide öffentlich hinterlege.

§. 1034.

Ist eine dem Nießbrauche unterliegende, auf Zinsen ausstehende Forderung eingezogen, so kann sowohl der Gläubiger als der Nießbraucher von dem anderen Theile die Mitwirkung dazu verlangen, daß das Kapital für den Gläubiger nach Maßgabe der für die Belegung von Mündelgeldern geltenden Vorschriften verzinslich wieder angelegt und gleichzeitig an dem dadurch erworbenen Gegenstande für den Nießbraucher der Nießbrauch begründet werde.

Die Art der Wiederanlegung zu bestimmen, steht dem Nießbraucher zu.

§. 1035.

Ist eine Grundschuld oder eine Eigenthümerhypothek Gegenstand des Nießbrauches, so finden die Vorschriften über den Nießbrauch an einer Forderung entsprechende Anwendung.

§. 1036.

Ist eine Schuldverschreibung auf Inhaber oder eine Aktie auf Inhaber Gegenstand des Nießbrauches, ohne daß ein Nießbrauch an verbrauchbaren Sachen vorliegt, so steht das Recht auf die Inhabung des Papieres nur dem Eigenthümer und dem Nießbraucher gemeinschaftlich zu.

In Ermangelung eines Einverständnisses über die Art der Ausübung der gemeinschaftlichen Inhabung ist das Papier nebst den dazu gehörenden Zinsscheinen, Rentenkupons, Gewinnantheilscheinen und Erneuerungsscheinen bei einer öffentlichen Hinterlegungsstelle dergestalt in Verwahrung zu geben, daß die Erhebung der dem Nießbraucher gebührenden Zinsen, Renten und Gewinnantheile von dem Nießbraucher allein, die Herausgabe des Papieres selbst sowie der Erneuerungsscheine nur an den Eigenthümer und den Nießbraucher gemeinschaftlich erfolgen kann.

In Ansehung der Einziehung der fälligen Kapitalbeträge und in Ansehung der Beschaffung neuer Zinsscheine, Rentenkupons, Gewinnantheilscheine und Erneuerungsscheine sowie neuer Stammpapiere sind beide Theile zur Mitwirkung gegen einander verpflichtet.

Im Uebrigen finden die Vorschriften über den Nießbrauch an einer auf Zinsen ausstehenden Forderung entsprechende Anwendung.

§. 1037.

Zur Begründung des Nießbrauches an einer Schuldverschreibung auf Inhaber oder an einer Aktie auf Inhaber genügt an Stelle der Uebergabe des Inhaberpapieres an den Nießbraucher die Einräumung und Ergreifung der gemeinschaftlichen Inhabung oder die für den Eigenthümer und den Nießbraucher erfolgende öffentliche Hinterlegung des Papieres.

III. Nießbrauch an einem Vermögen.

§. 1038.

Der Nießbrauch an dem ganzen Vermögen einer Person ist als Nießbrauch an den einzelnen zu dem Vermögen gehörenden Gegenständen zu beurtheilen, soweit nicht in den §§. 1039 bis 1042 ein Anderes bestimmt ist.

§. 1039.

Auf die Begründung des Nießbrauches an einem ganzen Vermögen finden die Vorschriften des §. 313 entsprechende Anwendung.

§. 1040.

Wer den Nießbrauch an einem ganzen Vermögen zu bestellen hat, ist berechtigt, von den zu dem Vermögen gehörenden Gegenständen so viel zurückzubehalten, als zur Berichtigung der fälligen Schulden nöthig ist. Ist die Zurückbehaltung unterblieben, so hat der Nießbraucher und, wenn der Nießbrauch veräußert ist, nach Maßgabe des §. 1013 der Erwerber dem Besteller die zur Berichtigung der Schulden erforderlichen Gegenstände zurückzugeben. Die Wahl der Gegenstände steht in beiden Fällen dem Besteller zu. Dieser hat jedoch die zur Berichtigung der Schulden vorzugsweise geeigneten Gegenstände auszuwählen.

Wegen einer noch nicht fälligen Schuld tritt mit der Fälligkeit die im ersten Absatze bezeichnete Verpflichtung zur Zurückgabe ein.

Der Besteller ist gegenüber dem Nießbraucher verpflichtet, die zurückbehaltenen oder zurückempfangenen Gegenstände mit der Sorgfalt eines ordentlichen Hausvaters zur Berichtigung der Schulden zu verwenden.

§. 1041.

Bei dem Nießbrauche an einem ganzen Vermögen hat der Nießbraucher die Zinsen einer Schuld, welche bei der Begründung des Nießbrauches bereits verzinslich war, nach dem Verhältnisse der Zeitdauer des Nießbrauches zu tragen, jedoch nur insoweit, als nicht zur Berichtigung der verzinslichen Schuld Gegenstände zurückbehalten oder zurückgegeben worden sind.

Die Vorschrift des ersten Absatzes findet auch Anwendung auf andere wiederkehrende Leistungen, welche ein ordentlicher Hausvater aus den Einkünften seines Vermögens zu bestreiten pflegt.

§. 1042.

Bei dem Nießbrauche an einem ganzen Vermögen kann der Eigenthümer verlangen, daß das nach dem §. 993 ihm mitzutheilende Verzeichniß der einzelnen Vermögensgegenstände unter seiner Zuziehung durch die zuständige Behörde oder einen zuständigen Beamten auf seine Kosten aufgenommen werde.

§. 1043.

Die Vorschriften der §§. 1038 bis 1042 finden auch Anwendung auf den Nießbrauch an einem Bruchtheile des ganzen

Vermögens einer Person oder an einer Erbschaft oder an einem Bruchtheile der Erbschaft.

Dritter Titel.

Beschränkte persönliche Dienstbarkeiten.[1])

§. 1044.

Ein Grundstück kann zu Gunsten einer bestimmten Person in der Weise belastet werden, daß dieselbe berechtigt ist, das Grundstück in einzelnen Beziehungen zu benutzen oder eine sonstige als Inhalt einer Grunddienstbarkeit zulässige Befugniß auszuüben (beschränkte persönliche Dienstbarkeit).

§. 1045.

Eine beschränkte persönliche Dienstbarkeit kann an einem Bruchtheile des belasteten Grundstückes weder begründet noch aufgehoben werden.

§. 1046.

Für den Umfang einer beschränkten persönlichen Dienstbarkeit ist das persönliche Bedürfniß des Berechtigten maßgebend, sofern nicht durch Gesetz oder Rechtsgeschäft ein Anderes bestimmt ist.

§. 1047.

Eine beschränkte persönliche Dienstbarkeit kann nicht veräußert, auch ihre Ausübung nicht einem Anderen überlassen werden, sofern nicht durch Gesetz oder Rechtsgeschäft ein Anderes bestimmt ist.

§. 1048.

Auf eine beschränkte persönliche Dienstbarkeit finden die Vorschriften der §§. 969 bis 973, 975, des §. 977 Abs. 1 und der §§. 978, 979 und im Falle der Veräußerlichkeit des Rechtes die Vorschriften des §. 965 Abs. 2, des §. 1011 Abs. 2, des §. 1012 und des §. 1013 Abs. 1 entsprechende Anwendung.

§. 1049.

In Ansehung des Erlöschens einer beschränkten persönlichen Dienstbarkeit finden die Vorschriften des §. 1014 Abs. 1, 2 ent-

---

[1]) Vorbehalten bleibt, bei der Berathung des Einführungsgesetzes darüber zu entscheiden, ob die in der Anmerkung zur Ueberschrift des ersten Titels, S. 221, erwähnten Vorbehalte für die Landesgesetzgebungen auf die beschränkten persönlichen Dienstbarkeiten ausgedehnt werden sollen.

sprechende Anwendung, die Vorschrift des zweiten Absatzes jedoch nur dann, wenn die Dienstbarkeit über den zulässigen Inhalt einer Grunddienstbarkeit hinausgeht.

§. 1050.

Als beschränkte persönliche Dienstbarkeit kann auch das Recht begründet werden, ein Gebäude oder einen Theil desselben unter Ausschluß des Eigenthümers als Wohnung zu benutzen.

Auf dieses Recht finden außer den für beschränkte persönliche Dienstbarkeiten geltenden Vorschriften auch die Vorschriften der §§. 992 bis 998, des §. 1004, des §. 1007 Abs. 1 und des §. 1010 entsprechende Anwendung.

Der Berechtigte ist befugt, seine Familie sowie die zur standesmäßigen Bedienung und zur Pflege erforderlichen Personen in die Wohnung zum Mitwohnen aufzunehmen. Er kann, auch im Falle der Beschränkung seines Rechtes auf einen Theil des Gebäudes, die zu dem Gebäude gehörenden, zum gemeinsamen Gebrauche der Bewohner bestimmten Anlagen und Einrichtungen mitbenutzen.

Achter Abschnitt.

Reallasten.[1])

§. 1051.

Ein Grundstück kann zu Gunsten einer bestimmten Person oder des jeweiligen Eigenthümers eines anderen Grundstückes in der Weise belastet werden, daß der jeweilige Eigenthümer des belasteten Grundstückes dem Berechtigten zu wiederkehrenden Leistungen verpflichtet ist, und das belastete Grundstück dem Berechtigten für rückständige Leistungen nach Maßgabe der für rückständige Hypothekenzinsen geltenden Vorschriften haftet (Reallast).

§. 1052.

Die Leistungen können bei einer Reallast nicht in einem Unterlassen bestehen.

---

[1]) Für das Einführungsgesetz ist die Vorschrift beschlossen:

Unberührt bleiben die Landesgesetze, welche die Begründung von Reallasten ausschließen oder beschränken, insbesondere nur gewisse Reallasten, und auch diese nur mit Beschränkung, zulassen, sowie die Landesgesetze, welche die Ablösung der Reallasten regeln, ferner diejenigen, welche die Belastung des Grundbesitzes mit unkündbaren Kapitalien oder die Ausschließung des Kündigungsrechtes über eine bestimmte Zeit hinaus untersagen.

§. 1053.

Ein Bruchtheil des Grundstückes kann nicht mit einer Reallast belastet werden.

§. 1054.

Bei der Eintragung einer Reallast in das Grundbuch kann zur näheren Bezeichnung des Inhaltes des Rechtes auf die Eintragungsbewilligung Bezug genommen werden.

§. 1055.

Wird das Recht desjenigen, welchem die Reallast zusteht, beeinträchtigt, so finden auf die Ansprüche des Berechtigten gegen denjenigen, welcher die Beeinträchtigung bewirkt hat, die Vorschriften der §§. 943, 944 entsprechende Anwendung.

§. 1056.

Der Eigenthümer des belasteten Grundstückes haftet für die während der Dauer seines Eigenthumes fällig werdenden Leistungen persönlich; er wird von dieser Verpflichtung dadurch nicht befreit, daß er aufhört, Eigenthümer zu sein.

Wird das belastete Grundstück in Natur getheilt, so haften die Eigenthümer der einzelnen Theile als Gesammtschuldner.[1])

§. 1057.

Die zu Gunsten des jeweiligen Eigenthümers eines Grundstückes bestehende Reallast kann nicht von diesem Grundstücke getrennt und nur mit dem letzteren zusammen belastet werden; sie geht auf jeden neuen Eigenthümer mit dem Erwerbe des Eigenthumes über.

§. 1058.

Wird das Grundstück, dessen jeweiligem Eigenthümer die Reallast zusteht, in Natur getheilt, so bleibt die Reallast nur mit dem Theile verbunden, welcher dazu von dem theilenden Eigenthümer bestimmt ist, in Ermangelung einer solchen Bestimmung aber mit dem Theile, welcher in dem Eigenthume des Theilenden verbleibt. Trifft auch die letztere Voraussetzung nicht zu, so bleibt die Reallast mit allen Theilen in der Weise verbunden, daß gemeinschaftliche Berechtigung nach Maßgabe der Größe der einzelnen Theile eintritt.

---

[1]) Das Einführungsgesetz wird eine Vorschrift enthalten, nach welcher die Landesgesetze nach Maßgabe des in der Anmerkung zu §. 787 unter II bezeichneten Vorbehaltes vorschreiben können, daß bei Theilung des mit einer Reallast belasteten Grundstückes die Reallast auf die einzelnen Theile des Grundstückes vertheilt werde.

Ist jedoch die Reallast dazu bestimmt, für die Benutzung des Grundstückes, mit dessen Eigenthume sie verbunden ist, Vortheil oder Annehmlichkeit zu gewähren, so bleibt sie nur mit denjenigen Theilen verbunden, für deren Benutzung sie Vortheil oder Annehmlichkeit zu gewähren bestimmt ist.

§. 1059.

Die zu Gunsten einer bestimmten Person bestehende Reallast kann veräußert und belastet, aber nicht mit dem Eigenthume an einem Grundstücke verbunden werden. Die Veräußerung und Belastung ist ausgeschlossen, wenn und soweit der Anspruch auf die einzelne Leistung nicht übertragbar ist.

§. 1060.

In Ansehung der Uebertragung und der Belastung des Anspruches auf eine rückständige Leistung und in Ansehung des Erlöschens eines solchen Anspruches finden die in diesen Beziehungen für rückständige Hypothekenzinsen geltenden Vorschriften entsprechende Anwendung.

§. 1061.

Zur Aufhebung der Reallast durch Rechtsgeschäft ist die gegenüber dem Grundbuchamte abzugebende Erklärung des Berechtigten, daß er die Reallast aufgebe, und die Löschung der letzteren im Grundbuche erforderlich.

Ist die Reallast mit dem Rechte eines Dritten belastet, so findet, wenn sie zu Gunsten des jeweiligen Eigenthümers eines Grundstückes besteht, die Vorschrift des §. 960 Abs. 2, wenn sie zu Gunsten einer bestimmten Person besteht, die Vorschrift des §. 965 Abs. 2 entsprechende Anwendung.

Neunter Abschnitt.
Pfandrecht und Grundschuld.

Erster Titel.
Pfandrecht an Grundstücken (Hypothek).[1])

I. Hypothek ohne Hypothekenbrief.

§. 1062.

Ein Grundstück kann in der Weise belastet werden, daß eine

[1]) Das Einführungsgesetz wird bestimmen, daß die Landesgesetze unberührt bleiben, welche dem Fiskus sowie gewissen Körperschaften und

bestimmte Person berechtigt ist, wegen einer bestimmten Geldforderung[1]) Befriedigung aus dem Grundstücke[2]) zu verlangen (Hypothek).

Die Forderung kann eine künftige oder eine bedingte sein

§. 1063.

Ein Bruchtheil des nicht im Miteigenthume stehenden Grundstückes sowie ein Bruchtheil des Antheiles eines Miteigenthümers kann nicht mit einer Hypothek belastet werden.

§. 1064.

Bei der Eintragung der Hypothek sind in dem Grundbuche der Gläubiger, der Geldbetrag der Forderung und, wenn diese verzinslich ist, die Verzinslichkeit und der Zinssatz zu bezeichnen; im Uebrigen kann zur näheren Bezeichnung der Forderung auf die Eintragungsbewilligung Bezug genommen werden.

§. 1065.

Wird für eine Forderung, welche nicht als verzinslich eingetragen ist, nachträglich die Eintragung der Verzinslichkeit bewilligt, so kann die für die Forderung bestehende Hypothek mit ihrem Range auf die Zinsen bis zu einem Satze von fünf vom Hundert erstreckt werden, ohne daß die Einwilligung der im Range gleichstehenden oder nachstehenden Berechtigten erforderlich ist.

Die Vorschrift des ersten Absatzes findet auf die Erhöhung des Zinssatzes einer Forderung bis zu fünf vom Hundert entsprechende Anwendung.

§. 1066.

Die Hypothek erstreckt sich auch ohne besondere Bewilligung und Eintragung in das Grundbuch auf die gesetzlichen Zinsen der Hauptforderung sowie auf die Kosten der Kündigung und der die Befriedigung aus dem Grundstücke bezweckenden Rechtsverfolgung.

Stiftungen wegen ihrer Forderungen einen gesetzlichen Titel zur Hypothek in Ansehung der Grundstücke des Schuldners beilegen, desgleichen diejenigen, nach welchen die Eintragung der Hypothek wegen solcher Forderungen auf das Ersuchen bestimmter Behörden zu erfolgen hat, daß jedoch die Eintragung der Hypothek auf Grund eines gesetzlichen Rechtstitels dieser Art nur als Sicherungshypothek zulässig sei.

[1]) Die Grundbuchordnung wird die Ordnungsvorschrift enthalten, daß der Geldbetrag der Forderung in Reichswährung zu bezeichnen sei.

[2]) Das Einführungsgesetz wird bestimmen, in welchen Fällen ausnahmsweise die Landesgesetze Hypotheken und Grundschulden mit der Einschränkung zulassen können, daß der Gläubiger nur aus den Nutzungen des Grundstückes Befriedigung verlangen kann (Revenüenhypothek).

§. 1067.

Kraft der Hypothek haften dem Gläubiger:

1. das Grundstück in seinem jeweiligen Bestande, mit Ausnahme der während der Dauer eines Pachtverhältnisses einem in der Inhabung des Grundstückes befindlichen Pächter gebührenden Früchte;[1])
2. die von dem Grundstücke getrennten Bestandtheile, insbesondere auch die getrennten Erzeugnisse, soweit nicht diese Gegenstände in Gemäßheit der §§. 899 bis 902 mit der Trennung in das Eigenthum eines Anderen als des Eigenthümers oder des Besitzers des Grundstückes übergegangen sind;
3. das Zubehör des Grundstückes mit Ausnahme der Zubehörstücke, welche nicht in das Eigenthum des Eigenthümers des Grundstückes gelangt sind;
4. die Forderungen wegen Miethzinsen und Pachtzinsen aus der Vermiethung oder Verpachtung des Grundstückes, sowie die Forderungen wegen wiederkehrender Leistungen aus einem mit dem Eigenthume an dem Grundstücke verbundenen Rechte;[2])
5. die Forderungen des Eigenthümers oder des Besitzers des Grundstückes aus der Versicherung von Gegenständen, welche dem Gläubiger kraft der Hypothek haften.

§. 1068.

Werden von dem Grundstücke getrennte Erzeugnisse oder andere Bestandtheile, welche durch die Trennung zu beweglichen Sachen geworden sind, oder werden Zubehörstücke von dem Grundstücke entfernt, bevor sie zu Gunsten des Hypothekengläubigers in Beschlag genommen worden sind, so erlischt ihre Haftung mit der Entfernung.

Wird eine solche Sache vor ihrer Entfernung veräußert oder verpfändet, so finden die Vorschriften der §§. 878, 1152 gegenüber dem Hypothekengläubiger keine Anwendung.

---

[1]) Das Gesetz über die Zwangsvollstreckung in das unbewegliche Vermögen (Anmerkung 1 zur Ueberschrift vor dem §. 826) wird zu bestimmen haben, daß die Zwangsverwaltung auf die Rechte des Miethers und des Pächters keinen Einfluß hat, diese Rechte vielmehr erst durch die Zwangsversteigerung, vorbehaltlich einer zu gewährenden Räumungsfrist oder Kündigungsfrist, zur Aufhebung gelangen.

[2]) Siehe die Anmerkung zu Nr. 1 dieses Paragraphen.

§. 1069.

Solange die im §. 1067 Nr. 4 bezeichneten Forderungen nicht zu Gunsten des Hypothekengläubigers mit Beschlag belegt sind, kann über dieselben, insbesondere auch durch Einziehung, wirksam verfügt werden, ohne daß die Einwilligung des Hypothekengläubigers erforderlich ist. Wird vor der Beschlagnahme die Forderung auf einen Anderen übertragen, so erlischt die Haftung. Wird die Forderung vor der Beschlagnahme mit dem Rechte eines Dritten belastet, so geht dasselbe dem Anspruche des Hypothekengläubigers vor. Der Uebertragung einer solchen Forderung steht es gleich, wenn das Grundstück von dem Forderungsberechtigten veräußert und die Forderung nicht mitübertragen wird.

Die in dem ersten Absatze bezeichneten Verfügungen sind jedoch gegenüber dem Hypothekengläubiger unwirksam, wenn sie eine Miethzinsforderung oder Pachtzinsforderung betreffen, welche auf eine spätere Zeit sich bezieht als auf die ersten drei Monate nach der zu Gunsten des Hypothekengläubigers erfolgten Beschlagnahme, oder wenn sie eine erst drei Monate nach einer solchen Beschlagnahme fällig werdende Forderung aus einem mit dem Eigenthume an dem Grundstücke verbundenen Rechte betreffen.

Die Haftung der im ersten Absatze bezeichneten Forderungen erlischt, unbeschadet der im zweiten Absatze enthaltenen Vorschrift, auch dann, wenn seit der Fälligkeit ein Jahr verstrichen und bis dahin die Beschlagnahme nicht erfolgt ist.

§. 1070.[1])

Die Haftung der im §. 1067 Nr. 5 bezeichneten Forderungen erlischt mit der Wiederherstellung oder der Wiederbeschaffung des versicherten Gegenstandes. Hat der Versicherer nur zur Wiederherstellung des versicherten Gegenstandes zu leisten, so ist die zu diesem Zwecke nach Maßgabe der Versicherungsbestimmungen erfolgte Leistung auch gegenüber dem Hypothekengläubiger wirksam.

Im Uebrigen finden auf eine solche Forderung, sofern dieselbe nicht aus einer Gebäudeversicherung entstanden ist, die Vorschriften des §. 1069 Abs. 1, auf die Forderung aus einer Gebäudeversicherung die Vorschriften der §§. 303 bis 306 entsprechende Anwendung.

---

[1]) Das Einführungsgesetz wird bestimmen, daß die Landesgesetze unberührt bleiben, welche die Verhältnisse bei dem Wiederaufbau durch Naturgewalt zerstörter Gebäude zwischen den Betheiligten im öffentlichen Interesse regeln (sog. Retablissementsgesetze).

Der Berathung des Einführungsgesetzes ist die Entscheidung darüber vorbehalten, ob ausdrücklich zu bestimmen sei, daß die Vorschriften der Landesgesetze über das öffentliche Versicherungswesen unberührt bleiben.

Die Haftung der Forderung aus einer anderen Versicherung als der Versicherung eines Gebäudes erlischt auch dann, wenn das Grundstück unter Vorbehalt der Forderung vor der Beschlagnahme der letzteren veräußert wird, es sei denn, daß die Veräußerung im Wege der Zwangsversteigerung erfolgt.

§. 1071.

Die Hypothek besteht an jedem Theile des belasteten Grundstückes und der mithaftenden Gegenstände und, wenn mehrere Grundstücke mit der Hypothek belastet sind, an jedem Grundstücke für die ganze Forderung.

§. 1072.

Ist eine die Sicherheit der Hypothek gefährdende Verschlechterung des belasteten Grundstückes zu besorgen, so kann der Gläubiger die gerichtliche Anordnung der zur Abwendung der Gefährdung erforderlichen Maßregeln verlangen.

§. 1073.

Ist eine die Sicherheit der Hypothek gefährdende Verschlechterung des Grundstückes bereits eingetreten und die Forderung noch nicht fällig, so kann der Gläubiger dem Eigenthümer des Grundstückes eine angemessene Frist bestimmen, binnen welcher die Gefährdung der Sicherheit durch Verbesserung des Grundstückes oder durch anderweite Hypothekenbestellung zu beseitigen ist, und nach fruchtlosem Ablaufe der Frist die sofortige Befriedigung aus dem Grundstücke verlangen. Bei einer unverzinslichen Forderung kann jedoch der Gläubiger nur den Betrag verlangen, welcher mit Hinzurechnung der gesetzlichen Zinsen für die Zeit von der Zahlung bis zur Fälligkeit dem vollen Betrage der Forderung gleichkommt.

§. 1074.

Als Verschlechterung des Grundstückes im Sinne der §§. 1072, 1073 ist auch die Verschlechterung von mithaftenden Zubehörstücken sowie deren Entfernung von dem Grundstücke anzusehen.

§. 1075.

Die Hypothek begründet für den Gläubiger den Anspruch, daß die Forderung, soweit sie fällig geworden ist, aus dem belasteten Grundstücke und den mithaftenden Gegenständen im Wege der Zwangsverwaltung und der Zwangsversteigerung des Grundstückes beigetrieben werde.

§. 1076.

Vereinigen sich nach der Begründung der Hypothek das Gläubigerrecht und das Eigenthum an dem belasteten Grundstücke in derselben Person, so kann der Eigenthümer bei der Zwangsversteigerung und der Zwangsverwaltung des Grundstückes die Forderung für sich geltend machen. Die Zwangsversteigerung und die Zwangsverwaltung selbst zu betreiben, ist er nicht berechtigt.

§. 1077.

Der zwischen dem Eigenthümer des belasteten Gründstückes und dem Gläubiger vor der Fälligkeit der Forderung geschlossene Vertrag, durch welchen dem Gläubiger für den Fall, daß seine Befriedigung unterbleibt, das Recht zugestanden wird, zum Zwecke seiner Befriedigung die Uebertragung des Eigenthumes an dem Grundstücke zu verlangen oder dessen Veräußerung in anderer Weise als im Wege der Zwangsvollstreckung zu bewirken, ingleichen der Vertrag, durch welchen der Eigenthümer des Grundstückes sich dem Gläubiger verpflichtet, das Grundstück nicht zu veräußern oder weiter zu belasten, ist nichtig.

§. 1078.

Besteht die Hypothek für dieselbe Forderung an mehreren Grundstücken, so kann der Gläubiger nach seiner Wahl aus allen belasteten Grundstücken oder aus mehreren oder aus einem derselben Befriedigung verlangen.

Soweit der Gläubiger im Wege der Zwangsverwaltung oder der Zwangsversteigerung aus einem der belasteten Grundstücke befriedigt ist, erlischt die Hypothek in Ansehung aller belasteten Grundstücke.

§. 1079.

Ist die Fälligkeit der durch die Hypothek gesicherten Forderung von einer Kündigung abhängig, so ist in Ansehung des Anspruches aus der Hypothek zur Wirksamkeit der dem Gläubiger zustehenden Kündigung erforderlich und genügend, daß dem Eigenthümer gekündigt wird, für die dem Schuldner zustehende Kündigung die Kündigung des Eigenthümers genügend und die Kündigung des persönlichen Schuldners, welcher nicht der Eigenthümer ist, erst von dem Zeitpunkte an wirksam, in welchem sie dem Eigenthümer von dem Gläubiger oder von dem Schuldner angezeigt worden ist.

§. 1080.

Der Eigenthümer des belasteten Grundstückes ist berechtigt, den Gläubiger zu befriedigen, sobald die Forderung fällig ist.

§. 1081.

Wenn der Gläubiger auf Grund der Hypothek Befriedigung aus dem Grundstücke verlangt, so kann ein Jeder, gegen welchen der Anspruch gerichtet ist, und, wenn die Zwangsversteigerung des Grundstückes betrieben wird, derjenige, welcher ein Recht an dem Grundstücke durch die Zwangsversteigerung zu verlieren Gefahr läuft, durch Befriedigung des Gläubigers die Zwangsvollstreckung abwenden.

Der Gläubiger ist verpflichtet, gegen seine Befriedigung die Forderung dem Berechtigten abzutreten. Die Vorschriften des §. 1094 Abs. 2 bis 4 bleiben unberührt.

Wird die Zwangsvollstreckung nur wegen eines Theiles der Forderung betrieben, so finden die Vorschriften des ersten und zweiten Absatzes in Ansehung dieses Theiles mit der Maßgabe Anwendung, daß der Gläubiger bei der Abtretung des Theiles dem ihm verbleibenden Forderungstheile den Vorrang vorbehalten kann. Ist der Vorrang vorbehalten, so kann die Abtretung zum Nachtheile des Gläubigers überhaupt nicht geltend gemacht werden.

§. 1082.

Die Befriedigung des Gläubigers kann in den Fällen der §§. 1080, 1081 durch Hinterlegung und Aufrechnung erfolgen; die Vorschriften der §§. 272 bis 289 finden entsprechende Anwendung.

§. 1083.

Soweit das Recht aus der Hypothek in Betracht kommt, finden in Ansehung des Bestehens der Forderung, für welche die Hypothek bestellt ist, sowie in Ansehung der gegen die Forderung zu erhebenden Einwendungen die Vorschriften der §§. 826, 827, 837 bis 839 entsprechende Anwendung.

§. 1084.

Der Eigenthümer des belasteten Grundstückes kann gegen den Anspruch aus der Hypothek diejenigen Einwendungen geltend machen, welche sich in dem zwischen ihm und dem Gläubiger bestehenden persönlichen Rechtsverhältnisse gründen.

Unberührt bleibt das Recht des Eigenthümers, die aus dem Grundbuche sich ergebenden Einwendungen und solche Einwendungen zu erheben, durch welche das Bestehen der Hypothek verneint und eine Unrichtigkeit des Inhaltes des Grundbuches geltend gemacht, insbesondere das Nichtbestehen der Forderung behauptet wird, soweit nicht die Erhebung durch die Vorschrift des §. 1083 ausgeschlossen ist.

Der Eigenthümer kann, soweit nicht die Vorschrift des §. 1083 entgegensteht, auch diejenigen Einreden geltend machen, welche dem persönlichen Schuldner gegen die Forderung zustehen; ein nach der Begründung der Hypothek von dem persönlichen Schuldner gegenüber dem Gläubiger erklärter Verzicht auf eine Einrede ist in Ansehung des Anspruches aus der Hypothek unwirksam. Auf die in dem Inventarrechte sich gründende Beschränkung der dem Erben des persönlichen Schuldners obliegenden Haftung kann der Eigenthümer sich nicht berufen.

§. 1085.

Zur Erhaltung einer gegen die Forderung bestehenden Einwendung kann eine Vormerkung in das Grundbuch eingetragen werden. Auf diese Vormerkung finden die Vorschriften der §§. 844, 845 entsprechende Anwendung.

Ist die Hypothek für ein Darlehen bestellt, so genügt zur Eintragung der Vormerkung, daß die Darleihung nicht erfolgt sei, der unmittelbar an das Grundbuchamt zu richtende Antrag des Eigenthümers des belasteten Grundstückes, sofern der Antrag vor Ablauf von dreißig Tagen nach der Eintragung der Hypothek eingeht. Ist die Vormerkung innerhalb dieser dreißig Tage eingetragen, so hat sie dieselbe Wirkung, wie wenn sie zugleich mit der Hypothek eingetragen worden wäre.

§. 1086.

Mit der Uebertragung der Forderung geht die Hypothek auf den neuen Gläubiger über.

Die Forderung kann nicht ohne die Hypothek, die Hypothek nicht ohne die Forderung übertragen werden.

§. 1087.

Auf die Abtretung der Forderung, für welche die Hypothek bestellt ist, finden die Vorschriften der §§. 828 bis 833 entsprechende Anwendung.

Ist der eingetragene Gläubiger verstorben, so ist zu der Abtretung die vorgängige Eintragung seines Erben als Gläubigers nicht erforderlich.

§. 1088.

Zur Uebertragung der Forderung durch Ueberweisung im Wege der Zwangsvollstreckung ist die Eintragung der Uebertragung in das Grundbuch erforderlich. Die Eintragung erfolgt auf Grund des Ueberweisungsbeschlusses und der Zustellung desselben an den Drittschuldner.

§. 1089.

Die Vorschriften der §§. 303 bis 305 finden gegenüber dem Anspruche aus der Hypothek keine Anwendung.

§. 1090.

Die Uebertragung der Forderung wegen rückständiger Zinsen sowie der Forderung wegen solcher Kosten, welche nicht zu einem bestimmten Betrage in das Grundbuch eingetragen sind, bestimmt sich nach den für die Uebertragung einer nicht durch Hypothek gesicherten Forderung geltenden Vorschriften. Insbesondere finden die Vorschriften der §§. 303 bis 305 Anwendung; dies gilt für die Forderung wegen rückständiger Zinsen auch dann, wenn die Fälligkeit erst nach der Uebertragung der Hauptforderung eingetreten ist.

Die Vorschriften des §. 837 finden auf die im ersten Absatze bezeichneten Forderungen keine Anwendung.

§. 1091.

Zur Aufhebung der Hypothek durch Rechtsgeschäft ist ein zwischen dem Eigenthümer des belasteten Grundstückes und dem Gläubiger zu schließender Vertrag, der Löschungsantrag des Eigenthümers und die Löschung der Hypothek im Grundbuche erforderlich.

Steht dem Eigenthümer selbst die Hypothek zu, so genügen zu der Aufhebung der Löschungsantrag desselben und die Löschung der Hypothek im Grundbuche.

Die Vorschriften der §§. 828 bis 833 finden entsprechende Anwendung.

Zur Aufhebung der Hypothek wegen der im §. 1090 bezeichneten Zinsen und Kosten genügt der nach der Vorschrift des ersten Absatzes erforderliche Vertrag.

§. 1092.

Mit dem Erlöschen der Forderung erlischt die für dieselbe bestehende Hypothek, soweit nicht das Gesetz ein Anderes bestimmt, insbesondere unbeschadet der Vorschrift des §. 1083.

§. 1093.

Steht dem persönlichen Schuldner gegen die Forderung eine Einrede zu, durch welche die Geltendmachung des Anspruches auf die Leistung dauernd ausgeschlossen wird, so erlischt die Hypothek mit der gegenüber dem Gläubiger abzugebenden Erklärung des Eigenthümers, daß er die Einrede geltend mache.

§. 1094.

Die Hypothek erlischt dadurch nicht, daß der Gläubiger von dem Eigenthümer des belasteten Grundstückes befriedigt wird.

Ist der den Gläubiger befriedigende Eigenthümer nicht zugleich der persönliche Schuldner, so wird die Forderung mit der Hypothek auf ihn übertragen.

Ist der den Gläubiger befriedigende Eigenthümer zugleich der persönliche Schuldner, so wird nur die Hypothek auf ihn übertragen (Eigenthümerhypothek). Die Eigenthümerhypothek erstreckt sich auch auf das mitbelastete Grundstück eines Dritten.

Die Uebertragung tritt in beiden Fällen mit der Befriedigung kraft des Gesetzes ein.

§. 1095.

Wird der Gläubiger von dem Eigenthümer nur wegen eines Theiles der Forderung befriedigt, so finden in Ansehung dieses Theiles die Vorschriften des §. 1094 mit der Maßgabe Anwendung, daß der Eigenthümer die Uebertragung nicht zum Nachtheile des Gläubigers geltend machen kann, insbesondere dem Gläubiger in Ansehung des anderen Theiles der Vorrang zusteht.

§. 1096.

Der Gläubiger hat dem ihn befriedigenden Eigenthümer gegen die Befriedigung diejenigen Urkunden auszuhändigen, welche nach den Vorschriften der Grundbuchordnung erforderlich sind, um das Grundbuch in Gemäßheit der aus der Befriedigung sich ergebenden Rechtslage zu berichtigen.

Die Vorschrift des ersten Absatzes findet zu Gunsten des persönlichen Schuldners entsprechende Anwendung, sofern der Schuldner entweder zugleich der Eigenthümer des belasteten Grundstückes ist oder an der Berichtigung des Grundbuches ein rechtliches Interesse hat; den Löschungsantrag des Eigenthümers zu beschaffen, ist der Gläubiger nicht verpflichtet.

§. 1097.

Erlischt die Forderung dadurch, daß sie und die Verbindlichkeit in der Person des Eigenthümers des belasteten Grundstückes sich vereinigen, so bleibt die Hypothek als Eigenthümerhypothek bestehen.

Tritt die Vereinigung nur bei einem Theile der Forderung ein, so findet die Vorschrift des ersten Absatzes in Ansehung dieses Theiles Anwendung.

§. 1098.

Kraft der Eigenthümerhypothek kann der Berechtigte verlangen, daß für ihn eine dem Betrage der eingetragenen Forderung gleichkommende Geldsumme aus dem belasteten Grundstücke und den mithaftenden Gegenständen im Wege der Zwangsverwaltung und der Zwangsversteigerung beigetrieben werde.

In Ansehung der Verzinslichkeit, des Zinssatzes, der Zahlungszeit, des Zahlungsortes und der Kündigung bleiben für die Eigenthümerhypothek dieselben Bestimmungen maßgebend, welche für die eingetragene Forderung galten.

§. 1099.

Für die Geltendmachung der Eigenthümerhypothek durch den Eigenthümer selbst ist die Vorschrift des §. 1076 Satz 2 maßgebend.

Der Eigenthümer kann für die Zeitdauer seines Eigenthumes Zinsen von der Hauptsumme nur von der Zeit an fordern, in welcher das Grundstück zum Zwecke der Zwangsverwaltung in Beschlag genommen worden ist.

§. 1100.

Die Uebertragung der Eigenthümerhypothek bestimmt sich nach den Vorschriften, nach welchen die Uebertragung der eingetragenen Forderung sich bestimmte.

Durch die Uebertragung der Eigenthümerhypothek wird mit derselben eine neue Forderung nicht verbunden.

§. 1101.

Die Vorschriften der §§. 1094 bis 1100 finden keine Anwendung auf die Forderung wegen rückständiger Zinsen und auf die Forderung wegen solcher Kosten, welche nicht zu einem bestimmten Betrage in das Grundbuch eingetragen sind.

§. 1102.

An die Stelle einer erloschenen Hypothek kann eine andere nicht eingetragen werden.

§. 1103.

In Ansehung einer Hypothek, von welcher der Eigenthümer des belasteten Grundstückes behauptet, daß die Forderung erloschen sei, kann der Eigenthümer das Aufgebotsverfahren zum Zwecke der Ausschließung des unbekannten Gläubigers beantragen, wenn seit der letzten auf die Hypothek sich beziehenden Eintragung in das Grundbuch dreißig Jahre verstrichen sind. Besteht für die Forderung eine nach dem Kalender bestimmte Zahlungszeit, so beginnt die dreißigjährige Frist nicht vor Ablauf des Zahlungstages.

Der Antragsteller hat glaubhaft zu machen:

1. daß der Gläubiger unbekannt ist;
2. daß nicht innerhalb der dreißigjährigen Frist die Forderung von dem Eigenthümer in einer nach der Vorschrift des §. 169 zur Unterbrechung der Verjährung genügenden Weise anerkannt worden ist; um dieses glaubhaft zu machen, genügt, vorbehaltlich der Befugniß des Gerichtes, anderweite Ermittelungen anzuordnen, die eidliche Versicherung des Antragstellers.

Auf Grund des Ausschlußurtheiles findet auf Antrag des Eigenthümers die Löschung der Hypothek statt.

§. 1104.

Zum Zwecke der Aufhebung der dem unbekannten Gläubiger einer Hypothek zustehenden Rechte kann der Eigenthümer des belasteten Grundstückes das Aufgebotsverfahren beantragen, wenn die Forderung fällig ist oder von dem Schuldner gekündigt werden kann.

Der Antragsteller hat zur Begründung des Antrages:

1. glaubhaft zu machen, daß der Gläubiger unbekannt ist;
2. sich zur öffentlichen Hinterlegung des Betrages der Forderung zu erbieten.

In dem Aufgebote ist dem Gläubiger der Rechtsnachtheil anzudrohen, daß er im Falle der Hinterlegung des Betrages der Forderung seine Befriedigung statt aus dem Grundstücke nur noch aus dem hinterlegten Betrage fordern könne.

Ist die Forderung noch nicht fällig, so ist die Aufgebotsfrist um die Kündigungsfrist zu verlängern.

Das Ausschlußurtheil darf erst nach erfolgter Hinterlegung des Betrages der Forderung erlassen werden. Die Hinterlegung nicht eingetragener Zinsen sowie solcher Zinsenbeträge, welche auf eine frühere Zeit als das vierte Kalenderjahr vor der Erlassung des Ausschlußurtheiles fallen, ist nicht erforderlich.

Mit der Erlassung des Ausschlußurtheiles wird nach Maßgabe des §. 1094 Abs. 2 bis 4 die Forderung mit der Hypothek oder nur die Hypothek kraft des Gesetzes auf den Eigenthümer übertragen.

§. 1105.[1]

Für das nach den Vorschriften der §§. 1103, 1104 zulässige

---

[1]) Das Einführungsgesetz wird vorsehen, daß die Landesgesetzgebungen ermächtigt seien, die Aufgebotsfristen und die Art der Bekanntmachung des Aufgebotes anders zu bestimmen, als die Vorschriften der Civilprozeßordnung ergeben.

Aufgebotsverfahren ist dasjenige Gericht zuständig, in dessen Bezirke das belastete Grundstück belegen ist.

II. Hypothek mit Hypothekenbrief (Briefhypothek).

§. 1106.

Vor oder nach der Eintragung der Hypothek kann durch Vertrag zwischen dem Eigenthümer des Grundstückes und dem Gläubiger bestimmt werden, daß über die Hypothek von dem Grundbuchamte ein Hypothekenbrief zu ertheilen sei (Briefhypothek).

Die Vorschriften der §§. 828 bis 833 finden, auch in Ansehung des Erfordernisses der Eintragung in das Grundbuch, entsprechende Anwendung.

§. 1107.

Die Briefhypothek kann durch Vertrag zwischen dem Eigenthümer des Grundstückes und dem Gläubiger in eine Hypothek ohne Hypothekenbrief umgewandelt werden.

Die Vorschriften der §§. 828 bis 833 finden, auch in Ansehung des Erfordernisses der Eintragung in das Grundbuch, entsprechende Anwendung. Die Eintragung der Umwandlung darf erst erfolgen, nachdem der Hypothekenbrief an das Grundbuchamt zurückgegeben worden ist.[1])

§. 1108.

Die Vorschriften, welche für die Hypothek ohne Hypothekenbrief gelten, finden auch auf die Briefhypothek Anwendung, soweit nicht in den §§. 1109 bis 1124 ein Anderes bestimmt ist.

§. 1109.

Das Eigenthum an dem Hypothekenbriefe steht dem jeweiligen Gläubiger zu; es ist untrennbar mit dem Hypothekenrechte verbunden.

Ist die Hypothek erloschen, so kann der Eigenthümer des Grundstückes von dem Inhaber des Hypothekenbriefes dessen Vorlegung bei dem Grundbuchamte zum Zwecke der Löschung der Hypothek verlangen.

---

[1]) I. In der Grundbuchordnung wird vorgeschrieben werden, daß der zurückgegebene Hypothekenbrief von dem Grundbuchamte unbrauchbar zu machen sei.

II. Die Grundbuchordnung wird die allgemeine Vorschrift enthalten, daß eine Eintragung in das Grundbuch, welche sich gegen das Recht des eingetragenen Gläubigers richtet, nur zulässig sei, wenn der Hypothekenbrief dem Grundbuchamte vorgelegt werde, sowie daß die erfolgte Eintragung auf dem Hypothekenbriefe zu vermerken sei.

§. 1110.[1])

Ist der Hypothekenbrief bei der Ertheilung nach den Vorschriften der Grundbuchordnung dem Eigenthümer des belasteten Grundstückes auszuhändigen, so kann der Beweis der Entstehung der Forderung von dem Gläubiger, solange dieser nicht Inhaber des Hypothekenbriefes ist, durch die Eintragung der Hypothek in das Grundbuch und durch den Hypothekenbrief nicht geführt werden.

§. 1111.

Die Vorschriften des §. 1085 Abs. 2 finden auf die Briefhypothek keine Anwendung.

§. 1112.

Zur Abtretung der durch die Briefhypothek gesicherten Forderung ist der Abtretungsvertrag und die Uebergabe des Hypothekenbriefes an den neuen Gläubiger erforderlich. Die Abtretungserklärung des bisherigen Gläubigers muß gerichtlich oder notariell beglaubigt sein. Die Eintragung in das Grundbuch ist nicht erforderlich.

Im Falle der Zwangsvollstreckung gilt die Uebergabe des Hypothekenbriefes mit dem Zeitpunkte als bewirkt, in welchem der Hypothekenbrief von dem Gerichtsvollzieher behufs Ablieferung an den neuen Gläubiger weggenommen ist.

Die Vorschrift des §. 1090 Abs. 1 bleibt unberührt.

§. 1113.

Die Vorschriften des §. 1112 finden auf die Uebertragung der Forderung durch Ueberweisung im Wege der Zwangsvollstreckung mit der Maßgabe entsprechende Anwendung, daß der Abtretungsvertrag durch den dem Drittschuldner zugestellten Ueberweisungsbeschluß ersetzt wird.

§. 1114.

Ist derjenige, dessen Recht als Gläubiger der Forderung durch eine zusammenhängende, auf den eingetragenen Gläubiger zurückführende Reihe von Abtretungserklärungen oder von Ueberweisungsbeschlüssen begründet wird, Inhaber des Hypothekenbriefes, so hat die von ihm erklärte Abtretung sowie die Uebertragung der Forderung im Wege der gegen ihn erwirkten Zwangsvollstreckung in Ansehung des Anspruches aus der Hypothek dieselben Wirkungen,

---

[1]) Die Grundbuchordnung wird die Aushändigung des gebildeten Hypothekenbriefes dergestalt regeln, daß der Eigenthümer in der Lage ist, sich die Aushändigung des Hypothekenbriefes an seine Person zu sichern.

wie wenn er als Gläubiger in das Grundbuch eingetragen gewesen wäre. Die Vorschriften der §§. 837 bis 839 finden entsprechende Anwendung.

§. 1115.

Eine nach den Vorschriften der §§. 1112 bis 1114 erfolgte Uebertragung wird auf Antrag des neuen Gläubigers in das Grundbuch eingetragen. Zur Begründung des Antrages genügt die Vorlegung des Hypothekenbriefes und der Abtretungserklärung oder des Ueberweisungsbeschlusses nebst der auf diesen sich beziehenden Zustellungsurkunde und, wenn mehrere Uebertragungen stattgefunden haben, die Vorlegung der für die Eintragung jeder einzelnen Uebertragung erforderlichen Urkunden.

§. 1116.

Soweit eine Thatsache aus dem Hypothekenbriefe oder aus einem auf demselben befindlichen Vermerke hervorgeht, gilt sie für die Anwendung der Vorschriften der §§. 837, 838 als dem Erwerber der Hypothek oder eines Rechtes an derselben zur Zeit des Erwerbes bekannt geworden.

§. 1117.

Zur Geltendmachung des Rechtes aus der Briefhypothek ist nur derjenige berechtigt, welcher den Hypothekenbrief vorlegt und, wenn er nicht in das Grundbuch als Gläubiger eingetragen ist, als solcher sich nach Maßgabe der §§. 1112 bis 1114 ausweist.

§. 1118.

Eine von dem Gläubiger gegenüber dem Eigenthümer des belasteten Grundstückes ohne Vorlegung der im Falle des §. 1117 vorzulegenden Urkunden vorgenommene Mahnung oder Kündigung ist unwirksam, wenn der Eigenthümer die Mahnung oder Kündigung bei oder unverzüglich nach der Vornahme wegen Mangels der Vorlegung jener Urkunden zurückweist.

§. 1119.

Die im §. 1096 bezeichnete Verpflichtung des Gläubigers zur Aushändigung von Urkunden erstreckt sich auch auf den Hypothekenbrief.

Im Falle einer nur theilweisen Befriedigung tritt an die Stelle der Aushändigung des Hypothekenbriefes die Vermerkung der Theilbefriedigung auf dem Hypothekenbriefe; auch hat in einem solchen Falle der Gläubiger auf Verlangen den Hypothekenbrief zum Zwecke der Löschung oder der Umschreibung des Theiles auf den Namen des Eigenthümers dem Grundbuchamte, oder zum Zwecke der Bildung eines Theilhypothekenbriefes dem Grundbuchamte oder einem zuständigen Gerichte oder Notare vorzulegen.

§. 1120.

Die Vorschriften der §§. 1117 bis 1119 finden auch dann Anwendung, wenn der Eigenthümer zugleich der persönliche Schuldner ist und der Gläubiger nur den persönlichen Anspruch geltend macht.

§. 1121.

In Ansehung der Forderung wegen rückständiger Zinsen und wegen solcher Kosten, welche nicht zu einem bestimmten Betrage in das Grundbuch eingetragen sind, finden die Vorschriften der §§. 1117 bis 1120 keine Anwendung.

§. 1122.

Ist oder wird die Forderung getheilt, so können ein oder mehrere Theilhypothekenbriefe von dem Grundbuchamte oder einem zuständigen Gerichte oder Notare nach Maßgabe der Vorschriften der Grundbuchordnung gebildet werden. Die Zustimmung des Eigenthümers des belasteten Grundstückes ist hierzu nicht erforderlich.

Der Theilhypothekenbrief tritt in Ansehung desjenigen Theiles der Forderung, für welchen er gebildet ist, an die Stelle des Stammhypothekenbriefes.

§. 1123.

Ist der Hypothekenbrief abhanden gekommen oder vernichtet, so unterliegt er der Kraftloserklärung im Wege des Aufgebotsverfahrens.[1])

Nach Erlassung des Ausschlußurtheiles ist dem Gläubiger auf dessen Antrag ein neuer Hypothekenbrief zu ertheilen. Vor der Ertheilung des letzteren kann das Recht aus der Hypothek von dem Gläubiger nicht geltend gemacht werden.

§. 1124.

In den Fällen der §§. 1103, 1104 wird mit der Erlassung des Ausschlußurtheiles zugleich der Hypothekenbrief kraftlos. Im Falle des §. 1104 finden die Vorschriften des §. 1123 Abs. 2 entsprechende Anwendung.

---

[1]) Die in der Anmerkung zum §. 1105 bezeichnete Ermächtigung der Landesgesetzgebungen wird sich auch auf die Fälle des §. 1123 erstrecken.

III. Sicherungshypothek.

§. 1125.

Eine Hypothek kann auch in der Weise begründet werden, daß die Anwendung der Vorschriften der §§. 1083, 1089 ausgeschlossen ist (Sicherungshypothek).

Auf die Sicherungshypothek finden im Uebrigen die für die Hypothek geltenden Vorschriften Anwendung, soweit nicht in den §§. 1126 bis 1134 ein Anderes bestimmt ist.

§. 1126.

Die Sicherungshypothek ist bei der Eintragung in das Grundbuch als Sicherungshypothek zu bezeichnen.

§. 1127.

Die Ertheilung eines Hypothekenbriefes ist bei der Sicherungshypothek ausgeschlossen.

§. 1128.

Auf die Sicherungshypothek finden die Vorschriften der §§. 1079, 1085, 1097, sowie der §§. 1094, 1095, soweit die letzteren den Fall betreffen, in welchem der Eigenthümer zugleich der persönliche Schuldner ist, keine Anwendung.

§. 1129.

Ist bei der Begründung der Hypothek die Feststellung des Betrages der Forderung vorbehalten, so findet nur die Sicherungshypothek statt.

Wird für eine solche Forderung Hypothek bestellt, so ist die Begründung einer Sicherungshypothek als gewollt anzusehen.

Bei der Begründung der Hypothek ist der Höchstbetrag, bis zu welchem das Grundstück haften soll, zu bestimmen; der Höchstbetrag ist in das Grundbuch einzutragen. Die Beschränkung der Haftung auf den Höchstbetrag bezieht sich auch auf die Zinsen, für welche das Grundstück in Gemäßheit der Begründung der Hypothek haftet; die Verzinslichkeit und der Zinssatz werden in das Grundbuch nicht miteingetragen.

Die Forderung kann nach Maßgabe der Vorschriften übertragen werden, welche für die Uebertragung einer nicht durch Hypothek gesicherten Forderung gelten. Ist die Forderung nur nach Maßgabe jener Vorschriften übertragen, so geht die Hypothek auf den neuen Gläubiger nicht über.

§. 1130.

Der Gläubiger einer vollstreckbaren Geldforderung kann im Wege der Zwangsvollstreckung verlangen, daß für die Forderung eine Sicherungshypothek an den Grundstücken des Schuldners in das Grundbuch eingetragen werde (Zwangshypothek).

Die Zwangshypothek wird mit der Eintragung in das Grundbuch begründet.

§. 1131.

Haften dem Gläubiger auf Grund einer Zwangshypothek allein oder in Verbindung mit einer vor deren Eintragung begründeten Hypothek mehrere Grundstücke des Schuldners, und hat der Gläubiger hierdurch eine größere Sicherheit erlangt, als das Gesetz für die Belegung von Mündelgeldern erfordert, so kann der Schuldner verlangen, daß der Gläubiger die Löschung der Zwangshypothek an einem oder mehreren Grundstücken bewillige, sofern die übrigbleibende Sicherheit den Vorschriften über die Belegung von Mündelgeldern noch entspricht.

§. 1132.

Hat ein Gläubiger einen in die Grundstücke des Schuldners vollstreckbaren Arrestbefehl erwirkt, so kann er im Wege der Vollziehung des Arrestes verlangen, daß für die Forderung in Höhe des in dem Arrestbefehle in Gemäßheit des §. 803 der Civilprozeßordnung festgestellten Geldbetrages eine Sicherungshypothek an den Grundstücken des Schuldners in das Grundbuch eingetragen werde (Arresthypothek).

Auf die Arresthypothek finden die Vorschriften des §. 1129 Abs. 3, 4, des §. 1130 Abs. 2 und des §. 1131 entsprechende Anwendung.

§. 1133.

Ist die Zwangsvollstreckung oder die Vollziehung des Arrestes mit der Wirkung einzustellen, daß zugleich die bereits erfolgten Vollstreckungsmaßregeln aufzuheben sind, oder ist die Aufhebung des Arrestes in Ansehung der Hypothek durch eine vollstreckbare Entscheidung angeordnet worden, so ist zur Löschung der Zwangshypothek oder der Arresthypothek die Bewilligung des Gläubigers nicht erforderlich.

§. 1134.

Die Sicherungshypothek kann in eine Hypothek, welche nicht den Vorschriften über die Sicherungshypothek unterliegt, umgewandelt werden. Zu der Umwandlung ist ein zwischen dem Eigenthümer des belasteten Grundstückes, dem Gläubiger und den dem letzteren im Range gleichstehenden oder nachstehenden Berechtigten zu schließender Vertrag und Eintragung in das Grundbuch erforderlich. Die Vorschriften der §§. 828 bis 833, 837 bis 839 finden entsprechende Anwendung.

Zweiter Titel.

Grundschuld.

§. 1135.

Ein Grundstück kann in der Weise belastet werden, daß eine bestimmte Person (Grundschuldgläubiger) berechtigt ist, zu verlangen, daß für sie eine bestimmte Geldsumme aus dem Grundstücke im Wege der Zwangsverwaltung und der Zwangsversteigerung beigetrieben werde (Grundschuld).

Die Geldsumme kann als eine verzinsliche bestimmt werden.

§. 1136.

Auf die Grundschuld finden die Vorschriften über die Briefhypothek entsprechende Anwendung, soweit nicht aus dem Umstande, daß die Grundschuld nicht von einer Forderung abhängig ist, und aus den §§. 1137 bis 1144 ein Anderes sich ergiebt.

§. 1137.

Die Bestellung einer Grundschuld unter Beifügung einer Bedingung oder einer Zeitbestimmung ist unwirksam.

§. 1138.

Ueber die Grundschuld wird ein Grundschuldbrief ertheilt. Die Ertheilung kann nicht ausgeschlossen werden.

§. 1139.

Der Anspruch aus der Grundschuld wird in Ansehung der Hauptsumme erst nach erfolgter Kündigung fällig. Die Kündigung steht sowohl dem Eigenthümer als dem Grundschuldgläubiger zu. Die Kündigungsfrist beträgt sechs Monate.

Die Zahlung der Hauptsumme und der Zinsen ist an dem Orte zu leisten, an welchem das Grundbuchamt seinen Sitz hat.

Die Vorschriften des ersten und zweiten Absatzes finden nur insofern Anwendung, als nicht ein Anderes bestimmt ist.

§. 1140.

Der Grundschuldgläubiger kann nach Maßgabe des §. 1135 von der Grundschuldsumme Verzugszinsen verlangen, wenn gegenüber dem Eigenthümer des belasteten Grundstückes die Voraussetzungen vorliegen, unter welchen ein Schuldner in Verzug kommen würde.

§. 1141.

Der Anspruch wegen rückständiger Grundschuldzinsen ist nach den Vorschriften zu beurtheilen, welche für den Anspruch wegen rückständiger Hypothekenzinsen gelten.

§. 1142.

Die Grundschuld kann auch für den Eigenthümer des Grundstückes begründet werden. Zu der Begründung ist die gegenüber dem Grundbuchamte abzugebende Erklärung des Eigenthümers, daß die Grundschuld auf seinen Namen in das Grundbuch einzutragen sei, und Eintragung in das Grundbuch erforderlich.

Die Vorschriften der §§. 830, 831 finden entsprechende Anwendung.

§. 1143.

Ist der Eigenthümer des Grundstückes der Grundschuldgläubiger, so finden in Ansehung der Beitreibung der Grundschuldsumme und der Zinsen die Vorschriften des §. 1076 und des §. 1099 Abs. 2 entsprechende Anwendung.

§. 1144.

Die Grundschuld kann in eine Hypothek, die Hypothek in eine Grundschuld umgewandelt werden. Zu der Umwandlung ist ein zwischen dem Eigenthümer des belasteten Grundstückes und dem Grundschuldgläubiger oder dem Hypothekengläubiger zu schließender Vertrag und Eintragung in das Grundbuch, bei der Umwandlung der Hypothek in eine Grundschuld außerdem die vertragsmäßige Zustimmung der dem Gläubiger im Range gleichstehenden oder nachstehenden Berechtigten erforderlich. Die Vorschriften der §§. 828 bis 833, 837 bis 839 finden entsprechende Anwendung.

Dritter Titel.

Pfandrecht an beweglichen Sachen (Faustpfandrecht).

§. 1145.

Eine bewegliche Sache kann in der Weise belastet werden, daß eine bestimmte Person berechtigt ist, aus der Sache (Pfand) wegen einer Forderung Befriedigung zu verlangen (Faustpfandrecht).

Die Forderung kann eine künftige, bedingte oder unbestimmte sein.

§. 1146.

Das Faustpfandrecht kann an einem Bruchtheile der Sache begründet werden.

§. 1147.

Zur Begründung des Faustpfandrechtes durch Rechtsgeschäft ist ein zwischen dem Eigenthümer des Pfandes und dem Gläubiger unter Einräumung und Ergreifung der Inhabung des Pfandes zu schließender Vertrag erforderlich, welcher die Willenserklärung der Vertragschließenden enthält, daß das Pfandrecht begründet sein soll (Pfandvertrag).

Die Vorschriften der §§. 803, 804, 829, des §. 874 Abs. 3 und der §§. 875 bis 877, 879, 880 finden entsprechende Anwendung.

Die zur Begründung des Pfandrechtes erforderliche Einräumung und Ergreifung der Inhabung wird dadurch nicht ausgeschlossen, daß das Pfand unter dem Mitverschlusse des Verpfänders bleibt, oder daß ein Dritter dasselbe für den Pfandgläubiger und den Eigenthümer innehat. Die Bestellung des Pfandrechtes ist unwirksam, wenn vereinbart ist, daß der Verpfänder das Pfand in der Inhabung behalten soll.

§. 1148.

Das Pfand haftet, soweit nicht ein Anderes bestimmt ist, für die Forderung in deren jeweiligem Bestande und Umfange mit Einschluß der auf Gesetz oder Rechtsgeschäft beruhenden Zinsen und der Konventionalstrafen, für die Kosten der Kündigung und der Rechtsverfolgung mit Einschluß der Kosten des Verkaufes des Pfandes, für die Erweiterungen und Aenderungen, welche die Hauptverbindlichkeit durch ein von dem Schuldner nach der Begründung des Pfandrechtes eingegangenes Rechtsgeschäft oder durch Verschulden oder Verzug des Schuldners erfährt, sowie für die Ansprüche des Pfandgläubigers wegen der auf das Pfand gemachten Verwendungen.

§. 1149.

Ist das Pfandrecht für eine fremde Schuld bestellt, so finden, soweit nicht ein Anderes bestimmt ist, in Ansehung des Umfanges, in welchem das Pfand für die Forderung haftet, die Vorschriften der §§. 671, 672 mit der Maßgabe entsprechende Anwendung, daß die Haftung auch auf die Kosten der Kündigung und des Verkaufes des Pfandes sowie auf die Ansprüche des Pfandgläubigers wegen der auf das Pfand gemachten Verwendungen sich erstreckt.

§. 1150.

Das Pfandrecht besteht an jedem Theile des Pfandes und, wenn mehrere Sachen mit dem Pfandrechte belastet sind, an jeder Sache für die ganze Forderung.

Werden Bestandtheile, insbesondere Erzeugnisse, von dem Pfande getrennt, so besteht an ihnen das Pfandrecht fort.

§. 1151.

Bestehen mehrere Pfandrechte an derselben Sache, so geht das der Begründung nach ältere Pfandrecht dem jüngeren vor; dies gilt auch dann, wenn das ältere Pfandrecht für eine künftige oder bedingte Forderung begründet worden ist.

§. 1152.

Das durch Rechtsgeschäft begründete Faustpfandrecht geht allen an dem Pfande früher begründeten Rechten vor, wenn der Erwerber des Pfandrechtes bei dem Erwerbe jene Rechte nicht gekannt, seine Unkenntniß auch nicht auf grober Fahrlässigkeit beruht hat. Die Vorschriften des §. 877 Satz 2 und der §§. 879, 880 finden entsprechende Anwendung.

§. 1153.

Der Pfandgläubiger ist berechtigt, das Pfand innezuhaben. Dieses Recht kann nach Maßgabe des §. 1147 Abs. 3 beschränkt werden.

§. 1154.

Das Faustpfandrecht kann in der Weise begründet werden, daß der Pfandgläubiger berechtigt ist, die Nutzungen des Pfandes zu beziehen.

Der Pfandgläubiger ist in diesem Falle verpflichtet, für die Ziehung der Nutzungen zu sorgen und hierüber Rechnung zu legen; der Reinertrag der Nutzungen wird auf die Forderung abgerechnet, wenn Nebenforderungen vorhanden sind, zuerst auf diese.

Die Vorschriften des zweiten Absatzes finden insoweit keine Anwendung, als ein Anderes vereinbart ist.

Ist eine von Natur fruchtbringende Sache als Pfand bestellt, so ist im Zweifel anzunehmen, daß der Pfandgläubiger zur Beziehung der Früchte berechtigt sein solle.

§. 1155.

Wird das Recht des Pfandgläubigers beeinträchtigt, so finden auf die Ansprüche des Pfandgläubigers gegen denjenigen, welcher die Beeinträchtigung bewirkt hat, die Vorschriften der §§. 929 bis 945, 951 entsprechende Anwendung.

§. 1156.

Der Pfandgläubiger ist gegenüber dem Eigenthümer verpflichtet, das Pfand aufzubewahren und nach Beendigung des Pfandrechtes dem Eigenthümer zurückzugewähren.

Wird diese Verpflichtung von dem Pfandgläubiger in erheblichem Maße verletzt, so kann der Eigenthümer verlangen, daß dem Pfandgläubiger die Inhabung des Pfandes entzogen und dasselbe auf Kosten des Pfandgläubigers öffentlich hinterlegt oder, wenn es zur öffentlichen Hinterlegung sich nicht eignet, einem gerichtlich zu bestellenden Verwalter übergeben werde. Der Eigenthümer kann in einem solchen Falle außerdem, auch wenn die Forderung noch nicht fällig ist, die Zurückgabe des Pfandes gegen die Befriedigung des Pfandgläubigers verlangen; bei einer unverzinslichen Forderung findet die Vorschrift des §. 1073 Satz 2 entsprechende Anwendung.

§. 1157.

Ist der Verderb oder eine die Sicherheit des Pfandgläubigers gefährdende Minderung des Werthes des Pfandes zu besorgen, so hat der Pfandgläubiger hiervon den Eigenthümer zu benachrichtigen. Der Pfandgläubiger kann nach dieser Benachrichtigung das Pfand durch einen zuständigen Gerichtsvollzieher oder zu Versteigerungen befugten sonstigen Beamten oder öffentlich angestellten Auktionator (§. 36 der Gewerbeordnung) öffentlich versteigern lassen. Der Verkauf ist erst nach vorgängiger Androhung zulässig; er kann von dem Eigenthümer durch Sicherheitsleistung abgewendet werden; die Sicherheitsleistung durch Bürgen ist ausgeschlossen. Von der Vollziehung des Verkaufes hat der Pfandgläubiger den Eigenthümer unverzüglich zu benachrichtigen; im Falle der Unterlassung ist er zum Schadensersatze verpflichtet.

Die im ersten Absatze vorgeschriebenen Mittheilungen sind nur insofern erforderlich, als sie thunlich sind. Ist das Pfand dem Verderbe ausgesetzt und Gefahr im Verzuge, so kann der Verkauf ohne vorherige Benachrichtigung von der Besorgniß des Verderbes und ohne vorherige Androhung erfolgen.

An dem Erlöse aus dem Pfande gebührt dem Pfandgläubiger das Pfandrecht. Der Erlös ist auf Verlangen des Eigenthümers öffentlich zu hinterlegen.

§. 1158.

Der Pfandgläubiger hat dem ihn befriedigenden Eigenthümer gegen die Befriedigung das Pfand zurückzugewähren.

Hat der den Gläubiger befriedigende persönliche Schuldner ein rechtliches Interesse daran, daß der Eigenthümer das Pfand zurückerhalte, so kann er verlangen, daß der Gläubiger gegen die Befriedigung das Pfand dem Eigenthümer zurückgewähre.

§. 1159.

Der Eigenthümer ist verpflichtet, dem Pfandgläubiger die auf das Pfand gemachten nothwendigen Verwendungen zu ersetzen.

Die nach Maßgabe der Vorschriften über Ausführung eines Auftrages und über Geschäftsführung ohne Auftrag dem Pfandgläubiger zustehenden Forderungen auf Ersatz von Verwendungen bleiben unberührt.

§. 1160.

Der Eigenthümer des Pfandes kann gegen den Anspruch des Pfandgläubigers auf Befriedigung aus dem Pfande sich derjenigen Einwendungen bedienen, welche sich in dem zwischen ihm und dem Pfandgläubiger bestehenden persönlichen Rechtsverhältnisse gründen; er kann auch diejenigen Einreden geltend machen, welche dem Schuldner gegen die Forderung zustehen. Auf die in dem Inventarrechte sich gründende Beschränkung der dem Erben des persönlichen Schuldners obliegenden Haftung kann der Eigenthümer sich nicht berufen.

§. 1161.

Der Eigenthümer des Pfandes ist berechtigt, den Pfandgläubiger zu befriedigen, sobald die Forderung fällig ist.

§. 1162.

Wird das Pfand von dem Pfandgläubiger zum Zwecke der Befriedigung zum Verkaufe gebracht, so kann derjenige, welcher ein Recht an dem Pfande durch den Verkauf verlieren würde, durch Befriedigung des Pfandgläubigers den Verkauf abwenden.

§. 1163.

In den Fällen des §. 1156 Abs. 2 und der §§. 1161, 1162 kann die Befriedigung des Pfandgläubigers durch Hinterlegung und Aufrechnung erfolgen; die Vorschriften der §§. 272 bis 289 finden entsprechende Anwendung.

§. 1164.

Soweit der Pfandgläubiger von dem für die Forderung nicht persönlich haftenden Eigenthümer oder in Gemäßheit des §. 1162 von einem Dritten befriedigt worden ist, finden die Vorschriften des §. 676 entsprechende Anwendung.

§. 1165.

Die Befriedigung des Pfandgläubigers aus dem Pfande erfolgt durch Verkauf des letzteren.

Der Pfandgläubiger ist zum Verkaufe des Pfandes berechtigt, sobald die Forderung ganz oder zum Theile fällig geworden und, wenn sie zunächst nicht eine Geldleistung zum Gegenstande hatte, in eine Geldforderung übergegangen ist.

§. 1166.

Der Pfandgläubiger, welcher das Pfand innehat, ist gegenüber einem im Range ihm nachstehenden Pfandgläubiger nicht verpflichtet, das Pfand zum Zwecke des Verkaufes herauszugeben. In anderen Fällen kann der besser berechtigte Pfandgläubiger, sofern er den Verkauf nicht selbst betreiben will, dem Verkaufe des Pfandes durch einen anderen Pfandgläubiger nicht widersprechen.

§. 1167.

Ein vor dem Eintritte der im §. 1165 Abs. 2 bezeichneten Voraussetzungen zwischen dem Eigenthümer des Pfandes und dem Pfandgläubiger geschlossener Vertrag, durch welchen vereinbart ist, daß, wenn der Pfandgläubiger nicht befriedigt werde, zum Zwecke dieser Befriedigung das Eigenthum an dem Pfande auf den Pfandgläubiger übergehen, oder dieser berechtigt sein soll, die Uebertragung des Eigenthumes zu verlangen, ist nichtig.

§. 1168.

Ist Geld Gegenstand des Pfandrechtes und hat der Pfandgläubiger das Geld in seiner Inhabung, so erlangt er mit dem Eintritte der im §. 1165 Abs. 2 bezeichneten Voraussetzungen die Befugniß, sich wegen der fälligen Forderung aus dem Gelde zu befriedigen. Ist der Pfandgläubiger verpflichtet, das Geld in Zahlung anzunehmen, so erlangt der Eigenthümer mit dem Eintritte jener Voraussetzungen die Befugniß, von dem Pfandgläubiger zu verlangen, daß er sich daraus befriedige.

Die Befriedigung ist mit dem Zeitpunkte als bewirkt anzusehen, in welchem der Pfandgläubiger gegenüber dem Eigenthümer erklärt, sich aus dem Gelde befriedigen zu wollen, oder der Eigenthümer gegenüber dem zur Annahme des Geldes in Zahlung verpflichteten Pfandgläubiger erklärt, daß er dessen Befriedigung aus dem Gelde verlange.

§. 1169.

Der Verkauf des Pfandes ist nach Maßgabe der §§. 1170 bis 1176 zu bewirken.

Hat der Pfandgläubiger über die Verpflichtung des Eigenthümers, den Verkauf des Pfandes zu gestatten, einen vollstreckbaren Titel erlangt, so kann er den Verkauf auch nach Maßgabe derjenigen Vorschriften bewirken lassen, welche für den Verkauf der im Wege der Zwangsvollstreckung gepfändeten beweglichen Sachen gelten.

§. 1170.

Der Pfandgläubiger hat, soweit es thunlich ist, dem Eigenthümer den Verkauf vorher anzudrohen und hierbei den Geldbetrag zu bezeichnen, wegen dessen der Verkauf erfolgen soll. Die Androhung ist erst nach dem Eintritte der im §. 1165 Abs. 2 bezeichneten Voraussetzungen zulässig.

Der Verkauf darf erst erfolgen nach Ablauf von vier Wochen seit der Androhung und, wenn diese als nicht thunlich unterblieben ist, erst nach Ablauf von vier Wochen seit der für die Zulässigkeit der Androhung bestimmten Zeit.

§. 1171.

Der Verkauf des Pfandes ist durch einen für den Versteigerungsort bestellten Gerichtsvollzieher oder zu Versteigerungen befugten sonstigen Beamten oder öffentlich angestellten Auktionator (§. 36 der Gewerbeordnung) mittels öffentlicher Versteigerung zu bewirken.

Zeit und Ort der Versteigerung sind unter allgemeiner Bezeichnung des zu versteigernden Pfandes öffentlich bekannt zu machen.

§. 1172.

Die Versteigerung ist in der Gemeinde zu bewirken, in welcher das Pfand im Falle der Befriedigung des Pfandgläubigers zurückzugeben sein würde.

Der Eigenthümer und, wenn das Pfand mit dem Rechte eines Dritten belastet ist, auch dieser Dritte sind, soweit es thunlich ist, von der Zeit und dem Orte der Versteigerung besonders zu benachrichtigen.

§. 1173.

Der Pfandgläubiger ist berechtigt, bei der Versteigerung mitzubieten. Wird ihm der Zuschlag ertheilt, so gilt der Kaufpreis als von ihm empfangen.

Auch das Mitbieten des Eigenthümers und die Ertheilung des Zuschlages an denselben ist zulässig.

Das Gebot des Eigenthümers und das Gebot des persönlichen Schuldners können zurückgewiesen werden, wenn nicht der Betrag des Gebotes dem Versteigerer baar eingehändigt wird.

§. 1174.

Goldsachen und Silbersachen dürfen nicht unter ihrem Goldwerthe oder Silberwerthe zugeschlagen werden. Wird ein den Zuschlag gestattendes Gebot nicht abgegeben, so kann der Verkauf durch eine der im §. 1171 Abs. 1 bezeichneten Personen aus freier Hand zu dem Preise bewirkt werden, welcher den Goldwerth oder Silberwerth erreicht.

§. 1175.

Das Pfand darf nur mit der Bestimmung verkauft werden, daß der Käufer den Kaufpreis sofort baar zu entrichten habe und seiner Rechte verlustig sein solle, wenn der Kaufpreis nicht sofort baar gezahlt werde. Ist nicht mit dieser Bestimmung verkauft oder von dem Vorbehalte der Rechtsverwirkung nicht vor dem Schlusse des Versteigerungstermines Gebrauch gemacht, so gilt der Zuschlag als dem Pfandgläubiger ertheilt, unbeschadet der Rechte des letzteren gegen den Ersteher.

§. 1176.

Sind mehrere Sachen Gegenstand des Pfandrechtes, so hat der Pfandgläubiger die Wahl, welche derselben er zum Verkaufe bringen will.

Von mehreren Pfändern dürfen nur so viele verkauft werden, als zur Befriedigung des Pfandgläubigers wegen der fälligen Forderung erforderlich ist.

§. 1177.

Durch Vereinbarung zwischen dem Eigenthümer und dem Pfandgläubiger kann eine von den Vorschriften der §§. 1169 bis 1176 abweichende Art des Verkaufes des Pfandes bestimmt werden. Steht einem Dritten ein durch die Veräußerung erlöschendes Recht an dem Pfande zu, so ist die Einwilligung dieses Dritten in die andere Art des Verkaufes erforderlich.

Ein vor dem Eintritte der im §. 1165 Abs. 2 bezeichneten Voraussetzungen geschlossener Vertrag, durch welchen die Befolgung der Vorschriften der §§. 1171, 1174 ausgeschlossen wird, ist nichtig.

§. 1178.

Entspricht eine von den Vorschriften der §§. 1171 bis 1175 abweichende Art des Verkaufes des Pfandes nach billigem Ermessen dem Interesse sowohl des Eigenthümers als des Pfandgläubigers, so kann, wenn der Pfandgläubiger das Pfand veräußern will, der Pfandgläubiger verlangen, daß der Eigenthümer in die andere Art des Verkaufes einwillige, der Eigenthümer verlangen, daß der Pfandgläubiger den Verkauf in der anderen Art bewirke.

Die Vorschrift des ersten Absatzes findet für und gegen einen Dritten, welchem ein durch die Veräußerung erlöschendes Recht an dem Pfande zusteht, entsprechende Anwendung.

§. 1179.

Der Pfandgläubiger hat den Eigenthümer, soweit es thunlich ist, von dem erfolgten Verkaufe des Pfandes und dem Ergebnisse desselben unverzüglich zu benachrichtigen.

§. 1180.

Durch die rechtmäßige Veräußerung des Pfandes erlangt der Erwerber dieselben Rechte, welche er erlangt haben würde, wenn der Eigenthümer der Veräußerer gewesen wäre. Wird dem Pfandgläubiger selbst der Zuschlag ertheilt, so erwirbt derselbe das Eigenthum mit dem Zuschlage.

Mit der rechtmäßigen Veräußerung des Pfandes erlöschen auch diejenigen Pfandrechte an demselben, welche dem Erwerber bekannt waren. Das Gleiche gilt in Ansehung des Nießbrauches an dem Pfande, es sei denn, daß derselbe im Range allen Pfandrechten vorgeht.

Die Vorschriften des zweiten Absatzes gelten auch in dem Falle, wenn dem Eigenthümer des Pfandes der Zuschlag ertheilt ist.

§. 1181.

Die Veräußerung des Pfandes ist nicht rechtmäßig, wenn dabei eine der Vorschriften des §. 1165 Abs. 2, der §§. 1171, 1174 und des §. 1176 Abs. 2 nicht befolgt worden ist.

Verletzt der Pfandgläubiger bei der Veräußerung des Pfandes eine der Vorschriften der §§. 1170, 1172, 1179, so ist er nur zum Schadensersatze verpflichtet.

Die Vorschriften der §§. 1177, 1178 bleiben unberührt.

§. 1182.

Ist eine bewegliche Sache als Pfand im Wege der Zwangsvollstreckung oder außerhalb der letzteren im Wege der öffentlichen Versteigerung nach Maßgabe des §. 1171 oder aus freier Hand nach Maßgabe des §. 1174 veräußert worden, ohne daß dem Veräußerer ein Pfandrecht zustand oder derselbe zur Veräußerung befugt war, so finden die Vorschriften der §§. 877, 878, 880 entsprechende Anwendung, auch wenn die nach den Vorschriften des §. 879 Satz 2 die Anwendbarkeit der §§. 877, 878 ausschließenden Voraussetzungen vorliegen.

§. 1183.

Soweit der Erlös aus dem Verkaufe des Pfandes dem Pfandgläubiger zur Befriedigung wegen seiner fälligen Forderung gebührt, ist der Pfandgläubiger wegen dieser Forderung als durch den Eigenthümer befriedigt anzusehen.

Im Uebrigen tritt der Erlös in Ansehung des Eigenthumes an dem Pfande und in Ansehung der durch die Veräußerung erloschenen sonstigen Rechte an dem Pfande an die Stelle des letzteren.

§. 1184.

Ist der Antheil eines Miteigenthümers Gegenstand des Faustpfandrechtes, so werden die in der Gemeinschaft sich gründenden Rechte des Miteigenthümers, welche auf die Verwaltung und Benutzung der Sache sich beziehen, von dem Pfandgläubiger ausgeübt.

Der Anspruch auf Aufhebung der Gemeinschaft kann, solange die im §. 1165 Abs. 2 für die Zulässigkeit des Pfandverkaufes bezeichneten Voraussetzungen nicht vorliegen, nur von dem Miteigenthümer und dem Pfandgläubiger gemeinschaftlich geltend gemacht werden.

Liegen jene Voraussetzungen vor, so kann der Pfandgläubiger nach seiner Wahl entweder den ihm haftenden Antheil zum Verkaufe bringen oder den Anspruch auf Aufhebung der Gemeinschaft geltend machen; er bedarf hierzu nicht der Zustimmung des Miteigenthümers, an dessen Antheile das Pfandrecht besteht; er ist auch an die Beschränkungen nicht gebunden, welche sich aus dem zwischen dem letzteren und den übrigen Miteigenthümern bestehenden persönlichen Rechtsverhältnisse ergeben.

Wird die Gemeinschaft aufgehoben, so gebührt dem Pfandgläubiger das Pfandrecht an denjenigen Gegenständen, welche an die Stelle des Pfandes treten.

§. 1185.

Besteht das Faustpfandrecht an dem Bruchtheile einer Sache außer dem im §. 1184 bezeichneten Falle, so kann der Pfandgläubiger, sobald er nach Maßgabe des §. 1165 Abs. 2 zum Verkaufe des ihm haftenden Bruchtheiles berechtigt ist, nach seiner Wahl entweder den letzteren zum Verkaufe bringen oder gegen den Eigenthümer der Sache, wie wenn ein Miteigenthum bestände, den Anspruch auf Aufhebung der Gemeinschaft geltend machen.

Die Vorschrift des §. 1184 Abs. 4 und, solange das Pfandrecht an dem Bruchtheile der Sache besteht, auch die Vorschrift des §. 1184 Abs. 1 finden entsprechende Anwendung.

§. 1186.

Mit der Uebertragung der Forderung geht das Pfandrecht auf den neuen Gläubiger über.

Das Pfandrecht kann nicht ohne die Forderung übertragen werden.

§. 1187.

Mit der Uebertragung der Forderung erlangt der neue Gläubiger das Recht auf die Inhabung des Pfandes; er wird mit der Erlangung der Inhabung dem Eigenthümer für die spätere Zeit als Pfandgläubiger verpflichtet.

Der bisherige Pfandgläubiger haftet dem Eigenthümer für die Erfüllung der dem neuen Pfandgläubiger obliegenden Verpflichtungen wie ein Bürge mit der Maßgabe, daß die Einrede der Vorausklage ausgeschlossen ist; diese Haftung tritt jedoch nicht ein, wenn die Uebertragung unmittelbar auf Gesetz beruht.

War zur Zeit der Uebertragung für den Eigenthümer gegenüber dem bisherigen Pfandgläubiger das Recht auf Entziehung der Inhabung begründet, so geht die Verpflichtung, die nach den Vorschriften des §. 1156 Abs. 2 zulässigen Maßregeln zu gestatten, auf den neuen Pfandgläubiger über.

§. 1188.

Im Falle der Uebertragung der Forderung durch Ueberweisung im Wege der Zwangsvollstreckung ist der bisherige Gläubiger berechtigt, zu verlangen, daß das Pfand auf seine Kosten, bis er von dem Eigenthümer aus der im §. 1187 Abs. 2 bezeichneten Haftung entlassen wird, öffentlich hinterlegt oder, wenn dasselbe zur öffentlichen Hinterlegung sich nicht eignet, einem von dem Vollstreckungsgerichte zu bestellenden Verwahrer zur Aufbewahrung übergeben werde.

§. 1189.

Zur Aufhebung des Pfandrechtes durch Rechtsgeschäft genügt die einseitige, gegenüber dem Eigenthümer des Pfandes abzugebende Verzichterklärung des Pfandgläubigers. Ist das Pfandrecht mit dem Rechte eines Dritten belastet, so bedarf es zu der Aufhebung der gegenüber dem Pfandgläubiger zu erklärenden Einwilligung des Dritten. Der Verzicht und die Einwilligung sind unwiderruflich.

§. 1190.

Das Pfandrecht erlischt, wenn bei der Uebertragung der Forderung der Uebergang des Pfandrechtes ausgeschlossen wird

§. 1191.

Das Pfandrecht erlischt durch die Rückgabe des Pfandes von Seiten des Pfandgläubigers an den Eigenthümer, auch wenn der Pfandgläubiger sich hierbei das Pfandrecht vorbehalten hat.

Befindet sich das Pfand, welches der Pfandgläubiger innegehabt hat, in der Inhabung des Eigenthümers oder eines Dritten, welcher die Inhabung nach der Begründung des Pfandrechtes von dem Eigenthümer erlangt hat, so wird vermuthet, daß das Pfand von dem Pfandgläubiger dem Eigenthümer zurückgegeben worden sei.

§. 1192.

Das Pfandrecht erlischt mit dem Erlöschen der Forderung, für welche es begründet ist.

Steht dem Schuldner gegen die Forderung eine Einrede zu, durch welche die Geltendmachung des Anspruches auf die Leistung dauernd ausgeschlossen wird, so erlischt das Pfandrecht mit der gegenüber dem Pfandgläubiger abzugebenden Erklärung des Eigenthümers, daß er die Einrede geltend mache.

Die Vorschrift des §. 183 Abs. 1 bleibt unberührt.

§. 1193.

Das Pfandrecht wird dadurch aufgehoben, daß das Eigenthum an dem Pfande und die durch das Pfandrecht gesicherte Forderung in derselben Person sich vereinigen. Die Aufhebung tritt jedoch nicht ein, solange die Forderung mit dem Rechte eines Dritten belastet ist. Auch wird die Aufhebung insoweit als nicht eingetreten angesehen, als das Fortbestehen des Pfandrechtes für den Eigenthümer ein rechtliches Interesse hat.

§. 1194.

Das Pfand kann von dem Pfandgläubiger wegen einer anderen Forderung als derjenigen, für welche das Pfandrecht begründet ist, nicht zurückbehalten werden.

§. 1195.

Im Verhältnisse zwischen dem Pfandgläubiger und dem Verpfänder wird zu Gunsten des Verpfänders vermuthet, daß der letztere der Eigenthümer des Pfandes sei.

Im Verhältnisse zwischen dem Pfandgläubiger und dem Eigenthümer des Pfandes gilt zu Gunsten des Pfandgläubigers der Verpfänder solange als Eigenthümer des Pfandes, als dem Pfandgläubiger nicht bekannt gewesen, auch nicht in Folge grober Fahrlässigkeit unbekannt geblieben ist, daß dem Verpfänder das Eigenthum nicht zusteht.

§. 1196.[1])

Zur Begründung des Pfandrechtes an einem in das Schiffsregister eingetragenen Schiffe durch Rechtsgeschäft ist ein zwischen dem Eigenthümer des Schiffes und dem Gläubiger zu schließender Vertrag und Eintragung des Pfandrechtes in das Schiffsregister erforderlich. Die Vorschriften des §. 828 Abs. 2 bis 4 und der §§. 829 bis 831, 833 finden entsprechende Anwendung.

§. 1197.

Auf das in das Schiffsregister eingetragene Pfandrecht finden die Vorschriften über das Faustpfandrecht nur insoweit Anwendung, als nicht aus dem Umstande, daß das Pfandrecht mit der Inhabung des Schiffes nicht verbunden ist, und aus den §§. 1198 bis 1204 ein Anderes sich ergiebt.

§. 1198.

Die Eintragung des Pfandrechtes findet nur statt, wenn der Verpfänder als Eigenthümer des Schiffes in das Schiffsregister eingetragen ist.

Zur Eintragung des Pfandrechtes genügt die Beibringung der Eintragungsbewilligung desjenigen, welcher als Eigenthümer in das Schiffsregister eingetragen ist.

Die Eintragung muß die Bezeichnung des Gläubigers und der Forderung enthalten.

§. 1199.

Das mittels Eintragung in das Schiffsregister begründete Pfandrecht berechtigt den Pfandgläubiger nicht zur Inhabung des Schiffes.

§. 1200.

Die Löschung des in das Schiffsregister eingetragenen Pfandrechtes erfolgt auf Antrag desjenigen, welcher als Eigenthümer des Schiffes eingetragen ist, nach Beibringung der Löschungsbewilligung des eingetragenen Pfandgläubigers oder des Rechtsnachfolgers desselben.

§. 1201.

Solange das Pfandrecht in dem Schiffsregister eingetragen

---

[1]) Der Revision des Handelsgesetzbuches bleibt die Entscheidung vorbehalten, ob die §§. 1196—1205 in dem bürgerlichen Gesetzbuche zu verbleiben haben, oder ob sie in das Handelsgesetzbuch zu übernehmen oder zu unterdrücken seien, ferner, ob dieselben in Ansehung der Verpfändung von Fahrzeugen der Binnenschifffahrt der Ergänzung bedürfen.

ist, finden auf dasselbe die Vorschriften der §§. 878, 1152 keine Anwendung.

Ist das Pfandrecht gelöscht, aber wegen Unzulässigkeit der Löschung bestehen geblieben, so findet die Vorschrift des §. 878 auch dann Anwendung, wenn im Falle der Veräußerung des Schiffes das Eigenthum an demselben von dem Erwerber ohne Uebergabe erlangt ist. Wird nach einer solchen Löschung ein in das Schiffsregister eingetragenes, dem gelöschten Pfandrechte im Range nachstehendes Pfandrecht auf einen Dritten übertragen, so findet die Vorschrift des §. 1152 entsprechende Anwendung.

§. 1202.

Die zur Eintragung des Pfandrechtes in das Schiffsregister oder zur Löschung des eingetragenen Pfandrechtes erforderlichen Erklärungen sind in gerichtlich oder notariell beglaubigten Urkunden beizubringen.

Der Nachweis einer anderen, zu der Eintragung oder Löschung erforderlichen Thatsache ist durch eine öffentliche Urkunde zu führen.

§. 1203.

Steht in Ansehung eines Pfandrechtes an dem Schiffe der Inhalt des Schiffsregisters mit der wirklichen Rechtslage im Widerspruche, so finden die Vorschriften des §. 843 entsprechende Anwendung.

§. 1204.

Derjenige, welchem ein Pfandrecht an einem in das Schiffsregister eingetragenen Schiffe zusteht, kann seine Befriedigung aus dem Schiffe nur auf Grund eines vollstreckbaren Titels durch Verkauf nach Maßgabe der für die Zwangsvollstreckung geltenden Vorschriften erwirken.

§. 1205.

Die Vorschriften der §§. 1196 bis 1204 finden auf das Pfandrecht an einer Schiffspart entsprechende Anwendung.

Vierter Titel.

Pfandrecht an Rechten.

§. 1206.

Ein Pfandrecht kann auch an einem Rechte begründet werden.

Auf das Pfandrecht an einem Rechte finden die Vorschriften über das Faustpfandrecht entsprechende Anwendung, soweit nicht aus den §§. 1207 bis 1226 ein Anderes sich ergiebt.

§. 1207.

Soweit ein Recht nicht übertragbar ist, kann an demselben durch Rechtsgeschäft auch nicht ein Pfandrecht begründet werden.

§. 1208.[1])

Auf die Begründung des Pfandrechtes an einem Rechte und auf das Rechtsverhältniß, welches durch die Begründung des Pfandrechtes zwischen dem Pfandgläubiger und dem vermöge jenes Rechtes zu einer Leistung verpflichteten Dritten entsteht, finden, soweit nicht das Gesetz ein Anderes bestimmt, die Vorschriften, welche im Falle der Uebertragung jenes Rechtes gelten, entsprechende Anwendung. Die Vorschrift des §. 1087 Abs. 2 findet keine Anwendung.

§. 1209.

Auf die Begründung des Pfandrechtes an einem Rechte findet die im §. 1147 in Verbindung mit dem §. 877 enthaltene Vorschrift über die Wirksamkeit der Verpfändung von Seiten desjenigen, welcher nicht der Eigenthümer des Pfandes ist, und die Vorschrift des §. 1152 über den Vorrang eines in Unkenntniß älterer Rechte erworbenen Pfandrechtes keine Anwendung.

§. 1210.

Sofern zur Veräußerung eines Rechtes die Uebergabe einer Sache oder die Ueberlassung der Inhabung einer Sache erforderlich ist, bestimmt sich dieses Erforderniß bei der Verpfändung des Rechtes nach den Vorschriften, welche nach dem §. 1147 für den Fall der Verpfändung der Sache selbst gelten.

§. 1211.

Zur Verpfändung einer Forderung, zu deren Veräußerung der Abtretungsvertrag genügt, ist außer dem Pfandvertrage erforderlich, daß die Verpfändung von dem Verpfänder dem Schuldner angezeigt wird.

§. 1212.

Zur Verpfändung eines Rechtes, zu dessen Veräußerung nach der Vorschrift des §. 312 der Abtretungsvertrag genügt, ist erforderlich, daß der Pfandvertrag in gerichtlicher oder notarieller Form geschlossen wird.

---

[1]) In der Grundbuchordnung wird vorgeschrieben werden, daß die Uebertragung einer Forderung, für welche ein in das Grundbuch eingetragenes Recht als Pfand haftet, in das Grundbuch eingetragen werden könne, wenngleich diese Eintragung zu der Uebertragung nicht erforderlich ist.

§. 1213.

Zur Wirksamkeit einer Verfügung über das dem Pfandrechte unterliegende Recht von Seiten desjenigen, welchem das Recht zusteht, ist, wenn durch die Verfügung das Recht des Pfandgläubigers beeinträchtigt wird, die Einwilligung des letzteren erforderlich. Die Einwilligung muß gegenüber demjenigen, welchem das dem Pfandrechte unterliegende Recht zusteht, erklärt werden; sie ist unwiderruflich.

§. 1214.

Das Pfandrecht an einem Rechte erstreckt sich auf die Nutzungen dieses Rechtes nur dann, wenn die Erstreckung vereinbart ist.

Ist das Pfandrecht in der Weise begründet, daß der Pfandgläubiger berechtigt ist, die Nutzungen des Rechtes zu beziehen, so finden die Vorschriften des §. 1154 Abs. 2, 3, sowie der §§. 1026, 1027 entsprechende Anwendung.

Ist der Nießbrauch an einer Sache verpfändet und dem Pfandgläubiger die Inhabung der mit dem Nießbrauche belasteten Sache überlassen, so wird die Vereinbarung vermuthet, daß der Pfandgläubiger zur Beziehung der dem Nießbraucher gebührenden Nutzungen berechtigt sein solle.

§. 1215.

Der Pfandgläubiger kann seine Befriedigung aus dem dem Pfandrechte unterliegenden Rechte nur auf Grund eines vollstreckbaren Titels nach Maßgabe der für die Zwangsvollstreckung geltenden Vorschriften erwirken, sofern nicht ein Anderes vereinbart ist; auf eine solche Vereinbarung finden die Vorschriften der §§. 1167, 1177 entsprechende Anwendung.

§. 1216.

Sofern zur Begründung des Pfandrechtes an einem Rechte die Uebergabe einer Sache oder die Ueberlassung der Inhabung einer Sache erforderlich ist, finden in Ansehung des Erlöschens des Pfandrechtes die Vorschriften des §. 1191 entsprechende Anwendung.

§. 1217.

Ist eine Forderung Gegenstand des Pfandrechtes, so kann sie, solange die im §. 1165 Abs. 2 bezeichneten Voraussetzungen nicht eingetreten sind, nur gemeinschaftlich von dem Gläubiger dieser Forderung und von dem Pfandgläubiger gekündigt werden.

Der Gläubiger der Forderung kann von dem Pfandgläubiger die Mitwirkung zu der Kündigung verlangen. Ein gleiches Recht steht dem Pfandgläubiger gegenüber dem Gläubiger der Forderung zu, wenn die Sicherheit der Forderung in dem Maße gefährdet ist, daß die Einziehung der Sorgfalt eines ordentlichen Hausvaters entspricht.

Eine Kündigung des Schuldners ist nur wirksam, wenn sie sowohl dem Gläubiger der Forderung als auch dem Pfandgläubiger erklärt ist.

Der Schuldner kann nur an den Gläubiger der Forderung und den Pfandgläubiger gemeinschaftlich leisten.

Nach Eintritt der Fälligkeit der dem Pfandrechte unterliegenden Forderung kann sowohl der Gläubiger der letzteren als der Pfandgläubiger von dem anderen Theile die Mitwirkung zur Einziehung der Forderung verlangen. Jeder von ihnen kann auch nach seiner Wahl von dem Schuldner verlangen, daß dieser die Leistung entweder an Beide gemeinschaftlich bewirke oder den zu leistenden Gegenstand für Beide öffentlich hinterlege oder, wenn dieser Gegenstand zur öffentlichen Hinterlegung sich nicht eignet, denselben einem gerichtlich zu bestellenden Verwalter übergebe.

§. 1218.

Sind die im §. 1165 Abs. 2 bezeichneten Voraussetzungen eingetreten, so ist der Pfandgläubiger berechtigt, die dem Pfandrechte unterliegende Forderung ohne Mitwirkung des Gläubigers derselben zu kündigen und einzuziehen. In anderer Art über die Forderung zu verfügen, ist der Pfandgläubiger nicht berechtigt; insbesondere kann er die Forderung nicht verkaufen. Er kann aber auch seine Befriedigung aus der Forderung auf Grund eines vollstreckbaren Titels nach Maßgabe der für die Zwangsvollstreckung geltenden Vorschriften erwirken.

Ist die dem Pfandrechte unterliegende Forderung eine Geldforderung, so ist der Pfandgläubiger nur so viel einzuziehen berechtigt, als zu seiner Befriedigung wegen der fälligen Forderung erforderlich ist.

Bestehen mehrere Pfandrechte an der Forderung, so ist zu der im ersten Absatze bezeichneten Einziehung der Forderung nur derjenige Pfandgläubiger berechtigt, dessen Pfandrecht den übrigen Pfandrechten vorgeht.

Hat der Pfandgläubiger die Forderung ganz oder theilweise eingezogen, so ist er verpflichtet, von der Einziehung den Gläubiger der Forderung, soweit es thunlich ist, unverzüglich zu benachrichtigen.

Soweit der Pfandgläubiger von dem Rechte selbständiger Kündigung und Einziehung der ihm haftenden Forderung keinen Gebrauch macht, finden die Vorschriften des §. 1217 Anwendung.

§. 1219.

Wird die dem Pfandrechte unterliegende Forderung nach Maßgabe der §§. 1217, 1218 eingezogen, so erwirbt der Pfandgläubiger an dem geleisteten Gegenstande mit dessen Leistung das Pfandrecht.

Ist nach der Beschaffenheit des Gegenstandes zur Begründung des Pfandrechtes dessen Eintragung in das Grundbuch erforderlich, so ist der Gläubiger der eingezogenen Forderung verpflichtet, die Erklärungen abzugeben, welche zu der Eintragung erforderlich sind. Besteht der Gegenstand der Leistung in einem Grundstücke, so kann der Pfandgläubiger nur die Eintragung einer Sicherungshypothek verlangen.

Wird von dem Pfandgläubiger in Gemäßheit der Vorschriften des §. 1218 eine Geldforderung eingezogen, so ist, soweit das Geld dem Pfandgläubiger zur Befriedigung wegen seiner fälligen Forderung gebührt, der Pfandgläubiger als durch den Gläubiger der eingezogenen Forderung befriedigt anzusehen.

§. 1220.

Ist bei der Einziehung der Forderung eine bewegliche Sache geleistet, so kann der Pfandgläubiger, solange die im §. 1165 Abs. 2 bezeichneten Voraussetzungen nicht eingetreten sind, nicht die ausschließliche Inhabung der geleisteten Sache verlangen. Einigen sich der Gläubiger der Forderung und der Pfandgläubiger nicht dahin, daß die Sache unter Mitverschluß Beider gelegt oder einem Dritten zur Ausübung der Inhabung für Beide anvertraut werden soll, so hat jeder von ihnen gegen den anderen Theil den Anspruch, daß die Sache bis zum Eintritte jener Voraussetzungen für Beide öffentlich hinterlegt oder, wenn sie zur öffentlichen Hinterlegung sich nicht eignet, einem gerichtlich zu bestellenden Verwalter übergeben werde.

§. 1221.

Ist eine Geldforderung nach Maßgabe des §. 1217 eingezogen, so kann der Gläubiger derselben, solange die im §. 1165 Abs. 2 bezeichneten Voraussetzungen nicht eingetreten sind, von dem Pfandgläubiger die Mitwirkung dazu verlangen, daß das Geld, soweit es ohne Beeinträchtigung des Interesses des Pfandgläubigers thunlich ist, für den Gläubiger nach Maßgabe der für die Belegung von Mündelgeldern geltenden Vorschriften verzinslich angelegt und gleichzeitig an dem dadurch erworbenen Gegenstande für den Pfandgläubiger das Pfandrecht begründet werde. Die Art der Wiederanlegung zu bestimmen, steht dem Gläubiger zu.

§. 1222.

Das Pfandrecht an einer Forderung erstreckt sich auf die Zinsen der Forderung insoweit, als dieselben zu der Zeit, in welcher der Anspruch gegen den Schuldner der Forderung auf Erfüllung der Hauptverbindlichkeit von dem Pfandgläubiger kraft des ihm nach dem §. 1218 zustehenden Einziehungsrechtes rechtshängig gemacht worden ist, noch für die Vergangenheit zu entrichten sind, und insoweit, als sie von dieser Zeit an laufen.

Ist der Anspruch auf rückständige Zinsen oder ist die Hauptforderung ohne die rückständigen Zinsen vor dem bezeichneten Zeitpunkte auf einen Dritten übertragen, so ist die Haftung dieser Zinsen ausgeschlossen. Ist der Anspruch auf rückständige Zinsen vor jenem Zeitpunkte mit dem Rechte eines Dritten belastet worden, so geht das Recht des Dritten dem Rechte des Pfandgläubigers vor.

§. 1223.

Vereinigen sich die dem Pfandrechte unterliegende Forderung und die Verbindlichkeit in derselben Person, so wirkt die Vereinigung nicht gegen den Pfandgläubiger.

§. 1224.

Die Vorschriften der §§. 1217 bis 1222 finden auf das Pfandrecht an einer Eigenthümerhypothek und an einer Grundschuld entsprechende Anwendung.

§. 1225.

Zur Begründung des Pfandrechtes an einem Wechsel oder an einem anderen Papiere, welches durch Indossament übertragen werden kann, ist außer dem Pfandvertrage die Uebergabe des indossirten Papieres an den Pfandgläubiger erforderlich.

§. 1226.

Auf die Begründung und die Aufhebung des Pfandrechtes an einem Inhaberpapiere sowie auf die Befriedigung aus einem solchen Pfande finden die Vorschriften über das Pfandrecht an beweglichen Sachen Anwendung.

Der Pfandgläubiger kann, wenn die im §. 1165 Abs. 2 bezeichneten Voraussetzungen vorliegen, das Papier, sofern dasselbe einen Börsenpreis oder Marktpreis hat, auch aus freier Hand zum Tageskurse verkaufen.

Wird aus dem Papiere eine Leistung fällig, so ist der Pfandgläubiger zur Einziehung derselben berechtigt und verpflichtet. Die Vorschriften des §. 1219 finden Anwendung.

Viertes Buch.

Familienrecht.[1])

Erster Abschnitt.

Ehe.

Erster Titel.

Eingehung der Ehe.

I. Verlöbniß.

§. 1227.

Durch das Verlöbniß wird eine Verbindlichkeit der Verlobten zur Schließung der Ehe nicht begründet.

§. 1228.

Tritt ein Verlobter von dem Verlöbnisse zurück, so hat er dem anderen Verlobten und den Eltern des letzteren den Schaden zu ersetzen, welcher denselben dadurch entstanden ist, daß von ihnen in Erwartung der Eheschließung Aufwendungen gemacht, Verbindlichkeiten eingegangen oder sonstige vermögensrechtliche Verfügungen getroffen sind, es sei denn, daß ein wichtiger, nach den Umständen des Falles den Rücktritt rechtfertigender Grund vorlag.

Lag der Grund des Rücktrittes in einem dem anderen Verlobten zur Last fallenden Verschulden, so ist dieser dem Zurücktretenden und dessen Eltern nach Maßgabe des ersten Absatzes zum Schadensersatze verpflichtet.

---

[1]) Mit der Einführung des bürgerlichen Gesetzbuches ist die Erlassung besonderer reichsgesetzlicher Vorschriften angezeigt, durch welche das Verfahren in den das Familienrecht betreffenden Angelegenheiten, insbesondere in Vormundschaftssachen, insoweit einheitlich geordnet wird, als sonst die einheitliche Geltung der materiellen Vorschriften des bürgerlichen Gesetzbuches eine Beeinträchtigung erleiden würde. Die besonderen Vorschriften werden namentlich zu bestimmen haben: über die Zuständigkeit der Vormundschaftsbehörden, über die Anzeigepflicht, über die Voraussetzungen der Wirksamkeit der von den Vormundschaftsbehörden erlassenen Verfügungen und über die Wirkung einer im Rechtsmittelverfahren ergangenen abändernden Entscheidung.

§. 1229.

Was ein Verlobter dem anderen geschenkt oder zum Zeichen des eingegangenen Verlöbnisses gegeben hat, ist, sofern nicht ein anderer Wille des Gebers erhellt, als unter der stillschweigend erklärten Voraussetzung geleistet anzusehen, daß die Eheschließung erfolgen oder das Verlöbniß bis zum Tode eines der Verlobten fortbestehen werde.

§. 1230.

Die aus den §§. 1228, 1229 sich ergebenden Ansprüche verjähren mit Ablauf eines Jahres. Die Verjährung beginnt mit dem Zeitpunkte, in welchem das Verlöbniß aufgehoben ist.

II. Ehehindernisse.

§. 1231.

Eine geschäftsunfähige Person kann eine Ehe nicht schließen.

§. 1232.

Eine Person, welche in der Geschäftsfähigkeit beschränkt ist, bedarf zur Eheschließung der Einwilligung des gesetzlichen Vertreters.

Wird die Einwilligung von dem gesetzlichen Vertreter verweigert, so kann sie durch die Einwilligung des Vormundschaftsgerichtes ersetzt werden. Das Vormundschaftsgericht hat die Einwilligung auf Antrag der in der Geschäftsfähigkeit beschränkten Person zu ertheilen, wenn die Ertheilung im Interesse der letzteren liegt.

Die Vorschrift des zweiten Absatzes findet keine Anwendung, wenn ein Elterntheil, ohne dessen Einwilligung das Kind nach den Vorschriften der §§. 1238, 1239 eine Ehe nicht schließen darf, der gesetzliche Vertreter desselben ist.

§. 1233.

Zur Eheschließung ist Ehemündigkeit der Eheschließenden erforderlich.

Die Ehemündigkeit der Männer tritt mit dem zurückgelegten zwanzigsten Lebensjahre, die Ehemündigkeit der Frauen mit dem zurückgelegten sechszehnten Lebensjahre ein.

Dispensation ist zulässig.

Durch Volljährigkeitserklärung wird Ehemündigkeit nicht begründet.

§. 1234.

Niemand kann eine neue Ehe schließen, bevor seine frühere Ehe aufgelöst oder für ungültig erklärt ist.

§. 1235.

Ist einer der Ehegatten für todt erklärt, so gilt die Vermuthung, daß derselbe den Zeitpunkt der Erlassung der Todeserklärung nicht überlebt habe, auch in Ansehung der Ehe.

Wird das die Todeserklärung aussprechende Urtheil angefochten, so darf der andere Ehegatte vor Erledigung des Rechtsstreites eine neue Ehe nicht schließen.

§. 1236.

Eine Ehe kann nicht geschlossen werden:

1. zwischen Verwandten in gerader Linie;
2. zwischen Geschwistern, ohne Unterschied der Vollbürtigkeit oder Halbbürtigkeit;
3. zwischen Verschwägerten in gerader Linie.

Ein Verwandtschaftsverhältniß im Sinne des ersten Absatzes Nr. 1, 2 besteht auch zwischen dem unehelichen Kinde sowie dessen Abkömmlingen einerseits und dem Vater des Kindes sowie den Verwandten des Vaters andererseits. Ein Schwägerschaftsverhältniß im Sinne des ersten Absatzes Nr. 3 besteht auch zwischen dem einen Ehegatten und denjenigen Personen, welche nach Maßgabe der vorstehenden Vorschrift Verwandte des anderen Ehegatten sind.

Ein Schwägerschaftsverhältniß im Sinne des ersten Absatzes ist auch dann als vorhanden anzusehen, wenn die Ehe, durch welche es begründet sein würde, ungültig ist, die Ungültigkeit aber nicht auf einem Formmangel bei der Eheschließung beruht.

§. 1237.

Eine Ehe darf nicht geschlossen werden zwischen demjenigen, dessen Ehe wegen Ehebruches geschieden ist, und demjenigen, mit welchem er des Ehebruches sich schuldig gemacht hat, sofern dieser Ehebruch in dem Scheidungsurtheile als Grund der Scheidung festgestellt ist.

Dispensation ist zulässig.

§. 1238.

Ein eheliches Kind darf, solange es das fünfundzwanzigste Lebensjahr nicht zurückgelegt hat, nur mit Einwilligung des Vaters und nach dem Tode des Vaters nur mit Einwilligung der Mutter, ein uneheliches Kind, solange es jenes Lebensjahr nicht zurückgelegt hat, nur mit Einwilligung der Mutter eine Ehe schließen. Das durch Ehelichkeitserklärung legitimirte uneheliche Kind bedarf nicht der Einwilligung seiner Mutter. Dem Tode des Vaters oder der Mutter steht es gleich, wenn dieselben zur Abgabe eine Erklärung dauernd außer Stande sind oder ihr Aufenthalt dauernd unbekannt ist. Dem Tode des Vaters steht es gleich, wenn dem letzteren nach den Vorschriften der §§. 1564, 1566, 1567 die aus der Vaterschaft sich ergebenden Rechte nicht zustehen.

Die Ertheilung der Einwilligung kann nicht durch einen Vertreter, insbesondere auch nicht durch den gesetzlichen Vertreter, erfolgen. Zu der Einwilligung eines in der Geschäftsfähigkeit beschränkten Elterntheiles ist die Einwilligung des gesetzlichen Vertreters desselben nicht erforderlich.

Dem Kinde steht der Anspruch auf Ertheilung der Einwilligung gegen den Vater oder die Mutter zu, es sei denn, daß ein wichtiger, nach den Umständen des Falles die Verweigerung rechtfertigender Grund vorliegt.

Das rechtskräftige Urtheil, durch welches ein Elterntheil zur Ertheilung der Einwilligung verurtheilt wird, ersetzt, wenn der Elterntheil der gesetzliche Vertreter des Kindes ist, zugleich die Einwilligung des ersteren als des gesetzlichen Vertreters.

§. 1239.

In Ansehung einer an Kindesstatt angenommenen Person tritt an die Stelle der nach den Vorschriften des §. 1238 erforderlichen Einwilligung der leiblichen Eltern die Einwilligung desjenigen, welcher die Person an Kindesstatt angenommen hat, oder, wenn die Person durch die Annahme an Kindesstatt die rechtliche Stellung eines gemeinschaftlichen ehelichen Kindes zweier Ehegatten erlangt hat, die Einwilligung des Ehemannes und nach dessen Tode die Einwilligung der Ehefrau.

Die Einwilligung der leiblichen Eltern ist auch dann nicht erforderlich, wenn die Annahme an Kindesstatt wieder aufgehoben ist.

§. 1240.

Auf Personen, welche die rechtliche Stellung von Verwandten durch eine Annahme an Kindesstatt erlangt haben, findet die Vorschrift des §. 1236 Abs. 1 Nr. 1 keine Anwendung. Es darf jedoch zwischen Personen, von welchen die eine die andere an Kindesstatt angenommen hat, sowie zwischen der ersteren und den Abkömmlingen der letzteren, auch wenn auf diese Abkömmlinge die Annahme an Kindesstatt sich nicht erstreckt hat, solange die Annahme an Kindesstatt besteht, eine Ehe nicht geschlossen werden.

§. 1241.

Eine Frau darf vor Ablauf von zehn Monaten von dem

Zeitpunkte an, in welchem ihre frühere Ehe aufgelöst oder für ungültig erklärt ist, eine neue Ehe nicht schließen.

Dispensation ist zulässig.

§. 1242.

Wer ein minderjähriges oder von ihm selbst bevormundetes eheliches Kind hat, darf eine Ehe erst schließen, nachdem das Vormundschaftsgericht ein Zeugniß darüber ertheilt hat, daß die in den §§. 1548, 1599, dem §. 1623 Abs. 3 und dem §. 1734 bezeichneten Verpflichtungen von ihm erfüllt sind oder ihm nicht obliegen.

Ist im Falle der fortgesetzten Gütergemeinschaft ein antheilsberechtigter Abkömmling des überlebenden Ehegatten minderjährig oder bevormundet, so darf der letztere eine Ehe erst schließen, nachdem das Vormundschaftsgericht ein Zeugniß darüber ertheilt hat, daß die im §. 1404 bezeichneten Verpflichtungen von ihm erfüllt sind oder ihm nicht obliegen.

§. 1243.

Militärpersonen, ingleichen solche Landesbeamte, welche nach den Landesgesetzen eine besondere Erlaubniß zur Eheschließung nachzusuchen haben, dürfen nicht ohne die vorgeschriebene Erlaubniß eine Ehe schließen. Dasselbe gilt von Ausländern in Ansehung der Erlaubniß oder des Zeugnisses, welche nach den Landesgesetzen für die Eheschließung der Ausländer erforderlich sind.

§. 1244.

Die Befugniß zur Ertheilung der nach den Vorschriften der §§. 1233, 1237, 1241 zulässigen Dispensation steht dem Staate zu. Ueber die Ausübung dieser Befugniß haben die Landesregierungen zu bestimmen.

III. Eheschließung.[1])

§. 1245.

Die Ehe kann nur vor einem Standesbeamten geschlossen werden.

Wenn ein Standesbeamter außerhalb seines Amtsbezirkes oder

[1]) Rücksichtlich des Aufgebotes und der Beurkundung der Eheschließung verbleibt es bei den Vorschriften des Gesetzes über die Beurkundung des Personenstandes und die Eheschließung vom 6. Februar 1875, dessen etwa erforderliche Ergänzung und Aenderung der Revision jenes Gesetzes oder dem Einführungsgesetze vorbehalten ist.

bei der Schließung seiner eigenen Ehe als Standesbeamter handelt, so gilt er nicht als Standesbeamter.

§. 1246.

Die Eheschließung soll vor dem zuständigen Standesbeamten erfolgen.

Zuständig ist derjenige Standesbeamte, in dessen Bezirke einer der Verlobten seinen Wohnsitz hat oder sich gewöhnlich aufhält.

In Ermangelung eines solchen Standesbeamten wird, wenn beide Verlobte oder auch nur einer derselben Deutsche sind, der zuständige Standesbeamte von der obersten Aufsichtsbehörde des Bundesstaates bestimmt, welchem im ersten Falle einer der Verlobten und im letzten Falle der Deutsche Verlobte angehört.

Unter mehreren zuständigen Standesbeamten haben die Verlobten die Wahl.

§. 1247.

Auf Grund einer schriftlichen Ermächtigung des zuständigen Standesbeamten darf die Eheschließung auch vor dem Standesbeamten eines anderen Bezirkes erfolgen.

§. 1248.

Zur Eheschließung ist erforderlich, daß die Verlobten vor dem Standesbeamten bei gleichzeitiger Anwesenheit persönlich und in Gegenwart von zwei Zeugen den Willen der Eheschließung erklären, und daß hierauf die Ehe von dem Standesbeamten für geschlossen erklärt wird.

Die Erklärungen können nicht unter Beifügung einer Bedingung oder Zeitbestimmung erfolgen.

§. 1249.

Der Standesbeamte soll bei der Eheschließung an die Verlobten einzeln und nach einander die Frage richten:

> ob sie erklären, daß sie die Ehe mit einander eingehen wollen,

und, nachdem diese Frage von den Verlobten bejaht ist, aussprechen, daß er kraft des Gesetzes sie nunmehr für rechtmäßig verbundene Eheleute erkläre.

Als Zeugen sollen bei der Eheschließung Personen, welchen die bürgerlichen Ehrenrechte aberkannt sind, während der für den Verlust dieser Rechte im Urtheile bestimmten Zeit, sowie Minderjährige nicht zugezogen werden. Personen, welche mit einem der Verlobten, dem Standesbeamten oder mit einander verwandt oder verschwägert sind, dürfen als Zeugen zugezogen werden.

IV. Ungültigkeit der Ehe.[1])

§. 1250.

Die Ehe ist nur dann nichtig:

1. wenn sie nicht in der durch die §§. 1245, 1248 vorgeschriebenen Form geschlossen ist;
2. wenn einer der Eheschließenden zur Zeit der Eheschließung geschäftsunfähig war;
3. wenn die Ehe gegen eines der Verbote der §§. 1234, 1236 verstößt.

---

[1]) I. In das Einführungsgesetz soll die Vorschrift aufgenommen werden:

Mit Geldstrafe bis zu eintausend Mark oder Gefängnißstrafe bis zu einem Jahre wird bestraft:

1. wer gegen das Verbot des §. 1237 des bürgerlichen Gesetzbuches eine Ehe schließt;
2. die Frau, welche gegen das Verbot des §. 1241 des bürgerlichen Gesetzbuches eine Ehe schließt, sowie derjenige, welcher mit ihr die Ehe schließt, wenn er bei der Eheschließung von dem Hindernisse Kenntniß hatte.

II. Das Einführungsgesetz wird ferner folgende Ergänzungen und Aenderungen der Vorschriften der Civilprozeßordnung über das Verfahren in Ehesachen bestimmen:

1. Der §. 568 Abs. 1 erhält folgende Fassung:

   Für die Rechtsstreitigkeiten, welche die Scheidung, Nichtigkeit oder Anfechtung einer Ehe oder die Feststellung des Bestehens oder des Nichtbestehens einer Ehe zwischen den Parteien oder die Herstellung des ehelichen Lebens zum Gegenstande haben (Ehesachen), ist u. s. w. (wie bisher).

2. Hinter §. 573 wird als §. 573a folgende Vorschrift eingestellt:

   Zur Führung des Rechtsstreites bedarf der Bevollmächtigte des klagenden Ehegatten einer besonderen, auf diesen Rechtsstreit gerichteten Vollmacht. Das Gericht hat den Mangel einer solchen Vollmacht von Amtswegen zu berücksichtigen.

3. Der §. 575 Abs. 1 erhält folgende Fassung:

   Die Klage auf Herstellung des ehelichen Lebens, die Scheidungsklage und die Anfechtungsklage können verbunden werden.

4. Hinter §. 575 wird als §. 575a folgende Vorschrift eingestellt:

   Die Anfechtungsklage kann von dem Kläger zu jeder Zeit auch ohne Einwilligung des Beklagten zurückgenommen werden. Der Bevollmächtigte des Klägers bedarf zu der Zurücknahme einer besonderen, hierauf gerichteten Vollmacht. Das Gericht hat den Mangel einer solchen Vollmacht von Amtswegen zu berücksichtigen.

§. 1251.

Die wegen der Geschäftsunfähigkeit eines der Eheschließenden nichtige Ehe wird, vorbehaltlich der nach dem §. 1259 Nr. 4 zulässigen Anfechtung, gültig, wenn der Geschäftsunfähige, nachdem er aufgehört hat, geschäftsunfähig zu sein, und bevor die Ehe aufgelöst oder für ungültig erklärt ist, die Eheschließung gegenüber dem anderen Theile genehmigt.

Die Genehmigung wirkt auf die Zeit zurück, in welcher die Ehe geschlossen ist.

5. Der §. 576 wird durch folgende Vorschriften ersetzt.

Der Kläger, welcher mit der Scheidungsklage oder der Anfechtungsklage abgewiesen ist oder die Anfechtungsklage zurückgenommen hat, kann auf Thatsachen, welche er in dem früheren Rechtsstreite geltend gemacht hat oder welche er in dem früheren Rechtsstreite oder welche er durch Verbindung der Klagen hätte geltend machen können, das Recht, die Scheidung zu verlangen oder die Ehe anzufechten, nicht mehr gründen. Ein Gleiches gilt im Falle der Abweisung der Scheidungsklage oder der Anfechtungsklage für den Beklagten in Ansehung der Thatsachen, auf welche er eine Widerklage zu gründen im Stande war.

Die Vorschriften des ersten Absatzes finden jedoch auf solche Thatsachen, welche nach den Vorschriften des §. 1259 Nr. 3, 4 des bürgerlichen Gesetzbuches die Anfechtbarkeit einer Ehe begründen, nur insoweit Anwendung, als die auf jene Thatsachen sich gründende Anfechtungsklage abgewiesen ist oder der Anfechtungsberechtigte zu der Zeit, in welcher die Anfechtungsklage zurückgenommen ist oder in welcher jene Thatsachen in dem früheren Rechtsstreite hätten geltend gemacht werden können, im Falle des §. 1259 Nr. 3 ehemündig geworden war oder im Falle des §. 1259 Nr. 4 die unbeschränkte Geschäftsfähigkeit erlangt hatte.

6. Der §. 577 wird durch folgende Vorschriften ersetzt:

Die Vorschriften über die Folgen der unterbliebenen oder verweigerten Erklärung über Thatsachen oder über die Echtheit von Urkunden, die Vorschriften über den Verzicht der Parteien auf die Beeidigung von Zeugen und Sachverständigen, die Vorschriften über die Wirkung eines Anerkenntnisses, eines gerichtlichen Geständnisses und der Erlassung eines Eides, sowie die Vorschriften über die Eideszuschiebung und den Antrag, dem Gegner die Vorlegung einer Urkunde aufzugeben, finden in Ansehung solcher Thatsachen, welche die Scheidung oder die Anfechtung der Ehe oder das Recht, die Herstellung des ehelichen Lebens zu verweigern, begründen sollen, keine Anwendung.

Auf den Rechtsstreit, welcher die Nichtigkeit der Ehe oder die Feststellung des Bestehens oder des Nichtbestehens einer Ehe zwischen den Parteien zum Gegenstande hat, finden

§. 1252.

Eine nichtige Ehe, deren Nichtigkeit nicht auf einem Formmangel bei der Eheschließung beruht, ist so lange als gültig anzusehen, bis sie aufgelöst oder für ungültig erklärt ist.

Wenn die Nichtigkeit einer Ehe auf einem Formmangel bei der Eheschließung beruht oder eine aus einem anderen Grunde nichtige Ehe aufgelöst oder für ungültig erklärt ist, so ist es so anzusehen, als ob die Ehe nicht geschlossen worden wäre.

§. 1253.

Die Klage, durch welche beantragt wird, die Ehe für nichtig zu erklären (Nichtigkeitsklage), kann sowohl von jedem der Ehegatten

---

die im ersten Absatze bezeichneten Vorschriften sowohl in Ansehung solcher Thatsachen, welche die Nichtigkeit oder das Nichtbestehen der Ehe, als auch in Ansehung solcher Thatsachen, welche die Gültigkeit oder das Bestehen der Ehe begründen sollen, keine Anwendung.

7. Dem §. 581 wird als Abs. 2 folgende Vorschrift hinzugefügt:

Die Vorschriften des ersten Absatzes finden im Falle der Nichtigkeitsklage sowie im Falle eines Rechtsstreites, welcher die Feststellung des Bestehens oder des Nichtbestehens einer Ehe zwischen den Parteien zum Gegenstande hat, auch zum Zwecke der Ermittelung, ob die Ehe nichtig sei oder nicht bestehe, Anwendung.

8. Der §. 582 wird dahin geändert:

Urtheile, durch welche auf Scheidung oder auf Ungültigkeit der Ehe erkannt ist, sind den Parteien von Amtswegen zuzustellen.

9. Hinter §. 584 wird als §. 584a folgende Vorschrift eingestellt:

Stirbt einer der Ehegatten vor der Rechtskraft des Endurtheiles, so ist der Rechtsstreit in Ansehung der Hauptsache als erledigt anzusehen.

10. Der §. 587 wird durch folgende Vorschrift ersetzt:

Mit der Nichtigkeitsklage kann eine andere Klage als diejenige, welche die Feststellung des Bestehens oder des Nichtbestehens einer Ehe zwischen den Parteien zum Gegenstande hat, nicht verbunden werden.

Eine Widerklage ist nur statthaft, wenn sie eine Nichtigkeitsklage oder eine Feststellungsklage der im ersten Absatze bezeichneten Art ist.

11. Hinter §. 589 wird als §. 589a folgende Vorschrift eingestellt:

Das Versäumnißurtheil gegen den im Termine zur mündlichen Verhandlung nicht erschienenen Kläger ist dahin zu erlassen, daß die Klage als zurückgenommen gelte.

12. Hinter §. 591 wird als §. 591a folgende Vorschrift eingestellt:

Die Vorschriften der §§. 587, 589a finden auf die Klage, welche die Feststellung des Bestehens oder des Nichtals von dem Staatsanwalte erhoben werden. Von einem Dritten kann die Nichtigkeitsklage nur dann erhoben werden, wenn demselben im Falle der Nichtigkeit der Ehe ein Anspruch zusteht oder im Falle der Gültigkeit derselben eine Verbindlichkeit obliegt. Verstößt die Ehe gegen das Verbot des §. 1234, so steht die Nichtigkeitsklage auch demjenigen zu, mit welchem die frühere Ehe geschlossen war.

§. 1254.

Der in der Geschäftsfähigkeit beschränkte Ehegatte ist in Ansehung des Rechtsstreites, welcher die Nichtigkeit der Ehe zum Gegenstande hat, prozeßfähig; für den geschäftsunfähigen Ehegatten wird der Rechtsstreit durch den gesetzlichen Vertreter geführt.

§. 1255.

Auf den Rechtsstreit, welcher die Nichtigkeit der Ehe zum Gegenstande hat, finden die Vorschriften der §§. 1462, 1463 entsprechende Anwendung.

§. 1256.

Das auf die Nichtigkeitsklage erlassene, noch während der Lebenszeit beider Ehegatten rechtskräftig gewordene Urtheil wirkt für

---

bestehens einer Ehe zwischen den Parteien zum Gegenstande hat, entsprechende Anwendung.

13. Der §. 592 erhält folgende Fassung:

Im Sinne dieses Abschnittes ist unter Scheidung auch die Trennung der Ehegatten von Tisch und Bett zu verstehen.

III. Durch das Einführungsgesetz werden außerdem dem §. 139 der Civilprozeßordnung folgende Vorschriften als Abs. 2, 3 hinzugefügt werden:

Ist die Entscheidung eines Rechtsstreites davon abhängig, ob eine in Ansehung der Form der Eheschließung gültige Ehe nichtig ist, so hat das Gericht, wenn die Nichtigkeitsklage bereits erhoben ist, das Verfahren bis zur Erledigung des Rechtsstreites über die Nichtigkeitsklage auszusetzen, wenn die Nichtigkeitsklage aber noch nicht erhoben ist, auf Antrag der Partei, welche auf die Nichtigkeit ein Angriffsmittel oder ein Vertheidigungsmittel gründet, dieser Partei unter Aussetzung des Verfahrens eine Frist zur Erhebung der Nichtigkeitsklage zu bestimmen; wird die Nichtigkeitsklage innerhalb der bestimmten Frist nicht erhoben, so findet die Aufnahme des ausgesetzten Verfahrens statt.

Wird im Laufe eines Rechtsstreites streitig, ob zwischen den Parteien eine formgültige Ehe bestehe oder nicht bestehe, und ist von der Entscheidung dieser Frage die Entscheidung des Rechtsstreites abhängig, so hat das Gericht das Verfahren bis dahin auszusetzen, daß der Streit über das Bestehen oder das Nichtbestehen der Ehe im Wege der Feststellungsklage erledigt ist.

und gegen Alle. Das Urtheil wirkt jedoch, wenn darüber zu entscheiden war, ob die Ehe gegen die Vorschrift des §. 1234 verstoße, nicht gegen den Dritten, mit welchem die frühere Ehe geschlossen war, sofern dieser nicht an dem Prozesse Theil genommen hatte.

§. 1257.

Eine nichtige Ehe, deren Nichtigkeit nicht auf einem Formmangel bei der Eheschließung beruht, ist zu Gunsten eines Dritten, welcher ein Rechtsgeschäft mit beiden Ehegatten oder einem derselben geschlossen oder ihnen gegenüber vorgenommen hat, oder welchem gegenüber die Ehegatten oder einer derselben ein Rechtsgeschäft vorgenommen haben, in Ansehung eines solchen Rechtsgeschäftes für gültig zu erachten, es sei denn, daß zur Zeit der Vornahme des Rechtsgeschäftes die Ehe bereits für ungültig erklärt oder die Nichtigkeit dem Dritten bekannt war.

Das Gleiche gilt zu Gunsten eines Dritten in Ansehung eines rechtskräftigen Urtheiles, welches in einem zwischen dem Dritten und den Ehegatten oder einem derselben anhängig gewordenen Rechtsstreite ergangen ist, es sei denn, daß zu der Zeit, in welcher die Nichtigkeit hätte geltend gemacht werden können, die Ehe bereits für ungültig erklärt oder die Nichtigkeit dem Dritten bekannt war.

§. 1258.

Wenn die Nichtigkeit einer Ehe auf einem anderen Grunde als auf einem Formmangel bei der Eheschließung beruht und der eine Ehegatte bei der Eheschließung die Nichtigkeit nicht gekannt, seine Unkenntniß auch nicht auf grober Fahrlässigkeit beruht hat, der andere Ehegatte aber die Nichtigkeit bei der Eheschließung gekannt hat, so hat der erstere, nachdem die Ehe aufgelöst oder für ungültig erklärt worden ist, die Wahl, ob gegenüber dem anderen Ehegatten in vermögensrechtlicher Beziehung es bei den aus der Nichtigkeit der Ehe sich ergebenden Folgen verbleiben oder das Verhältniß so behandelt werden soll, wie wenn die Ehe geschieden und der andere Ehegatte für den schuldigen Theil erklärt wäre. Wird das Letztere gewählt, so ist als die Zeit der Scheidung die Zeit anzusehen, in welcher die Ehe aufgelöst oder das Urtheil, durch welches sie für ungültig erklärt wird, rechtskräftig geworden ist.

Die Vorschriften der §§. 208, 209 finden entsprechende Anwendung. Der Wahlberechtigte kann von dem anderen Theile aufgefordert werden, die Wahl binnen einer von dem letzteren dem Wahlberechtigten zu bestimmenden angemessenen Frist zu vollziehen. Wird die Wahl innerhalb dieser Frist nicht vollzogen, so ist es so anzusehen, als habe der Wahlberechtigte erklärt, daß es bei den aus der Nichtigkeit der Ehe sich ergebenden Folgen verbleiben solle.

§. 1259.

Die Ehe ist nur dann anfechtbar:

1. wenn einer der Eheschließenden widerrechtlich durch Drohung oder durch Betrug zu der Eheschließung bestimmt worden ist; war der Betrug nicht von dem anderen Eheschließenden verübt, so ist die Ehe nur dann anfechtbar, wenn der letztere den Betrug bei der Eheschließung kannte oder kennen mußte; als Betrug, durch welchen einer der Eheschließenden von dem anderen Theile widerrechtlich zur Eheschließung bestimmt worden, ist es insbesondere anzusehen, wenn ihm solche persönliche Eigenschaften oder Verhältnisse des anderen Theiles von diesem verhehlt sind, welche ihn bei verständiger Würdigung des Zweckes der Ehe von der Eheschließung abhalten mußten und von welchen zugleich vorauszusehen war, daß sie ihn, wenn er sie gekannt hätte, von der Eheschließung abgehalten haben würden;
2. wenn einer der Eheschließenden entweder den Willen, überhaupt eine Ehe zu schließen, oder den Willen, eine Ehe mit dem anderen Theile zu schließen, bei der Eheschließung nicht gehabt hat und in beiden Fällen dieser Mangel der Uebereinstimmung des wirklichen Willens mit dem erklärten Willen auf einem Irrthume des Erklärenden beruhte;
3. wenn einer der Eheschließenden zur Zeit der Eheschließung nicht ehemündig war;
4. wenn einer der Eheschließenden zur Zeit der Eheschließung oder im Falle des §. 1251 der Genehmigende zur Zeit der Genehmigung in der Geschäftsfähigkeit beschränkt und die Einwilligung zu der Eheschließung oder zu der Genehmigung von dem gesetzlichen Vertreter nicht ertheilt war.

§. 1260.

Eine anfechtbare Ehe ist, auch wenn die Anfechtung erfolgt ist, so lange als gültig anzusehen, bis sie aufgelöst oder für ungültig erklärt ist.

Ist die Ehe in Folge der Anfechtung für ungültig erklärt, oder ist die anfechtbare Ehe nach erfolgter Anfechtung vor Erledigung des Rechtsstreites aufgelöst oder erst nach Auflösung der

Ehe angefochten, so ist es so anzusehen, als ob die Ehe nicht geschlossen worden wäre.

§. 1261.

Zur Anfechtung der Ehe ist nur berechtigt:

1. in den Fällen des §. 1259 Nr. 1 der Ehegatte, welcher zu der Eheschließung durch Drohung oder Betrug bestimmt worden ist;
2. in den Fällen des §. 1259 Nr. 2 der Ehegatte, welcher geirrt hat;
3. in den Fällen des §. 1259 Nr. 3 der Ehegatte, welcher nicht ehemündig war;
4. in den Fällen des §. 1259 Nr. 4 der Ehegatte, welcher in der Geschäftsfähigkeit beschränkt war.

§. 1262.

Die Anfechtung der Ehe ist ausgeschlossen, wenn die Ehe bereits aufgelöst ist, es sei denn, daß die Auflösung durch den Tod des zur Anfechtung nicht berechtigten Ehegatten erfolgt ist.

§. 1263.

Die nach den Vorschriften des §. 1259 Nr. 1 bis 3 anfechtbare Ehe wird unanfechtbar, wenn sie von dem anfechtungsberechtigten Ehegatten nach Beendigung der Zwangslage, nach Entdeckung des Betruges oder Irrthumes oder nach Eintritt der Ehemündigkeit genehmigt wird. Die Genehmigung kann nicht durch einen Vertreter, insbesondere auch nicht durch den gesetzlichen Vertreter, erfolgen. Ist der anfechtungsberechtigte Ehegatte in der Geschäftsfähigkeit beschränkt, so ist zur Ertheilung der Genehmigung die Einwilligung des gesetzlichen Vertreters nicht erforderlich.

Die nach der Vorschrift des §. 1259 Nr. 3 anfechtbare Ehe wird auch dadurch unanfechtbar, daß von dem Erfordernisse der Ehemündigkeit nachträglich Dispensation ertheilt wird.

Die nach der Vorschrift des §. 1259 Nr. 4 anfechtbare Ehe wird unanfechtbar, wenn sie von dem gesetzlichen Vertreter des anfechtungsberechtigten Ehegatten oder, nachdem der letztere die unbeschränkte Geschäftsfähigkeit erlangt hat, von diesem selbst genehmigt wird. Auf die Genehmigung des letzteren findet die Vorschrift des zweiten Satzes des ersten Absatzes Anwendung.

§. 1264.

Die Anfechtung muß binnen einer Frist von sechs Monaten erfolgen. Die Frist beginnt in den Fällen des §. 1259 Nr. 1

bis 3 mit dem Zeitpunkte, in welchem die Zwangslage aufgehört hat, oder der Betrug oder Irrthum entdeckt oder der anfechtungsberechtigte Ehegatte ehemündig geworden ist, in den Fällen des §. 1259 Nr. 4 mit dem Zeitpunkte, in welchem der anfechtungsberechtigte Ehegatte die unbeschränkte Geschäftsfähigkeit erlangt hat.

Die Vorschriften der §§. 164, 166 finden entsprechende Anwendung.

§. 1265.

Die Anfechtung kann nur durch den anfechtungsberechtigten Ehegatten selbst, nicht durch einen Vertreter, insbesondere auch nicht durch den gesetzlichen Vertreter, erfolgen. Die Vorschriften über den Anwaltszwang bleiben unberührt. Ist der anfechtungsberechtigte Ehegatte in der Geschäftsfähigkeit beschränkt, so ist zu der Anfechtung die Einwilligung des gesetzlichen Vertreters nicht erforderlich.

§. 1266.

Die Anfechtung der Ehe erfolgt, solange die Ehe nicht aufgelöst ist, durch Erhebung der Anfechtungsklage.

Ist die Ehe durch den Tod des zur Anfechtung nicht berechtigten Ehegatten aufgelöst, so erfolgt die Anfechtung durch eine gegenüber dem Nachlaßgerichte abzugebende Willenserklärung. Das Nachlaßgericht soll die Erklärung sowohl denjenigen Personen mittheilen, welche bei Voraussetzung der Gültigkeit der Ehe, als auch denjenigen, welche bei Voraussetzung der Ungültigkeit der Ehe die Erben des verstorbenen Ehegatten sind

§. 1267.

Auf den Rechtsstreit, welcher die Anfechtung einer Ehe zum Gegenstande hat, finden die Vorschriften der §§. 1254, 1255 mit der Maßgabe entsprechende Anwendung, daß die Anfechtungsklage von dem gesetzlichen Vertreter eines geschäftsunfähigen Ehegatten nicht erhoben werden kann.

§. 1268.

Die Zurücknahme der Anfechtungsklage bewirkt, daß die Anfechtung als nicht erfolgt anzusehen ist. Dasselbe gilt, wenn die angefochtene Ehe, bevor dieselbe aufgelöst oder für ungültig erklärt ist, von dem anfechtungsberechtigten Ehegatten nach Maßgabe des §. 1263 Abs. 1, 3 genehmigt wird.

§. 1269.

Das auf die Anfechtungsklage erlassene, noch während der Lebenszeit der beiden Ehegatten rechtskräftig gewordene Urtheil wirkt für und gegen Alle.

§. 1270.

Die Vorschriften der §§. 1257, 1258 finden bei einer anfechtbaren Ehe, wenn die Anfechtung erfolgt, mit der Maßgabe entsprechende Anwendung, daß die Kenntniß der Anfechtbarkeit der Kenntniß der Nichtigkeit gleichsteht und daß im Falle einer Anfechtung der Ehe wegen Drohung der anfechtungsberechtigte Ehegatte dem Ehegatten gleichsteht, welcher die Nichtigkeit der Ehe nicht gekannt und dessen Unkenntniß auch nicht auf grober Fahrlässigkeit beruht hat.

§. 1271.

Auf den Rechtsstreit, welcher die Feststellung des Bestehens oder des Nichtbestehens einer Ehe zwischen den Parteien zum Gegenstande hat, finden die Vorschriften der §§. 1254, 1256 entsprechende Anwendung.

Zweiter Titel.
Wirkungen der Ehe.

I. Allgemeine Vorschriften.

§. 1272.

Die Ehegatten sind unter einander zur ehelichen Lebensgemeinschaft berechtigt und verpflichtet.

§. 1273.

Dem Ehemanne steht die Entscheidung in allen das gemeinschaftliche eheliche Leben betreffenden Angelegenheiten zu. Der Ehemann bestimmt insbesondere Wohnort und Wohnung.

Die Ehefrau ist nicht verpflichtet, der Entscheidung des Ehemannes Folge zu leisten, wenn die Entscheidung sich als ein mit der rechten ehelichen Gesinnung nicht vereinbarer Mißbrauch des Rechtes des Ehemannes darstellt.

§. 1274.

Die Ehefrau erhält den Familiennamen des Ehemannes.

§. 1275.

Die Ehefrau ist, unbeschadet des dem Ehemanne nach dem §. 1273 zustehenden Rechtes, berechtigt und verpflichtet, dem gemeinschaftlichen Hauswesen vorzustehen.

Zu häuslichen Arbeiten und zur Hülfeleistung im Geschäfte des Ehemannes ist die Ehefrau insoweit verpflichtet, als solche

Verrichtungen nach dem Stande des Ehemannes für die Ehefrau üblich sind.

§. 1276.[1])

Auf den Rechtsstreit, welcher die Herstellung des ehelichen Lebens zum Gegenstande hat, finden die Vorschriften des §. 1254 mit der Maßgabe entsprechende Anwendung, daß die Klage von dem gesetzlichen Vertreter eines geschäftsunfähigen Ehegatten nicht erhoben werden kann.

§. 1277.

Die Ehefrau bedarf zu einem Rechtsgeschäfte, durch welches sie zu einer in Person zu bewirkenden Leistung sich verpflichtet, der Einwilligung des Ehemannes.

In Ermangelung dieser Einwilligung ist das Rechtsgeschäft anfechtbar. Das Anfechtungsrecht steht nur dem Ehemanne zu. Anfechtungsgegner ist der Dritte, welchem die Ehefrau sich zu der Leistung verpflichtet hat.

Die Anfechtung bewirkt, daß das Rechtsgeschäft für die Zukunft aufgehoben wird und daß eine rückständige Leistung, welche von der Ehefrau in Person zu bewirken ist, unbeschadet des Anspruches auf Schadensersatz wegen der bis dahin unterbliebenen Erfüllung, nicht verlangt werden kann.

Solange die häusliche Gemeinschaft der Ehegatten aufgehoben ist, kann das Anfechtungsrecht nicht ausgeübt werden.

Die Ertheilung der Einwilligung und die Anfechtung können nicht durch einen Vertreter, insbesondere auch nicht durch den gesetzlichen Vertreter, erfolgen. Ist der Ehemann in der Geschäftsfähigkeit beschränkt, so ist weder zur Ertheilung der Einwilligung noch zur Anfechtung die Einwilligung des gesetzlichen Vertreters erforderlich.

§. 1278.

Die Ehefrau ist berechtigt, innerhalb ihres häuslichen Wirkungskreises die Geschäfte des Ehemannes für diesen zu besorgen und denselben zu vertreten. Die Vorschriften der §§. 591 bis 595, 603 finden entsprechende Anwendung.

---

[1]) Das Einführungsgesetz wird außer den in der Anmerkung zum Unterabschnitte IV des ersten Titels, §§. 1250 ff., mitgetheilten Ergänzungen und Aenderungen der Vorschriften der Civilprozeßordnung über das Verfahren in Ehesachen (vergl. insbesondere die Nr. 2, 6, 9) noch folgende Vorschrift enthalten:

Der §. 774 Abs. 2 der Civilprozeßordnung wird dahin geändert:

Diese Bestimmung kommt im Falle der Verurtheilung zur Eingehung einer Ehe sowie im Falle der Verurtheilung zur Herstellung des ehelichen Lebens nicht zur Anwendung.

Ein von der Ehefrau innerhalb ihres häuslichen Wirkungskreises vorgenommenes Rechtsgeschäft gilt als im Namen des Ehemannes vorgenommen, sofern nicht die Umstände ergeben, daß dasselbe nach dem Willen der Handelnden nicht im Namen des Ehemannes vorgenommen werden sollte.

Der Ehemann kann das im ersten Absatze bezeichnete Recht der Ehefrau beschränken, auch vollständig entziehen, unbeschadet jedoch der Befugniß der Ehefrau, die Herstellung des ehelichen Lebens zu verlangen, wenn die Beschränkung oder Entziehung sich als ein Mißbrauch des Rechtes des Ehemannes darstellt.

Im Falle der Beschränkung oder Entziehung des Rechtes der Ehefrau finden die Vorschriften des §. 1336 entsprechende Anwendung.

§. 1279.

Ein Ehegatte ist in Ansehung der Erfüllung einer Verpflichtung, welche ihm auf Grund des §. 1278 oder in Folge des gesetzlichen oder vertragsmäßigen ehelichen Güterrechtes gegenüber dem anderen Ehegatten obliegt, nur zur Anwendung derjenigen Sorgfalt verpflichtet, welche er in eigenen Angelegenheiten anzuwenden pflegt.

§. 1280.

Der Ehemann ist gegenüber der Ehefrau verpflichtet, dieser den seiner Lebensstellung, seinem Vermögen und seiner Erwerbsfähigkeit entsprechenden Unterhalt in der durch die eheliche Lebensgemeinschaft gebotenen Weise zu gewähren.

Die Vorschriften des §. 1488 Abs. 4 und der §§. 1492 bis 1496 finden entsprechende Anwendung.

§. 1281.

Soweit der Ehemann wegen Vermögenslosigkeit und Erwerbsunfähigkeit sich selbst zu unterhalten nicht vermag, ist die Ehefrau gegenüber dem Ehemanne verpflichtet, demselben nach Maßgabe ihres Vermögens und ihrer Erwerbsfähigkeit den seiner Lebensstellung entsprechenden Unterhalt in der durch die eheliche Lebensgemeinschaft gebotenen Weise zu gewähren.

Die Vorschriften des §. 1481 Abs. 2, des §. 1488 Abs. 4 und der §§. 1492 bis 1496 finden entsprechende Anwendung.

§. 1282.

Es wird vermuthet, daß die in der Inhabung des Ehemannes oder der Ehefrau oder beider Ehegatten befindlichen Sachen, mit Einschluß der Inhaberpapiere und der an Ordre lautenden, mit einem Blankoindossamente versehenen Papiere, dem Ehemanne gehören.

Die Vorschrift des ersten Absatzes findet auf die im §. 1285 bezeichneten Sachen keine Anwendung.

II. Eheliches Güterrecht.

1. Ehegut und Vorbehaltsgut.

§. 1283.

Das Vermögen, welches die Ehefrau zur Zeit der Eheschließung hat oder während der Ehe erwirbt, unterliegt, soweit nicht das Gesetz ein Anderes bestimmt, der Nutznießung und Verwaltung des Ehemannes (Ehegut).

§. 1284.

Wenn die Ehefrau zur Zeit der Eheschließung in der Geschäftsfähigkeit beschränkt und die Einwilligung zu der Eheschließung von ihrem gesetzlichen Vertreter nicht ertheilt war, so wird ihr Vermögen erst von dem Zeitpunkte an Ehegut, in welchem ihr gesetzlicher Vertreter die Eheschließung genehmigt oder in welchem sie die unbeschränkte Geschäftsfähigkeit erlangt; bis dahin besteht zwischen den Ehegatten Trennung der Güter nach Maßgabe des §. 1339; auch finden die Vorschriften der §§. 1336, 1337 entsprechende Anwendung.

§. 1285.

Sachen, welche ausschließlich zum persönlichen Gebrauche der Ehefrau, insbesondere zur Kleidung oder zum Schmucke, bestimmt sind, unterliegen nicht der ehelichen Nutznießung; im Uebrigen finden auf diese Sachen die Vorschriften über das Ehegut Anwendung.

§. 1286.

Von der ehelichen Nutznießung und Verwaltung ausgeschlossen (Vorbehaltsgut) sind die Gegenstände, welche durch Ehevertrag für Vorbehaltsgut erklärt sind.

§. 1287.

Vorbehaltsgut sind die Gegenstände, welche die Ehefrau durch Erbfolge oder durch Vermächtniß oder als Pflichttheil oder durch Zuwendung unter Lebenden von Seiten eines Dritten erwirbt, sofern in den ersteren Fällen der Erblasser durch letztwillige Verfügung, in dem letzten Falle der Dritte bei der Zuwendung bestimmt hat, daß die Gegenstände Vorbehaltsgut sein sollen.

§. 1288.

Vorbehaltsgut sind die Gegenstände, welche die Ehefrau ohne Einwilligung des Ehemannes durch ein Rechtsgeschäft unter Lebenden erwirbt, sofern der Ehemann das Rechtsgeschäft zu genehmigen verweigert. Als Verweigerung der Genehmigung gilt es, wenn der Ehefrau ungeachtet einer von ihr an den Ehemann erlassenen Aufforderung innerhalb einer von dem Empfange der letzteren zu berechnenden Frist von zwei Wochen eine bestimmte und ausdrückliche Erklärung nicht zukommt; die Genehmigung sowie deren Verweigerung kann nach Beginn der Frist nur gegenüber der Ehefrau erklärt werden.

Die Vorschriften des ersten Absatzes finden keine Anwendung auf ein Rechtsgeschäft, durch welches die Ehefrau lediglich Rechte erwirbt.

§. 1289

Vorbehaltsgut sind die Gegenstände, welche die Ehefrau durch ihre Arbeit, sofern diese nicht unter die Vorschrift des §. 1275 Abs. 2 fällt, oder durch den selbständigen Betrieb eines Erwerbsgeschäftes erwirbt.

§. 1290.

Vorbehaltsgut sind die Gegenstände, welche die Ehefrau auf Grund eines zum Vorbehaltsgute gehörenden Rechtes oder als Ersatz für die Zerstörung, Beschädigung oder Entziehung eines zum Vorbehaltsgute gehörenden Gegenstandes oder durch solche Rechtsgeschäfte erwirbt, welche auf Vorbehaltsgut sich beziehen.

§. 1291.

Auf das Vorbehaltsgut finden die Vorschriften der §§. 1336, 1337, 1340 auch dann entsprechende Anwendung, wenn dasselbe nicht durch Ehevertrag für Vorbehaltsgut erklärt ist.

2. Nutznießung des Ehegutes.

§. 1292.

Auf die dem Ehemanne an dem Ehegute zustehende Nutznießung (eheliche Nutznießung) finden die Vorschriften über den Nießbrauch Anwendung, soweit nicht aus dem Gesetze ein Anderes sich ergiebt.

§. 1293.

Ein Gegenstand unterliegt der ehelichen Nutznießung nur so lange, als er zum Ehegute gehört.

§. 1294.

Auf die eheliche Nutznießung an verbrauchbaren Sachen und an Forderungen auf Leistung verbrauchbarer Sachen finden die Vorschriften der §§. 1018 bis 1020, des §. 1029 Abs. 3 und des §. 1030 keine Anwendung. Der Ehemann kann jedoch diejenigen verbrauchbaren Sachen, welche durch Verbrauch genutzt zu werden pflegen, verbrauchen und in eigenem Namen veräußern. Im Falle einer solchen thatsächlichen oder rechtlichen Verfügung ist der Ehemann verpflichtet, der Ehefrau nach Beendigung der ehelichen Nutznießung und Verwaltung den Werth zu ersetzen, welchen die Sachen zur Zeit der Verfügung hatten.

§. 1295.

Wenn die Ehefrau dem Ehemanne das Eigenthum an verbrauchbaren Ehegutssachen gegen die Verpflichtung übertragen hat, ihr den Werth derselben nach Beendigung der ehelichen Nutznießung und Verwaltung zu ersetzen, oder wenn der Ehemann nach Maßgabe des §. 1294 zum Werthersatze verpflichtet ist, so hat der Ehemann, auch wenn die Voraussetzungen des §. 1020 vorliegen, Sicherheit nicht zu leisten. Auch im Falle des §. 988 Abs. 2 ist der Ehemann von der Verpflichtung zur Sicherheitsleistung befreit.

§. 1296.

Ist der Ehemann zur Erfüllung einer gegenüber der Ehefrau ihm obliegenden Verbindlichkeit wegen der ehelichen Nutznießung und Verwaltung erst nach deren Beendigung verpflichtet, so kann die Ehefrau die sofortige Erfüllung zum Zwecke der Befriedigung eines Ehegutsgläubigers wegen dessen fälliger Forderung auch bei dem Vorhandensein anderer Ehegutsgegenstände verlangen, sofern die Verwendung jener Forderung der Ehefrau zur Befriedigung des Ehegutsgläubigers bei Voraussetzung der Fälligkeit der ordnungsmäßigen Verwaltung des Ehegutes entsprechen würde. Diese Vorschrift findet entsprechende Anwendung, wenn zur ordnungsmäßigen Verwaltung des Ehegutes Ausgaben erforderlich werden, welche dem Ehemanne nicht zur Last fallen.

§. 1297.

Der Ehemann ist gegenüber der Ehefrau verpflichtet, für die Zeit der ehelichen Nutznießung und Verwaltung, außer den dem Nießbraucher zur Last fallenden Erhaltungskosten, zu tragen:

1. die von den Gegenständen, welche zum Ehegute gehören, zu entrichtenden öffentlichen Lasten und Abgaben, mit Ausnahme solcher außerordentlichen Lasten und Abgaben,

welche als auf den Stammwerth der Gegenstände gelegt anzusehen sind;

2. diejenigen privatrechtlichen Lasten und Abgaben, mit welchen die zum Ehegute gehörenden Gegenstände belastet sind;

3. nach Verhältniß der Zeitdauer der ehelichen Nutznießung und Verwaltung die für die Versicherung der zum Ehegute gehörenden Gegenstände zu entrichtenden Beiträge oder Prämien, soweit der Ehemann die Gegenstände unter Versicherung zu bringen verpflichtet war oder verpflichtet gewesen wäre, wenn nicht bereits die Ehefrau die Versicherung bewirkt hätte;

4 nach Verhältniß der Zeitdauer der ehelichen Nutznießung und Verwaltung die Zinsen aller Ehegutsverbindlichkeiten, welche im Verhältnisse der Ehegatten zu einander nicht dem Vorbehaltsgute zur Last fallen, sowie andere wiederkehrende Leistungen, einschließlich derjenigen, welche von der Ehefrau auf Grund ihrer gesetzlichen Verpflichtung zur Gewährung des Unterhaltes an einen Dritten zu entrichten sind, sofern die Verbindlichkeit zu solchen Leistungen im Verhältnisse der Ehegatten zu einander nicht dem Vorbehaltsgute zur Last fällt und ein ordentlicher Hausvater dieselben aus den Einkünften seines Vermögens zu bestreiten pflegt;

5. die Kosten eines von der Ehefrau geführten Rechtsstreites, sofern die Verbindlichkeit der Ehefrau zur Tragung der Kosten eine Ehegutsverbindlichkeit ist und im Verhältnisse der Ehegatten zu einander nicht dem Vorbehaltsgute zur Last fällt;

6. die Kosten der Vertheidigung der Ehefrau in einem gegen sie gerichteten strafrechtlichen Verfahren, sofern der Ehemann zu der Vertheidigung seine Einwilligung oder Genehmigung ertheilt hat. Wird die Ehefrau verurtheilt, so ist sie verpflichtet, dem Ehemanne die Kosten zu ersetzen.

Die unter Nr. 4 bis 6 bezeichneten Zinsen, Leistungen und Kosten hat der Ehemann nur insoweit zu tragen, als dieselben den Betrag der Nutzungen nicht übersteigen, welche der Ehemann aus dem Ehegute gezogen hat oder bei dessen ordnungsmäßiger Verwaltung hätte ziehen können.

§. 1298.

Die Rechte, welche durch die eheliche Nutznießung an den

zum Ehegute gehörenden Gegenständen begründet sind, können nicht veräußert werden; sie sind auch der Pfändung nicht unterworfen.

§. 1299.

Die auf Grund der ehelichen Nutznießung von dem Ehemanne erworbenen Früchte sind der Pfändung insoweit nicht unterworfen, als der Ehemann derselben bedarf, um die mit der ehelichen Nutznießung verbundenen Verpflichtungen sowie diejenigen Unterhaltsverpflichtungen zu erfüllen, welche gegenüber seiner Ehefrau und seinen Verwandten ihm gesetzlich obliegen, ingleichen um seinen eigenen standesmäßigen Unterhalt zu bestreiten.

Gegen die Pfändung kann auf Grund des ersten Absatzes sowohl der Ehemann als auch die Ehefrau, diese im Wege der Klage nach Maßgabe des §. 690 der Civilprozeßordnung, Widerspruch erheben.

Der Beweis des Betrages, welcher erforderlich ist, um die im ersten Absatze bezeichneten Verpflichtungen zu erfüllen und die darin bezeichneten Unterhaltskosten zu bestreiten, liegt dem der Pfändung widersprechenden Ehegatten, der Beweis, daß die Einkünfte des Ehemannes zur Erfüllung jener Verpflichtungen und zur Bestreitung jener Kosten, wenn die gepfändeten Früchte dem Ehemanne entzogen werden, noch genügen, liegt dem Gläubiger ob, welcher die Früchte zu seiner Befriedigung in Anspruch nimmt.

3. Beschränkung des Verfügungsrechtes der Ehefrau.

§. 1300.

Ein Rechtsgeschäft der Ehefrau unter Lebenden, durch welches ein Ehegutsrecht übertragen oder aufgehoben oder eine Ehegutssache oder ein Ehegutsrecht belastet wird, ist nur dann wirksam, wenn der Ehemann in die Vornahme des Rechtsgeschäftes eingewilligt hat. Ist das Rechtsgeschäft ein Vertrag, so wird es durch die Genehmigung des Ehemannes wirksam. Auf die Genehmigung finden die Vorschriften des §. 65 Abs. 4, 5 entsprechende Anwendung; im Falle des §. 65 Abs. 5 kann die Genehmigung sowie deren Verweigerung nach Beginn der Frist nur gegenüber dem anderen Vertragschließenden erklärt werden.

§. 1301.

Ein Rechtsgeschäft der Ehefrau unter Lebenden, durch welches dieselbe zu einer Leistung verpflichtet wird, ist in Ansehung des Ehegutes gegenüber dem Ehemanne nur dann wirksam, wenn der Ehemann in die Vornahme des Rechtsgeschäftes eingewilligt hat oder dasselbe genehmigt.

§. 1302.

Zur Erhebung eines Rechtsstreites, in welchem ein Ehegutsrecht geltend gemacht wird, ist die Ehefrau nur mit Einwilligung oder Genehmigung des Ehemannes berechtigt. In Ermangelung dieser Einwilligung oder Genehmigung ist das Urtheil, welches in dem Rechtsstreite zum Nachtheile der Ehefrau erlassen wird, in Ansehung des Ehegutes gegenüber dem Ehemanne unwirksam.

§. 1303.

Zur Führung eines Rechtsstreites, welcher nicht unter die Vorschrift des §. 1302 fällt, bedarf die Ehefrau nicht der Einwilligung des Ehemannes. Das in einem solchen Rechtsstreite zum Nachtheile der Ehefrau erlassene Urtheil ist jedoch in Ansehung des Ehegutes gegenüber dem Ehemanne nur dann wirksam, wenn dieser in die Führung des Rechtsstreites durch die Ehefrau eingewilligt hat oder dieselbe genehmigt.

§. 1304.

Das einseitige Rechtsgeschäft eines Dritten, dessen Wirksamkeit davon abhängt, daß es gegenüber einem Betheiligten vorgenommen wird, ist, wenn es auf ein Ehegutsrecht sich bezieht, gegenüber dem Ehemanne vorzunehmen. Bezieht sich ein solches Rechtsgeschäft auf eine Ehegutsverbindlichkeit, so ist dasselbe gegenüber der Ehefrau und, damit es in Ansehung des Ehegutes gegenüber dem Ehemanne wirksam werde, auch gegenüber dem letzteren vorzunehmen.

Die Vorschriften des §. 1033 bleiben unberührt.

§. 1305.

Die Vorschriften der §§. 1300 bis 1304 finden gegen einen Dritten Anwendung, auch wenn dieser die aus jenen Vorschriften sich ergebenden Beschränkungen der Ehefrau nicht gekannt hat.

§. 1306.

Die in den §§. 1300 bis 1303 bezeichnete Einwilligung des Ehemannes ist nicht erforderlich, wenn sie wegen Abwesenheit oder Krankheit des Ehemannes nicht zu erlangen und Gefahr im Verzuge ist.

§. 1307.

Ist der Ehefrau von dem Ehemanne die Einwilligung zum selbständigen Betriebe eines Erwerbsgeschäftes ertheilt, so ist die

Einwilligung des Ehemannes zur Vornahme derjenigen Rechtsgeschäfte und zur Führung derjenigen Rechtsstreitigkeiten nicht erforderlich, welche der gestattete Geschäftsbetrieb mit sich bringt. Die im §. 1304 bezeichneten Rechtsgeschäfte sind, sofern sie sich auf das Erwerbsgeschäft beziehen, gegenüber der Ehefrau vorzunehmen.

Der Einwilligung des Ehemannes steht es gleich, wenn die Ehefrau mit Wissen und ohne Einspruch desselben das Erwerbsgeschäft betreibt.

Hat der Ehemann gegen den Betrieb des Erwerbsgeschäftes Einspruch erhoben oder die zu dem Betriebe ertheilte Einwilligung zurückgenommen, so finden die Vorschriften der §§. 1336, 1337 entsprechende Anwendung.

§. 1308.

Die Einwilligung des Ehemannes ist nicht erforderlich:

1. zur Annahme oder Ausschlagung einer Erbschaft oder eines Vermächtnisses und zum Verzichte auf einen Pflichttheilsanspruch;
2. zur Ablehnung eines Vertragsantrages, insbesondere einer Schenkung;
3. zu einem Rechtsgeschäfte, welches von der Ehefrau gegenüber dem Ehemanne vorgenommeu wird.

§. 1309.

Die Einwilligung des Ehemannes ist nicht erforderlich:

1. zur Fortsetzung eines Rechtsstreites, welcher bei Eintritt der ehelichen Nutznießung und Verwaltung bereits anhängig ist;
2. zur gerichtlichen Geltendmachung eines Ehegutsrechtes gegen den Ehemann selbst;
3. zur gerichtlichen Geltendmachung eines Ehegutsrechtes gegenüber einer Zwangsvollstreckung gegen das Ehegut;
4. zur gerichtlichen Geltendmachung des Widerspruches gegen die Pfändung der auf Grund der ehelichen Nutznießung und Verwaltung von dem Ehemanne erworbenen Früchte des Ehegutes.

§. 1310.

Soweit nach den Vorschriften der §§. 1306 bis 1309 und des §. 2148 Nr. 4 die Einwilligung des Ehemannes zu einem Rechtsgeschäfte oder zu einem Rechtsstreite der Ehefrau nicht erforderlich ist oder eines der im §. 1304 bezeichneten Rechtsgeschäfte gegenüber der Ehefrau vorgenommen werden muß, ist das Rechtsgeschäft und das in dem Rechtsstreite erlassene Urtheil auch in Ansehung des Ehegutes gegenüber dem Ehemanne wirksam.

4. Verbindlichkeiten der Ehefrau.

§. 1311.

Die Gläubiger der Ehefrau können, soweit nicht das Gesetz ein Anderes bestimmt, wegen aller Verbindlichkeiten der Ehefrau die Befriedigung auch aus dem Ehegute ohne Rücksicht auf die eheliche Nutznießung und Verwaltung verlangen (Ehegutsverbindlichkeiten).

§. 1312.

Folgende Verbindlichkeiten der Ehefrau sind, wenn sie erst nach Eintritt der ehelichen Nutznießung und Verwaltung entstanden sind, nicht Ehegutsverbindlichkeiten:

1. die Verbindlichkeiten der Ehefrau aus Rechtsgeschäften und Urtheilen, welche nach den Vorschriften der §§. 1300 bis 1310 in Ansehung des Ehegutes gegenüber dem Ehemanne unwirksam sind, sowie die Verbindlichkeiten der Ehefrau wegen der gerichtlichen Kosten des Rechtsstreites, in welchem ein solches Urtheil erlassen ist; soweit jedoch das Ehegut bereichert ist, gilt die Verbindlichkeit als eine Ehegutsverbindlichkeit; die Vorschriften des §. 748 Abs. 3 finden entsprechende Anwendung; die Verbindlichkeit der Ehefrau wegen der Kosten, welche dieselbe aus einem von ihr geführten Rechtsstreite dem Gegner zu ersetzen hat, ist stets Ehegutsverbindlichkeit, wenn die Ehefrau die Beklagte war und der Rechtsstreit eine Ehegutsverbindlichkeit betraf;
2. die Verbindlichkeiten der Ehefrau, welche dieselbe in Folge einer Erbschaft oder eines Vermächtnisses treffen, sofern die Ehefrau die Erbschaft oder das Vermächtniß als Vorbehaltsgut erworben hat;
3. die Verbindlichkeiten der Ehefrau, welche in Folge eines zum Vorbehaltsgute gehörenden Rechtes oder des Besitzes einer zum Vorbehaltsgute gehörenden Sache entstanden sind, es sei denn, daß das Recht oder die Sache zu einem Erwerbsgeschäfte gehört, welches die Ehefrau mit Einwilligung des Ehemannes selbständig betreibt.

§. 1313.

In Ansehung der gesetzlichen Verpflichtung der Ehefrau zur Gewährung des Unterhaltes an einen Verwandten kommt bei der Beurtheilung, ob und inwieweit die Ehefrau zur Gewährung des Unterhaltes im Stande ist, die eheliche Nutznießung und Verwaltung nicht in Betracht.

§. 1314.[1])

Die Zwangsvollstreckung gegen das Ehegut findet nur statt, wenn die Ehefrau zu der Leistung und der Ehemann zur Gestattung der Zwangsvollstreckung gegen das Ehegut verurtheilt ist.

Dem Urtheile steht ein anderer vollstreckbarer Titel gleich.

Eine von einem Deutschen Gerichte oder von einem Deutschen Notare innerhalb der Grenzen seiner Amtsbefugnisse in der vorgeschriebenen Form aufgenommene Urkunde, in welcher der Ehemann die sofortige Vollstreckung gegen das Ehegut bewilligt hat, gilt in Ansehung der Verpflichtung des Ehemannes zur Gestattung der Zwangsvollstreckung als vollstreckbarer Titel.

§. 1315.

Ist die eheliche Nutznießung und Verwaltung erst während der Rechtshängigkeit oder nach der Beendigung eines Rechtsstreites der Ehefrau eingetreten, so finden auf die Ertheilung einer gegen den Ehemann in Ansehung des Ehegutes vollstreckbaren Ausfertigung der gegen die Ehefrau erlassenen Entscheidung die Vorschriften der §§. 665 bis 668, 671, 703 der Civilprozeßordnung entsprechende Anwendung. Ein Gleiches gilt, wenn ein nach den Vorschriften des §. 702 Nr. 1, 2, 5 der Civilprozeßordnung gegen die Ehefrau vollstreckbarer Titel zur Zeit des Eintrittes der ehelichen Nutznießung und Verwaltung vorhanden war.

§. 1316.

Die Ehegutsverbindlichkeiten fallen auch im Verhältnisse der Ehegatten zu einander dem Ehegute zur Last.

Dem Vorbehaltsgute fallen jedoch im Verhältnisse der Ehegatten zu einander folgende Ehegutsverbindlichkeiten zur Last:

1. die Verbindlichkeiten, welche aus einer während des Bestehens der ehelichen Nutznießung und Verwaltung von

---

[1]) Die Entscheidung der Frage, ob und welche Aenderungen der Konkursordnung in Folge der über die eheliche Nutznießung und Verwaltung getroffenen Bestimmungen erforderlich werden, ist dem Einführungsgesetze beziehungsweise der Revision der Konkursordnung vorbehalten.

der Ehefrau begangenen unerlaubten Handlung oder aus dem durch eine solche Handlung herbeigeführten Strafverfahren entstanden sind;

2. die Verbindlichkeiten, welche aus einem auf das Vorbehaltsgut sich beziehenden Rechtsverhältnisse, wenn auch vor dem Eintritte der ehelichen Nutznießung und Verwaltung oder vor dem Zeitpunkte, in welchem das Gut Vorbehaltsgut wurde, entstanden sind;
3. die Verbindlichkeiten, welche aus einem Rechtsstreite über eine der unter Nr. 1, 2 bezeichneten Verbindlichkeiten entstanden sind;
4 die Verbindlichkeiten, welche aus einem Rechtsstreite zwischen der Ehefrau und dem Ehemanne in Ansehung der Kosten des Rechtsstreites entstanden sind.

Ist eine Ehegutsverbindlichkeit, welche im Verhältnisse der Ehegatten zu einander dem Vorbehaltsgute zur Last fällt, aus dem Ehegute oder eine andere Ehegutsverbindlichkeit aus dem Vorbehaltsgute getilgt, so ist im ersten Falle zu dem Ehegute aus dem Vorbehaltsgute, im zweiten Falle zu dem Vorbehaltsgute aus dem Ehegute insoweit Ersatz zu leisten, als hierzu das Vermögen ausreicht, aus welchem der Ersatz zu leisten ist.

5. Verwaltung des Ehegutes.

§. 1317.

Der Ehemann ist berechtigt und verpflichtet, für die ordnungsmäßige Verwaltung des Ehegutes Sorge zu tragen. Die Vorschrift des §. 1279 bleibt unberührt.

§. 1318.

Der Ehemann ist kraft der ehelichen Verwaltung berechtigt, im Namen der Ehefrau ohne deren Zuziehung oder vorherige Benachrichtigung:

1. aus dem Ehegute eine Ehegutsverbindlichkeit zu erfüllen, es sei denn, daß über ein Recht an einem Grundstücke oder über ein Recht an einem solchen Rechte zu verfügen ist;
2. eine Ehegutsforderung gegen eine Ehegutsverbindlichkeit aufzurechnen;
3. eine Handlung vorzunehmen, welche nur die Erhaltung oder Sicherung des Ehegutes zum Gegenstande hat.

§. 1319.

Ein nicht unter die Vorschriften des §. 1318 fallendes Rechtsgeschäft kann der Ehemann im Namen der Ehefrau nur auf Grund einer Vollmacht der letzteren vornehmen.

Wird ein solches Rechtsgeschäft zum Zwecke der ordnungsmäßigen Verwaltung des Ehegutes erforderlich, so hat der Ehemann die Ehefrau hiervon in Kenntniß zu setzen. Er kann von der Ehefrau verlangen, daß diese das Geschäft mit seiner Einwilligung vornehme; die Ehefrau kann dagegen von dem Ehemanne verlangen, daß dieser als ihr Bevollmächtigter der Vornahme des Geschäftes sich unterziehe.

§. 1320.

Wird ein Rechtsgeschäft zum Zwecke der ordnungsmäßigen Verwaltung des Ehegutes erforderlich, so kann die Ehefrau von dem Ehemanne verlangen, daß dieser nach ihrer Wahl entweder als ihr Bevollmächtigter das Geschäft vornehme oder in dessen Vornahme durch sie selbst einwillige.

§. 1321.

Die Ehefrau kann die Einwilligung des Ehemannes in die Verwendung von Ehegut und in die Eingehung einer vermögensrechtlichen Verpflichtung verlangen, wenn die Verwendung oder die Eingehung der Verpflichtung zur ordnungsmäßigen Besorgung ihrer persönlichen Angelegenheiten erforderlich ist.

§. 1322.

Die Vorschriften der §§. 1319 bis 1321 finden auf die Führung eines Rechtsstreites entsprechende Anwendung.

§. 1323.

In Ansehung der Ehegutsgelder, welche nicht zur Bestreitung der für die ordnungsmäßige Verwaltung des Ehegutes erforderlichen, der Ehefrau zur Last fallenden Ausgaben nöthig sind, finden die Vorschriften des §. 1034 entsprechende Anwendung.

§. 1324.

In Ansehung der durch die eheliche Verwaltung des Ehegutes für den Ehemann begründeten Rechte und Verpflichtungen finden die Vorschriften der §§. 591 bis 595 entsprechende Anwendung.

Beide Ehegatten können schon vor Beendigung der ehelichen Nutznießung und Verwaltung diejenigen Ansprüche gegen einander geltend machen, welche für sie aus der ehelichen Verwaltung entstehen. Insbesondere kann die Ehefrau schon vor jenem Zeitpunkte die Ansprüche geltend machen, welche für sie durch die Verletzung der dem Ehemanne kraft der ehelichen Verwaltung obliegenden Verpflichtungen begründet werden.

§. 1325.

Die dem Ehemanne kraft der ehelichen Nutznießung zustehenden Rechte und obliegenden Verpflichtungen werden durch die §§. 1317 bis 1324, soweit nicht aus denselben ein Anderes sich ergiebt, nicht berührt.

6. Ausübung der ehelichen Nutznießung und Verwaltung durch den gesetzlichen Vertreter des Ehemannes.

§. 1326.

Steht der Ehemann unter elterlicher Gewalt oder unter Vormundschaft, so ist der gesetzliche Vertreter ihn wegen aller in Ansehung des Ehegutes ihm zustehenden Rechte und obliegenden Verpflichtungen zu vertreten berechtigt und verpflichtet.

Ist die Ehefrau selbst zum Vormunde bestellt, so ist sie in Ansehung der zur Vornahme ihrer Rechtsgeschäfte und zur Führung ihrer Rechtsstreitigkeiten erforderlichen Einwilligung des Ehemannes von dessen Vertretung nicht ausgeschlossen.

7. Beendigung der ehelichen Nutznießung und Verwaltung.[1])

§. 1327.

Die eheliche Nutznießung und Verwaltung wird beendigt:

1. mit der Auflösung der Ehe;
2. mit der Rechtskraft des Urtheiles, durch welches in den Fällen des §. 1328 die Aufhebung der ehelichen Nutznießung und Verwaltung bestimmt wird;
3. mit der Rechtskraft des Beschlusses, durch welchen der Konkurs über das Vermögen des Ehemannes eröffnet wird;

---

[1]) Die Entscheidung der Frage, ob und welche Aenderungen des §. 25 Nr. 2 der Konkursordnung und des §. 3 Nr. 4 des Reichsgesetzes, betreffend die Anfechtung von Rechtshandlungen eines Schuldners außerhalb des Konkursverfahrens, vom 21. Juli 1879 in Folge der über die eheliche Nutznießung und Verwaltung getroffenen Bestimmungen erforderlich werden, ist dem Einführungsgesetze beziehungsweise der Revision jener Gesetze vorbehalten.

4. mit der Erlassung des Urtheiles, durch welches der Ehemann für todt erklärt wird;
5. durch einen die Beendigung bestimmenden Ehevertrag.

Die Vorschriften des §. 599 Abs. 2 und des §. 603 finden auf die eheliche Verwaltung entsprechende Anwendung.

§. 1328.

Die Ehefrau ist berechtigt, die Aufhebung der ehelichen Nutznießung und Verwaltung zu verlangen:

1. wenn der Ehemann die ihm in Ansehung der ehelichen Nutznießung und Verwaltung obliegenden Verpflichtungen verletzt hat und eine erhebliche Gefährdung der Rechte der Ehefrau für die Zukunft zu besorgen ist;
2. wenn der Ehemann die Verpflichtung, der Ehefrau und den gemeinschaftlichen Abkömmlingen den Unterhalt zu gewähren, verletzt hat und eine erhebliche Gefährdung des Rechtes der Ehefrau oder der Abkömmlinge auf Gewährung des Unterhaltes für die Zukunft zu besorgen ist; bei der Beurtheilung, ob und inwieweit der Ehemann zur Gewährung des Unterhaltes im Stande ist, wird der bei ordnungsmäßiger Verwaltung und Nutzung des Ehegutes sich ergebende Reinertrag der ehelichen Nutznießung als ein zur Erfüllung anderweiter Verpflichtungen nicht zu verwendendes Einkommen des Ehemannes angesehen;
3. wenn ein Abwesenheitspfleger für den Ehemann bestellt und eine Aussicht auf baldige Aufhebung der Pflegschaft nicht vorhanden ist;
4. wenn der Ehemann entmündigt oder nach Maßgabe des §. 1727 des vormundschaftlichen Schutzes für bedürftig erklärt ist. Ist im Falle der Entmündigung der Rechtsstreit wegen Aufhebung der ehelichen Nutznießung und Verwaltung und der die Anfechtung des Entmündigungsbeschlusses betreffende Rechtsstreit gleichzeitig anhängig, so hat das Gericht das Verfahren in dem ersteren Rechtsstreite bis dahin auszusetzen, daß der letztere Rechtsstreit erledigt ist.

§. 1329.

In den Fällen des §. 1328 ist das Ehegut in dem Zustande zurückzugewähren, in welchem es sich zu der Zeit befand, als der Rechtsstreit wegen Aufhebung der ehelichen Nutznießung und Verwaltung anhängig wurde.

§. 1330.

In den Fällen des §. 1327 Nr. 2 bis 4 tritt für die Zukunft unter den Ehegatten Trennung der Güter nach Maßgabe der §§. 1339, 1340 ein; auch finden die Vorschriften der §§. 1336, 1337 entsprechende Anwendung.

§. 1331.

Wird die Entmündigung, Bevormundung oder Pflegschaft, wegen welcher in Gemäßheit des §. 1328 Nr. 3, 4 die Aufhebung der ehelichen Nutznießung und Verwaltung erfolgt ist, wieder aufgehoben oder der die Entmündigung aussprechende Beschluß in Folge der Anfechtung desselben aufgehoben, so kann der Ehemann die Wiederherstellung der ehelichen Nutznießung und Verwaltung verlangen. Im Falle der Wiederherstellung wird derjenige Theil des Vermögens der Ehefrau Vorbehaltsgut, welcher, wenn die eheliche Nutznießung und Verwaltung nicht aufgehoben worden wäre, Vorbehaltsgut geblieben oder geworden sein würde.

Die Wiederherstellung der ehelichen Nutznießung und Verwaltung tritt, sofern sie nicht durch Ehevertrag erfolgt, mit der Rechtskraft des die Wiederherstellung bestimmenden Urtheiles ein. Die Vorschriften der §§. 1329, 1336, 1337 finden entsprechende Anwendung.

§. 1332.

Die Vorschriften des §. 1331 finden entsprechende Anwendung, wenn der für todt erklärte Ehemann noch lebt.

Dritter Titel.

Eheverträge.

I. Allgemeine Vorschriften.

§. 1333.

Die Ehegatten können durch Vertrag den kraft des Gesetzes eintretenden ehelichen Güterstand (gesetzlicher Güterstand) ausschließen oder ändern, den gesetzlichen Güterstand nach erfolgter Ausschließung oder Aenderung wiederherstellen und den durch Vertrag begründeten ehelichen Güterstand wieder ändern (Ehevertrag).

Ein Ehevertrag kann vor und nach Eingehung der Ehe geschlossen werden.

§. 1334.

Der eheliche Güterstand kann in dem Ehevertrage nicht durch

Bezugnahme auf ein nicht mehr geltendes oder auf ein ausländisches Gesetz bestimmt werden.

Hat der Ehemann zur Zeit der Schließung des Ehevertrages seinen Wohnsitz im Auslande, so kann durch Bezugnahme auf das an diesem Wohnsitze geltende Recht vereinbart werden, daß unter den Ehegatten ein durch dieses Recht geregelter Güterstand bestehen solle. Ein Gleiches gilt, wenn der Ehevertrag vor Eingehung der Ehe geschlossen wird und der Ehemann zur Zeit der Eingehung der Ehe seinen Wohnsitz im Auslande hat.

§. 1335.

Der Ehevertrag bedarf der gerichtlichen oder notariellen Form.

Diese Form ist nicht erforderlich für den Vertrag, durch welchen die Ehefrau dem Ehemanne verbrauchbare Ehegutssachen gegen die Verpflichtung überträgt, ihr den Werth derselben nach Beendigung der ehelichen Nutznießung und Verwaltung zu ersetzen.

§. 1336.

Ein Ehevertrag, durch welchen der gesetzliche Güterstand ausgeschlossen oder geändert wird, oder ein nach Maßgabe der §§. 1435 bis 1437 veröffentlichter vertragsmäßiger Güterstand wieder aufgehoben oder geändert wird, ist zu Gunsten eines Dritten, welcher ein Rechtsgeschäft mit einem der Ehegatten geschlossen oder diesem gegenüber vorgenommen oder welchem gegenüber einer der Ehegatten ein Rechtsgeschäft vorgenommen hat, in Ansehung eines solchen Rechtsgeschäftes als unwirksam anzusehen, es sei denn, daß die Ausschließung, Aufhebung oder Aenderung zur Zeit der Vornahme des Rechtsgeschäftes nach Maßgabe der §§. 1435 bis 1437 veröffentlicht war oder dem Dritten bekannt war oder bekannt sein mußte.

§. 1337.

Die im §. 1336 bezeichnete Unwirksamkeit gilt zu Gunsten eines Dritten auch in Ansehung eines rechtskräftigen Urtheiles, welches in einem zwischen dem Dritten und einem der Ehegatten anhängig gewordenen Rechtsstreite ergangen ist, es sei denn, daß die Ausschließung, Aufhebung oder Aenderung zu der Zeit, in welcher deren Geltendmachung hätte erfolgen können, nach Maßgabe der §§. 1435 bis 1437 veröffentlicht war oder dem Dritten bekannt war oder bekannt sein mußte.

II. Trennung der Güter.

§. 1338.

Ist unter den Ehegatten durch Ehevertrag ohne Bestimmung eines anderen Güterstandes vereinbart, daß die eheliche Nutznießung und Verwaltung ausgeschlossen sein soll (Trennung der Güter), so finden die Vorschriften der §§. 1339, 1340 Anwendung.

§. 1339.

Die Ehefrau ist verpflichtet, dem Ehemanne aus den Einkünften ihres Vermögens und dem Ertrage eines von ihr selbständig betriebenen Erwerbsgeschäftes zur Bestreitung des Unterhaltes beider Ehegatten sowie der gemeinschaftlichen Abkömmlinge einen angemessenen Beitrag zu leisten.

Die Verpflichtung zur Leistung des Beitrages ist davon abhängig, daß der Ehemann die Leistung vor der Zeit, für welche der Beitrag geleistet werden soll, verlangt hat.

Der dem Ehemanne zustehende Anspruch kann nicht übertragen werden, und eine Aufrechnung gegen ihn ist nicht statthaft.

Ist von dem Ehemanne die Verpflichtung, der Ehefrau und den gemeinschaftlichen Abkömmlingen den Unterhalt zu gewähren, verletzt und ist eine erhebliche Gefährdung des Rechtes der Ehefrau oder der Abkömmlinge auf Gewährung des Unterhaltes für die Zukunft zu besorgen, so kann die Ehefrau den von ihr dem Ehemanne zu leistenden Beitrag, soweit es zur Bestreitung ihres Unterhaltes und des Unterhaltes der Abkömmlinge erforderlich ist, zum Zwecke der Verwendung für diesen Unterhalt zurückbehalten.

Zu einer solchen Zurückbehaltung ist die Ehefrau auch dann berechtigt, wenn der Ehemann entmündigt oder nach Maßgabe des §. 1727 des vormundschaftlichen Schutzes für bedürftig erklärt ist, oder wenn ein Abwesenheitspfleger für den Ehemann bestellt ist.

§. 1340.

Hat die Ehefrau dem Ehemanne die Verwaltung ihres Vermögens oder eines Theiles desselben überlassen, so ist der Ehemann, sofern nicht die Ehefrau ein Anderes bestimmt hat, berechtigt, die Einkünfte des ihm zur Verwaltung überlassenen Vermögens insoweit nach freiem Ermessen zu verwenden, als nicht die Einkünfte zur Bestreitung der Kosten der ordnungsmäßigen Verwaltung des Vermögens und zur Erfüllung derjenigen auf das letztere sich beziehenden Verpflichtungen der Ehefrau erforderlich sind, welche ein ordentlicher Hausvater aus den Einkünften seines Vermögens zu bestreiten pflegt.

Einkünfte, welche zu der Zeit, in welcher die Ehefrau dieselben in Anspruch nimmt, bei dem Ehemanne noch vorhanden sind, hat der Ehemann herauszugeben.

III. Allgemeine Gütergemeinschaft.

1. Vereinbarung der Gütergemeinschaft.

§. 1341.

Ist durch Ehevertrag vereinbart, daß unter den Ehegatten allgemeine eheliche Gütergemeinschaft bestehen soll, so finden die Vorschriften der §§. 1342 bis 1409 Anwendung.

Steht einer der Vertragschließenden unter elterlicher Gewalt oder unter Vormundschaft, so ist zu dem auf Einführung der allgemeinen Gütergemeinschaft gerichteten Vertrage die Genehmigung des Vormundschaftsgerichtes erforderlich. Die Genehmigung soll nur ertheilt werden, wenn der unter elterlicher Gewalt oder unter Vormundschaft stehende Vertragschließende gehört ist und mit dem Ehevertrage sich einverstanden erklärt hat.

2. Verhältniß während bestehender Gütergemeinschaft.

§. 1342.

Durch die allgemeine Gütergemeinschaft wird das Vermögen, welches der Ehemann, und das Vermögen, welches die Ehefrau zur Zeit des Eintrittes der allgemeinen Gütergemeinschaft hat oder während derselben erwirbt, zu einem beiden Ehegatten gemeinschaftlich gehörenden Vermögen (Gesammtgut) vereinigt.

§. 1343.

Die Vereinigung des Vermögens der beiden Ehegatten zu dem Gesammtgute tritt kraft des Gesetzes ein, ohne daß es einer Uebertragung bedarf. Dies gilt auch von den Rechten, zu deren Uebertragung durch Rechtsgeschäft Eintragung in das Grundbuch erforderlich ist; die Vorschriften des §. 843 finden Anwendung.

§. 1344.

Die zu dem Gesammtgute gehörenden Gegenstände stehen den Ehegatten nicht nach Bruchtheilen zu. Auf die durch die Gütergemeinschaft in der Person der Ehegatten eintretende Mehrheit von Gläubigern einer zu dem Gesammtgute gehörenden Forderung finden die Vorschriften der §§. 320 bis 323, 325 bis 337, 339, 341 keine Anwendung.

§. 1345.

Der Antheil eines Ehegatten an dem Gesammtgute und an den einzelnen zu diesem gehörenden Gegenständen kann nicht veräußert oder belastet werden; er ist auch der Zwangsvollstreckung nicht unterworfen.

Keiner der Ehegatten ist die Theilung des Gesammtgutes oder eines zu diesem gehörenden Gegenstandes zu verlangen berechtigt.

§. 1346.

Von dem Gesammtgute vollständig ausgeschlossen (Vorbehaltsgut) sind die Gegenstände, welche durch Ehevertrag für Vorbehaltsgut eines der Ehegatten erklärt sind.

§. 1347.

Vorbehaltsgut sind die Gegenstände, welche einer der Ehegatten durch Erbfolge oder durch Vermächtniß oder als Pflichttheil oder durch Zuwendung unter Lebenden von Seiten eines Dritten erwirbt, sofern in den ersteren Fällen der Erblasser durch letztwillige Verfügung, in dem letzten Falle der Dritte bei der Zuwendung bestimmt hat, daß die Gegenstände Vorbehaltsgut sein sollen.

§. 1348.

Vorbehaltsgut der Ehefrau sind die Gegenstände, welche dieselbe ohne Einwilligung des Ehemannes durch ein Rechtsgeschäft unter Lebenden erwirbt, sofern der Ehemann das Rechtsgeschäft zu genehmigen verweigert. Die Vorschriften des §. 1288 Abs. 1 Satz 2 und Abs. 2 finden entsprechende Anwendung.

§. 1349.

Vorbehaltsgut eines Ehegatten sind die Gegenstände, welche derselbe auf Grund eines zu seinem Vorbehaltsgute gehörenden Rechtes oder als Ersatz für die Zerstörung, Beschädigung oder Entziehung eines zu seinem Vorbehaltsgute gehörenden Gegenstandes oder durch solche Rechtsgeschäfte erwirbt, welche auf sein Vorbehaltsgut sich beziehen.

§. 1350.

Auf das Vorbehaltsgut eines Ehegatten finden die Vorschriften der §§. 1336, 1337, auf das Vorbehaltsgut der Ehefrau die Vorschriften des §. 1340 auch dann entsprechende Anwendung, wenn das Vorbehaltsgut nicht durch Ehevertrag für Vorbehaltsgut erklärt ist.

§. 1351.

Von dem Gesammtgute ausgeschlossen, jedoch der Verwaltung für Rechnung desselben nach Maßgabe des §. 1411 Abs. 2 unterworfen (Sondergut) sind:

1. die Gegenstände, welche durch Ehevertrag für Sondergut eines der Ehegatten erklärt sind;
2. die einem der Ehegatten gehörenden Gegenstände, welche durch Rechtsgeschäft nicht übertragen werden können;
3. die Gegenstände, welche einer der Ehegatten in der im §. 1347 bezeichneten Weise erwirbt, sofern die Bestimmung dahin getroffen ist, daß die Gegenstände Sondergut sein sollen;
4. die im §. 1414 bezeichneten Gegenstände.

Auf das Sondergut finden die Vorschriften der §§. 1336, 1337, 1417, 1418, 1420 bis 1422 und des §. 1429 Abs. 4 entsprechende Anwendung, die Vorschriften der §§. 1336, 1337 auch dann, wenn das Sondergut nicht durch Ehevertrag für Sondergut erklärt ist.

§. 1352.

Das Gesammtgut unterliegt der Verwaltung des Ehemannes; der Ehemann ist berechtigt, soweit nicht das Gesetz ein Anderes bestimmt, über die zu dem Gesammtgute gehörenden Gegenstände thatsächlich sowie durch Rechtsgeschäft unter Lebenden zu verfügen und die auf diese Gegenstände sich beziehenden Rechtsstreitigkeiten zu führen.

Gleiche Befugnisse stehen, soweit nicht das Gesetz ein Anderes bestimmt, der Ehefrau nicht zu.

Im Namen der Ehefrau ein Rechtsgeschäft vorzunehmen oder einen Rechtsstreit zu führen, ist der Ehemann nicht berechtigt; die Ehefrau wird in Folge der von dem Ehemanne vorgenommenen Rechtsgeschäfte und geführten Rechtsstreitigkeiten weder gegenüber einem Dritten noch gegenüber dem Ehemanne persönlich verpflichtet.

§. 1353.

Ein Rechtsgeschäft des Ehemannes unter Lebenden, durch welches das Gesammtgut im Ganzen oder ein Bruchtheil desselben oder ein zu dem Gesammtgute gehörendes Grundstück veräußert oder belastet oder die Verpflichtung zu einer solchen Veräußerung oder Belastung begründet wird, ist nur wirksam, wenn die Ehefrau in die Vornahme des Rechtsgeschäftes eingewilligt hat oder dasselbe genehmigt.

Dasselbe gilt von einem Rechtsgeschäfte des Ehemannes, welches ein Schenkungsversprechen enthält, oder durch welches ein zu dem Gesammtgute gehörender Gegenstand verschenkt oder über einen solchen Gegenstand zum Zwecke der Erfüllung eines nach den Vorschriften dieses Paragraphen unwirksamen Rechtsgeschäftes verfügt wird.

Die Vorschriften des zweiten Absatzes finden keine Anwendung auf Schenkungen, welche durch eine sittliche Pflicht oder die auf den Anstand zu nehmende Rücksicht gerechtfertigt werden.

Wird ein Rechtsgeschäft der im ersten Absatze bezeichneten Art zum Zwecke der ordnungsmäßigen Verwaltung des Gesammtgutes erforderlich, so kann der Ehemann von der Ehefrau verlangen, daß dieselbe ihre Einwilligung zur Vornahme des Rechtsgeschäftes ertheile oder das letztere genehmige.

§. 1354.

Ist auf Grund eines nach den Vorschriften des §. 1353 unwirksamen Rechtsgeschäftes eine Eintragung in das Grundbuch erfolgt, so kann die Ehefrau den Anspruch auf Berichtigung des Grundbuches ohne Mitwirkung des Ehemannes geltend machen.

§. 1355.

Zur Annahme oder Ausschlagung einer Erbschaft oder eines Vermächtnisses, welche der Ehefrau angefallen sind, zum Verzichte auf einen Pflichttheilsanspruch der Ehefrau und zur Ablehnung eines der Ehefrau gemachten Vertragsantrages, insbesondere einer Schenkung, ist nur die Ehefrau berechtigt; die Einwilligung des Ehemannes ist nicht erforderlich.

§. 1356.

In Ansehung eines Erwerbsgeschäftes, welches die Ehefrau selbständig betreibt, finden die Vorschriften des §. 1307 entsprechende Anwendung.

§. 1357.

Einen bei Eintritt der Gütergemeinschaft bereits anhängigen Rechtsstreit der Ehefrau ist die letztere ohne Zuziehung des Ehemannes fortzusetzen berechtigt. Das in dem Rechtsstreite erlassene Urtheil ist gegenüber dem Ehemanne wirksam.

§. 1358.

Die Ehefrau ist, ohne eines Auftrages oder einer Vollmacht des Ehemannes zu bedürfen, berechtigt, in eigenem Namen oder im Namen des Ehemannes solche Rechtsgeschäfte vorzunehmen und solche Rechtsstreitigkeiten zu führen, welche auf das Gesammtgut sich beziehen, wenn der Ehemann wegen Abwesenheit oder Krankheit zu der Vornahme oder Führung außer Stande und Gefahr im Verzuge ist.

§. 1359.

Die Gläubiger des Ehemannes und die Gläubiger der Ehefrau können, soweit nicht das Gesetz ein Anderes bestimmt, wegen aller Verbindlichkeiten der Ehegatten die Befriedigung auch aus dem Gesammtgute verlangen (Gesammtgutsverbindlichkeiten).

Für Verbindlichkeiten der Ehefrau, welche Gesammtgutsverbindlichkeiten sind, haftet der Ehemann auch persönlich.

§. 1360.

Zur Zwangsvollstreckung gegen das Gesammtgut ist ein gegen den Ehemann vollstreckbarer Titel erforderlich und genügend.

Ist die Gütergemeinschaft erst während der Rechtshängigkeit oder nach der Beendigung eines Rechtsstreites der Ehefrau eingetreten, so finden in Ansehung der Ertheilung einer gegen den Ehemann vollstreckbaren Ausfertigung der gegen die Ehefrau erlassenen Entscheidung die Vorschriften der §§. 665 bis 668, 671, 703 der Civilprozeßordnung entsprechende Anwendung. Ein Gleiches gilt, wenn ein nach den Vorschriften des §. 702 Nr. 1, 2, 5 der Civilprozeßordnung gegen die Ehefrau vollstreckbarer Titel zur Zeit des Eintrittes der Gütergemeinschaft vorhanden war.

§. 1361.

Wird über das Vermögen des Ehemannes der Konkurs eröffnet, so gehört das Gesammtgut zur Konkursmasse; der Ehefrau steht in Ansehung des Gesammtgutes nicht das Recht auf Auseinandersetzung oder Absonderung zu.

Durch den Konkurs über das Vermögen der Ehefrau wird das Gesammtgut nicht berührt.

§. 1362.

Folgende Verbindlichkeiten der Ehefrau sind, wenn sie erst nach Eintritt der Gütergemeinschaft entstanden sind, nicht Gesammtgutsverbindlichkeiten:

1. die Verbindlichkeiten der Ehefrau aus Rechtsgeschäften und Urtheilen, sowie die Verbindlichkeiten der Ehefrau wegen der gerichtlichen Kosten des Rechtsstreites, in welchem ein solches Urtheil erlassen ist, es sei denn, daß der Ehemann in die Vornahme des Rechtsgeschäftes

oder in die Führung des Rechtsstreites eingewilligt oder dazu seine Genehmigung ertheilt hat, oder daß es der Einwilligung des Ehemannes nach den Vorschriften der §§. 1355 bis 1358 und des §. 2148 Nr. 4 nicht bedurft hat; soweit jedoch in den Fällen, in welchen hiernach eine Gesammtgutsverbindlichkeit nicht vorliegt, das Gesammtgut bereichert ist, gilt die Verbindlichkeit als Gesammtgutsverbindlichkeit; die Vorschriften des §. 748 Abs. 3 finden entsprechende Anwendung;

2. die Verbindlichkeiten der Ehefrau, welche dieselbe in Folge einer Erbschaft oder eines Vermächtnisses treffen, sofern die Ehefrau die Erbschaft oder das Vermächtniß als Vorbehaltsgut oder Sondergut erworben hat;

3. die Verbindlichkeiten der Ehefrau, welche in Folge eines zu dem Vorbehaltsgute oder Sondergute gehörenden Rechtes oder des Besitzes einer zu dem Vorbehaltsgute oder Sondergute gehörenden Sache entstanden sind, es sei denn, daß das Recht oder die Sache zu einem Erwerbsgeschäfte gehört, welches die Ehefrau mit Einwilligung des Ehemannes selbständig betreibt, oder daß die Verbindlichkeit zu den nach den Vorschriften des §. 1418 von dem Gesammtgute zu tragenden Lasten des Sondergutes gehört.

§. 1363.

Die auf der gesetzlichen Unterhaltspflicht beruhenden Ansprüche der Verwandten des Ehemannes und der Verwandten der Ehefrau sind so zu beurtheilen, wie wenn das Gesammtgut dem Ehemanne gehörte und wie wenn die Verwandten der Ehefrau zu dem Ehemanne in demjenigen Verwandtschaftsverhältnisse sich befänden, in welchem sie zu der Ehefrau sich befinden. Gegenüber den Verwandten der Ehefrau kommt jedoch der Stamm eines Sondergutes und ein Vorbehaltsgut des Ehemannes nicht in Betracht.

Durch die Vorschriften des ersten Absatzes werden die Unterhaltsansprüche nicht berührt, welche, wenn der Ehefrau ein Sondergut oder Vorbehaltsgut gehört, einem Verwandten der Ehefrau wegen des Stammes des Sondergutes oder wegen des Vorbehaltsgutes zustehen. Diese der Ehefrau wegen des Sondergutes oder des Vorbehaltsgutes obliegende Verbindlichkeit ist nicht Gesammtgutsverbindlichkeit.

Der Ehemann haftet der Ehefrau dafür, daß dieselbe, soweit er selbst nach der Vorschrift des ersten Absatzes verpflichtet ist, nicht in Anspruch genommen wird.

§. 1364.

Der Ehemann ist verpflichtet, wegen einer Verminderung des Gesammtgutes, welche von ihm in der Absicht, die Ehefrau zu benachtheiligen, bewirkt ist, oder welche das Gesammtgut durch ein nach den Vorschriften des §. 1353 unwirksames Rechtsgeschäft des Ehemannes erlitten hat, zu dem Gesammtgute Ersatz zu leisten.

§. 1365.

Hat der Ehemann aus dem Gesammtgute eine Verwendung in sein Vorbehaltsgut gemacht, so ist er verpflichtet, den Werth, welchen das Verwendete zur Zeit der Verwendung hatte, zu dem Gesammtgute zu ersetzen.

Hat der Ehemann aus seinem Vorbehaltsgute eine Verwendung in das Gesammtgut gemacht, so ist ihm der Werth, welchen das Verwendete zur Zeit der Verwendung hatte, aus dem Gesammtgute zu ersetzen.

§. 1366.

Der Ehemann ist verpflichtet, der Ehefrau auf deren Verlangen die Mittel zu gewähren, welche zur ordnungsmäßigen Besorgung ihrer persönlichen Angelegenheiten, insbesondere bei der Führung eines Rechtsstreites oder bei einem gegen die Ehefrau gerichteten strafrechtlichen Verfahren, erforderlich sind.

§. 1367.

Die Gesammtgutsverbindlichkeiten fallen auch im Verhältnisse der Ehegatten zu einander dem Gesammtgute zur Last.

Folgende Gesammtgutsverbindlichkeiten fallen jedoch im Verhältnisse der Ehegatten zu einander nicht dem Gesammtgute, sondern demjenigen Ehegatten zur Last, in dessen Person sie entstanden sind:

1. die Verbindlichkeiten, welche aus einer während des Bestehens der Gütergemeinschaft von einem der Ehegatten begangenen unerlaubten Handlung oder aus dem durch eine solche Handlung herbeigeführten Strafverfahren entstanden sind;
2. die Verbindlichkeiten, welche aus einem auf das Vorbehaltsgut oder auf das Sondergut eines der Ehegatten sich beziehenden Rechtsverhältnisse, wenn auch vor dem Eintritte der Gütergemeinschaft oder vor dem Zeitpunkte, in welchem das Gut Vorbehaltsgut oder Sondergut wurde, entstanden sind, es sei denn, daß die Verbindlichkeit zu den nach den Vorschriften des §. 1418 von dem Gesammtgute zu tragenden Lasten des Sondergutes ge-

hört, oder daß die Verbindlichkeit nach Eintritt der Gütergemeinschaft durch den Betrieb eines für Rechnung des Gesammtgutes von einem der Ehegatten betriebenen Erwerbsgeschäftes oder in Folge eines Rechtes oder des Besitzes einer Sache, welche zu einem solchen Erwerbsgeschäfte gehören, entstanden ist;

3. die Verbindlichkeiten des Ehemannes, welche aus der Nutznießung und Verwaltung eines Sondergutes der Ehefrau dieser gegenüber entstanden sind, soweit nicht das Gesammtgut zur Zeit der Auflösung der Gütergemeinschaft bereichert ist;
4. die Verbindlichkeiten, welche aus einem Rechtsstreite über eine der unter Nr. 1 bis 3 bezeichneten Verbindlichkeiten entstanden sind, es sei denn, daß die Verbindlichkeit zu den nach den Vorschriften des §. 1418 von dem Gesammtgute zu tragenden Lasten des Sondergutes gehört.

§. 1368.

Hat der Ehemann, welchem ein Vorbehaltsgut oder ein Sondergut gehört, einem Kinde eine Ausstattung zugesichert oder gewährt, welche nach dem §. 1500 nicht als Schenkung anzusehen ist, aber das dem Gesammtgute entsprechende Maß übersteigt, so fällt dieselbe insoweit dem Ehemanne zur Last.

§. 1369.

Die Leistung desjenigen, was einer der Ehegatten zu dem Gesammtgute zu leisten oder der Ehemann aus dem Gesammtgute zu fordern hat, ist erst bei Auflösung der Gütergemeinschaft zu bewirken. Diese Vorschrift findet jedoch im Falle einer Verbindlichkeit der Ehefrau, sofern diese Vorbehaltsgut oder Sondergut hat, insoweit keine Anwendung, als die Leistung aus dem Vorbehaltsgute oder aus dem Sondergute erfolgen kann.

Die Vorschriften des ersten Absatzes finden auch auf andere Verbindlichkeiten der Ehefrau gegenüber dem Ehemanne Anwendung.

§. 1370.

Die Vorschriften des §. 1326 finden bei der allgemeinen Gütergemeinschaft entsprechende Anwendung.

3. Auflösung der Gütergemeinschaft.

§. 1371.

Die Gütergemeinschaft wird aufgelöst:

1. mit der Auflösung der Ehe;

2. mit der Rechtskraft des Urtheiles, durch welches in den Fällen des §. 1372 die Auflösung bestimmt wird;
3. durch einen die Auflösung bestimmenden Ehevertrag.

§. 1372.

Die Ehefrau ist berechtigt, die Auflösung der Gütergemeinschaft und Trennung der Güter zu verlangen:
1. wenn der Ehemann ein nach den Vorschriften des §. 1353 unwirksames Rechtsgeschäft vorgenommen hat und eine erhebliche Gefährdung der Rechte der Ehefrau für die Zukunft zu besorgen ist;
2. wenn der Ehemann das Gesammtgut in der Absicht, die Ehefrau zu benachtheiligen, vermindert hat;
3. wenn der Ehemann die Verpflichtung, der Ehefrau und den gemeinschaftlichen Abkömmlingen den Unterhalt zu gewähren, verletzt hat und eine erhebliche Gefährdung des Rechtes der Ehefrau oder der Abkömmlinge auf Gewährung des Unterhaltes für die Zukunft zu besorgen ist;
4. wenn der Ehemann durch verschwenderische Lebensweise oder verschwenderische Geschäftsführung die Besorgniß rechtfertigt, daß er sich oder seine Familie dem Nothstande preisgiebt.

§. 1373.

Nach Auflösung der Gütergemeinschaft finden bis zur erfolgten Auseinandersetzung noch die Vorschriften des §. 1344 und des §. 1345 Abs. 1 Anwendung; es ist jedoch der Antheil eines Ehegatten an dem Gesammtgute zu Gunsten der Gläubiger dieses Ehegatten der Zwangsvollstreckung unterworfen. Bis zur erfolgten Auseinandersetzung sind die beiden Ehegatten nur gemeinschaftlich berechtigt, das Gesammtgut zu verwalten, über die zu demselben gehörenden Gegenstände thatsächlich und rechtlich zu verfügen und die das Gesammtgut betreffenden Rechtsstreitigkeiten zu führen. Der eine Ehegatte ist gegenüber dem anderen Ehegatten verpflichtet, zu einer behufs der ordnungsmäßigen Verwaltung erforderlichen Maßregel mitzuwirken.

In Ansehung des Gesammtgutes finden nach Auflösung der Gütergemeinschaft bis zur erfolgten Auseinandersetzung die Vorschriften des §. 1349 entsprechende Anwendung.

§. 1374.

Die Zwangsvollstreckung gegen das Gesammtgut findet nach der Auflösung der Gütergemeinschaft und vor der Auseinandersetzung nur statt, wenn beide Ehegatten zu der Leistung oder der Ehemann zu der Leistung und die Ehefrau zur Gestattung der Zwangsvollstreckung gegen das Gesammtgut verurtheilt sind. Die Vorschriften des §. 1314 Abs. 2, 3 finden entsprechende Anwendung.

Ist die Auflösung der Gütergemeinschaft erst nach der Beendigung des Rechtsstreites, in welchem der Ehemann verurtheilt ist, eingetreten, oder war zur Zeit der Auflösung der Gütergemeinschaft ein nach den Vorschriften des §. 702 der Civilprozeßordnung gegen den Ehemann vollstreckbarer Titel vorhanden, so finden auf die Ertheilung einer in Ansehung des Gesammtgutes gegen die Ehefrau vollstreckbaren Ausfertigung des Titels die Vorschriften der §§. 665 bis 668, 671, 703 der Civilprozeßordnung entsprechende Anwendung.

§. 1375.[1])

Wird über das Vermögen eines der Ehegatten nach der Auflösung der Gütergemeinschaft und vor der Auseinandersetzung der Konkurs eröffnet, so gehört der Antheil dieses Ehegatten an dem Gesammtgute zur Konkursmasse. Die Vorschriften der §§. 14, 44 der Konkursordnung finden Anwendung.

§. 1376.

Jeder Ehegatte kann nach Auflösung der Gütergemeinschaft verlangen, daß zwischen ihm und dem anderen Ehegatten die Auseinandersetzung wegen des Gesammtgutes nach Maßgabe der §§. 1377 bis 1380 vorgenommen werde.

§. 1377.

Aus dem Gesammtgute werden zunächst alle Gesammtgutsverbindlichkeiten berichtigt.

Was von dem Gesammtgute nach Berichtigung dieser Verbindlichkeiten übrig bleibt, wird unter die beiden Ehegatten zu gleichen Theilen vertheilt.

Hat einer der Ehegatten zu dem Gesammtgute einen Ersatz zu leisten, so ist er verpflichtet, den zu ersetzenden Betrag auf den ihm gebührenden Theil des Gesammtgutes sich anrechnen zu lassen.

Soweit eine Ersatzverbindlichkeit nicht im Wege der Anrech-

---

[1]) Die Entscheidung der Frage, ob und welche besondere Vorschriften in Folge der in dem Gesetzbuche über die Auflösung der Gütergemeinschaft gegebenen Vorschriften zum Schutze des Interesses der Gesammtgutsgläubiger im Falle des Konkurses über das Vermögen eines der Ehegatten erforderlich werden, ist dem Einführungsgesetze beziehungsweise der Revision der Konkursordnung vorbehalten worden.

nung erfüllt wird, bleibt der ersatzpflichtige Ehegatte dem anderen Ehegatten persönlich verpflichtet.

§. 1378.

Behufs Berichtigung der Gesammtgutsverbindlichkeiten sind die zu dem Gesammtgute gehörenden Gegenstände in Geld umzusetzen.

In Ansehung des nach Berichtigung dieser Verbindlichkeiten übrig bleibenden Theiles des Gesammtgutes erfolgt die Theilung nach Maßgabe der §§. 769 bis 771. Jeder Ehegatte ist jedoch berechtigt, einen Gegenstand, welchen er in die Gütergemeinschaft gebracht hat oder welchen er während des Bestehens der Gütergemeinschaft durch Erbfolge oder durch Vermächtniß oder durch Uebertragung mit Rücksicht auf ein künftiges Erbrecht oder durch Schenkung erworben hat, sowie eine Sache, welche ausschließlich zu seinem persönlichen Gebrauche, insbesondere zur Kleidung oder zum Schmucke, bestimmt ist, gegen Ersatz des durch Schätzung zu ermittelnden gegenwärtigen Werthes zu übernehmen.

§. 1379.

In den Fällen des §. 1372 kann die Ehefrau verlangen, daß bei der Auseinandersetzung der Zustand zu Grunde gelegt werde, in welchem das Gesammtgut sich zu der Zeit befand, als der Rechtsstreit wegen Auflösung der Gütergemeinschaft anhängig wurde.

§. 1380.

Ist die Berichtigung einer Gesammtgutsverbindlichkeit unterblieben, welche im Verhältnisse der Ehegatten zu einander dem Gesammtgute zur Last fällt und für welche die Ehefrau persönlich verpflichtet ist, so haftet der Ehemann der Ehefrau dafür, daß diese von dem Gläubiger nicht in Anspruch genommen wird. Die gleiche Haftung liegt der Ehefrau gegenüber dem Ehemanne in Ansehung einer solchen Gesammtgutsverbindlichkeit ob, welche im Verhältnisse der Ehegatten zu einander der Ehefrau zur Last fällt.

§. 1381.

Wird die Gütergemeinschaft durch Ehevertrag aufgelöst, so tritt für die Zukunft unter den Ehegatten der gesetzliche Güterstand ein, sofern nicht der Vertrag ein Anderes bestimmt.

Erfolgt die Auflösung der Gütergemeinschaft durch Urtheil, so tritt für die Zukunft unter den Ehegatten Trennung der Güter nach Maßgabe der §§. 1339, 1340 ein, sofern nicht in dem Urtheile bestimmt ist, daß der gesetzliche Güterstand eintrete. Diese Bestimmung ist nur zulässig, wenn sie von der Ehefrau beantragt war. Im Falle eines solchen Antrages muß sie erfolgen. Die Vorschriften der §§. 1336, 1337 finden entsprechende Anwendung.

4. Gütergemeinschaftliche Erbfolge.

§. 1382.

Wird die Ehe durch den Tod eines der Ehegatten aufgelöst, so gehört der Antheil des verstorbenen Ehegatten an dem Gesammtgute zum Nachlasse dieses Ehegatten.

Auf die Gemeinschaft zwischen dem überlebenden Ehegatten und den Erben des verstorbenen Ehegatten finden die Vorschriften der §§. 1373 bis 1378, 1380 Anwendung.

§. 1383.

Ist im Falle der Auflösung der Ehe durch den Tod eines der Ehegatten ein gemeinschaftlicher Abkömmling nicht vorhanden, so wird der verstorbene Ehegatte in derselben Weise beerbt, wie er beerbt werden würde, wenn zwischen den Ehegatten Gütergemeinschaft nicht bestanden hätte.

Hat der verstorbene Ehegatte einen oder mehrere gemeinschaftliche Abkömmlinge hinterlassen, so finden die Vorschriften der §§. 1384 bis 1409 Anwendung. Anordnungen, welche mit diesen Vorschriften im Widerspruche stehen, können von den Ehegatten, unbeschadet des Rechtes derselben, die gütergemeinschaftliche Erbfolge durch Ehevertrag auszuschließen, weder durch Ehevertrag noch durch Verfügung von Todeswegen getroffen werden, soweit es nicht nach jenen Vorschriften zulässig ist.

§. 1384.

Der überlebende Ehegatte wird, wenn neben den gemeinschaftlichen Abkömmlingen ein einseitiger Abkömmling des verstorbenen Ehegatten nicht vorhanden ist, als Alleinerbe, wenn ein oder mehrere einseitige Abkömmlinge vorhanden sind, insoweit als Erbe des verstorbenen Ehegatten berufen, als er und die gemeinschaftlichen Abkömmlinge bei der Voraussetzung, daß Gütergemeinschaft zwischen den Ehegatten nicht bestanden hätte, als gesetzliche Erben würden berufen werden. Zugleich treten diejenigen gemeinschaftlichen Abkömmlinge, welche bei jener Voraussetzung als gesetzliche Erben würden berufen werden, kraft des Gesetzes nach Maßgabe der in den §§. 1396 bis 1409 enthaltenen Vorschriften mit dem überlebenden Ehegatten in das Rechtsverhältniß der fortgesetzten Gütergemeinschaft; sie haften wegen ihrer hieraus sich ergebenden Rechte persönlich weder für die Verbindlichkeiten des Erblassers noch für die Verbindlichkeiten des überlebenden Ehegatten.

Das einem einseitigen Abkömmlinge zustehende Erbrecht bestimmt sich nach den Vorschriften, welche gelten, wenn Gütergemeinschaft nicht bestanden hat.

§. 1385.

Auf das im §. 1384 Abs. 1 bezeichnete Erbrecht des überlebenden Ehegatten (gütergemeinschaftliches Erbrecht) finden die Vorschriften über das durch Erbeinsetzungsvertrag begründete Erbrecht entsprechende Anwendung. Der Erblasser kann jedoch in Ansehung desjenigen Bruchtheiles, um welchen der Erbtheil des überlebenden Ehegatten in Folge des Wegfalles eines nach den Vorschriften des §. 1972 als verstorben anzusehenden einseitigen Abkömmlinges sich erhöht, ohne Rücksicht auf das Erbrecht des überlebenden Ehegatten von Todeswegen verfügen.

Ein gemeinschaftlicher Abkömmling ist nicht berechtigt, an Stelle seines Eintrittes in das Rechtsverhältniß der fortgesetzten Gütergemeinschaft den Pflichttheilsanspruch geltend zu machen.

§. 1386.

Der überlebende Ehegatte kann die gütergemeinschaftliche Erbfolge ausschlagen. Im Falle der Ausschlagung tritt die Erbfolge ein, welche eingetreten sein würde, wenn zwischen den Ehegatten Gütergemeinschaft nicht bestanden hätte.

§. 1387.

Jeder Ehegatte ist unter denselben Voraussetzungen, unter welchen er berechtigt ist, dem anderen Ehegatten den Pflichttheil zu entziehen, auch berechtigt, dem anderen Ehegatten das gütergemeinschaftliche Erbrecht zu entziehen.

Die Ehefrau ist berechtigt, dem Ehemanne das gütergemeinschaftliche Erbrecht auch dann zu entziehen, wenn die Voraussetzungen vorliegen, unter welchen sie nach den Vorschriften des §. 1372 berechtigt ist, die Auflösung der Gütergemeinschaft zu verlangen.

Auf die Entziehung des gütergemeinschaftlichen Erbrechtes finden die Vorschriften über die Entziehung des Pflichttheiles entsprechende Anwendung.

Im Falle der Entziehung des gütergemeinschaftlichen Erbrechtes tritt die Erbfolge ein, welche eingetreten sein würde, wenn zwischen den Ehegatten Gütergemeinschaft nicht bestanden hätte.

§. 1388.

Ein Ehegatte kann durch letztwillige Verfügung für den Fall der durch seinen Tod erfolgten Auflösung der ehelichen Gütergemeinschaft einen gemeinschaftlichen Abkömmling von der fortgesetzten Gütergemeinschaft ausschließen. Der ausgeschlossene Abkömmling ist in Ansehung der gütergemeinschaftlichen Erbfolge als vor dem Erbfalle gestorben anzusehen. Dem ausgeschlossenen Abkömmlinge steht der Pflichttheilsanspruch nach Maßgabe der allgemeinen erbrechtlichen Vorschriften zu.

§. 1389.

Ein Ehegatte kann durch letztwillige Verfügung für den Fall der mit seinem Tode eintretenden gütergemeinschaftlichen Erbfolge zu Gunsten eines oder mehrerer antheilsberechtigter Abkömmlinge bestimmen, daß bei der nach Auflösung der fortgesetzten Gütergemeinschaft wegen des Gesammtgutes stattfindenden Auseinandersetzung einem antheilsberechtigten Abkömmlinge ein geringerer Antheil als der gesetzliche, jedoch nicht weniger als die Hälfte des gesetzlichen Antheiles zukommen oder einem antheilsberechtigten Abkömmlinge das Recht zustehen soll, das ganze Gesammtgut oder einzelne Theile desselben gegen Ersatz des zur Zeit der Auseinandersetzung vorhandenen, durch Schätzung zu ermittelnden Werthes zu übernehmen.

Liegt ein Grund vor, aus welchem einem Abkömmlinge nach den Vorschriften des §. 2001 der Pflichttheil entzogen werden kann, so kann der Erblasser einem solchen Abkömmlinge zu Gunsten der anderen antheilsberechtigten Abkömmlinge oder eines derselben einen größeren Theil als die Hälfte seines gesetzlichen Antheiles entziehen oder in Ansehung der Theilung andere Beschränkungen als die im ersten Absatze bezeichneten auferlegen; die Vorschriften der §§. 2004, 2006 bis 2008 finden entsprechende Anwendung.

§. 1390.

Zur Wirksamkeit der in den §§. 1388, 1389 bezeichneten letztwilligen Verfügungen eines Ehegatten ist die gegenüber dem letzteren zu erklärende Zustimmung des anderen Ehegatten erforderlich. Die Zustimmung bedarf der gerichtlichen oder notariellen Form; sie ist unwiderruflich.

§. 1391.

Die erbrechtlichen Vorschriften über den außerordentlichen Pflichttheil finden zu Gunsten eines antheilsberechtigten Abkömmlinges mit der Maßgabe entsprechende Anwendung, daß die Auflösung der fortgesetzten Gütergemeinschaft als Erbfall, der dem Abkömmlinge zur Zeit der Auflösung gesetzlich zustehende Antheil an dem Gesammtgute der fortgesetzten Gütergemeinschaft als der gesetzliche Erbtheil und die Hälfte des Werthes dieses Antheiles als Pflichttheil gelten

§. 1392.

Die erbrechtlichen Vorschriften über die Erbunwürdigkeitserklärung finden auf die einem gemeinschaftlichen Abkömmlinge an dem Gesammtgute der fortgesetzten Gütergemeinschaft zustehenden Rechte entsprechende Anwendung.

Ist ein gemeinschaftlicher Abkömmling für erbunwürdig erklärt, so ist er in Ansehung der gütergemeinschaftlichen Erbfolge als vor dem Erbfalle gestorben anzusehen.

§. 1393.

Auf den während des Bestehens der ehelichen Gütergemeinschaft zwischen einem der Ehegatten und einem gemeinschaftlichen Abkömmlinge geschlossenen Vertrag, durch welchen der Abkömmling für den Fall der durch den Tod des Ehegatten erfolgten Auflösung der ehelichen Gütergemeinschaft auf seine Rechte an dem Gesammtgute der fortgesetzten Gütergemeinschaft verzichtet, finden die Vorschriften über den Erbverzichtvertrag entsprechende Anwendung. Zu der Wirksamkeit des Vertrages ist die gegenüber einem der Vertragschließenden zu erklärende Zustimmung des anderen Ehegatten erforderlich. Die Zustimmung bedarf der gerichtlichen oder notariellen Form; sie ist unwiderruflich.

§. 1394.

Der überlebende Ehegatte hat im Falle des Eintrittes der gütergemeinschaftlichen Erbfolge bei der Theilung der Erbschaft zwischen ihm und einem einseitigen Abkömmlinge des Erblassers in Ansehung der unter den Abkömmlingen des letzteren wegen des Vorempfangenen zu bewirkenden Ausgleichung diejenigen Rechte und Verpflichtungen, welche die gemeinschaftlichen Abkömmlinge haben würden, wenn sie Erben des verstorbenen Ehegatten geworden wären.

§. 1395.

Hat der verstorbene Ehegatte Vorbehaltsgut oder Sondergut hinterlassen, so bestimmt sich bei dem Eintritte der gütergemeinschaftlichen Erbfolge die Berufung zu dem Vorbehaltsgute oder Sondergute nach den Vorschriften, welche für die Berufung maßgebend sein würden, wenn zwischen den Ehegatten Gütergemeinschaft nicht bestanden hätte.

Soweit der Erblasser über sein Vorbehaltsgut oder Sondergut von Todeswegen nicht verfügt hat und in Gemäßheit des ersten Absatzes zu dem Vorbehaltsgute oder Sondergute Personen berufen sind, welche nach den Vorschriften über die gütergemeinschaftliche Erbfolge nicht zu den Erben des verstorbenen Ehegatten gehören, gilt das Vorbehaltsgut oder Sondergut als diesen Personen durch Vermächtniß beschieden. Die erbrechtlichen Vorschriften über den Pflichttheil, über dessen Entziehung und über den Anspruch auf den außerordentlichen Pflichttheil finden entsprechende Anwendung.

Bei der Auseinandersetzung sind die Verbindlichkeiten des Erblassers, welche nicht Gesammtgutsverbindlichkeiten sind oder im Verhältnisse der Ehegatten zu einander dem Erblasser allein zur Last fallen, aus dem Vorbehaltsgute oder aus dem Sondergute vorab zu berichtigen.

Sind zu dem Vorbehaltsgute oder Sondergute die Abkömmlinge des Erblassers nach den Vorschriften über die gesetzliche Erbfolge berufen, so finden im Verhältnisse der Abkömmlinge zu einander die Vorschriften über die Ausgleichung des Vorempfangenen entsprechende Anwendung.

§. 1396.

Gesammtgut der fortgesetzten Gütergemeinschaft ist das Vermögen, welches der überlebende Ehegatte zur Zeit des Eintrittes der fortgesetzten Gütergemeinschaft hat, insbesondere das zur Zeit des Todes des verstorbenen Ehegatten vorhandene Gesammtgut, soweit es der überlebende Ehegatte erhält, sowie das Vermögen, welches der überlebende Ehegatte während des Bestehens der fortgesetzten Gütergemeinschaft erwirbt.

Das bisherige Vorbehaltsgut oder Sondergut des überlebenden Ehegatten behält dieselbe Eigenschaft auch für die fortgesetzte Gütergemeinschaft. Vorbehaltsgut oder Sondergut des überlebenden Ehegatten sind außerdem die Gegenstände, welche derselbe in der im §. 1347 und im §. 1351 Abs. 1 Nr. 3 bezeichneten Weise erwirbt, je nachdem die Bestimmung dahin getroffen ist, daß die Gegenstände Vorbehaltsgut, oder daß sie Sondergut sein sollen. Sondergut des überlebenden Ehegatten werden auch die von diesem während des Bestehens der fortgesetzten Gütergemeinschaft erworbenen Gegenstände, welche durch Rechtsgeschäft nicht übertragen werden können.

Ist die Ehefrau der überlebende Theil, so gelten in Ansehung des Sondergutes der Ehefrau die Vorschriften über das Sondergut des Ehemannes.

Die Vorschriften der §§. 1349, 1414 finden auch bei der fortgesetzten Gütergemeinschaft Anwendung.

Das Vermögen, welches ein gemeinschaftlicher Abkömmling zur Zeit des Todes des verstorbenen Ehegatten hat oder später erwirbt, gehört nicht zu dem Gesammtgute der fortgesetzten Gütergemeinschaft.

§. 1397

Die Vorschriften der §§. 1343 bis 1345 finden auf die fortgesetzte Gütergemeinschaft entsprechende Anwendung.

Stirbt während des Bestehens der fortgesetzten Gütergemeinschaft ein antheilsberechtigter Abkömmling, so fällt sein Antheil an dem Gesammtgute nicht an seine Erben, sondern an diejenigen seiner Abkömmlinge, welche denselben erhalten würden, wenn der Ehegatte, durch dessen Tod die fortgesetzte Gütergemeinschaft herbeigeführt ist, zur Zeit des Todes des Abkömmlinges gestorben wäre, in Ermangelung solcher Abkömmlinge aber an die übrigen antheilsberechtigten Abkömmlinge und, wenn auch solche nicht vorhanden sind, an den gütergemeinschaftlichen Erben.

§. 1398.

Ein antheilsberechtigter Abkömmling kann durch eine vor dem Nachlaßgerichte des verstorbenen Ehegatten abzugebende Erklärung auf seinen Antheil an dem Gesammtgute der fortgesetzten Gütergemeinschaft verzichten. Das Nachlaßgericht soll die Erklärung dem überlebenden Ehegatten und den übrigen antheilsberechtigten Abkömmlingen mittheilen.

Der Verzicht kann auch durch einen zwischen dem Verzichtenden und dem überlebenden Ehegatten sowie den übrigen antheilsberechtigten Abkömmlingen zu schließenden Vertrag erfolgen.

Der Verzicht hat dieselben Wirkungen, wie wenn der Verzichtende zur Zeit des Verzichtes ohne Hinterlassung von Abkömmlingen gestorben wäre.

Ist gegen den Verzicht eine Abfindung gewährt, so kann zwischen dem überlebenden Ehegatten und den übrigen antheilsberechtigten Abkömmlingen mit Wirksamkeit für die nach Auflösung der fortgesetzten Gütergemeinschaft vorzunehmende Auseinandersetzung vereinbart werden, in welcher Weise die Abfindung bei der Auseinandersetzung berücksichtigt werden soll.

§. 1399.

Auf die dem überlebenden Ehegatten und den antheilsberechtigten Abkömmlingen in Ansehung des Gesammtgutes der fortgesetzten Gütergemeinschaft zustehenden Rechte und obliegenden Verbindlichkeiten finden die Vorschriften der §§. 1352 bis 1354, 1364, 1365 und des §. 1369 Abs. 1 Satz 1 mit der Maßgabe entsprechende Anwendung, daß der überlebende Ehegatte die Rechte und Verbindlichkeiten des Ehemannes, die antheilsberechtigten Abkömmlinge die Rechte und Verbindlichkeiten der Ehefrau haben.

Alle Verbindlichkeiten des überlebenden Ehegatten sind Gesammtgutsverbindlichkeiten; die Vorschriften des §. 1359 Abs. 1, des §. 1360 Abs. 1 und des §. 1361 finden auf dieselben mit der im ersten Absatze bezeichneten Maßgabe entsprechende Anwendung.

§. 1400.

Die Gesammtgutsverbindlichkeiten fallen auch im Verhältnisse des überlebenden Ehegatten und der antheilsberechtigten Abkömmlinge zu einander dem Gesammtgute der fortgesetzten Gütergemeinschaft zur Last.

Folgende Verbindlichkeiten des überlebenden Ehegatten fallen jedoch im Verhältnisse desselben zu den antheilsberechtigten Abkömmlingen dem Gesammtgute nicht zur Last:

1. die bei dem Eintritte der fortgesetzten Gütergemeinschaft dem überlebenden Ehegatten bereits obliegenden Verbindlichkeiten, welche während des Bestehens der ehelichen Gütergemeinschaft nicht Gesammtgutsverbindlichkeiten waren oder im Verhältnisse der Ehegatten zu einander dem überlebenden Ehegatten zur Last fielen;
2. die während des Bestehens der fortgesetzten Gütergemeinschaft entstandenen Verbindlichkeiten des überlebenden Ehegatten, welche, wenn sie während des Bestehens der ehelichen Gütergemeinschaft in der Person des überlebenden Ehegatten entstanden wären, dem letzteren im Verhältnisse der Ehegatten zu einander zur Last gefallen sein würden;
3. die auf den überlebenden Ehegatten als Erben des verstorbenen Ehegatten übergegangenen Verbindlichkeiten des letzteren, welche während des Bestehens der ehelichen Gütergemeinschaft nicht Gesammtgutsverbindlichkeiten waren oder im Verhältnisse der Ehegatten zu einander dem Erblasser zur Last fielen.

Im Verhältnisse des überlebenden Ehegatten zu den antheilsberechtigten Abkömmlingen fallen die im zweiten Absatze unter Nr. 1, 2 bezeichneten Verbindlichkeiten dem überlebenden Ehegatten, die unter Nr. 3 bezeichneten den antheilsberechtigten Abkömmlingen zur Last, den letzteren jedoch nur in der Weise, daß diese verpflichtet sind, solche Verbindlichkeiten bei der nach Auflösung der Gütergemeinschaft vorzunehmenden Auseinandersetzung auf ihren Antheil sich anrechnen zu lassen.

Hat der verstorbene Ehegatte Vorbehaltsgut oder Sondergut hinterlassen, so fallen die unter Nr. 3 bezeichneten Verbindlichkeiten den antheilsberechtigten Abkömmlingen nur insoweit, als sie nicht aus dem Vorbehaltsgute oder aus dem Sondergute in Gemäßheit des §. 1395 haben berichtigt werden können, im Uebrigen aber dem Gesammtgute der fortgesetzten Gütergemeinschaft zur Last.

§. 1401.

In Ansehung einer von dem überlebenden Ehegatten einem Kinde zugesicherten oder gewährten Ausstattung finden die Vorschriften des §. 1368 entsprechende Anwendung.

§. 1402.

Soweit in Folge der gütergemeinschaftlichen Erbfolge eine Forderung des überlebenden Ehegatten gegenüber dem ehelichen Gesammtgute oder eine Verbindlichkeit desselben gegenüber dem ehelichen Gesammtgute oder gegenüber dem Sondergute oder Vorbehaltsgute des zuerst verstorbenen Ehegatten mit der entsprechenden Verbindlichkeit oder Forderung in der Person des überlebenden Ehegatten vereinigt ist, wird die Forderung oder Verbindlichkeit des überlebenden Ehegatten als Forderung oder Verbindlichkeit desselben gegenüber dem Gesammtgute der fortgesetzten Gütergemeinschaft als fortbestehend angesehen.

Soweit in Folge der gütergemeinschaftlichen Erbfolge eine Verbindlichkeit des zuerst verstorbenen Ehegatten gegenüber dem ehelichen Gesammtgute oder gegenüber dem Sondergute oder Vorbehaltsgute des überlebenden Ehegatten mit der entsprechenden Forderung in der Person des letzteren vereinigt ist, wird die Verbindlichkeit im ersten Falle als Verbindlichkeit der antheilsberechtigten Abkömmlinge gegenüber dem Gesammtgute der fortgesetzten Gütergemeinschaft, im zweiten Falle als Verbindlichkeit derselben gegenüber dem Sondergute oder Vorbehaltsgute des überlebenden Ehegatten, in beiden Fällen jedoch nur nach Maßgabe des §. 1400 Abs. 3, 4, als fortbestehend angesehen.

§. 1403.

Die fortgesetzte Gütergemeinschaft wird aufgelöst:

1. mit dem Tode des überlebenden Ehegatten;
2. mit der Schließung einer neuen Ehe von Seiten des überlebenden Ehegatten;
3. mit der Rechtskraft des Urtheiles, durch welches in den Fällen des §. 1405 die Auflösung bestimmt wird;

4. durch einen die Auflösung bestimmenden Vertrag zwischen dem überlebenden Ehegatten und den antheilsberechtigten Abkömmlingen;
5. durch eine von dem überlebenden Ehegatten vor dem Nachlaßgerichte des verstorbenen Ehegatten abzugebende Erklärung, daß die fortgesetzte Gütergemeinschaft aufgelöst sein soll. Das Nachlaßgericht soll die Erklärung jedem antheilsberechtigten Abkömmlinge und, wenn der überlebende Ehegatte gesetzlicher Vertreter eines derselben ist, dem Vormundschaftsgerichte unverzüglich mittheilen.

§. 1404.

Ist ein antheilsberechtigter Abkömmling des überlebenden Ehegatten minderjährig oder bevormundet, so hat der letztere vor Schließung einer neuen Ehe dem Vormundschaftsgerichte von der beabsichtigten Eheschließung Anzeige zu erstatten, ein Verzeichniß des Gesammtgutes der fortgesetzten Gütergemeinschaft einzureichen und unter Auflösung der Gütergemeinschaft die Auseinandersetzung herbeizuführen. Das Vormundschaftsgericht kann jedoch gestatten, daß die Auflösung der Gütergemeinschaft vor der Eheschließung unterbleibe und die Auseinandersetzung erst zu einer späteren Zeit erfolge.

§. 1405.

Jeder antheilsberechtigte Abkömmling kann von dem überlebenden Ehegatten die Auflösung der fortgesetzten Gütergemeinschaft verlangen:

1. wenn der überlebende Ehegatte ein nach den Vorschriften der §§. 1353, 1399 unwirksames Rechtsgeschäft vorgenommen hat und eine erhebliche Gefährdung der Rechte des Abkömmlinges für die Zukunft zu besorgen ist;
2. wenn der überlebende Ehegatte das Gesammtgut der fortgesetzten Gütergemeinschaft in der Absicht, den Abkömmling zu benachtheiligen, vermindert hat;
3. wenn der überlebende Ehegatte die Verpflichtung, dem Abkömmlinge den Unterhalt zu gewähren, verletzt hat und eine erhebliche Gefährdung des Rechtes des Abkömmlinges auf Gewährung des Unterhaltes für die Zukunft zu besorgen ist;
4. wenn der überlebende Ehegatte durch verschwenderische Lebensweise oder verschwenderische Geschäftsführung die Besorgniß rechtfertigt, daß er sich oder seine Familie dem Nothstande preisgiebt;

5. wenn der überlebende Ehegatte die elterliche Gewalt über den Abkömmling verwirkt hat.

Ist auf die Klage auch nur eines Abkömmlinges gegen den überlebenden Ehegatten ein die Auflösung der Gütergemeinschaft bestimmendes Urtheil erlassen, so tritt mit der Rechtskraft des Urtheiles die Auflösung der Gütergemeinschaft auch in Ansehung aller übrigen Abkömmlinge ein.

§. 1406.

Auf das nach Auflösung der fortgesetzten Gütergemeinschaft eintretende Rechtsverhältniß finden die Vorschriften der §§. 1373 bis 1378 unter folgenden näheren Bestimmungen dieses Paragraphen entsprechende Anwendung.

Was von dem Gesammtgute nach Berichtigung der Gesammtgutsverbindlichkeiten übrig bleibt, wird unter den überlebenden Ehegatten und die antheilsberechtigten Abkömmlinge in der Weise vertheilt, daß der erstere die eine Hälfte, die letzteren die andere Hälfte erhalten.

Die auf den Ehemann und die Ehefrau sich beziehenden Vorschriften des §. 1374 finden dahin Anwendung, daß an die Stelle des Ehemannes der überlebende Ehegatte und an die Stelle der Ehefrau die Abkömmlinge treten.

Die im §. 1377 Abs. 4 bezeichnete Verpflichtung besteht nur für den überlebenden Ehegatten, nicht auch für die Abkömmlinge.

Der überlebende Ehegatte ist berechtigt, das ganze Gesammtgut oder einzelne Theile desselben gegen Ersatz des durch Schätzung zu ermittelnden gegenwärtigen Werthes zu übernehmen. Dieses Recht steht ihm jedoch nicht zu, wenn die Auflösung der fortgesetzten Gütergemeinschaft aus einem der im §. 1405 bezeichneten Gründe erfolgt ist. Das Recht geht auf den Erben nicht über.

Die Vorschriften des §. 1380 finden keine Anwendung.

§. 1407.

In den Fällen des §. 1405 können die antheilsberechtigten Abkömmlinge verlangen, daß bei der Auseinandersetzung der Zustand zu Grunde gelegt werde, in welchem das Gesammtgut sich zu der Zeit befand, als der Rechtsstreit wegen Auflösung der Gütergemeinschaft anhängig wurde.

In den Fällen des §. 1405 sind die antheilsberechtigten Abkömmlinge auch berechtigt, einen Gegenstand, welchen der verstorbene Ehegatte nach der Vorschrift des §. 1378 Abs. 2 gegen Ersatz des Werthes zu übernehmen berechtigt gewesen wäre, in gleicher Weise zu übernehmen.

Die in dem ersten und zweiten Absatze bezeichneten Rechte können von den antheilsberechtigten Abkömmlingen nur gemeinschaftlich ausgeübt werden.

§. 1408.

Mehrere antheilsberechtigte Abkömmlinge theilen die ihnen zufallende Hälfte des Gesammtgutes der fortgesetzten Gütergemeinschaft unter sich nach dem Verhältnisse der Antheile, zu welchen sie, wenn der verstorbene Ehegatte erst zur Zeit der Auflösung der fortgesetzten Gütergemeinschaft gestorben wäre, als dessen gesetzliche Erben berufen sein würden. Das Vorempfangene kommt nach Maßgabe der über die Ausgleichung unter Abkömmlingen des Erblassers bei der gesetzlichen Erbfolge geltenden Vorschriften insoweit zur Ausgleichung, als eine solche Ausgleichung nicht bereits in Gemäßheit des §. 1395 Abs. 4 erfolgt ist.

§. 1409.

Der überlebende Ehegatte ist nicht berechtigt zu Verfügungen von Todeswegen, welche die den gemeinschaftlichen Abkömmlingen an dem Gesammtgute der fortgesetzten Gütergemeinschaft zustehenden Rechte, insbesondere in Ansehung der Auseinandersetzung, berühren.

IV. Errungenschaftsgemeinschaft.

§. 1410.

Ist durch Ehevertrag vereinbart, daß unter den Ehegatten die eheliche Errungenschaftsgemeinschaft bestehen soll, so finden die Vorschriften der §§. 1411 bis 1430 Anwendung.

§. 1411.

Durch die Errungenschaftsgemeinschaft wird das Vermögen, welches der Ehemann, und das Vermögen, welches die Ehefrau während des Bestehens der Errungenschaftsgemeinschaft erwirbt, soweit nicht das Gesetz ein Anderes bestimmt, zu einem beiden Ehegatten gemeinschaftlich gehörenden Vermögen (Gesammtgut) vereinigt.

Das nicht zu dem Gesammtgute gehörende Vermögen sowohl des einen als des anderen Ehegatten wird, soweit nicht das Gesetz ein Anderes bestimmt, für Rechnung des Gesammtgutes in der Weise verwaltet, daß die Nutzungen zu dem Gesammtgute in demselben Umfange gehören, in welchem bei dem gesetzlichen ehelichen Güterstande die Nutzungen des Ehegutes dem Ehemanne gehören (Sondergut).

§. 1412.

Sondergut eines Ehegatten sind, außer dem demselben bei dem Eintritte der Errungenschaftsgemeinschaft zustehenden Vermögen, die Gegenstände, welche während des Bestehens der Errungenschaftsgemeinschaft von dem Ehegatten durch Erbfolge oder durch Vermächtniß oder als Pflichttheil oder durch Schenkung erworben oder demselben zur Ausstattung gewährt oder mit Rücksicht auf ein künftiges Erbrecht übertragen werden.

§. 1413.

Sondergut eines Ehegatten sind die Gegenstände, welche für Sondergut desselben durch Ehevertrag erklärt sind.

§. 1414.

Sondergut eines Ehegatten sind die Gegenstände, welche derselbe auf Grund eines zu seinem Sondergute gehörenden Rechtes oder als Ersatz für die Zerstörung, Beschädigung oder Entziehung eines zu seinem Sondergute gehörenden Gegenstandes oder durch solche Rechtsgeschäfte erwirbt, welche auf sein Sondergut sich beziehen, es sei denn, daß die Gegenstände durch den Betrieb eines Erwerbsgeschäftes erworben werden oder nach der Vorschrift des §. 1411 Abs. 2 zu dem Gesammtgute gehören.

§. 1415.

Sondergut eines Ehegatten sind die von demselben erworbenen Gegenstände, welche durch Rechtsgeschäft nicht übertragen werden können, sowie die von dem Ehegatten erworbenen Rechte, welche mit dem Tode des Berechtigten erlöschen oder durch den Tod eines der Ehegatten bedingt sind, auch wenn sie von dem Ehegatten während des Bestehens der Errungenschaftsgemeinschaft erworben werden.

§. 1416.

Von dem Gesammtgute und von dem Sondergute eines Ehegatten ausgeschlossen (Vorbehaltsgut) sind die in den §§. 1346 bis 1349 bezeichneten Gegenstände.

§. 1417.

Auf das Gesammtgut finden die Vorschriften der §§. 1343 bis 1345, 1352 bis 1356, 1358, 1364, 1365, 1370, auf das Sondergut der Ehefrau, soweit nicht aus dem Gesetze ein Anderes sich ergiebt, die Vorschriften der §§. 1283, 1285, 1292 bis 1296, 1298, 1300 bis 1312, 1314 bis 1326 und auf das Vorbehaltsgut der Ehefrau die Vorschriften des §. 1291 entsprechende Anwendung.

§. 1418.

Dem Gesammtgute fallen zur Last die Erhaltungskosten und Lasten des Sondergutes des Ehemannes und des Sondergutes der Ehefrau. Die Vorschriften des §. 1297 Abs. 1 finden entsprechende Anwendung.

§. 1419.

Dem Gesammtgute fällt der eheliche Aufwand zur Last.

§. 1420.

Soweit das Sondergut eines der Ehegatten auf Kosten des Gesammtgutes oder das Gesammtgut auf Kosten eines Sondergutes zur Zeit der Auflösung der Errungenschaftsgemeinschaft bereichert ist, muß dafür, unbeschadet der aus besonderen Gründen sich ergebenden weiter gehenden Ansprüche des einen oder anderen Ehegatten, aus dem bereicherten Gute zu dem anderen Gute Ersatz geleistet werden.

§. 1421.

Es wird vermuthet, daß das vorhandene Vermögen Gesammtgut sei.

Sind verbrauchbare Sachen, welche zu dem Sondergute eines der Ehegatten gehört haben, nicht mehr vorhanden, so wird zu Gunsten dieses Ehegatten vermuthet, daß die Sachen in das Gesammtgut verwendet seien und das letztere um den Werth der Sachen bereichert worden sei.

§. 1422.

Jeder der Ehegatten kann von dem anderen Ehegatten verlangen, daß der Bestand des einem jeden von ihnen gehörenden Sondergutes durch Aufnahme eines von beiden Ehegatten anzuerkennenden Verzeichnisses festgestellt werde; das Verzeichniß ist mit dem Datum und mit der Unterschrift beider Ehegatten zu versehen, auch auf Verlangen eines der Ehegatten auf dessen Kosten öffentlich zu beglaubigen.

§. 1423.

Verbindlichkeiten, wegen welcher die Gläubiger die Befriedigung aus dem Gesammtgute verlangen können (Gesammtgutsverbindlichkeiten), sind alle Verbindlichkeiten des Ehemannes.

Gesammtgutsverbindlichkeiten sind auch folgende Verbindlichkeiten der Ehefrau:

1. die Verbindlichkeiten der Ehefrau, welche auf das Sondergut derselben sich beziehen und zu den nach den

Vorschriften des §. 1418 von dem Gesammtgute zu tragenden Lasten des Sondergutes gehören;

2. die während des Bestehens der Errungenschaftsgemeinschaft entstandenen Verbindlichkeiten der Ehefrau aus Rechtsgeschäften und Urtheilen, sowie wegen der gerichtlichen Kosten des Rechtsstreites, in welchem ein solches Urtheil ergangen ist, sofern der Ehemann in die Vornahme des Rechtsgeschäftes oder in die Führung des Rechtsstreites eingewilligt oder dazu seine Genehmigung ertheilt hat oder es der Einwilligung des Ehemannes nach der Vorschrift des §. 1358 nicht bedurft hat;
3. die während des Bestehens der Errungenschaftsgemeinschaft entstandenen Verbindlichkeiten der Ehefrau aus Rechtsgeschäften oder Rechtsstreitigkeiten, welche der von dem Ehemanne der Ehefrau gestattete selbständige Betrieb eines Erwerbsgeschäftes mit sich bringt;
4. die Verbindlichkeiten der Ehefrau, welche während des Bestehens der Errungenschaftsgemeinschaft in Folge eines ihr zustehenden Rechtes oder des Besitzes einer ihr gehörenden Sache entstanden sind, sofern das Recht oder die Sache zu einem Erwerbsgeschäfte gehört, welches die Ehefrau mit Einwilligung des Ehemannes selbständig betreibt.

Soweit in den Fällen, in welchen eine Verbindlichkeit der Ehefrau nicht eine Gesammtgutsverbindlichkeit ist, das Gesammtgut bereichert ist, gilt die Verbindlichkeit als Gesammtgutsverbindlichkeit; die Vorschriften des §. 748 Abs. 3 finden entsprechende Anwendung.

Für die Verbindlichkeiten der Ehefrau, welche Gesammtgutsverbindlichkeiten sind, haftet der Ehemann persönlich.

§. 1424.

Auf die Zwangsvollstreckung gegen das Gesammtgut findet die Vorschrift des §. 1360 Abs. 1 entsprechende Anwendung.

Im Falle des Konkurses über das Vermögen des Ehemannes finden die Vorschriften des §. 1361 Abs. 1 und im Falle des Konkurses über das Vermögen der Ehefrau die Vorschrift des §. 1361 Abs. 2 entsprechende Anwendung.

§. 1425.

In Ansehung der auf der gesetzlichen Unterhaltspflicht beruhenden Ansprüche der Verwandten des Ehemannes und der

Verwandten der Ehefrau finden die Vorschriften des §. 1363 Anwendung.

§. 1426.

Die Gesammtgutsverbindlichkeiten fallen auch im Verhältnisse der Ehegatten zu einander dem Gesammtgute zur Last.

Folgende Verbindlichkeiten fallen jedoch im Verhältnisse der Ehegatten zu einander nicht dem Gesammtgute, sondern demjenigen Ehegatten zur Last, in dessen Person sie entstanden sind:

1. die Verbindlichkeiten eines der Ehegatten, welche aus einem auf das Vorbehaltsgut oder auf das Sondergut desselben sich beziehenden Rechtsverhältnisse, wenn auch vor dem Eintritte der Errungenschaftsgemeinschaft oder vor dem Zeitpunkte, in welchem das Gut Vorbehaltsgut oder Sondergut wurde, entstanden sind, es sei denn, daß die Verbindlichkeit zu den nach den Vorschriften des §. 1418 von dem Gesammtgute zu tragenden Lasten des Sondergutes gehört, oder daß die Verbindlichkeit nach Eintritt der Errungenschaftsgemeinschaft durch den Betrieb eines für Rechnung des Gesammtgutes von einem der Ehegatten betriebenen Erwerbsgeschäftes oder in Folge eines Rechtes oder des Besitzes einer Sache, welche zu einem solchen Erwerbsgeschäfte gehören, entstanden ist;
2. die vor dem Eintritte der Errungenschaftsgemeinschaft entstandenen Verbindlichkeiten des Ehemannes, es sei denn, daß die Verbindlichkeit auf das Sondergut des Ehemannes sich bezieht und zu den nach den Vorschriften des §. 1418 von dem Gesammtgute zu tragenden Lasten des Sondergutes gehört;
3. die Verbindlichkeiten des Ehemannes, welche aus einer während des Bestehens der Errungenschaftsgemeinschaft von dem Ehemanne begangenen unerlaubten Handlung oder aus dem durch eine solche Handlung herbeigeführten Strafverfahren entstanden sind;
4. die Verbindlichkeiten des Ehemannes, welche aus der Nutznießung und Verwaltung des Sondergutes der Ehefrau dieser gegenüber entstanden sind, soweit nicht das Gesammtgut zur Zeit der Auflösung der Errungenschaftsgemeinschaft bereichert ist;
5. die Verbindlichkeiten, welche aus einem Rechtsstreite über eine der unter Nr. 1 bis 4 bezeichneten Verbindlichkeiten entstanden sind, es sei denn, daß die Verbindlichkeit zu den nach den Vorschriften des §. 1418

von dem Gesammtgute zu tragenden Lasten des Sondergutes gehört.

§. 1427.

In Ansehung einer von dem Ehemanne einem Kinde zugesicherten oder gewährten Ausstattung finden die Vorschriften des §. 1368 entsprechende Anwendung.

§. 1428.

Auf Leistung desjenigen, was einer der Ehegatten zu dem Gesammtgute zu leisten oder der Ehemann aus dem Gesammtgute zu fordern hat, sowie auf andere Verbindlichkeiten der Ehefrau gegenüber dem Ehemanne finden die Vorschriften des §. 1369 entsprechende Anwendung.

§. 1429.

In Ansehung der Auflösung der Errungenschaftsgemeinschaft finden die Vorschriften der §§. 1371 bis 1382 mit nachstehenden Abweichungen und näheren Bestimmungen entsprechende Anwendung.

Die Auflösung der Errungenschaftsgemeinschaft erfolgt auch mit der Rechtskraft des Beschlusses, durch welchen der Konkurs über das Vermögen des Ehemannes eröffnet wird, und mit der Erlassung des Urtheiles, durch welches der Ehemann für todt erklärt wird. Im Falle einer solchen Auflösung tritt für die Zukunft unter den Ehegatten Trennung der Güter nach Maßgabe der §§. 1339, 1340 ein; auch finden die Vorschriften der §§. 1336, 1337 entsprechende Anwendung.

Die Ehefrau kann die Auflösung der Errungenschaftsgemeinschaft und Trennung der Güter auch in den im §. 1328 Nr. 1, 3, 4 bezeichneten Fällen verlangen.

Erfolgt die Auflösung auf Verlangen der Ehefrau, so findet in Ansehung des Sondergutes der Ehefrau die Vorschrift des §. 1329 entsprechende Anwendung.

§. 1430.

Ist die Auflösung der Errungenschaftsgemeinschaft aus einem der im §. 1328 Nr. 3, 4 bezeichneten Gründe oder in Folge der Todeserklärung eingetreten, so kann der Ehemann unter den im §. 1331 Abs. 1 und im §. 1332 bezeichneten Voraussetzungen die Wiederherstellung der Errungenschaftsgemeinschaft verlangen.

Ist die Auflösung in Folge des Konkurses über das Vermögen des Ehemannes eingetreten, so kann die Ehefrau die Wiederherstellung der Errungenschaftsgemeinschaft verlangen. Der Anspruch erlischt jedoch, wenn er nicht vor Beendigung des Konkurses rechtshängig gemacht ist.

Die Vorschriften des §. 1331 Abs. 1 Satz 2, Abs. 2 finden in den Fällen des ersten und zweiten Absatzes mit der Maßgabe entsprechende Anwendung, daß die Vorschrift des §. 1331 Abs. 1 Satz 2 auch für das Vorbehaltsgut des Ehemannes gilt.

V. Gemeinschaft des beweglichen Vermögens und der Errungenschaft.

§. 1431.

Ist durch Ehevertrag vereinbart, daß unter den Ehegatten Gemeinschaft des beweglichen Vermögens und der Errungenschaft bestehen soll, so finden die für die allgemeine eheliche Gütergemeinschaft geltenden Vorschriften Anwendung, soweit nicht aus den §§. 1432 bis 1434 ein Anderes sich ergiebt.

Steht einer der Vertragschließenden unter elterlicher Gewalt oder unter Vormundschaft, so finden die Vorschriften des §. 1341 Abs. 2 entsprechende Anwendung.

§. 1432.

Sondergut eines Ehegatten ist, außer den im §. 1351 bezeichneten Gegenständen, das unbewegliche Vermögen, welches derselbe bei Eintritt der Gemeinschaft des beweglichen Vermögens und der Errungenschaft hat oder während des Bestehens dieser Gemeinschaft durch Erbfolge oder durch Vermächtniß oder durch Uebertragung mit Rücksicht auf ein künftiges Erbrecht oder durch Schenkung erwirbt.

Unbewegliches Vermögen im Sinne des ersten Absatzes sind:

1. die Grundstücke nebst deren Zubehör;
2. die Rechte an Grundstücken mit Ausnahme der Hypotheken und Grundschulden;
3. der Nießbrauch an einem nach der Vorschrift unter Nr. 2 zu dem unbeweglichen Vermögen gehörenden Rechte;
4. Forderungen, welche die Uebertragung des Eigenthumes an Grundstücken oder die Begründung oder Uebertragung eines nach den Vorschriften unter Nr. 2, 3 zu dem unbeweglichen Vermögen gehörenden Rechtes zum Gegenstande haben.

§. 1433.

Erwirbt einer der Ehegatten während des Bestehens der Gemeinschaft des beweglichen Vermögens und der Errungenschaft durch Erbfolge oder durch Vermächtniß oder durch Uebertragung mit Rücksicht auf ein künftiges Erbrecht oder durch Schenkung solche

Gegenstände, welche in Gemäßheit des §. 1432 zum Theil Sondergut, zum Theil Gesammtgut werden, so fallen im Verhältnisse der Ehegatten zu einander die durch den Erwerb entstandenen Verbindlichkeiten dem Ehegatten, welcher den Erwerb gemacht hat, und dem Gesammtgute nach demjenigen Verhältnisse zur Last, in welchem der Werth der zu dem Sondergute gehörenden Gegenstände zum Werthe der zu dem Gesammtgute gehörenden Gegenstände steht.

§. 1434.

Die Vorschriften der §§. 1383 bis 1409 finden auf die Gemeinschaft des beweglichen Vermögens und der Errungenschaft keine Anwendung.

Vierter Titel.
Eherechtliches Register.

§. 1435.

Die Veröffentlichung einer auf die vermögensrechtlichen Verhältnisse der Ehegatten sich beziehenden Thatsache erfolgt in den Fällen, in welchen das Gesetz die Veröffentlichung zur Wirksamkeit der Thatsache gegen Dritte erfordert, durch Eintragung in ein für solche Eintragungen bestimmtes, von jedem Amtsgerichte zu führendes Register (eherechtliches Register).

Das eherechtliche Register ist öffentlich; seine Einsicht ist während der gewöhnlichen Dienststunden einem Jeden gestattet; auch kann von den Eintragungen gegen Erlegung der Kosten eine Abschrift gefordert werden; die Abschrift ist auf Verlangen zu beglaubigen.

§. 1436.

Die im §. 1435 bezeichnete Eintragung muß in das eherechtliche Register desjenigen Amtsgerichtes bewirkt werden, in dessen Bezirke der Ehemann seinen Wohnsitz hat. Wird von dem Ehemanne der Wohnsitz in den Bezirk eines anderen Amtsgerichtes verlegt, so hat die Eintragung auch in das eherechtliche Register dieses Amtsgerichtes zu erfolgen. Die neue Eintragung muß binnen sechs Wochen seit der Begründung des anderen Wohnsitzes beantragt werden, widrigenfalls die frühere Eintragung ihre Wirkung verliert.

§. 1437.

Zur Eintragung in das eherechtliche Register ist in den Fällen des §. 1278 Abs. 4 und des §. 1307 Abs. 3 der Antrag des Ehemannes, in den übrigen Fällen der Antrag beider Ehegatten erforderlich. Der Antrag bedarf der gerichtlichen oder notariellen Form. In den Fällen der §§. 1330 bis 1332, 1381, 1429, 1430 wird durch das rechtskräftige, in der Hauptsache erlassene Urtheil der Antrag des verurtheilten Ehegatten ersetzt.

Für den Inhalt der Eintragung ist nur der Inhalt des Antrages maßgebend. Bei dem Antrage auf eine Eintragung, welche auf Grund eines Ehevertrages erfolgen soll, bedarf es nicht der Vorlegung des Ehevertrages. Der Antrag kann auf Eintragung eines Theiles des Inhaltes des Ehevertrages beschränkt werden.

§ 1438.

Jeder Ehegatte ist in den Fällen, in welchen zu der Eintragung der Antrag beider Ehegatten erforderlich ist, gegenüber dem anderen Ehegatten verpflichtet, mit diesem die Eintragung in der zu dieser nöthigen Form zu beantragen.

§. 1439.

Das Amtsgericht soll jede Eintragung unverzüglich von Amtswegen durch Einrückung in das Blatt, welches zur Veröffentlichung amtlicher Bekanntmachungen des Amtsgerichtes bestimmt ist, öffentlich bekannt machen. In den Fällen, in welchen zu der Eintragung der Antrag beider Ehegatten erforderlich ist, hat die Bekanntmachung nur den unter den Ehegatten bestehenden Güterstand und, wenn dieser anders geregelt ist, als das Gesetz mit sich bringt, die von dem Gesetze abweichende Regelung nur im Allgemeinen ohne Erwähnung der Einzelheiten zu bezeichnen.

Fünfter Titel.

Auflösung der Ehe.

I. Scheidung und Trennung von Tisch und Bett.

§. 1440.

Die Auflösung der Ehe vor dem Tode eines der Ehegatten kann, vorbehaltlich der Vorschrift des §. 1464, nur durch gerichtliches Urtheil erfolgen (Scheidung).

Die Scheidung ist nur in den Fällen zulässig, welche in den §§. 1441 bis 1445 bezeichnet sind.

Auf beständige Trennung der Ehegatten von Tisch und Bett kann nicht erkannt werden. Auf zeitweilige Trennung derselben von Tisch und Bett kann, unbeschadet der Vorschriften des §. 1462, nur in den Fällen des §. 1444 erkannt werden.

§. 1441.

Ein Ehegatte kann die Scheidung verlangen, wenn der andere Ehegatte des Ehebruches oder einer nach den Vorschriften der §§. 171, 175 des Strafgesetzbuches strafbaren Handlung sich schuldig gemacht hat.

Das Recht auf Scheidung ist ausgeschlossen, wenn der andere Ehegatte der dieses Recht nach den Vorschriften des ersten Absatzes begründenden Handlung zugestimmt oder der Theilnahme an derselben sich schuldig gemacht hat.

§. 1442.

Ein Ehegatte kann die Scheidung verlangen, wenn der andere Ehegatte dem Leben des ersteren nachgestellt hat.

§. 1443.

Ein Ehegatte kann die Scheidung verlangen, wenn der andere Ehegatte ihn böslich verlassen hat.

Bösliche Verlassung ist nur dann anzunehmen, wenn der andere Ehegatte nach rechtskräftiger Verurtheilung zur Herstellung der häuslichen Gemeinschaft dem Urtheile ein Jahr lang wider den Willen des die Scheidung verlangenden Ehegatten böslicher Weise nicht Folge geleistet hat.

Gegen einen Ehegatten, welcher nur durch öffentliche Zustellung geladen werden kann, ist bösliche Verlassung auch ohne vorherige Verurtheilung zur Herstellung der häuslichen Gemeinschaft anzunehmen, wenn derselbe in der Absicht, den anderen Ehegatten böslicher Weise zu verlassen, wider dessen Willen die häusliche Gemeinschaft aufgegeben oder herzustellen unterlassen hat und von dieser Zeit an sowie seit dem Eintritte der Voraussetzungen der öffentlichen Zustellung mindestens ein Jahr verstrichen ist. Liegen in der ersten Instanz oder in der Berufungsinstanz zur Zeit der mündlichen Verhandlung, auf welche das Urtheil zu erlassen ist, die Voraussetzungen der öffentlichen Zustellung nicht mehr vor, so ist die Scheidung unstatthaft. Der Kläger kann jedoch in einem solchen Falle, ohne daß es der Erhebung einer neuen Klage bedarf, die Verurtheilung des Beklagten zur Herstellung der häuslichen Gemeinschaft beantragen.

§. 1444.

Ist von einem Ehegatten in anderer als der in den §§. 1441 bis 1443 bezeichneten Weise durch schwere Verletzung der ihm gegen den anderen Ehegatten obliegenden ehelichen Pflichten, insbesondere durch schwere Mißhandlung desselben, oder durch ehrloses oder unsittliches Verhalten, insbesondere durch ein nach Schließung der Ehe begangenes entehrendes Verbrechen oder Vergehen, eine so tiefe Zerrüttung des ehelichen Verhältnisses verschuldet worden, daß dem anderen Ehegatten die Fortsetzung der Ehe nicht zugemuthet werden kann, so ist der andere Ehegatte die Trennung von Tisch und Bett zu verlangen berechtigt; die sofortige Scheidung ist er in einem solchen Falle nur dann zu verlangen berechtigt, wenn nach den Umständen des Falles die Aussicht auf Herstellung des ehelichen Verhältnisses ausgeschlossen ist.

Die Zeit der Trennung von Tisch und Bett ist in dem Urtheile zu bestimmen; die Trennung kann nicht auf einen längeren Zeitraum als zwei Jahre bestimmt werden.

§. 1445.

Ist auf Trennung von Tisch und Bett erkannt, so kann der Ehegatte, welcher das Urtheil erwirkt hat, nach Ablauf der bestimmten Trennungszeit auf Grund des Urtheiles im Wege einer neuen Klage die Scheidung verlangen.

Ist nach Ablauf der Trennungszeit von dem Ehegatten, welcher das Urtheil erwirkt hat, die Scheidung nicht verlangt, dagegen von dem Ehegatten, gegen welchen das Urtheil erlassen ist, auf Herstellung des ehelichen Lebens Klage erhoben und der andere Ehegatte zu der Herstellung rechtskräftig verurtheilt worden, so ist der letztere nicht mehr berechtigt, auf Grund des Trennungsurtheiles die Scheidung zu verlangen.

§. 1446.

Das Recht auf Scheidung und auf Trennung von Tisch und Bett ist ausgeschlossen, wenn der berechtigte Ehegatte die das Recht begründende Handlung verziehen hat. Die Verzeihung des dem Urtheile auf Trennung von Tisch und Bett zu Grunde liegenden Scheidungsgrundes kann im Falle des §. 1445 auch noch gegenüber der Klage auf Scheidung geltend gemacht werden, sofern die Verzeihung so spät erfolgt ist, daß sie in dem früheren Rechtsstreite nicht mehr geltend gemacht werden konnte.

§. 1447.

Die Klage auf Scheidung und die Klage auf Trennung von Tisch und Bett muß in den Fällen der §§. 1441, 1442, 1444 binnen sechs Monaten erhoben werden. Die Frist beginnt mit dem Zeitpunkte, in welchem der berechtigte Ehegatte von der das Recht begründenden Handlung Kenntniß erlangt hat.

Die Frist zur Erhebung der Klage beträgt dreißig Jahre von dem Zeitpunkte an, in welchem die Handlung begangen worden ist, wenn nicht die Klage in Gemäßheit des ersten Absatzes bereits früher ausgeschlossen ist.

Die Vorschriften der §§. 164, 166 finden entsprechende Anwendung.

Der Erhebung der Klage steht die Ladung zum Sühnetermine gleich. Diese Ladung verliert jedoch ihre Wirkung, wenn nicht binnen drei Monaten seit der Beendigung des Sühneverfahrens die Klage erhoben ist; die Vorschrift des §. 572 Abs. 2 Satz 1 der Civilprozeßordnung bleibt unberührt.

Ein Scheidungsgrund oder ein Trennungsgrund, welcher nach den Vorschriften des ersten bis vierten Absatzes zur Zeit der Erhebung der Klage oder zur Zeit der Ladung zum Sühnetermine noch nicht ausgeschlossen war, kann in demselben Rechtsstreite auch noch zu der Zeit geltend gemacht werden, in welcher die für seine Zulässigkeit in jenen Vorschriften bestimmten Fristen bereits verstrichen sind.

§. 1448.

Eine Thatsache, auf welche der Antrag auf Scheidung oder auf Trennung von Tisch und Bett nicht mehr gegründet werden kann, darf in Verbindung mit einer anderen noch nicht ausgeschlossenen Thatsache zur Begründung des Antrages auf Scheidung oder auf Trennung von Tisch und Bett geltend gemacht werden.

§. 1449.

In jedem Urtheile, durch welches auf Scheidung oder auf Trennung von Tisch und Bett erkannt wird, ist zugleich zu bestimmen, daß der Ehegatte, gegen welchen die Klage erhoben ist, der schuldige Theil sei, und, wenn ein jeder der Ehegatten auf Scheidung oder auf Trennung von Tisch und Bett geklagt hat und beide Klagen für begründet erachtet werden, daß jeder Ehegatte der schuldige Theil sei. Die letztere Bestimmung muß auf Antrag des Beklagten auch dann erfolgen, wenn der Beklagte die Scheidung oder die Trennung von Tisch und Bett zu verlangen berechtigt ist, eine Widerklage aber nicht erhoben hat, sowie auch dann, wenn das Recht des Beklagten auf Scheidung oder auf Trennung von Tisch und Bett durch Verzeihung oder Zeitablauf ausgeschlossen ist, der Verlust des Rechtes aber erst nach Entstehung des von dem Kläger geltend gemachten Scheidungsgrundes oder Trennungsgrundes eingetreten ist.

§. 1450.

Wird wegen Ehebruches auf Scheidung erkannt und ergeben die Verhandlungen die Person desjenigen, mit welchem der Ehegatte des Ehebruches sich schuldig gemacht hat, so soll in der Urtheilsformel der Ehebruch als Grund der Scheidung sowie jene Person bezeichnet werden.

§. 1451.[1])

Auf den Rechtsstreit, welcher die Scheidung oder die Trennung von Tisch und Bett zum Gegenstande hat, finden die Vorschriften des §. 1254 mit der Maßgabe entsprechende Anwendung, daß die Klage von dem gesetzlichen Vertreter eines geschäftsunfähigen Ehegatten nicht erhoben werden kann.

§. 1452.

Die Auflösung der Ehe tritt mit der Rechtskraft des die Scheidung bestimmenden Urtheiles ein.

§. 1453.

Ist ein Ehegatte in dem Urtheile, durch welches die Ehe geschieden wird, allein für den schuldigen Theil erklärt, so kann der andere Ehegatte diejenigen Schenkungen widerrufen, welche er während des Brautstandes oder während des Ehestandes dem für den schuldigen Theil erklärten Ehegatten gemacht hat. Das Recht des Widerrufes erlischt mit dem Tode des Schenkers oder des Beschenkten; es erlischt auch mit Ablauf eines Jahres seit der Rechtskraft des Scheidungsurtheiles. Im Falle des Widerrufes steht dem Schenker oder dessen Erben das Recht zu, das Geleistete nach Maßgabe des §. 745 zurückzufordern.

§. 1454.

Der allein für den schuldigen Theil erklärte Ehegatte ist verpflichtet, dem anderen Ehegatten, wenn und solange dieser wegen Vermögenslosigkeit und Erwerbsunfähigkeit sich selbst zu unterhalten nicht im Stande ist, den Unterhalt zu gewähren. Auf diese Unterhaltspflicht finden die Vorschriften des §. 1481 Abs. 2, des §. 1482 Abs. 1, des §. 1484 Satz 1, der §§. 1487, 1488, des §. 1490 Abs. 1, des §. 1491 Abs. 1, 3 und der §§. 1492 bis 1494, 1496 mit der Maßgabe entsprechende Anwendung, daß die Unterhaltspflicht

---

[1]) Vergl. die in der Anmerkung zum Unterabschnitte IV. des ersten Titels, §§. 1250 ff., mitgetheilten Ergänzungen und Aenderungen der Vorschriften der Civilprozeßordnung über das Verfahren in Ehesachen unter Nr. 2, 5, 6, 9, 13.

auch dann erlischt, wenn der berechtigte Ehegatte eine andere Ehe schließt.

Hat der für den schuldigen Theil erklärte Ehegatte eine neue Ehe geschlossen, so finden, wenn in der neuen Ehe der gesetzliche Güterstand besteht, die Vorschriften des §. 1313, wenn in der neuen Ehe die allgemeine Gütergemeinschaft, die Errungenschaftsgemeinschaft oder die Gemeinschaft des beweglichen Vermögens und der Errungenschaft besteht, die Vorschriften des §. 1363 entsprechende Anwendung.

§. 1455.

Die geschiedene Ehefrau behält den Familiennamen des Ehemannes.

§. 1456.

Die Sorge für die Person der gemeinschaftlichen Kinder steht nach der Auflösung der Ehe durch Scheidung, solange beide Ehegatten leben, wenn nur ein Ehegatte für den schuldigen Theil erklärt ist, dem anderen Ehegatten, wenn beide Ehegatten für den schuldigen Theil erklärt sind, in Ansehung der Töchter der Mutter, in Ansehung der Söhne bis zum zurückgelegten sechsten Lebensjahre der Mutter, für die späteren Lebensjahre dem Vater zu. Das Vormundschaftsgericht kann jedoch die Sorge für die Person eines Kindes an den nach den vorstehenden Bestimmungen zu dieser Sorge nicht berufenen Elterntheil übertragen, wenn dies durch besondere Umstände im Interesse des Kindes geboten erscheint; die Anordnungen des Vormundschaftsgerichtes können zu jeder Zeit, sofern es im Interesse des Kindes nöthig wird oder die Umstände, welche die Anordnung veranlaßt haben, weggefallen sind, aufgehoben oder geändert werden.

Die Sorge für die Person des Kindes schließt in den Fällen des ersten Absatzes, unbeschadet der aus der elterlichen Gewalt sich ergebenden Rechte, die gesetzliche Vertretung des Kindes nicht ein.

§. 1457.

Der Elterntheil, welcher in Gemäßheit des §. 1456 von der Sorge für die Person eines Kindes ausgeschlossen ist, behält die Befugniß, mit dem Kinde persönlich zu verkehren. Die näheren Anordnungen über diesen persönlichen Verkehr sind erforderlichenfalls von dem Vormundschaftsgerichte zu treffen.

§. 1458.

Zu den Kosten des einem gemeinschaftlichen Kinde der geschiedenen Ehegatten von dem Ehemanne zu gewährenden Unterhaltes ist die Ehefrau, wenn dem Ehemanne die elterliche Nutznießung an dem Vermögen des Kindes nicht zusteht, aus den Einkünften ihres Vermögens und aus dem Ertrage eines von ihr betriebenen Erwerbsgeschäftes einen angemessenen Beitrag dem Ehemanne zu leisten verpflichtet.

Der dem Ehemanne zustehende Anspruch kann nicht übertragen werden und eine Aufrechnung gegen ihn ist nicht statthaft.

§. 1459.

Durch die Trennung von Tisch und Bett wird während der in dem Urtheile bestimmten Trennungszeit die Verpflichtung beider Ehegatten zur häuslichen Gemeinschaft und zur Leistung der ehelichen Pflicht aufgehoben.

§. 1460.

Die gegenseitige Unterhaltspflicht der von Tisch und Bett getrennten Ehegatten bleibt auch während der in dem Urtheile bestimmten Trennungszeit bestehen. Es gelten für dieselbe jedoch die nachstehenden besonderen Vorschriften.

Der zu dem Unterhalte verpflichtete Ehegatte hat seine Verpflichtung durch Geldzahlung zu erfüllen.

Der Ehemann ist verpflichtet, der Ehefrau die zur Führung eines abgesonderten Haushaltes erforderlichen Sachen zum Zwecke des Gebrauches aus dem bisher gemeinschaftlichen Haushalte herauszugeben, es sei denn, daß dieselben für ihn selbst unentbehrlich sind, oder daß solche Sachen in dem der Verfügung der Ehefrau unterliegenden Vermögen sich befinden.

Das Gericht ist befugt, nach billigem Ermessen in Rücksicht auf die Bedürfnisse, Vermögensumstände und Erwerbsverhältnisse beider Ehegatten die Verpflichtung des Ehemannes auf die Zahlung eines Beitrages für den Unterhalt der Ehefrau zu beschränken oder auch den Ehemann von der Unterhaltspflicht vollständig zu befreien.

§. 1461.

In Ansehung der Sorge für die Person der gemeinschaftlichen Kinder der von Tisch und Bett getrennten Ehegatten finden für die in dem Urtheile bestimmte Trennungszeit die Vorschriften der §§. 1456, 1457 entsprechende Anwendung.

§. 1462.

Auf den Antrag eines jeden der Ehegatten kann durch einstweilige Verfügung die Verpflichtung der Ehegatten zur häuslichen Gemeinschaft und zur Leistung der ehelichen Pflicht bis zur Erledigung des Rechtsstreites, welcher die Scheidung oder die

Trennung von Tisch und Bett zum Gegenstande hat, aufgehoben und für dieselbe Zeit die gegenseitige Unterhaltspflicht, die Sorge für die Person der gemeinschaftlichen Kinder innerhalb der im §. 1456 Abs. 2 bezeichneten Grenzen sowie die Verpflichtung zur Gewährung des Unterhaltes an die letzteren im Verhältnisse der Ehegatten zu einander geordnet werden.

Der Antrag ist zulässig, sobald auf Grund des §. 571 der Civilprozeßordnung der Termin zum Versuche der Sühne oder auf die Klage der Termin zur mündlichen Verhandlung bestimmt oder im Wege der Erhebung der Widerklage die Scheidung oder die Trennung von Tisch und Bett beantragt ist.

§. 1463.

Ist rechtskräftig auf Scheidung oder auf Trennung von Tisch und Bett erkannt oder in Gemäßheit des §. 1462 eine einstweilige Verfügung erlassen, so soll hiervon, wenn ein gemeinschaftliches minderjähriges Kind vorhanden ist, das Prozeßgericht von Amtswegen dem Vormundschaftsgerichte unverzüglich Mittheilung machen.

II. Auflösung der Ehe in Folge Todeserklärung.

§. 1464.

Wenn nach der Todeserklärung eines Ehegatten der andere Ehegatte eine neue Ehe schließt, der für todt erklärte Ehegatte aber zur Zeit der Eheschließung noch am Leben ist, so wird mit Schließung der neuen Ehe die zwischen dem für todt erklärten und dem anderen Ehegatten bestehende Ehe aufgelöst.

Die Auflösung der früheren Ehe bleibt in Kraft, auch wenn die Todeserklärung nach Schließung der neuen Ehe aufgehoben wird oder die neue Ehe anfechtbar ist und angefochten wird.

Die Vorschrift des ersten Absatzes findet keine Anwendung, wenn der Ehegatte, welcher die neue Ehe schließt, bei der Eheschließung weiß, daß zu dieser Zeit der für todt erklärte Ehegatte noch lebt, oder wenn die neue Ehe aus einem anderen Grunde nichtig ist.

§. 1465.

Ist die Ehe in Gemäßheit des §. 1464 aufgelöst, so finden in Ansehung der gemeinschaftlichen Kinder die auf den Fall, daß beide Ehegatten für den schuldigen Theil erklärt sind, sich beziehenden Vorschriften der §§. 1456, 1457 sowie die Vorschriften des §. 1458 entsprechende Anwendung.

Zweiter Abschnitt.
Verwandtschaft.

Erster Titel.
Eheliche Abstammung.

§. 1466.

Ein eheliches Kind ist nicht nur dasjenige, welches die Ehefrau während der Ehe von dem Ehemanne empfangen hat, sondern auch dasjenige, welches die Ehefrau vor Schließung der Ehe von dem Ehemanne empfangen und nach Schließung der Ehe geboren hat.

§. 1467.

Als die Zeit der Empfängniß eines Kindes gilt die Zeit von dem einhunderteinundachtzigsten bis zu dem dreihundertsten Tage vor dem Tage der Geburt des Kindes, mit Einschluß sowohl des einhunderteinundachtzigsten als des dreihundertsten Tages (Empfängnißzeit).

Ist die Ehefrau während dieser Zeit von einem Kinde entbunden worden, so gehört die vor die Entbindung fallende Zeit nicht zur Empfängnißzeit des nachher geborenen Kindes.

§. 1468.

Es wird vermuthet, daß das von der Ehefrau geborene Kind, dessen Empfängnißzeit ganz oder zum Theil in die Zeit während der Ehe fällt, von dem Ehemanne erzeugt sei.

§. 1469.

Die im §. 1468 bezeichnete Vermuthung kann nur durch den Beweis entkräftet werden, daß der Ehemann innerhalb der Empfängnißzeit, soweit diese in die Zeit während der Ehe fällt, mit der Ehefrau den Beischlaf nicht vollzogen hat.

§. 1470.

Ein nach Schließung der Ehe von der Ehefrau geborenes Kind, dessen Empfängnißzeit in die Zeit vor Schließung der Ehe fällt, gilt als von dem Ehemanne erzeugt, wenn dieser innerhalb der Empfängnißzeit mit der Ehefrau den Beischlaf vollzogen hat. Stirbt der Ehemann, ohne die Ehelichkeit eines solchen Kindes angefochten zu haben, so wird vermuthet, daß er innerhalb der Empfängnißzeit mit der Ehefrau den Beischlaf vollzogen habe.

§. 1471.

Die Unehelichkeit eines von der Ehefrau während der Ehe oder innerhalb dreihundert Tagen nach Auflösung der Ehe geborenen Kindes kann nur geltend gemacht werden, wenn der Ehemann entweder die Ehelichkeit nach Maßgabe der §§. 1472 bis 1475 angefochten hat oder, ohne das Recht der Anfechtung verloren zu haben, gestorben ist.

Hat der Ehemann die Anfechtungsklage erhoben, so kann die Unehelichkeit des Kindes, solange der Rechtsstreit über die Anfechtungsklage nicht erledigt ist, in anderer Art als durch diesen Rechtsstreit nicht geltend gemacht werden.

§. 1472.

Das Recht des Ehemannes, die Ehelichkeit anzufechten, erlischt, wenn er das Kind als das seinige durch ausdrückliche Willenserklärung anerkennt. Die Wirksamkeit der Anerkennung ist nicht davon abhängig, daß dieselbe gegenüber dem Kinde erfolgt. Die unter Beifügung einer Bedingung oder Zeitbestimmung erklärte Anerkennung ist unwirksam.

§. 1473.

Die Anfechtung der Ehelichkeit des Kindes von Seiten des Ehemannes muß binnen Jahresfrist erfolgen. Die Frist beginnt mit dem Zeitpunkte, in welchem der Ehemann von der Geburt des Kindes Kenntniß erlangt hat.

Die Vorschriften der §§. 164, 166 finden entsprechende Anwendung.

§. 1474.

Die Anfechtung und die Anerkennung der Ehelichkeit des Kindes von Seiten des Ehemannes kann nur durch den Ehemann selbst, nicht durch einen Vertreter, insbesondere auch nicht durch den gesetzlichen Vertreter, erfolgen. Die Vorschriften über den Anwaltszwang bleiben unberührt. Ist der Ehemann in der Geschäftsfähigkeit beschränkt, so bedarf er zu der Anfechtung und zu der Anerkennung nicht der Einwilligung des gesetzlichen Vertreters.

§. 1475.

Die Anfechtung der Ehelichkeit des Kindes von Seiten des Ehemannes erfolgt, solange dasselbe am Leben ist, durch Erhebung der Anfechtungsklage gegen das Kind.

Nach dem Tode des Kindes erfolgt die Anfechtung durch eine gegenüber dem Nachlaßgerichte abzugebende Willenserklärung. Das Nachlaßgericht soll die Erklärung sowohl denjenigen Personen mittheilen, welche bei Voraussetzung der Ehelichkeit, als auch denjenigen, welche bei Voraussetzung der Unehelichkeit des Kindes dessen Erben sind.

§. 1476.[1])

Auf den Rechtsstreit, welcher die Anfechtung der Ehelichkeit des Kindes zum Gegenstande hat, finden in Ansehung des Ehemannes die Vorschriften des §. 1254 mit der Maßgabe entsprechende Anwendung, daß die Anfechtungsklage von dem gesetzlichen Vertreter des geschäftsunfähigen Ehemannes nicht erhoben

---

[1]) Das Einführungsgesetz wird folgende Aenderungen und Ergänzungen der Civilprozeßordnung bestimmen:

1. Die Ueberschrift des sechsten Buches der Civilprozeßordnung wird dahin geändert:

   Ehesachen, Entmündigungssachen und Feststellung familienrechtlicher Verhältnisse.

2. Hinter §. 627 der Civilprozeßordnung wird als dritter Abschnitt des sechsten Buches ein neuer Abschnitt mit der Ueberschrift »Verfahren in Rechtsstreitigkeiten, welche die Feststellung des Rechtsverhältnisses zwischen Eltern und Kindern zum Gegenstande haben«, und mit folgenden Vorschriften eingeschaltet:

   §. 627 a.

   Ist die Anfechtung der Ehelichkeit eines Kindes von Seiten des Ehemannes nach Maßgabe des §. 1475 Abs. 1 des bürgerlichen Gesetzbuches durch Erhebung der Anfechtungsklage gegen das Kind erfolgt, so finden auf den Rechtsstreit die Vorschriften der §§. 569, 573 a, 575 a, des §. 577 Abs. 1, der §§. 578, 579 und des §. 581 Abs. 1 entsprechende Anwendung, die Vorschriften des §. 573 a jedoch nur in Ansehung des Ehemannes. Stirbt eine der Parteien vor der Rechtskraft des Urtheiles, so ist der Rechtsstreit in Ansehung der Hauptsache als erledigt anzusehen.

   Mit der Anfechtungsklage kann eine andere Klage als diejenige, mit welcher die Anerkennung der Ehelichkeit des Kindes angefochten wird, nicht verbunden, gegen dieselbe eine Widerklage nicht erhoben werden.

   §. 627 b.

   Hat der Ehemann, welcher das Kind als das seinige anerkannt hat, die Anerkennung nach Maßgabe des §. 1478 des bürgerlichen Gesetzbuches durch Erhebung der Anfechtungsklage gegen das Kind angefochten, so finden auf den Rechtsstreit die Vorschriften des §. 627 a entsprechende Anwendung.

   §. 627 c.

   Wird die Klage auf Feststellung des Bestehens oder des Nichtbestehens eines Eltern- und Kindesverhältnisses zwischen den Parteien oder auf Feststellung des Bestehens oder des Nichtbestehens der elterlichen Gewalt der einen Partei

werden kann. Die Zurücknahme der Anfechtungsklage bewirkt, daß die Anfechtung als nicht erfolgt anzusehen ist und das Anfechtungsrecht des Ehemannes erlischt. Dasselbe gilt, wenn der Ehemann nach erfolgter Anfechtung, aber vor Erledigung des Rechtsstreites über die Anfechtungsklage das Kind nach Maßgabe des §. 1472 als das seinige anerkennt.

§. 1477.

Das auf die Anfechtungsklage erlassene, noch während der Lebenszeit des Ehemannes und des Kindes rechtskräftig gewordene Urtheil wirkt für und gegen Alle.

§. 1478.[1])

Hat der Ehemann das Kind als das seinige anerkannt, so finden in Ansehung der Anfechtung der Anerkennung die Vorschriften der §§. 164, 1474 bis 1477 entsprechende Anwendung.

§. 1479.

Hat die Ehefrau sich innerhalb dreihundert Tagen nach Auflösung der Ehe wieder verheirathet und innerhalb dieser Zeit nach Schließung der neuen Ehe ein Kind geboren, welches nach Maßgabe der §§. 1466 bis 1475 als eheliches Kind sowohl des Ehemannes der früheren Ehe als des Ehemannes der späteren Ehe anzusehen wäre, so ist das Kind, wenn es innerhalb zweihundertsiebzig Tagen nach Auflösung der früheren Ehe geboren ist, als eheliches Kind des Ehemannes der früheren Ehe, wenn es später geboren ist, als eheliches Kind des Ehemannes der späteren Ehe anzusehen.

über die andere erhoben, so finden auf den Rechtsstreit die Vorschriften der §§. 569, 573a, des §. 577 Abs. 2, der §§. 578, 579, 581, 589a und des §. 627a Abs. 1 Satz 2 entsprechende Anwendung.

Mit der Feststellungsklage kann eine andere Klage nicht verbunden, gegen dieselbe eine Widerklage anderer Art nicht erhoben werden.

Die Vorschriften des ersten und zweiten Absatzes finden keine Anwendung auf den Rechtsstreit, welcher die Feststellung des Bestehens oder des Nichtbestehens der unehelichen Vaterschaft zum Gegenstande hat.

Wegen der in den §§. 627a, 627b und 627c für entsprechend anwendbar erklärten Vorschriften der Civilprozeßordnung sind die in der Anmerkung zum Unterabschnitte IV. des ersten Titels des ersten Abschnittes, §§. 1250 ff., mitgetheilten Ergänzungen und Aenderungen der Civilprozeßordnung zu vergleichen.

[1]) Vergl. den in der Anmerkung zu §. 1476 unter Nr. 2 mitgetheilten neuen §. 627b der Civilprozeßordnung.

Zweiter Titel.

Unterhaltspflicht.

§. 1480.

Verwandte in gerader Linie sowie Geschwister sind verpflichtet, nach Maßgabe der in den §§. 1481 bis 1496 enthaltenen Vorschriften einander gegenseitig Unterhalt zu gewähren.

§. 1481.

Der Anspruch auf Gewährung des Unterhaltes ist nur begründet, wenn und soweit derjenige, welcher den Anspruch geltend macht, wegen Vermögenslosigkeit und Erwerbsunfähigkeit sich selbst zu unterhalten nicht im Stande ist.

Vermögenslosigkeit ist auch dann anzunehmen, wenn der Unterhaltsbedürftige nur solches Vermögen hat, welches zur Bestreitung des Unterhaltes nicht verwerthet werden kann.

Dem minderjährigen unverheiratheten Kinde steht gegenüber seinen Eltern der Unterhaltsanspruch ohne Rücksicht auf den Stamm des dem Kinde gehörenden Vermögens zu.

§. 1482.

Der Unterhaltsanspruch ist nur begründet, wenn und soweit derjenige, gegen welchen er geltend gemacht wird, bei Berücksichtigung seiner anderweiten Verpflichtungen im Stande ist, den Unterhalt ohne Beeinträchtigung seines eigenen standesmäßigen Unterhaltes zu gewähren.

Ist der Vater oder die Mutter eines minderjährigen unverheiratheten Kindes diesem den Unterhalt ohne Beeinträchtigung des eigenen Unterhaltes zu gewähren nicht im Stande, so sind sie verpflichtet, dem Kinde den Unterhalt insoweit zu gewähren, als sie denselben bei Berücksichtigung ihrer anderweiten Verpflichtungen für sich und das Kind zusammen zu bestreiten im Stande sind. Auf diese Verpflichtung findet jedoch die Vorschrift des §. 1481 Abs. 3 keine Anwendung; auch tritt sie nicht ein, wenn ein anderer zur Gewährung des Unterhaltes verpflichteter Verwandter des Kindes vorhanden ist.

§. 1483.

Soweit der Verpflichtete bei dem Zusammentreffen des Unterhaltsanspruches mehrerer Berechtigter nicht im Stande ist, allen Ansprüchen Genüge zu leisten, geht der Anspruch desjenigen vor, welcher nach der gesetzlichen Erbfolge zunächst als Erbe des Verpflichteten berufen sein würde. Der Unterhaltsanspruch der Geschwister steht jedoch dem Unterhaltsanspruche der Verwandten in gerader Linie nach.

Der Unterhaltsanspruch des Ehegatten steht dem Unterhaltsanspruche eines minderjährigen unverheiratheten Kindes gleich und geht dem Unterhaltsanspruche eines anderen Kindes und eines anderen Verwandten vor.

Der im §. 1454 bezeichnete Unterhaltsanspruch des geschiedenen Ehegatten steht dem Unterhaltsanspruche des späteren Ehegatten und der minderjährigen unverheiratheten Kinder des für den schuldigen Theil erklärten Ehegatten nach und geht dem Unterhaltsanspruche anderer Kinder und anderer Verwandten dieses Ehegatten vor.

§. 1484.

Der Ehegatte des Unterhaltsbedürftigen haftet vor den Verwandten desselben. Soweit jedoch der Ehegatte bei Berücksichtigung seiner anderweiten Verpflichtungen nicht im Stande ist, den Unterhalt ohne Beeinträchtigung seines eigenen Unterhaltes zu gewähren, haften die Verwandten vor dem Ehegatten. Die Vorschriften des §. 1487 finden entsprechende Anwendung.

§. 1485.

Die Unterhaltsverpflichtung trifft die Verwandten des Bedürftigen nach Maßgabe derjenigen Ordnung, in welcher dieselben als gesetzliche Erben des Bedürftigen berufen sein würden; es haften jedoch die Verwandten in gerader Linie vor den Geschwistern und der Vater vor der Mutter. Steht der Mutter die elterliche Nutznießung zu, so haftet die Mutter vor dem Vater.

§. 1486.

Sind Mehrere zur Gewährung des Unterhaltes gleichzeitig verpflichtet, so haftet der Einzelne für denjenigen Antheil, zu welchem er als gesetzlicher Erbe des Bedürftigen berufen sein würde. Würde vor oder neben dem Verpflichteten eine zur Gewährung des Unterhaltes nicht verpflichtete Person als gesetzlicher Erbe berufen sein, so ist in Ansehung der Bestimmung des Umfanges der Verpflichtung diese Person als nicht vorhanden anzusehen.

§. 1487.

Soweit ein Verwandter nicht im Stande ist, dem Bedürftigen den Unterhalt zu gewähren, ist er in Ansehung der Unterhaltsverpflichtung der übrigen Verwandten als nicht vorhanden anzusehen.

Dasselbe gilt zu Gunsten des Bedürftigen, wenn die Rechtsverfolgung gegen den zur Gewährung des Unterhaltes verpflichteten Verwandten im Inlande ausgeschlossen oder erheblich erschwert ist.

§. 1488.

Der Unterhalt umfaßt den ganzen Lebensbedarf und bei einer noch der Erziehung bedürftigen Person die Kosten der Taufe, der Erziehung sowie der Vorbildung zu einem besonderen Lebensberufe.

Der Unterhalt ist in dem Maße zu gewähren, welches der gesammten Lebensstellung des Berechtigten entspricht (standesmäßiger Unterhalt).

Auf Gewährung des nothdürftigen Unterhaltes ist die Unterhaltsverpflichtung nur in den Fällen beschränkt, für welche dies im Gesetze besonders bestimmt ist.

In der Verpflichtung zur Gewährung des Unterhaltes ist auch die Verpflichtung enthalten, die Beerdigungskosten zu tragen, soweit nicht der Erbe diese Kosten zu tragen verpflichtet ist.

§. 1489.

Die Geschwister haben gegen einander nur einen Anspruch auf Gewährung des nothdürftigen Unterhaltes.

§. 1490.

Der Anspruch eines jeden Berechtigten beschränkt sich auf Gewährung des nothdürftigen Unterhaltes, wenn dessen Bedürftigkeit auf eigenem sittlichen Verschulden beruht.

Dasselbe gilt, wenn der Berechtigte sich gegen den Verpflichteten so betragen hat, daß dieser ihm in Gemäßheit der §§. 2001, 2003, 2004 den Pflichttheil zu entziehen berechtigt sein würde. In Ansehung des den Großeltern und weiteren Voreltern gegen die Abkömmlinge zustehenden Unterhaltsanspruches finden die Vorschriften über das Recht der Kinder zur Entziehung des Pflichttheiles der Eltern entsprechende Anwendung.

Durch die im zweiten Absatze bestimmte Beschränkung der Unterhaltsverpflichtung auf Gewährung des nothdürftigen Unterhaltes wird ein Anspruch gegen einen Mitverpflichteten oder gegen denjenigen, welcher nach dem nur zur Gewährung des nothdürftigen Unterhaltes Verpflichteten haften würde, nicht begründet.

§. 1491.

Der Unterhalt ist durch Entrichtung einer Geldrente zu gewähren.

Auf Antrag des Verpflichteten kann das Gericht demselben gestatten, den Unterhalt in anderer Art zu gewähren, sofern besondere Umstände eine solche Gestattung rechtfertigen.

Auf den zu gewährenden Unterhalt finden die Vorschriften des §. 661 entsprechende Anwendung.

Der Verpflichtete, welchem das Erziehungsrecht gegen den Berechtigten zusteht, hat das Recht, selbst die Art der Gewährung des Unterhaltes und die Frist, für welche die Vorausleistung erfolgen soll, zu bestimmen. Die Befugniß des Vormundschaftsgerichtes, wegen Mißbrauches des Erziehungsrechtes einzuschreiten, bleibt unberührt.

Eltern haben das im vierten Absatze bezeichnete Recht auch gegenüber den nicht unter Erziehungsgewalt stehenden Kindern; das Gericht kann jedoch eine die Bestimmung der Eltern abändernde Entscheidung treffen, sofern besondere Umstände eine solche Entscheidung rechtfertigen.

§. 1492.

Ist der Unterhalt nicht gewährt, so kann der Berechtigte für die Vergangenheit Nachzahlung oder Entschädigung nur von der Zeit an fordern, in welcher der Verpflichtete in Verzug gekommen oder der Unterhaltsanspruch rechtshängig geworden ist.

§. 1493.

Auf die Abänderung eines die Verpflichtung zur Gewährung des Unterhaltes aussprechenden Urtheiles finden die Vorschriften des §. 724 Abs. 6 Satz 1, 2 entsprechende Anwendung.

§. 1494.

Im Konkurse über das Vermögen des zur Gewährung des Unterhaltes Verpflichteten kann der Unterhaltsanspruch für die Zukunft nicht geltend gemacht werden; dies gilt auch in Ansehung der im Voraus zu bewirkenden, bei Eröffnung des Konkurses bereits fälligen Leistungen.

§. 1495.

Auf den gesetzlichen Unterhaltsanspruch für die Zukunft kann nicht verzichtet werden.

Eine Vorausleistung zum Zwecke der Gewährung des Unterhaltes für die Zukunft befreit den Verpflichteten nur insoweit, als derselbe zu der Vorausleistung gesetzlich verpflichtet war, und, wenn er die Frist für die Vorausleistung zu bestimmen hatte, soweit die Vorausleistung für eine angemessene Frist bewirkt ist.

§. 1496.

Die Unterhaltsverpflichtung für die Zukunft erlischt mit dem Tode des Berechtigten oder des Verpflichteten. Diese Vorschrift findet auf die im Voraus zu bewirkenden, zur Zeit des Todes des Berechtigten oder Verpflichteten bereits fälligen Leistungen keine Anwendung.

Dritter Titel.

Rechtsverhältniß zwischen Eltern und ehelichen Kindern.

I. Allgemeine Vorschriften.

§. 1497.

Das eheliche Kind erhält den Familiennamen des Vaters.

§. 1498.

Das eheliche Kind ist seinen Eltern, solange es unter deren Erziehungsgewalt steht oder von denselben in deren Hausstande unterhalten wird, kindlichen Gehorsam schuldig.

§. 1499.

Das eheliche Kind ist, solange es dem Hausstande seiner Eltern angehört und entweder unter deren Erziehungsgewalt steht oder von denselben unterhalten wird, verpflichtet, in einer seinen Kräften und seiner Lebensstellung entsprechenden Weise den Eltern in deren Hauswesen und Gewerbe unentgeltlich Dienste zu leisten.

§. 1500.

Wird einem Kinde wegen dessen Verheirathung oder Errichtung eines eigenen Hausstandes von dem Vater oder der Mutter eine Ausstattung durch Vertrag zugesichert oder gewährt, so gilt dies nicht als Schenkung. Das Versprechen einer solchen Ausstattung ist an eine besondere Form nicht gebunden. Das zur Ausstattung Geleistete kann nicht deshalb zurückgefordert werden, weil eine Verbindlichkeit zur Leistung nicht bestanden hat. In Ansehung der Gewährleistung für das zur Ausstattung Geleistete finden die Vorschriften über die Gewährleistungspflicht des Schenkers entsprechende Anwendung.

Ist das Vermögen des Kindes von dem Elterntheile, welcher die Ausstattung gewährt hat, als dem gesetzlichen Vertreter des Kindes verwaltet worden, so wird vermuthet, daß die Ausstattung, soweit das Vermögen des Kindes hinreicht, aus diesem Vermögen gewährt sei.

Die Vorschriften des ersten Absatzes finden insoweit keine Anwendung, als die Ausstattung das den Umständen des Falles, insbesondere den Vermögensverhältnissen des Vaters oder der Mutter, entsprechende Maß übersteigt.

II. Elterliche Gewalt.

1. Allgemeine Vorschriften.

§. 1501.

Das eheliche minderjährige Kind steht unter der elterlichen Gewalt.

Die elterliche Gewalt steht dem Vater und nach dessen Tode der Mutter zu.

§. 1502.

Die elterliche Gewalt begründet für den Elterntheil, welchem sie zusteht (Inhaber der elterlichen Gewalt):

1. die Pflicht und das Recht, sowohl für die Person als für das Vermögen des Kindes zu sorgen;
2. das Recht der Nutznießung an dem Vermögen des Kindes (elterliche Nutznießung).

2. Sorge für die Person und das Vermögen des Kindes.

§. 1503.

Auf die Pflicht und das Recht des Inhabers der elterlichen Gewalt, für die Person und das Vermögen des Kindes zu sorgen, finden, soweit nicht aus dem Gesetze ein Anderes sich ergiebt, die Vorschriften der §§. 1649 bis 1651, 1653, 1660 bis 1662, 1664, 1665, 1667, auf die aus dieser Sorge zwischen dem Inhaber der elterlichen Gewalt und dem Kinde entstehenden Verbindlichkeiten die Vorschriften der §§ 1696 bis 1698, des §. 1700 Abs. 1 und auf die Haftung des Vormundschaftsrichters gegenüber dem Kinde die Vorschrift des §. 1702 entsprechende Anwendung.

Die Vorschrift des §. 1700 Abs. 1 findet auch dann entsprechende Anwendung, wenn der Inhaber der elterlichen Gewalt nur die elterliche Vermögensverwaltung verloren hat oder das Ruhen der elterlichen Gewalt desselben eingetreten ist.

§. 1504.

Die Sorge für die Person umfaßt insbesondere die Sorge für die Erziehung des Kindes und die Aufsicht über dasselbe. Sie gewährt die Befugniß, bei Ausübung des Erziehungsrechtes angemessene Zuchtmittel anzuwenden.

Das Vormundschaftsgericht hat den Berechtigten auf dessen Antrag durch geeignete Zwangsmaßregeln in der Ausübung des elterlichen Zuchtrechtes nach verständigem Ermessen zu unterstützen.

§. 1505

Das Recht, für die Person des Kindes zu sorgen, begründet den Anspruch auf Herausgabe des Kindes gegen denjenigen, welcher dasselbe widerrechtlich vorenthält.

Zum Zwecke der Zurückführung eines flüchtigen Kindes kann polizeiliche Hülfe in Anspruch genommen werden.

§. 1506.

Während des Bestehens der Ehe hat neben dem Vater auch die Mutter die Pflicht und das Recht, für die Person des Kindes zu sorgen; es steht ihr jedoch die gesetzliche Vertretung des Kindes nicht zu.

Im Falle einer Verschiedenheit der Meinungen zwischen dem Vater und der Mutter entscheidet der Vater.

§. 1507.

Zu dem Antrage des Inhabers der elterlichen Gewalt auf Entlassung des Kindes aus dem Staatsverbande ist die Genehmigung des Vormundschaftsgerichtes erforderlich, es sei denn, daß derselbe gleichzeitig beantragt, ihn selbst aus dem Staatsverbande zu entlassen.

§. 1508.

In welchem religiösen Bekenntnisse das Kind zu erziehen ist, bestimmt sich nach den Landesgesetzen.

§. 1509.

Wird von der unter elterlicher Gewalt stehenden Tochter eine Ehe geschlossen, oder wird die elterliche Gewalt über eine Ehefrau erlangt, so beschränkt sich die Pflicht und das Recht des Inhabers der elterlichen Gewalt, für die Person zu sorgen, auf die gesetzliche Vertretung der Tochter in Ansehung der die persönlichen Angelegenheiten derselben betreffenden Rechtsgeschäfte und Rechtsstreitigkeiten.

§. 1510.

Die Pflicht und das Recht, für das Vermögen des Kindes zu sorgen (elterliche Vermögensverwaltung), steht dem Inhaber der elterlichen Gewalt nicht zu in Ansehung derjenigen Gegenstände, welche das Kind durch Erbfolge oder durch Vermächtniß oder als Pflichttheil oder durch Zuwendung unter Lebenden von Seiten eines Dritten erwirbt, sofern in den ersteren Fällen der Erblasser durch letztwillige Verfügung, in dem letzten Falle der Dritte bei der Zuwendung bestimmt hat, daß die Vermögensverwaltung dem Inhaber der elterlichen Gewalt nicht zustehen solle. Die Vorschriften des §. 1290 finden entsprechende Anwendung.

§. 1511.

In Ansehung der Rechtsgeschäfte, welche auf das der elterlichen Verwaltung unterliegende Vermögen des Kindes sich beziehen, ist die Genehmigung des Vormundschaftsgerichtes erforderlich:

1. zu einem Rechtsgeschäfte, durch welches ein Grundstück oder ein Recht an einem Grundstücke veräußert oder belastet oder die Verpflichtung zu einer derartigen Veräußerung oder Belastung begründet wird, es sei denn, daß der Gegenstand der Veräußerung oder Belastung eine Hypothek oder Grundschuld ist;
2. zu einem Rechtsgeschäfte, durch welches ein Anspruch auf Uebertragung des Eigenthumes an einem Grundstücke oder auf Begründung oder Uebertragung des Rechtes an einem Grundstücke, mit Ausnahme von Hypotheken oder Grundschulden, veräußert oder belastet oder die Verpflichtung zu einer derartigen Veräußerung oder Belastung begründet wird;
3. zu einem Rechtsgeschäfte, durch welches das Vermögen des Kindes im Ganzen oder ein Bruchtheil dieses Vermögens oder eine Erbschaft oder ein Bruchtheil einer Erbschaft veräußert oder belastet oder die Verpflichtung zu einer solchen Veräußerung oder Belastung begründet wird;
4. zu einem Miethvertrage oder Pachtvertrage oder einem anderen, die Verpflichtung zu wiederkehrenden Leistungen begründenden Vertrage, sofern das Vertragsverhältniß länger als ein Jahr nach zurückgelegtem einundzwanzigsten Lebensjahre des Kindes fortdauern soll;
5. zur Eingehung der Verbindlichkeit aus einer Schuldverschreibung auf Inhaber oder aus einem Wechsel oder einer anderen Urkunde, welche durch Indossament übertragen werden kann;
6. zur Aufnahme von Geld auf den Kredit des Kindes;
7. zur Uebernahme einer fremden Verbindlichkeit;

8. zur Ertheilung einer Prokura;
9. zu einem Vertrage über den entgeltlichen Erwerb oder die Veräußerung eines Erwerbsgeschäftes sowie zur Eingehung eines Gesellschaftsvertrages zum Zwecke der Betreibung eines Erwerbsgeschäftes.

Die Genehmigung des Vormundschaftsgerichtes ist nicht erforderlich zu dem Antrage, einen gemeinschaftlichen Gegenstand zum Zwecke der Aufhebung der Gemeinschaft nach Maßgabe des §. 769 Abs. 2 zu verkaufen, sowie zur Veräußerung oder Belastung eines Gegenstandes im Wege einer gegen das Kind gerichteten Zwangsvollstreckung.

§. 1512.

Der Inhaber der elterlichen Gewalt kann Gegenstände, zu deren Veräußerung die Genehmigung des Vormundschaftsgerichtes erforderlich ist, dem Kinde nicht zum Zwecke der Erfüllung der Verpflichtungen aus einem von demselben geschlossenen Vertrage oder zu freier Verfügung überlassen.

§. 1513.

Auf die im §. 1511 Abs. 1 Nr. 5, 6, 7 bezeichneten Rechtsgeschäfte finden die Vorschriften des §. 1675 entsprechende Anwendung.

§. 1514.

Ist zu einem Rechtsgeschäfte die Genehmigung des Vormundschaftsgerichtes erforderlich, so finden die Vorschriften des §. 1681 entsprechende Anwendung.

§. 1515.

Der Inhaber der elterlichen Gewalt soll ohne Genehmigung des Vormundschaftsgerichtes ein neues Erwerbsgeschäft im Namen des Kindes nicht beginnen.

3. Elterliche Nutznießung.

§. 1516.

Von der elterlichen Nutznießung ausgeschlossen (freies Vermögen) sind die Sachen, welche ausschließlich zum persönlichen Gebrauche des Kindes, insbesondere zur Kleidung oder zum Schmucke, bestimmt sind.

§. 1517.

Freies Vermögen sind die Gegenstände, welche das Kind in der im §. 1510 bezeichneten Weise erwirbt, sofern die Bestimmung dahin getroffen ist, daß die Gegenstände freies Vermögen sein sollen.

§. 1518.

Freies Vermögen sind die Gegenstände, welche das Kind durch seine Arbeit, sofern diese nicht unter die Vorschrift des §. 1499 fällt, oder durch den ihm nach Maßgabe des §. 67 gestatteten selbständigen Betrieb eines Erwerbsgeschäftes erwirbt.

§. 1519.

Freies Vermögen sind die Gegenstände, welche das Kind auf Grund eines zum freien Vermögen gehörenden Rechtes oder als Ersatz für die Zerstörung, Beschädigung oder Entziehung eines zum freien Vermögen gehörenden Gegenstandes oder durch solche Rechtsgeschäfte erwirbt, welche auf freies Vermögen sich beziehen. In Ansehung der Gegenstände, welche auf Grund des §. 1516 zum freien Vermögen gehören, findet diese Vorschrift keine Anwendung.

§. 1520.

Auf die elterliche Nutznießung finden die Vorschriften über den Nießbrauch Anwendung, soweit nicht aus dem Gesetze ein Anderes sich ergiebt.

§. 1521.

Ein Gegenstand unterliegt der elterlichen Nutznießung nur so lange, als er zu dem Vermögen des Kindes gehört.

§. 1522.

Auf die elterliche Nutznießung finden die Vorschriften der §§. 992, 993 keine Anwendung.

§. 1523.

Auf die elterliche Nutznießung an verbrauchbaren Sachen finden die Vorschriften der §§. 1018 bis 1020 keine Anwendung.

Der Inhaber der elterlichen Gewalt kann jedoch diejenigen verbrauchbaren Sachen, welche durch Verbrauch genutzt zu werden pflegen, verbrauchen und in eigenem Namen veräußern. Im Falle einer solchen thatsächlichen oder rechtlichen Verfügung ist der Inhaber der elterlichen Gewalt verpflichtet, nach Beendigung seiner elterlichen Nutznießung dem Kinde den Werth zu ersetzen, welchen die Sachen zur Zeit der Verfügung hatten.

Die Vorschriften des zweiten Absatzes finden auch auf andere verbrauchbare Sachen Anwendung, wenn das Vormundschaftsgericht genehmigt hat, daß der Inhaber der elterlichen Gewalt dieselben verbrauche oder in eigenem Namen veräußere.

§. 1524.

Der Inhaber der elterlichen Gewalt ist zu einer Sicherheitsleistung nur nach Maßgabe der §§. 1547, 1549 bis 1551 verpflichtet, es sei denn, daß in den Fällen des §. 1523 Abs. 3 bei Ertheilung der Genehmigung die Sicherheitsleistung vorbehalten ist. Die Vorschrift des §. 988 Abs. 2, soweit dieselbe die Verpflichtung zur Sicherheitsleistung betrifft, und die Vorschriften der §§. 1005, 1006 finden keine Anwendung.

§. 1525.

Die Vorschriften des §. 1296 finden auf die elterliche Nutznießung entsprechende Anwendung.

§. 1526.

Auf die elterliche Nutznießung an Forderungen, Aktien auf Inhaber, Grundschulden und Eigenthümerhypotheken finden die Vorschriften der §§. 1028 bis 1036 keine Anwendung. Die elterliche Nutznießung begründet in Ansehung der bezeichneten Gegenstände nur ein Recht auf Beziehung der Früchte.

§. 1527.

Wird ein Erwerbsgeschäft von dem Inhaber der elterlichen Gewalt im Namen des Kindes betrieben, so stehen dem Inhaber der elterlichen Gewalt die durch die elterliche Nutznießung begründeten Rechte an den einzelnen zu dem Erwerbsgeschäfte gehörenden Gegenständen nicht zu; dagegen gebührt ihm der jährliche Reingewinn, welcher durch den Betrieb des Geschäftes erlangt wird. Hat sich jedoch in einem Jahre Verlust ergeben, so verbleibt der Gewinn späterer Jahre bis zur Ausgleichung jenes Verlustes dem Kinde.

Die Vorschriften des ersten Absatzes finden keine Anwendung, wenn das Geschäft im Namen des Kindes ohne die nach dem §. 1515 erforderliche Genehmigung des Vormundschaftsgerichtes begonnen worden ist.

§. 1528.

Die Gläubiger des Kindes können wegen aller Verbindlichkeiten des letzteren die Befriedigung auch aus dem der elterlichen Nutznießung unterliegenden Vermögen desselben ohne Rücksicht auf die elterliche Nutznießung verlangen; zur Zwangsvollstreckung gegen dieses Vermögen ist ein gegen das Kind vollstreckbarer Titel genügend.

§. 1529.

Sofern die gesetzliche Verbindlichkeit des Kindes, einem Dritten Unterhalt zu gewähren, davon abhängt, daß dasselbe zu einer solchen Gewährung im Stande ist, kommt bei der Beurtheilung, ob diese Voraussetzung vorhanden sei, die elterliche Nutznießung nicht in Betracht.

§. 1530.

Die Verbindlichkeiten des Kindes fallen auch im Verhältnisse desselben und des Inhabers der elterlichen Gewalt zu einander dem der elterlichen Nutznießung unterliegenden Vermögen des Kindes zur Last.

Dem freien Vermögen des Kindes fallen jedoch im Verhältnisse des Kindes und des Inhabers der elterlichen Gewalt zu einander folgende Verbindlichkeiten des Kindes zur Last:

1. die Verbindlichkeiten, welche aus einer während des Bestehens der elterlichen Nutznießung von dem Kinde begangenen unerlaubten Handlung oder aus dem durch eine solche Handlung herbeigeführten Strafverfahren entstanden sind;
2. die Verbindlichkeiten, welche aus einem auf das freie Vermögen des Kindes sich beziehenden Rechtsverhältnisse, wenn auch vor dem Eintritte der elterlichen Nutznießung oder vor dem Zeitpunkte, in welchem das Vermögen freies Vermögen des Kindes wurde, entstanden sind;
3. die Verbindlichkeiten, welche aus einem Rechtsstreite über eine der unter Nr. 1, 2 bezeichneten Verbindlichkeiten entstanden sind;
4. die Verbindlichkeiten, welche aus einem Rechtsstreite zwischen dem Kinde und dem Inhaber der elterlichen Gewalt in Ansehung der Kosten des Rechtsstreites entstanden sind.

Ist eine Verbindlichkeit des Kindes, welche im Verhältnisse desselben und des Inhabers der elterlichen Gewalt zu einander dem freien Vermögen des Kindes zur Last fällt, aus dem der elterlichen Nutznießung unterliegenden Vermögen desselben oder eine andere Verbindlichkeit des Kindes aus dessen freiem Vermögen getilgt, so ist im ersten Falle zu dem der elterlichen Nutznießung unterliegenden Vermögen aus dem freien Vermögen, im zweiten Falle zu dem freien Vermögen aus dem der elterlichen Nutznießung unterliegenden Vermögen insoweit Ersatz zu leisten, als hierzu das Vermögen ausreicht, aus welchem der Ersatz zu leisten ist.

§. 1531.

Der Inhaber der elterlichen Gewalt ist gegenüber dem Kinde verpflichtet, für die Zeit der elterlichen Nutznießung, außer den dem Nießbraucher zur Last fallenden Erhaltungskosten, zu tragen:

1. die von den Gegenständen, welche der elterlichen Nutznießung unterliegen, zu entrichtenden öffentlichen Lasten und Abgaben, mit Ausnahme solcher außerordentlichen Lasten und Abgaben, welche als auf den Stammwerth der Gegenstände gelegt anzusehen sind;
2. diejenigen privatrechtlichen Lasten und Abgaben, mit welchen die der elterlichen Nutznießung unterliegenden Gegenstände belastet sind;
3. nach Verhältniß der Zeitdauer der elterlichen Nutznießung die für die Versicherung der der elterlichen Nutznießung unterliegenden Gegenstände zu entrichtenden Beiträge oder Prämien, soweit der Inhaber der elterlichen Gewalt die Gegenstände unter Versicherung zu bringen verpflichtet war oder verpflichtet gewesen wäre, wenn nicht bereits für das Kind die Versicherung bewirkt worden wäre;
4. nach Verhältniß der Zeitdauer der elterlichen Nutznießung die Zinsen aller Verbindlichkeiten des Kindes, welche im Verhältnisse des Kindes und des Inhabers der elterlichen Gewalt zu einander nicht dem freien Vermögen zur Last fallen, sowie andere wiederkehrende Leistungen, einschließlich derjenigen, welche von dem Kinde auf Grund seiner gesetzlichen Verpflichtung zur Gewährung des Unterhaltes an einen Dritten zu entrichten sind, sofern die Verbindlichkeit zu solchen Leistungen im Verhältnisse des Kindes und des Inhabers der elterlichen Gewalt zu einander nicht dem freien Vermögen zur Last fällt und ein ordentlicher Hausvater dieselben aus den Einkünften seines Vermögens zu bestreiten pflegt;
5. die Kosten eines von dem Kinde geführten Rechtsstreites, sofern die Verbindlichkeit des Kindes zur Tragung der Kosten im Verhältnisse des Inhabers der elterlichen Gewalt und des Kindes zu einander nicht dem freien Vermögen des Kindes zur Last fällt;
6. die Kosten der Vertheidigung des Kindes in einem gegen das Kind gerichteten strafrechtlichen Verfahren. Wird das Kind verurtheilt, so ist es verpflichtet, dem Inhaber der elterlichen Gewalt die Kosten zu ersetzen.

Die unter Nr. 4 bis 6 bezeichneten Zinsen, Leistungen und Kosten hat der Inhaber der elterlichen Gewalt nur insoweit zu tragen, als dieselben den Betrag der Nutzungen nicht übersteigen, welche der Inhaber der elterlichen Gewalt aus dem der elterlichen

Nutznießung unterliegenden Vermögen gezogen hat oder bei dessen ordnungsmäßiger Verwaltung hätte ziehen können.

§. 1532.

Der Inhaber der elterlichen Gewalt ist in Ansehung desjenigen der elterlichen Nutznießung unterliegenden Vermögens, dessen Verwaltung ihm nicht zusteht, von der eigenen Ausübung der elterlichen Nutznießung ausgeschlossen; die letztere ist für Rechnung des Inhabers der elterlichen Gewalt von dem Kinde durch den für die Vermögensverwaltung berufenen gesetzlichen Vertreter desselben auszuüben. Der Inhaber der elterlichen Gewalt kann die Herausgabe der Nutzungen nur insoweit verlangen, als dieselben zur Fortführung einer ordnungsmäßigen Verwaltung und zur Bestreitung der Lasten der Nutznießung nicht erforderlich sind.

Ruht die elterliche Gewalt oder ist sie mit Ausnahme der elterlichen Nutznießung durch das Vormundschaftsgericht entzogen, so können aus den dem Inhaber der elterlichen Gewalt herauszugebenden Nutzungen die Kosten des Unterhaltes des Kindes insoweit vorweg entnommen werden, als sie dem Inhaber der elterlichen Gewalt zur Last fallen.

§. 1533.

Ist der Inhaber der elterlichen Gewalt zur Erfüllung einer gegenüber dem Kinde ihm obliegenden Verbindlichkeit wegen der elterlichen Nutznießung erst nach deren Beendigung verpflichtet, so hat er, wenn er in Gemäßheit des §. 1532 von der eigenen Ausübung der elterlichen Nutznießung ausgeschlossen ist, die Leistung sofort zu bewirken.

Die Vorschrift des ersten Absatzes findet in den Fällen des Ruhens der elterlichen Gewalt keine Anwendung.

§. 1534.

Die Rechte, welche durch die elterliche Nutznießung an den zum Vermögen des Kindes gehörenden Gegenständen begründet sind, können nicht veräußert werden; sie sind auch der Pfändung nicht unterworfen. Das Gleiche gilt von dem nach den Vorschriften des §. 1532 dem Inhaber der elterlichen Gewalt zustehenden Anspruche auf Herausgabe der Nutzungen, solange dieser noch nicht fällig geworden ist.

§. 1535.

In Ansehung der Pfändung der auf Grund der elterlichen Nutznießung von dem Inhaber der elterlichen Gewalt erworbenen Früchte sowie der Pfändung des im §. 1532 bezeichneten Anspruches auf Herausgabe der Nutzungen nach Eintritt der Fälligkeit dieses Anspruches finden die Vorschriften des §. 1299 entsprechende Anwendung.

§. 1536.

Die elterliche Nutznießung wird durch Schließung einer Ehe von Seiten des Kindes beendigt, es sei denn, daß die Ehe von dem Kinde ohne die nach den §§. 1238, 1239 erforderliche Einwilligung desjenigen Elterntheiles geschlossen ist, welchem die elterliche Nutznießung zusteht. Ist die elterliche Gewalt erst nach Schließung der Ehe des Kindes erlangt worden, so tritt die elterliche Nutznießung nicht ein.

§. 1537.

Auf die elterliche Nutznießung kann von dem Inhaber der elterlichen Gewalt verzichtet werden. Zur Wirksamkeit des Verzichtes ist eine vor dem Vormundschaftsgerichte abzugebende Erklärung erforderlich und genügend.

4. Elterliche Gewalt der Mutter.

§. 1538.

Das Vormundschaftsgericht hat der Mutter, welcher die elterliche Gewalt zusteht, einen Beistand zu bestellen:

1. wenn der Vater die Bestellung angeordnet hat;
2. wenn die Mutter die Bestellung beantragt;
3. wenn das Vormundschaftsgericht wegen des Umfanges oder der besonderen Schwierigkeiten der Vermögensverwaltung oder nach Maßgabe der §§. 1546, 1547 die Bestellung im Interesse des Kindes für nöthig erachtet.

In Ansehung der im ersten Absatze unter Nr. 1 bezeichneten Anordnung des Vaters finden die Vorschriften des §. 1636 entsprechende Anwendung.

§. 1539.

Der Beistand kann für alle Angelegenheiten oder für gewisse Angelegenheiten oder auch für eine einzelne Angelegenheit bestellt werden.

Ueber den Umfang des Wirkungskreises des Beistandes entscheidet die Bestellung. Erfolgt die Bestellung auf Grund einer Anordnung des Vaters, so ist dessen Anordnung auch für die Bestimmung des Wirkungskreises des Beistandes maßgebend. Ist bei der Bestellung der Wirkungskreis nicht bestimmt, so gilt der Beistand als für alle Angelegenheiten bestellt.

§. 1540.

Der Beistand hat innerhalb seines Wirkungskreises die Mutter bei Ausübung der elterlichen Gewalt zu unterstützen und zu überwachen, auch jeden Fall, in welchem das Vormundschaftsgericht zu einem Einschreiten berufen ist, bei demselben zur Anzeige zu bringen.

§. 1541.

Die Genehmigung des Beistandes ist innerhalb seines Wirkungskreises zu jedem Rechtsgeschäfte erforderlich, zu welchem, wenn es von einem Vormunde vorgenommen würde, die Genehmigung des Vormundschaftsgerichtes oder die Genehmigung des Gegenvormundes erforderlich sein würde, es sei denn, daß zu dem Rechtsgeschäfte, wenn der Vater der Inhaber der elterlichen Gewalt wäre, die Genehmigung des Vormundschaftsgerichtes erforderlich sein würde. Die Genehmigung des Beistandes wird durch die Genehmigung des Vormundschaftsgerichtes ersetzt.

Das Vormundschaftsgericht soll in allen Fällen vor der Entscheidung über die Genehmigung eines Rechtsgeschäftes, welches in den Wirkungskreis des Beistandes fällt, den Beistand hören.

Die Vorschriften der §§. 1666, 1668 finden, wenn ein Beistand bestellt worden ist, für den Wirkungskreis desselben entsprechende Anwendung.

§. 1542.

Ist zu einem Rechtsgeschäfte die Genehmigung des Beistandes oder an Stelle derselben die Genehmigung des Vormundschaftsgerichtes erforderlich, so finden die Vorschriften des §. 1681 entsprechende Anwendung.

§. 1543.

Die Vorschriften über Berufung, Bestellung, Haftung, Ansprüche, Belohnung, Beaufsichtigung des Gegenvormundes und über Beendigung des Amtes desselben finden auf den der Mutter bestellten Beistand entsprechende Anwendung.

Das Amt des Beistandes wird auch dann beendigt, wenn die elterliche Gewalt der Mutter in Ansehung der Angelegenheiten, für welche der Beistand bestellt ist, aufgehoben wird, oder wenn das Ruhen der elterlichen Gewalt der Mutter eingetreten ist.

5. Fürsorge und Aufsicht des Vormundschaftsgerichtes. Beschränkung der elterlichen Gewalt.

§. 1544.

Ist der Inhaber der elterlichen Gewalt für die Person oder das Vermögen des Kindes zu sorgen verhindert, so hat das Vormundschaftsgericht die im Interesse des Kindes erforderlichen Maßregeln zu treffen.

§. 1545.

Werden von dem Inhaber der elterlichen Gewalt die für ihn bei der Ausübung derselben verbindlichen Anordnungen eines Dritten nicht befolgt, so hat das Vormundschaftsgericht die zur Sicherung der Befolgung erforderlichen Maßregeln zu treffen.

§. 1546.

Wenn der Inhaber der elterlichen Gewalt durch Mißbrauch des Rechtes, für die Person des Kindes zu sorgen, insbesondere durch Mißbrauch des Erziehungsrechtes, oder durch Vernachlässigung des Kindes dessen geistiges oder leibliches Wohl gefährdet, oder wenn eine solche Gefährdung in Folge ehrlosen oder unsittlichen Verhaltens des Inhabers der elterlichen Gewalt für die Zukunft zu besorgen ist, so hat das Vormundschaftsgericht die zur Abwendung der Gefahr erforderlichen Maßregeln zu treffen. Das Vormundschaftsgericht kann insbesondere anordnen, daß das Kind zum Zwecke der Erziehung in einer geeigneten Familie oder in einer Erziehungsanstalt oder Besserungsanstalt unterzubringen sei. Sofern das Interesse des Kindes es erfordert, kann das Vormundschaftsgericht auch die elterliche Gewalt mit Ausnahme der elterlichen Nutznießung ganz oder theilweise entziehen.

§. 1547.

Wenn der Inhaber der elterlichen Gewalt die in Ansehung der Vermögensverwaltung oder der elterlichen Nutznießung ihm obliegenden Verpflichtungen verletzt oder in Vermögensverfall geräth und in beiden Fällen zugleich eine erhebliche Gefährdung der Rechte des Kindes für die Zukunft zu besorgen ist, so hat das Vormundschaftsgericht die zur Abwendung der Gefahr erforderlichen Maßregeln zu treffen. Das Vormundschaftsgericht kann insbesondere anordnen, daß der Inhaber der elterlichen Gewalt ein Verzeichniß des seiner Verwaltung unterliegenden Vermögens des Kindes einzureichen, daß er nach Maßgabe des §. 1670 die zu diesem Vermögen gehörenden Kostbarkeiten und Werthpapiere, mit Einschluß der Hypothekenbriefe und Grundschuldbriefe, zu hinterlegen oder die auf den Inhaber lautenden Schuldverschreibungen und Aktien des Kindes auf den Namen des Kindes umschreiben zu lassen habe. Ist eine solche Hinterlegung oder Umschreibung erfolgt, so finden die Vorschriften des §. 1671 entsprechende Anwendung.

Erscheinen die im ersten Absatze bezeichneten Maßregeln nicht ausreichend, so kann das Vormundschaftsgericht anordnen, daß der Inhaber der elterlichen Gewalt wegen des seiner Verwaltung unterliegenden Vermögens Sicherheit zu leisten habe. Die Art und den Umfang der Sicherheitsleistung bestimmt das Vormundschaftsgericht nach freiem Ermessen.

§. 1548.

Der Inhaber der elterlichen Gewalt ist verpflichtet, vor Schließung einer neuen Ehe dem Vormundschaftsgerichte von der beabsichtigten Eheschließung Anzeige zu erstatten, ein Verzeichniß des seiner Verwaltung unterliegenden Vermögens des Kindes einzureichen und, wenn er und das Kind den anderen Elterntheil beerbt haben, die Auseinandersetzung in Ansehung der Erbschaft herbeizuführen; das Vormundschaftsgericht kann jedoch gestatten, daß die Auseinandersetzung erst zu einer späteren Zeit erfolge.

§. 1549.

Die Kosten der Hinterlegung oder Sicherheitsleistung in den Fällen des §. 1547 und die Kosten der Aufnahme und Einreichung des Vermögensverzeichnisses in den Fällen der §§. 1547, 1548 sind von dem Inhaber der elterlichen Gewalt zu tragen.

In Ansehung der Sicherheitsleistung findet die Vorschrift des §. 1689 Abs. 4 entsprechende Anwendung.

§. 1550.

Unterbleibt die Befolgung der Anordnungen, welche von dem Vormundschaftsgerichte in Gemäßheit des §. 1547 getroffen sind, oder unterbleibt die Erfüllung der dem Inhaber der elterlichen Gewalt in Gemäßheit des §. 1548 obliegenden Verpflichtungen, so kann das Vormundschaftsgericht dem Inhaber der elterlichen Gewalt die Vermögensverwaltung entziehen. Andere Maßregeln zur Erzwingung der angeordneten Sicherheitsleistung sind unzulässig.

§. 1551.

Das Vormundschaftsgericht kann die in Gemäßheit der §§. 1545 bis 1550 getroffenen Anordnungen zu jeder Zeit aufheben oder ändern. In Ansehung einer angeordneten Sicherheitsleistung finden die Vorschriften des §. 1689 Abs. 3, 4 entsprechende Anwendung.

§. 1552.

Die Gemeindewaisenräthe haben die Fälle, in welchen das Vormundschaftsgericht in Gemäßheit der §§. 1544 bis 1551 zu einem Einschreiten berufen ist, sobald sie von denselben Kenntniß erlangen, dem Vormundschaftsgerichte unverzüglich anzuzeigen.

§. 1553.

Die dem Inhaber der elterlichen Gewalt zustehende Vermögensverwaltung wird beendigt mit der Rechtskraft des Beschlusses, durch welchen der Konkurs über das Vermögen desselben eröffnet wird.

Das Vormundschaftsgericht kann dem Inhaber der elterlichen Gewalt nach Beendigung des Konkurses die Vermögensverwaltung wiedereinräumen.

Die Vorschriften des ersten und zweiten Absatzes finden entsprechende Anwendung, wenn während der Dauer des Konkurses der Gemeinschuldner die elterliche Gewalt erlangt.

6. Ruhen und Beendigung der elterlichen Gewalt.

§. 1554.

Wenn und solange der Inhaber der elterlichen Gewalt geschäftsunfähig oder in der Geschäftsfähigkeit beschränkt ist, ruht die elterliche Gewalt desselben, jedoch mit Ausnahme der elterlichen Nutznießung. Ein solches Ruhen der elterlichen Gewalt tritt auch dann ein, wenn bei einer thatsächlichen Verhinderung des Inhabers, die Gewalt auszuüben, die Nothwendigkeit einer allgemeinen Sorge für die Person und das Vermögen des Kindes während einer voraussichtlich längeren Zeit sich ergiebt und diese Voraussetzung von dem Vormundschaftsgerichte festgestellt ist; das Ruhen dauert bis zu dem Zeitpunkte, in welchem von dem Vormundschaftsgerichte der Wegfall der Voraussetzung festgestellt ist.

Ruht die elterliche Gewalt wegen Minderjährigkeit des Inhabers derselben, so hat der letztere die Pflicht und das Recht, für die Person des Kindes zu sorgen, in dem im §. 1506 Abs. 1 bezeichneten Umfange und mit der Maßgabe, daß in Ansehung der Ausübung dieser Sorge der gesetzliche Vertreter des Kindes die im §. 1540 bezeichnete Stellung eines Beistandes hat.

§. 1555.

Solange die elterliche Gewalt des Vaters ruht, steht die elterliche Gewalt mit Ausnahme der dem Vater verbleibenden elterlichen Nutznießung der Mutter zu. Ruht jedoch die elterliche Gewalt des Vaters wegen Minderjährigkeit desselben, so hat der Vater neben der Mutter die Pflicht und das Recht, für die Person des Kindes zu sorgen, nur in demselben Maße, wie nach den Vorschriften des §. 1506 die Mutter.

Die Vorschrift des ersten Absatzes findet keine Anwendung, wenn die elterliche Gewalt des Vaters in Folge der Entmündigung desselben wegen Verschwendung ruht, oder wenn die Ehe der Eltern des Kindes aufgelöst ist.

§. 1556.

Die elterliche Gewalt über einen Minderjährigen, dessen Familienstand nach der Feststellung des Vormundschaftsgerichtes nicht zu ermitteln ist, ruht mit Ausnahme der elterlichen Nutznießung bis zu dem Zeitpunkte, in welchem der Familienstand des Kindes bekannt geworden ist.

§. 1557.

Die elterliche Gewalt über das Kind wird, außer durch den Tod, durch die Volljährigkeit des Kindes beendigt.

Die elterliche Gewalt des Inhabers wird, außer durch den Tod des letzteren und durch die Annahme des Kindes an Kindesstatt, auch mit der Erlassung des Urtheiles beendigt, durch welches der Inhaber für todt erklärt wird. An die Stelle der elterlichen Gewalt des für todt erklärten Vaters tritt die elterliche Gewalt der Mutter.

Ist der für todt erklärte Inhaber der elterlichen Gewalt noch am Leben, so wird die Gewalt von ihm zurückerlangt durch eine hierauf gerichtete, gegenüber dem Vormundschaftsgerichte abzugebende Willenserklärung.

§. 1558.

Die elterliche Gewalt der Mutter wird dadurch beendigt, daß die Mutter eine neue Ehe schließt. Die Mutter behält jedoch in einem solchen Falle die Pflicht und das Recht, für die Person des Kindes zu sorgen, in dem im §. 1506 Abs. 1 bezeichneten Umfange und mit der Maßgabe, daß in Ansehung der Ausübung dieser Sorge der Vormund des Kindes die im §. 1540 bezeichnete Stellung eines Beistandes hat.

§. 1559.

Ist der Inhaber der elterlichen Gewalt wegen eines gegen das Kind oder an dem Kinde verübten Verbrechens oder vorsätzlich begangenen Vergehens zu einer Zuchthausstrafe oder zu einer Gefängnißstrafe von sechsmonatiger oder längerer Dauer verurtheilt, so wird die elterliche Gewalt desselben mit der Rechtskraft des Urtheiles beendigt (Verwirkung). Ist wegen des Zusammentreffens des gegen das Kind oder an dem Kinde verübten Verbrechens oder Vergehens mit einer oder mehreren anderen strafbaren Handlungen auf eine Gesammtstrafe erkannt, so entscheidet die wegen jenes Verbrechens oder Vergehens verwirkte Einzelstrafe.

Ist die elterliche Gewalt des Vaters verwirkt, so geht dieselbe auf die Mutter schon vor dem Tode des Vaters über, wenn die Ehe aufgelöst ist.

§. 1560.

Der Elterntheil, welcher die elterliche Gewalt, wenn diese ihm zugestanden hätte, nach den Vorschriften des §. 1557 Abs. 2 und der §§. 1558, 1559 verloren haben würde, kann dieselbe nicht erlangen. Im Falle der Todeserklärung findet jedoch die Vorschrift des §. 1557 Abs. 3 entsprechende Anwendung.

§. 1561.

Auf die elterliche Gewalt kann nicht verzichtet werden.

Vierter Titel.

Rechtsverhältniß der Kinder aus ungültigen Ehen.

§. 1562.

Beruht die Nichtigkeit einer Ehe auf einem anderen Grunde als auf einem Formmangel bei der Eheschließung, so ist das Kind, welches die Ehefrau nach Schließung der Ehe und, bevor die letztere aufgelöst oder für ungültig erklärt worden ist, empfangen oder vor Schließung der Ehe empfangen und nach Schließung der letzteren geboren hat, unter den in den §§. 1563 bis 1566 enthaltenen näheren Vorschriften als ein eheliches Kind anzusehen, sofern es bei Voraussetzung der Gültigkeit der Ehe nach den Vorschriften der §§. 1466 bis 1479 als ein eheliches Kind anzusehen wäre

§. 1563.

Wenn bei der Eheschließung die Nichtigkeit der Ehe beiden Ehegatten unbekannt war, ihre Unkenntniß auch nicht auf grober Fahrlässigkeit beruht hat, so finden in Ansehung des Kindes diejenigen Vorschriften entsprechende Anwendung, welche für den Fall gelten, wenn die Ehe geschieden ist und beide Ehegatten für den schuldigen Theil erklärt sind.

§. 1564.

Wenn bei der Eheschließung die Nichtigkeit der Ehe nur dem Ehemanne, nicht auch der Ehefrau, bekannt war oder in Folge grober Fahrlässigkeit unbekannt geblieben ist, so steht die elterliche Gewalt über das Kind nicht dem Vater, sondern der Mutter zu;

auch hat der Vater nicht die sonstigen aus der Vaterschaft sich ergebenden Rechte.

§. 1565.

Wenn bei der Eheschließung die Nichtigkeit der Ehe nur der Ehefrau, nicht auch dem Ehemanne, bekannt war oder in Folge grober Fahrlässigkeit unbekannt geblieben ist, so finden in Ansehung des Kindes diejenigen Vorschriften entsprechende Anwendung, welche für den Fall gelten, wenn die Ehe geschieden und die Ehefrau allein für den schuldigen Theil erklärt ist. Nach dem Tode des Vaters oder nach Verwirkung der elterlichen Gewalt desselben hat die Mutter nur die Pflicht und das Recht, für die Person des Kindes zu sorgen, nach Maßgabe des §. 1558 Satz 2.

§. 1566.

Wenn bei der Eheschließung die Nichtigkeit der Ehe beiden Ehegatten bekannt war oder ihre Unkenntniß auf grober Fahrlässigkeit beruht hat, so steht die elterliche Gewalt über das Kind weder dem Vater noch der Mutter zu. Der Vater hat auch nicht die sonstigen aus der Vaterschaft sich ergebenden Rechte. Die Mutter hat die Pflicht und das Recht, für die Person des Kindes zu sorgen, nur nach Maßgabe des §. 1558 Satz 2.

Die Verwandten des Vaters gelten nicht als Verwandte des Kindes, unbeschadet der Vorschriften des §. 1236.

§. 1567.

Ist eine anfechtbare Ehe angefochten, so finden die Vorschriften der §§. 1562 bis 1566 mit der Maßgabe entsprechende Anwendung, daß die Kenntniß der Anfechtbarkeit der Kenntniß der Nichtigkeit gleichsteht, und daß im Falle der Anfechtung der Ehe wegen Drohung der anfechtungsberechtigte Ehegatte dem Ehegatten gleichsteht, welcher die Nichtigkeit der Ehe nicht gekannt und dessen Unkenntniß auch nicht auf grober Fahrlässigkeit beruht hat.

Fünfter Titel.

Rechtsverhältniß der unehelichen Kinder.

I. Allgemeine Vorschriften.

§. 1568.

Zwischen einem unehelichen Kinde sowie dessen Abkömmlingen einerseits und der Mutter des Kindes sowie deren Verwandten andererseits bestehen dieselben Rechte und Verbindlichkeiten, wie wenn das Kind ein eheliches wäre, soweit nicht das Gesetz ein Anderes bestimmt.

§. 1569.

Das uneheliche Kind erhält den Familiennamen der Mutter und, wenn diese durch Schließung einer Ehe den Familiennamen des Ehemannes erhalten hat, den Familiennamen, welchen die Mutter vor Schließung der Ehe geführt hat.

§. 1570.

Das uneheliche Kind steht nicht unter elterlicher Gewalt; die Mutter hat jedoch nach Maßgabe des §. 1558 Satz 2 die Pflicht und das Recht, für die Person des Kindes zu sorgen.

II. Unterhaltspflicht des unehelichen Vaters.

§. 1571.

Der Vater eines unehelichen Kindes ist vor der Mutter und den sonstigen Verwandten des Kindes verpflichtet, demselben nach Maßgabe der §§. 1572 bis 1576 den Unterhalt zu gewähren.

§. 1572.

Als Vater des unehelichen Kindes gilt derjenige, welcher mit der Mutter desselben innerhalb der Empfängnißzeit den Beischlaf vollzogen hat, es sei denn, daß innerhalb dieser Zeit auch von einem Anderen der Beischlaf mit der Mutter vollzogen ist.

Als Empfängnißzeit gilt die Zeit von dem einhunderteinundachtzigsten bis zu dem dreihundertsten Tage vor dem Tage der Geburt des Kindes, mit Einschluß sowohl des einhunderteinundachtzigsten als des dreihundertsten Tages. Ist die Mutter während dieser Zeit von einem Kinde entbunden, so gehört die vor die Entbindung fallende Zeit nicht zur Empfängnißzeit des nachher geborenen Kindes.

§. 1573.

Der Vater des unehelichen Kindes ist dem letzteren nur den nothdürftigen Unterhalt und diesen nur bis zur Zurücklegung des vierzehnten Lebensjahres des Kindes zu gewähren verpflichtet.

§. 1574.

Auf die Verpflichtung des Vaters des unehelichen Kindes, diesem den Unterhalt zu gewähren, finden die Vorschriften des §. 1488, des §. 1491 Abs. 1, 3 und der §§. 1492 bis 1494 entsprechende Anwendung.

§. 1575.

Die Verpflichtung des Vaters des unehelichen Kindes, diesem den Unterhalt zu gewähren, geht auf den Erben des Vaters über.

Im Falle des Todes des Kindes finden die Vorschriften des §. 1496 entsprechende Anwendung.

§. 1576.

Ein Vertrag, insbesondere ein Vergleich, zwischen dem Vater und dem unehelichen Kinde über die Unterhaltsverpflichtung des ersteren für die Zukunft ist zulässig, bedarf aber der Genehmigung des Vormundschaftsgerichtes.

Im Uebrigen finden die Vorschriften des §. 1495 entsprechende Anwendung.

§. 1577.

Der Vater eines unehelichen Kindes ist verpflichtet, der Mutter desselben innerhalb der Grenzen der Nothdurft sowohl wegen der Kosten der Entbindung als wegen der Kosten des Unterhaltes während der ersten sechs Wochen nach der Geburt des Kindes Ersatz zu leisten. Diese Verpflichtung liegt dem Vater auch dann ob, wenn das Kind todt geboren ist, und ohne Rücksicht darauf, ob und welche Kosten von der Mutter aufgewendet sind. Ist die Mutter vor Ablauf von sechs Wochen nach der Geburt des Kindes gestorben, so ist der Vater wegen der Kosten des Unterhaltes der Mutter nur für die Zeit bis zu ihrem Tode Ersatz zu leisten verpflichtet.

Die Vorschriften des §. 1572 finden Anwendung.

§. 1578.

Der im §. 1577 bezeichnete Anspruch verjährt mit Ablauf von zwei Jahren. Die Verjährung beginnt mit Ablauf von sechs Wochen nach der Geburt des Kindes.

Sechster Titel.

Legitimation unehelicher Kinder.

I. Legitimation durch nachfolgende Ehe.

§. 1579.

Ein uneheliches Kind erlangt durch die nach seiner Geburt zwischen seinem Vater und seiner Mutter erfolgende Eheschließung von der Zeit der letzteren an die rechtliche Stellung eines ehelichen Kindes (Legitimation durch nachfolgende Ehe).

§. 1580.

Der Ehemann gilt als der Vater des von der Ehefrau vor der Eheschließung geborenen unehelichen Kindes, wenn er innerhalb der im §. 1572 Abs. 2 bezeichneten Empfängnißzeit des Kindes mit der Ehefrau den Beischlaf vollzogen hat.

§. 1581.

Die Legitimation durch nachfolgende Ehe tritt auch dann ein, wenn die Ehe ungültig ist, es sei denn, daß die Ehe wegen eines Formmangels bei der Eheschließung nichtig ist. Die Vorschriften der §§. 1562 bis 1567 finden entsprechende Anwendung.

§. 1582.

Die Wirkungen der Legitimation durch nachfolgende Ehe treten in Ansehung der Abkömmlinge des unehelichen Kindes auch dann ein, wenn das Kind vor der Eheschließung zwischen seinen Eltern verstorben ist.

II. Legitimation durch Ehelichkeitserklärung.

§. 1583.

Ein uneheliches Kind kann durch eine Verfügung der Staatsgewalt für ein eheliches Kind seines Vaters erklärt werden (Legitimation durch Ehelichkeitserklärung).

Durch die Ehelichkeitserklärung erlangt das uneheliche Kind von der Zeit derselben an die rechtliche Stellung eines ehelichen Kindes seines Vaters, soweit nicht aus dem Gesetze ein Anderes sich ergiebt.

§. 1584.

Die Ehelichkeitserklärung steht demjenigen Staate zu, welchem der Vater angehört. Im Uebrigen bestimmt sich die Zuständigkeit zu der Ehelichkeitserklärung nach den Landesgesetzen.

§. 1585.

Die Ehelichkeitserklärung kann nur auf den das Bekenntniß der Vaterschaft enthaltenden Antrag des Vaters erfolgen.

§. 1586.

Die Ehelichkeitserklärung kann nicht erfolgen, wenn die Ehe zwischen dem Vater und der Mutter des Kindes zur Zeit der Erzeugung des letzteren nach den Vorschriften des §. 1236 wegen Verwandtschaft oder Schwägerschaft nicht geschlossen werden konnte.

§. 1587.

Zur Ehelichkeitserklärung ist die Einwilligung des Kindes und, sofern der Vater verheirathet ist, auch die Einwilligung der Ehefrau desselben erforderlich. Die Einwilligung der Ehefrau des Vaters ist nicht erforderlich, wenn die Ehefrau fur todt erklärt ist.

§ 1588.

Der Antrag des Vaters sowie die Einwilligung des Kindes und der Ehefrau des Vaters kann nicht durch einen Vertreter, insbesondere auch nicht durch den gesetzlichen Vertreter, erfolgen Hat jedoch das Kind das vierzehnte Lebensjahr noch nicht zurückgelegt, so kann die Einwilligung für dasselbe durch den gesetzlichen Vertreter ertheilt werden

§ 1589

Ist der Vater in der Geschäftsfähigkeit beschränkt, so ist zu dem Antrage desselben auf Ehelichkeitserklärung, außer der Einwilligung des gesetzlichen. Vertreters, die Genehmigung des Vormundschaftsgerichtes erforderlich

Ein Gleiches gilt in Ansehung der Einwilligung des Kindes, wenn dieses in der Geschäftsfähigkeit beschränkt ist Die Genehmigung des Vormundschaftsgerichtes ist auch dann erforderlich, wenn die Einwilligung für das Kind in Gemäßheit des §. 1588 Satz 2 von dem gesetzlichen Vertreter des Kindes ertheilt ist.

§ 1590

Ist die Ehefrau des Vaters in der Geschäftsfähigkeit beschränkt, so bedarf sie zu der Einwilligung nicht der Einwilligung des gesetzlichen Vertreters

§ 1591

Der Antrag des Vaters sowie die Einwilligung des Kindes und der Ehefrau des Vaters bedarf der gerichtlichen oder notariellen Form. Die Einwilligung des Kindes und der Ehefrau des Vaters muß gegenüber dem letzteren erklärt werden, sie ist unwiderruflich.

§ 1592

Die Ehelichkeitserklärung kann versagt werden, auch wenn ihr ein gesetzliches Hinderniß nicht entgegensteht.

§. 1593.

Fehlt ein gesetzliches Erforderniß der Ehelichkeitserklärung, so ist diese unwirksam. Der Umstand, daß der in der Erklärung als der Vater Bezeichnete nicht der wirkliche Vater des Kindes ist, hat die Unwirksamkeit nicht zur Folge.

§. 1594.

Die Ehelichkeitserklärung unter Beifügung einer Bedingung oder Zeitbestimmung ist unwirksam.

§. 1595.

Die Ehelichkeitserklärung ist unwirksam, wenn der Vater oder das Kind vor derselben gestorben ist.

§. 1596.

Die Wirkungen der Ehelichkeitserklärung erstrecken sich auch auf die Abkömmlinge des Kindes. Das Kind und dessen Abkömmlinge erlangen weder die rechtliche Stellung von Verwandten der Verwandten des Vaters noch die von Verschwägerten der Ehefrau des Vaters; der Ehegatte des Kindes oder eines Abkömmlinges desselben erlangt nicht die rechtliche Stellung eines Verschwägerten des Vaters.

Durch die Ehelichkeitserklärung werden, soweit nicht aus dem Gesetze ein Anderes sich ergiebt, die Rechte und Pflichten nicht berührt, welche zwischen dem Kinde und dessen Verwandten in Folge der Verwandtschaft bestehen.

§. 1597.

Durch die Ehelichkeitserklärung wird die Pflicht und das Recht der Mutter des Kindes, für dessen Person zu sorgen, aufgehoben. Pflicht und Recht der Sorge tritt auch dann nicht wieder ein, wenn die elterliche Gewalt des Vaters beendigt oder auf die elterliche Nutznießung beschränkt ist.

§. 1598.

In Ansehung der Verpflichtung, dem Kinde und dessen Abkömmlingen den Unterhalt zu gewähren, haftet der Vater vor der Mutter und den sonstigen Verwandten des Kindes.

§. 1599.

Will der Vater nach der Ehelichkeitserklärung eine Ehe schließen, so finden, wenn er die elterliche Gewalt über das Kind hat, die Vorschriften der §§. 1548 bis 1552 entsprechende Anwendung.

§. 1600.

In Ansehung der Anfechtung des Antrages des Vaters auf Ehelichkeitserklärung sowie in Ansehung der Anfechtung der Einwilligung des Kindes und der Ehefrau des Vaters, ingleichen in Ansehung der Genehmigung des anfechtbaren Antrages oder der anfechtbaren Einwilligung finden die Vorschriften der §§. 1588 bis 1590 entsprechende Anwendung.

Siebenter Titel.

Annahme an Kindesstatt.

§. 1601.

Durch Annahme an Kindesstatt erlangt der Angenommene die rechtliche Stellung eines ehelichen Kindes des Annehmenden, soweit nicht aus dem Gesetze ein Anderes sich ergiebt.

Die Annahme an Kindesstatt erfordert einen zwischen dem Annehmenden und dem Anzunehmenden zu schließenden Vertrag.

§. 1602.

Wer einen ehelichen Abkömmling hat, kann nicht an Kindesstatt annehmen. Das Vorhandensein eines angenommenen Kindes steht der Annahme an Kindesstatt nicht entgegen.

§. 1603.

Der Annehmende muß das fünfzigste Lebensjahr zurückgelegt haben.

Im Falle der Volljährigkeit des Annehmenden ist Dispensation zulässig.

§. 1604.

Der Anzunehmende muß mindestens achtzehn Jahre jünger sein als der Annehmende.

Dispensation ist zulässig.

§. 1605.

Die Befugniß zur Ertheilung der nach den Vorschriften der §§. 1603, 1604 zulässigen Dispensation steht dem Staate zu. Ueber die Ausübung dieser Befugniß haben die Landesregierungen zu bestimmen.

§. 1606.

Ein Ehegatte kann nur mit Einwilligung des anderen Ehegatten an Kindesstatt annehmen.

§. 1607.

Wer an Kindesstatt angenommen ist, kann vor der Aufhebung des durch die Annahme begründeten Verhältnisses von einem Anderen als dem Ehegatten des Annehmenden an Kindesstatt nicht angenommen werden.

§. 1608.

Nur Ehegatten können eine Person als gemeinschaftliches Kind annehmen.

§. 1609.

Ein Ehegatte kann nur mit Einwilligung des anderen Ehegatten an Kindesstatt angenommen werden.

§. 1610.

Ein eheliches Kind kann nur mit Einwilligung seines Vaters und seiner Mutter, ein uneheliches Kind nur mit Einwilligung seiner Mutter an Kindesstatt angenommen werden.

Die Vorschriften des ersten Absatzes finden keine Anwendung, wenn das Kind das fünfundzwanzigste Lebensjahr zurückgelegt hat oder sein Familienstand nicht zu ermitteln ist.

§. 1611.

Die in den §§. 1606, 1609, 1610 vorgeschriebene Einwilligung eines Dritten ist nicht erforderlich, wenn der Dritte gestorben oder für todt erklärt ist. Sie wird durch Genehmigung des Vertrages von Seiten des Dritten ersetzt, sofern diese vor der Bestätigung des Vertrages erfolgt.

§. 1612.

Hat der Anzunehmende das vierzehnte Lebensjahr noch nicht zurückgelegt, so kann der Annahmevertrag für ihn durch den gesetzlichen Vertreter geschlossen werden. Im Uebrigen kann die Schließung des Vertrages, sowohl für den Annehmenden als für den Anzunehmenden, nicht durch einen Vertreter, insbesondere auch nicht durch den gesetzlichen Vertreter, erfolgen.

§. 1613.

Ist der Annehmende in der Geschäftsfähigkeit beschränkt, so ist zu dem Vertrage, außer der Einwilligung des gesetzlichen Vertreters, die Genehmigung des Vormundschaftsgerichtes erforderlich.

Ein Gleiches gilt in Ansehung der Einwilligung des Anzunehmenden, wenn dieser in der Geschäftsfähigkeit beschränkt ist. Die Genehmigung des Vormundschaftsgerichtes ist auch dann erforderlich, wenn der Vertrag für den Anzunehmenden in Gemäßheit des §. 1612 Satz 1 von dem gesetzlichen Vertreter des Anzunehmenden geschlossen ist.

Ist der Annehmende der Vormund des Anzunehmenden, so soll die Genehmigung des Vormundschaftsgerichtes nicht ertheilt werden. Ist der Annehmende der Vormund des Anzunehmenden gewesen und wird der letztere noch bevormundet, so soll die Genehmigung des Vormundschaftsgerichtes erst ertheilt werden, nachdem der Annehmende über die von ihm geführte Verwaltung Rechnung gelegt und das Vermögen des Mündels ausgeliefert hat.

Die Vorschriften des dritten Absatzes finden auf einen zur Vermögensverwaltung berufenen Pfleger entsprechende Anwendung.

§. 1614.

Die nach den §§. 1606, 1609 bis 1611 erforderliche Einwilligung oder Genehmigung eines Dritten kann nicht durch einen Vertreter, insbesondere auch nicht durch den gesetzlichen Vertreter, erfolgen. Ist der Dritte in der Geschäftsfähigkeit beschränkt, so bedarf er zu der Einwilligung oder Genehmigung nicht der Einwilligung des gesetzlichen Vertreters, es sei denn, daß dem Dritten als Inhaber der elterlichen Gewalt über den Anzunehmenden die elterliche Nutznießung zusteht.

§. 1615.

Die Annahme an Kindesstatt unter Beifügung einer Bedingung oder Zeitbestimmung ist unwirksam.

§. 1616.

Der Annahmevertrag muß vor Gericht oder Notar geschlossen werden.

Die nach den §§. 1606, 1609 bis 1611 erforderliche Einwilligung oder Genehmigung eines Dritten muß in gerichtlicher oder notarieller Form erklärt und gegenüber dem einen oder anderen Vertragschließenden abgegeben werden. Die Einwilligung des Dritten ist unwiderruflich.

§. 1617.

Zur Wirksamkeit des Annahmevertrages ist erforderlich, daß die Bestätigung desselben durch das zuständige Gericht hinzutritt. Mit der Bestätigung tritt die Annahme an Kindesstatt in Kraft. Die Vertragschließenden sind jedoch an den Vertrag schon vor der Bestätigung gebunden; sie hören auf gebunden zu sein, wenn die Bestätigung rechtskräftig versagt ist.

§. 1618.

Die Annahme an Kindesstatt wird nicht wirksam, wenn der Annehmende oder der Anzunehmende vor der Bestätigung des Annahmevertrages gestorben ist.

§. 1619.

Die Bestätigung des Annahmevertrages ist nur dann zu versagen, wenn ein gesetzliches Erforderniß der Annahme an Kindesstatt mangelt.

§. 1620.

Die Wirkungen der Annahme an Kindesstatt erstrecken sich auch auf die Abkömmlinge des Angenommenen, auf einen zur Zeit der Schließung des Annahmevertrages schon vorhandenen Abkömmling und dessen später geborene Abkömmlinge jedoch nur dann, wenn der Vertrag zugleich mit dem ersteren geschlossen ist.

Der Angenommene und dessen Abkömmlinge erlangen weder die rechtliche Stellung von Verwandten der Verwandten des Annehmenden noch die von Verschwägerten des Ehegatten des Annehmenden; der Ehegatte des Angenommenen oder eines Abkömmlinges desselben erlangt nicht die rechtliche Stellung eines Verschwägerten des Annehmenden.

§. 1621.

Wird während bestehender Ehe von einem Ehegatten das Kind des anderen Ehegatten oder von beiden Ehegatten dieselbe Person an Kindesstatt angenommen, so erlangt der Angenommene die rechtliche Stellung eines gemeinschaftlichen ehelichen Kindes beider Ehegatten nach Maßgabe der §§. 1601, 1620.

§. 1622.

Der Angenommene erhält den Familiennamen des Annehmenden und, wenn dieser eine Frau ist, welche durch Schließung der Ehe den Familiennamen des Ehemannes erhalten hat, den Familiennamen, welchen dieselbe vor Schließung der Ehe geführt hat. In den Fällen des §. 1621 erhält der Angenommene den Familiennamen des Ehemannes.

Der neue Name ist von dem Angenommenen unter Beifügung des bisherigen Familiennamens zu führen.

Diejenigen Abkömmlinge des Angenommenen, auf welche die Wirkungen der Annahme an Kindesstatt sich nicht erstrecken, behalten ihren bisherigen Familiennamen.

§. 1623.

Erlangt der Annehmende die elterliche Gewalt über den Angenommenen, so ist er verpflichtet, dem Vormundschaftsgerichte ein Verzeichniß des seiner Verwaltung unterliegenden Vermögens des Angenommenen einzureichen. Das Vormundschaftsgericht kann außerdem die im §. 1547 Abs. 1 Satz 2, 3, Abs. 2 bezeichneten weiteren Anordnungen treffen, wenn es dieselben im Interesse des Angenommenen für erforderlich erachtet. Die Vorschriften der §§. 1549 bis 1551 finden entsprechende Anwendung.

Ein Gleiches gilt, wenn in den Fällen des §. 1621 die Mutter des Angenommenen zur elterlichen Gewalt gelangt.

Will der Annehmende eine Ehe schließen, so finden, wenn er die elterliche Gewalt über das Kind hat, die Vorschriften der §§. 1548 bis 1552 entsprechende Anwendung.

Ist der Annehmende eine Frau, so finden die Vorschriften des §. 1538 Abs. 1 Nr. 2, 3 und der §§. 1539 bis 1543, 1558 entsprechende Anwendung.

§. 1624.

Durch die Annahme an Kindesstatt wird ein Erbrecht für den Annehmenden nicht begründet.

§. 1625.

Durch die Annahme an Kindesstatt werden, soweit nicht aus dem Gesetze ein Anderes sich ergiebt, die Rechte und Pflichten nicht berührt, welche zwischen dem Angenommenen und dessen Verwandten in Folge der Verwandtschaft bestehen.

§. 1626.

Der leibliche Vater und die leibliche Mutter verlieren die elterliche Gewalt über den Angenommenen. Sie erlangen dieselbe auch dann nicht, wenn die elterliche Gewalt des Annehmenden beendigt oder auf die elterliche Nutznießung beschränkt oder wenn die Annahme an Kindesstatt aufgehoben ist.

Das Gleiche gilt von der Pflicht und dem Rechte der leiblichen Mutter, für die Person des Kindes zu sorgen.

§. 1627.

Soweit die Vorschriften über die gesetzliche Unterhaltspflicht der Verwandten ein gesetzliches Erbrecht oder ein Pflichttheilsrecht zwischen dem Bedürftigen und dem Verpflichteten voraussetzen, kommt bei Anwendung jener Vorschriften die Vorschrift des §. 1624 nicht in Betracht.

In Ansehung der Verpflichtung, dem Angenommenen und dessen Abkömmlingen, soweit auf diese die Wirkungen der Annahme an Kindesstatt sich erstrecken, den Unterhalt zu gewähren, haftet der Annehmende vor den leiblichen Verwandten des Angenommenen.

§. 1628.

Im Annahmevertrage kann bestimmt werden, daß dem Annehmenden die elterliche Nutznießung an dem Vermögen des Angenommenen und daß dem letzteren ein Erbrecht oder ein Pflichttheilsrecht gegenüber dem Annehmenden nicht zustehen solle.

Im Uebrigen können die gesetzlichen Wirkungen der Annahme an Kindesstatt im Annahmevertrage nicht geändert werden.

§. 1629.

Das durch die Annahme an Kindesstatt begründete Verhältniß kann durch Vertrag aufgehoben werden.

Der Vertrag muß zwischen dem Annehmenden und dem Angenommenen sowie denjenigen Abkömmlingen des letzteren geschlossen werden, auf welche die Wirkungen der Annahme sich erstreckt haben.

Ist der Angenommene verstorben, so kann die Aufhebung des zwischen dem Annehmenden und den Abkömmlingen des Angenommenen begründeten Verhältnisses auch durch einen zwischen diesen Abkömmlingen und dem Annehmenden zu schließenden Vertrag erfolgen.

In den Fällen des §. 1621 ist, solange beide Ehegatten leben, zur Aufhebung des durch die Annahme an Kindesstatt begründeten Verhältnisses ein mit beiden Ehegatten zu schließender Vertrag erforderlich; nach dem Tode eines der Ehegatten kann die Aufhebung des zwischen dem anderen Ehegatten und dem Angenommenen und dessen Abkömmlingen begründeten Verhältnisses durch einen zwischen dem anderen Ehegatten und dem Angenommenen sowie jenen Abkömmlingen zu schließenden Vertrag erfolgen; ist der Angenommene verstorben, so findet die Vorschrift des dritten Absatzes entsprechende Anwendung.

Auf den Vertrag über die Aufhebung des durch die Annahme an Kindesstatt begründeten Verhältnisses finden die Vorschriften des §. 1612, des §. 1613 Abs. 1, 2, des §. 1615, des §. 1616 Abs. 1 und der §§. 1617 bis 1619 entsprechende Anwendung.

§. 1630.

In Ansehung der Anfechtung des Annahmevertrages und des Vertrages über die Aufhebung des durch die Annahme an Kindesstatt begründeten Verhältnisses sowie in Ansehung der Anfechtung der nach den §§. 1606, 1609 bis 1611 erforderlichen Einwilligung oder Genehmigung eines Dritten, ingleichen in Ansehung der Genehmigung des anfechtbaren Rechtsgeschäftes finden die Vorschriften des §. 1612, des §. 1613 Abs. 1, 2 und des §. 1614 entsprechende Anwendung.

§. 1631.

Wenn Personen, welche durch Annahme an Kindesstatt verbunden sind, eine gegen das Verbot des §. 1240 verstoßende Ehe schließen, so tritt mit Schließung der Ehe die Aufhebung des durch die Annahme an Kindesstatt zwischen ihnen begründeten Verhältnisses kraft des Gesetzes ein.

Ist die Ehe aus einem anderen Grunde als wegen eines Formmangels bei der Eheschließung nichtig, so wird die dem einen Ehegatten über den anderen Ehegatten etwa zustehende elterliche Gewalt mit Schließung der Ehe verwirkt. Das Gleiche gilt, wenn die Ehe anfechtbar ist und angefochten wird.

Achter Titel.

Feststellung familienrechtlicher Verhältnisse.

§. 1632.[1])

Wird die Klage auf Feststellung des Bestehens oder des Nichtbestehens eines Eltern- und Kindesverhältnisses zwischen den Parteien oder auf Feststellung des Bestehens oder des Nichtbestehens der elterlichen Gewalt der einen Partei über die andere erhoben, so wirkt das Urtheil, welches auf eine solche Feststellungsklage erlassen und noch während der Lebenszeit der Parteien rechtskräftig geworden ist, für und gegen Alle. Ein das Eltern- und Kindesverhältniß oder die elterliche Gewalt feststellendes Urtheil wirkt jedoch nicht gegen den Dritten, welcher das elterliche Verhältniß oder die elterliche Gewalt für sich in Anspruch nimmt, sofern derselbe nicht an dem Prozesse Theil genommen hatte.

Die Vorschriften des ersten Absatzes finden keine Anwendung auf den Rechtsstreit, welcher die Feststellung des Bestehens oder des Nichtbestehens der unehelichen Vaterschaft zum Gegenstande hat.

---

[1]) Vergl. den in der Anmerkung zum §. 1476 unter Nr. 2 mitgetheilten neuen §. 627c der Civilprozeßordnung.

Dritter Abschnitt.
Vormundschaft.

Erster Titel.
Vormundschaft über Minderjährige.

I. Anordnung der Vormundschaft.

§. 1633.

Ein Minderjähriger erhält einen Vormund, wenn er nicht unter elterlicher Gewalt steht oder wenn die elterliche Gewalt auf die elterliche Nutznießung beschränkt ist.

§. 1634.[1])

Die Vormundschaft wird von dem Vormundschaftsgerichte von Amtswegen angeordnet.

§. 1635.

Als Vormünder sind in nachstehender Reihenfolge berufen:

1. wer von dem Vater des Mündels als Vormund benannt ist;
2. wer von der ehelichen Mutter des Mündels als Vormund benannt ist;
3. der Großvater des Mündels von väterlicher Seite;
4. der Großvater des Mündels von mütterlicher Seite.

Der Großvater von väterlicher Seite und der Großvater von mütterlicher Seite sind jedoch nicht berufen, wenn der Mündel von einem Anderen an Kindesstatt angenommen ist, oder wenn das Kind,

---

[1]) In das Einführungsgesetz wird die Vorschrift aufgenommen werden:

Die Landesgesetze können bestimmen, daß der Vorstand einer unter Verwaltung des Staates oder einer Gemeindebehörde stehenden Verpflegungsanstalt, in welche ein Minderjähriger aufgenommen ist, die Pflichten und Rechte eines Vormundes dieses Minderjährigen bis zu dessen Volljährigkeit hat, unbeschadet der Befugniß des Vormundschaftsgerichtes, statt des Vorstandes einen Anderen zum Vormunde zu bestellen, daß ferner im Falle einer solchen kraft des Gesetzes stattfindenden Bevormundung durch den Anstaltsvorstand ein Gegenvormund nicht zu bestellen ist und dem Anstaltsvorstande die Befreiungen zustehen, welche nach den Vorschriften des §. 1690 angeordnet werden können.

von welchem der Mündel abstammt, von einem Anderen an Kindesstatt angenommen ist und die Wirkungen dieser Annahme auf den Mündel sich erstreckt haben, es sei denn, daß der Annehmende der Ehegatte des Vaters oder der Mutter des Angenommenen war.

§. 1636.

Die Benennung des Vormundes von Seiten des Vaters oder der Mutter des Mündels kann nur durch letztwillige Verfügung erfolgen. Zur Wirksamkeit der Benennung ist erforderlich, daß zur Zeit des Todes desjenigen, welcher die Verfügung getroffen hat, diesem die elterliche Gewalt über den Mündel zustand oder bei Voraussetzung der bereits erfolgten Geburt des letzteren zugestanden haben würde, auch die elterliche Gewalt des Benennenden nicht auf die elterliche Nutznießung beschränkt war und derselbe weder die Sorge für die Person noch die Sorge für das Vermögen des Mündels verloren hatte.

§. 1637.

Wer in Gemäßheit des §. 1635 als Vormund berufen ist, darf ohne seine Zustimmung nicht übergangen werden, es sei denn, daß er unfähig ist, Vormund zu sein, oder daß er die Vormundschaft zu übernehmen verhindert ist, oder daß aus seiner Bestellung eine erhebliche Gefährdung des Interesses des Mündels zu besorgen ist.

War der Berufene nur vorübergehend verhindert, so kann er nach Beseitigung der Verhinderung verlangen, daß er an Stelle des bisherigen Vormundes zum Vormunde bestellt werde.

Ist einer Ehefrau ein Vormund zu bestellen, so darf vor den im §. 1635 Abs. 1 Nr. 1 bis 4 bezeichneten Personen der Ehemann, ist einem unehelichen Kinde ein Vormund zu bestellen, so darf vor dem Großvater von mütterlicher Seite die Mutter zum Vormunde bestellt werden.

Neben dem Berufenen darf ohne dessen Zustimmung ein Mitvormund nicht bestellt werden.

§. 1638.

Ist die Vormundschaft nicht in Gemäßheit des §. 1635 zu übertragen, so hat das Vormundschaftsgericht nach Anhörung des Gemeindewaisenrathes eine Person als Vormund auszuwählen, welche nach ihren persönlichen Verhältnissen und nach ihren Vermögensverhältnissen sowie nach den sonstigen Umständen des Falles zur Führung der Vormundschaft geeignet ist. Bei der Auswahl sind Verwandte oder Verschwägerte des Mündels zunächst zu berücksichtigen.

In der Regel soll für den Mündel und, wenn mehrere Geschwister zu bevormunden sind, für alle Mündel nur ein Vormund bestellt werden.

Bei der Bestellung des Vormundes kann dessen Entlassung für den Fall des Eintrittes oder des Nichteintrittes eines künftigen Ereignisses vorbehalten werden.

§. 1639.

Jeder Deutsche ist verpflichtet, die Vormundschaft, zu welcher er von dem Vormundschaftsgerichte ausgewählt ist, zu übernehmen, es sei denn, daß er unfähig ist, Vormund zu sein, oder daß er zur Ablehnung berechtigt ist. Im Falle der Verletzung dieser Verpflichtung haftet er dem Mündel für Schadensersatz. Er kann von dem Vormundschaftsgerichte durch Ordnungsstrafen bis zum Betrage von je dreihundert Mark zur Uebernahme der Vormundschaft angehalten werden. Mehrere Strafen sind nur in Zwischenräumen von mindestens einer Woche zu verhängen; ist dreimal eine Strafe ohne Erfolg verhängt, so ist eine andere Person als Vormund auszuwählen.

§. 1640.

Unfähig, Vormund zu sein, ist:

1. wer geschäftsunfähig oder in der Geschäftsfähigkeit beschränkt ist;
2. ein Gemeinschuldner während der Dauer des Konkurses;
3. wer der bürgerlichen Ehrenrechte für verlustig erklärt ist, nach Maßgabe der Vorschriften des Strafgesetzbuches;
4. eine Frau; nicht unfähig ist die Mutter und die Großmutter des Mündels sowie diejenige Frau, welche nach den Vorschriften der §§. 1635, 1636 zur Vormundschaft berufen ist;
5 wer durch eine letztwillige Verfügung des Vaters oder der ehelichen Mutter nach Maßgabe des §. 1636 von der Vormundschaft ausgeschlossen ist; der in Gemäßheit der §§. 1635, 1636 von dem Vater als Vormund Benannte kann jedoch von der Mutter nicht ausgeschlossen werden.

§. 1641.

Eine Ehefrau, welche mit einem Anderen als dem Vater des Mündels verheirathet ist, darf nur mit Zustimmung ihres Ehemannes zum Vormunde bestellt werden.

§. 1642.

Bedarf ein Beamter oder Religionsdiener nach den Landesgesetzen einer besonderen Erlaubniß zur Uebernahme einer Vormundschaft, so darf er nicht ohne die vorgeschriebene Erlaubniß zum Vormunde bestellt werden.

§. 1643.

Die Uebernahme einer Vormundschaft kann ablehnen:

1. eine Frau;
2. wer das sechszigste Lebensjahr zurückgelegt hat;
3. wer fünf oder mehr minderjährige, nicht von einem Anderen an Kindesstatt angenommene eheliche Kinder hat;
4. wer an einer Krankheit oder an einem Gebrechen leidet, durch welche er verhindert wird, die Vormundschaft ordnungsmäßig zu führen;
5. wer nicht im Bezirke des Vormundschaftsgerichtes seinen Wohnsitz hat;
6. wer in Gemäßheit des §. 1689 zur Sicherheitsleistung angehalten wird;
7. wer mit einem Anderen zur gemeinschaftlichen Führung der Vormundschaft bestellt werden soll;
8. wer bereits mehr als eine Vormundschaft oder Pflegschaft führt; die Vormundschaft oder Pflegschaft über mehrere Geschwister gilt nur als eine; die Führung einer Gegenvormundschaft kommt nicht in Betracht.

§. 1644.

Das Ablehnungsrecht geht verloren, wenn es nicht bei dem Vormundschaftsgerichte vor der Verpflichtung geltend gemacht wird.

Ist die Ablehnung von dem Vormundschaftsgerichte für unbegründet erklärt, so hat der Ablehnende die Vormundschaft, ungeachtet der gegen die Verfügung des Vormundschaftsgerichtes zulässigen Rechtsmittel, auf Erfordern des Vormundschaftsgerichtes vorläufig zu übernehmen

§. 1645.

Der Vormund wird von dem Vormundschaftsgerichte durch Verpflichtung zu treuer und gewissenhafter Führung der Vormundschaft bestellt. Die Verpflichtung erfolgt mittels Handschlages an Eidesstatt.

Der Vormund erhält eine Bestallung, aus welcher der Name und die Zeit der Geburt des Mündels, der Name des Vormundes,

des Gegenvormundes und der Mitvormünder sowie im Falle der Theilung der Vormundschaft die Art der Theilung ersichtlich sein sollen. Ist ein Familienrath eingesetzt, so ist auch dies in der Bestallung anzugeben.

§. 1646.

Wird ein Geschäftsunfähiger zum Vormunde bestellt, so ist die Bestellung nichtig.

Die übrigen im §. 1640 bezeichneten Unfähigkeitsgründe sowie der Mangel der nach der Vorschrift des §. 1641 erforderlichen Zustimmung des Ehemannes oder der in Gemäßheit des §. 1642 erforderlichen Erlaubniß sind auf die Gültigkeit der Bestellung ohne Einfluß; der Bestellte hat die Vormundschaft so lange zu führen, bis er entlassen ist.

§. 1647

Neben dem Vormunde kann ein Gegenvormund bestellt werden.

Ein Gegenvormund soll bestellt werden, wenn mit der Vormundschaft eine Vermögensverwaltung verbunden ist, es sei denn, daß die Verwaltung eine nicht erhebliche ist oder daß die Vormundschaft von mehreren Vormündern gemeinschaftlich geführt wird.

Wird die Vormundschaft von mehreren Vormündern nicht gemeinschaftlich geführt, so kann der eine Vormund zum Gegenvormunde des anderen bestellt werden.

Auf die Berufung und Bestellung des Gegenvormundes finden die für die Berufung und Bestellung des Vormundes geltenden Vorschriften entsprechende Anwendung.

II. Führung der Vormundschaft.

§. 1648.

Der Vormund hat die Pflicht und das Recht, für die Person und das Vermögen des Mündels zu sorgen. Pflicht und Recht beginnen mit der Bestellung.

§. 1649.

Die Pflicht und das Recht des Vormundes, für die Person und das Vermögen des Mündels zu sorgen, umfaßt die gesetzliche Vertretung des Mündels.

§. 1650.

Die Pflicht und das Recht des Vormundes, für die Person und das Vermögen des Mündels zu sorgen, erstreckt sich nicht auf solche Angelegenheiten des Mündels, für welche eine Pflegschaft besteht.

§. 1651.

Der Vormund ist von der gesetzlichen Vertretung des Mündels ausgeschlossen:

1. bei Rechtsgeschäften und Rechtsstreitigkeiten zwischen dem Vormunde selbst oder seinem Ehegatten oder einem seiner Verwandten in gerader Linie einerseits und dem Mündel andererseits, mit Ausnahme solcher Rechtsgeschäfte, welche ausschließlich in der Erfüllung einer Verbindlichkeit bestehen;
2. bei Rechtsstreitigkeiten zwischen dem Mündel und einer anderen von dem Vormunde vertretenen Person;
3. bei Rechtsgeschäften und Rechtsstreitigkeiten, welche die Uebertragung oder Belastung einer dem Mündel gegen den Vormund zustehenden, durch Pfandrecht oder Bürgschaft gesicherten Forderung oder die Aufhebung oder Minderung dieser Sicherheit oder die Begründung der Verpflichtung des Mündels zu einer solchen Uebertragung oder Belastung, Aufhebung oder Minderung zum Gegenstande haben;
4. in Angelegenheiten, für welche das Vormundschaftsgericht dem Vormunde die Vertretung entzogen hat; eine solche Entziehung soll nur dann erfolgen, wenn das Interesse des Mündels zu dem Interesse des Vormundes oder zu dem Interesse einer anderen von dem Vormunde vertretenen Person oder einer mit dem Vormunde in gerader Linie verwandten Person oder des Ehegatten des Vormundes in erheblichem Gegensatze steht.

§. 1652.

Mehrere Vormünder führen die Vormundschaft gemeinschaftlich.

Im Falle einer Verschiedenheit der Meinungen entscheidet das Vormundschaftsgericht, sofern bei der Bestellung der Vormünder nicht ein Anderes bestimmt worden ist.

Das Vormundschaftsgericht kann anordnen, daß die Vormundschaft von mehreren Vormündern nach bestimmten Wirkungskreisen getheilt geführt werde. Im Falle einer solchen Theilung wird die Vormundschaft von jedem Vormunde für den ihm überwiesenen Wirkungskreis selbständig geführt.

Hat der Vater oder die Mutter mehrere Vormünder benannt, so sind die von dem Benennenden über die Entscheidung im Falle einer Meinungsverschiedenheit unter den benannten Vormündern oder über die Vertheilung der Geschäfte unter denselben nach Maßgabe des §. 1636 getroffenen Anordnungen zu befolgen, sofern nicht aus deren Befolgung eine erhebliche Gefährdung des Interesses des Mündels zu besorgen ist.

§. 1653.

Wenn die Sorge für die Person und die Sorge für das Vermögen des Mündels verschiedenen Vormündern obliegt, so steht bei einer Verschiedenheit der Meinungen dieser Vormünder über die Vornahme einer sowohl in den Bereich der Sorge für die Person als in den Bereich der Sorge für das Vermögen fallenden Handlung die Entscheidung dem Vormundschaftsgerichte zu.

§. 1654.

Der Gegenvormund hat darauf zu achten, daß der Vormund bei der ihm obliegenden Führung der Vormundschaft pflichtmäßig verfährt; er hat Pflichtwidrigkeiten des Vormundes und alle Fälle, in welchen das Vormundschaftsgericht zu einem Einschreiten berufen ist, insbesondere den Tod des Vormundes oder eine eintretende Unfähigkeit desselben, dem Vormundschaftsgerichte unverzüglich anzuzeigen.

Der Gegenvormund hat außerdem bei der Führung der Vormundschaft in den durch das Gesetz bezeichneten Fällen mitzuwirken.

§. 1655.

Auf die Pflicht und das Recht des Vormundes, für die Person des Mündels zu sorgen, finden die Vorschriften der §§. 1504, 1505, 1509 entsprechende Anwendung.

§. 1656.

Durch die Pflicht und das Recht des Vormundes, für die Person des Mündels zu sorgen, wird die Pflicht und das Recht eines Elterntheiles des Mündels in Ansehung dieser Sorge nicht berührt.

§. 1657.

Zu dem Antrage des Vormundes auf Entlassung des Mündels aus dem Staatsverbande ist die Genehmigung des Vormundschaftsgerichtes erforderlich. Vor der Entscheidung über die Genehmigung soll das Vormundschaftsgericht nach Maßgabe des §. 1678 Verwandte oder Verschwägerte des Mündels sowie den Mündel selbst, sofern er das achtzehnte Lebensjahr zurückgelegt hat, hören.

§. 1658.

In welchem religiösen Bekenntnisse der Mündel zu erziehen ist, bestimmt sich nach den Landesgesetzen.

§. 1659.

Der Vormund hat von dem gesammten Vermögen des Mündels, sowohl von demjenigen, welches bei der Anordnung der Vormundschaft vorhanden ist, als von demjenigen, welches dem Mündel später zugefallen ist, ein genaues und vollständiges Verzeichniß unter Zuziehung des Gegenvormundes, wenn ein solcher vorhanden ist, aufzunehmen und dem Vormundschaftsgerichte unter der von ihm und dem Gegenvormunde abzugebenden pflichtmäßigen Versicherung der Richtigkeit und Vollständigkeit einzureichen.

Der Vormund kann sich bei der Aufnahme des Verzeichnisses der Hülfe eines öffentlichen Beamten bedienen.

§. 1660.

Sind über die Verwaltung der Vermögensgegenstände, welche der Mündel durch Erbfolge oder durch Vermächtniß oder als Pflichttheil erwirbt, von dem Erblasser durch letztwillige Verfügung Anordnungen für den Vormund getroffen, so sind diese zu befolgen. Es kann jedoch mit Genehmigung des Vormundschaftsgerichtes von den Anordnungen abgewichen werden, wenn und soweit aus der Befolgung derselben eine Gefährdung des Interesses des Mündels zu besorgen ist.

Die Vorschriften des ersten Absatzes finden entsprechende Anwendung, wenn ein Dritter dem Mündel einen Vermögensgegenstand durch Rechtsgeschäft unter Lebenden zugewendet und bei der Zuwendung Anordnungen über die vormundschaftliche Verwaltung desselben getroffen hat. Zu einer Abweichung von diesen Anordnungen ist jedoch, solange der Dritte lebt, dessen Zustimmung erforderlich und genügend.

§. 1661.

Eine Schenkung kann von dem Vormunde für den Mündel oder von dem Mündel mit Einwilligung oder Genehmigung des Vormundes nicht vorgenommen werden. Diese Vorschrift findet keine Anwendung auf Schenkungen, welche durch eine sittliche Pflicht oder die auf den Anstand zu nehmende Rücksicht gerechtfertigt werden.

§. 1662.

Der Vormund darf Vermögensgegenstände des Mündels nicht in eigenen Nutzen verwenden.

§. 1663.

Der Vormund soll ohne Genehmigung des Vormundschaftsgerichtes weder ein neues Erwerbsgeschäft im Namen des Mündels beginnen noch ein bestehendes Erwerbsgeschäft des Mündels auflösen.

§. 1664.

Gelder, welche nicht erforderlich sind, um die laufenden und andere durch die Vermögensverwaltung begründete Ausgaben zu bestreiten, soll der Vormund zinsbar anlegen.

Die Anlegung der Gelder soll nur erfolgen:

1. in sicheren Hypotheken oder Grundschulden an inländischen Grundstücken;
2. in Schuldverschreibungen des Reiches oder eines Bundesstaates;
3. in Schuldverschreibungen, deren Verzinsung von dem Reiche oder einem Bundesstaate gewährleistet ist;
4. in Schuldverschreibungen, welche von inländischen kommunalen Körperschaften oder von den Kreditanstalten solcher Körperschaften ausgestellt und entweder von Seiten der Inhaber kündbar sind oder einer regelmäßigen Tilgung unterliegen;
5. bei einer inländischen öffentlichen und obrigkeitlich bestätigten Sparkasse;
6. in sonstigen Werthpapieren, in Ansehung deren durch Beschluß des Bundesrathes bestimmt ist, daß Mündelgelder in denselben angelegt werden dürfen.

Eine Hypothek oder eine Grundschuld ist nur dann als sicher anzusehen, wenn sie bei einem landwirthschaftlichen Grundstücke innerhalb der ersten zwei Drittheile, bei einem anderen Grundstücke innerhalb der ersten Hälfte des Werthes des Grundstückes zu stehen kommt. Die Landesgesetze können für die innerhalb ihres Geltungsbereiches belegenen Grundstücke die Grundsätze bestimmen, nach welchen der Werth der Grundstücke festzustellen ist.

§. 1665.

Können die im §. 1664 Abs. 1 bezeichneten Gelder nach den obwaltenden Umständen nicht in der im §. 1664 bezeichneten Weise angelegt werden, so sind sie von dem Vormunde zu belegen bei der Reichsbank oder bei einer inländischen Staatsbank oder bei einer anderen inländischen Bank, sofern diese durch die Gesetze des Bundesstaates, in welchem sie ihren Sitz hat, dazu für geeignet erklärt ist, oder bei einer öffentlichen Hinterlegungsstelle, sofern dieser die Annahme solcher Gelder landesgesetzlich gestattet ist.

§. 1666.

Der Vormund soll die im §. 1664 Abs. 2 Nr. 1 bis 4, 6 bestimmte Anlegung, wenn ein Gegenvormund bestellt worden ist, nur mit Genehmigung desselben bewirken. Die Genehmigung des Gegenvormundes wird durch die Genehmigung des Vormundschaftsgerichtes ersetzt.

Zu einer unter die Vorschrift des §. 1664 Abs. 2 Nr. 5 oder des §. 1665 fallenden Anlegung bedarf der Vormund der Genehmigung des Gegenvormundes nicht; er soll eine solche Anlegung aber nur mit der Bestimmung bewirken, daß zur Erhebung der Gelder die Genehmigung des Gegenvormundes oder des Vormundschaftsgerichtes erforderlich sei.

§. 1667.

Das Vormundschaftsgericht kann dem Vormunde aus besonderen Gründen eine andere als die in den §§. 1664, 1665 bestimmte Anlegung der Gelder gestatten.

§. 1668.

Gelder, welche zur Bestreitung der laufenden oder anderer durch die Vermögensverwaltung begründeter Ausgaben erforderlich, aber einstweilen nicht zu verwenden sind, darf der Vormund in der Weise belegen, daß zu einer Erhebung die Genehmigung des Gegenvormundes oder des Vormundschaftsgerichtes nicht erforderlich ist. In Ansehung der Auswahl des Dritten, bei welchem die Belegung bewirkt wird, ist der Vormund nur nach Maßgabe des §. 1696 verantwortlich.

§. 1669.

Zu einem Rechtsgeschäfte, durch welches ein Anspruch, mit Einschluß von Hypotheken, Grundschulden und Werthpapieren, veräußert oder belastet oder die Verpflichtung zu einer derartigen Veräußerung oder Belastung begründet wird, ist, soweit dazu nicht nach den Vorschriften der §§. 1671, 1674 die Genehmigung des Vormundschaftsgerichtes erforderlich ist, die Genehmigung des Gegenvormundes erforderlich.

Die Genehmigung des Gegenvormundes ist nicht erforderlich zur Annahme einer Leistung, wenn deren Gegenstand nicht in Geld oder in Werthpapieren besteht oder wenn durch die Leistung ein zu den Nutzungen des Vermögens des Mündels gehörender oder durch die Veräußerung solcher Nutzungen begründeter Anspruch oder ein Anspruch auf Rückzahlung von Geldern, welche nach Maßgabe des §. 1668 belegt sind, erfüllt wird. Auch zur Annahme der Erfüllung anderer Ansprüche ist die Genehmigung des Gegenvormundes nicht erforderlich, wenn der Gegenstand des Anspruches den Betrag von dreihundert Mark nicht übersteigt, es sei denn, daß Gelder zurückgezahlt werden sollen, welche mit der im §. 1666 Abs. 2 bezeichneten Bestimmung angelegt sind.

Die Genehmigung des Gegenvormundes wird durch die Genehmigung des Vormundschaftsgerichtes ersetzt. Die letztere ist auch dann erforderlich, wenn ein Gegenvormund nicht bestellt ist, es sei denn, daß mehrere Vormünder die Vormundschaft gemeinschaftlich führen.

§. 1670.

Der Vormund soll die auf Inhaber lautenden Schuldverschreibungen und Aktien des Mündels, mit Ausnahme der Zinsscheine, Rentenkupons, Gewinnantheilscheine und der Erneuerungsscheine, bei der Reichsbank oder bei einer anderen dazu durch die Landesgesetze für geeignet erklärten Stelle mit der Bestimmung hinterlegen oder, sofern es zulässig ist, auf den Namen des Mündels mit der Bestimmung umschreiben lassen, daß zur Erhebung der hinterlegten Papiere sowie zur Ersetzung der umgeschriebenen Papiere durch Inhaberpapiere und zur Erhebung der letzteren die Genehmigung des Vormundschaftsgerichtes erforderlich sei.

Das Vormundschaftsgericht kann den Vormund von der im ersten Absatze bezeichneten Verpflichtung entbinden.

Das Vormundschaftsgericht kann anordnen, daß auch andere Werthpapiere, mit Einschluß der Hypothekenbriefe und Grundschuldbriefe, sowie Kostbarkeiten des Mündels in der im ersten Absatze bestimmten Weise zu hinterlegen seien.

§. 1671.

Ist eine Hinterlegung nach Maßgabe des §. 1670 erfolgt, so ist die Genehmigung des Vormundschaftsgerichtes erforderlich zur Erhebung der hinterlegten Gegenstände und, solange die Erhebung nicht erfolgt ist, zu jedem Rechtsgeschäfte, durch welches die hinterlegten Gegenstände und die Hypotheken oder Grundschulden, auf welche die hinterlegten Hypothekenbriefe oder Grundschuldbriefe sich beziehen, veräußert oder belastet werden oder die Verpflichtung zu einer solchen Veräußerung oder Belastung begründet wird.

Ist eine Umschreibung nach Maßgabe des §. 1670 erfolgt, so ist die Genehmigung des Vormundschaftsgerichtes erforderlich zur Ersetzung der umgeschriebenen Papiere durch Inhaberpapiere und zur Erhebung der letzteren sowie zu den im ersten Absatze bezeichneten Rechtsgeschäften über die aus der Umschreibung der Inhaberpapiere auf den Namen des Mündels sich ergebenden Stammforderungen.

§. 1672.

Der Vormund darf Werthpapiere und Kostbarkeiten des

Mündels bei einem Dritten auch dann hinterlegen und die in Inhaberpapieren bestehenden Werthpapiere auf den Namen des Mündels auch dann umschreiben lassen, wenn er dazu nicht verpflichtet ist. Auf eine solche Hinterlegung oder Umschreibung finden die Vorschriften der §§. 1670, 1671 keine Anwendung.

In Ansehung der Auswahl des Dritten, bei welchem die Hinterlegung bewirkt wird, ist der Vormund nur nach Maßgabe des §. 1696 verantwortlich.

§. 1673.

Die Kosten, welche in den Fällen der §§. 1670, 1672 aus einer Hinterlegung oder Umschreibung entstehen, sind von dem Mündel zu tragen.

§. 1674.

Die Genehmigung des Vormundschaftsgerichtes ist erforderlich:

1. zu einem Rechtsgeschäfte, durch welches ein Grundstück oder ein Recht an einem Grundstücke veräußert oder belastet oder die Verpflichtung zu einer derartigen Veräußerung oder Belastung begründet wird, es sei denn, daß der Gegenstand der Veräußerung oder Belastung eine Hypothek oder Grundschuld ist;
2. zu einem Rechtsgeschäfte, durch welches ein Anspruch auf Uebertragung des Eigenthumes an einem Grundstücke oder auf Begründung oder Uebertragung des Rechtes an einem Grundstücke, mit Ausnahme von Hypotheken oder Grundschulden, veräußert oder belastet oder die Verpflichtung zu einer derartigen Veräußerung oder Belastung begründet wird;
3. zu einem Rechtsgeschäfte, durch welches das Vermögen des Mündels im Ganzen oder ein Bruchtheil dieses Vermögens oder eine Erbschaft oder ein Bruchtheil einer Erbschaft veräußert oder belastet oder die Verpflichtung zu einer solchen Veräußerung oder Belastung begründet wird;
4. zu einem Vertrage über die Auseinandersetzung in Ansehung einer Erbschaft;
5. zu einem Vertrage über den entgeltlichen Erwerb eines Grundstückes, Rechtes oder Anspruches, zu deren Veräußerung nach den Vorschriften unter Nr. 1, 2 die Genehmigung des Vormundschaftsgerichtes erforderlich ist;
6. zu einem Miethvertrage oder Pachtvertrage oder einem anderen, die Verpflichtung zu wiederkehrenden Leistungen

begründenden Vertrage, sofern das Vertragsverhältniß länger als ein Jahr nach zurückgelegtem einundzwanzigsten Lebensjahre des Mündels fortdauern soll;

7. zu einem Pachtvertrage über ein Landgut oder mehrere zum Betriebe der Landwirthschaft verbundene Grundstücke oder über einen gewerblichen Betrieb;

8. zu einem Vergleiche oder Schiedsvertrage, es sei denn, daß der Gegenstand des Streites oder der Ungewißheit in Geld schätzbar ist und den Werth von dreihundert Mark nicht übersteigt;

9 zur Eingehung der Verbindlichkeit aus einer Schuldverschreibung auf Inhaber oder aus einem Wechsel oder einer anderen Urkunde, welche durch Indossament übertragen werden kann;

10. zur Aufnahme von Geld auf den Kredit des Mündels;

11. zur Uebernahme einer fremden Verbindlichkeit;

12. zur Ertheilung einer Prokura;

13 zu einem Rechtsgeschäfte, durch welches die für einen Anspruch des Mündels bestehende Sicherheit aufgehoben oder gemindert oder die Verpflichtung zu einer solchen Aufhebung oder Minderung begründet wird;

14. zu einem Vertrage über den entgeltlichen Erwerb oder die Veräußerung eines Erwerbsgeschäftes sowie zur Eingehung eines Gesellschaftsvertrages zum Zwecke der Betreibung eines Erwerbsgeschäftes.

§. 1675

Zur Vornahme derjenigen Rechtsgeschäfte, zu welchen nach den Vorschriften des §. 1669 die Genehmigung des Gegenvormundes erforderlich und genügend ist, sowie zur Vornahme der im §. 1674 Nr. 9 bis 11 bezeichneten Rechtsgeschäfte kann das Vormundschaftsgericht dem Vormunde eine allgemeine Ermächtigung ertheilen.

Eine solche Ermächtigung soll jedoch nur dann ertheilt werden, wenn sie zum Zwecke der Vermögensverwaltung, insbesondere wegen des Betriebes eines Erwerbsgeschäftes, als erforderlich sich ergiebt.

§. 1676.

Die Genehmigung des Gegenvormundes oder des Vormundschaftsgerichtes ist nicht erforderlich zu dem Antrage, einen gemeinschaftlichen Gegenstand zum Zwecke der Aufhebung der Gemeinschaft nach Maßgabe des §. 769 Abs. 2 zu verkaufen, sowie zur Veräußerung oder Belastung eines Gegenstandes im Wege einer gegen den Mündel gerichteten Zwangsvollstreckung.

§. 1677.

Der Vormund kann Gegenstände, zu deren Veräußerung die Genehmigung des Gegenvormundes oder des Vormundschaftsgerichtes erforderlich ist, dem Mündel nicht zum Zwecke der Erfüllung der Verpflichtungen aus einem von demselben geschlossenen Vertrage oder zu freier Verfügung überlassen.

§. 1678.

Das Vormundschaftsgericht soll vor einer ihm zustehenden Entscheidung auf Antrag des Vormundes oder des Gegenvormundes und in wichtigen Angelegenheiten von Amtswegen Verwandte oder Verschwägerte des Mündels gutachtlich hören, sofern dies ohne erhebliche Verzögerung und ohne unverhältnißmäßige Kosten geschehen kann.

Die gutachtlich gehörten Verwandten und Verschwägerten können von dem Mündel Ersatz der ihnen entstandenen baaren Auslagen fordern. Der Betrag der letzteren wird von dem Vormundschaftsgerichte festgesetzt.

§. 1679.

Das Vormundschaftsgericht soll vor der Entscheidung über die zu einer Handlung des Vormundes erforderliche Genehmigung den Gegenvormund, wenn ein solcher bestellt worden ist, hören.

§. 1680.

Das Vormundschaftsgericht soll vor der Entscheidung über die nach dem §. 1663 erforderliche Genehmigung des Beginnes oder der Auflösung eines Erwerbsgeschäftes sowie vor der Entscheidung über die Genehmigung eines der im §. 1674 Nr. 1, 2, 5, 14 bezeichneten Rechtsgeschäfte den Mündel selbst, sofern dieser das achtzehnte Lebensjahr zurückgelegt hat, hören.

§. 1681.

Ist zu einem Rechtsgeschäfte die Genehmigung des Vormundschaftsgerichtes erforderlich, so kann diese Genehmigung im Voraus nur gegenüber dem Vormunde erklärt werden.

Ist das Rechtsgeschäft ohne diese Genehmigung vorgenommen, so ist das einseitige Rechtsgeschäft nichtig, der Vertrag zwar gültig, die Wirksamkeit desselben aber von der nachträglichen Genehmigung des Vormundschaftsgerichtes abhängig.

Die nachträgliche Genehmigung des Vormundschaftsgerichtes sowie die Verweigerung dieser Genehmigung wird gegenüber dem anderen Vertragschließenden nur dadurch wirksam, daß sie demselben durch den Vormund mitgetheilt wird. Der Vertrag kann nicht mehr wirksam werden, wenn der Vormund gegenüber dem anderen Vertragschließenden erklärt, daß der Vertrag unwirksam sein solle, oder wenn der Vormund dem anderen Vertragschließenden ungeachtet einer von dem letzteren an den Vormund erlassenen Aufforderung innerhalb einer von dem Empfange derselben zu berechnenden Frist von zwei Wochen die Genehmigung des Vormundschaftsgerichtes nicht mittheilt.

Solange der Vertrag noch wirksam werden kann, ist der andere Vertragschließende nicht berechtigt, von dem Vertrage zurückzutreten.

Hat der Mündel die unbeschränkte Geschäftsfähigkeit erlangt, so tritt seine Genehmigung an die Stelle der Genehmigung des Vormundschaftsgerichtes.

§. 1682.

Ist zu einem Rechtsgeschäfte die Genehmigung des Gegenvormundes oder an Stelle derselben die Genehmigung des Vormundschaftsgerichtes erforderlich, so finden die Vorschriften des §. 1681 entsprechende Anwendung.

III. Allgemeine Fürsorge und Aufsicht des Vormundschaftsgerichtes.

§. 1683.

Ist ein Vormund noch nicht bestellt oder der bestellte Vormund für die Person oder das Vermögen des Mündels zu sorgen verhindert, so hat das Vormundschaftsgericht die im Interesse des Mündels erforderlichen Maßregeln zu treffen.

§. 1684.

Das Vormundschaftsgericht hat über die gesammte Thätigkeit des Vormundes und des Gegenvormundes die Aufsicht zu führen und gegen Pflichtwidrigkeiten derselben durch geeignete Gebote und Verbote einzuschreiten.

§. 1685.

Das Vormundschaftsgericht kann, auch gegen den Willen des Vormundes, anordnen, daß der Mündel zum Zwecke der Erziehung in einer geeigneten Familie oder in einer Erziehungsanstalt oder Besserungsanstalt unterzubringen sei. Soweit jedoch ein Elterntheil die Pflicht und das Recht hat, für die Person des

Kindes zu sorgen, finden in Ansehung der Zulässigkeit einer solchen Anordnung die Vorschriften des §. 1546 entsprechende Anwendung.

§. 1686.

Der Vormund und der Gegenvormund sind verpflichtet, dem Vormundschaftsgerichte auf dessen Verlangen zu jeder Zeit über die Führung der Vormundschaft, insbesondere auch in Ansehung der Person des Mündels, Auskunft zu ertheilen.

§. 1687.

Der Vormund ist verpflichtet, dem Vormundschaftsgerichte über die Verwaltung des Vermögens des Mündels jährlich Rechnung zu legen.

Das Rechnungsjahr sowie der Zeitpunkt der Einreichung der Rechnung wird von dem Vormundschaftsgerichte bestimmt.

Das Vormundschaftsgericht kann bei einer Verwaltung von geringem Umfange, wenn die Rechnung für das erste Jahr gelegt ist, bestimmen, daß die Rechnungslegung für einen längeren Zeitraum als ein Jahr zu erfolgen habe; der Zeitraum darf drei Jahre nicht übersteigen.

Die Rechnung soll eine Zusammenstellung der Einnahmen und Ausgaben enthalten, über den Abgang und Zugang des Vermögens Auskunft geben und mit Belegen versehen sein.

Im Falle des Betriebes eines Erwerbsgeschäftes mit kaufmännischer Buchführung genügt als Rechnung eine aus den Büchern gezogene Bilanz. Das Vormundschaftsgericht kann jedoch die Vorlegung der Bücher und sonstigen Belege verlangen.

Die Rechnung ist, wenn ein Gegenvormund bestellt worden ist, diesem vor der Einreichung unter Nachweisung des Vermögensbestandes zur Prüfung vorzulegen und von dem Gegenvormunde mit den Bemerkungen zu versehen, zu welchen die Prüfung ihm Anlaß giebt.

§. 1688.

Das Vormundschaftsgericht hat die Rechnung rechnungsmäßig und sachlich zu prüfen und, soweit es erforderlich ist, deren Berichtigung und Ergänzung herbeizuführen.

Ueber unerledigt bleibende Ansprüche des Vormundes oder Mündels ist im Rechtswege zu entscheiden. Dieselben können sowohl von dem Mündel als von dem Vormunde noch während des Bestehens der Vormundschaft gerichtlich geltend gemacht werden.

§. 1689.

Das Vormundschaftsgericht kann unter besonderen Umständen

anordnen, daß der Vormund wegen des seiner Verwaltung unterliegenden Vermögens des Mündels diesem Sicherheit zu leisten habe.

Die Art und den Umfang der Sicherheitsleistung bestimmt das Vormundschaftsgericht nach freiem Ermessen.

Das Vormundschaftsgericht kann, solange das Amt des Vormundes nicht beendigt ist, zu jeder Zeit die Erhöhung, Verminderung oder Aufhebung der Sicherheit anordnen.

Die Anordnung des Vormundschaftsgerichtes ersetzt die zur Bestellung, Aenderung oder Aufhebung der Sicherheit erforderliche Mitwirkung des Mündels.

Die Kosten der Sicherheitsleistung sowie der Aenderung oder Aufhebung derselben sind von dem Mündel zu tragen.

IV. Befreite Vormundschaft.

§. 1690.

Der Vater sowie die eheliche Mutter des Mündels können anordnen, daß neben dem von ihnen benannten Vormunde ein Gegenvormund nicht zu bestellen sei. Sie können anordnen, daß zu denjenigen Rechtsgeschäften, zu welchen nach den Vorschriften des §. 1669 die Genehmigung des Gegenvormundes oder an Stelle derselben die Genehmigung des Vormundschaftsgerichtes erforderlich ist, weder die Genehmigung des Gegenvormundes noch die Genehmigung des Vormundschaftsgerichtes erforderlich sein solle und daß der Vormund zur Anlegung von Geldern des Mündels weder die Genehmigung des Gegenvormundes noch die Genehmigung des Vormundschaftsgerichtes einzuholen, auch in den Fällen des §. 1664 Abs. 2 Nr. 5 und des §. 1665 die Anlegung nicht mit der im §. 1666 Abs. 2 bezeichneten Bestimmung zu bewirken brauche; diese Anordnungen sind in der Anordnung, daß ein Gegenvormund nicht zu bestellen sei, als enthalten anzusehen.

§. 1691.

Der Vater sowie die eheliche Mutter des Mündels können anordnen, daß der von ihnen benannte Vormund nicht verpflichtet sein solle, während des Bestehens der Vormundschaft Rechnung zu legen. Im Falle einer solchen Anordnung hat der Vormund nach Ablauf von je zwei Jahren eine den dermaligen Bestand des Vermögens des Mündels ergebende Uebersicht dem Vormundschaftsgerichte einzureichen. Die Uebersicht ist, wenn ein Gegenvormund bestellt worden ist, diesem vor der Einreichung unter Nachweisung des Vermögensbestandes zur Prüfung vorzulegen und von dem Gegenvormunde mit den Bemerkungen zu versehen, zu welchen die Prüfung ihm Anlaß giebt.

Das Vormundschaftsgericht kann anordnen, daß der Vormund die Uebersicht in längeren als zweijährigen Zwischenräumen einzureichen habe; es kann unter besonderen Umständen auch anordnen, daß der Vormund die Uebersicht bis auf weitere Bestimmung überhaupt nicht einzureichen habe.

§. 1692.

Der Vater sowie die eheliche Mutter des Mündels können anordnen, daß der von ihnen benannte Vormund nicht verpflichtet sein solle, in Gemäßheit des §. 1670 die Werthpapiere und Kostbarkeiten zu hinterlegen oder die Inhaberpapiere auf den Namen des Mündels umschreiben zu lassen, und daß er nicht verpflichtet sein solle, in Gemäßheit des §. 1689 Sicherheit zu leisten.

§. 1693.

Auf die in den §§. 1690 bis 1692 bezeichneten Anordnungen des Vaters und der Mutter finden die Vorschriften des §. 1636 entsprechende Anwendung. Die Anordnungen des Vaters gehen den Anordnungen der Mutter vor.

§. 1694.

Das Vormundschaftsgericht kann die in den §§. 1690 bis 1692 bezeichneten Anordnungen des Vaters und der Mutter außer Kraft setzen, wenn und soweit aus der Befoigung eine erhebliche Gefährdung des Interesses des Mündels zu besorgen ist.

§. 1695.

Ist in Ansehung der Vermögensgegenstände, welche der Mündel durch Erbfolge oder durch Vermächtniß oder als Pflichttheil erwirbt, von dem Erblasser durch letztwillige Verfügung die Offenlegung des Vermögensverzeichnisses verboten, so ist das von dem Vormunde nach Maßgabe des §. 1659 anzufertigende und einzureichende Verzeichniß von dem Vormundschaftsgerichte mit Siegeln zu verschließen; die Verschließung hat auf Verlangen des Vormundes in dessen Gegenwart zu erfolgen.

Das Vormundschaftsgericht darf nur aus besonderen Gründen von dem Inhalte des Verzeichnisses Kenntniß nehmen; über die Gründe ist der Vormund vorher zu hören.

Das Verbot der Offenlegung des Vermögensverzeichnisses befreit den Vormund in Ansehung der Gegenstände, auf welche das Verbot sich bezieht, von der Verpflichtung, während des Bestehens der Vormundschaft Rechnung zu legen und Uebersichten des Vermögensbestandes einzureichen.

Die Vorschriften des ersten bis dritten Absatzes finden entsprechende Anwendung, wenn ein Dritter dem Mündel Vermögensgegenstände durch Rechtsgeschäft unter Lebenden zugewendet und bei der Zuwendung die Offenlegung des Verzeichnisses der zugewendeten Gegenstände verboten hat. Zur Kenntnißnahme von dem Inhalte des Verzeichnisses ist jedoch, solange der Dritte lebt, dessen Zustimmung erforderlich und genügend.

V. Verbindlichkeiten zwischen Vormund und Mündel. Haftung des Vormundschaftsrichters.

§. 1696.

Der Vormund sowie der Gegenvormund haftet in Ansehung der Erfüllung der ihm obliegenden Verpflichtungen für die Anwendung der Sorgfalt eines ordentlichen Hausvaters.

Sind mehrere verantwortlich, so haften sie als Gesammtschuldner.

Ist der Gegenvormund für den von dem Vormunde oder ein Mitvormund für den von einem Mitvormunde zugefügten Schaden nur wegen Verletzung der Aufsichtspflicht verantwortlich, so gilt im Verhältnisse der beiden Verpflichteten zu einander, unbeschadet der Vorschrift des §. 338, derjenige, welcher den Schaden zugefügt hat, als allein verpflichtet.

§. 1697.

Verzögert der Vormund die ihm nach den Vorschriften des §. 1664 obliegende Anlegung von Geldern des Mündels, so ist er verpflichtet, den anzulegenden Betrag von dem Zeitpunkte der Verzögerung an zu verzinsen. Verwendet er einen Vermögensgegenstand des Mündels in eigenen Nutzen, so ist er verpflichtet, den Werth, welchen der Gegenstand zur Zeit der Verwendung hatte, von diesem Zeitpunkte an zu verzinsen.

Der Anspruch des Mündels auf Ersatz eines weiter gehenden Schadens bleibt unberührt.

§. 1698.

In Ansehung des Anspruches des Vormundes oder Gegenvormundes auf Ersatz von Aufwendungen finden die Vorschriften der §§. 594, 595 entsprechende Anwendung. Als Aufwendungen gelten auch solche von dem Vormunde oder Gegenvormunde geleistete Dienste, welche dem Gewerbe oder Berufe desselben angehören.

§. 1699.

Die Vormundschaft wird in der Regel unentgeltlich geführt. Das Vormundschaftsgericht kann jedoch dem Vormunde und unter besonderen Umständen auch dem Gegenvormunde ein angemessenes Honorar bewilligen, sofern das Vermögen des Mündels sowie Umfang und Bedeutung der vormundschaftlichen Geschäfte eine solche Bewilligung rechtfertigen. Die Bewilligung kann von dem Vormundschaftsgerichte zu jeder Zeit für die Zukunft aufgehoben oder geändert werden. Das Vormundschaftsgericht soll vor der Bewilligung, Aenderung oder Aufhebung den Vormund und, wenn ein Gegenvormund bestellt worden ist, auch diesen hören.

§. 1700.

Der Vormund ist verpflichtet, nach Beendigung seines Amtes dem Mündel das von ihm verwaltete Vermögen herauszugeben und über die Verwaltung Rechnung zu legen.

Soweit der Vormund dem Vormundschaftsgerichte eine Rechnung gelegt hat, genügt die Bezugnahme auf diese Rechnung.

Die im ersten Absatze bezeichnete Rechnung ist dem Gegenvormunde, wenn ein solcher vorhanden ist, zur Prüfung vorzulegen. Der Gegenvormund hat die Rechnung mit den Bemerkungen zu versehen, zu welchen die Prüfung ihm Anlaß giebt; er hat auch über die Führung der Gegenvormundschaft und, soweit er dazu im Stande ist, über das von dem Vormunde verwaltete Vermögen jede erforderte Auskunft zu ertheilen.

§. 1701.

Die Rechnung ist, nachdem sie dem Gegenvormunde vorgelegt worden ist, dem Vormundschaftsgerichte einzureichen.

Das Vormundschaftsgericht hat die Rechnung rechnungsmäßig und sachlich zu prüfen, sodann die Betheiligten, mit Einschluß des Gegenvormundes, zum Zwecke der Verhandlung über die Abnahme der Rechnung zu laden und, soweit bei dieser Verhandlung die Rechnung als richtig anerkannt wird, das Anerkenntniß zu beurkunden.

§. 1702.

Der Vormundschaftsrichter, welcher die ihm in Ansehung der Anordnung oder Führung der Vormundschaft obliegenden Amtspflichten verletzt, haftet dem Mündel nach Maßgabe des §. 736 Abs. 1, 2 für den Ersatz des entstandenen Schadens.

VI. Beendigung der Vormundschaft.

§. 1703.

Die Vormundschaft wird, außer durch den Tod und die Volljährigkeit des Mündels, beendigt:

1. mit der Erlassung des Urtheiles, durch welches der Mündel für todt erklärt wird;
2. mit dem Eintritte der elterlichen Gewalt über den Mündel, es sei denn, daß die letztere auf die elterliche Nutznießung beschränkt ist;
3. mit dem Wegfalle der Beschränkung der elterlichen Gewalt auf die elterliche Nutznießung.

Im Falle der Legitimation des Mündels durch nachfolgende Ehe wird jedoch die Vormundschaft über den Mündel erst mit dem Zeitpunkte beendigt, in welchem in einem Rechtsstreite zwischen dem Mündel und dem Ehemanne der Mutter des Mündels die Vaterschaft des Ehemannes rechtskräftig festgestellt ist, oder in welchem das Vormundschaftsgericht die Aufhebung der Vormundschaft anordnet. Das Vormundschaftsgericht soll die Aufhebung anordnen, wenn der Ehemann der Mutter des Mündels die Vaterschaft anerkennt und das Vormundschaftsgericht die Voraussetzungen der Legitimation für vorhanden erachtet.

§. 1704.

Das Amt des Vormundes wird, außer durch dessen Tod, beendigt:

1. mit der Erlassung des Urtheiles, durch welches der Vormund für todt erklärt wird;
2. mit dem Eintritte der Geschäftsunfähigkeit des Vormundes;
3. mit der Entlassung des Vormundes von Seiten des Vormundschaftsgerichtes.

§. 1705.

Das Vormundschaftsgericht hat den Vormund zu entlassen:

1. wenn aus der Fortführung der Vormundschaft durch denselben eine erhebliche Gefährdung des Interesses des Mündels zu besorgen ist, insbesondere wenn eine solche Besorgniß durch ein pflichtwidriges Verhalten des Vormundes begründet wird;
2. wenn ein anderer Unfähigkeitsgrund als die Geschäftsunfähigkeit des Vormundes eintritt oder sich ergiebt;

3. wenn der Ehemann einer zum Vormunde bestellten Frau die Zustimmung zur Uebernahme oder zur Fortführung der Vormundschaft versagt oder zurücknimmt, es sei denn, daß der Ehemann der Vater des Mündels ist;
4. wenn die im §. 1642 bezeichnete Erlaubniß versagt oder zurückgenommen wird. Das Gleiche gilt, wenn nach den Landesgesetzen zur Fortführung einer vor dem Eintritte in das Amtsverhältniß oder Dienstverhältniß übernommenen Vormundschaft eine besondere Erlaubniß erforderlich ist und diese versagt oder zurückgenommen wird.

§. 1706.

Das Vormundschaftsgericht hat den Vormund zu entlassen, wenn dieser aus einem erheblichen Grunde die Entlassung beantragt.

Als ein erheblicher Grund ist es insbesondere anzusehen, wenn während der Führung der Vormundschaft ein Umstand eintritt, welcher nach den Vorschriften des §. 1643 Nr. 2 bis 7 zur Ablehnung der Vormundschaft berechtigt.

§. 1707.

Das Vormundschaftsgericht kann eine zum Vormunde bestellte Frau entlassen, wenn dieselbe eine Ehe schließt.

§. 1708.

Der Vormund ist verpflichtet, den Tod eines Mitvormundes oder Gegenvormundes, der Erbe eines Vormundes ist verpflichtet, den Tod des Erblassers dem Vormundschaftsgerichte unverzüglich anzuzeigen.

§. 1709.

Im Falle der Beendigung der Vormundschaft oder des vormundschaftlichen Amtes finden in Ansehung der dem Vormunde zustehenden Rechte die Vorschriften des §. 603 entsprechende Anwendung.

§. 1710.

Die Vorschriften der §§. 1704 bis 1709 finden auf den Gegenvormund entsprechende Anwendung.

§. 1711.

Der Vormund sowie der Gegenvormund hat nach Beendigung seines Amtes die Bestallung dem Vormundschaftsgerichte zurückzugeben.

VII. Familienrath.

§. 1712.

Ein Familienrath soll von dem Vormundschaftsgerichte eingesetzt werden, wenn der Vater oder die eheliche Mutter des Mündels die Einsetzung angeordnet hat.

Der Anordnende kann bestimmen, daß der Familienrath nur im Falle des Eintrittes oder des Nichteintrittes eines künftigen Ereignisses einzusetzen oder daß er in einem solchen Falle aufzuheben sei.

Die Einsetzung des Familienrathes unterbleibt, wenn die zu der Einsetzung erforderliche Zahl von Personen nicht vorhanden ist, welche fähig und geeignet sind, Mitglieder des Familienrathes zu sein.

§. 1713.

Ein Familienrath kann von dem Vormundschaftsgerichte eingesetzt werden, wenn die Einsetzung von dem Vormundschaftsgerichte im Interesse des Mündels für angemessen erachtet wird. Die Einsetzung soll jedoch in einem solchen Falle nur erfolgen, wenn ein Verwandter oder Verschwägerter oder der Vormund oder Gegenvormund des Mündels die Einsetzung beantragt.

Die Einsetzung unterbleibt, wenn sie von dem Vater oder der ehelichen Mutter des Mündels untersagt ist.

§. 1714.

Der Familienrath besteht aus dem Vormundschaftsrichter als Vorsitzendem und aus mindestens zwei und höchstens sechs Mitgliedern.

Die Mitglieder werden von dem Vormundschaftsrichter durch Verpflichtung zu treuer und gewissenhafter Führung des Amtes bestellt. Die Verpflichtung erfolgt mittels Handschlages an Eidesstatt.

§. 1715.

Als Mitglieder des Familienrathes sind diejenigen berufen, welche von dem Vater oder der ehelichen Mutter des Mündels als Mitglieder benannt sind. Die Vorschriften des §. 1637 Abs. 1, 2 finden entsprechende Anwendung.

Wenn und soweit als Mitglieder nach Maßgabe des ersten Absatzes berufene Personen nicht vorhanden sind oder das Amt ablehnen, werden die zur Beschlußfähigkeit des Familienrathes erforderlichen Mitglieder von dem Vormundschaftsgerichte ausgewählt. Vor der Auswahl sind Verwandte und Verschwägerte des Mündels nach Maßgabe des §. 1678 sowie der Gemeindewaisenrath zu hören. Im Uebrigen erfolgt die Auswahl der Mitglieder durch Beschluß des Familienrathes. Der Familienrath kann so viele Mitglieder auswählen, als die Vorschrift über die höchste statthafte Zahl zuläßt.

Bei der Bestellung eines Mitgliedes kann dessen Entlassung für den Fall des Eintrittes oder des Nichteintrittes eines künftigen Ereignisses vorbehalten werden.

Sind neben dem Vorsitzenden nur zwei Mitglieder vorhanden, so sind ein oder zwei Ersatzmitglieder zu bestellen. Dieselben sind, soweit sie nicht bereits nach Maßgabe des ersten Absatzes berufen sind, von dem Famlienrathe auszuwählen. Die Ersatzmitglieder treten in den Familienrath als Mitglieder ein, wenn der letztere durch Verhinderung oder durch Wegfall eines Mitgliedes beschlußunfähig wird. Werden mehrere Ersatzmitglieder bestellt, so ist zugleich die Reihenfolge des Eintretens, soweit dieselbe nicht durch Anordnung des Vaters oder der Mutter bestimmt ist, von dem Familienrathe zu bestimmen.

Ist der Familienrath durch die nur vorübergehende Verhinderung eines Mitgliedes beschlußunfähig geworden, so hat der Vormundschaftsrichter in Ermangelung eines Ersatzmitgliedes für die Dauer der Verhinderung eine fähige und geeignete Person als Ersatzmitglied auszuwählen und zu bestellen.

§. 1716.

Unfähig, Mitglied des Familienrathes zu sein, ist ein Jeder, welcher unfähig ist, Vormund des Mündels zu sein.

Unfähig, Mitglied des Familienrathes zu sein, ist ferner:

1. der Vormund des Mündels;
2. eine Frau;
3. wer mit dem Mündel weder verwandt noch verschwägert ist, es sei denn, daß er von dem Vater oder der ehelichen Mutter des Mündels als Mitglied benannt ist, oder daß er durch Beschluß des Familienrathes als Mitglied ausgewählt wird, oder daß er im Falle des §. 1715 Abs. 5 von dem Vormundschaftsrichter als Ersatzmitglied ausgewählt wird;
4. wer durch eine Anordnung des Vaters oder der ehelichen Mutter ausgeschlossen ist.

Im Falle der Bestellung einer Person, welche nach den Vorschriften des ersten und zweiten Absatzes unfähig ist, finden die Vorschriften des §. 1646 entsprechende Anwendung.

§. 1717.

Niemand ist verpflichtet, das Amt eines Mitgliedes des Familienrathes zu übernehmen.

§. 1718.

Auf die nach den §§. 1712, 1713, 1715, 1716 zulässigen Anordnungen des Vaters und der Mutter finden die Vorschriften des §. 1636 entsprechende Anwendung.

Die Anordnungen des Vaters gehen den Anordnungen der Mutter vor.

§. 1719.

Der Familienrath hat, soweit nicht das Gesetz ein Anderes bestimmt, die Rechte und Pflichten des Vormundschaftsgerichtes. Dies gilt insbesondere auch in Ansehung der Verantwortlichkeit der Mitglieder.

Die Leitung der Geschäfte liegt dem Vormundschaftsrichter ob.

Wird ein sofortiges Einschreiten nöthig, so hat der Vormundschaftsrichter die erforderlichen Anordnungen zu treffen, sodann unverzüglich den Familienrath einzuberufen, diesen von den Anordnungen in Kenntniß zu setzen und den Beschluß desselben über die etwa weiter erforderlichen Maßregeln herbeizuführen.

§. 1720.

Jedes Mitglied des Familienrathes kann von dem Mündel den Ersatz der baaren Auslagen fordern, welche ihm aus der Wahrnehmung des Amtes entstanden sind. Der Betrag der Auslagen wird von dem Vormundschaftsrichter festgesetzt.

§. 1721.

Der Familienrath wird von dem Vormundschaftsrichter auf den Antrag zweier Mitglieder oder des Vormundes oder des Gegenvormundes oder von Amtswegen einberufen. Die Einladung der Mitglieder kann mündlich oder schriftlich erfolgen.

Ein Mitglied, welches ohne genügende Entschuldigung entweder ausbleibt oder die rechtzeitige Anzeige seiner Verhinderung unterläßt oder der Theilnahme an der Beschlußfassung sich enthält, ist von dem Vormundschaftsrichter in die dadurch veranlaßten Kosten zu verurtheilen. Auch kann der Vormundschaftsrichter gegen ein solches Mitglied eine Ordnungsstrafe bis zu einhundert Mark verhängen. Erfolgt nachträglich eine genügende Entschuldigung, so ist die Verfügung, durch welche eine Verurtheilung in die Kosten erfolgt oder eine Strafe verhängt ist, wieder aufzuheben.

§. 1722.

Der Familienrath ist bei Anwesenheit des Vormundschaftsrichters und mindestens zweier Mitglieder beschlußfähig. Eine Vertretung durch Bevollmächtigte ist unzulässig.

Steht in einer Angelegenheit das Interesse des Mündels zu dem Interesse eines Mitgliedes in erheblichem Gegensatze, so ist dieses Mitglied von der Beschlußfassung ausgeschlossen. Ueber die Ausschließung wird von dem Vormundschaftsrichter entschieden.

Bei der Beschlußfassung entscheidet die Mehrheit der Stimmen der Anwesenden; im Falle der Stimmengleichheit giebt die Stimme des Vormundschaftsrichters den Ausschlag.

§. 1723.

In Ansehung der Beendigung des Amtes eines Mitgliedes des Familienrathes finden die Vorschriften des §. 1704, des §. 1705 Nr. 1, 2 und des §. 1706 Abs. 1 entsprechende Anwendung.

Die Entlassung eines Mitgliedes gegen dessen Willen kann nur von dem dem Vormundschaftsgerichte im Instanzenzuge vorgeordneten Gerichte erfolgen.

§. 1724.

Der Familienrath ist von dem Vormundschaftsgerichte aufzuheben:

1. wenn die zur Beschlußfähigkeit erforderliche Zahl von Mitgliedern nicht mehr vorhanden und eine Ergänzung durch das Vormundschaftsgericht wegen Mangels an fähigen und geeigneten Personen nicht möglich ist;
2. wenn der Fall eingetreten ist, für welchen die Aufhebung nach Maßgabe des §. 1712 Abs. 2 von dem Vater oder der Mutter angeordnet war.

Von der Aufhebung des Familienrathes sind die bisherigen Mitglieder, der Vormund und der Gegenvormund in Kenntniß zu setzen. Der Vormund und der Gegenvormund erhalten neue Bestallungen; die früheren Bestallungen sind dem Vormundschaftsgerichte zurückzugeben.

VIII. Mitwirkung des Gemeindewaisenrathes.

§. 1725.

Der Gemeindewaisenrath hat in Unterstützung des Vormundschaftsgerichtes die pflichtmäßige Ausübung der Sorge für die Person der in seinem Bezirke sich aufhaltenden Mündel zu überwachen und

Fehler und Mängel, welche er hierbei, insbesondere in Ansehung der körperlichen Pflege und der Erziehung eines Mündels, wahrnimmt, bei dem Vormundschaftsgerichte zur Anzeige zu bringen; er hat auf Erfordern über das persönliche Ergehen und das Verhalten eines Mündels dem Vormundschaftsgerichte Auskunft zu ertheilen.

Der Waisenrath hat dem Vormundschaftsgerichte Anzeige zu erstatten, wenn er von einer Gefährdung des Vermögens eines Mündels Kenntniß erhält.

Der Waisenrath hat dem Vormundschaftsgerichte die Personen vorzuschlagen, welche er in den einzelnen Fällen zur Bestellung als Vormund oder Gegenvormund oder als Mitglieder eines Familienrathes für geeignet erachtet.

Das Vormundschaftsgericht hat den Waisenrath in jedem Falle, in welchem ein im Bezirke desselben sich aufhaltender Mündel bevormundet wird, von der Bevormundung unter Bezeichnung des Vormundes und des Gegenvormundes in Kenntniß zu setzen, auch von einer Aenderung der Person der letzteren zu benachrichtigen.

Wird der Aufenthalt eines Mündels in den Bezirk eines anderen Waisenrathes verlegt, so hat der Vormund die Verlegung dem Waisenrathe, in dessen Bezirke der Mündel bisher sich aufgehalten hat, anzuzeigen; dieser Waisenrath hat dem Waisenrathe des Bezirkes, in welchen der Aufenthalt des Mündels verlegt ist, die Verlegung mitzutheilen.

Zweiter Titel.

Vormundschaft über Volljährige.

§. 1726.

Ein Volljähriger erhält einen Vormund, wenn er entmündigt ist.

§. 1727.

Ein Volljähriger erhält einen Vormund, wenn er des vormundschaftlichen Schutzes für bedürftig erklärt ist.

Das Vormundschaftsgericht kann einen Volljährigen nur dann des vormundschaftlichen Schutzes für bedürftig erklären, wenn derselbe taub, blind oder stumm ist und wegen eines solchen Gebrechens seine Angelegenheiten nicht zu besorgen vermag. Die Erklärung der Schutzbedürftigkeit soll nur mit Einwilligung des Schutzbedürftigen erfolgen, es sei denn, daß eine Verständigung mit demselben nicht möglich ist.

§. 1728.

Auf die Vormundschaft über Volljährige finden die für die Vormundschaft über Minderjährige geltenden Vorschriften entsprechende Anwendung, soweit nicht in den §§. 1729 bis 1737 ein Anderes bestimmt ist.

§. 1729.

Als Vormünder sind in nachstehender Reihenfolge berufen:

1. der Vater des Mündels;
2. die eheliche Mutter des Mündels;
3. der Großvater des Mündels von väterlicher Seite;
4. der Großvater des Mündels von mütterlicher Seite.

Der Vater und die Mutter sind jedoch nicht berufen, wenn der Mündel von einem Anderen als dem Ehegatten seines Vaters oder seiner Mutter an Kindesstatt angenommen ist. Der Großvater von väterlicher Seite und der Großvater von mütterlicher Seite sind nicht berufen, wenn der Mündel von einem Anderen an Kindesstatt angenommen ist, oder wenn das Kind, von welchem der Mündel abstammt, von einem Anderen an Kindesstatt angenommen ist und die Wirkungen dieser Annahme auf den Mündel sich erstreckt haben, es sei denn, daß der Annehmende der Ehegatte des Vaters oder der Mutter des Angenommenen war.

Ist der Mündel ein Kind aus ungültiger Ehe, so ist der Vater in den Fällen der §§. 1564, 1566, die Mutter in den Fällen der §§. 1565, 1566 nicht berufen.

Die Ehefrau kann zum Vormunde ihres Ehemannes bestellt werden; die Zustimmung des letzteren ist nicht erforderlich.

Der Ehegatte des Mündels darf vor den nach den Vorschriften des ersten Absatzes berufenen Personen, die uneheliche Mutter sowie in den Fällen der §§. 1565, 1566 die eheliche Mutter darf vor dem Großvater von mütterlicher Seite zum Vormunde bestellt werden.

Eine Benennung des Vormundes sowie eine Ausschließung von der Vormundschaft durch Anordnung des Vaters oder der Mutter des Mündels findet nicht statt.

§. 1730.

Der Vormund hat die Pflicht und das Recht, für die Person des Mündels zu sorgen, nur insoweit, als es durch den Zweck der Vormundschaft erfordert wird.

Die Vorschrift des §. 1509 findet keine Anwendung.

§. 1731.

Zu der Zusicherung oder Gewährung einer Ausstattung ist die Genehmigung des Vormundschaftsgerichtes erforderlich.

§. 1732.

Zu einem Miethvertrage oder Pachtvertrage oder einem anderen, die Verpflichtung zu wiederkehrenden Leistungen begründenden Vertrage ist die Genehmigung des Vormundschaftsgerichtes erforderlich, sofern das Vertragsverhältniß länger als vier Jahre dauern soll. Die Vorschrift des §. 1674 Nr. 6 findet keine Anwendung; die Vorschrift des §. 1674 Nr. 7 bleibt unberührt.

§. 1733.

Ist der Vater des Mündels zum Vormunde bestellt, so unterbleibt die Bestellung eines Gegenvormundes; auch stehen dem zum Vormunde bestellten Vater kraft des Gesetzes die Befreiungen zu, welche nach den Vorschriften der §§. 1690 bis 1692 angeordnet werden können. Die Vorschrift des §. 1694 findet entsprechende Anwendung.

Ist die eheliche Mutter des Mündels zum Vormunde bestellt, so finden die Vorschriften des ersten Absatzes mit der Maßgabe entsprechende Anwendung, daß ein Gegenvormund unter denjenigen Voraussetzungen zu bestellen ist, unter welchen der Mutter als Inhaber der elterlichen Gewalt nach den Vorschriften des §. 1538 Abs. 1 Nr. 2, 3 ein Beistand zu bestellen ist. Wird ein Gegenvormund bestellt, so stehen der Mutter die im §. 1690 bezeichneten Befreiungen nicht zu.

Die Vorschriften des ersten und zweiten Absatzes finden insoweit keine Anwendung, als der zum Vormunde bestellte Elterntheil bei Voraussetzung der Minderjährigkeit des Mündels die Pflicht und das Recht, für das Vermögen des Kindes zu sorgen, nicht haben würde.

Ist der Mündel ein angenommenes Kind des zum Vormunde bestellten Elterntheiles, so können die Befreiungen des letzteren durch das Vormundschaftsgericht ausgeschlossen werden, wenn dieses die Ausschließung im Interesse des Mündels für erforderlich erachtet.

§. 1734.

Ist der Vater oder die eheliche Mutter des Mündels zum Vormunde bestellt, so finden, wenn der Vater oder die Mutter eine Ehe schließen will, die Vorschriften des §. 1548 entsprechende Anwendung.

§. 1735.

Die Vormundschaft wird, außer durch den Tod des Mündels, beendigt mit der Erlassung des Urtheiles, durch welches der Mündel für todt erklärt wird.

Die Vormundschaft über einen Entmündigten wird außerdem durch die Aufhebung der Entmündigung, die Vormundschaft über eine Person, welche des vormundschaftlichen Schutzes für bedürftig erklärt ist, dadurch beendigt, daß die Vormundschaft von dem Vormundschaftsgerichte aufgehoben wird.

Die Aufhebung der Vormundschaft über eine Person, welche des vormundschaftlichen Schutzes für bedürftig erklärt ist, soll erfolgen, wenn das Vormundschaftsgericht den Mündel des vormundschaftlichen Schutzes nicht mehr für bedürftig erachtet oder wenn der Mündel die Aufhebung beantragt.

§. 1736.

Die Einsetzung eines Familienrathes kann nur nach Maßgabe des §. 1713 Abs. 1 erfolgen. Der Vater sowie die Mutter des Mündels sind nicht berechtigt, Anordnungen über die Einsetzung oder über die Aufhebung eines Familienrathes oder über die Mitglieder eines solchen zu treffen.

§. 1737.

Ist die Entmündigung einer volljährigen Person beantragt, so kann von dem Vormundschaftsgerichte, solange der Antrag nicht erledigt ist, über diese Person eine vorläufige Vormundschaft angeordnet werden.

Die Vorschriften über die Berufung zur Vormundschaft finden keine Anwendung. Die Auswahl des Vormundes erfolgt durch das Vormundschaftsgericht nach Maßgabe des §. 1638.

Die vorläufige Vormundschaft wird, außer durch den Tod oder die Todeserklärung des Mündels, beendigt durch die rechtskräftige Zurückweisung des Antrages auf Entmündigung sowie durch die Aufhebung der Vormundschaft von Seiten des Vormundschaftsgerichtes. Die Aufhebung soll erfolgen, wenn das Vormundschaftsgericht den Mündel der vorläufigen Bevormundung nicht mehr für bedürftig erachtet oder wenn die Entmündigung desselben erfolgt ist.

Auf die vorläufige Vormundschaft finden im Uebrigen die für die Vormundschaft über einen Volljährigen geltenden Vorschriften Anwendung.

Dritter Titel.

Pflegschaft.

§. 1738.

Ein Minderjähriger sowie ein bevormundeter oder zu bevormundender Volljähriger erhält einen Pfleger für solche Angelegenheiten, bei welchen die Fürsorge des Inhabers der elterlichen Gewalt oder des Vormundes erforderlich ist, jedoch aus einem thatsächlichen oder rechtlichen Grunde nicht eintreten kann. Derselbe erhält insbesondere einen Pfleger für die Verwaltung der Vermögensgegenstände, welche er durch Erbfolge oder durch Vermächtniß oder als Pflichttheil oder durch Zuwendung unter Lebenden von Seiten eines Dritten erwirbt, sofern in den ersteren Fällen der Erblasser durch letztwillige Verfügung, in dem letzten Falle der Dritte bei der Zuwendung bestimmt hat, daß dem Inhaber der elterlichen Gewalt oder dem Vormunde die Verwaltung jener Vermögensgegenstände nicht zustehen solle.

Sind die Voraussetzungen zu einer nach den Vorschriften des ersten Absatzes anzuordnenden Pflegschaft vorhanden, so hat der Inhaber der elterlichen Gewalt oder der Vormund dem Vormundschaftsgerichte unverzüglich Anzeige zu erstatten.

§. 1739.

Ein Volljähriger, welcher durch seinen geistigen oder körperlichen Zustand ganz oder theilweise verhindert ist, seine Vermögensangelegenheiten zu besorgen, kann zur Besorgung dieser Angelegenheiten, soweit das Bedürfniß reicht, auch wenn die Voraussetzungen einer Bevormundung nach Maßgabe der §§. 1726, 1727, 1737 nicht vorliegen, einen Pfleger erhalten. Die Anordnung der Pflegschaft soll nur mit Einwilligung des Verhinderten erfolgen, es sei denn, daß eine Verständigung mit demselben nicht möglich ist.

§. 1740.

Ein abwesender Volljähriger, dessen Aufenthalt unbekannt ist, erhält zur Besorgung seiner der Fürsorge bedürfenden Vermögensangelegenheiten einen Pfleger (Abwesenheitspfleger), wenn und soweit er nicht durch Ertheilung eines Auftrages oder einer Vollmacht Fürsorge getroffen hat, oder wenn und soweit Umstände eingetreten sind, welche das Erlöschen des Auftrages oder der Vollmacht zur Folge haben oder zum Widerrufe derselben einen begründeten Anlaß geben.

Die Vorschriften des ersten Absatzes finden entsprechende Anwendung in Ansehung eines Abwesenden, dessen Aufenthalt bekannt ist, welcher jedoch an der Rückkehr und an der Besorgung seiner Vermögensangelegenheiten verhindert ist.

§. 1741.

Eine Leibesfrucht, für welche bei Voraussetzung der bereits erfolgten Geburt eine Vormundschaft oder Pflegschaft anzuordnen sein würde, erhält einen Pfleger zur Wahrung ihrer künftigen Rechte, soweit eine solche Fürsorge erforderlich ist.

§. 1742.

Ist nicht bekannt oder nicht gewiß, wer bei einer Angelegenheit der Betheiligte sei, so kann dem Betheiligten für diese Angelegenheit, sofern wegen derselben eine Fürsorge erforderlich ist, ein Pfleger bestellt werden.

§. 1743.

Auf die Pflegschaft finden die auf die Vormundschaft sich beziehenden Vorschriften entsprechende Anwendung, soweit nicht das Gesetz ein Anderes bestimmt.

§. 1744.

In den Fällen des §. 1738 finden die Vorschriften über die Berufung zur Vormundschaft keine Anwendung.

§. 1745.

Wird eine Pflegschaft durch die Anordnungen erforderlich, welche über die von einem unter elterlicher Gewalt stehenden Kinde oder einem Mündel durch Erbfolge oder durch Vermächtniß oder als Pflichttheil erworbenen Vermögensgegenstände von dem Erblasser getroffen sind, so ist als Pfleger nach Maßgabe des §. 1637 derjenige berufen, welcher als solcher von dem Erblasser durch letztwillige Verfügung benannt ist. Der Erblasser kann in Ansehung solcher Vermögensgegenstände für den von ihm benannten Pfleger durch letztwillige Verfügung auch die in den §§. 1690 bis 1692 bezeichneten Befreiungen anordnen. Die Vorschrift des §. 1694 findet entsprechende Anwendung.

Die Vorschriften des ersten Absatzes finden in Ansehung der von einem Dritten durch Rechtsgeschäft unter Lebenden gemachten Zuwendung mit der Maßgabe entsprechende Anwendung, daß die Benennung des Pflegers und die Anordnung der Befreiungen bei der Zuwendung erfolgen muß und zu einer Abweichung von der Anordnung des Dritten, solange dieser lebt, dessen Zustimmung erforderlich und genügend ist.

§. 1746.

Die Bestellung eines Gegenvormundes ist zulässig, jedoch nicht erforderlich.

§. 1747.

Die in einem Rechtsstreite von einem Pfleger vertretene prozeßfähige Person steht für den Rechtsstreit einer Person gleich, welche nicht prozeßfähig ist.

§. 1748.

Beendigt wird:

1. die Pflegschaft für einen Minderjährigen mit der Beendigung der elterlichen Gewalt und der Vormundschaft über denselben;
2. die Pflegschaft für einen bevormundeten Volljährigen mit der Beendigung der Vormundschaft über denselben;
3. die in Gemäßheit des §. 1739 angeordnete Pflegschaft, außer durch den Tod des Pflegebefohlenen, mit der Erlassung des Urtheiles, durch welches derselbe für todt erklärt wird;
4. die Pflegschaft für einen Abwesenden mit der Erlassung des Urtheiles, durch welches derselbe für todt erklärt wird;
5. die Pflegschaft für eine Leibesfrucht mit der Geburt oder mit der Gewißheit, daß eine solche nicht erfolgen wird;
6. die Pflegschaft für eine einzelne Angelegenheit mit deren Erledigung.

Im Uebrigen ist zur Beendigung einer Pflegschaft die Aufhebung von Seiten des Vormundschaftsgerichtes erforderlich. Die Aufhebung soll erfolgen, wenn der Grund zur Anordnung der Pflegschaft weggefallen ist. Die Aufhebung der Pflegschaft für einen Abwesenden soll insbesondere erfolgen, wenn der Tod des Abwesenden festgestellt oder dieser an der Besorgung der betreffenden Vermögensangelegenheiten nicht mehr verhindert ist. Die in Gemäßheit des §. 1739 angeordnete Pflegschaft soll aufgehoben werden, wenn die Aufhebung von dem Pflegebefohlenen beantragt wird.

Fünftes Buch.
Erbrecht.

Erster Abschnitt.
Allgemeine Vorschriften.

§. 1749.

Mit dem Tode einer Person (Erbfall) geht das Vermögen derselben als Ganzes (Erbschaft) auf eine oder mehrere andere Personen (Erben) über.

Der Uebergang des Vermögens als eines Ganzen (Erbfolge) kann von dem Erblasser nicht ausgeschlossen werden.

§. 1750.

Auf mehrere Erben geht die Erbschaft nach Bruchtheilen über (Erbtheile).

Auf einen Erbtheil finden, soweit nicht aus dem Gesetze ein Anderes sich ergiebt, die auf die Erbschaft sich beziehenden Vorschriften entsprechende Anwendung.

§. 1751.

Der Erbe kann von dem Erblasser durch Verfügung von Todeswegen bestimmt werden (Erbeinsetzung).

Wenn und soweit der Erblasser einen Erben nicht eingesetzt hat oder die Erbeinsetzung unwirksam ist oder unwirksam wird, tritt die gesetzliche Erbfolge ein.

§. 1752.

Erbe kann nicht werden, wer nicht den Erblasser überlebt hat.

Zweiter Abschnitt.
Letztwillige Verfügung.

Erster Titel.
Allgemeine Vorschriften.

§. 1753.

Der Erblasser kann, soweit nicht das Gesetz ein Anderes bestimmt, durch einseitige Verfügung von Todeswegen (letztwillige Verfügung, Testament) über sein Vermögen verfügen.

Die letztwillige Verfügung kann von dem Erblasser zu jeder Zeit aufgehoben werden.

§. 1754.

Der Vertrag, durch welchen Jemand sich verpflichtet, eine letztwillige Verfügung zu errichten oder nicht zu errichten, aufzuheben oder nicht aufzuheben, ist nichtig.

§. 1755.

Der Erblasser kann durch letztwillige Verfügung den Erben bestimmen.

Der Erblasser kann durch letztwillige Verfügung ohne Einsetzung eines Erben einen Verwandten oder den Ehegatten von der gesetzlichen Erbfolge ausschließen.

§. 1756.

Durch letztwillige Verfügung kann auch in anderer Art als im Wege der Erbeinsetzung eine Zuwendung an einen Anderen erfolgen (Vermächtniß).

Mit einem Vermächtnisse kann ein Erbe sowie ein Vermächtnißnehmer beschwert werden.

§. 1757.

Ein Erbe sowie ein Vermächtnißnehmer kann durch letztwillige Verfügung ohne Zuwendung an einen Anderen mit der Verpflichtung zu einer Leistung beschwert werden (Auflage).

§. 1758.

Eine zur Zeit des Erbfalles bereits empfangene Person kann als Erbe oder Nacherbe eingesetzt sowie mit einem Vermächtnisse bedacht werden.

Eine zur Zeit des Erbfalles noch nicht empfangene Person kann als Nacherbe eingesetzt sowie mit einem Vermächtnisse bedacht, nicht auch als Erbe eingesetzt werden. Ist eine solche Person als Erbe eingesetzt, so ist im Zweifel anzunehmen, daß der Erblasser die Einsetzung derselben als Nacherbe gewollt habe.

§. 1759.

Eine juristische Person kann als Erbe oder Nacherbe eingesetzt sowie mit einem Vermächtnisse bedacht werden.

§. 1760.

Einer letztwilligen Verfügung kann eine Bedingung oder eine Zeitbestimmung beigefügt werden.

§. 1761.

Ist einer Zuwendung, welche durch letztwillige Verfügung erfolgt (letztwillige Zuwendung), eine aufschiebende Bedingung beigefügt, so ist im Zweifel anzunehmen, daß die Zuwendung unwirksam werden solle, wenn der Bedachte die Erfüllung der Bedingung nicht erlebe.

§. 1762.

Ist das Ereigniß, welches in einer letztwilligen Verfügung zur Bedingung gemacht ist, nach Errichtung der letztwilligen Verfügung, jedoch vor dem Erbfalle, eingetreten, so ist im Zweifel die Bedingung als erfüllt anzunehmen.

Die Vorschrift des ersten Absatzes findet keine Anwendung, wenn das zur Bedingung gemachte Ereigniß in einer solchen Handlung des Bedachten besteht, deren Wiederholung von der Willkür des letzteren abhängt.

§. 1763.

Bezweckt die Erfüllung der Bedingung, welche einer letztwilligen Zuwendung beigefügt ist, den Vortheil eines Dritten, so ist im Zweifel die Bedingung als erfüllt anzunehmen, wenn der Dritte die zur Erfüllung derselben nothwendige Mitwirkung verweigert.

§. 1764.

Ist eine letztwillige Zuwendung von der Bedingung abhängig gemacht, daß der Bedachte während seiner Lebenszeit eine von seiner Willkür abhängende Handlung unterlasse, so ist, auch wenn die Bedingung als eine aufschiebende ausgedrückt ist, im Zweifel die Beifügung der auflösenden Bedingung, daß die Zuwendung unwirksam werde, wenn die Vornahme der Handlung erfolge, als gewollt anzunehmen.

Die Vorschrift des ersten Absatzes findet entsprechende Anwendung, wenn die Zuwendung von einem bis zum Tode des Bedachten fortgesetzten, von dessen Willkür abhängenden Thun abhängig gemacht ist.

§. 1765.

Besteht die Bedingung, welche einer letztwilligen Verfügung beigefügt ist, in dem bloßen Wollen des Beschwerten oder eines Dritten, so ist die letztwillige Verfügung nichtig.

§. 1766.

Ist bei einem Vermächtnisse oder einer Auflage die Zeit der Leistung dem Belieben des Beschwerten überlassen, so wird im Zweifel die Leistung mit dem Tode des Beschwerten fällig.

§. 1767.

Ist einer letztwilligen Verfügung der Vorbehalt einer Ergänzung beigefügt und die letztere unterblieben, so gilt der Vorbehalt als nicht beigefügt, sofern nicht der Wille des Erblassers erhellt, daß die Wirksamkeit der letztwilligen Verfügung von der Ergänzung abhängen soll.

§. 1768.

Ist bei einer letztwilligen Verfügung ungewiß, welche von mehreren Personen von dem Erblasser bedacht ist, so ist die Zuwendung nichtig.

§. 1769.

Sind in einer letztwilligen Verfügung mehrere Personen in der Weise als Erben eingesetzt, daß nur die eine oder die andere dieser Personen der Erbe sein soll, so gelten die mehreren Personen als zu Miterben eingesetzt.

Sind in einer letztwilligen Verfügung mehrere Personen in der Weise mit einem Vermächtnisse bedacht, daß nur die eine oder die andere dieser Personen das Vermächtniß erhalten soll, so gelten die mehreren Personen als Gesammtgläubiger. Die Person, welche das Vermächtniß erhält, ist im Zweifel zur Theilung nicht verpflichtet.

§. 1770.

In einer letztwilligen Verfügung kann von dem Erblasser die Bestimmung der Person, welche eine Zuwendung erhalten soll, nicht dem Beschwerten oder einem Dritten überlassen werden. Sind von dem Erblasser mehrere Personen bezeichnet, unter welchen die Wahl getroffen werden soll, so finden die Vorschriften des §. 1769 entsprechende Anwendung.

§. 1771.

Sind in einer letztwilligen Verfügung die Verwandten oder die nächsten Verwandten des Erblassers ohne nähere Bestimmung bedacht, so ist im Zweifel anzunehmen, daß diejenigen Verwandten, welche die gesetzlichen Erben des Erblassers sein würden, nach Maßgabe der Vorschriften über die gesetzliche Erbfolge bedacht seien.

Welche Personen als die gesetzlichen Erben anzusehen sind, bestimmt sich nach der Zeit des Erbfalles. Ist jedoch der Zuwendung eine aufschiebende Bedingung oder ein Anfangstermin beigefügt, so ist im Zweifel anzunehmen, daß diejenigen Personen bedacht seien, welche die gesetzlichen Erben sein würden, wenn der Erblasser erst zur Zeit des Eintrittes der Bedingung oder des Termines gestorben wäre.

§. 1772.

Sind in einer letztwilligen Verfügung die Kinder des Erblassers ohne nähere Bestimmung bedacht, so ist im Zweifel anzunehmen, daß auch die Abkömmlinge eines zur Zeit der Errichtung der letztwilligen Verfügung bereits verstorbenen Kindes, welche im Falle der gesetzlichen Erbfolge berufen sein würden, bedacht sein und denjenigen Theil der Zuwendung erhalten sollen, welchen das verstorbene Kind, wenn es noch lebte, nach Maßgabe der Vorschriften über die gesetzliche Erbfolge erhalten würde.

§. 1773.

Ist in einer letztwilligen Verfügung ein Abkömmling des Erblassers bedacht, so ist im Zweifel anzunehmen, daß diejenigen Abkömmlinge des bedachten Abkömmlinges, welche im Falle der gesetzlichen Erbfolge an Stelle desselben berufen sein würden, mit der Zuwendung im Wege der Ersatzberufung bedacht sein und, wenn die letztere wirksam werde, die Zuwendung nach Maßgabe der Vorschriften über die gesetzliche Erbfolge erhalten sollen.

§. 1774.

Sind in einer letztwilligen Verfügung Abkömmlinge eines Dritten ohne nähere Bestimmung bedacht, so ist im Zweifel anzunehmen, daß diejenigen Abkömmlinge nicht bedacht seien, welche zur Zeit des Erbfalles weder geboren noch empfangen waren.

§. 1775.

Hat der Erblasser in einer letztwilligen Verfügung ohne nähere Bestimmung eine Klasse von Personen oder solche Personen bedacht, welche zu ihm in einem Dienstverhältnisse oder Geschäftsverhältnisse stehen, so ist im Zweifel anzunehmen, daß diejenigen Personen bedacht seien, welche zur Zeit des Erbfalles der bezeichneten Klasse angehören oder in dem bezeichneten Verhältnisse stehen.

§. 1776.

Sind in einer letztwilligen Verfügung die Armen ohne nähere Bestimmung bedacht, so ist im Zweifel anzunehmen, daß die öffentliche Armenkasse bedacht sei.

§. 1777.

In einer letztwilligen Verfügung kann von dem Erblasser die Bestimmung des Gegenstandes einer Zuwendung nicht einem Anderen überlassen werden. Hat der Erblasser im Falle einer Zuwendung an mehrere Bedachte die Bestimmung desjenigen, was der Einzelne von dem Gegenstande der Zuwendung erhalten soll, dem Beschwerten oder einem Dritten überlassen, so sind die Bedachten als zu gleichen Antheilen bedacht anzusehen. Die Vorschriften über das Wahlvermächtniß und das Vermächtniß einer nur der Gattung nach bestimmten Sache bleiben unberührt.

§. 1778.

Läßt der Inhalt einer letztwilligen Verfügung verschiedene Auslegungen zu, so ist im Zweifel diejenige Auslegung vorzuziehen, bei welcher die letztwillige Verfügung Erfolg haben kann.

§. 1779.

Stimmt bei einer letztwilligen Verfügung der wirkliche Wille des Erblassers mit dem erklärten Willen nicht überein, so ist die letztwillige Verfügung nichtig. Die Vorschriften des §. 95, des §. 97 Abs. 2 bis 4 und des §. 99 finden keine Anwendung.

§. 1780.

Eine letztwillige Verfügung kann angefochten werden, wenn der Erblasser zu derselben widerrechtlich durch Drohung oder durch Betrug bestimmt worden ist.

§. 1781.

Eine letztwillige Verfügung kann angefochten werden, wenn der Erblasser zu derselben durch einen auf die Vergangenheit oder die Gegenwart sich beziehenden Irrthum bestimmt worden ist, oder wenn der Erblasser zu der Verfügung durch die Voraussetzung des Eintrittes oder Nichteintrittes eines künftigen Ereignisses oder eines rechtlichen Erfolges bestimmt worden ist und die Voraussetzung sich nicht erfüllt hat.

Die Verfügung ist nur dann anfechtbar, wenn der Irrthum aus der Verfügung zu entnehmen oder die Voraussetzung in derselben ausdrücklich oder stillschweigend erklärt ist.

§. 1782.

Ist in einer letztwilligen Verfügung ein zur Zeit des Erbfalles vorhandener Pflichttheilsberechtigter übergangen, dessen Vorhandensein dem Erblasser bei Errichtung der Verfügung nicht bekannt war, von welchem der Erblasser insbesondere annahm, daß derselbe gestorben sei, oder welcher erst nach Errichtung der letztwilligen Verfügung geboren oder Pflichttheilsberechtigter geworden ist, so ist im Zweifel anzunehmen, daß der Erblasser zu der letztwilligen Verfügung in dem ersten Falle durch den Irrthum über das Nichtvorhandensein des Pflichttheilsberechtigten, in dem zweiten Falle durch die Voraussetzung, der Pflichttheilsberechtigte werde nicht nachträglich geboren oder nicht nachträglich Pflichttheilsberechtigter werden, bestimmt worden ist.

Die Verfügung ist in den Fällen des ersten Absatzes nach Maßgabe des §. 1781 anfechtbar, auch wenn das im §. 1781 Abs. 2 bestimmte Erforderniß nicht vorhanden ist.

§. 1783.

Eine letztwillige Verfügung, durch welche ein Ehegatte den anderen Ehegatten bedacht hat, kann angefochten werden, wenn die Ehe nichtig ist, oder wenn sie anfechtbar war und angefochten ist, oder wenn sie vor dem Tode eines der Ehegatten aufgelöst ist.

Eine letztwillige Verfügung, durch welche ein Verlobter den anderen Verlobten bedacht hat, kann angefochten werden, wenn das Verlöbniß vor dem Tode des Erblassers aufgelöst ist.

Die Anfechtung ist ausgeschlossen, wenn der Wille des Erblassers erhellt, daß die letztwillige Verfügung auch in dem eingetretenen Falle Geltung haben soll.

§. 1784.

In den Fällen der §§. 1780 bis 1783 ist derjenige zur Anfechtung berechtigt, welcher, wenn die letztwillige Verfügung nicht errichtet worden wäre, als Erbe oder Vermächtnißnehmer berufen oder von einer Beschwerung befreit sein oder ein Recht erlangt haben würde. Bezieht in den Fällen der §§. 1780 bis 1782 der Betrug, der Irrthum oder die nicht eingetretene Voraussetzung sich nur auf eine bestimmte Person und ist diese Person anfechtungsberechtigt oder würde sie anfechtungsberechtigt sein, wenn sie den Erblasser überlebt hätte, so ist eine andere Person zur Anfechtung nicht berechtigt.

§. 1785.

Die Anfechtung muß binnen Jahresfrist erfolgen. Die Frist beginnt mit dem Zeitpunkte, in welchem der Anfechtungsberechtigte von den das Recht begründenden Thatsachen Kenntniß erlangt hat.

Die Frist zur Anfechtung beträgt dreißig Jahre von dem Zeitpunkte an, in welchem die letztwillige Verfügung verkündet worden ist, wenn nicht die Anfechtung in Gemäßheit des ersten Absatzes bereits früher ausgeschlossen ist.

Die Vorschriften des §. 166 finden entsprechende Anwendung.

§. 1786.

Die Anfechtung ist ausgeschlossen, wenn der Erblasser die letztwillige Verfügung im Falle der Anfechtbarkeit wegen Drohung nach Beseitigung der Zwangslage, im Falle der Anfechtbarkeit wegen eines anderen Grundes, nachdem er von dem letzteren Kenntniß erlangt hat, aufzuheben unterlassen hat und seit jenem Zeitpunkte bis zum Tode des Erblassers ein Jahr verstrichen ist. Beginn und Lauf der Frist ist gehemmt, solange der Erblasser außer Stande ist, die Verfügung aufzuheben.

§. 1787.

Bezieht sich der Grund der Unwirksamkeit einer einzelnen, in einem Testamente enthaltenen Verfügung nur auf diese einzelne Verfügung, so sind die übrigen in dem Testamente enthaltenen Verfügungen nur insofern unwirksam, als erhellt, daß der Erblasser dieselben ohne jene unwirksame Verfügung nicht getroffen haben würde.

Zweiter Titel.

Erbeinsetzung.

§. 1788.

Erhellt bei einer letztwilligen Zuwendung der Wille des Erblassers, daß dessen Vermögen als Ganzes oder ein Bruchtheil dieses Vermögens auf den Bedachten übergehen solle, so ist die Zuwendung als Erbeinsetzung anzusehen, auch wenn der Bedachte nicht als Erbe bezeichnet ist.

Sind dem Bedachten nur ein oder mehrere Vermögensgegenstände zugewendet, so ist im Zweifel anzunehmen, daß der Erblasser, auch wenn er den Bedachten als Erben bezeichnet hat, eine Erbeinsetzung nicht gewollt habe.

§. 1789.

Ist ein Erbe ohne Einsetzung eines Miterben eingesetzt und die Einsetzung nicht auf einen Bruchtheil der Erbschaft beschränkt, oder ist im Falle der Einsetzung mehrerer Erben die Einsetzung mindestens eines derselben nicht auf einen Bruchtheil der Erbschaft beschränkt, so ist die gesetzliche Erbfolge ausgeschlossen.

§. 1790.

Hat der Erblasser nur einen Erben eingesetzt, die Einsetzung aber auf einen Bruchtheil der Erbschaft beschränkt, so tritt in Ansehung des übrigen Bruchtheiles die gesetzliche Erbfolge ein.

Ein Gleiches gilt, wenn der Erblasser mehrere Erben eingesetzt und die Einsetzung eines jeden einzelnen Erben auf einen

Bruchtheil beschränkt hat, ohne daß die Bruchtheile das Ganze erschöpfen.

§. 1791.

Hat der Erblasser bestimmt, daß ein Vermögensgegenstand dem eingesetzten Erben nicht zufallen solle, so ist anzunehmen, daß die gesetzlichen Erben diesen Gegenstand als Vermächtniß erhalten und mit diesem nach Maßgabe der Vorschriften über die gesetzliche Erbfolge bedacht sein sollen.

§. 1792.

Ist im Falle der Einsetzung mehrerer Erben die Einsetzung keines derselben auf einen Bruchtheil der Erbschaft beschränkt, so sind dieselben als zu gleichen Bruchtheilen eingesetzt anzusehen.

§. 1793.

Ist im Falle der Einsetzung mehrerer Erben jeder derselben auf einen Bruchtheil der Erbschaft eingesetzt und übersteigen die Bruchtheile das Ganze, so tritt eine verhältnißmäßige Minderung der Bruchtheile ein.

§. 1794.

Ist im Falle der Einsetzung mehrerer Erben jeder derselben auf einen Bruchtheil der Erbschaft eingesetzt, ohne daß die Bruchtheile das Ganze erschöpfen, so sind die Eingesetzten, sofern der Wille des Erblassers erhellt, daß dieselben die alleinigen Erben sein sollen, in Ansehung des übrigen Bruchtheiles als nach dem Verhältnisse der bestimmten Bruchtheile eingesetzt anzusehen.

§. 1795.

Sind im Falle der Einsetzung mehrerer Erben ein oder einige Erben auf Bruchtheile der Erbschaft eingesetzt, ohne daß die Bruchtheile das Ganze erschöpfen, und ist die Einsetzung eines oder mehrerer anderer Erben nicht auf einen Bruchtheil beschränkt, so ist anzunehmen, daß der eine oder die mehreren ohne Beschränkung eingesetzten Erben auf den übrigen Bruchtheil eingesetzt seien; erschöpfen aber die Bruchtheile das Ganze, so tritt eine verhältnißmäßige Minderung der Bruchtheile in dem Maße ein, daß für einen jeden der ohne Beschränkung eingesetzten Erben ein gleich großer Bruchtheil wie für den mit dem geringsten Bruchtheile bedachten Erben sich ergiebt.

§. 1796.

Sind einige von mehreren Erben zusammen auf einen und denselben Bruchtheil der Erbschaft eingesetzt (gemeinschaftlicher Erbtheil), so finden in Ansehung des gemeinschaftlichen Erbtheiles die Vorschriften der §§. 1792 bis 1795 entsprechende Anwendung.

§. 1797.

Sind mehrere Erben in der Weise eingesetzt, daß die gesetzliche Erbfolge ausgeschlossen ist, und ist oder wird in Ansehung eines Erben die Erbeinsetzung unwirksam, so sind die übrigen Erben auch in Ansehung desjenigen Erbtheiles, welchen der wegfallende Erbe erhalten sollte, nach Verhältniß ihrer Erbtheile als eingesetzt anzusehen (Anwachsung).

Sind der wegfallende Erbe und einer oder mehrere der anderen Erben auf einen Bruchtheil der Erbschaft als gemeinschaftlichen Erbtheil eingesetzt, so tritt die Anwachsung zunächst nur zu Gunsten der übrigen mit dem gemeinschaftlichen Erbtheile Bedachten ein.

Sind alle eingesetzten Erben auf Bruchtheile der Erbschaft eingesetzt, ohne daß die Bruchtheile das Ganze erschöpfen, und erhellt nicht der Wille des Erblassers, daß die Eingesetzten die alleinigen Erben sein sollen, so tritt, wenn einer der eingesetzten Erben wegfällt, Anwachsung nur insofern ein, als der Wegfallende und andere Erben auf einen gemeinschaftlichen Erbtheil eingesetzt sind.

§. 1798.

Die Anwachsung kann von dem Erblasser ausgeschlossen werden. Sie wird durch die Einsetzung eines Ersatzerben in dem Maße ausgeschlossen, daß das Recht aus der Einsetzung als Ersatzerbe dem Anwachsungsrechte vorgeht.

§. 1799.

Der einem eingesetzten Erben durch Anwachsung angefallene Erbtheil ist in Ansehung der Vermächtnisse und Auflagen, mit welchen der wegfallende Erbe oder derjenige Erbe, welchem die Anwachsung zu statten kommt, beschwert ist, als ein besonderer Erbtheil anzusehen.

§. 1800

Der Erblasser kann für den Fall, daß die Einsetzung des zunächst eingesetzten Erben unwirksam ist oder unwirksam wird, einen Anderen als Erben einsetzen (Ersatzerbe).

An Stelle des Ersatzerben kann ein weiterer Ersatzerbe ernannt werden.

§. 1801.

Ist Jemand für den Fall, daß der zunächst eingesetzte Erbe nicht Erbe sein kann, oder für den Fall, daß derselbe nicht Erbe sein will, als Ersatzerbe eingesetzt, so ist im Zweifel anzunehmen, daß er für beide Fälle eingesetzt sei.

§. 1802.

Im Zweifel ist anzunehmen, daß, wer als Nacherbe eingesetzt ist, auch als Ersatzerbe eingesetzt sei.

Ist zweifelhaft, ob die Einsetzung als Ersatzerbe oder die Einsetzung als Nacherbe gewollt sei, so ist die Einsetzung als Ersatzerbe anzunehmen.

§. 1803.

Sind die eingesetzten mehreren Erben für einander als Ersatzerben eingesetzt, oder sind für einen der Miterben die übrigen als Ersatzerben eingesetzt, so ist im Zweifel anzunehmen, daß sie in demjenigen Verhältnisse als Ersatzerben eingesetzt seien, in welchem sie als Erben eingesetzt sind. Ist im ersteren Falle einigen der Erben ein gemeinschaftlicher Erbtheil beschieden, so ist im Zweifel anzunehmen, daß die letzteren in Ansehung des gemeinschaftlichen Erbtheiles vor den anderen Erben als Ersatzerben eingesetzt seien.

Dritter Titel.

Einsetzung eines Nacherben.

§. 1804.

Der Erblasser kann einen Erben in der Weise einsetzen, daß derselbe erst, nachdem ein Anderer Erbe geworden ist, von einem bestimmten Zeitpunkte oder Ereignisse an Erbe sein soll (Nacherbe). Mit dem Eintritte dieses Zeitpunktes oder Ereignisses (Fall der Nacherbfolge) hört der bisherige Erbe (Vorerbe) auf, Erbe zu sein, und fällt die Erbschaft dem Nacherben an.

§. 1805.

Hat der Erblasser angeordnet, daß der Erbe mit dem Eintritte eines bestimmten Zeitpunktes oder Ereignisses die Erbschaft einem Anderen herauszugeben habe, so ist anzunehmen, daß der letztere als Nacherbe eingesetzt sei.

§. 1806.

Hat der Erblasser dem eingesetzten Erben die Errichtung einer Verfügung von Todeswegen verboten, so ist anzunehmen, daß die gesetzlichen Erben des eingesetzten Erben als Nacherben eingesetzt seien.

§. 1807.

Ist einer Erbeinsetzung eine auflösende Bedingung oder ein Endtermin beigefügt, ohne daß der Erblasser bestimmt hat, an wen die Erbschaft nach Eintritt der Bedingung oder des Termines gelangen solle, so ist anzunehmen, daß diejenigen Personen, welche die gesetzlichen Erben des Erblassers sein würden, wenn dieser zur Zeit des Eintrittes der Bedingung oder des Termines gestorben wäre, als Nacherben nach Maßgabe der Vorschriften über die gesetzliche Erbfolge eingesetzt seien.

§. 1808.

Ist einer Erbeinsetzung eine aufschiebende Bedingung oder ein Anfangstermin beigefügt, ohne daß der Erblasser bestimmt hat, wer bis zum Eintritte der Bedingung oder des Termines Erbe sein soll, so sind die gesetzlichen Erben des Erblassers als Vorerben berufen.

Die Vorschriften des ersten Absatzes finden entsprechende Anwendung, wenn eine zur Zeit des Erbfalles noch nicht empfangene Person oder wenn Jemand, dessen Persönlichkeit erst durch ein nach dem Erbfalle eintretendes Ereigniß bestimmt wird, als Erbe eingesetzt ist.

§. 1809.

Hat der Erblasser bei der Einsetzung eines Nacherben den Fall der Nacherbfolge nicht anders bestimmt, so tritt die Nacherbfolge mit dem Tode des Vorerben ein.

§. 1810.

Hat der eingesetzte Nacherbe den Erblasser überlebt, den Fall der Nacherbfolge aber nicht erlebt, so geht das Recht des Nacherben auf dessen Erben über, sofern nicht anzunehmen ist, daß die Einsetzung des Nacherben unwirksam werden solle, wenn dieser den Fall der Nacherbfolge nicht erlebe. Im Falle des Ueberganges des Rechtes ist dasselbe als Bestandtheil der Erbschaft des eingesetzten Nacherben anzusehen.

§. 1811.

Hat der Erblasser einem Abkömmlinge, welcher zur Zeit der Errichtung der letztwilligen Verfügung keinen Abkömmling hat, für die Zeit nach dessen Tode einen Nacherben bestimmt, so ist anzunehmen, daß die Einsetzung des Nacherben auf den Fall beschränkt sei, wenn der Vorerbe keinen Abkömmling hinterlasse.

§. 1812

Die Nacherbfolge kann nur einmal eintreten; die Einsetzung eines weiteren Nacherben wird mit dem Eintritte der ersten Nacherbfolge unwirksam.

§. 1813.

Die Einsetzung eines Nacherben, welche nicht für den Fall des Todes des Vorerben erfolgt ist, wird unwirksam, wenn der Vorerbe gestorben und ein Zeitraum von dreißig Jahren seit dem Erbfalle verstrichen ist, bevor der Fall der Nacherbfolge eingetreten ist.

§. 1814.

Das Recht des Nacherben erstreckt sich auf die durch Anwachsung erfolgte Erweiterung des Erbtheiles des Vorerben; es erstreckt sich nicht auf dasjenige, was dem Vorerben aus einer Einsetzung als Ersatzerbe oder aus einem Vorausvermächtnisse gebührt.

§. 1815.

Auf das Rechtsverhältniß des Vorerben gegenüber dem Nacherben finden, soweit nicht aus dem Gesetze ein Anderes sich ergiebt, die Vorschriften über den Nießbrauch mit der Maßgabe entsprechende Anwendung, daß der Vorerbe gegenüber dem Nacherben als Nießbraucher anzusehen ist.

§. 1816.

Soweit der Nießbraucher nur gemeinschaftlich mit dem Eigenthümer oder demjenigen, an dessen Rechte ihm der Nießbrauch zusteht, verfügen kann, bedarf der Vorerbe der Einwilligung oder Genehmigung des Nacherben.

In Ansehung eines der Nacherbfolge unterliegenden Erbtheiles kann der Anspruch auf Aufhebung der Gemeinschaft der Erben von dem Vorerben ohne Einwilligung des Nacherben geltend gemacht werden.

§. 1817.

Der Vorerbe ist verpflichtet, die der Nacherbfolge unterliegenden Sachen in dem durch den §. 1001 bestimmten Maße dergestalt unter Versicherung zu bringen, daß sowohl sein Interesse als das Interesse des Nacherben Gegenstand der Versicherung ist.

Auf die Einziehung der Versicherungsgelder finden die Vorschriften über die Einziehung einer auf Zinsen ausstehenden, der Nacherbfolge unterliegenden Forderung Anwendung.

Sowohl der Vorerbe als der Nacherbe kann verlangen, daß die Versicherungsgelder in wirthschaftlich zweckmäßiger Weise zur

Wiederherstellung der Sache oder zur Beschaffung eines Ersatzes verwendet werden.

§. 1818.

Gehört eine auf Zinsen ausstehende Forderung zu den der Nacherbfolge unterliegenden Gegenständen, so steht die Kündigung nur dem Vorerben zu. Die Einwilligung des Nacherben in die Kündigung ist nicht erforderlich. Der Nacherbe kann jedoch von dem Vorerben die Kündigung verlangen, wenn die Forderung noch nicht fällig, aber kündbar und ihre Sicherheit in dem Maße gefährdet ist, daß die Einziehung der Sorgfalt eines ordentlichen Hausvaters entspricht. Die Kündigung des Schuldners ist wirksam, wenn sie auch nur dem Vorerben erklärt ist.

§. 1819.

Die Einziehung einer auf Zinsen ausstehenden fälligen Forderung steht nur dem Vorerben zu. Der Vorerbe kann jedoch von dem Schuldner nur verlangen, daß die Leistung an ihn nach Beibringung der Einwilligung des Nacherben bewirkt oder der Gegenstand der Leistung für ihn und den Nacherben öffentlich hinterlegt werde. Der Nacherbe ist zur Ertheilung jener Einwilligung verpflichtet, wenn ihm der Vorerbe Sicherheit leistet; die Sicherheitsleistung durch Bürgen ist ausgeschlossen. Der Nacherbe kann von dem Vorerben die Einziehung der Forderung unter den Voraussetzungen verlangen, unter welchen er nach dem §. 1818 die Kündigung zu verlangen befugt sein würde.

§. 1820.

Ist eine auf Zinsen ausstehende Forderung eingezogen, so kann der Vorerbe von dem Nacherben die Einwilligung dazu verlangen, daß das Kapital nach Maßgabe der für die Belegung von Mündelgeldern geltenden Vorschriften für den Vorerben unter Sicherung der Rechte des Nacherben verzinslich wieder angelegt werde. Auch kann der Nacherbe von dem Vorerben verlangen, daß dieser die Anlegung in der angegebenen Weise bewirke.

Die Vorschriften des ersten Absatzes finden auch dann Anwendung, wenn der Vorerbe die Einziehung der Forderung unter Sicherstellung des Nacherben bewirkt hat.

§. 1821.

Auf eine Grundschuld oder Eigenthümerhypothek, welche zu den der Nacherbfolge unterliegenden Gegenständen gehört, finden die für Forderungen geltenden Vorschriften entsprechende Anwendung.

§. 1822.

Der Vorerbe ist verpflichtet, eine der Nacherbfolge unterliegende, auf den Inhaber lautende Schuldverschreibung oder Aktie, mit Ausnahme der dazu gehörenden Zinsscheine, Rentenkupons, Gewinnantheilscheine und Erneuerungsscheine, auch ohne Verlangen des Nacherben bei einer öffentlichen Hinterlegungsstelle dergestalt in Verwahrung zu geben oder, sofern es zulässig ist, dergestalt auf seinen Namen umschreiben zu lassen, daß im ersten Falle die Herausgabe des Papieres, im zweiten Falle die Einziehung der Forderung oder die Ersetzung des umgeschriebenen Papieres durch ein Inhaberpapier nur mit Einwilligung des Nacherben erfolgen kann.

Der Vorerbe ist verpflichtet, auch nach der Hinterlegung des Papieres für die Einziehung der fälligen Kapitalbeträge und für die Beschaffung neuer Zinsscheine, Rentenkupons, Gewinnantheilscheine und Erneuerungsscheine sowie neuer Stammpapiere zu sorgen. Ist hierzu die Vorlegung des hinterlegten Papieres erforderlich, so hat der Nacherbe die Einwilligung zur Herausgabe des Papieres an den Vorerben gegen Sicherheitsleistung zu ertheilen; die Sicherheitsleistung durch Bürgen ist ausgeschlossen. Auf die Wiederanlegung eines eingezogenen Kapitalbetrages finden die Vorschriften des §. 1820 Anwendung.

Die Vorschriften des ersten und zweiten Absatzes finden auf Papiere, welche den Vorschriften über verbrauchbare Sachen unterliegen, keine Anwendung.

§. 1823.

Zu jeder Verfügung, welche zur ordnungsmäßigen Verwaltung der der Nacherbfolge unterliegenden Gegenstände, insbesondere zur Erfüllung von Verbindlichkeiten erforderlich ist, welche der Vorerbe gegenüber dem Nacherben nicht selbst zu tragen hat, ist der Vorerbe berechtigt, auch wenn er die Verfügung nach den Vorschriften der §§. 1815 bis 1822 nicht ohne Einwilligung des Nacherben vornehmen dürfte. Wird jedoch gegenüber einem Dritten die Nothwendigkeit der Verfügung geltend gemacht, so ist auf Verlangen des Dritten die Einwilligung des Nacherben beizubringen.

Die Vorschrift des ersten Absatzes findet in den Fällen des §. 1822 Abs. 2 keine Anwendung.

§. 1824.

Der Erblasser kann dem Vorerben größere Rechte als die in den §§. 1815 bis 1823 bezeichneten beilegen.

§. 1825.

Als zur Nacherbschaft gehörende Gegenstände gelten auch diejenigen, welche der Vorerbe auf Grund eines der Nacherbfolge unterliegenden Rechtes erworben hat, sofern sie nicht dem Vorerben als Nutzungen gebühren, oder welche der Vorerbe als Ersatz für die Zerstörung, Beschädigung oder Entziehung eines der Nacherbfolge unterliegenden Gegenstandes oder durch die auch gegenüber dem Nacherben wirksame Veräußerung eines der Nacherbfolge unterliegenden Gegenstandes erworben hat, oder welche der Vorerbe zu dem Inventare eines erbschaftlichen Grundstückes angeschafft und in das Inventar einverleibt hat.

§. 1826.

Wird für den Vorerben ein der Nacherbfolge unterliegendes Recht in das Grundbuch eingetragen, so ist zugleich von Amtswegen das Recht des Nacherben einzutragen.

Der Nacherbe kann von dem Vorerben verlangen, daß dieser seine Rechte, soweit dieselben der Nacherbfolge unterliegen, für sich eintragen lasse.

§. 1827.

Inwiefern vor Eintritt der Nacherbfolge zur Vertretung des Nacherben, wenn dieser eine noch nicht empfangene Person ist, oder wenn dessen Persönlichkeit erst durch ein noch nicht eingetretenes Ereigniß bestimmt wird, ein Pfleger zu bestellen sei, bestimmt sich nach den Vorschriften des §. 1742.

§. 1828.

Ist von dem Vorerben über einen der Nacherbfolge unterliegenden Gegenstand verfügt, so wird die Verfügung, soweit sie das Recht des Nacherben vereitelt oder beeinträchtigt, im Falle der Nacherbfolge unwirksam. Die Vorschriften zu Gunsten derjenigen, welche Rechte von einem Nichtberechtigten herleiten, finden entsprechende Anwendung.

Die Verfügung wird nicht unwirksam, wenn sie nach den Vorschriften der §§. 1815 bis 1824 von dem Vorerben ohne Einwilligung des Nacherben vorgenommen werden kann.

Der Nacherbe ist verpflichtet, die Einwilligung oder Genehmigung zu solchen Verfügungen zu ertheilen, welche nach den Vorschriften des zweiten Absatzes im Falle der Nacherbfolge nicht unwirksam werden.

§. 1829.

Die Vorschrift des §. 1828 Abs. 1 findet auch Anwendung auf eine Zwangsvollstreckung oder Arrestvollziehung, welche in einen der Nacherbfolge unterliegenden Gegenstand gegen den Vorerben erwirkt ist. Ein Gegenstand, dessen Veräußerung im Falle der Nacherbfolge unwirksam wird, darf weder im Konkurse über das Vermögen des Vorerben noch im Wege einer gegen diesen erwirkten Zwangsvollstreckung veräußert oder überwiesen werden.

Wird der Anspruch eines Nachlaßgläubigers oder ein Recht geltend gemacht, welches im Falle der Nacherbfolge nicht unwirksam wird, so unterliegt die Rechtsverfolgung nicht den im ersten Absatze bezeichneten Beschränkungen.

§. 1830.

Ein Urtheil, welches in dem Rechtsstreite zwischen einem Dritten und dem Vorerben über einen gegen den letzteren als Erben erhobenen Anspruch oder über einen der Nacherbfolge unterliegenden Gegenstand erlassen und vor Eintritt der Nacherbfolge rechtskräftig geworden ist, wirkt für und gegen den Nacherben.

§. 1831.

Der Nacherbe hat die im §. 1819 Satz 3, im §. 1820, im §. 1822 Abs. 2, im §. 1823 Abs. 1 und im §. 1828 Abs. 3 bezeichnete Einwilligung in öffentlich beglaubigter Form zu ertheilen.

§. 1832.

Wird die Erbschaft von dem eingesetzten Nacherben ausgeschlagen, so bleibt der Vorerbe dergestalt der Erbe, daß der Fall der Nacherbfolge als nicht eingetreten gilt.

Die Ausschlagung der Nacherbschaft kann erfolgen, sobald die Erbschaft dem Vorerben angefallen ist.

§. 1833.

Mit Eintritt der Nacherbfolge gilt eine in Folge des Erbfalles durch Vereinigung erloschene Schuldverbindlichkeit als nicht erloschen, ein in Folge des Erbfalles durch Vereinigung aufgehobenes Recht an einer Sache oder an einem Rechte als nicht aufgehoben. Erforderlichenfalls ist ein solches Recht wiederherzustellen.

§. 1834.

Die von dem Erblasser angeordneten Vermächtnisse sind im Verhältnisse des Vorerben zum Nacherben als Lasten der Erbschaft anzusehen, sofern nicht der Erblasser ein Anderes bestimmt hat.

In Ansehung eines Vermächtnisses, welches die Zuwendung von Zinsen oder von anderen wiederkehrenden Leistungen zum

Gegenstande hat, finden die Vorschriften des §. 1041 entsprechende Anwendung.

§. 1835.

Nach Eintritt der Nacherbfolge finden auf das Rechtsverhältniß der Nachlaßgläubiger gegenüber dem Nacherben und dessen Gläubigern die Vorschriften, welche nach dem Erbfalle für das Rechtsverhältniß der Nachlaßgläubiger gegenüber dem Vorerben und dessen Gläubigern maßgebend sind, entsprechende Anwendung.

§. 1836.

Dem Nacherben steht nach Eintritt der Nacherbfolge das Inventarrecht mit der Maßgabe zu, daß an die Stelle des Nachlasses dasjenige tritt, was der Nacherbe mit Einschluß der ihm gegen den Vorerben als solchen zustehenden Ansprüche aus der Erbschaft erlangt hat.

Das von dem Vorerben errichtete Inventar kommt dem Nacherben auch dann zu statten, wenn dieser selbst ein Inventar nicht errichtet hat.

§. 1837.

Die Haftung des Vorerben für die Nachlaßverbindlichkeiten bleibt nach Eintritt der Nacherbfolge insoweit bestehen, als der Nacherbe für diese Verbindlichkeiten nicht in gleichem Umfange haftet.

Der Vorerbe hat nach Eintritt der Nacherbfolge nicht mehr das Recht, die Eröffnung des Konkurses über den Nachlaß zu beantragen.

§. 1838.

Ist von dem Vorerben oder dem Nacherben das Aufgebot der Nachlaßgläubiger beantragt, so wirken Antrag und Ausschließung in gleicher Art, wie wenn der Antrag von Beiden gestellt wäre.

§. 1839.

Ist von dem Erblasser das Recht des Nacherben auf dasjenige beschränkt, was bei Eintritt der Nacherbfolge von der Erbschaft noch übrig sein wird, so finden die Vorschriften des §. 1828 nur auf die in einer Schenkung bestehenden Verfügungen des Vorerben Anwendung; auch sind sie in Ansehung solcher Schenkungen, welche durch eine sittliche Pflicht oder die auf den Anstand zu nehmende Rücksicht gerechtfertigt werden, von der Anwendung ausgeschlossen. Der Vorerbe ist im Uebrigen berechtigt, über die zur Erbschaft gehörenden Gegenstände thatsächlich sowie durch Rechtsgeschäfte unter Lebenden unbeschränkt zu verfügen.

§. 1840.

Die Verpflichtungen des Vorerben gegenüber dem Nacherben sind im Falle des §. 1839, unbeschadet der Anwendbarkeit des §. 1826 darauf beschränkt, dem Nacherben nach Maßgabe der §§. 993, 1042 ein Verzeichniß der zur Erbschaft gehörenden Gegenstände mitzutheilen, sowie bei Eintritt der Nacherbfolge dem Nacherben diese Gegenstände, mit Einschluß derjenigen, welche in Gemäßheit des §. 1825 als zur Erbschaft gehörend gelten, soweit dieselben in Natur bei dem Vorerben noch vorhanden sind, herauszugeben und, soweit dieselben wenigstens dem Werthe nach bei ihm noch vorhanden sind, diesen Werth zu ersetzen, unbeschadet des Rechtes auf Ersatz von Verwendungen; verschenkte Gegenstände sind in Ansehung der Verpflichtung zur Herausgabe als nicht verschenkt anzusehen; für verschenkte verbrauchbare Sachen hat jedoch der Vorerbe deren Werth zur Zeit der Schenkung zu ersetzen.

§. 1841.

Hat der Erblasser angeordnet, daß der Vorerbe berechtigt sein soll, über die zur Erbschaft gehörenden Gegenstände frei zu verfügen, so ist im Zweifel anzunehmen, daß das Recht des Nacherben auf dasjenige beschränkt sein solle, was bei Eintritt der Nacherbfolge von der Erbschaft noch übrig sein wird.

Vierter Titel.

Vermächtniß.

§. 1842.

Hat der Erblasser ein Vermächtniß angeordnet, so ist der Erbe als beschwert anzusehen, sofern nicht der Erblasser ein Anderes bestimmt hat.

§. 1843.

Sind mehrere Erben oder mehrere Vermächtnißnehmer mit demselben Vermächtnisse beschwert, so ist im Zweifel anzunehmen, daß mehrere Erben nach Verhältniß der Erbtheile, mehrere Vermächtnißnehmer nach Verhältniß des ihnen Zugewendeten beschwert sein sollen.

§. 1844.

Hat der Erblasser dem Erben die Veräußerung eines zum Nachlasse gehörenden Gegenstandes oder die Verfügung von Todeswegen über einen solchen Gegenstand verboten, so ist anzunehmen, daß die Person, zu deren Gunsten das Verbot bestimmt ist, und, wenn eine solche Person nicht bezeichnet ist, die gesetzlichen Erben des Erben nach dem Tode des letzteren den Gegenstand als Vermächtniß erhalten sollen.

§. 1845.

Der Erblasser kann ein Vermächtniß auch einem Erben zuwenden (Vorausvermächtniß).

Das Vorausvermächtniß ist im Verhältnisse des bedachten Erben zu Miterben, Vermächtnißnehmern, Nacherben und Erbschaftskäufern auch insoweit als wirksam anzusehen, als der bedachte Erbe selbst beschwert ist.

Der Erbe kann das Vorausvermächtniß annehmen, auch wenn er die Erbschaft ausschlägt.

§. 1846.

Sind mehrere Personen mit einem und demselben Gegenstande durch Vermächtniß bedacht, so finden die Vorschriften der §§. 1792 bis 1796 entsprechende Anwendung.

Als mit einem und demselben Gegenstande bedacht gelten mehrere Vermächtnißnehmer auch dann, wenn eine Forderung oder eine Menge vertretbarer Sachen Gegenstand des Vermächtnisses ist.

§. 1847.

Ist die Leistung, welche den Gegenstand des Vermächtnisses bilden soll, weder von dem Erblasser bestimmt bezeichnet noch nach dessen Anordnungen zu ermitteln, so ist das Vermächtniß nichtig.

§. 1848.

Das Vermächtniß eines Gegenstandes, welchen der Erblasser als ihm gehörend dem Vermächtnißnehmer zugewendet hat, ist nur dann wirksam:

1. wenn der Gegenstand zur Zeit des Erbfalles dem Erblasser gehört;
2. wenn der Erblasser zur Zeit der Anordnung des Vermächtnisses Kenntniß davon hatte, daß der Gegenstand ihm nicht gehört;
3. wenn dem Erblasser zur Zeit des Erbfalles ein Anspruch auf Leistung des Gegenstandes zusteht; im letzteren Falle ist anzunehmen, daß die Zuwendung des Anspruches von dem Erblasser gewollt sei.

Der Gegenstand ist als dem Erblasser nicht gehörend auch dann anzusehen, wenn dieser zur Veräußerung desselben verpflichtet ist.

§. 1849.

Hat der Erblasser einen Gegenstand als ihm nicht gehörend oder in Kenntniß davon, daß derselbe ihm nicht gehört, dem Vermächtnißnehmer zugewendet, so ist der Beschwerte verpflichtet, dem Vermächtnißnehmer den Gegenstand zu verschaffen und, wenn die Verschaffung ihm nicht möglich ist oder mit unverhältnißmäßigen Kosten verbunden sein würde, den Werth des Gegenstandes nach Maßgabe des §. 220 zu zahlen, es sei denn, daß der Wille des Erblassers, dem Bedachten eine andere Leistung zuzuwenden, erhellt.

§. 1850.

Hat der Erblasser dem Vermächtnißnehmer einen in sich bestimmten Gegenstand zugewendet, so wird vermuthet, daß er den Gegenstand als ihm gehörend zugewendet und daß er, wenn der Gegenstand ihm nicht gehört, hiervon keine Kenntniß gehabt habe.

§. 1851.

Das Vermächtniß eines zur Zeit der Anordnung dem Bedachten gehörenden Gegenstandes ist nur dann wirksam, wenn dieser zur Zeit des Erbfalles dem Erblasser gehört.

Erhellt der Wille des Erblassers, daß dem Vermächtnißnehmer ein anderer Vortheil als der Gegenstand selbst zugewendet werden soll, so gilt dieser Vortheil als zugewendet. Insbesondere gilt, wenn dem Erblasser zur Zeit des Erbfalles ein Anspruch auf Leistung des Gegenstandes gegen den Bedachten zusteht, die Befreiung von diesem Anspruche als zugewendet.

§. 1852.

Die Vorschriften der §§. 1848 bis 1851 finden entsprechende Anwendung, wenn durch Vermächtniß die Begründung eines Rechtes an einem Gegenstande angeordnet ist.

§. 1853.

Ist durch Vermächtniß eine Leistung zugewendet, welche zur Zeit des Erbfalles unmöglich oder durch Gesetz verboten ist, oder welche gegen die guten Sitten verstößt, so ist das Vermächtniß nichtig. Im Falle der Unmöglichkeit oder Verbotswidrigkeit der Leistung finden die Vorschriften des §. 346 entsprechende Anwendung.

§. 1854.

Eine Sache, welche Gegenstand des Vermächtnisses ist, gilt als untergegangen, wenn sie von einer Verbindung, Vermischung,

Vermengung, Verarbeitung oder Umbildung der in den §§. 890 bis 894 bezeichneten Art betroffen worden ist.

§. 1855.

Ist eine Forderung des Erblassers Gegenstand des Vermächtnisses, so ist im Zweifel anzunehmen, daß, wenn zur Zeit des Erbfalles die der Forderung entsprechende Verpflichtung erfüllt und der geleistete Gegenstand noch in Natur im Nachlasse vorhanden sei, der Vermächtnißnehmer den geleisteten Gegenstand erhalten solle.

§. 1856.

Hat der Schuldner der einem Vermächtnißnehmer zugewendeten Forderung des Erblassers nach dem Erbfalle das Erlöschen derselben durch Aufrechnung mit einer ihm gegen den Nachlaß zustehenden Forderung bewirkt, so ist der beschwerte Erbe verpflichtet, den Vermächtnißnehmer insoweit zu entschädigen, als er bereichert worden ist.

§. 1857.

Das Vermächtniß der Erbschaft eines zur Zeit des Erbfalles noch nicht verstorbenen Dritten oder des Bruchtheiles einer solchen Erbschaft ist nichtig.

§. 1858.

Ist das Vermächtniß der Erbschaft eines Dritten oder des Bruchtheiles einer solchen wirksam, so finden die Vorschriften der §§. 488 bis 491, 494 bis 499 entsprechende Anwendung; auf Auslieferung der vor dem Tode des Verfügenden gezogenen Früchte und auf Ersatz der vor diesem Zeitpunkte verbrauchten oder unentgeltlich veräußerten Gegenstände der Erbschaft hat der Bedachte keinen Anspruch.

§. 1859.

Durch das Vermächtniß einer in sich bestimmten Sache wird diese in ihrem zur Zeit des Erbfalles vorhandenen Bestande und Zustande nebst dem zu jener Zeit vorhandenen Zubehöre betroffen.

Durch das Vermächtniß eines Inbegriffes von Sachen werden die Sachen betroffen, welche zur Zeit des Erbfalles zu dem Inbegriffe gehören.

§. 1860.

Ist der durch Vermächtniß zugewendete Gegenstand über die Zeit der Erfüllung des Vermächtnisses hinaus vermiethet oder verpachtet, so ist anzunehmen, daß der Vermächtnißnehmer zu Gunsten des Miethers oder Pächters sowie des Beschwerten mit der Verpflichtung beschwert sei, für die Zeit nach der Erfüllung des Vermächtnisses den Miethvertrag oder Pachtvertrag insoweit zu erfüllen, als der Erblasser zur Erfüllung verpflichtet gewesen sein würde.

§. 1861.

Ist der durch Vermächtniß zugewendete Gegenstand zur Zeit des Erbfalles mit einem Pfandrechte, einer Grundschuld oder einem anderen Rechte belastet, so kann der Vermächtnißnehmer nicht die Befreiung von einer solchen Belastung verlangen, sofern nicht ein anderer Wille des Erblassers erhellt.

Stand dem Erblasser zur Zeit des Erbfalles ein Anspruch auf Befreiung des Gegenstandes von der Belastung zu, so ist dieser Anspruch als dem Vermächtnißnehmer mitzugewendet anzusehen.

§. 1862.

Sind durch Vermächtniß dem Vermächtnißnehmer mehrere Leistungen in der Art zugewendet, daß nur die eine oder andere erfolgen soll (Wahlvermächtniß), so finden die Vorschriften der §§. 207 bis 212 mit der Abweichung Anwendung, daß, wenn die Wahl unter den mehreren Leistungen einem Dritten eingeräumt ist, das Vermächtniß nicht als ein durch die Wahl des Dritten bedingtes anzusehen ist, und daß, wenn in einem solchen Falle der Dritte nicht wählen kann oder nicht wählen will oder die Wahl verzögert, das Wahlrecht auf den Beschwerten übergeht.

§. 1863.

Ist eine nur der Gattung nach bestimmte Sache Gegenstand des Vermächtnisses, so finden die Vorschriften der §§. 213, 214 mit der Abweichung Anwendung, daß der wahlberechtigte Beschwerte eine den Verhältnissen des Vermächtnißnehmers entsprechende Sache auszuwählen hat. Eine solche Sache ist auch dann auszuwählen, wenn der Erblasser die Wahl dem Vermächtnißnehmer oder einem Dritten eingeräumt hat; in den letzteren Fällen finden in Ansehung der Wahl die Vorschriften über das Wahlvermächtniß entsprechende Anwendung.

§. 1864.

Erhellt bei einem Vermächtnisse, dessen Gegenstand eine nur der Gattung nach bestimmte Sache ist, der Wille des Erblassers, daß die Auswahl auf die in dem Nachlasse befindlichen Sachen beschränkt sein soll, so finden die Vorschriften über das Wahlvermächtniß Anwendung.

§. 1865.

Durch das Vermächtniß wird für den Vermächtnißnehmer nur eine Forderung gegen den Beschwerten auf Leistung des Gegenstandes des Vermächtnisses begründet (Vermächtnißanspruch). Ein unmittelbarer Uebergang des den Gegenstand des Vermächtnisses bildenden Rechtes auf den Vermächtnißnehmer findet auch dann nicht statt, wenn das Recht zum Nachlasse gehört.

§. 1866.

Ist eine dem Erblasser gegen den Erben zustehende Forderung Gegenstand des Vermächtnisses, so ist das Schuldverhältniß in Ansehung des Vermächtnisses nicht als durch Vereinigung erloschen anzusehen.

§. 1867.

Der Vermächtnißanspruch kommt für den Vermächtnißnehmer, vorbehaltlich des Rechtes der Ausschlagung, kraft des Gesetzes zur Entstehung (Anfall des Vermächtnisses) mit dem Erbfalle.

Der Anfall erfolgt jedoch:

1. wenn dem Vermächtnisse eine aufschiebende Bedingung beigefügt und diese zur Zeit des Erbfalles noch nicht erfüllt ist, mit der Erfüllung der Bedingung;
2. wenn eine zur Zeit des Erbfalles noch nicht empfangene Person mit dem Vermächtnisse bedacht ist, mit der Geburt derselben; wer zur Zeit des Erbfalles bereits empfangen war, ist als schon vor dem Erbfalle geboren anzusehen;
3. wenn die Persönlichkeit des mit dem Vermächtnisse Bedachten durch ein erst nach dem Erbfalle eintretendes Ereigniß bestimmt wird, mit dem Eintritte dieses Ereignisses.

In den Fällen des zweiten Absatzes finden für die Zeit nach dem Erbfalle die Vorschriften der §§. 133, 134, 238 und, wenn im Falle eines von einer aufschiebenden Bedingung abhängigen Vermächtnisses der Wille des Erblassers erhellt, daß der Vermächtnißnehmer die Erfüllung der Bedingung nicht zu erleben brauche, auch die Vorschrift des §. 132 Anwendung.

§. 1868.

Das Vermächtniß ist unwirksam, wenn der Vermächtnißnehmer den Erblasser nicht überlebt.

§. 1869.

Ein Vermächtniß, welchem eine aufschiebende Bedingung beigefügt ist und welches nicht mit dem Tode des Beschwerten anfällt, wird unwirksam, wenn der Beschwerte und der Vermächtnißnehmer gestorben und seit dem Erbfalle dreißig Jahre verstrichen sind, bevor die Bedingung erfüllt ist.

Ist der Vermächtnißnehmer eine zur Zeit des Erbfalles noch nicht empfangene Person oder wird dessen Persönlichkeit durch ein erst nach dem Erbfalle eintretendes Ereigniß bestimmt, so wird das Vermächtniß unwirksam, wenn seit dem Erbfalle dreißig Jahre verstrichen sind, der Beschwerte gestorben und der Vermächtnißnehmer noch nicht empfangen oder das Ereigniß, durch welches er bestimmt werden soll, noch nicht eingetreten ist. Als der Beschwerte im Sinne dieser Vorschrift gilt, wenn der Erblasser mehrere Personen nach einander mit demselben Vermächtnisse oder mit verschiedenen Vermächtnissen in der Weise bedacht hat, daß der vorhergehende Vermächtnißnehmer zu Gunsten des nachfolgenden beschwert ist, in Ansehung aller weiteren Vermächtnisse derjenige Vermächtnißnehmer, zu dessen Gunsten der Erbe beschwert ist.

§. 1870.

Sind mehrere Personen mit einem und demselben Gegenstande durch Vermächtniß bedacht und ist oder wird in Ansehung eines der Vermächtnißnehmer das Vermächtniß unwirksam, so sind die übrigen Vermächtnißnehmer auch mit demjenigen, was der wegfallende Vermächtnißnehmer erhalten sollte, nach Verhältniß der an dem Vermächtnisse ihnen zustehenden Antheile als bedacht anzusehen (Anwachsung).

Sind der wegfallende Vermächtnißnehmer und einer oder mehrere der anderen Vermächtnißnehmer zusammen mit einem und demselben Antheile bedacht (gemeinschaftlicher Antheil), so tritt die Anwachsung zunächst nur zu Gunsten der mit dem gemeinschaftlichen Antheile bedachten Vermächtnißnehmer ein.

§. 1871.

Die Anwachsung kann von dem Erblasser ausgeschlossen werden.

Die Anwachsung wird dadurch nicht ausgeschlossen, daß der Erblasser die Antheile der Vermächtnißnehmer an dem vermachten Gegenstande ausdrücklich bestimmt hat. Sie wird durch eine Ersatzberufung nur in dem Maße ausgeschlossen, daß das Recht aus der Ersatzberufung dem Anwachsungsrechte vorgeht.

§. 1872.

In Ansehung der Vermächtnisse und Auflagen, mit welchen die mit einem und demselben Gegenstande bedachten Vermächtnißnehmer beschwert sind, ist ein angewachsener Antheil als ein besonderes Vermächtniß anzusehen.

§. 1873.

Der Vermächtnißnehmer kann das Vermächtniß ausschlagen, solange er dasselbe noch nicht angenommen hat.

Die Annahme sowie die Ausschlagung erfolgt durch eine gegenüber dem Beschwerten abzugebende Erklärung. Die Erklärung kann nicht vor dem Erbfalle abgegeben werden.

Die Vorschriften des §. 2028 Abs. 2, 3, der §§. 2035, 2036, 2039, des §. 2042 Abs. 1, Abs. 2 Satz 1, 2 und des §. 2043 über die Annahme und Ausschlagung einer Erbschaft finden auf die Annahme und Ausschlagung eines Vermächtnisses entsprechende Anwendung.

Der Vermächtnißnehmer kann von mehreren Vermächtnissen das eine annehmen, das andere ausschlagen.

§. 1874.

Ist der Vermächtnißnehmer erbunwürdig im Sinne des §. 2045, so ist das Vermächtniß unwirksam. Die Vorschrift des §. 2050 findet entsprechende Anwendung.

§. 1875.

Die Unwirksamkeit eines Vermächtnisses kommt dem Beschwerten zu statten, unbeschadet der Vorschriften über Ersatzberufung und Anwachsung.

§. 1876.

Das Vermächtniß wird, sofern nicht ein anderer Wille des Erblassers erhellt, nicht dadurch unwirksam, daß der Beschwerte nicht Erbe oder Vermächtnißnehmer wird. Bleibt das Vermächtniß wirksam, so ist derjenige als beschwert anzusehen, welchem der Wegfall des zunächst Beschwerten zu statten kommt.

Ist einem Vermächtnißnehmer eine Beschwerung auferlegt und ist oder wird das Vermächtniß unwirksam, so haftet derjenige, welchem die Unwirksamkeit des Vermächtnisses zu statten kommt, wegen der Beschwerung nur in demselben Maße, wie der Vermächtnißnehmer gehaftet haben würde.

§. 1877.

Ist ein Vermächtnißnehmer mit einem Vermächtnisse beschwert, so kann die Erfüllung des letzteren nicht eher gefordert werden, als bis der beschwerte Vermächtnißnehmer die Leistung aus dem Vermächtnisse, mit welchem er bedacht ist, zu fordern befugt ist.

§. 1878.

Der Anspruch aus einem Vermächtnisse, durch welches ein zum Nachlasse gehörender Gegenstand zugewendet ist, umfaßt auch den Zuwachs und die von dem Gegenstande seit dem Anfalle des Vermächtnisses gezogenen Früchte, sofern nicht ein anderer Wille des Erblassers erhellt.

§. 1879.

Ist der Gegenstand des Vermächtnisses eine nur der Gattung nach bestimmte Sache, so finden in Ansehung der Gewährleistung diejenigen Vorschriften entsprechende Anwendung, welche in Ansehung der Gewährleistung des veräußerten Rechtes und wegen Mängel der veräußerten Sache in dem Falle gelten, wenn die Verpflichtung zur Veräußerung durch Vertrag begründet ist.

§. 1880.

Im Falle des Vermächtnisses eines zum Nachlasse gehörenden Gegenstandes kann der Beschwerte von dem Vermächtnißnehmer den Ersatz der nothwendigen Verwendungen verlangen, welche er auf den Gegenstand seit dem Erbfalle gemacht hat. Im Uebrigen bestimmen sich die Ansprüche des Beschwerten auf Ersatz der Verwendungen, welche er seit dem Erbfalle gemacht hat, nach den Grundsätzen über Geschäftsführung ohne Auftrag.

Ist dem Vermächtnisse eine aufschiebende Bedingung oder ein Anfangstermin beigefügt, so kann der Beschwerte wegen der auf den Gegenstand vor Eintritt der Bedingung oder des Termines gemachten Verwendungen von dem Vermächtnißnehmer nur insofern Ersatz fordern, als der letztere in Folge der Verwendung bereichert wird. Die Vorschriften des §. 936 Abs. 3, des §. 997, des §. 998 Abs. 1 und der §§. 1003, 1009 finden entsprechende Anwendung.

§. 1881.

Ist ein Vermächtnißnehmer mit einem Vermächtnisse oder einer Auflage beschwert, so kann er, auch nach Annahme des ihm selbst zugewendeten Vermächtnisses, die Leistung, mit welcher er beschwert ist, insoweit verweigern, als zu derselben dasjenige nicht hinreicht, was er aus dem ihm zugewendeten Vermächtnisse erhält. Die Vorschriften über die Abzugseinrede des Inventarerben finden entsprechende Anwendung.

§. 1882.

Ist einem Vermächtnißnehmer die aus dem Vermächtnisse ihm gebührende Leistung auf Grund des Inventarrechtes der Erben oder auf Grund eines Pflichttheilsanspruches oder in Gemäßheit des

§. 1881 gekürzt, so tritt, soweit nicht ein anderer Wille des Erblassers erhellt, eine verhältnißmäßige Minderung der dem Vermächtnißnehmer auferlegten Beschwerungen ein.

§. 1883.

Der Erblasser kann für den Fall, daß ein Vermächtniß unwirksam ist oder unwirksam wird, den Gegenstand des Vermächtnisses einem Anderen als Vermächtnißnehmer zuwenden. Die Vorschriften des §. 1800 Abs. 2 und der §§. 1801 bis 1803 finden entsprechende Anwendung.

§. 1884.

Hat der Erblasser den Gegenstand eines Vermächtnisses von einem nach dem Anfalle des Vermächtnisses eintretenden bestimmten Zeitpunkte oder Ereignisse an durch Vermächtniß einem Dritten zugewendet (Nachvermächtniß), so ist der erste Vermächtnißnehmer als beschwert anzusehen.

§. 1885.

Auf das Nachvermächtniß finden die Vorschriften der §§. 1809, 1811, und auf den Fall, wenn einem Vermächtnißnehmer von dem Erblasser verboten ist, den Gegenstand des Vermächtnisses zu veräußern oder über denselben von Todeswegen zu verfügen, die Vorschriften des §. 1844 entsprechende Anwendung.

Fünfter Titel.

Auflage.

§. 1886.

Auf eine letztwillige Auflage finden die Vorschriften des §. 1777 Satz 1, 3, der §§. 1842, 1843, 1847, 1853, 1862, 1863, des §. 1876 Abs. 1 und des §. 1877 entsprechende Anwendung.

§. 1887.

Durch die Unwirksamkeit einer Auflage wird die Wirksamkeit der Zuwendung an den mit der Auflage Beschwerten nicht berührt, sofern nicht ein anderer Wille des Erblassers erhellt. Dies gilt insbesondere auch dann, wenn die Vollziehung der Auflage unmöglich wird.

§. 1888.

Die Vollziehung einer Auflage zu fordern, ist berechtigt der Testamentsvollstrecker, der Erbe oder Miterbe sowie derjenige, welchem der Wegfall des mit der Auflage Beschwerten zu statten kommen würde. Ist die Vollziehung im öffentlichen Interesse, so kann sie auch von der zuständigen Behörde verlangt werden; die Zuständigkeit bestimmt sich in Ermangelung einer reichsgesetzlichen Vorschrift nach den Landesgesetzen.

Sechster Titel.

Testamentsvollstrecker.

§. 1889.

Der Erblasser kann durch letztwillige Verfügung einen oder mehrere Testamentsvollstrecker ernennen; er kann einen Testamentsvollstrecker auch für den Fall ernennen, daß der zunächst ernannte Vollstrecker vor oder nach Annahme des Amtes wegfällt.

§. 1890.

Der Erblasser kann die Bestimmung der Person des Testamentsvollstreckers einem Dritten überlassen. Die Bestimmung erfolgt in einem solchen Falle durch eine von dem Dritten gegenüber dem Nachlaßgerichte in gerichtlicher oder notarieller Form abzugebende Erklärung.

§. 1891.

Die Ernennung des Testamentsvollstreckers ist unwirksam, wenn dieser zu der Zeit, in welcher er nach dem Willen des Erblassers das Amt anzutreten hat, geschäftsunfähig oder in der Geschäftsfähigkeit beschränkt ist.

§. 1892.[1])

Das Amt des Testamentsvollstreckers beginnt mit dem Zeitpunkte, in welchem der Ernannte das Amt annimmt.

Die Annahme sowie die Ablehnung des Amtes erfolgt durch eine von dem Ernannten nach dem Erbfalle gegenüber dem Nachlaßgerichte abzugebende Erklärung. Die Ablehnung ist unwiderruflich. Eine unter Beifügung einer Bedingung oder Zeitbestimmung abgegebene Erklärung ist unwirksam.

Auf Antrag eines Betheiligten hat der Ernannte binnen einer von dem Nachlaßgerichte zu bestimmenden Frist sich zu erklären,

---

[1]) Das Einführungsgesetz wird die Vorschrift enthalten:

Die Landesgesetze können bestimmen, daß die Notare zur Annahme des Amtes eines Testamentsvollstreckers verpflichtet sind.

ob er das Amt annehme oder ablehne; wird innerhalb der Frist eine bestimmte Erklärung nicht abgegeben, so gilt das Amt als abgelehnt.

§. 1893.

Mehrere Testamentsvollstrecker können nur gemeinschaftlich handeln.

Ist einer von mehreren Vollstreckern weggefallen, so ist der Weggefallene in Ansehung der Zeit nach dem Wegfalle als nicht ernannt anzusehen.

Die Vorschriften des ersten und zweiten Absatzes finden nur insoweit Anwendung, als nicht ein Anderes von dem Erblasser angeordnet ist.

§. 1894.

Das Amt des Testamentsvollstreckers erlischt, wenn derselbe stirbt oder geschäftsunfähig oder in der Geschäftsfähigkeit beschränkt wird.

§. 1895.

Der Testamentsvollstrecker kann das Amt zu jeder Zeit durch eine gegenüber dem Nachlaßgerichte abzugebende Erklärung kündigen. Die Vorschriften des §. 598 Abs. 2, 3 finden entsprechende Anwendung.

§. 1896.

Der Testamentsvollstrecker kann auf Antrag eines Betheiligten seines Amtes von dem Nachlaßgerichte nach vorheriger Anhörung enthoben werden, wenn ein wichtiger, nach den Umständen des Falles die Enthebung rechtfertigender Grund vorliegt. Ein solcher Grund ist als vorliegend insbesondere anzunehmen, wenn der Vollstrecker einer groben Pflichtverletzung sich schuldig gemacht hat, oder wenn er zur ordnungsmäßigen Geschäftsführung untauglich geworden ist.

§. 1897.

Der Testamentsvollstrecker ist berechtigt und gegenüber dem Erben verpflichtet, die letztwilligen Verfügungen des Erblassers zur Ausführung zu bringen.

Erhebt der Erbe gegen die Vollziehung eines Vermächtnisses oder einer Auflage Widerspruch, so ist der Vollstrecker gegenüber dem Erben verpflichtet, die Vollziehung auszusetzen, bis der Erbe zur Vollziehung rechtskräftig verurtheilt ist.

Reicht der Nachlaß zur Erfüllung aller Nachlaßverbindlichkeiten nicht hin, so ist der Vollstrecker gegenüber dem Erben verpflichtet, die Vollziehung eines Vermächtnisses oder einer Auflage nur mit Einwilligung des Erben zu bewirken.

Eine Klage des Vollstreckers gegen den Erben auf Gestattung der Vollziehung eines Vermächtnisses ist ausgeschlossen.

§. 1898.

Sind mehrere Erben vorhanden, so ist der Testamentsvollstrecker nur dann berechtigt und gegenüber den Erben verpflichtet, die Auseinandersetzung der Miterben in Ansehung des Nachlasses zu bewirken, wenn der Erblasser entweder die Auseinandersetzung durch den Vollstrecker angeordnet oder besondere auf die Auseinandersetzung sich beziehende Anordnungen getroffen hat.

Der Vollstrecker hat die ihm obliegende Auseinandersetzung nach Maßgabe der §§. 2151 bis 2164 zu bewirken. Er ist befugt, diejenigen Nachlaßgegenstände, welche nach seinen Anordnungen einem Miterben von den übrigen Miterben zu übertragen sind, diesem Miterben zu übertragen.

Der Vollstrecker ist gegenüber den Erben verpflichtet, seine die Auseinandersetzung bezweckenden Anordnungen erst dann zur Ausführung zu bringen, wenn er dieselben den Erben mitgetheilt, den letzteren auch eine angemessene Frist zum Zwecke der Erhebung eines Widerspruches bestimmt hat und die Frist ohne Anzeige eines Widerspruches an den Vollstrecker verstrichen oder der rechtzeitig erhobene Widerspruch erledigt ist.

Eine die Erledigung des Widerspruches bezweckende Klage kann nur von dem widersprechenden Erben gegen die anderen Erben oder von den letzteren gegen den ersteren und weder von dem Vollstrecker noch gegen diesen erhoben werden.

Der Widerspruch gegen eine Anordnung des Vollstreckers ist nur dann begründet, wenn dieselbe einer Anordnung des Erblassers oder einer gesetzlichen Vorschrift oder, sofern das Ermessen entscheidet, der Billigkeit widerspricht.

Durch die Ausführung einer Anordnung, auch wenn sie erst nach fruchtlosem Ablaufe der im dritten Absatze bezeichneten Frist erfolgt ist, wird das Recht, einen Widerspruch geltend zu machen, nicht ausgeschlossen.

§. 1899.

Der Testamentsvollstrecker ist berechtigt und gegenüber dem Erben verpflichtet, die zum Nachlasse gehörenden Sachen in seine Inhabung zu nehmen, den Nachlaß festzustellen und zu verwalten. Er ist berechtigt und gegenüber dem Erben, soweit es zur ordnungsmäßigen Verwaltung erforderlich ist, verpflichtet, die Nachlaßforderungen einzuziehen und alle zum Nachlasse gehörenden Rechte, insbesondere auch im Wege der Klage, geltend zu machen, sowie auch andere Nachlaßverbindlichkeiten als die aus einem Vermächtnisse oder einer Auflage entstandenen zu erfüllen.

In Ansehung der Erfüllung einer Nachlaßverbindlichkeit, welche nicht aus einem Vermächtnisse oder einer Auflage entstanden ist, finden die Vorschriften des §. 1897 Abs. 2 bis 4 entsprechende Anwendung.

§. 1900.

Außer den in den §§. 1897 bis 1899 bezeichneten Fällen ist der Testamentsvollstrecker zur Verfügung über die zum Nachlasse gehörenden Gegenstände nur dann berechtigt, wenn die Verfügung zur ordnungsmäßigen Verwaltung oder zur Beschaffung der Mittel für die Erfüllung einer Nachlaßverbindlichkeit erforderlich ist.

Der Erbe ist verpflichtet, zu einer solchen Verfügung seine Einwilligung oder Genehmigung zu ertheilen, vorbehaltlich des im §. 1897 Abs. 2 und im §. 1899 Abs. 2 bezeichneten Rechtes des Widerspruches.

§. 1901.

Der Erbe kann über einen zum Nachlasse gehörenden Gegenstand, solange in Ansehung des letzteren das Amt des Testamentsvollstreckers besteht, nicht wirksam verfügen.

§. 1902.

Der Testamentsvollstrecker ist zur Eingehung einer Verbindlichkeit nur insofern berechtigt, als er über einen zum Nachlasse gehörenden Gegenstand zu verfügen berechtigt ist und die Verpflichtung zu einer solchen Verfügung übernommen wird, oder als die Eingehung der Verbindlichkeit zur ordnungsmäßigen Verwaltung erforderlich ist. Der Erbe wird durch Eingehung einer solchen Verbindlichkeit verpflichtet, unbeschadet der Vorschriften über das Inventarrecht.

Die Vorschrift des §. 1900 Abs. 2 findet entsprechende Anwendung.

§. 1903.

Zur Erhebung eines Rechtsstreites, in welchem ein zum Nachlasse gehörendes Recht geltend gemacht wird, ist, solange das Verfügungsrecht des Erben über das Recht nach dem §. 1901 ausgeschlossen ist, nur der Testamentsvollstrecker als gesetzlicher Vertreter des Erben berechtigt.

Ein Rechtsstreit, durch welchen eine Nachlaßverbindlichkeit geltend gemacht wird, ist gegen den Erben zu erheben.

§. 1904.

Zur Zwangsvollstreckung gegen die zum Nachlasse gehörenden Gegenstände ist ein gegen den Erben vollstreckbarer Titel erforderlich und genügend. Zur Zwangsvollstreckung gegen die in der Inhabung des Testamentsvollstreckers befindlichen Sachen ist jedoch, sofern durch die Zwangsvollstreckung die Inhabung aufgehoben würde, außer dem vollstreckbaren Titel gegen den Erben, ein vollstreckbarer Titel gegen den Testamentsvollstrecker auf Gestattung der Zwangsvollstreckung erforderlich.

Der Testamentsvollstrecker ist berechtigt, gegen die Zwangsvollstreckung insoweit Widerspruch zu erheben, als durch dieselbe die Erfüllung der Nachlaßverbindlichkeiten beeinträchtigt würde, es sei denn, daß die Zwangsvollstreckung wegen einer Nachlaßverbindlichkeit erfolgt.

§. 1905.

Die Vorschriften über die Rechte des Testamentsvollstreckers finden insoweit keine Anwendung, als der Wille des Erblassers erhellt, daß das eine oder andere Recht dem Vollstrecker ganz oder zum Theile nicht zustehen soll.

§. 1906.

Der Testamentsvollstrecker ist, auch wenn der Erblasser ein Anderes angeordnet hat, verpflichtet, dem Erben ein Verzeichniß der zum Nachlasse gehörenden Gegenstände und der Nachlaßverbindlichkeiten mitzutheilen und die zur Ausübung des Inventarrechtes sonst erforderliche Beihülfe zu leisten.

Das dem Erben mitzutheilende Verzeichniß ist mit der Unterschrift des Vollstreckers und dem Datum zu versehen, sowie auf Verlangen des Erben auf dessen Kosten öffentlich zu beglaubigen. Der Erbe kann auch verlangen, daß das Verzeichniß unter seiner Zuziehung durch die zuständige Behörde oder einen zuständigen Beamten auf seine Kosten aufgenommen werde.

§. 1907.

Der Testamentsvollstrecker ist verpflichtet, die erbschaftlichen Gegenstände, soweit er derselben zur Ausführung der letztwilligen Verfügungen des Erblassers nicht bedarf, schon vor dieser Ausführung dem Erben auf dessen Verlangen zur freien Verfügung auszuliefern, auch zu solchen auf die erbschaftlichen Gegenstände sich beziehenden Verfügungen des Erben, welche die Ausführung der letztwilligen Verfügungen des Erblassers nicht beeinträchtigen, seine Einwilligung oder Genehmigung zu ertheilen. Wegen bedingter oder betagter Vermächtnisse und Auflagen kann der Vollstrecker die Auslieferung der Nachlaßgegenstände nicht verweigern, wenn der Erbe wegen Vollziehung solcher Vermächtnisse und Auflagen Sicherheit leistet.

§. 1908.

In Ansehung der dem Testamentsvollstrecker obliegenden Geschäfte finden auf das Verhältniß zwischen demselben und dem Erben die Vorschriften der §§. 588 bis 595, des §. 601 Abs. 2 und des §. 603 entsprechende Anwendung.

Der Vollstrecker hat auf Verlangen des Erben jährlich Rechnung zu legen.

Die Verpflichtung zur Rechnungslegung kann von dem Erblasser durch letztwillige Verfügung nicht ausgeschlossen oder beschränkt werden.

§. 1909.

Der Testamentsvollstrecker hat, sofern nicht der Erblasser ein Anderes angeordnet hat, auf eine angemessene Vergütung für seine Geschäftsbesorgung Anspruch. Die Vorschriften des §. 596 finden entsprechende Anwendung.

§. 1910.

Ist in Ansehung der einem Vermächtnißnehmer auferlegten Beschwerungen ein Testamentsvollstrecker ernannt, so finden die Vorschriften der §§. 1889 bis 1909 entsprechende Anwendung.

Siebenter Titel.

Errichtung letztwilliger Verfügungen.

§. 1911.

Die Errichtung einer letztwilligen Verfügung kann nur durch persönliche Erklärung des Erblassers erfolgen.

§. 1912.

Eine Person, welche in der Geschäftsfähigkeit beschränkt ist, kann, solange sie das sechszehnte Lebensjahr nicht zurückgelegt hat, eine letztwillige Verfügung auch nicht mit Einwilligung des gesetzlichen Vertreters errichten.

Eine Person, welche in der Geschäftsfähigkeit beschränkt ist, jedoch das sechszehnte Lebensjahr zurückgelegt hat, kann eine letztwillige Verfügung auch ohne Einwilligung des gesetzlichen Vertreters errichten.

§. 1913.

Mehrere Personen können letztwillige Verfügungen nicht gemeinschaftlich errichten.

§. 1914.[1])

Eine letztwillige Verfügung kann, sofern nicht das Gesetz ein Anderes bestimmt, nur in gerichtlicher oder notarieller Form errichtet werden (ordentliche Testamentsform).

§. 1915.

Die Errichtung einer letztwilligen Verfügung in gerichtlicher Form erfolgt vor einem Richter. Der Richter muß bei der Errichtung einen Gerichtsschreiber oder zwei Zeugen zuziehen. Den Landesgesetzen bleibt vorbehalten, zu bestimmen, daß an Stelle der zwei Zeugen eine Person zugezogen werden könne, welche zum Zwecke einer solchen Zuziehung als Urkundsperson angestellt ist.

Bei der Errichtung einer letztwilligen Verfügung in notarieller Form muß der verhandelnde Notar einen zweiten Notar oder zwei Zeugen zuziehen.

Die in Gemäßheit des ersten und zweiten Absatzes zugezogenen Personen müssen während der ganzen Verhandlung anwesend sein.

§. 1916.

Bei der Errichtung einer letztwilligen Verfügung kann als Richter, Gerichtsschreiber, Notar, Zeuge oder Urkundsperson (mitwirkende Personen) nicht mitwirken:

1. der Ehegatte des Erblassers, auch wenn die Ehe nicht mehr besteht;
2. wer mit dem Erblasser in gerader Linie oder im zweiten Grade in der Seitenlinie verwandt oder verschwägert ist.

Von der Mitwirkung ist auch derjenige ausgeschlossen, welcher durch die letztwillige Verfügung bedacht oder als Testamentsvollstrecker ernannt wird, sowie derjenige, welcher zu dem Bedachten oder dem ernannten Testamentsvollstrecker in einem der im ersten Absatze unter Nr. 1, 2 bezeichneten Verhältnisse steht; im Falle einer nach der vorstehenden Vorschrift unzulässigen Mitwirkung ist jedoch nur die Zuwendung an den Bedachten oder die Ernennung des Testamentsvollstreckers unwirksam.

§. 1917.

Als Gerichtsschreiber, zweiter Notar, Zeuge oder Urkunds-

---

[1]) Das Einführungsgesetz wird vorsehen, daß die Landesgesetze die Richter oder die Notare (nicht beide zugleich) von der Testamentserrichtung ausschließen dürfen.

person kann bei der Errichtung einer letztwilligen Verfügung auch derjenige nicht mitwirken, welcher zu dem verhandelnden Richter oder Notare in einem der im §. 1916 Abs. 1 Nr. 1, 2 bezeichneten Verhältnisse steht.

Als Zeuge kann außerdem nicht mitwirken:

1. wer das sechszehnte Lebensjahr noch nicht zurückgelegt hat;
2. wer der bürgerlichen Ehrenrechte für verlustig erklärt ist, während der für den Verlust dieser Rechte im Urtheile bestimmten Zeit;
3. wer als Gesinde oder Gehülfe im Dienste des verhandelnden Richters oder Notares steht.

Als Zeuge soll bei der Errichtung einer letztwilligen Verfügung nicht zugezogen werden:

1. wer nicht volljährig ist;
2. wer nach den Vorschriften der Strafgesetze unfähig ist, als Zeuge eidlich vernommen zu werden.

§. 1918.

Die Errichtung einer letztwilligen Verfügung in ordentlicher Testamentsform erfolgt in der Weise, daß der Erblasser entweder die Verfügung vor den mitwirkenden Personen mündlich erklärt, oder eine die Verfügung enthaltende Schrift dem verhandelnden Richter oder Notare mit der mündlichen Erklärung übergiebt, daß die Schrift die Verfügung enthalte. Die übergebene Schrift kann von einer anderen Person als dem Erblasser geschrieben sein. Dieselbe kann offen oder verschlossen übergeben werden.

§. 1919.

Ueber die Errichtung der letztwilligen Verfügung muß ein Protokoll in Deutscher Sprache aufgenommen werden.

Das Protokoll muß enthalten:

1. Ort und Tag der Verhandlung;
2. den Namen einer jeden bei der Errichtung mitwirkenden Person;
3. die Angabe der Eigenschaft, in welcher eine mitwirkende Person mitgewirkt hat;
4. den Namen des Erblassers;
5. die im §. 1918 bezeichneten Erklärungen des Erblassers und im Falle der Uebergabe einer Schrift die Angabe, daß die letztere übergeben sei.

Das Protokoll muß vorgelesen, sowie von dem Erblasser genehmigt und eigenhändig unterschrieben, die Vorlesung, die Genehmigung und das Unterschreiben auch im Protokolle festgestellt werden. Das Protokoll soll dem Erblasser auf dessen Verlangen auch zur Durchsicht vorgelegt werden.

Das Protokoll muß zum Schlusse von allen mitwirkenden Personen unterschrieben werden.

§. 1920.

Erklärt der Erblasser, daß er nicht schreiben könne, so wird seine nach den Vorschriften des §. 1919 Abs. 3 erforderliche Unterschrift durch die Feststellung dieser Erklärung im Protokolle ersetzt.

§. 1921.

Ist der Erblasser nach der Ueberzeugung des verhandelnden Richters oder Notares stumm oder zu sprechen verhindert, so kann er eine letztwillige Verfügung nur durch Uebergabe einer Schrift errichten. Die nach den Vorschriften des §. 1918 erforderliche mündliche Erklärung wird in einem solchen Falle durch eine von dem Erblasser in Gegenwart aller mitwirkenden Personen niederzuschreibende Erklärung, daß die übergebene Schrift die letztwillige Verfügung enthalte, ersetzt. Das Niederschreiben muß entweder im Protokolle oder in einer Schrift, welche dem Protokolle als Anlage beizufügen und als solche in demselben zu bezeichnen ist, erfolgen; auch dieser Hergang sowie die im Eingange des Paragraphen bezeichnete Ueberzeugung des Richters oder Notars muß im Protokolle festgestellt werden. Es ist nicht erforderlich, daß der Erblasser das Protokoll noch besonders genehmige.

§. 1922.

Wer Geschriebenes zu lesen nicht vermag, kann eine letztwillige Verfügung nur durch mündliche Erklärung errichten.

§. 1923.

Ist der Erblasser nach seiner Erklärung der Deutschen Sprache nicht mächtig, so muß bei der Errichtung der letztwilligen Verfügung ein vereideter Dolmetscher zugezogen werden.

Auf den Dolmetscher finden die für die Zeugen geltenden Vorschriften des §. 1915 Abs. 3 und der §§. 1916, 1917 entsprechende Anwendung.

Der Dolmetscher muß das Protokoll in einer von ihm in der Sprache, in welcher der Erblasser sich erklärt, anzufertigenden Uebersetzung vorlesen; diese Uebersetzung muß dem Protokolle als Anlage beigefügt und als solche in demselben bezeichnet werden. Das Protokoll muß außerdem enthalten die Erklärung des Erblassers, daß er der Deutschen Sprache nicht mächtig sei, den Namen des zugezogenen Dolmetschers und die Angabe, daß der Dolmetscher die Uebersetzung angefertigt und vorgelesen habe. Das Protokoll muß von dem Dolmetscher neben den übrigen mitwirkenden Personen unterschrieben werden.

Sind sämmtliche mitwirkende Personen nach ihrer Versicherung der Sprache, in welcher der Erblasser sich erklärt, mächtig, so ist die Zuziehung eines Dolmetschers nicht erforderlich. Das Protokoll muß in einem solchen Falle in der Deutschen und in der fremden Sprache aufgenommen werden und die Erklärung des Erblassers, daß er der Deutschen Sprache nicht mächtig sei, sowie die Versicherung aller mitwirkenden Personen, daß sie der fremden Sprache mächtig seien, enthalten.

Auf das Protokoll finden im Uebrigen die Vorschriften der §§. 1919, 1920 Anwendung.

§. 1924.[1])

Durch die Vorschriften der §§. 1915 bis 1923 werden die allgemeinen Vorschriften der Landesgesetze über die Errichtung der gerichtlichen oder notariellen Urkunden nicht berührt; durch die Nichtbefolgung einer solchen landesgesetzlichen Vorschrift wird jedoch die Gültigkeit der letztwilligen Verfügung nicht beeinträchtigt.

§. 1925.

Ist nach den Umständen des Falles die Besorgniß begründet, daß derjenige, welcher eine letztwillige Verfügung zu errichten beabsichtigt, früher sterben werde, als die Errichtung in ordentlicher Testamentsform möglich ist, so kann die letztwillige Verfügung vor dem Vorsteher der Gemeinde des Errichtungsortes oder des landesgesetzlich einer Gemeinde gleichstehenden Verbandes dieses Ortes unter Zuziehung von zwei Zeugen errichtet werden. Die Vorschriften des §. 1915 Abs. 3 und der §§. 1916 bis 1923 finden mit der Maßgabe Anwendung, daß der Vorsteher der Gemeinde oder des Verbandes an die Stelle des verhandelnden Richters oder Notares tritt.

Das Protokoll muß die Feststellung der im Eingange dieses

---

[1]) Aus einer Vorschrift des Einführungsgesetzes wird erhellen, daß die Bestimmung der Richter, Gerichtsschreiber und Notare, welche bei der Errichtung von letztwilligen Verfügungen mitwirken können, und die Abgrenzung der örtlichen Zuständigkeit dieser Personen den Landesgesetzen vorbehalten bleibt, und daß das Gleiche gilt von den Folgen, welche die Verletzung einer solchen landesgesetzlichen Vorschrift in Ansehung der Gültigkeit der letztwilligen Verfügung nach sich zieht.

Paragraphen bezeichneten Besorgniß enthalten; der Beweis, daß die letztere nicht begründet gewesen sei, ist ausgeschlossen.

§. 1926.

Eine nach Maßgabe des §. 1925 errichtete letztwillige Verfügung gilt als nicht errichtet, wenn seit der Errichtung drei Monate verstrichen sind und der Erblasser noch am Leben ist.

Beginn und Lauf der Frist ist gehemmt, solange der Erblasser außer Stande ist, eine letztwillige Verfügung in ordentlicher Testamentsform zu errichten.

Wird der Erblasser nach Ablauf der Frist für todt erklärt und fällt der Tag, an welchem er der letzten Nachricht zufolge noch gelebt hat, in die Zeit vor Ablauf der Frist, so findet die Vorschrift des ersten Absatzes keine Anwendung.

§. 1927.

Wer in einer Ortschaft, einer Straße oder einem Gebäude sich aufhält, welche in Folge einer ausgebrochenen Krankheit oder in Folge sonstiger außerordentlicher Umstände dergestalt abgesperrt sind, daß die Errichtung einer letztwilligen Verfügung in ordentlicher Testamentsform nicht möglich oder erheblich erschwert ist, kann eine letztwillige Verfügung errichten:

1. in der durch den §. 1925 Abs. 1 bestimmten Form;
2. durch eine von ihm unter Angabe des Ortes und Tages der Errichtung eigenhändig geschriebene und unterschriebene Erklärung;
3. durch mündliche Erklärung vor drei Zeugen.

Im Falle der mündlichen Erklärung vor drei Zeugen muß von den Zeugen über die Errichtung der letztwilligen Verfügung ein Protokoll aufgenommen werden; auf das Protokoll finden die auf die Errichtung der letztwilligen Verfügung durch mündliche Erklärung sich beziehenden Vorschriften der §§. 1919, 1920 und des §. 1923 Abs. 4, auf die Zeugen die auf die Zeugen sich beziehenden Vorschriften des §. 1916 und des §. 1917 Abs. 2 Nr. 1, 2, Abs. 3 Anwendung; die Errichtung einer letztwilligen Verfügung unter Zuziehung eines Dolmetschers ist ausgeschlossen.

§. 1928.

Auf die nach Maßgabe des §. 1927 errichtete letztwillige Verfügung finden die Vorschriften des §. 1926 entsprechende Anwendung.

§. 1929.[1])

Wer während einer Seereise an Bord eines Deutschen, nicht zur Kaiserlichen Marine gehörenden Schiffes außerhalb eines inländischen Hafens sich befindet, kann eine letztwillige Verfügung nach Maßgabe des §. 1927 Abs. 1 Nr. 2, 3, Abs. 2 errichten.

§. 1930.

Auf die nach Maßgabe des §. 1929 errichtete letztwillige Verfügung finden die Vorschriften des §. 1926 entsprechende Anwendung. Wird vor Ablauf der im §. 1926 bezeichneten Frist von dem Erblasser eine neue Seereise angetreten, so wird die Frist dergestalt unterbrochen, daß nach Beendigung der neuen Reise die volle Frist von Neuem zu laufen beginnt.

§. 1931.

Ein Gesandter oder Berufskonsul des Reiches oder eine zu der Gesandtschaft oder dem Konsulate gehörende, im Reichsdienste stehende Person kann im Auslande eine letztwillige Verfügung durch eine von dem Erblasser unter Angabe des Ortes und Tages der Errichtung eigenhändig geschriebene und unterschriebene Erklärung errichten. Die Schrift muß mit einem von dem Erblasser unter Angabe des Ortes und Tages der Abfassung eigenhändig geschriebenen und unterschriebenen Annahmegesuche dem Reichskanzler offen oder verschlossen übersandt werden. Mit der Absendung ist die Verfügung als errichtet anzusehen.

Die Verfügung gilt als nicht errichtet, wenn seit der Zeit, in welcher der Erblasser, nachdem er zurückberufen, in das Inland zurückgekehrt ist, ein Jahr verstrichen und der Erblasser noch am

---

[1]) Das Einführungsgesetz wird eine Bestimmung enthalten, welche die Vorschriften des §. 44 des Reichs-Militärgesetzes vom 2. Mai 1874 (Reichs-Gesetzbl. S. 45) über das Militärtestament auf die Personen ausdehnt, welche auf einem in Dienst gestellten, außerhalb eines inländischen Hafens befindlichen Kriegsfahrzeuge sich aufhalten. Es wird ferner eine Bestimmung enthalten, welche deklaratorisch den Vorbehalt des §. 39 Abs. 3 des Reichs-Militärgesetzes auf spätere und künftige Landesgesetze ausdehnt. Sodann wird es in Rücksicht auf die §§. 16 ff. des Reichs-Konsulatsgesetzes vom 8. Novbr. 1867 (Bundes-Gesetzbl. S. 137 ff.) vorschreiben, daß ein Wahlkonsul zur Aufnahme eines Testamentes nur dann befugt ist, wenn ihm die betreffende Befugniß durch eine Anordnung des Reichskanzlers besonders beigelegt ist. Eine den §§. 1 bis 3 des preuß. Gesetzes vom 8. Juni 1860 (G. S. S. 240) entsprechende Vorschrift in das Gesetzbuch aufzunehmen oder im Einführungsgesetze den Landesgesetzen vorzubehalten, ist wegen des §. 39 Abs. 3 des Reichs-Militärgesetzes in Verbindung mit den §§. 1914, 1915 des Entwurfes nicht für nöthig erachtet.

Leben ist. Die Vorschriften des §. 1926 Abs. 2, 3 finden entsprechende Anwendung.

§. 1932.

Die Urkunde, welche über eine in ordentlicher Testamentsform oder nach Maßgabe des §. 1925 errichtete letztwillige Verfügung aufgenommen ist, mit ihren Anlagen und mit Einschluß des im Falle der Errichtung durch Uebergabe einer Schrift aufgenommenen Protokolles, soll von dem verhandelnden Richter, Notare, Gemeindevorsteher oder Verbandsvorsteher in Gegenwart der übrigen mitwirkenden Personen sowie des Erblassers mit dem Dienstsiegel verschlossen und mit einer von dem Richter, Notare oder Vorsteher zu unterschreibenden, die eingeschlossene Verfügung bezeichnenden Aufschrift versehen werden.

Auch soll die Urkunde, nachdem sie verschlossen und mit der Aufschrift versehen ist, unverzüglich nach Maßgabe der landesgesetzlichen Vorschriften in amtliche Verwahrung gebracht werden.

Eine nach den Vorschriften des §. 1931 dem Reichskanzler übersandte letztwillige Verfügung kann von demselben an eine zur Verwahrung von Testamentsurkunden landesgesetzlich zuständige Stelle zur amtlichen Verwahrung eingeliefert werden, sofern nicht die letztere von ihm selbst übernommen wird.

§. 1933.

Auf die Aufhebung einer letztwilligen Verfügung durch Willenserklärung des Erblassers finden, auch wenn die Erklärung nur die Aufhebung bestimmt (Widerruf), die Vorschriften über letztwillige Verfügungen Anwendung.

Eine widerrufene letztwillige Verfügung wird dadurch nicht wiederhergestellt, daß der Widerruf derselben widerrufen wird.

§. 1934.

Der Widerruf einer letztwilligen Verfügung kann auch dadurch erfolgen, daß der Erblasser vorsätzlich und mit dem Willen, die Verfügung aufzuheben, die Urschrift der Testamentsurkunde vernichtet oder an der letzteren solche Veränderungen vornimmt, durch welche der Wille der Aufhebung einer schriftlichen Willenserklärung ausgedrückt zu werden pflegt.

Es wird vermuthet, daß der Erblasser, welcher die Testamentsurkunde vernichtet oder in der bezeichneten Weise verändert hat, vorsätzlich und mit dem Willen der Aufhebung gehandelt habe.

§. 1935.

Die in amtlicher Verwahrung befindliche Urschrift der Testamentsurkunde ist dem Erblasser auf dessen Verlangen herauszugeben.

Die Herausgabe darf nur an den Erblasser persönlich erfolgen. Mit der Empfangnahme der Urkunde durch den Erblasser selbst gilt die letztwillige Verfügung als widerrufen.

§. 1936.

Eine letztwillige Verfügung wird durch die spätere Errichtung einer anderen letztwilligen Verfügung nur insofern aufgehoben, als die spätere Verfügung mit der früheren Verfügung im Widerspruche steht.

Die durch die spätere Verfügung in Gemäßheit des ersten Absatzes aufgehobene frühere Verfügung tritt wieder in Kraft, wenn die spätere Verfügung unwirksam wird; die frühere Verfügung wird jedoch nicht dadurch wiederhergestellt, daß der durch die spätere Verfügung Bedachte vor dem Anfalle der Zuwendung stirbt oder die Zuwendung ausschlägt.

§. 1937.

Der Inhaber einer Testamentsurkunde, welche nicht in amtliche Verwahrung zu bringen ist, hat die Urkunde, sobald er von dem Erbfalle Kenntniß erlangt hat, unverzüglich an das Nachlaßgericht abzuliefern.

Auch die in amtlicher Verwahrung befindlichen Testamentsurkunden sollen nach dem Erbfalle an das Nachlaßgericht abgeliefert werden. Das letztere soll dieselben, wenn deren Vorhandensein ihm bekannt ist, alsbald, nachdem es von dem Erbfalle Kenntniß erlangt hat, einfordern.

§. 1938.

Das Nachlaßgericht soll, nachdem es von dem Erbfalle Kenntniß erlangt hat, eine bei ihm befindliche letztwillige Verfügung des Erblassers alsbald in einem Termine verkünden. Bei der Verkündung sollen die gesetzlichen Erben des Erblassers und die sonstigen Betheiligten, soweit diese Erben und Betheiligten dem Nachlaßgerichte bekannt sind und soweit es thunlich ist, zugezogen werden. In dem über die Verkündung aufzunehmenden Protokolle soll, wenn die letztwillige Verfügung in einer verschlossenen Testamentsurkunde enthalten ist, der Befund in Ansehung der Unversehrtheit des Verschlusses festgestellt werden.

Befindet sich die Testamentsurkunde in der amtlichen Verwahrung eines anderen Gerichtes als des Nachlaßgerichtes, so liegt die Verkündung dem ersteren Gerichte ob; dieses hat erst nach der Verkündung die Urkunde, unter Zurückbehaltung einer beglaubigten Abschrift, an das Nachlaßgericht abzuliefern.

Eine Anordnung des Erblassers, daß die letztwillige Verfügung nicht alsbald nach dem Erbfalle verkündet werden solle, ist unwirksam.

§. 1939.

Das Nachlaßgericht soll nach der Verkündung einer letztwilligen Verfügung jeden Betheiligten, welcher bei der Verkündung nicht anwesend war, von dem ihn betreffenden Inhalte der Verfügung in Kenntniß setzen.

Ein Jeder, welcher ein rechtliches Interesse glaubhaft macht, ist berechtigt, von der Testamentsurkunde Einsicht zu nehmen und eine Abschrift, einen Auszug oder eine Ausfertigung derselben zu verlangen.

Dritter Abschnitt.

Verfügung von Todeswegen durch Vertrag.

§. 1940.

Eine Erbeinsetzung kann auch durch einen von dem Erblasser zu schließenden Vertrag erfolgen (Erbeinsetzungsvertrag).

Durch den Vertrag kann sowohl der andere Vertragschließende als ein Dritter als Erbe eingesetzt werden (Vertragserbe).

In demselben Vertrage kann von jedem der Vertrag schließenden ein Vertragserbe eingesetzt werden.

§. 1941.

Eine Erbeinsetzung durch Vertrag kann nur durch persönliche Erklärung des Erblassers erfolgen.

§. 1942.

Eine Person, welche in der Geschäftsfähigkeit beschränkt ist, kann als Erblasser einen Erbeinsetzungsvertrag auch nicht mit Einwilligung des gesetzlichen Vertreters schließen.

§. 1943.

Ein Erbeinsetzungsvertrag kann nur vor Gericht oder Notar geschlossen werden.

Die Vorschriften der §§. 1915 bis 1917, 1919, 1920, 1923, 1924 finden auf den Erbeinsetzungsvertrag mit der Maßgabe entsprechende Anwendung, daß die Errichtung des Vertrages nur durch mündliche Erklärung des Vertragsinhaltes von Seiten der Vertragschließenden erfolgen kann, und daß die Vorschriften dieser Paragraphen, soweit sie auf den Erblasser Bezug nehmen, auf beide Vertragschließende zu beziehen sind.

§. 1944.

Ist bei der Schließung eines Erbeinsetzungsvertrages ein Vertragschließender nach der Ueberzeugung des verhandelnden Richters oder Notares stumm oder zu sprechen verhindert, so kann er seine Erklärungen schriftlich in der Weise abgeben, daß er dieselben in Gegenwart aller mitwirkenden Personen und des anderen Vertragschließenden entweder im Protokolle oder in einer Schrift, welche dem Protokolle als Anlage beizufügen und als solche in derselben zu bezeichnen ist, niederschreibt. Der Hergang und die im Eingange dieses Paragraphen bezeichnete Ueberzeugung des Richters oder Notares muß im Protokolle festgestellt werden. Es ist nicht erforderlich, daß der Stumme oder am Sprechen Verhinderte das Protokoll noch besonders genehmige.

§. 1945.

Die Urkunde, welche über die Schließung eines Erbeinsetzungsvertrages aufgenommen ist, soll auf Verlangen der Vertragschließenden nach Maßgabe des §. 1932 Abs. 1, 2 verschlossen, mit einer Aufschrift versehen und in Verwahrung gebracht werden. Die Vertragschließenden können verlangen, daß die Urkunde auch unverschlossen in Verwahrung gebracht werde. Ist die Urkunde verschlossen in Verwahrung gebracht, so finden die Vorschriften der §§. 1937 bis 1939 mit der Maßgabe entsprechende Anwendung, daß, wenn in Ansehung eines Vertragschließenden der Erbfall eingetreten ist, die in dem Erbeinsetzungsvertrage enthaltenen Verfügungen des noch lebenden anderen Vertragschließenden weder zu verkünden, noch in anderer Weise zur Kenntniß der Betheiligten zu bringen sind.

§. 1946.

Die für die Erbeinsetzung durch letztwillige Verfügung geltenden Vorschriften finden, soweit nicht aus dem Gesetze ein Anderes sich ergiebt, auf die Erbeinsetzung durch Vertrag entsprechende Anwendung.

§. 1947.

Stimmt bei einem Erbeinsetzungsvertrage der wirkliche Wille des Erblassers mit dem erklärten Willen nicht überein, so finden die Vorschriften der §§. 95 bis 99 in vollem Umfange Anwendung.

§. 1948.

Der Erbeinsetzungsvertrag kann von dem Erblasser nach Maßgabe der §§. 1780 bis 1783 angefochten werden, wegen des von einem Dritten verübten Betruges jedoch nur mit der aus dem §. 103 Abs. 2 sich ergebenden Beschränkung; in den Fällen des §. 1782 tritt an die Stelle der Zeit des Erbfalles die Zeit der Anfechtung.

Die Vorschriften des §. 1783 finden auf einen zwischen Ehegatten oder Verlobten geschlossenen Erbeinsetzungsvertrag auch insoweit Anwendung, als ein Dritter als Vertragserbe eingesetzt ist.

Durch die Genehmigung des Erblassers wird der Vertrag unanfechtbar.

Die Anfechtung sowie die Genehmigung kann nur durch den Erblasser selbst, nicht durch einen Vertreter, insbesondere auch nicht durch den gesetzlichen Vertreter, erfolgen. Ist der Erblasser in der Geschäftsfähigkeit beschränkt, so ist die Genehmigung des Vertrages ausgeschlossen; zur Anfechtung des Vertrages ist die Einwilligung des gesetzlichen Vertreters nicht erforderlich.

Die Anfechtung muß binnen Jahresfrist erfolgen; die Frist beginnt im Falle der Anfechtbarkeit wegen Drohung mit dem Zeitpunkte, in welchem die Zwangslage aufgehört hat, in den Fällen der Anfechtbarkeit wegen eines anderen Grundes mit dem Zeitpunkte, in welchem der Erblasser von dem Grunde der Anfechtbarkeit Kenntniß erlangt hat. Die Vorschriften des §. 166 finden entsprechende Anwendung.

§. 1949.

Außer dem Erblasser können auch die im §. 1784 bezeichneten Personen den Erbeinsetzungsvertrag nach Maßgabe der §§. 1780 bis 1785 und des §. 1948 Abs. 2 anfechten, wegen des von einem Dritten verübten Betruges jedoch nur mit der aus dem §. 103 Abs. 2 sich ergebenden Beschränkung. Anfechtungsgegner ist auch im Falle der Anfechtung seitens einer der im §. 1784 bezeichneten Personen derjenige, mit welchem der Erblasser den Vertrag geschlossen hat.

Ist das Recht des Erblassers zur Anfechtung des Vertrages zur Zeit des Erbfalles bereits erloschen, so ist das Recht der im §. 1784 bezeichneten Personen, den Vertrag nach Maßgabe der §§. 1780 bis 1785 und des §. 1948 Abs. 2 anzufechten, ausgeschlossen.

§. 1950.

Ist in einem Erbeinsetzungsvertrage einer der Vertragschließenden als Erbe eingesetzt und steht diesem Vertragschließenden zugleich ein gesetzliches Erbrecht gegenüber dem Erblasser zu, so ist im Zweifel nicht anzunehmen, daß der eingesetzte Erbe auf sein gesetzliches Erbrecht verzichtet habe.

§. 1951.[1])

Durch den Erbeinsetzungsvertrag wird das Recht des Erblassers, über sein Vermögen durch Rechtsgeschäft unter Lebenden zu verfügen, nicht beschränkt.

§. 1952.

Hat der Erblasser nach Schließung des Erbeinsetzungsvertrages einem Dritten eine Schenkung gemacht, so kann der Vertragserbe, wenn und soweit er Erbe geworden ist, von dem Beschenkten die Herausgabe der Bereicherung fordern. Die Vorschriften des §. 748 Abs. 3 finden entsprechende Anwendung. Der Anspruch auf Herausgabe der Bereicherung verjährt mit Ablauf von drei Jahren. Die Verjährung beginnt mit dem Zeitpunkte, in welchem die Erbschaft dem Vertragserben anfällt.

Ist ein von dem Erblasser nach Schließung des Erbeinsetzungsvertrages ertheiltes Schenkungsversprechen noch nicht erfüllt, so kann der Vertragserbe die Erfüllung des Versprechens verweigern.

Auf Schenkungen, welche durch eine sittliche Pflicht oder die auf den Anstand zu nehmende Rücksicht gerechtfertigt werden, finden die Vorschriften des ersten und zweiten Absatzes keine Anwendung.

§. 1953.

Durch einen Erbeinsetzungsvertrag wird, soweit die Erbeinsetzung reicht, eine frühere letztwillige Verfügung des Erblassers aufgehoben. Die frühere letztwillige Verfügung gilt auch dann als aufgehoben, wenn der Vertragserbe vor dem Anfalle der Erbschaft stirbt oder die Erbschaft ausschlägt.

Eine Verfügung von Todeswegen, welche der Erblasser nach Schließung des Erbeinsetzungsvertrages errichtet, ist unwirksam, soweit sie das Recht des Vertragserben beeinträchtigt.

§. 1954.

Wenn der Vertragserbe den Erblasser nicht überlebt, so geht das Recht aus der Erbeinsetzung nicht auf den Erben des Vertragserben über.

---

[1]) Das Einführungsgesetz wird eine Vorschrift enthalten, daß nach Schließung eines Erbeinsetzungsvertrages der Antrag auf Entmündigung des Erblassers wegen Verschwendung auch von dem anderen Vertragschließenden gestellt werden kann.

§. 1955.

Der Erblasser kann in dem Erbeinsetzungsvertrage neben der Einsetzung des Vertragserben jede andere Verfügung von Todeswegen treffen, welche durch letztwillige Verfügung getroffen werden kann. Solche Verfügungen von Todeswegen können in dem Vertrage auch von dem anderen Vertragschließenden getroffen werden.

§. 1956.

Auf eine in dem Erbeinsetzungsvertrage neben der Einsetzung des Vertragserben von dem einen oder anderen Vertragschließenden getroffene Verfügung von Todeswegen finden, soweit nicht das Gesetz ein Anderes bestimmt, die Vorschriften, welche für den Fall gelten, wenn die Anordnung durch letztwillige Verfügung getroffen wird, entsprechende Anwendung.

Eine in dem Erbeinsetzungsvertrage enthaltene Erbeinsetzung ist im Zweifel als Einsetzung eines Vertragserben anzusehen.

Auch wenn die Verfügung in einem Vermächtnisse besteht, ist im Zweifel anzunehmen, daß von den Vertragschließenden die Bindung des Erblassers gewollt sei. Die Vorschriften des §. 1952 finden zu Gunsten desjenigen, welchem ein Vermächtniß mit bindender Wirkung in dem Vertrage bestimmt ist, entsprechende Anwendung.

Durch andere Verfügungen als Erbeinsetzungen und Vermächtnisse kann der Erblasser nicht gebunden werden.

§. 1957.

Der Erbeinsetzungsvertrag kann nur durch einen zwischen den Personen, welche ihn geschlossen haben, zu schließenden Vertrag aufgehoben werden. Nach dem Tode einer dieser Personen kann der Erbeinsetzungsvertrag nicht mehr aufgehoben werden, unbeschadet der Vorschriften des §. 2024.

Der Vertrag, durch welchen der Erbeinsetzungsvertrag aufgehoben wird, kann von dem Erblasser nur durch persönliche Erklärung und, wenn der Erblasser in der Geschäftsfähigkeit beschränkt ist, auch ohne Einwilligung des gesetzlichen Vertreters geschlossen werden.

Zu dem Vertrage ist in Ansehung des anderen Vertragschließenden, wenn dieser unter elterlicher Gewalt oder unter Vormundschaft steht, die Genehmigung des Vormundschaftsgerichtes erforderlich.

Auf den Vertrag finden die Vorschriften der §§. 1943, 1944, 1947 entsprechende Anwendung.

§. 1958.

Hat der Erblasser den Rücktritt von dem Erbeinsetzungsvertrage sich vorbehalten, so ist der Rücktritt vollzogen, wenn dieser von dem Erblasser in gerichtlicher oder notarieller Form erklärt und die gerichtliche oder notarielle Urkunde dem anderen Vertragschließenden mitgetheilt ist. Die Erklärung kann nicht durch einen Vertreter, insbesondere auch nicht durch den gesetzlichen Vertreter, erfolgen. Ist der Erblasser in der Geschäftsfähigkeit beschränkt, so ist zu dem Rücktritte die Einwilligung des gesetzlichen Vertreters nicht erforderlich.

Der Rücktritt ist unwiderruflich.

§. 1959.

Ist in einem Erbeinsetzungsvertrage von jedem der Vertragschließenden eine ihn bindende Verfügung von Todeswegen getroffen, so ist im Falle der Ungültigkeit der Verfügung auch nur eines der Vertragschließenden der ganze Vertrag ungültig. Ist in einem solchen Vertrage der Rücktritt vorbehalten, so wird im Falle des Rücktrittes auch nur eines der Vertragschließenden der ganze Vertrag aufgehoben; auch erlischt das Recht des Rücktrittes mit dem Tode eines der Vertragschließenden.

Die Vorschriften des ersten Absatzes finden keine Anwendung, wenn ein anderer Wille der Vertragschließenden erhellt.

§. 1960.

Auf die Aufhebung einer in einem Erbeinsetzungsvertrage neben der Einsetzung eines Vertragserben enthaltenen Verfügung von Todeswegen finden, wenn die Verfügung nach den Vorschriften des §. 1956 bindend ist, die Vorschriften der §§. 1957 bis 1959, wenn sie nicht bindend ist, die Vorschriften der §§. 1933, 1936 entsprechende Anwendung.

Auf die Anfechtung einer in dem Vertrage enthaltenen bindenden Verfügung finden die Vorschriften der §§. 1948, 1949 entsprechende Anwendung.

§. 1961.

Ist in einem Erbeinsetzungsvertrage, in welchem jeder der Vertragschließenden eine ihn bindende Verfügung von Todeswegen getroffen hat, der Rücktritt vorbehalten, so ist nach dem Tode des einen Vertragschließenden der andere Vertragschließende, wenn dieser das ihm durch den Vertrag Zugewendete ausschlägt, berechtigt, seine in dem Vertrage enthaltenen vertragsmäßigen Verfügungen von Todeswegen nach Maßgabe der §§. 1933, 1936 durch letztwillige Verfügung aufzuheben.

§. 1962.

Ein Vertrag, durch welchen ein Vertragschließender dem anderen Vertragschließenden oder einem Dritten ein Vermächtniß zuwendet, kann auch unabhängig von einem Erbeinsetzungsvertrage als ein selbständiger Vertrag geschlossen werden (Vermächtnißvertrag).

Auf die Errichtung und Aufhebung eines Vermächtnißvertrages finden die Vorschriften über den Erbeinsetzungsvertrag entsprechende Anwendung. Im Uebrigen sind auf den Vermächtnißvertrag die Vorschriften entsprechend anwendbar, welche für den Fall gelten, wenn in einem Erbeinsetzungsvertrage ein Vermächtniß mit bindender Wirkung angeordnet ist.

§. 1963.

Auf eine Schenkung unter der Bedingung, daß der Schenker vor dem Beschenkten sterbe oder diesen nicht überlebe, finden, wenn durch Vertrag nur ein Schenkungsversprechen ertheilt ist, die Vorschriften über den Erbeinsetzungsvertrag oder den Vermächtnißvertrag, wenn die Schenkung durch Veräußerung vollzogen ist, die Vorschriften über Schenkungen unter Lebenden Anwendung.

Vierter Abschnitt.

Gesetzliche Erbfolge.

Erster Titel.

Gesetzliche Erben.

§. 1964.

Die gesetzliche Erbfolge bestimmt sich nach der Zeit des Erbfalles.

Eine nach dem Erbfalle geborene, aber zur Zeit des Erbfalles bereits empfangene Person ist erbberechtigt, wie wenn sie zur Zeit des Erbfalles bereits geboren gewesen wäre.

§. 1965.

Als gesetzliche Erben sind zunächst zur Erbfolge berufen die Abkömmlinge des Erblassers (Erste Linie).

Ein entfernterer Abkömmling wird durch einen zur Zeit des Erbfalles noch lebenden näheren Abkömmling, sofern er durch diesen mit dem Erblasser verwandt ist, von der Erbfolge ausgeschlossen.

Mehrere Kinder des Erblassers erben zu gleichen Antheilen.

Hat ein Abkömmling den Erblasser nicht überlebt, so treten die Kinder des Abkömmlinges zu gleichen Antheilen an dessen Stelle (Erbfolge nach Stämmen).

§. 1966.

Nach der ersten Linie sind als gesetzliche Erben zur Erbfolge berufen die Eltern des Erblassers sowie die gemeinschaftlichen und einseitigen Abkömmlinge derselben (Zweite Linie).

Leben zur Zeit des Erbfalles noch beide Eltern des Erblassers, so erben sie allein und zu gleichen Antheilen.

Hat ein Elterntheil den Erblasser nicht überlebt, so treten die Abkömmlinge des Elterntheiles nach Maßgabe der Vorschriften über die Beerbung in der ersten Linie an dessen Stelle.

Sind Abkömmlinge eines den Erblasser nicht überlebenden Elterntheiles nicht vorhanden, so ist der andere Elterntheil alleiniger Erbe.

§. 1967.

In der ersten und zweiten Linie erhält derjenige, welcher verschiedenen Stämmen angehört, den in jedem dieser Stämme auf ihn fallenden Antheil. Jeder Antheil gilt als besonderer Erbtheil.

§. 1968.

Nach der zweiten Linie sind als gesetzliche Erben zur Erbfolge berufen die Großeltern des Erblassers sowie die gemeinschaftlichen und einseitigen Abkömmlinge derselben (Dritte Linie).

Lebt zur Zeit des Erbfalles nur noch ein Großelterntheil, so ist er der alleinige Erbe; mehrere noch lebende Großelterntheile erben allein und zu gleichen Antheilen, ohne Unterschied, wie viele vorhanden sind und ob sie zur Vaterseite oder zur Mutterseite gehören.

Hat keiner der Großelterntheile den Erblasser überlebt, so erbt von ihren Abkömmlingen derjenige, welcher mit dem Erblasser dem Grade nach am nächsten verwandt ist; mehrere dem Grade nach gleich nahe Verwandte erben zu gleichen Antheilen.

§. 1969.

Nach der dritten Linie sind als gesetzliche Erben zur Erbfolge berufen die Urgroßeltern des Erblassers sowie die gemeinschaftlichen und einseitigen Abkömmlinge derselben (Vierte Linie), nach der vierten Linie die weiteren Voreltern des Erblassers sowie die gemeinschaftlichen und einseitigen Abkömmlinge derselben, unter Vorrang der näheren Voreltern und deren Abkömmlinge vor den entferneren Voreltern und deren Abkömmlingen (Fünfte, Sechste Linie und so weiter).

Die Vorschriften des §. 1968 Abs. 2, 3 finden in Ansehung jeder dieser Linien entsprechende Anwendung.

§. 1970.

Ein Verwandter der nachfolgenden Linie ist nicht zur Erbfolge berufen, solange ein Verwandter einer vorhergehenden Linie vorhanden ist.

§. 1971.

Hat der Erblasser einen Ehegatten hinterlassen, so ist der letztere als gesetzlicher Erbe berufen:

wenn Verwandte der ersten Linie zur gesetzlichen Erbfolge gelangen, zu einem Viertel der Erbschaft;

wenn Verwandte der zweiten Linie oder ein oder mehrere Großelterntheile zur gesetzlichen Erbfolge gelangen, zur Hälfte der Erbschaft;

in Ermangelung solcher gesetzlichen Erben zur ganzen Erbschaft.

Ist der überlebende Ehegatte auch als Verwandter des Erblassers zur gesetzlichen Erbfolge berechtigt, so erbt er zugleich als Verwandter. Der dem Ehegatten als solchem und der ihm als Verwandten anfallende Erbtheil gelten als besondere Erbtheile.

Ist der überlebende Ehegatte neben einem Verwandten der zweiten Linie oder neben einem Großelterntheile zur gesetzlichen Erbfolge berufen, so gebühren ihm außerdem das Haushaltsinventar, welches die Ehegatten im gewöhnlichen Gebrauche gehabt haben, mit Ausnahme der Gegenstände, welche Zubehör eines Grundstückes sind, sowie die Hochzeitsgeschenke (Voraus). Auf den Voraus finden die für Vermächtnisse geltenden Vorschriften entsprechende Anwendung.

§. 1972.

Wenn ein gesetzlicher Erbe die Erbschaft ausschlägt oder durch letztwillige Verfügung des Erblassers oder durch Erbverzicht von der Erbfolge ausgeschlossen oder für erbunwürdig erklärt ist, so ist er in Ansehung der gesetzlichen Erbfolge als vor dem Erbfalle gestorben anzusehen.

§. 1973.

In den Fällen des §. 1972 sowie in dem Falle, wenn eine Person, welche gesetzlicher Erbe sein würde, den Erblasser nicht überlebt hat, ist in Ansehung der Vermächtnisse und Auflagen sowie der Ausgleichungspflicht unter Abkömmlingen der Bruchtheil der Erbschaft, um welchen in Folge eines solchen Wegfallens der Erbtheil der zur Erbfolge gelangenden gesetzlichen Erben sich erhöht, als ein besonderer Erbtheil anzusehen.

§. 1974.[1])

In Ermangelung anderer Erben wird der Erblasser von dem Fiskus desjenigen Bundesstaates beerbt, welchem er zur Zeit seines Todes angehört hat.

Der Fiskus kann die Erbschaft nicht ausschlagen.

Dem Fiskus kann eine Inventarfrist nicht bestimmt werden; auch wird das Inventarrecht des Fiskus dadurch nicht ausgeschlossen, daß dasselbe im Prozesse nicht geltend gemacht oder im Urtheile nicht vorbehalten ist.

Der Fiskus ist gegenüber den Nachlaßgläubigern verpflichtet, über den Bestand des Nachlasses Auskunft zu geben.

Der Fiskus kann als Erbe ein Recht erst geltend machen und gegen ihn als Erben kann ein Recht erst geltend gemacht werden, nachdem von dem Nachlaßgerichte festgestellt ist, daß andere Erben nicht vorhanden sind.

Zweiter Titel.

Pflichttheil.

§. 1975.

Der Erblasser hat jedem seiner Abkömmlinge und Elterntheile, welcher als gesetzlicher Erbe zur Erbfolge berufen ist oder, in Ermangelung einer Verfügung des Erblassers von Todeswegen, zur Erbfolge berufen sein würde, ingleichen seinem Ehegatten so viel zu hinterlassen, daß der Werth des Hinterlassenen die Hälfte des Werthes des gesetzlichen Erbtheiles erreicht (Pflichttheil).

Der Pflichttheil des Ehegatten erstreckt sich nicht auf den im §. 1971 Abs. 3 bezeichneten Voraus und nicht auf den Erbtheil, welcher dem Ehegatten als Verwandten des Erblassers zusteht.

---

[1]) Im Einführungsgesetze wird vorgesehen werden, daß die Landesgesetze unberührt bleiben, nach welchen das Erbrecht des Fiskus anderen Personen zusteht, insbesondere als nutzbares Regal verliehen ist, nach welchen ferner den Gemeinden, sonstigen Korporationen, Stiftungen und Anstalten in Ansehung des Vermögens der von ihnen verpflegten Personen ein Erbrecht zusteht.

§. 1976.

Das Pflichttheilsrecht hat auf die von dem Erblasser durch Erbeinsetzung oder durch Ausschließung von der Erbfolge vorgenommene Ordnung der Erbfolge keinen Einfluß, unbeschadet der Vorschriften der §§. 1781, 1782, 1949.

Das Pflichttheilsrecht begründet nur einen Anspruch gegen den Erben auf eine Geldleistung (Pflichttheilsanspruch).

§. 1977.

Die Zuwendung des Pflichttheiles ohne nähere Bestimmung ist im Zweifel nicht als Erbeinsetzung anzusehen.

§. 1978.

Ist der Pflichttheilsberechtigte von der Erbfolge ausgeschlossen, so besteht der Pflichttheilsanspruch in dem Anspruche auf Zahlung des Geldwerthes der Hälfte des gesetzlichen Erbtheiles.

§. 1979.

Ist der Pflichttheilsberechtigte auf einen Erbtheil beschränkt, welcher hinter der Hälfte des gesetzlichen Erbtheiles zurückbleibt, so besteht der Pflichttheilsanspruch in dem Anspruche gegen die Miterben auf Zahlung des Geldwerthes desjenigen Theiles der Erbschaft, um welchen der dem Pflichttheilsberechtigten hinterlassene Erbtheil hinter der Hälfte des gesetzlichen Erbtheiles zurückbleibt.

§. 1980.

Ist der Pflichttheilsberechtigte mit einem Vermächtnisse bedacht, so kann er, wenn er das Vermächtniß ausschlägt, den Pflichttheilsanspruch geltend machen, wie wenn er mit dem Vermächtnisse nicht bedacht wäre. Wird das Vermächtniß von ihm nicht ausgeschlagen, so ist der Pflichttheilsanspruch insoweit ausgeschlossen, als der Geldwerth des Vermächtnisses reicht

§. 1981.

Ist der Pflichttheilsberechtigte als Erbe durch Einsetzung eines Vorerben oder Nacherben, oder dadurch, daß er nur als Ersatzerbe eingesetzt ist, oder durch die Ernennung eines Testamentsvollstreckers oder durch eine Theilungsanordnung beschränkt, oder ist er als Erbe durch ein Vermächtniß oder eine Auflage beschwert oder einem anderen Pflichttheilsberechtigten wegen dessen Pflichttheilsanspruches verpflichtet, so kann er, wenn er die Erbschaft ausschlägt, den Pflichttheilsanspruch geltend machen, wie wenn er von der Erbfolge ausgeschlossen wäre. Ist jedoch die Beschränkung, Beschwerung oder Pflichttheilslast vor der Ausschlagung mit allen Wirkungen weggefallen, so ist es so anzusehen, wie wenn sie von Anfang an nicht vorhanden gewesen wäre.

Wird die Erbschaft nicht ausgeschlagen, so steht dem Pflichttheilsberechtigten ein Pflichttheilsanspruch nur insoweit zu, als sein Erbtheil die Hälfte des gesetzlichen Erbtheiles nicht erreicht; auch kommt bei Berechnung des Pflichttheiles der nicht ausgeschlagene Erbtheil als nicht beschränkt, nicht beschwert und nicht belastet in Rechnung.

§. 1982.

Die Vorschriften des §. 1981 Abs. 2 finden, wenn der Pflichttheilsberechtigte mit einem beschwerten oder durch Bedingung oder Zeitbestimmung oder in anderer Art beschränkten Vermächtnisse bedacht ist und das Vermächtniß nicht ausschlägt, mit der Maßgabe entsprechende Anwendung, daß dem Pflichttheilsberechtigten ein Pflichttheilsanspruch nur insoweit zusteht, als der Geldwerth des Vermächtnisses ohne Rücksicht auf die Beschwerung oder Beschränkung die Hälfte des Geldwerthes des gesetzlichen Erbtheiles nicht erreicht.

§. 1983

Ist für einen Abkömmling des Erblassers der Pflichttheilsanspruch begründet oder in Folge einer Zuwendung ausgeschlossen, so steht den Abkömmlingen dieses Abkömmlinges sowie den Eltern des Erblassers ein Pflichttheilsrecht nicht zu.

§. 1984.

Bei der Feststellung der Größe des Pflichttheiles werden diejenigen Personen mitgezählt, welche die Erbschaft ausgeschlagen haben oder durch letztwillige Verfügung des Erblassers oder durch Erbverzicht von der Erbfolge ausgeschlossen oder für erbunwürdig erklärt sind.

§. 1985.

Der Pflichttheil bestimmt sich nach dem Bestande des Vermögens des Erblassers zur Zeit des Erbfalles.

§. 1986.

Bei der Berechnung des Pflichttheiles sind alle zum Nachlasse gehörenden Gegenstände und alle Verbindlichkeiten und Lasten des Nachlasses nach dem Werthe zur Zeit des Erbfalles in Ansatz zu bringen.

Der Werth ist, soweit er einer Ermittelung bedarf, auch wenn er von dem Erblasser bestimmt ist, durch Schätzung festzustellen.

Rechte und Verbindlichkeiten unter einer aufschiebenden Bedingung bleiben außer Ansatz. Rechte und Verbindlichkeiten unter einer auflösenden Bedingung kommen als unbedingte in Ansatz. Ist die auflösende Bedingung, von welcher die Beendigung des Rechtes abhängt, oder die aufschiebende Bedingung, von welcher die Verbindlichkeit abhängt, erfüllt, so ist der Pflichttheilsberechtigte verpflichtet, dasjenige, was er zu viel erhalten hat, dem Erben zurückzuzahlen. Ist die aufschiebende Bedingung, von welcher das Recht abhängt, oder die auflösende Bedingung, von welcher die Beendigung der Verbindlichkeit abhängt, erfüllt, so ist der Erbe verpflichtet, dem Pflichttheilsberechtigten den entsprechenden Mehrbetrag zu zahlen. Die Vorschriften des §. 133 finden entsprechende Anwendung.

Auf ungewisse oder unsichere Rechte finden die Vorschriften über Rechte unter einer aufschiebenden Bedingung, auf zweifelhafte Verbindlichkeiten die Vorschriften über Verbindlichkeiten unter einer aufschiebenden Bedingung entsprechende Anwendung. Der Erbe ist gegenüber dem Pflichttheilsberechtigten verpflichtet, für die Feststellung eines ungewissen und für die Verfolgung eines unsicheren Rechtes zu sorgen, wenn und soweit es die Sorgfalt eines ordentlichen Hausvaters erfordert.

§. 1987.

Ist der Pflichttheil des Ehegatten des Erblassers zu bestimmen, so wird der im §. 1971 bezeichnete Voraus als zum Nachlasse gehörend mitberechnet. Dagegen ist dieser Voraus, wenn er in Gemäßheit des §. 1971 dem überlebenden Ehegatten zufällt, bei der Bestimmung des Pflichttheiles des Vaters oder der Mutter des Erblassers als nicht zum Nachlasse gehörend anzusehen.

§. 1988.

Der Erbe ist gegenüber dem Pflichttheilsberechtigten, welcher nicht Miterbe ist, verpflichtet, über den Bestand des Nachlasses Auskunft zu geben. Eine Anordnung des Erblassers, durch welche der Erbe von dieser Verpflichtung oder von der aus dem §. 777 sich ergebenden Verpflichtung befreit wird, und ein zwischen dem Erblasser und dem Pflichttheilsberechtigten über die Befreiung des Erben von der einen oder anderen Verpflichtung geschlossener Vertrag sind unwirksam.

Die Anordnung des Erblassers, daß der Pflichttheilsberechtigte auf den Pflichttheil beschränkt sein solle, wenn er die Ermittelung des Nachlasses betreibt, ist wirksam.

§. 1989.

Auf den Betrag des Pflichttheilsanspruches sind abzurechnen:

1. eine durch Veräußerung vollzogene Schenkung, welche von dem Erblasser dem Pflichttheilsberechtigten unter der Bedingung gemacht ist, daß der Schenker vor dem Beschenkten sterbe oder diesen nicht überlebe;
2. eine von dem Erblasser dem Pflichttheilsberechtigten gemachte Zuwendung, bei deren Vornahme der Erblasser die Abrechnung auf den Pflichttheil angeordnet hat;
3. wenn der Pflichttheilsberechtigte ein Abkömmling des Erblassers ist, eine von dem letzteren dem ersteren gemachte Zuwendung der im §. 2158 bezeichneten Art, sofern nicht der Erblasser bei der Zuwendung angeordnet hat, daß die Abrechnung auf den Pflichttheil nicht erfolgen solle.

Hat der Erblasser bei einer der im ersten Absatze unter Nr. 2, 3 bezeichneten Zuwendungen angeordnet, daß dieselbe auf den Erbtheil angerechnet oder nicht angerechnet oder zur Ausgleichung gebracht oder nicht gebracht werden solle, so ist im Zweifel anzunehmen, daß auch die Abrechnung auf den Pflichttheil erfolgen oder nicht erfolgen solle.

Der abzurechnende Betrag bestimmt sich nach dem Werthe, welchen der Gegenstand der Zuwendung zur Zeit der Zuwendung gehabt hat.

Ist der Pflichttheilsberechtigte ein Abkömmling des Erblassers, so finden die Vorschriften des §. 2161 und in Ansehung einer Zuwendung an einen anderen Abkömmling, welcher den Erblasser nicht überlebt hat und den Pflichttheilsberechtigten von der gesetzlichen Erbfolge ausgeschlossen haben würde, die Vorschriften des §. 2160 entsprechende Anwendung.

§. 1990.

Der Betrag, welcher nach den Vorschriften des §. 1989 auf den Betrag des Pflichttheilsanspruches abzurechnen ist, wird bei Bestimmung des Pflichttheiles dem Werthe des Nachlasses hinzugerechnet.

Ist der Pflichttheilsberechtigte ein Abkömmling des Erblassers, so ist bei Bestimmung des Pflichttheiles dem Werthe des Nachlasses auch dasjenige hinzuzurechnen, was ein anderer Abkömmling, welcher zur Erbfolge gelangt, gegenüber dem Pflichttheilsberechtigten nach den Vorschriften der §§. 2157 bis 2164 zur Ausgleichung zu bringen hätte.

§. 1991

In Ansehung der Zuwendungen, welche im Falle der allgemeinen Gütergemeinschaft oder der Errungenschaftsgemeinschaft oder der Gemeinschaft des beweglichen Vermögens und der Errungenschaft aus dem Gesammtgute und im Falle der Fortsetzung der allgemeinen Gütergemeinschaft aus dem Gesammtgute der fortgesetzten Gütergemeinschaft an einen gemeinschaftlichen oder einseitigen Abkömmling eines Ehegatten oder an einen Elterntheil eines der Ehegatten gemacht sind, finden die Vorschriften des §. 2162 entsprechende Anwendung.

§. 1992.

Der Pflichttheilsanspruch kommt für den Pflichttheilsberechtigten kraft des Gesetzes zur Entstehung mit dem Erbfalle.

Der Pflichttheilsanspruch ist vererblich und übertragbar. Der Anspruch ist der Pfändung im Wege der Zwangsvollstreckung oder Arrestvollziehung gegen den Pflichttheilsberechtigten nur dann unterworfen, wenn er von dem Pflichttheilsberechtigten bereits, gerichtlich oder außergerichtlich, geltend gemacht ist; er gehört im Falle des Konkurses über das Vermögen des Pflichttheilsberechtigten nur unter der gleichen Voraussetzung zur Konkursmasse.

§. 1993.

Ist der Erbe mit Vermächtnissen oder Auflagen beschwert, so kann er die Vollziehung derselben, sofern nicht der Erblasser ein Anderes bestimmt hat, in dem Maße verweigern, daß die Pflichttheilslast von ihm nur nach dem Verhältnisse des nach Abzug der Nachlaßverbindlichkeiten sich ergebenden Werthes der Erbschaft zu dem Werthe der Vermächtnisse und Auflagen getragen wird.

§. 1994.

Mehrere Erben haften für den Pflichttheilsanspruch nach Verhältniß ihrer Erbtheile. Der Erblasser kann für das Verhältniß der Erben zu einander eine andere Art der Haftung bestimmen.

§. 1995.

Ist in Folge der Ausschließung des Pflichttheilsberechtigten von der Erbfolge ein Anderer als gesetzlicher Erbe eingetreten, so hat dieser im Verhältnisse mehrerer Erben zu einander die Last aus dem Pflichttheilsanspruche des Ausgeschlossenen und, wenn der letztere mit einem Vermächtnisse bedacht ist, auch dieses Vermächtniß in Höhe des erlangten Vortheiles zu tragen.

§. 1996.

Wird für den Pflichttheilsberechtigten durch Ausschlagung einer Zuwendung oder der in Gemäßheit der gesetzlichen Erbfolge angefallenen Erbschaft der Pflichttheilsanspruch begründet, so ist im Verhältnisse mehrerer Erben zu einander, der Erben zu den Vermächtnißnehmern und der Vermächtnißnehmer unter einander die Pflichttheilslast von demjenigen, welchem die Ausschlagung zu statten kommt, in Höhe des erlangten Vortheiles zu tragen.

Ist in einem solchen Falle die ausgeschlagene Zuwendung oder Erbschaft mit Vermächtnissen oder Auflagen beschwert, so ist derjenige, welchem die Ausschlagung zu statten kommt, für die Beschwerungen in demselben Maße, wie der Ausschlagende gehaftet haben würde, jedoch nur in Höhe desjenigen verpflichtet, was nach Abzug des Pflichttheilsanspruches übrig bleibt.

§. 1997

Das Recht eines Erben, in Gemäßheit des §. 1993 die Vollziehung eines Vermächtnisses oder einer Auflage zu verweigern, ist insoweit ausgeschlossen, als die Pflichttheilslast von dem Erben nach den Vorschriften der §§. 1995, 1996 nicht zu tragen ist.

§. 1998.

Die Vorschriften der §§. 1995 bis 1997 finden keine Anwendung, wenn von dem Erblasser ein Anderes bestimmt ist.

§. 1999.

Der Pflichttheilsanspruch verjährt mit Ablauf von drei Jahren. Die Verjährung beginnt mit dem Zeitpunkte, in welchem der Pflichttheilsberechtigte von dem Eintritte des Erbfalles und von der Verfügung, durch welche sein Pflichttheilsrecht beeinträchtigt ist, Kenntniß erlangt hat.

Die Verjährungsfrist beträgt dreißig Jahre von dem Eintritte des Erbfalles an, wenn nicht der Anspruch in Gemäßheit des ersten Absatzes bereits früher verjährt ist.

Die Verjährung wird dadurch nicht gehemmt, daß der Anspruch erst nach der Ausschlagung der Erbschaft oder eines Vermächtnisses geltend gemacht werden kann.

§ 2000.

Zu der Anordnung, daß der Pflichttheilsberechtigte den Pflichttheil nicht oder nur zum Theile oder nur mit Beschränkungen oder Beschwerungen erhalten soll (Entziehung des Pflichttheiles), ist der Erblasser nur in den Fällen befugt, welche in den §§ 2001 bis 2005 bezeichnet sind. Die Entziehung ist nur zulässig, wenn der sie rechtfertigende Grund schon zur Zeit der Anordnung bestand

§. 2001.

Einem Abkömmlinge kann von dem Erblasser der Pflichttheil entzogen werden:

1. wenn der Abkömmling dem Leben des Erblassers oder eines anderen Abkömmlinges oder des Ehegatten des Erblassers nachgestellt hat;
2. wenn der Abkömmling einer vorsätzlichen körperlichen Mißhandlung des Erblassers oder dessen Ehegatten, sofern der letztere ein leiblicher Elterntheil oder Voreltern-theil des Abkömmlinges ist, sich schuldig gemacht hat;
3 wenn der Abkömmling den Erblasser oder dessen Ehegatten durch Anzeige bei einer Behörde wider besseres Wissen der Begehung eines Verbrechens oder Vergehens beschuldigt hat;
4. wenn der Abkömmling in einer Strafsache oder Disziplinarsache, vorsätzlich zum Nachtheile des Erblassers oder dessen Ehegatten, als Zeuge oder Sachverständiger eines Meineides sich schuldig gemacht hat;
5. wenn der Abkömmling des Ehebruches mit dem Ehegatten des Erblassers sich schuldig gemacht hat;
6. wenn der Abkömmling den von ihm dem Erblasser zu gewährenden Unterhalt böswillig nicht gewährt hat;
7. wenn der Abkömmling ohne die nach den §§. 1238, 1239 erforderliche Einwilligung des Erblassers eine Ehe geschlossen hat.

§. 2002.

Wenn ein Abkömmling durch verschwenderische Lebensweise oder verschwenderische Geschäftsführung die Besorgniß rechtfertigt, daß er sich und seine Familie dem Nothstande preisgiebt, oder wenn ein Abkömmling dergestalt mit Schulden belastet ist, daß sein Vermögen auch mit Einschluß des Pflichttheiles zur Befriedigung der Gläubiger nicht hinreicht, so kann der Erblasser, sofern er dem Abkömmlinge als Erben mindestens die Hälfte des gesetzlichen Erbtheiles hinterläßt, in Ansehung des hinterlassenen Erbtheiles für die Zeit nach dem Tode des Abkömmlinges die gesetzlichen Erben desselben als Nacherben einsetzen und zugleich anordnen, daß der Abkömmling den Nacherben Sicherheit zu leisten habe.

Auf das dem Abkömmlinge als Vorerben zustehende Recht finden die Vorschriften des §. 1298 und des §. 1299 Abs. 1, 3, die letzteren mit der Maßgabe, daß nur der nothdürftige Unterhalt in Betracht kommt, entsprechende Anwendung.

Die Anordnung der Nacherbfolge ist unwirksam, wenn der dieselbe rechtfertigende Grund zur Zeit des Erbfalles nicht mehr vorhanden ist.

§. 2003.

Dem Vater sowie der Mutter des Erblassers kann von diesem der Pflichttheil entzogen werden, wenn der Elterntheil einer der im §. 2001 Nr. 1, 3 bis 6 bezeichneten Handlungen sich schuldig gemacht hat.

§. 2004.

Hat der Erblasser die Handlung, welche nach den Vorschriften der §§. 2001, 2003 die Entziehung des Pflichttheiles rechtfertigt, verziehen, so ist die Entziehung unwirksam, auch wenn sie bereits vor der Verzeihung erfolgt war.

§. 2005.

Dem Ehegatten des Erblassers kann von diesem der Pflichttheil entzogen werden, wenn der erstere einer Handlung sich schuldig gemacht hat, durch welche in Gemäßheit der §§. 1441 bis 1445 das Recht des Erblassers auf Scheidung oder auf Trennung von Tisch und Bett begründet wird.

Die Entziehung ist unwirksam, wenn zur Zeit des Erbfalles jenes Recht des Erblassers nicht mehr bestand.

§. 2006.

Die Entziehung des Pflichttheiles erfolgt durch letztwillige Verfügung.

§. 2007.

Die Entziehung des Pflichttheiles ist nur wirksam, wenn sie unter Angabe des sie rechtfertigenden Grundes erfolgt.

§. 2008.

Der Beweis des von dem Erblasser zur Rechtfertigung der Entziehung des Pflichttheiles angegebenen Grundes liegt demjenigen ob, welcher die Entziehung geltend macht.

§. 2009.

Ist von dem Erblasser zu einer Zeit, in welcher der Pflichttheilsberechtigte bereits vorhanden und entweder pflichttheilsberechtigt war oder in Folge des Wegfallens einer oder mehrerer anderer

Personen pflichttheilsberechtigt werden konnte, eine Schenkung an einen Anderen als den Pflichttheilsberechtigten gemacht, so hat der Erblasser den Pflichttheil so zu hinterlassen, wie wenn die Schenkung nicht erfolgt wäre. Sind verbrauchbare Sachen verschenkt, so ist der Werth, welchen dieselben zur Zeit der Schenkung hatten, als im Nachlasse noch vorhanden anzusehen.

Als bereits zur Zeit der Schenkung vorhanden und zu dieser Zeit pflichttheilsberechtigt gilt auch der Abkömmling, welcher aus einer zur Zeit der Schenkung bereits geschlossenen formgültigen Ehe des Erblassers oder von einem zur Zeit der Schenkung bereits vorhandenen Abkömmlinge des Erblassers abstammt. Diese Vorschrift findet jedoch auf den Abkömmling eines solchen Abkömmlinges, welcher zur Zeit der Schenkung durch Erbverzicht von der Erbfolge ausgeschlossen war, keine Anwendung.

§. 2010.

Auf die aus dem §. 2009 sich ergebende Erhöhung des Pflichttheiles (außerordentlicher Pflichttheil) finden, soweit nicht das Gesetz ein Anderes bestimmt, die Vorschriften über den Pflichttheil entsprechende Anwendung.

§. 2011.

Der Anspruch auf den außerordentlichen Pflichttheil steht dem Pflichttheilsberechtigten auch dann zu, wenn diesem die Hälfte des gesetzlichen Erbtheiles hinterlassen ist; er ist, wenn dem Pflichttheilsberechtigten mehr als diese Hälfte hinterlassen ist, insoweit ausgeschlossen, als der Geldwerth des mehr Hinterlassenen reicht.

§. 2012.

Ist dem Pflichttheilsberechtigten selbst von dem Erblasser eine Schenkung gemacht, welche nicht schon nach den Vorschriften des §. 1989 auf den Betrag des Pflichttheilsanspruches abzurechnen ist, so ist der Gegenstand derselben in gleicher Art wie der Gegenstand der einem Dritten gemachten Schenkung dem Nachlasse hinzuzurechnen, jedoch der volle Betrag, um welchen der Nachlaß durch die Hinzurechnung sich erhöht, auf den außerordentlichen Pflichttheil abzurechnen.

Ist der Pflichttheilsberechtigte ein Abkömmling des Erblassers, so finden die Vorschriften des §. 2161 und in Ansehung einer Schenkung an einen anderen Abkömmling, welcher den Erblasser nicht überlebt hat und den Pflichttheilsberechtigten von der gesetzlichen Erbfolge ausgeschlossen haben würde, die Vorschriften des §. 2160 entsprechende Anwendung.

§. 2013.

Für die Befriedigung des Anspruches auf den außerordentlichen Pflichttheil haftet der Erbe nur in Ansehung desjenigen ihm angefallenen Erbtheiles, welchen er in Ermangelung einer Anordnung des Erblassers über die Erbfolge nicht erhalten haben würde oder in Folge der den Pflichttheilsanspruch begründenden Ausschlagung der Erbschaft von Seiten eines Pflichttheilsberechtigten erhalten hat. Mehrere Erben haften nach Verhältniß der Erbtheile, in Ansehung deren sie verpflichtet sind.

§. 2014.

Sofern der Erbe für die Befriedigung des Anspruches auf den außerordentlichen Pflichttheil, insbesondere in Folge des ihm zustehenden Inventarrechtes, nicht haftet, ist der Beschenkte dem Pflichttheilsberechtigten wegen dessen Anspruches auf den außerordentlichen Pflichttheil verpflichtet. Das Gleiche gilt, wenn der Pflichttheilsberechtigte der einzige Erbe ist.

§. 2015.

Für die Befriedigung des Anspruches auf den außerordentlichen Pflichttheil haftet der später Beschenkte vor dem früher Beschenkten und der früher Beschenkte nur insoweit, als der später Beschenkte nicht verpflichtet ist.

§. 2016.

Der Pflichttheilsberechtigte kann gegenüber dem Beschenkten nur die Herausgabe des Geschenkes zum Zwecke der Befriedigung wegen des Anspruches auf den außerordentlichen Pflichttheil und nur, soweit die Herausgabe zu diesem Zwecke erforderlich ist, verlangen.

Auf die Verpflichtung des Beschenkten zur Herausgabe finden die Vorschriften des §. 737 Abs. 3 und der §§. 739, 740 sowie von der Zeit an, in welcher der Beschenkte Kenntniß davon erlangt hat, daß die Voraussetzungen, von welchen der Anspruch gegen ihn abhängt, vorhanden sind, auch die Vorschrift des §. 741 Abs. 2 entsprechende Anwendung.

§. 2017.

Ist im Falle der allgemeinen Gütergemeinschaft oder der Errungenschaftsgemeinschaft oder der Gemeinschaft des beweglichen Vermögens und der Errungenschaft aus dem Gesammtgute eine Schenkung gemacht, so gilt diese in Ansehung des außerordentlichen Pflichttheiles als von jedem der Ehegatten zur Hälfte gemacht; die Schenkung gilt jedoch, wenn sie an einen einseitigen Abkömmling oder an einen Elterntheil oder einen einseitigen Vorelterntheil eines der Ehegatten erfolgt ist, als von diesem Ehegatten gemacht, und wenn ein Ehegatte wegen der Schenkung zum Ersatze an das Gesammtgut verpflichtet ist, als von dem ersatzpflichtigen Ehegatten gemacht.

Die Vorschriften des ersten Absatzes finden entsprechende Anwendung, wenn die Schenkung im Falle der Fortsetzung der allgemeinen Gütergemeinschaft aus dem Gesammtgute der fortgesetzten Gütergemeinschaft gemacht ist.

§. 2018.

Die Vorschriften der §§. 2009 bis 2017 finden auf Schenkungen, welche durch eine sittliche Pflicht oder die auf den Anstand zu nehmende Rücksicht gerechtfertigt werden, keine Anwendung.

Fünfter Abschnitt.

Erbverzicht.

§. 2019.

Durch einen zwischen dem Erblasser und einem Verwandten oder dem Ehegatten des Erblassers zu schließenden Vertrag kann der Verwandte oder Ehegatte von der gesetzlichen Erbfolge ausgeschlossen werden (Erbverzichtvertrag).

Wer durch Erbverzicht von der gesetzlichen Erbfolge ausgeschlossen ist, hat kein Pflichttheilsrecht.

Der Erbverzichtvertrag kann auf die Ausschließung des Pflichttheilsrechtes beschränkt werden.

§. 2020.

Auf den Erbverzichtvertrag finden die Vorschriften der §§. 1943, 1944, 1947 sowie in Ansehung des Erblassers die Vorschriften der §§. 1911, 1912 und in Ansehung des anderen Vertragschließenden die Vorschriften des §. 1957 Abs. 3 entsprechende Anwendung.

Die Vorschriften der §§. 1943, 1944, 1947 und in Ansehung des Erblassers die Vorschriften der §§. 1911, 1912 finden entsprechende Anwendung auch auf den Vertrag, durch welchen ein Erbverzicht aufgehoben wird.

§. 2021.

Mit dem Erbverzichtvertrage kann ein Erbeinsetzungsvertrag oder Vermächtnißvertrag verbunden werden. Auch finden auf den

Erbverzichtvertrag die Vorschriften des §. 1955 und des §. 1956 Abs. 1 entsprechende Anwendung.

§. 2022.

Ist in einem Erbverzichtvertrage nur zu Gunsten einer bestimmten Person auf die Erbfolge verzichtet, so ist im Zweifel anzunehmen, daß der Verzicht unwirksam werden solle, wenn jene Person nicht zur Erbfolge berufen wird oder die Erbschaft ausschlägt oder für erbunwürdig erklärt wird.

§. 2023.

Tritt in Folge des Erbverzichtes ein Abkömmling des Verzichtenden an dessen Stelle, so ist die für den Verzicht gewährte Gegenleistung, wenn der Abkömmling des Verzichtenden zur gesetzlichen Erbfolge gelangt, nach Maßgabe der §§. 2163, 2164 gegenüber den Miterben zur Ausgleichung zu bringen und, wenn dem Abkömmlinge des Verzichtenden der Pflichttheilsanspruch zusteht, nach Maßgabe der §§. 1989, 1990 auf den Betrag des Pflichttheilsanspruches dieses Abkömmlinges anzurechnen. Die Ausgleichung oder Anrechnung erfolgt bei Erbtheilen oder Pflichttheilen mehrerer Abkömmlinge nach Stämmen. Die Vorschriften des §. 2162 finden entsprechende Anwendung.

§. 2024.

Wer durch Vertrag als Erbe eingesetzt oder mit einem Vermächtnisse bedacht ist, kann auf die Zuwendung zu jeder Zeit durch einen mit dem Erblasser zu schließenden Vertrag verzichten. Auf den Vertrag finden die Vorschriften des §. 2020 Abs. 1 entsprechende Anwendung.

Sechster Abschnitt.

Rechtsstellung des Erben.

Erster Titel.

Erwerb der Erbschaft.

§. 2025.

Der Uebergang der Erbschaft auf denjenigen, welcher durch Verfügung des Erblassers von Todeswegen oder durch Gesetz als Erbe berufen ist, erfolgt, vorbehaltlich des Rechtes der Ausschlagung, kraft des Gesetzes (Anfall der Erbschaft).

Der Anfall erfolgt, soweit nicht das Gesetz ein Anderes bestimmt, mit dem Erbfalle.

§. 2026.

Eine nach dem Erbfalle geborene, aber zur Zeit des Erbfalles bereits empfangene Person gilt in Ansehung des Anfalles der Erbschaft als schon vor dem Erbfalle geboren.

Die Vorschrift des ersten Absatzes findet auf die Nacherbfolge mit der Maßgabe entsprechende Anwendung, daß an die Stelle des Erbfalles der Fall der Nacherbfolge tritt.

§. 2027.

Kann in Folge einer zur Zeit des Erbfalles oder des Falles der Nacherbfolge vorhandenen Schwangerschaft eine erbberechtigte Person geboren werden, so hat die Schwangere, sofern sie unterhaltsbedürftig ist, für die Zeit der Schwangerschaft den Anspruch auf Gewährung des standesmäßigen Unterhaltes aus dem Nachlasse oder, wenn noch andere Personen als Erben berufen sind, aus dem Erbtheile, zu welchem der noch nicht Geborene im Falle der Geburt allein oder in Gemeinschaft mit anderen Personen berufen ist.

Die Unterhaltsbedürftigkeit der Schwangeren bestimmt sich nach den Vorschriften des §. 1481.

§. 2028.

Der Erbe kann die ihm angefallene Erbschaft ausschlagen.

Stirbt der Erbe, solange er noch auszuschlagen berechtigt ist, so kann von dem Erben desselben die Erbschaft, welche dem Erblasser angefallen war, ausgeschlagen werden.

Von mehreren Erben des Erben ist jeder Erbe zur Ausschlagung des seinem Erbtheile entsprechenden Theiles der Erbschaft berechtigt.

§. 2029.

Das Recht, die Erbschaft auszuschlagen, erlischt durch die ausdrückliche oder stillschweigende Erklärung, Erbe sein zu wollen, sowie dadurch, daß die Ausschlagung nicht innerhalb der gesetzlich bestimmten Frist erklärt wird (Annahme der Erbschaft).

§. 2030.

Die Ausschlagung der Erbschaft muß binnen einer Frist von sechs Wochen erfolgen. Die Frist beträgt sechs Monate, wenn der Erbe bei Beginn der Frist im Auslande sich aufhält, oder wenn der Erblasser seinen letzten Wohnsitz nur im Auslande gehabt hat.

Die Frist beginnt mit dem Zeitpunkte, in welchem der Erbe Kenntniß davon erlangt hat, daß die Erbschaft ihm angefallen und aus welchem Grunde der Anfall erfolgt ist, sofern jedoch die Berufung auf einer letztwilligen Verfügung des Erblassers oder einem nach den Vorschriften des §. 1945 der Verkündung bedürfenden Erbeinsetzungsvertrage beruht, nicht vor der Verkündung der Verfügung oder des Vertrages.

Die Vorschriften der §§. 164, 166 finden entsprechende Anwendung.

§. 2031.

Stirbt der Erbe vor Ablauf der Ausschlagungsfrist, so läuft diese nicht vor Ablauf der für die Ausschlagung der Erbschaft des Erben bestimmten Frist ab.

§. 2032.

Die Ausschlagung der Erbschaft muß gegenüber dem Nachlaßgerichte in öffentlich beglaubigter Form erklärt werden. Ein Bevollmächtigter des Erben bedarf zu dieser Erklärung einer besonderen auf deren Abgabe gerichteten Vollmacht in öffentlich beglaubigter Form. Die Vollmacht muß der Erklärung beigefügt oder innerhalb der Ausschlagungsfrist nachgebracht werden.

§. 2033.

Die Erbschaft kann, sofern nicht das Gesetz ein Anderes bestimmt, nicht vor Beginn der Ausschlagungsfrist angenommen oder ausgeschlagen werden.

§. 2034.

Ist ein Pflichttheilsberechtigter als Erbe beschränkt oder beschwert oder mit einem Pflichttheilsanspruche belastet, so beginnt die Ausschlagungsfrist erst, nachdem er von der Beschränkung, Beschwerung oder Belastung Kenntniß erlangt hat.

Ist ein Pflichttheilsberechtigter nur als Ersatzerbe eingesetzt, so kann er die Erbschaft nach dem Erbfalle ausschlagen, auch wenn der Anfall an ihn noch nicht erfolgt ist.

§. 2035.

Die Annahme oder Ausschlagung der Erbschaft unter Beifügung einer Bedingung oder Zeitbestimmung ist unwirksam.

§. 2036.

Die Annahme oder Ausschlagung der Erbschaft oder eines und desselben Erbtheiles kann nicht auf einen Theil beschränkt werden. Die Annahme oder Ausschlagung nur eines Theiles ist unwirksam.

§. 2037.

Ist im Falle der Berufung desselben Erben zu mehreren Erbtheilen ein Erbtheil angenommen oder ausgeschlagen, so sind auch die anderen Erbtheile, selbst wenn sie erst später anfallen, soweit die Berufung auf demselben Grunde beruht, als angenommen oder ausgeschlagen anzusehen; soweit die Berufung auf verschiedenen Gründen beruht, unterliegt der einzelne Erbtheil für sich der Annahme und Ausschlagung. Als verschiedene Berufungsgründe gelten Erbeinsetzungsvertrag, letztwillige Verfügung und Gesetz, nicht aber verschiedene Erbeinsetzungsverträge oder letztwillige Verfügungen.

Die Vorschriften des ersten Absatzes finden keine Anwendung, wenn erhellt, daß der Erblasser ein Anderes gewollt hat.

§. 2038.

Wer durch letztwillige Verfügung oder durch Vertrag zur Erbfolge berufen ist, kann die Erbschaft als eingesetzter Erbe ausschlagen und als gesetzlicher Erbe annehmen.

Wer durch Vertrag und durch letztwillige Verfügung als Erbe eingesetzt ist, kann die Erbschaft aus dem Vertrage ausschlagen und aus der letztwilligen Verfügung annehmen sowie aus der letztwilligen Verfügung ausschlagen und aus dem Vertrage annehmen.

Ist der Erbe in Gemäßheit des ersten und zweiten Absatzes zur Annahme der Erbschaft aus einem weiteren Berufungsgrunde berechtigt, so kann er die Erbschaft in Ansehung aller Berufungsgründe mittels einer und derselben Erklärung ausschlagen. Im Zweifel ist anzunehmen, daß die Erklärung sich auf alle Berufungsgründe beziehe.

§. 2039.

Die Annahme oder Ausschlagung der Erbschaft ist unwiderruflich.

§. 2040.

Ein Pflichttheilsberechtigter kann die Ausschlagungserklärung anfechten, wenn vor der Ausschlagung eine ihm auferlegte Beschränkung oder Beschwerung oder Pflichttheilslast mit allen Wirkungen weggefallen und der Wegfall zur Zeit der Ausschlagung ihm nicht bekannt gewesen ist.

Die Anfechtung der Ausschlagungserklärung im Falle des ersten Absatzes sowie die Anfechtung einer Ausschlagungserklärung wegen Drohung oder Betruges erfolgt durch eine gegenüber dem Nachlaßgerichte in der im §. 2032 bestimmten Form abzugebende Willenserklärung. Das Nachlaßgericht soll die Erklärung denjenigen Personen mittheilen, welchen an Stelle des Anfechtenden die Erbschaft angefallen ist.

Die Anfechtung muß binnen einer der Ausschlagungsfrist gleichen Frist von sechs Wochen oder sechs Monaten erfolgen.

Die Frist beginnt im Falle des ersten Absatzes mit dem Zeitpunkte, in welchem der Anfechtungsberechtigte von dem Wegfalle der Beschränkung oder Beschwerung Kenntniß erlangt hat, im Falle der Anfechtbarkeit wegen Drohung oder Betruges mit dem Zeitpunkte, in welchem die Zwangslage aufgehört hat oder der Betrug entdeckt ist.

Die Frist zur Anfechtung beträgt dreißig Jahre von dem Zeitpunkte an, in welchem die Ausschlagungserklärung abgegeben ist, wenn nicht die Anfechtung in Gemäßheit des dritten und vierten Absatzes bereits früher ausgeschlossen ist.

Die Vorschriften der §§. 164, 166 finden entsprechende Anwendung.

§. 2041.

Die Anfechtung der Annahmeerklärung wegen Drohung oder Betruges muß gegenüber dem Nachlaßgerichte in Verbindung mit der Ausschlagung in der für diese gesetzlich bestimmten Frist und Form erfolgen.

§. 2042.

Wird die Erbschaft ausgeschlagen, so gilt der Anfall an den Ausschlagenden als nicht erfolgt.

Die ausgeschlagene Erbschaft fällt demjenigen an, welcher berufen gewesen wäre, wenn der Ausschlagende den Erblasser nicht überlebt hätte. Der Anfall an den an Stelle des Ausschlagenden Berufenen gilt als mit dem Erbfalle erfolgt. Das Nachlaßgericht soll die Ausschlagung denjenigen Personen mittheilen, welchen die Erbschaft in Folge der Ausschlagung anfällt.

§. 2043.

Steht der als Erbe Berufene unter elterlicher Gewalt oder unter Vormundschaft, so ist zur Ausschlagung der Erbschaft die Genehmigung des Vormundschaftsgerichtes erforderlich.

§. 2044.

Fällt die Erbschaft in Folge der Ausschlagung einer Person an, welche unter der elterlichen Gewalt des Ausschlagenden steht, so ist zu der Erklärung, durch welche der Inhaber der elterlichen Gewalt die Erbschaft für das Kind ausschlägt, die Genehmigung des Vormundschaftsgerichtes nicht erforderlich. Auch können in einem solchen Falle beide Ausschlagungen mittels einer und derselben Erklärung erfolgen.

Die Vorschrift des ersten Satzes des ersten Absatzes findet keine Anwendung, wenn der ausschlagende Inhaber der elterlichen Gewalt mit dem Kinde als Miterbe berufen ist.

Zweiter Titel.

Erbunwürdigkeit.

§. 2045.

Erbunwürdig ist:

1. wer aus Vorsatz durch eine widerrechtliche Handlung den Erblasser getödtet oder bis zu dessen Tode in einen Zustand versetzt hat, durch welchen derselbe zur Errichtung einer letztwilligen Verfügung unfähig wurde;
2. wer aus Vorsatz durch eine widerrechtliche Handlung den Erblasser an der Errichtung oder Aufhebung einer Verfügung von Todeswegen gehindert hat;
3. wer den Erblasser widerrechtlich durch Drohung oder durch Betrug zu einer Verfügung von Todeswegen bestimmt hat;
4. wer in Ansehung einer Verfügung des Erblassers von Todeswegen einer nach den Vorschriften der §§. 267 bis 274 des Strafgesetzbuches strafbaren Handlung sich schuldig gemacht hat.

§. 2046.

Der Anfall der Erbschaft an einen Erbunwürdigen kann angefochten werden.

Die Anfechtung ist erst nach dem Anfalle zulässig. Im Falle der Erbunwürdigkeit eines Nacherben kann jedoch die Anfechtung nach Eintritt des Erbfalles schon vor dem Anfalle der Erbschaft an den Nacherben erfolgen.

Anfechtungsberechtigt ist derjenige, welcher der Erbe sein würde, wenn der Erbunwürdige den Erblasser nicht überlebt hätte.

Die Anfechtung muß binnen Jahresfrist erfolgen. Die Frist beginnt mit dem Zeitpunkte, in welchem der Anfechtungsberechtigte von den Thatsachen Kenntniß erlangt hat, welche zur Begründung der Anfechtung erforderlich sind.

Die Frist zur Anfechtung beträgt dreißig Jahre von dem Zeitpunkte an, in welchem die Erbschaft dem Erbunwürdigen angefallen ist, wenn nicht die Anfechtung in Gemäßheit des vierten Absatzes bereits früher ausgeschlossen ist.

Die Vorschriften der §§. 164, 166 finden entsprechende Anwendung.

§. 2047.

Die Anfechtung erfolgt durch Erhebung der Klage auf Erbunwürdigkeitserklärung. Sie wird erst mit der Rechtskraft des Urtheiles wirksam, durch welches der Erbe für erbunwürdig erklärt wird.

§. 2048.

Im Falle der Erbunwürdigkeitserklärung finden die Vorschriften des §. 2042 Abs. 1, Abs. 2 Satz 1, 2 entsprechende Anwendung.

Der Anfechtende kann die Erbschaft nicht ausschlagen.

§. 2049.

Dem Erbunwürdigen steht ein Pflichttheilsanspruch nicht zu.

§. 2050.

Erbunwürdigkeit ist nicht anzunehmen, wenn der Erblasser die Handlung verziehen hat, welche nach den Vorschriften des §. 2045 erbunwürdig macht.

Dritter Titel.

Wirkungen des Erbschaftserwerbes.

§. 2051.

Die zum Vermögen des Erblassers gehörenden Rechte und die vermögensrechtlichen Verbindlichkeiten des Erblassers gehen, soweit sie nicht mit dem Tode des letzteren erlöschen, kraft des Gesetzes auf den Erben über. Sind mehrere Erben vorhanden, so gehen die einzelnen Rechte und Verbindlichkeiten kraft des Gesetzes auf die Erben nach Verhältniß der Erbtheile über.

§. 2052.

Der Besitz und die Inhabung der zur Erbschaft gehörenden Sachen gehen nicht kraft des Gesetzes auf den Erben über.

§. 2053.

Rechte und Verbindlichkeiten aus verbotener Eigenmacht, welche in Ansehung von Sachen gegen den Erblasser oder von demselben verübt ist, gehen auf den Erben über.

§. 2054.

Hat ein Dritter in Ansehung einer Sache, welche bei dem Tode des Erblassers in dessen Besitze oder Inhabung war, bevor der Erbe Besitzer oder Inhaber geworden ist, eine Handlung vorgenommen, welche, wenn der Besitz oder die Inhabung mit dem Erbfalle auf den Erben übergegangen wäre, verbotene Eigenmacht gewesen sein würde, oder hat ein Dritter den Besitz oder die Inhabung einer solchen Sache vor dem Erben erlangt, so stehen dem Erben gegen den Dritten dieselben Rechte zu, wie wenn der Erbe mit dem Erbfalle Besitzer oder Inhaber der Sache geworden wäre.

§. 2055.

Der Erbe ist verpflichtet, die Kosten der standesmäßigen Beerdigung des Erblassers zu tragen.

§. 2056.

Auf das Verhältniß zwischen dem Erben, welcher erbschaftliche Geschäfte besorgt und später die Erbschaft ausschlägt, und demjenigen, welcher in Folge der Ausschlagung Erbe wird, finden in Ansehung jener Geschäfte die Vorschriften über Geschäftsführung ohne Auftrag entsprechende Anwendung.

Wird vor der Annahme der Erbschaft von dem Erben ein zum Nachlasse gehörender Gegenstand veräußert oder belastet oder ein die Aenderung eines erbschaftlichen Rechtes unmittelbar bezweckendes Rechtsgeschäft gegenüber einem Dritten vorgenommen oder mit einem Dritten geschlossen oder von einem Dritten gegenüber dem Erben ein Rechtsgeschäft vorgenommen, welches gegenüber dem Erben als solchem vorzunehmen ist, wird insbesondere an den Erben eine Leistung bewirkt, welche dem Erben als solchem gebührt, so wird die Wirksamkeit des Rechtsgeschäftes durch die spätere Ausschlagung der Erbschaft nicht berührt.

§. 2057.[1])

Vor der Annahme der Erbschaft ist der Erbe nicht verpflichtet, einen zwischen dem Erblasser und einem Dritten anhängig gewordenen Rechtsstreit fortzusetzen oder auf einen Rechtsstreit sich einzulassen, welcher gegen den Erben als solchen erhoben wird. Die Zwangsvollstreckung und die Vollziehung eines Arrestes wegen eines gegen den Erben als solchen gerichteten Anspruches ist vor der Annahme der Erbschaft nur gegen den Nachlaß zulässig.

[1]) Es ist vorbehalten, im Einführungsgesetze die Aufhebung der §§. 693, 694 der C. P. O. zu bestimmen.

Die Zwangsvollstreckung und die Vollziehung eines Arrestes gegen den Nachlaß wegen einer anderen Verbindlichkeit des Erben ist vor der Annahme der Erbschaft nicht zulässig.

Vierter Titel.

Fürsorge des Nachlaßgerichtes.

§. 2058.

Ist ein Erbe unbekannt oder für den Nachlaß zu sorgen außer Stande, insbesondere weil er nicht anwesend oder weil er geschäftsunfähig oder in der Geschäftsfähigkeit beschränkt und nicht vertreten oder der Vertreter nicht anwesend ist, so hat das Nachlaßgericht von Amtswegen für die Sicherung des Nachlasses insoweit zu sorgen, als das Bedürfniß erfordert. Das Nachlaßgericht kann insbesondere die Anlegung von Siegeln, die öffentliche Hinterlegung der Gelder, Kostbarkeiten und Werthpapiere sowie die Anfertigung eines Nachlaßverzeichnisses anordnen.

Ist ein Testamentsvollstrecker vorhanden, so hat das Nachlaßgericht demselben die Sorge für den Nachlaß zu überlassen, soweit der Vollstrecker nach den Anordnungen des Erblassers zur Sorge berufen ist.

§. 2059.

Ist der Erbe unbekannt, so bestimmt sich nach den Vorschriften des §. 1742, inwiefern demjenigen, welcher der Erbe sein wird, ein Pfleger zu bestellen sei (Nachlaßpfleger).

Ein Nachlaßpfleger ist demjenigen, welcher der Erbe sein wird, auf Antrag auch dann zu bestellen, wenn ein Nachlaßgläubiger vor der Annahme der Erbschaft von Seiten des berufenen Erben die Befriedigung aus dem Nachlasse verlangt und der Erbe für die Befriedigung nicht sorgt.

§. 2060.

Auf die Nachlaßpflegschaft finden die Vorschriften über die Pflegschaft Anwendung, soweit nicht in den §§. 2061 bis 2066 ein Anderes bestimmt ist.

§. 2061.

Die Rechte und Pflichten des Vormundschaftsgerichtes hat in Ansehung der Nachlaßpflegschaft das Nachlaßgericht.

§. 2062.

Gegen den Nachlaßpfleger können alle Ansprüche geltend gemacht werden, welche gegen den Erben als solchen zu richten sind, es sei denn, daß der Anspruch eine Verbindlichkeit betrifft, welche von der Person des Erben abhängig ist.

§. 2063.

Das Inventarrecht des Erben wird weder durch einen Verzicht von Seiten des Nachlaßpflegers noch durch Versäumung einer dem letzteren bestimmten Inventarfrist noch auch dadurch ausgeschlossen, daß das Recht im Prozesse von dem Nachlaßpfleger nicht geltend gemacht oder in dem gegen den Nachlaßpfleger erlassenen Urtheile nicht vorbehalten ist.

§. 2064.

Der Nachlaßpfleger ist zu dem Antrage auf Erlassung des Aufgebotes der Nachlaßgläubiger und auf Eröffnung des Konkurses über den Nachlaß berechtigt.

§. 2065.

Ist der Nachlaß zur vollständigen Befriedigung der Nachlaßgläubiger unzureichend, so ist der Nachlaßpfleger gegenüber dem Erben verpflichtet, dafür zu sorgen, daß kein Nachlaßgläubiger aus dem Nachlasse in größerem Umfange befriedigt wird, als er nach den Vorschriften über das Inventarrecht zu verlangen berechtigt ist.

Der Nachlaßpfleger ist gegenüber den Nachlaßgläubigern verpflichtet, über den Bestand des Nachlasses Auskunft zu ertheilen.

§. 2066.

Die in Gemäßheit des §. 2059 Abs. 1 angeordnete Nachlaßpflegschaft soll erst aufgehoben werden, wenn der Erbe ermittelt und die Erbschaft von demselben angenommen ist.

§. 2067.

Ist der Erbe unbekannt und binnen einer den Umständen des Falles entsprechenden Frist nicht ermittelt, so hat das Nachlaßgericht eine öffentliche Aufforderung zur Anmeldung der Erbrechte unter Bestimmung einer Anmeldungsfrist von Amtswegen zu erlassen.

Die Art der Bekanntmachung und die Dauer der Anmeldungsfrist bestimmen sich nach den Vorschriften der §§. 825 bis 827 der Civilprozeßordnung.

Wer vor oder nach Ablauf der Anmeldungsfrist ein Erbrecht in Anspruch nimmt, hat innerhalb dreier Monate nach Ablauf der Anmeldungsfrist dem Nachlaßgerichte nachzuweisen, daß er der

Erbe sei, oder daß er sein Erbrecht durch Erhebung der Klage gegen den Fiskus geltend gemacht habe.

Ist die Anmeldung eines Erbrechtes nicht erfolgt oder im Falle der Anmeldung von Erbrechten in Ansehung keiner Anmeldung der im dritten Absatze bezeichnete Nachweis innerhalb der dreimonatigen Frist geführt, so hat das Nachlaßgericht von Amtswegen festzustellen, daß ein anderer Erbe als der Fiskus nicht vorhanden sei, und dem letzteren auf Antrag den Erbschein zu ertheilen.

Fünfter Titel.

Erbschein.

§. 2068.

Das Nachlaßgericht hat dem gesetzlichen Erben auf dessen Antrag ein Zeugniß darüber zu ertheilen, daß und in welchem Umfange der Antragsteller auf Grund der gesetzlichen Erbfolge Erbe ist (Erbschein).

§. 2069.

Der Antragsteller hat zur Begründung des Antrages auf Ertheilung des Erbscheines anzugeben:

1. den Tod des Erblassers sowie die Zeit, in welcher der Tod erfolgt ist;
2. das Verhältniß, durch welches das Erbrecht des Antragstellers begründet wird;
3. ob und welche Personen vorhanden sind oder vorhanden waren, durch welche das Erbrecht des Antragstellers ausgeschlossen oder gemindert werden würde, und betreffenden Falles
4. in welcher Weise solche Personen weggefallen sind;
5. ob und welche Verfügungen des Erblassers von Todeswegen vorhanden sind;
6. daß ein Rechtsstreit über das von dem Antragsteller behauptete Erbrecht nicht anhängig ist.

§. 2070.

Der Antragsteller hat zum Nachweise der Richtigkeit der im §. 2069 Nr. 1, 2, 4 bezeichneten Angaben, soweit nicht die betreffenden Thatsachen bei dem Nachlaßgerichte offenkundig sind, öffentliche Urkunden vorzulegen oder, wenn solche Urkunden nicht oder nur mit besonderen Schwierigkeiten zu beschaffen sind, andere Beweismittel anzugeben.

Der Antragsteller hat in Ansehung der im §. 2069 unter Nr. 3, 5, 6 bezeichneten Angaben vor Gericht oder Notar die eidesstattliche Versicherung abzugeben, daß ihm nichts bekannt sei, was der Richtigkeit seiner Angaben entgegenstehe. Das Gericht kann unter besonderen Umständen die eidesstattliche Versicherung erlassen.

§. 2071.

Das Nachlaßgericht hat den Erbschein nur dann zu ertheilen, wenn es von dem Erbrechte des Antragstellers überzeugt ist. Es hat unter Benutzung der von dem Antragsteller angegebenen Beweismittel von Amtswegen die zur Feststellung der Thatsachen erforderlichen Ermittelungen zu bewirken und die geeignet erscheinenden Beweise aufzunehmen.

Der Erbschein soll nicht ertheilt werden, solange ein Rechtsstreit über das Erbrecht anhängig ist.

§. 2072.

Das Nachlaßgericht kann vor Ertheilung des Erbscheines eine öffentliche Aufforderung zur Anmeldung der anderen Personen zustehenden Erbrechte nach Maßgabe des §. 2067 Abs. 1, 2 erlassen.

§. 2073.

Das Nachlaßgericht kann auch nach Ertheilung des Erbscheines von Amtswegen Ermittelungen über die Richtigkeit desselben vornehmen. Gewinnt es die Ueberzeugung, daß der Erbschein unrichtig ist, so hat es den letzteren von Amtswegen einzuziehen und, wenn derselbe nicht sofort erlangt werden kann, durch Beschluß für kraftlos zu erklären. Der Beschluß ist nach den für die öffentliche Zustellung einer Ladung in bürgerlichen Rechtsstreitigkeiten geltenden Vorschriften bekannt zu machen. Die Kraftloserklärung wird mit dem Ablaufe eines Monates seit der letzten Einrückung des Beschlusses in die öffentlichen Blätter wirksam.

§. 2074.

Der wirkliche Erbe hat gegen jeden Inhaber eines unrichtigen Erbscheines den Anspruch auf Herausgabe dieses Erbscheines an das Nachlaßgericht.

Derjenige, welchem der unrichtige Erbschein ertheilt ist, ist verpflichtet, dem wirklichen Erben über die zur Erbschaft gehörenden Gegenstände und deren Verbleib Auskunft zu ertheilen.

Dem wirklichen Erben soll ein neuer Erbschein erst ertheilt werden, nachdem der früher ertheilte unrichtige Erbschein zurückgeliefert oder für kraftlos erklärt ist.

§. 2075.

Wird einem Vorerben ein Erbschein ertheilt, so ist in dem letzteren anzugeben, daß der Erbe nur Vorerbe ist, unter welchen Voraussetzungen die Nacherbfolge eintritt, und wer der Nacherbe ist.

Ist von dem Erblasser ein Testamentsvollstrecker ernannt, so ist die Ernennung in dem Erbscheine anzugeben.

Die Vorschrift des §. 2074 Abs. 1 findet zu Gunsten des Nacherben und des Testamentsvollstreckers entsprechende Anwendung.

§. 2076.

Es wird vermuthet, daß derjenige, welcher im Erbscheine als Erbe bezeichnet ist, in dem im Erbscheine angegebenen Umfange und unter keinen anderen als den darin angegebenen Beschränkungen der Erbe sei.

§. 2077.

Wird, nachdem der Erbschein ertheilt und bevor dieser wegen Unrichtigkeit an das Nachlaßgericht zurückgeliefert oder von dem letzteren für kraftlos erklärt ist, von demjenigen, welcher in dem Erbscheine als Erbe bezeichnet ist, ein zum Nachlasse gehörender Gegenstand veräußert oder belastet oder ein die Aenderung eines erbschaftlichen Rechtes unmittelbar bezweckendes Rechtsgeschäft gegenüber einem Dritten vorgenommen oder mit einem Dritten geschlossen, oder von einem Dritten gegenüber dem im Erbscheine als Erben Bezeichneten ein Rechtsgeschäft vorgenommen, welches gegenüber dem Erben vorzunehmen ist, wird insbesondere an den im Erbscheine als Erben Bezeichneten eine Leistung bewirkt, welche dem Erben gebührt, so gilt der Inhalt des Erbscheines, soweit die im §. 2076 bezeichnete Vermuthung reicht, zu Gunsten des Dritten als richtig.

Die Vorschrift des ersten Absatzes findet keine Anwendung, wenn zur Zeit der Vornahme des Rechtsgeschäftes der Dritte entweder die Thatsachen gekannt hat, aus welchen die Nichtübereinstimmung des Erbscheines mit der wirklichen Rechtslage sich ergiebt, oder gewußt hat, daß der Erbschein von dem Nachlaßgerichte wegen Unrichtigkeit zurückgefordert ist.

§. 2078.

Das Nachlaßgericht hat dem durch eine Verfügung des Erblassers von Todeswegen eingesetzten Erben auf dessen Antrag ein Zeugniß darüber zu ertheilen, daß eine der Verfügung, welche von dem Antragsteller zur Begründung seines Erbrechtes geltend gemacht ist, entgegenstehende Verfügung des Erblassers von Todeswegen nicht vorhanden ist.

Ist durch eine Verfügung des Erblassers von Todeswegen ein Erbe eingesetzt, dessen Person aus der Verfügung allein nicht erkennbar ist, so hat das Nachlaßgericht dem eingesetzten Erben auf dessen Antrag ein Zeugniß darüber zu ertheilen, daß der Antragsteller die in der Verfügung bezeichnete Person ist und, wenn mehrere Personen in der angegebenen Weise zusammen eingesetzt sind, in welchem Umfange der Antragsteller der eingesetzte Erbe ist.

In Ansehung der in dem ersten und zweiten Absatze bezeichneten Zeugnisse finden die Vorschriften der §§. 2069 bis 2077 entsprechende Anwendung.

§. 2079.

Gehört zu einer Erbschaft, für welche kein Deutsches Gericht als Nachlaßgericht zuständig ist, ein inländisches Grundstück oder ein Recht an einem inländischen Grundstücke oder ein anderes Recht, über welches zum Zwecke der Eintragung von Veränderungen in der Person des Berechtigten bei einer Deutschen Behörde ein Buch oder Register geführt wird, oder ein in der Verwahrung einer Deutschen Behörde befindlicher Gegenstand, so ist in Ansehung solcher zur Erbschaft gehörenden Gegenstände der Erbschein von einem Deutschen Gerichte zu ertheilen. Zuständig ist, wenn der Gegenstand ein Grundstück oder ein Recht an einem Grundstücke ist, das Nachlaßgericht, in dessen Bezirke das Grundstück belegen ist, in den übrigen Fällen das Nachlaßgericht, in dessen Bezirke die das Buch oder Register führende oder den Gegenstand verwahrende Behörde ihren Sitz hat.

Die Vorschriften der §§. 2068 bis 2077 und des §. 2078 Abs. 2, 3 finden entsprechende Anwendung.

Sechster Titel.

Erbschaftsanspruch.

§. 2080.

Der Erbe hat gegen denjenigen, welcher auf Grund eines von ihm in Anspruch genommenen Erbrechtes dem Erben einen Erbschaftsgegenstand vorenthält (Erbschaftsbesitzer), den Anspruch auf Herausgabe der Erbschaft (Erbschaftsanspruch).

§. 2081.

Als Erbschaftsgegenstände im Sinne des §. 2080 gelten auch:

1. die Sachen, welche zur Zeit des Todes des Erblassers in dessen Besitze oder Inhabung sich befunden haben;

2. die Gegenstände, welche auf Grund eines zur Erbschaft gehörenden Rechtes oder als Ersatz für die Zerstörung, Beschädigung oder Entziehung eines Erbschaftsgegenstandes dem Erben erworben sind;
3. die Gegenstände, welche der Erbschaftsbesitzer durch ein auf die Erbschaft oder einen Erbschaftsgegenstand sich beziehendes Rechtsgeschäft, insbesondere durch Annahme einer Leistung, erworben hat, sofern das Rechtsgeschäft gegenüber dem Erben wirksam ist oder von demselben genehmigt wird; diese Vorschrift findet jedoch keine Anwendung, wenn das Rechtsgeschäft auf verbrauchbare Sachen, welche zur Erbschaft gehören, sich bezieht;
4. die Nutzungen aller Erbschaftsgegenstände, insbesondere die Nutzungen der Sachen, auch insoweit, als sie nicht zu den unter Nr. 2 bezeichneten Gegenständen gehören.

§. 2082.

Der Erbschaftsbesitzer ist verpflichtet, dem Erben über die zur Erbschaft gehörenden Gegenstände und deren Verbleib Auskunft zu ertheilen.

§. 2083.

Soweit der Erbschaftsbesitzer zur Herausgabe außer Stande ist, finden die Vorschriften des §. 739, des §. 740 Abs. 1 und des §. 741 Abs. 2 entsprechende Anwendung.

§. 2084.

Der Erbschaftsbesitzer ist zur Herausgabe nur gegen Vergütung aller Verwendungen verpflichtet.

Als Verwendung gilt insbesondere die Tilgung einer Nachlaßverbindlichkeit.

§. 2085.

Von dem Zeitpunkte an, in welchem der Erbschaftsbesitzer die Kenntniß erlangt hat, daß er nicht der Erbe ist, und, sofern diese Kenntniß nicht früher erlangt ist, von dem Eintritte der Rechtshängigkeit des Erbschaftsanspruches an finden wegen Herausgabe und Vergütung der Nutzungen, wegen Ersatzes der Verwendungen und wegen Haftung für Erhaltung und Verwahrung diejenigen Vorschriften entsprechende Anwendung, welche für das Rechtsverhältniß zwischen dem Eigenthümer und dem Besitzer von dem Eintritte der Rechtshängigkeit des Eigenthumsanspruches an gelten.

§. 2086.

Die Vorschriften der §§. 934, 935 finden auf den Erbschaftsanspruch entsprechende Anwendung.

§. 2087.

Sowohl in Ansehung des Ersatzes von Verwendungen als in Ansehung der Beurtheilung, ob eine Bereicherung vorliege, kommt die Erbschaft als ein Ganzes in Betracht.

§. 2088.

Wenn der Erbe gegen denjenigen, welcher als Erbschaftsbesitzer in Anspruch genommen werden kann, den in Ansehung eines einzelnen Erbschaftsgegenstandes ihm zustehenden besonderen Anspruch geltend macht, so kann der Erbschaftsbesitzer verlangen, daß seine Verpflichtungen nach Maßgabe der für den Erbschaftsanspruch geltenden Vorschriften beurtheilt werden.

§. 2089.

Wenn eine für todt erklärte Person den Zeitpunkt der Todeserklärung überlebt hat oder das Urtheil, durch welches die Todeserklärung erfolgt ist, in Folge der Anfechtungsklage aufgehoben wird, so finden die Vorschriften des §. 2074 und in Ansehung des Anspruches auf Herausgabe des Vermögens der für todt erklärten Person die für den Erbschaftsanspruch geltenden Vorschriften sowie die Vorschrift des §. 888 entsprechende Anwendung.

Ein Gleiches gilt, wenn eine Person, welche ohne Todeserklärung für todt erachtet ist, die Zeit überlebt hat, welche für die Beerbung derselben als die Zeit des Todes angenommen ist.

§. 2090.

Wenn eine für todt erklärte Person den Zeitpunkt der Todeserklärung überlebt hat oder vor diesem Zeitpunkte gestorben ist, so gilt derjenige, welcher, wenn diese Person zur Zeit der Todeserklärung gestorben wäre, deren Erbe sein würde, in Ansehung der im §. 2077 bezeichneten Rechtsgeschäfte zu Gunsten des Dritten auch ohne Ertheilung eines Erbscheines als Erbe. Diese Vorschrift findet keine Anwendung, wenn der Dritte zur Zeit der Vornahme des Rechtsgeschäftes Kenntniß davon gehabt hat, daß der angebliche Erblasser die Todeserklärung überlebt hat oder vor der letzteren gestorben ist, oder daß die Todeserklärung in Folge der Anfechtungsklage aufgehoben ist.

§. 2091

Ist eine Erbeinsetzung anfechtbar, so gilt der eingesetzte Erbe, wenn die Anfechtung erfolgt ist, in Ansehung der im §. 2077 bezeichneten, von ihm oder ihm gegenüber vor der Anfechtung vorgenommenen Rechtsgeschäfte zu Gunsten des Dritten als Erbe, es sei denn, daß der Dritte zur Zeit der Vornahme des Rechtsgeschäftes die Anfechtbarkeit der Erbeinsetzung gekannt hat.

Siebenter Titel.

Inventarrecht.

§. 2092.

Der Erbe kann die Erfüllung der ihm als Erben obliegenden Verbindlichkeiten (Nachlaßverbindlichkeiten) wegen Unzulänglichkeit des Nachlasses zur Berichtigung aller Nachlaßverbindlichkeiten nach Maßgabe der §§. 2093 bis 2150 verweigern (Inventarrecht).

Als Nachlaßverbindlichkeiten gelten außer den bereits in der Person des Erblassers begründeten Verbindlichkeiten auch diejenigen dem Erben als solchem obliegenden Verbindlichkeiten, welche später entstanden sind, insbesondere die Verbindlichkeiten aus Vermächtnissen, Auflagen und Pflichttheilsrechten, sowie die Verbindlichkeiten aus den von einem Testamentsvollstrecker oder Nachlaßpfleger vorgenommenen Rechtsgeschäften.

§. 2093.

Eine Anordnung des Erblassers, daß dem Erben das Inventarrecht nicht zustehen solle, und ein zwischen dem Erblasser und dem Erben geschlossener Vertrag, durch welchen der Erbe sich verpflichtet, das Inventarrecht nicht geltend zu machen, sind unwirksam.

§. 2094.

Das Inventarrecht erlischt gegenüber allen Nachlaßgläubigern durch Verzicht.

Der Verzicht muß gegenüber dem Nachlaßgerichte in öffentlich beglaubigter Form erklärt werden. Ein Bevollmächtigter des Erben bedarf zu dieser Erklärung einer besonderen auf deren Abgabe gerichteten Vollmacht in öffentlich beglaubigter Form. Die Vollmacht muß der Erklärung beigefügt werden.

Der Verzicht unter Beifügung einer Bedingung oder Zeitbestimmung ist unwirksam.

Der Verzicht ist unwiderruflich.

Die Anfechtung des Verzichtes wegen Drohung oder Betruges erfolgt durch eine gegenüber dem Nachlaßgerichte in öffentlich beglaubigter Form abzugebende Willenserklärung. Das Nachlaßgericht soll die Erklärung nach den für die öffentliche Zustellung einer Ladung in bürgerlichen Rechtsstreitigkeiten geltenden Vorschriften bekannt machen.

Die Vorschriften der §§. 2033, 2043 finden auf den Verzicht entsprechende Anwendung.

§. 2095.

Das Inventarrecht erlischt gegenüber allen Nachlaßgläubigern, wenn der Erbe nicht innerhalb einer ihm von dem Nachlaßgerichte zu bestimmenden Frist (Inventarfrist) ein Verzeichniß über den Bestand des Nachlasses (Inventar) bei dem Nachlaßgerichte einreicht (Inventarerrichtung), es sei denn, daß die Einreichung bereits früher erfolgt ist.

Nach Eröffnung des Konkurses über den Nachlaß kann das Inventarrecht durch Versäumung der Inventarfrist nicht erlöschen

§. 2096

Die Bestimmung der Inventarfrist erfolgt auf Antrag eines Nachlaßgläubigers, welcher seinen Anspruch glaubhaft gemacht hat. Die Fristbestimmung wird dadurch nicht unwirksam, daß der Antragsteller nicht Nachlaßgläubiger ist.

§. 2097.

Die Inventarfrist soll mindestens einen Monat und höchstens drei Monate betragen; sie beginnt mit der Zustellung des die Fristbestimmung enthaltenden Beschlusses an den Erben; sie kann auf Antrag des Erben nach dem Ermessen des Nachlaßgerichtes verlängert werden.

Die Fristbestimmung kann noch vor der Annahme der Erbschaft erfolgen; die vor der Annahme der Erbschaft bestimmte Frist beginnt nicht vor dieser Annahme.

§. 2098.

Ist der Erbe durch höhere Gewalt verhindert worden, vor Ablauf der Inventarfrist das Inventar zu errichten oder die nach den Umständen gerechtfertigte Verlängerung der Frist zu beantragen, so ist ihm auf seinen Antrag von dem Nachlaßgerichte eine neue Inventarfrist zu bestimmen. Das Gleiche gilt, wenn der Erbe von der Zustellung des die Fristbestimmung enthaltenden Beschlusses ohne sein Verschulden keine Kenntniß erlangt hat.

Der Antrag auf Bestimmung der neuen Frist muß innerhalb einer Frist von zwei Wochen gestellt werden. Die letztere Frist beginnt mit dem Zeitpunkte, in welchem das Hinderniß gehoben ist. Vor der Entscheidung über den Antrag ist der Nachlaßgläubiger, auf dessen Antrag die erste Frist bestimmt war, zu hören.

Nach Ablauf eines Jahres, von dem Ende der zuerst bestimmten Frist an gerechnet, ist der Antrag auf Bestimmung einer neuen Inventarfrist unzulässig.

§. 2099.

Stirbt der Erbe vor Ablauf der Inventarfrist oder der im §. 2098 Abs. 2 bestimmten zweiwöchigen Frist, so tritt der Ablauf dieser Fristen nicht vor Ablauf der für die Ausschlagung der Erbschaft des Erben bestimmten Frist ein.

§. 2100.

Auf den Lauf der Inventarfrist und auf den Beginn und Lauf der im §. 2098 Abs. 2 bestimmten zweiwöchigen Frist finden die Vorschriften der §§. 164, 166 entsprechende Anwendung.

§. 2101.

Steht der Erbe unter elterlicher Gewalt oder unter Vormundschaft, so soll das Nachlaßgericht von der Bestimmung der Inventarfrist von Amtswegen dem Vormundschaftsgerichte unverzüglich Mittheilung machen.

§. 2102.

Das Inventar muß von der zuständigen Behörde oder einem zuständigen Beamten aufgenommen werden.

§. 2103.

Auf Antrag des Erben hat das Nachlaßgericht das Inventar entweder selbst aufzunehmen, sofern es für die Aufnahme nach den Landesgesetzen zuständig ist, oder die zuständige Behörde oder einen zuständigen Beamten mit der Aufnahme zu beauftragen. Der Erbe ist in einem solchen Falle verpflichtet, die zur Aufnahme des Inventares erforderliche Auskunft zu ertheilen. Durch Stellung des Antrages wird die Inventarfrist gewahrt. Die besondere Einreichung des von dem Nachlaßgerichte selbst aufgenommenen Inventares unterbleibt. Das auf Grund der Anordnung des Nachlaßgerichtes von einer anderen Behörde oder einem Beamten aufgenommene Inventar wird von diesem für den Erben bei dem Nachlaßgerichte eingereicht

§. 2104.

Befindet sich bei dem Nachlaßgerichte bereits ein den Vorschriften der §§. 2102, 2103 entsprechendes Inventar, so kann die Inventarerrichtung durch die gegenüber dem Nachlaßgerichte abzugebende Erklärung des Erben erfolgen, daß das vorhandene Inventar als von ihm eingereicht gelten solle.

§. 2105.

In dem Inventare sollen sowohl die bei dem Eintritte des Erbfalles vorhandenen Nachlaßgegenstände als auch die Nachlaßverbindlichkeiten vollständig angegeben werden.

Das Inventar soll außerdem die Beschreibung der Nachlaßgegenstände, soweit dieselbe zur Bestimmung des Werthes erforderlich ist, sowie die Angabe des Werthes selbst enthalten.

§. 2106.

Das Inventarrecht erlischt gegenüber allen Nachlaßgläubigern, wenn der Erbe einen Nachlaßgegenstand, in der Absicht, die Nachlaßgläubiger zu benachtheiligen, in das Inventar nicht aufnimmt.

Ist eine Unvollständigkeit des Inventares festgestellt, ohne daß der Fall des ersten Absatzes vorliegt, so kann das Nachlaßgericht auf Antrag dem Erben zur Ergänzung eine Frist bestimmen. Auf diese Frist finden die Vorschriften der §§. 2095 bis 2101 über die Inventarfrist entsprechende Anwendung.

§. 2107.

Das Nachlaßgericht hat die Einsicht des errichteten Inventares einem Jeden zu gestatten, welcher ein rechtliches Interesse glaubhaft macht.

§. 2108.

Ist das Inventarrecht gegenüber einem Nachlaßgläubiger durch Vertrag oder dadurch ausgeschlossen, daß das Recht von dem Erben im Prozesse nicht geltend gemacht oder im Urtheile nicht vorbehalten oder im Rechtsstreite über die Abzugseinrede aberkannt ist, so wirkt die Ausschließung nur zu Gunsten jenes Gläubigers.

§. 2109.

Ist das Inventarrecht in Gemäßheit der §§. 2094, 2095, 2106 erloschen, so ist die Eröffnung des Konkurses über den Nachlaß nicht zulässig, unbeschadet der Vorschrift des §. 2150 Abs. 1.

§. 2110.

Wird über den Nachlaß der Konkurs eröffnet, so kann ein Nachlaßgläubiger seine Forderung, unbeschadet der Vorschriften des §. 2118, nur im Konkurse geltend machen und auf Grund einer nach Eintritt des Erbfalles gegen den Nachlaß erfolgten Maßregel der Zwangsvollstreckung oder Arrestvollziehung nicht abgesonderte Befriedigung verlangen; auch sind in einem solchen Falle die Maßregeln der Zwangsvollstreckung oder Arrestvollziehung aufzuheben, welche gegen das nicht zum Nachlasse gehörende Vermögen des Erben erfolgt sind.

Die Vorschriften des ersten Absatzes finden keine Anwendung, wenn das Inventarrecht entweder gegenüber dem Gläubiger nach dem §. 2108 ausgeschlossen oder nach den §§. 2094, 2095, 2106 erloschen ist.

§. 2111.

Die Verfügungen des Erben über Nachlaßgegenstände werden durch die Eröffnung des Konkurses über den Nachlaß nicht unwirksam.

§. 2112.

Nach der Eröffnung des Konkurses über den Nachlaß finden auf das Verhältniß zwischen dem Erben und der Konkursmasse in Ansehung der von dem Erben vor der Annahme der Erbschaft besorgten erbschaftlichen Geschäfte die Vorschriften über Geschäftsführung ohne Auftrag entsprechende Anwendung. Für die Zeit nach der Annahme der Erbschaft ist der Erbe gegenüber der Konkursmasse so verpflichtet und berechtigt, wie wenn er mit der Verwaltung des Nachlasses beauftragt gewesen wäre. Der Erbe hat jedoch den Nachlaß zur Konkursmasse herauszugeben, ohne wegen seiner Gegenforderungen zur Zurückbehaltung berechtigt zu sein. Hat zum Nachlasse eine Erbschaft oder ein Vermächtniß gehört und sind dieselben von dem Erben ausgeschlagen, so erstreckt sich dessen Haftung auch auf eine solche Ausschlagung.

§. 2113.

Im Konkurse über den Nachlaß gelten als Masseschulden, außer den im §. 52 der Konkursordnung bezeichneten Verbindlichkeiten:

1. die der Konkursmasse nach Maßgabe des §. 2112 Satz 1, 2 gegenüber dem Erben obliegenden Verbindlichkeiten;
2. die Verbindlichkeiten wegen der Kosten, welche durch die gerichtliche Sicherung des Nachlasses, die Nachlaßpfleg-

schaft, die Inventarerrichtung und das Aufgebot der Nachlaßgläubiger sowie durch die Eröffnung einer Verfügung des Erblassers von Todeswegen entstanden sind;

3. die Verbindlichkeiten aus den von einem Testamentsvollstrecker oder einem Nachlaßpfleger vorgenommenen Rechtsgeschäften;
4. die gegenüber einem Testamentsvollstrecker oder einem Nachlaßpfleger oder einem Erben, welcher die Erbschaft ausgeschlagen hat, aus der Geschäftsführung dieser Personen dem Erben obliegenden Verbindlichkeiten;
5. die Verbindlichkeiten wegen der Kosten der standesmäßigen Beerdigung des Erblassers.

§. 2114.

Mit der Eröffnung des Konkurses über den Nachlaß gilt eine in Folge des Erbfalles durch Vereinigung erloschene Schuldverbindlichkeit als nicht erloschen, ein in Folge des Erbfalles durch Vereinigung aufgehobenes Recht an einer Sache oder an einem Rechte als nicht aufgehoben. Erforderlichenfalls ist ein solches Recht wiederherzustellen.

§. 2115.

Der Erbe kann im Konkurse über den Nachlaß die ihm gegen den Erblasser zustehenden Ansprüche geltend machen.

Der Erbe tritt in Ansehung der von ihm berichtigten Nachlaßverbindlichkeiten an die Stelle der befriedigten Gläubiger. Auch ist er berechtigt, wenn er für die Forderung eines Nachlaßgläubigers wegen Verlustes des Inventarrechtes oder auf Grund der rechtskräftigen Entscheidung über die Abzugseinrede persönlich in Anspruch genommen werden kann, diese Forderung im Konkurse für den Fall geltend zu machen, daß der Gläubiger dieselbe nicht geltend macht.

§. 2116.

Hat ein Nachlaßgläubiger vor der Eröffnung des Konkurses über den Nachlaß die Aufrechnung seiner Forderung gegen eine dem Erben ihm gegenüber zustehende, nicht zum Nachlasse gehörende Forderung ohne die Zustimmung des Erben erklärt, so ist diese Erklärung nach Eröffnung des Konkurses als nicht erfolgt anzusehen.

§. 2117.

Im Konkurse über den Nachlaß können alle Nachlaßverbindlichkeiten geltend gemacht werden.

Nachstehende Forderungen werden jedoch erst nach allen übrigen Konkursforderungen und in folgender Rangordnung, bei gleichem Range nach Verhältniß ihrer Beträge, berichtigt:

1. die seit der Eröffnung des Konkurses laufenden Zinsen der Forderungen derjenigen Gläubiger, welche nach den Vorschriften der Konkursordnung Konkursgläubiger sind;
2. die gegen den Erblasser erkannten Geldstrafen sowie die Forderungen aus Schenkungen des Erblassers;
3. die Forderungen wegen Gewährung eines Pflichttheiles aus dem Nachlasse;
4. die Forderungen aus Vermächtnissen und Auflagen des Erblassers; der Erblasser kann durch Verfügung von Todeswegen anordnen, daß ein Vermächtniß oder eine Auflage den Vorrang vor einem anderen Vermächtnisse oder einer anderen Auflage haben solle;
5. die den Abkömmlingen des Erblassers nach Maßgabe der §§. 2157 bis 2164 zustehenden Forderungen auf Ausgleichung wegen des Vorempfangenen.

Den unter Nr. 2 bis 5 bezeichneten Forderungen treten die bis zur Eröffnung des Konkurses aufgelaufenen und die seit der Eröffnung des Konkurses laufenden Zinsen mit gleichem Range hinzu.

Was in Folge der Anfechtung einer von dem Erblasser oder gegen diesen vorgenommenen Rechtshandlung zur Konkursmasse zurückgewährt wird, darf zur Berichtigung der unter Nr. 3 bis 5 bezeichneten Forderungen nicht verwendet werden. Auch nehmen die Gläubiger der unter Nr. 2 bis 5 bezeichneten Forderungen an der Schließung eines Zwangsvergleiches nicht Theil; sie sind jedoch von dem Konkursgerichte vor der Bestätigung des Vergleiches zu hören; widerspricht einer von ihnen, so kann die Bestätigung nicht erfolgen.

§. 2118.

Verbleibt im Konkurse über den Nachlaß dem Erben nach Vertheilung der Konkursmasse ein Ueberschuß, so ist der Erbe, soweit der Ueberschuß reicht, verpflichtet, die noch unbefriedigten Nachlaßgläubiger zu befriedigen. Diese Verpflichtung des Erben fällt fort, soweit derselbe in dem Zeitpunkte nicht mehr bereichert ist, in welchem der Anspruch zuerst, gerichtlich oder außergerichtlich, gegen ihn geltend gemacht wird. Die Gläubiger können nicht verlangen, daß der Erbe ihre Befriedigung nach einer gewissen Rangordnung oder Reihenfolge bewirkt. Die rechtskräftige Verurtheilung des Erben zur Befriedigung eines Gläubigers wirkt gegenüber den anderen Gläubigern wie die Befriedigung jenes Gläubigers von Seiten des Erben.

§. 2119.

Sind mehrere Erben vorhanden, so findet in Ansehung des Erbtheiles eines jeden Erben der Konkurs besonders statt. Die Konkurse über die Erbtheile sind in einem Verfahren zu verbinden, sofern nicht besondere Gründe einer solchen Verbindung entgegenstehen.

§. 2120.

Auf Antrag des Erben, dessen Inventarrecht nicht in Gemäßheit der §§. 2094, 2095, 2106 erloschen ist (Inventarerbe), findet das Aufgebot der Nachlaßgläubiger nach den Vorschriften der §§. 824 bis 836 der Civilprozeßordnung statt.

Der Antrag ist nur zulässig, wenn von dem Erben die Erbschaft angenommen, seit der Annahme ein Zeitraum von zwei Jahren nicht verstrichen und das Inventar errichtet oder dessen Aufnahme nach der Vorschrift des §. 2103 bei dem Nachlaßgerichte beantragt ist.

§. 2121.[1])

Für das Aufgebotsverfahren ist das Nachlaßgericht zuständig.

§. 2122.

Dem Aufgebotsantrage ist ein Verzeichniß der dem Erben bekannten Nachlaßgläubiger beizufügen; das Verzeichniß hat die Angaben über den Wohnort der Gläubiger zu enthalten.

§. 2123.

Das Aufgebot soll nicht erlassen werden, wenn der Konkurs über den Nachlaß beantragt ist.

Durch Eröffnung des Konkurses wird das Aufgebotsverfahren beendigt.

§. 2124.

Die Aufgebotsfrist (§. 827 der Civilprozeßordnung) soll höchstens sechs Monate betragen.

Neben der öffentlichen Bekanntmachung des Aufgebotes soll von Amtswegen eine Zustellung desselben an die von dem Erben

---

[1]) Es ist vorbehalten, in das Einführungsgesetz die Bestimmung aufzunehmen:

Sind die Verrichtungen des Nachlaßgerichtes durch die Landesgesetze einer anderen Behörde als dem Amtsgerichte beigelegt, so ist für das Aufgebotsverfahren das Amtsgericht zuständig, in dessen Bezirke die Nachlaßbehörde ihren Sitz hat.

angezeigten, ihrem Wohnorte nach bekannten Nachlaßgläubiger erfolgen. Die Zustellung kann durch Aufgabe zur Post bewirkt werden.

§. 2125

Pfandgläubiger und Grundschuldgläubiger, sowie Gläubiger, welche im Konkurse den Faustpfandgläubigern gleichstehen, werden in Ansehung der Befriedigung aus dem ihnen haftenden Gegenstande durch das Aufgebotsverfahren nicht betroffen. Das Gleiche gilt zu Gunsten anderer Gläubiger, welche bei der Zwangsvollstreckung in das unbewegliche Vermögen ein Recht auf vorzugsweise Befriedigung aus demselben haben, und zu Gunsten der Gläubiger, welchen im Konkurse ein Anspruch auf Aussonderung zustehen würde. Von dem Aufgebote werden auch diejenigen Gläubiger nicht betroffen, welchen gegenüber das Inventarrecht nach der Vorschrift des §. 2108 ausgeschlossen oder deren Forderung durch rechtskräftige Entscheidung über die Abzugseinrede festgestellt ist.

§. 2126.

Die Anmeldung einer Forderung hat die Angabe des Gegenstandes und des Grundes der Forderung zu enthalten. Die urkundlichen Beweisstücke oder eine Abschrift derselben sind der Anmeldung beizufügen.

Das Nachlaßgericht hat die Einsicht der Anmeldungen einem Jeden zu gestatten, welcher ein rechtliches Interesse glaubhaft macht.

Die den Anmeldungen beigefügten urkundlichen Beweisstücke oder Abschriften sind nach der Beendigung des Verfahrens auf Verlangen zurückzugeben.

§. 2127

Ein ausgeschlossener Nachlaßgläubiger kann seine Forderung gegen den Erben nur noch insoweit geltend machen, als der Werth des Nachlasses durch Befriedigung der nicht ausgeschlossenen Gläubiger nicht erschöpft wird.

Im Verhältnisse zwischen dem Erben und dem ausgeschlossenen Nachlaßgläubiger ist für den Bestand und den Werth des Nachlasses die Zeit der Erlassung des Ausschlußurtheiles maßgebend. Die Verbindlichkeit des Erben fällt fort, soweit derselbe in dem Zeitpunkte nicht mehr bereichert ist, in welchem der Anspruch des ausgeschlossenen Gläubigers auf Befriedigung aus dem Ueberschusse zuerst, gerichtlich oder außergerichtlich, gegen ihn geltend gemacht wird.

Die ausgeschlossenen Gläubiger können nicht verlangen, daß der Erbe ihre Befriedigung nach einer gewissen Rangordnung oder Reihenfolge bewirkt. Die rechtskräftige Verurtheilung des Erben zur Befriedigung eines Gläubigers wirkt gegenüber den anderen Gläubigern wie die Befriedigung jenes Gläubigers von Seiten des Erben.

§. 2128.

Ein ausgeschlossener Nachlaßgläubiger kann die Eröffnung des Nachlaßkonkurses nicht beantragen, auch im Nachlaßkonkurse seine Forderung nicht geltend machen.

§. 2129.

Verzichtet der Erbe nach Erlassung des Ausschlußurtheiles auf das Inventarrecht, so wirkt der Verzicht nicht zu Gunsten der ausgeschlossenen Nachlaßgläubiger.

§. 2130.

Ist der Aufgebotsantrag zugelassen, so kann der Erbe in Ansehung einer durch das Aufgebot betroffenen Forderung sowie in Ansehung der Befriedigung eines Nachlaßgläubigers aus einem erst nach Eintritt des Erbfalles im Wege der Zwangsvollstreckung oder der Arrestvollziehung erlangten Pfandrechte die einstweilige Einstellung der Zwangsvollstreckung für die Dauer des Aufgebotsverfahrens und die Aufhebung der nach dem Aufgebotsantrage erfolgten Maßregeln der Zwangsvollstreckung verlangen.

Das Recht eines Nachlaßgläubigers, die Eröffnung des Konkurses über den Nachlaß zu beantragen, wird durch das Aufgebotsverfahren nicht berührt.

§. 2131.

Ist der Erbe in dem Aufgebotstermine nicht erschienen und der Antrag auf Bestimmung eines neuen Termines nach Maßgabe des §. 831 der Civilprozeßordnung binnen einer zweiwöchigen Frist seit dem Aufgebotstermine nicht gestellt oder der Erbe auch in dem neuen Termine nicht erschienen, so kann der Erbe der Zwangsvollstreckung nicht mehr widersprechen.

§. 2132.

Wird das Ausschlußurtheil erlassen oder der Antrag auf Erlassung desselben zurückgewiesen, so ist das Verfahren vor Ablauf einer mit der Verkündung der Entscheidung beginnenden Frist von zwei Wochen und vor Erledigung einer rechtzeitig eingelegten Beschwerde nicht als beendigt anzusehen.

§. 2133.

Ist der Nachlaß zur vollständigen Befriedigung der Nachlaßgläubiger unzureichend, der Konkurs über den Nachlaß aber nicht eröffnet, so kann der Inventarerbe einem Nachlaßgläubiger auf dessen Forderung den Betrag in Abzug bringen, mit welchem der Gläubiger im Nachlaßkonkurse ausfallen würde (Abzugseinrede).

Bei Feststellung des abzuziehenden Betrages finden die im Falle des Nachlaßkonkurses geltenden Vorschriften, insbesondere die Vorschriften der §§. 2112 bis 2115, 2117, entsprechende Anwendung, soweit nicht aus den §§. 2134 bis 2139 ein Anderes sich ergiebt.

§. 2134.

Ist der Gegenstand der Forderung, gegen welche die Abzugseinrede erhoben wird, nicht ein Geldbetrag, so hat der Gläubiger die Forderung nach deren Schätzungswerthe geltend zu machen.

§. 2135.

Für die Feststellung des abzuziehenden Betrages ist derjenige Zeitpunkt maßgebend, in welchem die Abzugseinrede gerichtlich geltend gemacht wird. Durch den Antrag auf Vorbehalt des Inventarrechtes oder der Abzugseinrede ist die Einrede noch nicht als im Sinne der vorstehenden Vorschrift geltend gemacht anzusehen.

§. 2136.

Der Werth der bei dem Erben noch vorhandenen Gegenstände, welche derselbe im Falle des Konkurses zur Konkursmasse herauszugeben hätte, ist durch Schätzung festzustellen. In Ansatz kommt der Werth, welchen die Gegenstände zu dem im §. 2135 Satz 1 bezeichneten Zeitpunkte haben.

§. 2137.

Gehört zu den im §. 2136 bezeichneten Gegenständen ein Recht unter einer aufschiebenden oder auflösenden Bedingung, so kann sowohl der Gläubiger als der Erbe verlangen, daß dasselbe vorläufig außer Ansatz bleibe. Ist die aufschiebende Bedingung erfüllt oder die auflösende Bedingung ausgefallen, so ist der Gläubiger berechtigt, eine verhältnißmäßige Minderung des Abzuges zu verlangen.

Die Vorschriften des ersten Absatzes über Rechte unter einer aufschiebenden Bedingung finden auf ungewisse oder unsichere Rechte entsprechende Anwendung. Der Erbe ist gegenüber dem Gläubiger verpflichtet, für die Feststellung eines ungewissen und für die Verfolgung eines unsicheren Rechtes zu sorgen, wenn und soweit es die Sorgfalt eines ordentlichen Hausvaters erfordert.

§. 2138.

Gehört zu den Nachlaßverbindlichkeiten eine Verbindlichkeit unter einer aufschiebenden oder auflösenden Bedingung, so kommt sie als unbedingte zum Ansatze. Ist die aufschiebende Bedingung ausgefallen oder die auflösende Bedingung erfüllt, so ist der Gläubiger berechtigt, eine verhältnißmäßige Minderung des Abzuges zu verlangen.

In Ansehung einer zweifelhaften Nachlaßverbindlichkeit kann der Erbe sich die nachträgliche Geltendmachung des Abzugsrechtes vorbehalten.

§. 2139.

Die Aufrechnung der Forderung eines Nachlaßgläubigers von Seiten des letzteren gegen eine nicht zum Nachlasse gehörende Forderung des Erben ist bei Feststellung des abzuziehenden Betrages nur insoweit zu berücksichtigen und überhaupt nur insoweit wirksam, als der aufrechnende Nachlaßgläubiger in Gemäßheit der Vorschriften über das Inventarrecht Befriedigung verlangen könnte.

§. 2140

In dem über eine Nachlaßverbindlichkeit zwischen dem Nachlaßgläubiger und dem Erben anhängigen Rechtsstreite kann der Erbe verlangen, daß das Inventarrecht oder die Abzugseinrede im Urtheile ihm vorbehalten werde.

§. 2141

Ist über die Abzugseinrede nicht bereits in dem Urtheile entschieden, welches in dem zwischen dem Nachlaßgläubiger und dem Erben über die Nachlaßverbindlichkeit anhängig gewordenen Rechtsstreite erlassen ist, so erfolgt die Erledigung der Einrede nach den Vorschriften der §§. 686, 688, 689 der Civilprozeßordnung.

§. 2142.

Verlangt in dem Rechtsstreite über die Abzugseinrede der Nachlaßgläubiger auf Grund der §§. 777, 2112, 2133, daß der Erbe den Offenbarungseid leiste, so hat das Prozeßgericht die Leistung des Eides durch Beschluß anzuordnen. Die Vorschriften der §§. 320 bis 335, 430, 495 der Civilprozeßordnung finden entsprechende Anwendung. Wird die Leistung des Eides verweigert, so ist die Abzugseinrede als unbegründet zu verwerfen.

§. 2143.

Ist das Inventar noch nicht errichtet, so kann der Erbe

verlangen, daß die Zwangsvollstreckung wegen einer Nachlaßverbindlichkeit so lange eingestellt werde, bis das Inventar errichtet oder das Inventarrecht erloschen ist.

Auf Grund des ersten Absatzes darf die Zwangsvollstreckung nicht über drei Monate seit der Annahme der Erbschaft oder seit der Bestellung eines Nachlaßpflegers eingestellt werden.

Die Vorschriften des ersten und zweiten Absatzes finden keine Anwendung in Ansehung einer Zwangsvollstreckung, deren Einstellung im Falle des Aufgebotes der Nachlaßgläubiger nicht verlangt werden kann.

§. 2144.

Das Recht des Erben und des Nachlaßgläubigers, die Eröffnung des Nachlaßkonkurses zu beantragen, wird dadurch nicht berührt, daß bereits über die Abzugseinrede rechtskräftig erkannt ist.

§. 2145.

Wird nach rechtskräftiger Feststellung des dem Gläubiger abzuziehenden Betrages über den Nachlaß der Konkurs eröffnet, so kann der Gläubiger seine Forderung im Konkurse ohne Abzug jenes Betrages geltend machen; er erhält jedoch nicht mehr als den Betrag der durch den Abzug ermäßigten Forderung; weitere auf die Forderung zu vertheilende Beträge erhält der Erbe. Die volle Haftung des Erben für den durch das Urtheil festgestellten Betrag der Forderung wird durch die Eröffnung des Konkurses nicht berührt; die Vorschriften des §. 2110 Abs. 1 finden keine Anwendung.

§. 2146.

Die Abzugseinrede steht gegenüber einem Miterben, soweit dieser nicht Gläubiger in Ansehung einer bereits in der Person des Erblassers begründeten Verbindlichkeit ist, dem Erben auch dann zu, wenn das Inventarrecht des letzteren nach Maßgabe der §§. 2094, 2095, 2106 erloschen ist.

§. 2147.

Wenn ein Erbe zu mehreren Erbtheilen, insbesondere durch Anwachsung oder nach Maßgabe des §. 1973, berufen ist, so steht ihm in Ansehung eines jeden Erbtheiles das Inventarrecht in der Weise besonders zu, wie wenn die Erbtheile verschiedenen Erben gehörten.

§. 2148.

Ist der Erbe eine Ehefrau und die Erbschaft Ehegut oder im Falle der Gütergemeinschaft Gesammtgut oder Sondergut geworden, so gelten in Ansehung des Inventarrechtes die nachfolgenden Vorschriften:

1. Der Verzicht der Ehefrau auf das Inventarrecht ist nur wirksam, wenn der Ehemann in den Verzicht eingewilligt hat oder denselben genehmigt.
2. Die Bestimmung der Inventarfrist ist nur wirksam, wenn sie auch gegenüber dem Ehemanne erfolgt. So lange die Frist gegenüber dem Ehemanne nicht abgelaufen ist, kann sie auch gegenüber der Ehefrau nicht ablaufen. Die Errichtung des Inventares durch den Ehemann wirkt auch zu Gunsten der Ehefrau.
3. Das Erlöschen des Inventarrechtes in Gemäßheit des §. 2106 Abs. 1 tritt nur ein, wenn die Absicht, die Nachlaßgläubiger zu benachtheiligen, beiden Ehegatten zur Last fällt.
4. Zur Errichtung des Inventares sowie zu dem Antrage auf Eröffnung des Nachlaßkonkurses und auf Erlassung des Aufgebotes der Nachlaßgläubiger ist der Ehemann ohne Einwilligung der Ehefrau, die letztere ohne Einwilligung des Ehemannes berechtigt.

§. 2149.

Die Vorschriften des §. 2148 finden, wenn die Erbschaft im Falle der Gütergemeinschaft Gesammtgut geworden ist, auch nach der Auflösung der Gütergemeinschaft Anwendung.

§. 2150

Ist der Konkurs über das Vermögen des Erben eröffnet, so ist ein Nachlaßgläubiger berechtigt, die Eröffnung des Konkurses über den Nachlaß zu beantragen, auch wenn der Nachlaß nicht überschuldet ist und, sofern seit der Annahme der Erbschaft bis zur Eröffnung des Konkurses über das Vermögen des Erben zwei Jahre noch nicht verstrichen sind, auch wenn das Inventarrecht erloschen ist.

Ist das Inventarrecht erloschen, so kann ein Nachlaßgläubiger seine Forderung auch im Konkurse über das Vermögen des Erben geltend machen, in diesem Konkurse aber nur für denjenigen Betrag verhältnißmäßige Befriedigung verlangen, zu welchem er auf Befriedigung im Nachlaßkonkurse verzichtet oder mit welchem er im Nachlaßkonkurse ausgefallen ist. Ein Gleiches gilt, wenn das Inventarrecht gegenüber einem Gläubiger ausgeschlossen ist, in Ansehung dieses Gläubigers. Die Vorschriften der §§. 88, 141, 143,

144, des §. 155 Nr. 3 und des §. 156 der Konkursordnung finden entsprechende Anwendung.

Die Eröffnung des Konkurses über den Nachlaß kann, wenn der Nachlaß überschuldet, das Inventarrecht aber nicht erloschen ist, auch von dem im Konkurse über das Vermögen des Erben bestellten Verwalter beantragt werden.

Ist der Erbe eine Ehefrau und die Erbschaft im Falle der Gütergemeinschaft Gesammtgut geworden, so finden die Vorschriften des ersten bis dritten Absatzes im Falle des Konkurses über das Vermögen des Ehemannes entsprechende Anwendung. Das Gleiche gilt, wenn eine Erbschaft veräußert und der Konkurs über das Vermögen des Erwerbers eröffnet ist.

Achter Titel.

Auseinandersetzung der Miterben.

§. 2151.

Auf das Rechtsverhältniß der Miterben finden, soweit nicht aus dem Gesetze ein Anderes sich ergiebt, die Vorschriften über Gemeinschaft Anwendung.

§. 2152.

Der Erblasser kann durch Verfügung von Todeswegen Anordnungen für die Auseinandersetzung der Erben, insbesondere für die Art der Theilung, treffen.

§. 2153.

Der Erblasser kann durch Verfügung von Todeswegen die Aufhebung der Gemeinschaft in Ansehung des Nachlasses oder einzelner Nachlaßgegenstände untersagen. Auf eine solche Anordnung finden die Vorschriften des §. 767 Abs. 2, 3 entsprechende Anwendung. Die im §. 767 Abs. 2 bezeichnete Frist beginnt mit dem Eintritte des Erbfalles.

§. 2154.

Soweit wegen einer Schwangerschaft, in Folge welcher eine erbberechtigte Person geboren werden kann, die Erbtheile unbestimmt sind, ist das Recht, die Aufhebung der Gemeinschaft zu verlangen, bis zur Hebung der Unbestimmtheit ausgeschlossen.

Ein Gleiches gilt, wenn eine Stiftung als Erbe auf einen Bruchtheil eingesetzt und zur Errichtung der Stiftung staatliche Genehmigung erforderlich ist, insoweit, als bis zur Entscheidung über Ertheilung oder Versagung der Genehmigung die Erbtheile unbestimmt sind.

§. 2155.

In Ansehung der Schriftstücke, welche auf die persönlichen Verhältnisse des Erblassers oder auf dessen Familie oder auf die ganze Erbschaft sich beziehen, kann die Aufhebung der Gemeinschaft nicht verlangt werden.

§. 2156.[1])

Auf Antrag eines Miterben hat das Nachlaßgericht durch Verhandlung mit den Erben die Auseinandersetzung der letzteren in Ansehung des Nachlasses zu vermitteln, sofern nicht ein zur Bewirkung der Auseinandersetzung berechtigter Testamentsvollstrecker vorhanden ist.

§. 2157.

Wird der Erblasser von mehreren als gesetzliche Erben zur Erbfolge berufenen Abkömmlingen beerbt, so ist jeder derselben, welcher von dem Erblasser durch Rechtsgeschäft unter Lebenden eine der in den §§. 2158, 2159 bezeichneten Zuwendungen erhalten hat, verpflichtet, wegen einer solchen Zuwendung (Vorempfangenes) einem jeden anderen jener Abkömmlinge eine Ausgleichung zu gewähren (Ausgleichungspflicht).

§. 2158.

Zur Ausgleichung zu bringen ist dasjenige, was der Erblasser dem Abkömmlinge wegen dessen Verheirathung, Errichtung eines eigenen Hausstandes, Uebernahme eines Amtes oder wegen Begründung eines Erwerbsgeschäftes oder einer sonstigen selbständigen Lebensstellung zugewendet hat. Diese Vorschrift findet auf die Bestreitung der Kosten der Vorbildung zu einem Lebensberufe keine Anwendung.

Die Ausgleichungspflicht ist ausgeschlossen, wenn der Erblasser bei der Zuwendung angeordnet hat, daß die Ausgleichung nicht erfolgen solle.

§. 2159.

Zuwendungen, bei deren Vornahme der Erblasser die Ausgleichung angeordnet hat, sind zur Ausgleichung zu bringen, auch wenn sie nicht zu den im §. 2158 bezeichneten gehören.

---

[1]) Das Einführungsgesetz wird die Vorschrift enthalten:

Die Landesgesetze können die nach Maßgabe des §. 2156 des bürgerlichen Gesetzbuches dem Nachlaßgerichte zustehende Vermittelung Notaren übertragen.

§. 2160.

Wenn ein Abkömmling eine Zuwendung, wegen welcher er als Erbe zur Ausgleichung verpflichtet sein würde, erhalten hat, aber den Erblasser nicht überlebt oder die Erbschaft ausgeschlagen hat oder durch letztwillige Verfügung des Erblassers oder durch Erbverzicht von der Erbfolge ausgeschlossen oder für erbunwürdig erklärt ist, so ist der auf Grund der gesetzlichen Erbfolge an dessen Stelle berufene Abkömmling des Erblassers auch wegen einer solchen Zuwendung zur Ausgleichung verpflichtet.

§. 2161.

Eine Zuwendung, welche ein entfernterer Abkömmling vor dem Wegfalle des ihn von der Erbfolge ausschließenden näheren Abkömmlinges von dem Erblasser erhalten hat, ist nicht zur Ausgleichung zu bringen, es sei denn, daß der Erblasser bei der Zuwendung die Ausgleichung angeordnet hat.

Die Vorschrift des ersten Absatzes findet entsprechende Anwendung auf die Zuwendung, welche ein Abkömmling, bevor er die rechtliche Stellung eines Abkömmlinges des Erblassers erlangt hatte, von dem letzteren erhalten hat.

§. 2162.

Ist im Falle der allgemeinen Gütergemeinschaft oder der Errungenschaftsgemeinschaft oder der Gemeinschaft des beweglichen Vermögens und der Errungenschaft aus dem Gesammtgute eine nach den Vorschriften der §§. 2158 bis 2161 zur Ausgleichung zu bringende Zuwendung an den Abkömmling eines Ehegatten gemacht, so gilt die Zuwendung in Ansehung der zu gewährenden Ausgleichung:

wenn sie an einen gemeinschaftlichen Abkömmliug der Ehegatten erfolgt ist, als von jedem der Ehegatten zur Hälfte gemacht;

wenn sie an einen einseitigen Abkömmling eines der Ehegatten erfolgt ist, als von diesem Ehegatten gemacht;

wenn jedoch in einem dieser beiden Fälle ein Ehegatte zum Ersatze der Zuwendung zu dem Gesammtgute verpflichtet ist, als von dem ersatzpflichtigen Ehegatten gemacht.

Die Vorschriften des ersten Absatzes finden entsprechende Anwendung, wenn die Zuwendung im Falle der Fortsetzung der allgemeinen Gütergemeinschaft aus dem Gesammtgute der fortgesetzten Gütergemeinschaft gemacht ist.

§. 2163.

Die Ausgleichung wegen des Vorempfangenen ist in der Weise zu gewähren, daß der Verpflichtete jedem Berechtigten so viel zu entrichten hat, als der letztere erhalten würde, wenn ein dem Werthe des Vorempfangenen entsprechender Geldbetrag unter die Berechtigten und den Verpflichteten nach Verhältniß ihrer gesetzlichen Erbtheile zu vertheilen wäre. Der in Ansatz zu bringende Werth bestimmt sich nach der Zeit, in welcher die Zuwendung erfolgt ist.

§. 2164.

Die Ausgleichungspflicht gilt als eine dem Verpflichteten obliegende Nachlaßverbindlichkeit.

Die Forderung des Berechtigten gilt nicht als ein Bestandtheil des gesetzlichen Erbtheiles desselben.

Auf die Forderung des Berechtigten findet die Vorschrift des §. 770 entsprechende Anwendung.

Druck von H. S. Hermann in Berlin.

FSC
www.fsc.org
MIX
Papier | Fördert gute Waldnutzung
FSC® C083411

Kolibri 360 GmbH
Ferdinand-Jühlke-Straße 7
99095 Erfurt, Deutschland
produktsicherheit@kolibri360.de